“智慧树杯”全国课程思政示范案例集

智慧树高等教育研究院　编

電子工業出版社
Publishing House of Electronics Industry
北京·BEIJING

内 容 简 介

本书以近三年“智慧树杯”全国高校课程思政示范案例教学大赛为基础，遴选各学科课程思政教学的优秀获奖案例(涉及医学、农学、教育学、艺术、理学、工学以及文史哲经管法等多学科领域)，传播国家级课程思政教学研究示范中心的先进理念与实践经验，供高校一线教师学习与借鉴，帮助一线教师加强对课程思政理念的理解与把握，提升教学实践能力，也为各高校混合式教学改革和国家级、省级一流课程及精品课程的有效建设提供思路。

本书适合进行课程思政建设的教师阅读，也可供各级教育主管部门负责人参考。

图书在版编目（CIP）数据

“智慧树杯”全国课程思政示范案例集 / 智慧树高等教育研究院编. -- 北京 : 电子工业出版社, 2024. 12. -- ISBN 978-7-121-49092-7

Ⅰ. G641

中国国家版本馆 CIP 数据核字第 202497PX71 号

责任编辑：王二华
印　　刷：三河市鑫金马印装有限公司
装　　订：三河市鑫金马印装有限公司
出版发行：电子工业出版社
北京市海淀区万寿路 173 信箱　　邮编：100036
开　　本：787×1092　1/16　印张：28.75　　字数：828 千字
版　　次：2024 年 12 月第 1 版
印　　次：2024 年 12 月第 1 次印刷
定　　价：88.00 元

凡所购买电子工业出版社图书有缺损问题，请向购买书店调换。若书店售缺，请与本社发行部联系，联系及邮购电话：(010) 88254888，88258888。

质量投诉请发邮件至 zlts@phei.com.cn，盗版侵权举报请发邮件至 dbqq@phei.com.cn。

本书咨询联系方式：(010) 88254532。

目　录

第1篇　公共基础课思政案例(含文化素质课)

① 书中同一类案例按学校名称首字母排序。

第 6 篇　专业教育课思政案例：农学类

第 7 篇　专业教育课思政案例：医学类

第 8 篇　专业教育课思政案例：艺术学类

第 9 篇　实践类课程思政案例（含实践实训、社会实践）

第1篇　公共基础课思政案例（含文化素质课）

本科教育类

案例1　高等数学

课程类型：公共基础课（含文化素质课）
教育赛道：本科教育
开课年级：大一年级
面向专业：农业水利工程
部　　门：理学院
学　　校：安徽农业大学

案例视频

案例教师或团队成员信息（第1位为教学案例负责人）：

姓名	职务	职称	部门
谢宝英	教师	讲师	理学院
章林忠	数学系副主任	副教授	理学院
张志平	理学院党委副书记	副教授	理学院

一、课程目标

作为省部共建、省属重点农业本科院校，“高等数学”是学校的“基石”课程，在新农科、新工科建设及高质量发展背景下，结合专业人才培养方案，设定“专业专用”课程目标。以农业水利工程专业为例，“高等数学”课程建设目标如下。

1. 实现“知、能、魂”三向共进：在实现基础知识目标的基础上，制定建模应用、计算技能等高阶能力目标，并围绕课程思政的两大核心问题——如何构建思政资源库，如何杜绝专业、思政“两张皮”，从家国情怀、品格素养、专业素养三方面设定价值引领目标。

2. 打造“理味＋专味”特色思政：素质目标中的数学建模能力的培养、科学认知意识的培养，引领“理味”思政建设。科技兴农、大国“三农”情怀的培养，引领“农味”（农业院校“专味”）思政建设。

二、课程思政案例设计

本案例设计以“条件极值-拉格朗日乘数法的应用”为例。

1. 教学目标

1）知识目标

（1）熟练掌握拉格朗日乘数法的使用条件及注意事项。

（2）从实践层面，了解如何用计算机软件计算条件极值。

2）能力目标

（1）提升利用计算机软件进行科学计算的能力。

(2)提升数学建模能力。

(3)树立高阶自主学习的意识。

3)素质目标

(1)树立科学认知意识、唯物辩证观。

(2)树立数理建模、科学决策等意识。

(3)树立社会主义生态文明的价值观，增强高质量发展意识。

2. 授课内容

1)内容简介

围绕易拉罐话题，通过易拉罐的生产及回收再利用闭环生态链上的两个实际例子(如图1所示)，探讨条件极值-拉格朗日乘数法的实际应用(针对农业水利工程专业而言的交叉学科应用)。

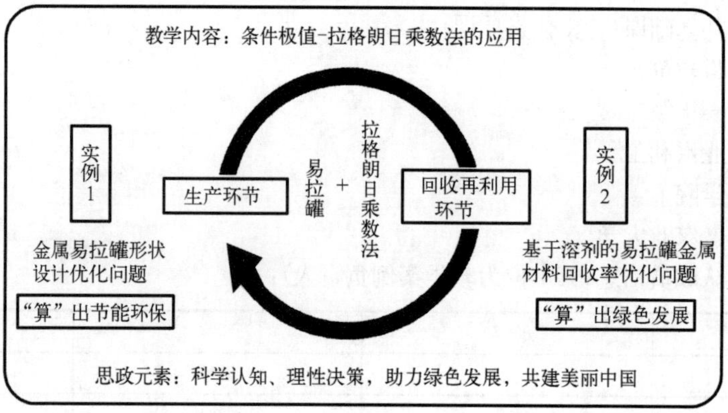

教学内容：条件极值-拉格朗日乘数法的应用
实例1
生产环节
易拉罐 + 拉格朗日乘数法
回收再利用环节
实例2
金属易拉罐形状设计优化问题
基于溶剂的易拉罐金属材料回收率优化问题
“算”出节能环保
“算”出绿色发展
思政元素：科学认知、理性决策，助力绿色发展，共建美丽中国

图1

2)思政内容

通过科学计算，“算”出节能环保，“算”出绿色发展。

3. 教学策略

1)理性、感性结合，引领认知认同

“理味”特色：结合课程的“理”性特点，采用以“理”服人策略，精心设计教学内容，通过科学计算，“算”出感性新知，引领认知认同、情感内化，促进理情共振，如图2所示。

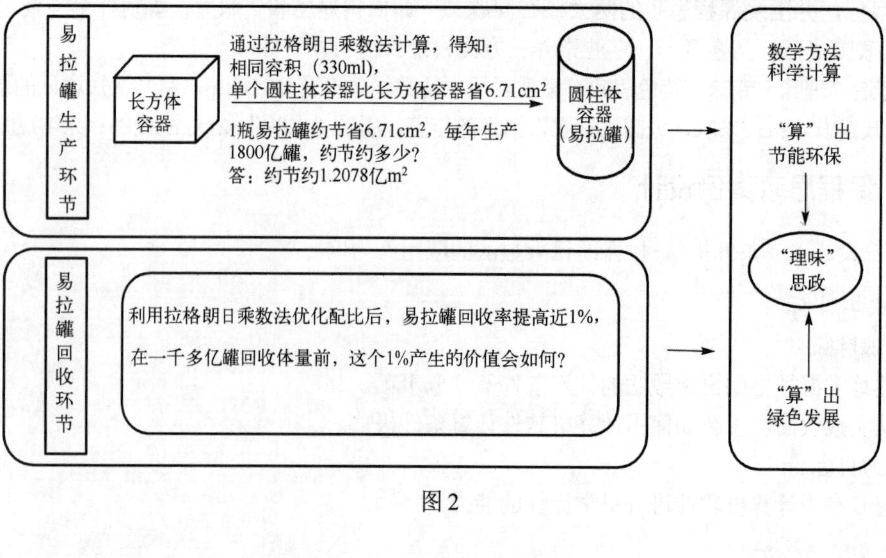

易拉罐生产环节
长方体容器
通过拉格朗日乘数法计算，得知：
相同容积(330ml)，
单个圆柱体容器比长方体容器省6.71cm²
1瓶易拉罐约节省6.71cm²，每年生产1800亿罐，约节约多少？
答：约节约1.2078亿m²
圆柱体容器(易拉罐)
易拉罐回收环节
利用拉格朗日乘数法优化配比后，易拉罐回收率提高近1%，
在一千多亿罐回收体量前，这个1%产生的价值会如何？
数学方法科学计算
“算”出节能环保
“理味”思政
“算”出绿色发展

图2

2) 理论结合实际，引领理论认同

“专味”特色：结合课程工具属性及学校特色，创新双师课堂，让数学服务于工农科，尤其是在资源环境、绿色环保、农业大数据以及智慧农业等方面的应用，通过数学建模，解决实际问题，学以致用，提升学生对理论的认同感，同时以用促学，实现学用相长、知行合一。

3) 共性、个性结合，引领行为认同

根据时代需要，设计计算技能提升等高阶内容，但也尊重学生的个性化差异，分层制定实训任务，兼顾共性与个性，借助人际活动、心理活动，引领行为认同。

三、案例特色与成效

1. 案例特色

1) “知、能、魂”三向共进特色

为实现立德树人根本任务，设计知识、能力、素质三向共进案例。

2) “专业专用”特色

针对授课专业点对点分析，设计“专业专用”教学目标、教学案例。

3) “理味”＋“专味”特色

兼具数学及授课专业特点，以“理”(理味)服人，“算”出感性新知(专味)。

4) 教学内容高阶性

根据“四新”(新工科、新医科、新农科、新文科)建设及国家高质量发展战略需求，设计数学建模技能训练及利用计算机软件做复杂计算训练等高阶内容。

2. 成效

在课程思政师资力量优化、课程优化及学生发展层面取得了显著成效，如图 3 所示。

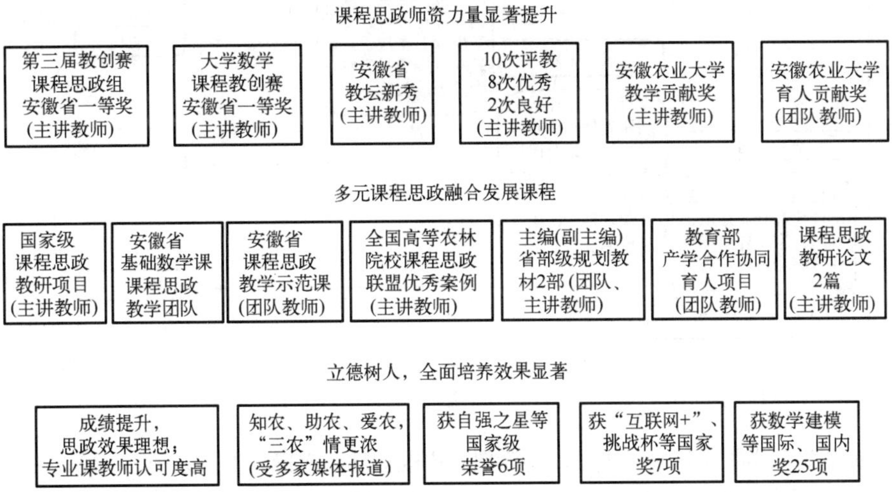
课程思政师资力量显著提升
第三届教创赛 课程思政组 安徽省一等奖 (主讲教师)
大学数学 课程教创赛 安徽省一等奖 (主讲教师)
安徽省 教坛新秀 (主讲教师)
10次评教 8次优秀 2次良好 (主讲教师)
安徽农业大学 教学贡献奖 (主讲教师)
安徽农业大学 育人贡献奖 (团队教师)
多元课程思政融合发展课程
国家级 课程思政 教研项目 (主讲教师)
安徽省 基础数学课 课程思政 教学团队
安徽省 课程思政 教学示范课 (团队教师)
全国高等农林 院校课程思政 联盟优秀案例 (主讲教师)
主编(副主编) 省部级规划教 材2部 (团队、主讲教师)
教育部 产学合作协同 育人项目 (团队教师)
课程思政 教研论文 2篇 (主讲教师)
立德树人，全面培养效果显著
成绩提升，思政效果理想；专业课教师认可度高
知农、助农、爱农，“三农”情更浓 (受多家媒体报道)
获自强之星等 国家级 荣誉6项
获“互联网+”、挑战杯等国家 奖7项
获数学建模 等国际、国内 奖25项

图 3

案例 2　中医护理综合实验实训

课程类型：公共基础课(含文化素质课)

教育赛道：本科教育

开课年级：大一年级

面向专业：护理学

案例视频

部　　门：护理学院
学　　校：安徽中医药大学
案例教师或团队成员信息(第 1 位为教学案例负责人)：

姓名	职务	职称	部门
袁亚美	中医护理教研室主任	副教授	护理学院
施慧	中医护理系主任	教授	护理学院
郝书婕	教研室秘书	讲师	护理学院

一、课程目标

依据专业人才培养目标及课程教学要求，确定三维课程目标——知识、能力、情感，在教学过程中融会贯通，以“夯实基础＋拓展实践＋引导创新”为思路，凝练三维要求，优化课程教学目标，将并列式课程目标，优化为进阶式课程目标；目标具体可考量，从熟悉基础知识，到分析相关理论问题，再到设计病案和科学研究，体现了高阶性，并融入了创新意识和专业志向等思政目标。同时，以学生毕业成果为导向，确定毕业要求观测点(指标点)的支撑矩阵(如图 1 所示)。

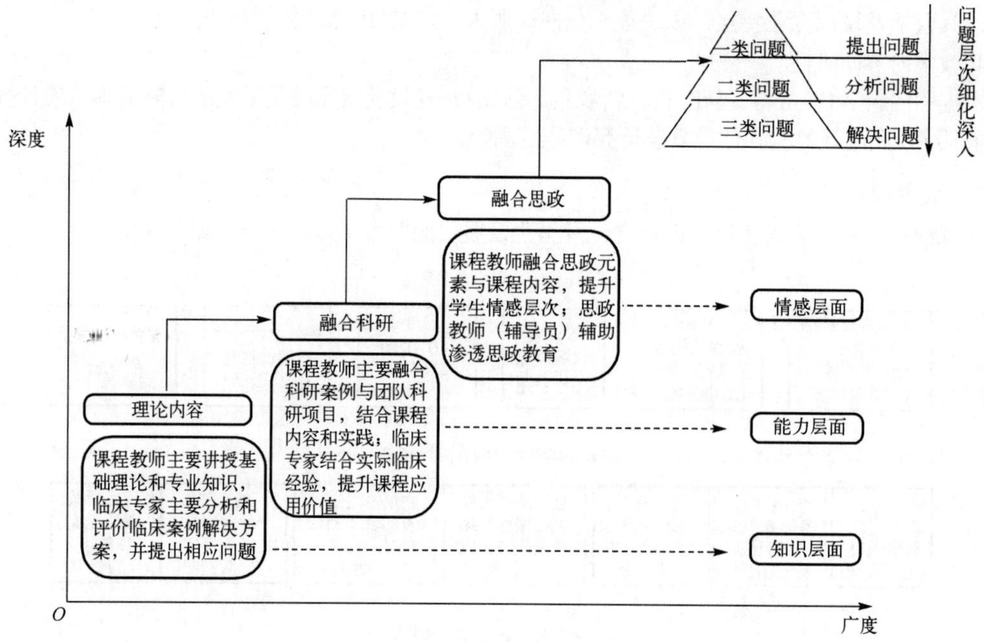
一类问题
提出问题
二类问题
分析问题
三类问题
解决问题
问题层次细化深入
深度
融合思政
课程教师融合思政元素与课程内容，提升学生情感层次；思政教师（辅导员）辅助渗透思政教育
情感层面
融合科研
课程教师主要融合科研案例与团队科研项目，结合课程内容和实践；临床专家结合实际临床经验，提升课程应用价值
能力层面
理论内容
课程教师主要讲授基础理论和专业知识，临床专家主要分析和评价临床案例解决方案，并提出相应问题
知识层面
O
广度

图 1

课程目标即为从学生走进中医护理，逐渐熟悉中医护理，慢慢爱上中医护理；学习中医护理前辈精神，明确中医护理使命担当，鼓励中医护理文化传承；感悟中医护理博大精深，激发中医护理学习兴趣，建立护理学生专业认同。

二、课程思政案例设计

1. 课程思政德育目标及融合要点

1)传承非遗功法，提升文化自信

导课：引出五禽戏 2011 年被国务院列为第三批国家级非物质文化遗产，是国家体育总局推广的健身功法。非物质文化遗产也是传统文明的体现，如口号所示：人民的非遗，美好的体现。安徽亳州被誉为“五禽戏之乡”。弘扬安徽本土非遗文化，传承传统健身功法，不仅可以提升学生的文化自信及文化软实力，还能促进“健康中国”战略目标的实现。

2）引领正确价值观

学生展示自我习练成果、交流后表明：习练功法是一个长期坚持的过程，只有认真地学习、逐渐地积累，才会有最终成绩。不管是学习还是生活，我们都应“厚积薄发，行稳致远”，一步一个脚印，坚定地朝梦想出发。

同时，坚持习练，也能够提高正气，防止外邪侵袭，做到“正气存内，邪不可干”。即内心坚定，积极向上，只要我们具有爱国、敬业之心，就能够在岗位上发光发热。

3）继承创新，发扬科学精神

通过各家中医药单位对功法的改良，告知学生，在传承中医药文化精髓的同时，应具备开拓创新的精神，功法也应结合不同人群和现今社会情况，逐步渗透，使学生具备科学研究者应有的科学的质疑精神、思辨能力和创新能力。

2. 常规教学法

(1)多媒体教学法：主要课堂教学手段。

(2)情景教学法：以情景习练融入，要求学生能够结合临床不同疾病、不同患者有针对性地突出要点。

(3)探究式教学法：以问题代入，提出问题，解决问题。以学生为中心，以课程为导向，重在结合本节课重点，以功法护理结合学科前沿，提出解决方法。

(4)讲授法(讨论式＋互动式)：教师注意授课的语言及提问方式，包括即兴互动＋情感互动。

3. 实训教学

(1)演示法(线下＋线上)：课堂功法演示(线下)结合分解视频演示(线上)。

(2)指导启发法：实训以学生习练为主，注重学生独立思考能力的锻炼。以教师指导为辅，以学生自我思考为主。

(3)习练法：了解动作要领及对脏腑的作用，注意习练方法及熟练度。

总结：线上、线下混合式教学，将翻转课堂融入教学环节；变革教学流程，采用“三维度-四课堂”联动方式，即基本教学、补充教学和拓展教学三个维度，“传统课堂教学、在线网络研习、课外竞赛活动、校外实践体验”四个课堂组织教学活动。

三、案例特色与成效

1. 课前特色

课前特色体现如图 2 所示。

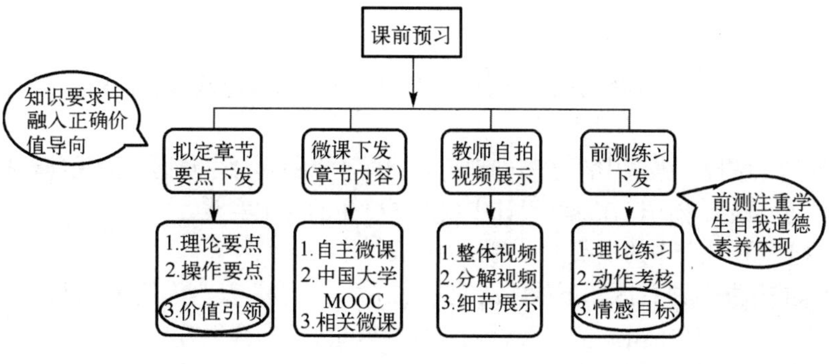
课前预习
知识要求中融入正确价值导向
拟定章节要点下发
微课下发(章节内容)
教师自拍视频展示
前测练习下发
前测注重学生自我道德素养体现
1.理论要点
2.操作要点
3.价值引领
1.自主微课
2.中国大学MOOC
3.相关微课
1.整体视频
2.分解视频
3.细节展示
1.理论练习
2.动作考核
3.情感目标

图 2

2. 课中特色

课中特色体现如图3所示。

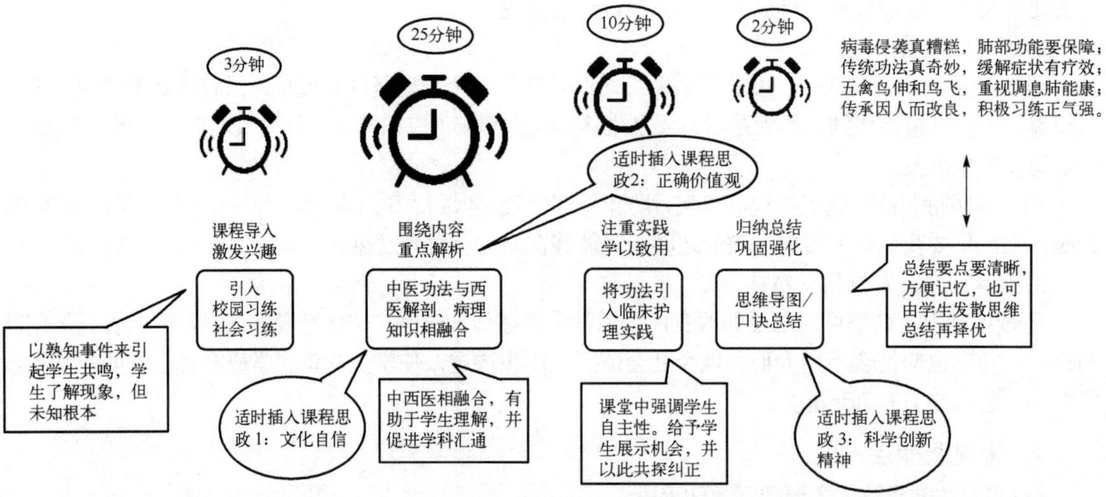
3分钟
25分钟
10分钟
2分钟
病毒侵袭真糟糕，肺部功能要保障；
传统功法真奇妙，缓解症状有疗效；
五禽鸟伸和鸟飞，重视调息肺能康；
传承因人而改良，积极习练正气强。
适时插入课程思政2：正确价值观
课程导入
激发兴趣
围绕内容
重点解析
注重实践
学以致用
归纳总结
巩固强化
引入
校园习练
社会习练
中医功法与西医解剖、病理知识相融合
将功法引入临床护理实践
思维导图/口诀总结
总结要点要清晰，方便记忆，也可由学生发散思维总结再择优
以熟知事件来引起学生共鸣，学生了解现象，但未知根本
适时插入课程思政1：文化自信
中西医相融合，有助于学生理解，并促进学科汇通
课堂中强调学生自主性。给予学生展示机会，并以此共探纠正
适时插入课程思政3：科学创新精神

图3

3. 课后特色

课后特色体现如图4所示。

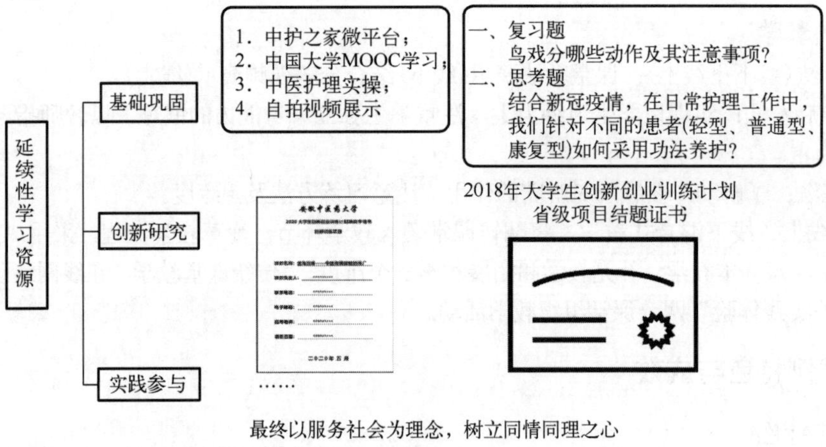
1. 中护之家微平台；
2. 中国大学MOOC学习；
3. 中医护理实操；
4. 自拍视频展示
一、复习题
鸟戏分哪些动作及其注意事项？
二、思考题
结合新冠疫情，在日常护理工作中，我们针对不同的患者(轻型、普通型、康复型)如何采用功法养护？
延续性学习资源
基础巩固
创新研究
实践参与
2018年大学生创新创业训练计划
省级项目结题证书
……
最终以服务社会为理念，树立同情同理之心

图4

4. 总结

(1)课前、课中、课后从知识掌握的不同程度着手，合理植入思政内容，即在学生技能掌握的不同时期，予以正确的价值引领，由浅入深。

(2)重视理论知识掌握，强调中医学基础理论；同样注重科学性，这是中西医结合护理的体现。

(3)本课程内容实践要求高，在课程设计中要注重学生的自主实践、创新。

(4)课程后期重视在社会中的实践，强调服务社会。

带领学生开展中医护理进社区、下基层活动，通过"三下乡"及"天使在行动"志愿服务，开展中医护理适宜技术进农村宣传活动，普及慢性病自我管理知识，发挥地方高水平大学的社会服务功能。同时重视中医药文化的普及，走进各级学校宣传中医护理，普及传统文化，并申报各类相关专利。

案例 3　礼仪文化与有效沟通

课程类型：公共基础课(含文化素质课)
教育赛道：本科教育
开课年级：所有年级
面向专业：所有专业
部　　门：人文与社会科学学院
学　　校：北京理工大学

案例视频

案例教师或团队成员信息(第 1 位为教学案例负责人)：

姓名	职务	职称	部门
庞海芍	北京理工大学教学促进与教师发展研究中心主任，中国高等教育学会大学素质教育研究分会副理事长、秘书长	教授	人文与社会科学学院

一、课程目标

“礼仪文化与有效沟通”是北京理工大学重点建设的通识核心课程。开设 25 年来，与时俱进，不断创新，根据教育部课程思政示范课要求，瞄准“新工科”建设需求及新时代理工科大学生亟须的通识核心能力，结合学校“胸怀壮志、明德精工、创新包容、时代担当”的人才培养目标，有效达成价值塑造、知识传授和能力培养有机融合的高阶学习目标。具体目标如下。

1. 价值塑造

(1)传承发展中华优秀礼仪文化，增强文化自觉和文化自信。
(2)提升礼仪修养和综合素质，树立修身、齐家、治国、平天下的远大抱负。

2. 知识学习

(1)深入理解中国传统礼仪文化，学会解释礼仪现象，培养独立思考与判断的能力。
(2)熟练掌握仪容、仪态、仪表等礼仪规范，塑造良好个人形象，提高审美能力。

3. 能力培养

(1)掌握社交心理、交往礼仪，提升人际交往与团队合作能力。
(2)掌握口头表达、书面表达技巧与方法，提高有效表达与沟通能力。
截至 2023 年 6 月，课程已培养 6000 余名北京理工大学学子，并惠及 30 多万名线上学习者。

二、课程思政案例设计

课程紧紧围绕落实“立德树人”根本任务，通过“研读经典、对比中外、实践内化、授人以渔”等途径，将思政目标寓于教学全过程，做到有机融入、润物无声。

1. 研读经典，增强文化自觉

中国自古就被称作“礼仪之邦”。著名史学家钱穆先生说：“礼是中国传统思想的核心，是整个中国人世界里一切习俗行为的准则，标志着中国人的特殊性。”为了传承发展中华优秀礼仪文化，课程安排了“经典导读、《礼记》研读、游学天坛”等活动，并引导学生将传统与现代、理论与实践相结合，联系古今深入思考。

例如，通过游学天坛，学生更深刻地领会了礼仪“源于祭祀，表达敬人”的内涵，用心感受了中国传统礼仪之美、文化之美。

讲授仪容、仪态、仪表礼仪规范时，从《礼记》经典中归纳“君子九容”，用传统文化解读当今礼仪规则。导读《大学》，勉励学生：“为人君，止于仁；为人臣，止于敬；为人子，止于孝；为人父，止于慈；与国人交，止于信。”“格物、致知、诚意、正心、修身、齐家、治国、平天下。”

2. 对比中外，增强文化自信

世界各个国家、各个民族在生存发展的历史进程中，均形成了不同的礼仪文化，并体现在生活的方方面面。为了培养学生的国际视野，增强对中华民族的文化自信，课程注重联系生活实际，分析对比中外礼仪文化。

如学习“礼之三本”（事天地、尊先祖、隆君师，后演变为“天地君亲师”）时，引导学生用传统礼仪文化解读生活中的礼仪现象，深刻理解“礼之三本”所体现的中国儒家传统敬天、孝亲、爱国、尊师重教等价值取向，增强文化自信。

带领学生分析讨论：中国汉族传统婚礼(拜天地、拜高堂、夫妻对拜)与西方婚礼为何不同？未来如何设计自己的婚礼仪式？

中西方“姓-名”组成顺序为何不同，中国姓名构成“姓在前，名在后”；西方一般则为“名在前，姓在后”。那么，如何看待国际交往中将中国人“姓＋名”颠倒为“名＋姓”？

课后，请学生分组研究不同国家和民族的婚礼、姓名构成方式、节日礼仪等，引导学生理解不同礼仪形式蕴含的深厚文化内涵；学会尊重文化差异，美美与共，不要用西方的尺子量中国，提升独立思考与价值判断能力。

3. 实践内化，提升核心能力

课程十分注重深度挖掘礼仪规范背后的道德准则，并通过实践演练、小组学习等环节，实现能力转化、素质内化。

如学习形象塑造礼仪时，首先解读了《礼记·玉澡篇》中的“君子九容”，这是古代君子言谈举止、礼尚往来的礼仪规范，表达的是敬重之情，反映的是内在修养。引导学生不要停留在学习一般性的礼仪规范，而是要加强道德修养，做到内外兼修，知行合一，在人际交往中学会礼仪的精髓——通过律己，表达敬人。

其次，请学生着正装进行仪容、仪态、仪表礼仪实践演练；对礼仪形象进行示范、纠正、点评，提升审美能力，养成良好礼仪习惯。

课后，请学生分小组调研“校园十大文明现象、十大不文明现象”，联系生活实际观察学习。

4. 授人以渔，实现深度学习

礼仪作为人类道德的外在表现，是调节人际关系的重要手段。课程将礼仪文化与有效沟通有机连接，着眼于人际交往介绍礼仪文化，从礼仪文化视角深入解读如何实现有效沟通。注重深度挖掘礼仪形式背后的历史文化、道德准则和社交心理，让学习者既知“是什么”，更懂“为什么”，做到内外兼修，知行合一，掌握规律，深度学习。例如，让学生运用沟通原理分析典型沟通案例，讨论如何减少沟通漏斗等。

三、案例特色与成效

本课程思政案例特色有以下四点。

(1) 注重联系古今：深度挖掘礼仪规范背后的文化传统和思维逻辑，注重传统与现代、理论与实践相结合。

(2) 力求对比中外：注重打开国际视野，分析对比中外礼仪文化，增强中国人的文化自觉和文化自信。

(3) 兼顾广度和深度：课程内容跨学科，涉及历史文化、社会学、心理学、公共关系等。为了避免广而泛，注重深度挖掘礼仪形式背后的历史文化、道德准则和社交心理。

(4) 以学生为中心创新教学：采用 BOPPPS 的教学设计，PBL、翻转课堂、混合式教学等多种方法创新教学。

本课程教学改革成效显著，体现为以下两点。

(1) 学生学习目标达成度很高。

问卷调查显示，95.01%的学生学习本课程“收获比较大”和“非常大”；学生评价最多的词汇：惊喜、感动、吸引、改变、受益匪浅、金课等。

(2) 课程受到专家及学习者高度评价。

2019 年年底慕课(MOOC)上线三年多，爱课程、智慧树等平台学习者合计超过 11 万人，覆盖 300 多所高校；“学习强国”平台观看视频超过 24 万人次。

2021 年入选延河联盟校际共享课程，入选良乡大学城共享课程。

2022—2023 年，连续获评智慧树网“人气课程(通识课)”。

积极践行“慕课西行”，西藏大学、新疆大学、甘肃农业大学、甘肃民族师范学院、广西外国语学院、西安工业大学等西部高校长期使用。

庞海芍及团队成员应邀为多家企事业单位进行数百场礼仪及有效沟通讲座、心理素质培训，累计受益数万人。

案例 4　创新创业心理学

课程类型：公共基础课(含文化素质课)

教育赛道：本科教育

开课年级：所有年级

面向专业：所有专业

部　　门：学生工作部心理健康教育中心

学　　校：东北农业大学

案例视频

案例教师或团队成员信息(第 1 位为教学案例负责人)：

姓名	职务	职称	部门
王琳	教师	讲师	东北农业大学学生工作部心理健康教育中心
赵兴隆	教师	副教授	东北农业大学校团委创新创业学院
车悦	教师	讲师	东北农业大学学生工作部心理健康教育中心

一、课程目标

“创新创业心理学”是心理学与创新创业教育跨学科研究的具有原创性、普适性和农科特色的通识类课程。该课程以聚焦创新创业过程中心理动力及积极心理品质影响为导向，以提高人才创新创业适应性为宗旨，以“线上慕课＋线下团辅”为依托，实现以下育人目标。

(1) 知识层面：掌握创造力与心理学的基本理论；掌握积极心理学在创业过程中的作用机理；注重对知识的应用性、分析性和跨学科学习。

(2) 能力层面：建立创新创业意识，激发学生创新能力；培养学生创新创业过程中的情绪调节能力、人际交往能力、压力调节及积极应对挑战的能力。

(3) 素质层面：提升学生创新创业心理素质，积极、正向、动态地看待个人发展和国家建设，将自我与国家发展相融合，有社会责任感和担当，学会积极创新、理性创业。

二、课程思政案例设计

⑴课程思政德育目标：培养学生的创新创业心理素质，激发创新创业过程中创业者的心理能量，能够积极、正向、动态地看待个人发展和国家建设，将自我与国家发展相融合，从“小我”走向“大我”，有社会责任感和担当，学会做人做事的基本道理，坚持科学精神和人文价值并重的思想，积极创新、理性创业。

本案例通过介绍民族企业家刘积仁，使学生对于“高自尊”与“低自尊”有辩证的科学认识，体会积极自我在人生道路选择、创业机会识别以及民族大义的取舍中的作用，并通过挖掘刘积仁将个人理想与国家发展相融合的社会责任感和家国情怀，引领学生不负青春、不负韶华、不负时代，珍惜时光好好学习，掌握知识本领，树立正确的世界观、人生观、价值观，系好人生第一粒扣子，走好人生道路。

⑵思政教育融合点：课程实现“显性教育与隐性教育相结合”，显性教育体现在面对新冠疫情，东软集团这一民族企业所展示的责任担当，引导学生思考创业者及企业的价值，如何在国家和社会需要的时候，用自己的服务、能力和产品帮助解决实际问题，更好地为社会、为国家、为人民服务，从东软集团在新冠疫情期间向全球多个国家援驰抗疫物资的事例，去理解中国人传承人间大爱、构建人类命运共同体的精神。

隐性教育是我们借助刘积仁案例分析他是怎样从一位煤气救护工成长为我国第一位计算机应用专业博士，怎样在没有经费的情况下继续做科研，并带领东软走出中国的历程，其人格中的积极乐观、相信自我、肯定自我价值，是其成功的内在因素。

⑶教育方法：课程以“有用、有趣、有料”为特色，打造轻松易学氛围，将深奥的心理学知识浅显化呈现，师生互动将创新创业现象中的心理学规律谱系化呈现，生生互动将团体辅导、角色扮演引入线下课堂，帮助学生体会积极心理对创新创业的助推作用。

⑷载体途径：课程教学以三种课堂为载体，把思政内容融入以慕课为基础的第一课堂，以团体辅导、角色扮演为依托的第二课堂，以个人实践为驱动的第三课堂中，三个课堂各有侧重，合力发挥课程育人、思政育人的特色。

三、案例特色与成效

⑴案例特色：贴近生活。案例来自学生耳熟能详的创业企业，学生有了解的兴趣，有切身的体会和感受，在潜移默化中实现思政引领。本案例通过对影响创业成功率的因素进行分析，引入“积极自我、积极情绪是对创业成功与否的重要内在影响”的观点；从分析高自尊者的优势，使学生勇于创新、敢于迎接挑战；组织学生分组讨论，刘积仁是如何识别商机创立东软集团的，使学生理性看待自己的专业，服务社会。

⑵成效：使学生在结课时实现对创新创业活动的深度理解与思考，改变对创新创业表层肤浅的认识，能够深入思考其成功或失败的心理学原因，从而对于加强“人本观念”并对“自身人格的健全与发展”起到示范作用，潜移默化地影响学生的价值导向，强化其道德修养及社会责任感。

案例 5　大学物理(一)

课程类型：公共基础课(含文化素质课)
教育赛道：本科教育
开课年级：大一年级
面向专业：食品科学与工程
部　　门：理学院

案例视频

学　　校：广东石油化工学院

案例教师或团队成员信息(第 1 位为教学案例负责人)：

姓名	职务	职称	部门
薛鹏	教师	讲师	理学院
吴登平	物理系主任兼物理教研室主任	副教授	理学院
陆霁	物理系副主任兼物理教研室副主任	副教授	理学院

一、课程目标

1. 学情分析

授课对象为食品科学与工程专业大一年级学生，传统授课存在以下问题：

(1)学生较难将理论与生活或专业结合，应用能力不足。

(2)学生课堂参与度低，没有形成解决复杂问题的综合能力和高级思维。

2. 课程目标

2018 年，教育部、工业和信息化部、中国工程院发布了《关于加快建设发展新工科实施卓越工程师教育培养计划 2.0 的意见》，目的是着力提升学生解决复杂工程问题的能力，培养以造福人类和可持续发展为理念的现代工程师。

广东石油化工学院作为“卓越计划”高校以及省高水平理工科大学建设高校，非常注重应用型人才的培养。结合该专业人才培养目标，即能够融会贯通数理、自然科学知识，具备以跨学科思维解决复杂工程问题的能力，通过学习“大学物理(一)”课程，学生应达到的目标如图 1 所示。

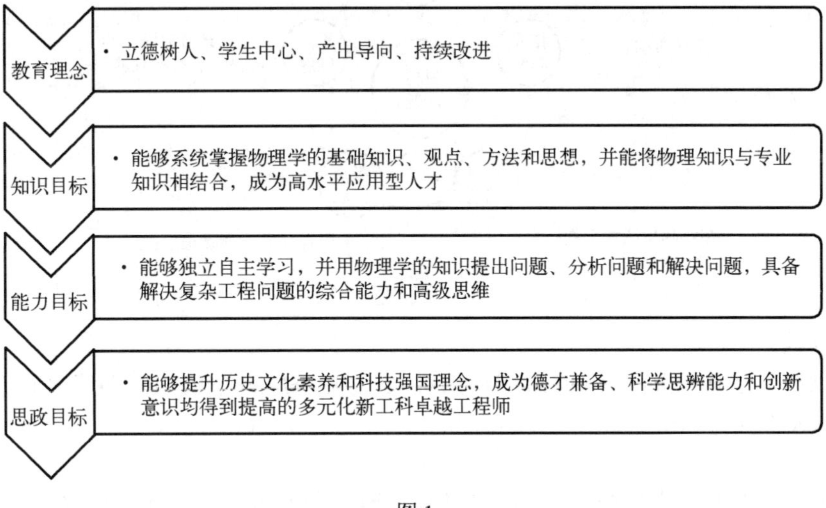
教育理念
· 立德树人、学生中心、产出导向、持续改进
知识目标
· 能够系统掌握物理学的基础知识、观点、方法和思想，并能将物理知识与专业知识相结合，成为高水平应用型人才
能力目标
· 能够独立自主学习，并用物理学的知识提出问题、分析问题和解决问题，具备解决复杂工程问题的综合能力和高级思维
思政目标
· 能够提升历史文化素养和科技强国理念，成为德才兼备、科学思辨能力和创新意识均得到提高的多元化新工科卓越工程师

图 1

二、课程思政案例设计

1. 课程总体教学设计

课程总体教学设计如图 2 所示。以“角动量及角动量守恒定律”为例，采用智慧树平台＋讲解＋分组讨论＋目标问题导向的混合式教学模式，旨在引导学生在分析、讨论和解决问题的过程中掌握知识、形成能力、养成素质，逐步实现“立德树人、学生中心、产出导向、持续改进”的教育理念。

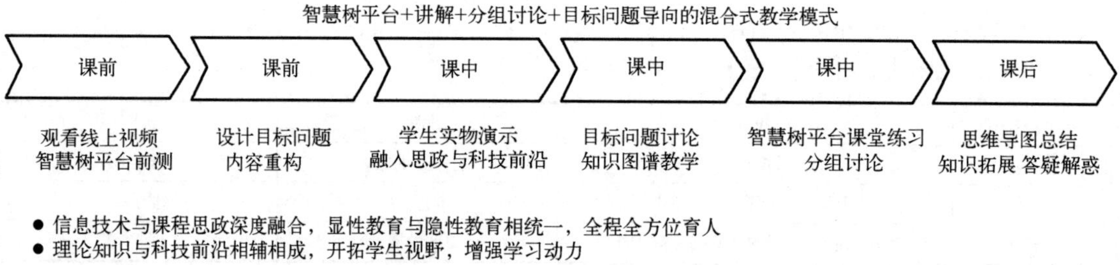
智慧树平台+讲解+分组讨论+目标问题导向的混合式教学模式
课前
课前
课中
课中
课中
课后
观看线上视频
智慧树平台前测
设计目标问题
内容重构
学生实物演示
融入思政与科技前沿
目标问题讨论
知识图谱教学
智慧树平台课堂练习
分组讨论
思维导图总结
知识拓展 答疑解惑
● 信息技术与课程思政深度融合，显性教育与隐性教育相统一，全程全方位育人
● 理论知识与科技前沿相辅相成，开拓学生视野，增强学习动力

图 2

2. 课程思政设计

本案例课程思政设计，根据学生在智慧树平台的前测结果，设计目标问题，进行教学内容重构。以目标问题为主线，融入思政教育，将思政点分成显性思政和隐性思政两部分，并以隐性思政为主，即不明确指出，让学生在学习过程中和课后自行体会。做到显性思政不突兀，隐性思政润无声，培养“德智体美劳”全面发展的多元化新工科卓越工程师。

3. 目标问题导向式教学

由教师根据教学目标提出问题，学生课前预习、查找资料，课上积极参与问题讨论，课后自主寻找扩展问题的答案。通过解决不同层次的问题，培养学生的综合素质和知识应用的能力，同时注重学生的个性化培养与价值引领。目标问题一般分为五类，设计原则以学生为中心，如图 3 所示。

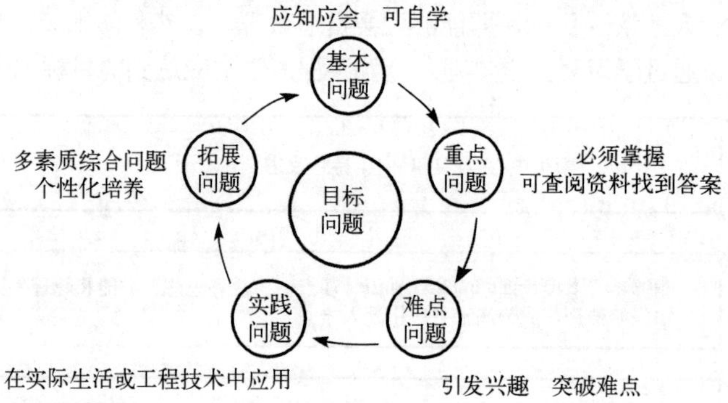
应知应会 可自学
基本问题
重点问题
必须掌握
可查阅资料找到答案
难点问题
引发兴趣 突破难点
实践问题
在实际生活或工程技术中应用
拓展问题
多素质综合问题
个性化培养
目标问题

图 3

1) 基本问题

采用智慧树平台邀请学生回答基本问题，然后介绍被中香炉的历史，随后邀请学生进行实物演示，让学生体会悠久的中华文化。

2) 重点问题

通过提问并采用知识图谱解析被中香炉的力学原理，从分析研究对象到最终解决问题，培养学生解决复杂工程问题的科学思维。

3) 难点问题

通过讲解及动画演示解释被中香炉的巧妙结构，培养学生的创新意识，随后进行随堂练习。

4) 实践问题

播放 CCTV13 中国空间站“太空转身”视频，让学生分组讨论并解释原理，体会科技强国理念。

5) 拓展问题

学生课后扫描二维码、查阅资料，感受源远流长的中华文化。

三、案例特色与成效

1. 案例特色

(1) 融入思政。思政包括显性思政和隐性思政，以隐性思政为主。显性思政不突兀，隐性思政润无声。

(2) 目标问题导向。重构教学内容，以目标问题为主线，融入思政，培养“德智体美劳”全面发展的应用型人才。

(3) 数字化教学。团队在智慧树平台录制了视频，建立了思政库、课件库、题库和知识图谱，利用二维码拓展课后知识，进行数字化教学。

2. 改革成效

课程为省级一流本科课程；团队获省物理比赛二等奖、省数字化转型案例三等奖；课程被评为“慕课十年典型案例”，获校教学比赛二等奖。

案例 6　大学生创新创业基础

课程类型：公共基础课(含文化素质课)

教育赛道：本科教育

开课年级：大二年级

面向专业：所有专业

部　　门：创新创业学院

学　　校：广西师范大学

案例视频

案例教师或团队成员信息(第 1 位为教学案例负责人)：

姓名	职务	职称	部门
廖芳	创新创业学院教学科研部部长	讲师	创新创业学院

一、课程目标

结合广西师范大学教师教育特色鲜明的办学理念，课程作为公共基础必修课，面向全校本科大二年级学生开设，课时安排 34 学时，计 2 学分，采取线上线下混合式授课方式，每学年约有 7000 人参与学习。

课程紧密围绕习近平总书记提出的“要提升教育服务经济社会发展能力，调整优化高校区域布局、学科结构、专业设置，建立健全学科专业动态调整机制，加快一流大学和一流学科建设，推进产学研协同创新，积极投身实施创新驱动发展战略，着重培养创新型、复合型、应用型人才”的要求，以学生发展为中心，确定以下课程目标。

(1) 知识层面：通过“学党史”“企业家创业故事案例群”等融合国际前沿的效果推理、设计思维、精益创业的理论，让学生掌握创新创业知识和方法论。

(2) 能力层面：采取基于成果导向的项目式实践教学活动，使学生理解开展创新创业活动所需要的人生价值画布、商业模式画布等相关工具及技能储备，提升学生分析问题、阐释问题和解决复杂问题的能力。

(3) 价值层面：激发学生为实现中华民族伟大复兴做合格时代新人的责任意识，培养学生家国情怀、新时代企业家精神和“敢闯会创”的核心素养。

(4) 成果层面：使学生在结课时实现人人会写商业计划书、个个懂上台路演。

二、课程思政案例设计

本课程坚持以立德树人为根本，将习近平总书记关于教育的重要论述作为课程思政建设方向和重点，贯穿课程内容和教学全过程。本课程思政案例设计教学内容为“创业思维训练”。

1. 课程思政德育目标

(1)树立成为合格“时代新人”的政治理想。

(2)确定乌卡时代做“创新创业有生力量”的思想认同。

(3)学习中国共产党的奋斗史和企业家精神，建立创业者思维的“资源观”。

2. 思政教育融合点

(1)在教学设计中，融入习近平总书记关于“创新创业创造”的重要论述及在全国教育大会上的重要讲话精神，鼓励学生将自己的人生追求与国家发展进步、人民伟大实践紧密结合起来，激发学生在“创新型、复合型、实践型”人才培养目标下勇于探索“新思维”“新方法”“新工具”。

(2)在教学内容中，重点结合中国共产党的奋斗史和救国实业家张謇的案例，让学生通过“学史明理”，理解本次课程的重点知识——基于效果推理的创业思维，激发学生实现中华民族伟大复兴的责任担当和家国情怀。

(3)在教学过程中，通过设计“具有创新精神的大学校长的未来教室”体验活动，鼓励学生勇于创新，培养学生“敢闯会创”的素质。

(4)在教学反思中，通过中国共产党奋斗史中的“小米加步枪”精神，强化从拥有的资源出发创造价值的基于效果推理理论的创业思维的内涵。

3. 教育方法和载体途径

(1)在教育方法上，课程设计以学生发展为中心，实行“链接—呈现—体验—反思—行动”五步教学法，课程思政以此五步法为轴线进行深化融合。第一，通过“本专业学生未来从事工作”的启发建立链接；第二，通过救国实业家张謇的案例呈现基于效果推理理论的创业思维；第三，通过让学生体验“具有创新精神的大学校长的未来教室”的设计，鼓励团队协作创造和创新设计；第四，反思环节，提升学生认知；第五，通过课后“5元钱大挑战行动”，形成知识迁移。

(2)在载体途径上，课程充分利用现代信息技术，采用线上线下混合式载体。线上学习理论知识，线下实现互动体验和讨论；并建立翻转课堂，通过智能投屏进行签到、抢答、头脑风暴等互动，大幅提升学生的学习主动性和积极性，提升学习效果。

三、案例特色与成效

1. 本案例特色

(1)坚持以立德树人为本，将课程思政有效融入教学全过程。本课程从开篇导入习近平总书记关于“创新创业创造”的重要论述，到反思中国共产党奋斗史中的“小米加步枪”精神，结合知识要点全程融入，厚植学生的爱国情怀和企业家精神。

(2)坚持以学生发展为中心，创新地采用五步教学法。课程通过“链接—呈现—体验—反思—行动”五步实现课程的启发式、探究式和讨论式教育方法，助力课程思政有效融入。

(3)充分利用现代信息技术，实施翻转课堂，实现混合式教学。课堂充分利用智能投屏、签到、抢答等工具进行互动，深受学生喜欢。

2. 教学改革成效

(1)本课程获批首批国家级一流本科课程的认定。

(2)课程选课高校多，互动性强，社会影响广泛。本课程目前选课高校已达 70 多所，选课人数达 7 万多人，互动次数达 47 万多次。直播见面课在智慧树平台观看 1.9 万人次。

案例 7　设计小白的创新工坊

课程类型：公共基础课(含文化素质课)
教育赛道：本科教育
开课年级：所有年级
面向专业：所有专业
部　　门：设计学院
学　　校：广西师范大学

案例视频

案例教师或团队成员信息(第 1 位为教学案例负责人)：

姓名	职务	职称	部门
周游天	教师	讲师	设计学院
徐晨帆	教师	讲师	设计学院

一、课程目标

该课程为广西壮族自治区一流本科课程，依托教育部双创教育示范高校和设计学科软科排名全省第一的优势，针对创新创业发展需求展开“设计＋创新创业”专创融合课程探索。引导学生将有价值的想法变成现实，能够用设计解决实际问题，通过设计普及教育培养复合型人才。

1. 掌握四大模块知识

学生通过课程学习掌握设计认知(创想)、美学践行(创意)、有效解决(创新)、综合生成(创业)四大模块的知识。

2. 提升三大核心能力

培养学生的“设计思维”“设计审美”“设计应用”三大核心能力。

3. 树立一个情感价值目标

培养拥有使命感、责任心及坚定信念的青年一代先进文化传播者。将思政元素自然融入，使其理解设计的意义和价值，形成正确的世界观。

二、课程思政案例设计

本案例设计以“H5 广告创意：从 A4 纸到 H5”为例。

本教学内容来自原创文化素质课“设计小白的创新工坊”第四篇章“创业实践工坊”4.6 节，教学内容以新中国成立 70 周年等主题案例展示数字时代 H5 广告的媒介手段与表现形式。

1. 课程思政德育目标及融合点

(1)通过新中国成立 70 周年主题 H5，体验峥嵘岁月，激发爱国热情。

2019 年是新中国成立 70 周年，相较于以往说教形式的爱国主题广告，这一年的 H5 用“70 年换装秀”“我们都是升旗手”等主题充分与手机前的观众互动，通过数字手段让年轻一代真切感受 70 年来每一代年轻人的青春与荣光、每一寸山河背后的热血与澎湃，使学生在了解 H5 广告创意形式的同时激发爱国热情，学会更好地纪念历史、感恩今天。

(2)通过新中国成立 70 周年及防疫、垃圾分类等时事主题 H5，树立设计服务于人民的艺术创作观，树立用设计讲好中国故事的意识。

新中国成立70周年与时事主题的成功案例展现了H5的基本表现形式及如何利用数字手段完成传情达意、科学普及的目的，引导学生建立正确的社会主义核心价值观，理解个人价值是可以和社会价值相统一的，优秀的设计作品在实现个人价值(取得商业成功)的同时可以服务社会、实现社会价值。以 H5 为代表的现代数字科技不只是冷冰冰的技术，更需要融入真情实感、深入生活方能直抵人心，树立学生服务社会、服务生活的艺术创作观，建立用设计讲好中国故事、服务中国用户的意识。

2. 教育方法和载体途径

课前通过教师角色扮演、拍摄短剧的方式，创新性地进行课程导入。课中充分利用线上课程优势，以视频案例为主、教师讲授为辅丰富课程内容，吸引学生的注意力，提升教学效果。

三、案例特色与成效

1. 案例特色

1)创新教学内容

摘取人民日报、共青团中央制作的庆祝新中国成立70周年、抗疫等社会影响力较大的H5广告作为案例，从设计视角重新解读并呈现思政元素，达到德育目标，其内容具有时代性、创新性。

2)创新教学方法

通过教师角色扮演，以短剧进行课程导入。短剧中由教师扮演喜欢明星的学生，该形式能迅速拉近教师与学生的距离，吸引学生的注意力并使其更快融入课堂、更好地参与教学过程。学生普遍反映喜爱这一教学形式。

3)创新教学设计

“H5广告创意：从A4纸到H5”由知识点的“呈现＋描述”构成，教学知识点专题名称极具吸引力。

2. 教学改革成效

通过教学，学生不仅理解了 H5 广告的表现形式与应用领域，还加强了作为中国设计师为今日中国而设计的社会责任感与讲好明日中国故事的职业使命感。推动青年一代积极成为社会主义先进文化的传播者。

案例8 军事理论

课程类型：公共基础课(含文化素质课)

教育赛道：本科教育

开课年级：大一年级

面向专业：所有专业

部　　门：学生工作部(处)/武装部

学　　校：哈尔滨工程大学

案例视频

案例教师或团队成员信息(第1位为教学案例负责人)：

姓名	职务	职称	部门
李秋荣	教师	副教授	学生工作部(处)/武装部

一、课程目标

(1)知识目标：围绕学校“三海一核”国防办学特色，帮助学生掌握军事基础知识，包括中国国防、国家安全、军事思想、现代战争和武器装备等五方面。

⑵ 能力目标：帮助学生树立正确的国防观，传承红色基因、汇聚强军力量，提高学生基本军事素养和综合国防素质。帮助学生树立正确的大局观，把握全局，对于不同国家不同国防类型的选择和而不同、协和万邦；帮助学生树立正确的角色观，理解我国的国防方针政策。

⑶ 素质目标：帮助学生培育和践行社会主义核心价值观，弘扬爱国精神、增强国防观念，使“为船为海为国防”的理想信念扎根于心，谋海济国，勤学、善思、力行，把爱国之心化为报国之行，书写绚烂无悔的青春篇章。

二、课程思政案例设计

本案例围绕第一章第一节国防概述的“国防基本类型” 知识点展开设计，讲解扩张型、自卫型、联盟型和中立型等基本国防类型，以及美国、北约、瑞士、中国等典型代表。

1. 课程思政和教育融合点

⑴ “国富才能军强，军强却不称霸”的国防观。只有口袋满，才能拳头硬。这是富国与强军的军事辩证法。但驳斥“修昔底德陷阱”即“国强必霸、争霸必战”的错误逻辑，中国绝不走“国强必霸”之路。

⑵ “强国必须强军，军强才能国安”的安全观。在第二次世界大战期间作为中立国的瑞士、比利时和卢森堡就是很好的例证。天下虽安，忘战必危。增强学生的忧患意识，居安思危。

⑶ “计利当计天下利，求名应求万世名”的大局观和角色观。高瞻远瞩大视野、胸怀天下大格局，行天下之道、和睦相处，做好新时代大国和新时代青年的责任担当，培养学生成为堪当民族复兴重任的时代新人。

⑷ “万物并育而不相害，道并行而不相悖”的文明观。不同国家的国防类型选择各异，求同存异、和而不同、协和万邦，弘扬中华优秀传统文化思想，坚定新时代大学生的文化自信。

⑸ “能战方能止战”的军事辩证思维。培养学生的军事哲学思维。能战方能止战，准备打才可能不必打，越不能打越可能挨打，这是战争与和平的军事辩证法。强军兴军、强国强军，为中华民族伟大复兴提供战略支撑。

2. 教育方法和载体途径

⑴ 依托智慧树平台，采用线上线下混合式教学。以问题系列清单为导引，分为“课前任务布置—课上教学互动—课后探究反思”等多个教学环节，环环相扣。

⑵ 依据“内化于心—外化于行—知行合一”理念，分为“理论学习—任务驱动—实践研学”多个模块，相互联动。其中，“任务”可由提出—思索—研究—解决的问题链形式来“驱动”；“实践研学”可参观本校哈军工纪念馆等。

⑶ 将教师讲授法、对比教学法、案例分析法、合作探究法等多种教学方法融合，调动学生积极性，抛砖引玉，启发学生积极思考，达到学有所思、学有所获的教学效果。

三、案例特色与成效

1. 案例特色

⑴ 调整讲授顺序，打破传统模式。创新性地调整国防基本类型的讲授顺序。原因一，自卫型国防主要讲中国，放在最后，可以重点突出；原因二，结尾升华为新时代中国青年的责任担当，融合思政，衔接自然。

⑵ 先提问后排除，创新教学衔接。一改传统叙述过渡模式，采用提问＋启发＋排除方式，既对前面内容及时复习巩固，也能提高学生的思辨能力。

(3)科学合理扩展，提高教学效能。引入习近平强军思想等；引入“居安思危”的中华传统国家安全战略思想，坚定文化自信。

2. 教改成效

将研究成果有效融入教学实践，“军事理论”课程被认定为首批国家级一流本科课程，案例负责人获哈尔滨工程大学“我最喜爱的老师”荣誉称号。

案例 9　大学语文

课程类型：公共基础课(含文化素质课)
教育赛道：本科教育
开课年级：大一年级
面向专业：非中文专业
部　　门：文学院
学　　校：湖北师范大学

案例视频

案例教师或团队成员信息(第 1 位为教学案例负责人)：

姓名	职务	职称	部门
和艳芳	教师	讲师	文学院
赵爱武	教师	教授	文学院
王阅	教师	讲师	文学院

一、课程目标

课程目标如图 1 所示。

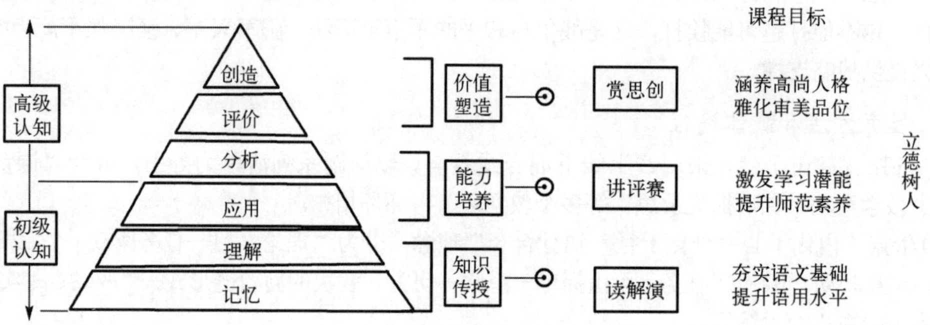
课程目标
创造
评价
分析
应用
理解
记忆
高级认知
初级认知
价值塑造
能力培养
知识传授
赏思创
讲评赛
读解演
涵养高尚人格
雅化审美品位
激发学习潜能
提升师范素养
夯实语文基础
提升语用水平
立德树人

图 1

(1)知识传授：通过对文学作品的“读解演”，夯实语文基础，提升语用水平。立足学校、专业定位，使学生系统掌握文字、文学、写作知识，理解不同文体的特征，将来成为核心素质过硬的优秀中学教师。

(2)能力培养：通过实践训练的“讲评赛”，激发学习潜能，提升师范素养。对标师范生毕业要求，强化实训，启智长技；增强运用普通话、创作应用文的自觉性，培养学生阅读分析能力、论文写作能力。

(3)价值塑造：通过对文学文本的“赏思创”，涵养高尚人格，雅化审美品位。将课程思政贯穿课程学习，拓宽文化视野，塑造健全人格；确立对真善美的辨别和鉴赏，培养高尚情趣；领悟传统文化内涵，传承中华文化；使学生能在未来的教师工作中，结合专业，立德树人，弘扬文化。

二、课程思政案例设计

1. 课程思政德育目标

(1) 通过对教师原创诗歌《诗意国文》的诵、解、思，激发文化自信和民族自信，以及对优秀传统文化的热爱。

(2) 将名词串联写作方法，运用到自身专业中，能够在未来的教师工作中，结合自身专业，立德树人，弘扬中华文化。

2. 思政教育融合点

思政教育融合点如表 1 所示。

表 1

教学内容	思政融合点
中华文化历史悠久	爱中国文化
古代汉语的发展	品中国经典
名楼名篇	发中国声音
祖国山川	赏中国美景
古代著作中的人物形象	听中国故事
孔子对诗经的评价：思无邪	涵养高尚人格
对骈文的评价	梳理思辨观点
文字学著作	弘扬汉字文化
出土文献和传世文献	拓展文化视野
名词串联写作特色	雅化审美品位

3. 教学方法

教学方法采用朗诵法、任务驱动法、小组合作探究法。

4. 载体途径与时长设计

载体途径如图 2 所示。

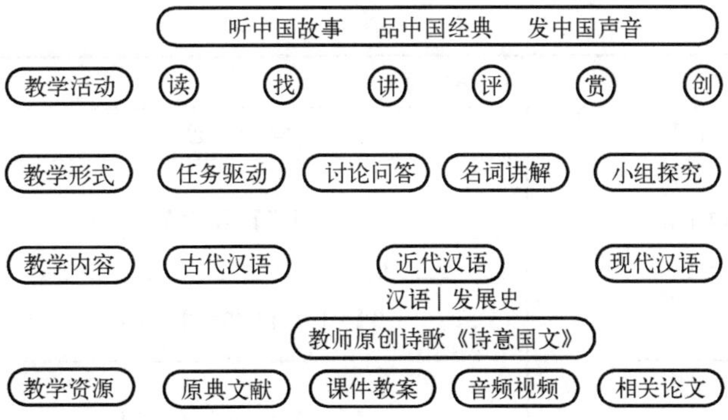
听中国故事 品中国经典 发中国声音
教学活动
读
找
讲
评
赏
创
教学形式
任务驱动
讨论问答
名词讲解
小组探究
教学内容
古代汉语
近代汉语
现代汉语
汉语 | 发展史
教师原创诗歌《诗意国文》
教学资源
原典文献
课件教案
音频视频
相关论文

图 2

时长设计如图 3 所示。

5. 教学过程

教学过程按照以下三个阶段所示。

(1) 第一阶段：课前学情调查，设计意图为：教师了解学情，学生熟悉内容。

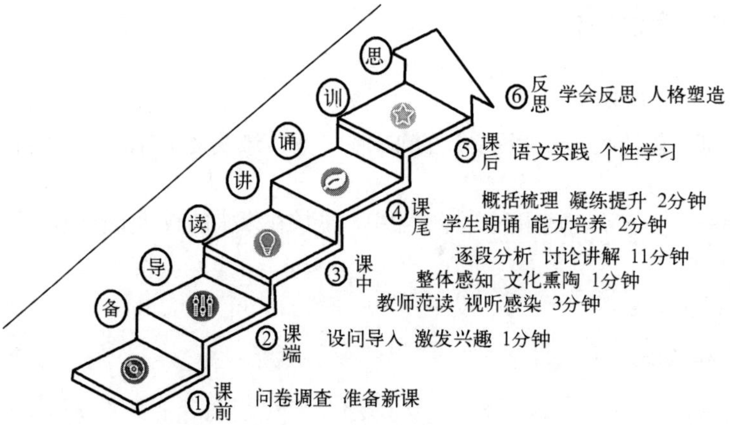
思
训
诵
讲
读
导
备
⑥反思 学会反思 人格塑造
⑤课后 语文实践 个性学习
④课尾 概括梳理 凝练提升 2分钟
学生朗诵 能力培养 2分钟
③课中 逐段分析 讨论讲解 11分钟
整体感知 文化熏陶 1分钟
教师范读 视听感染 3分钟
②课端 设问导入 激发兴趣 1分钟
①课前 问卷调查 准备新课

图 3

① 教师发放问卷，布置预习任务。

② 学生填写问卷，查找资料并完成学案。

(2)第二阶段：知识内化到课端和课中。

课端内容如表 2 所示。

表 2

教学环节	教学活动		设计意图
	教师(主导)	学生(主题)	
课端	设问导入 【设问】【导入】 【板书】诗意国文	【思考】	设问导入 激发兴趣
	【前测分析】 【投影展示】	【回忆】问题 【提出】困惑	检查反馈 关注督促

课中内容如表 3 所示。

表 3

教学环节	教学活动		设计意图
	教师(主导)	学生(主题)	
课中	教师范读 【朗读】诗歌 【播放】视频	【思考】【感知】	情景建构 情绪感染
	整体感知 【过渡】	【分析】【抢答】【分层】	整体感知 文化熏陶
	逐段分析 【过渡】 【组织】学生小组讨论	【寻找】【讨论】【讲解】	逐段分析 讨论讲解
	【提问】 第 2 段有哪些名词?	第一组学生【讨论】【总结】【讲解】 《诗经》、春秋三传、《论语》、《离骚》、骈文、二陆、三曹、两司马、唐宋八大家	回顾旧知 创设情景 提升品位
	【补充】【讲解】 笙诗、“思无邪”、“春秋笔法”、对骈文的正确认识	【理解】【记忆】【反思】【质疑】 微言大义是一种怎样的写作手法?	

续表

教学环节	教学活动		设计意图
	教师(主导)	学生(主题)	
课中	【提问】 第 3 段有哪些名词？	第 2 组学生【讨论】【总结】【讲解】 《说文》、《尔雅》、《方言》、《释名》、 传世文献、出土文献	明确概念 认识文献 激发情怀
	【补充】 古代汉语不仅包括周秦时期的经典范文，还有后代仿古作品	【理解】【记忆】【反思】	
	【提问】第 4 段有哪些名词？	第 3 组学生【讨论】【总结】【讲解】 唐代变文、说唱文学、宋元戏剧、明清小说	回应测试 明确概念 熟悉语料
	【补充】变文	【理解】【记忆】【反思】	
	【概括】 第 5、6、7 段有哪些名词？	【讨论】【总结】 四大名楼、《徐霞客游记》、《文心雕龙》	情景感染 看中国美景
	小组互评 【发布】评价	【评价】	借鉴学习
	学生朗诵 【过渡】 【播放】视频	【朗诵】	情感升华
	【评价】【指导】	【改进】【提升】	改进提升
	概括梳理		概括梳理 总结提升

(3) 第三阶段：课后实践训练。

课后作业的设置融趣味性、创新性和研究性于一体，实现不同的设计意图。

① 趣味性：搜集将本专业知识串联的顺口溜、诗歌等，实现专业融合，激发兴趣。

② 创新性：以大学生活或专业学习为主题写一首诗歌，完成语文实践。

③ 研究性：选择《诗意国文》中的作品，写一篇文学批评类小论文，2000 字以上。完成学术训练、论文写作。

(4) 第四阶段：反思提升塑造。

反思提升：前一阶段的反思为后一阶段的学习积累知识、储备能力，养成终身学习能力；通过反思与领悟，涵养高尚人格。

6. 教学反思

(1) 以往大学语文教学不注重导学课的讲授，往往直接从具体文学作品入手，学生缺乏对中国文学史、汉语发展史的宏观认识。

(2) 本节课以教师原唱诗歌《诗意国文》及朗诵视频为载体，尝试探索大学语文导学课的全新教学方式，通过多元化的教学方式，拓宽文化视野。

三、案例特色与成效

1. 案例特色

1) 内容创新

本节课以教师原唱诗歌《诗意国文》为载体，尝试探索大学语文导学课的全新教学方式，以汉语发展史的观念贯穿全篇，串联文学、语言学名词；通过自制朗诵视频，激发学生兴趣。

2)形式多元

通过小组研讨，了解重要名词，拓宽文化视野，实现文文对话、生生对话、师生对话。通过教师范读、学生朗读、小组赛读等多种形式朗诵，提升朗读技巧，领悟诗歌情感。

3)思政融合

美育教育贯穿全篇，引导学生听中国故事，品中国经典，发中国声音，激发对传统文化的热爱。

2. 案例成效

学生诗歌创作作品展示(摘选其一)：

《我爱你校园》(作者：经管系2105班学生)

打竹板，走上前，老师同学们听我言：
春暖花开燕子来，书香校园换新颜。
高山流水万泉河，心有灵犀就有歌。
今天我们齐欢聚，我把校园夸一夸。
校园靓，靓校园，校园欢奏和谐歌。
绿树成荫花儿香，风光旖旎心欢畅。
质量立校目标明，德才并重展特色。
立德树人铸师魂，全面发展谋飞腾。
学生个性得张扬，探究能力得挖掘。
热爱生活树新风，团结向上记心上。

案例10 趣读财务报表

课程类型：公共基础课(含文化素质课)
教育赛道：本科教育
开课年级：所有年级
面向专业：所有专业
部　　门：旅游管理系
学　　校：华南理工大学

案例视频

案例教师或团队成员信息(第1位为教学案例负责人)：

姓名	职务	职称	部门
李沐纯	旅游规划与发展研究院副院长	教授	旅游管理系

一、课程目标

本课程是华南理工大学实施“新工科F计划”通识课程体系中“经济与管理类”的一门校级通识拓展课程。课程定位贴合“结果导向”人才培养模式要求，重点围绕新工科通识能力模型中“个人发展能力”和“社会发展能力”中的五个维度，以社会主义核心价值观为导向，构建了“三位一体”的总体教学目标，如图1所示。

课程面向全校不同年级、不同专业，选课学生90%以上来自理工科专业，缺乏经济、管理类课程的相关知识基础，对于通识课重视程度不足，投入时间相对有限。基于上述基本学情，本课程注重专业性与趣味性并存、学术性与生活化兼具，旨在解决大多数理工科专业学生“不知道财务报表是什么”“如何有效利用它们”“从哪儿看起，用哪些方法来分析”等基本问题，引导学生从财务视角去看待企业的经营、投资、融资等各项基本活动，并借助财务报表的阅读和分析加深对企业的了解，提升投资决策的能力。

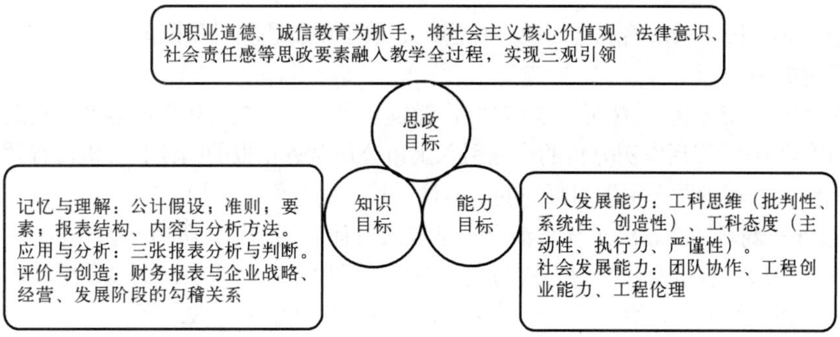
以职业道德、诚信教育为抓手，将社会主义核心价值观、法律意识、社会责任感等思政要素融入教学全过程，实现三观引领
思政目标
知识目标
能力目标
记忆与理解：公计假设；准则；要素；报表结构、内容与分析方法。
应用与分析：三张报表分析与判断。
评价与创造：财务报表与企业战略、经营、发展阶段的勾稽关系
个人发展能力：工科思维（批判性、系统性、创造性）、工科态度（主动性、执行力、严谨性）。
社会发展能力：团队协作、工程创业能力、工程伦理

图 1

二、课程思政案例设计

1. 课程思政德育目标

本案例的课程思政德育目标是树立规则意识，增强社会责任感，践行诚实守信，培养团队协作，强化批判性思维和敢于质疑的精神。

2. 思政教育融合点

子曰："人而无信，不知其可也。大车无輗，小车无軏，其何以行之哉？"在阅读和分析资产负债表的过程中，融入责任教育，引导学生树立社会责任意识，不夸大资产的实际价值，真实披露信息。诚信经营，诚实做人，强化社会主义核心价值观、社会责任感和职业道德。同时，通过对企业资产负债表中的一些可能蕴含的风险的分析，加强批判性思维训练，深入分析报表，敢于质疑，敢于创新，寻找报表背后的"秘密"与"真相"。

3. 教育方法和载体途径

本案例的总体教学设计采用 BOPPPS 的教学模式。

载体途径包括慕课自学、典型案例分析、线上平台区讨论、线下翻转课堂的团队分享等方面，具体如下：

第一环节"回顾与总结"：快速串讲第三讲资产负债表中上一小节的重要知识点，借助关键词回忆法引导学生进行知识内化和重构。

第二环节"教学目标引入"：引入本小节目标，并进行问题分解。

(1) 资产负债表是企业最重要的一张"全家福"。

(2) 资产负债表中各科目的对应活动。

(3) 资产的"虚实"如何辨别。

第三环节"教师精讲"：通过教师的线上慕课，围绕前述本小节的三个问题进行讲解。

第四环节"参与课后讨论"：线上学习部分结束后，学生需要在线上平台区参与相关问题的讨论。

第五环节"团队探究"：根据慕课的学习内容，布置相应的课后案例研究题目，以小组为单位，进行课后探究。

第六环节"团队分享"：在下次线下翻转课堂，以小组为单位，对案例分析进行展示汇报，教师点评，小组间互评，以达到进一步启发思考、深入探究的目的。

三、案例特色与成效

1. 本案例特色

第一，案例教学中思政元素的全程融入。案例教学中将规则意识教育、职业道德教育、社会责任

感、敬业诚信原则、民主与法治观念、批判性思维、敢于创新和敢于质疑的精神等思政要素“如盐入水”融于教学内容中。

第二，知识点“形象化”，彰显“趣味性”，激发学生兴趣。案例教学内容紧贴实践发展，注重结合“时事”和“热点”，课后案例分析的作业引入上市公司财务年报的阅读和分析，有效将财务数据与非财务信息相结合，在激发学生学习兴趣的同时注重培养终身学习意识。

第三，慕课＋翻转课堂、线上线下混合教学模式设计有利于知识吸收与内化。“基础知识”模块和“核心知识”模块内容以慕课学习方式为主，对于“学以致用”模块，更多采用教师精讲、串讲、案例分析、小组讨论等方式，更加有利于学生对课程内容的理解和实践运用。

2. 教学改革成效

第一，依托课程的教学改革，获得多项省级、校级项目立项，有力推动了课程的持续完善与创新。

第二，依托课程的教学改革创新，总结凝练，已公开发表五篇教研论文。

第三，课程匿名评教分数高，学生对课程的认可度和满意度高。

第四，课程已于 2019 年在中国大学 MOOC、智慧树、粤港澳大湾区高校联盟等平台上线，社会辐射面较广。

案例 11　人类学与现代生活

课程类型：公共基础课(含文化素质课)
教育赛道：本科教育
开课年级：所有年级
面向专业：所有专业
部　　门：公共管理学院
学　　校：华南农业大学

案例视频

案例教师或团队成员信息(第 1 位为教学案例负责人)：

姓名	职务	职称	部门
廖杨	公共管理学院党委委员、社会工作系副主任	教授	公共管理学院
蒙丽	教师	副研究员	广东农村政策研究中心

一、课程目标

华南农业大学有着 110 多年的办学历史，是国家“双一流”大学。学校以人才培养为工作中心，以立德树人为根本任务，发挥学科、人才、科技、信息等优势，着力培养信念执着、品德优良、知识丰富、本领过硬的高素质专门人才和拔尖创新人才，为国家、地区经济社会发展服务，为农业农村现代化和乡村振兴提供科技与人才支撑。课程目标如图 1 所示。

本课程的知识目标是让学生了解和掌握现代生活的相关知识；本案例的知识目标是使学生了解经济全球化背景下的文化交流趋势，掌握国际交往合作中涉及的文化背景和结构。本课程的能力目标是让学生从文化角度正确认识现代社会，消除认知偏差，促进社会和谐；本案例的能力目标是使学生学会运用人类文化的特殊性、多样性与普同性(统一性)来分析国际交往合作各方能够共同接受的文化价值，以此消除文化差异带来的国际交往的负面影响。本课程的素养目标是促进人文精神与科学精神、通识教育与学科专业教育，特别是农科教育的融通，实现“在不疑处有疑，于不惑处不惑”的人文素质提升；本案例的素养目标是通过国际交往合作中的文化沟通、交流与理解的案例分析，提升学生思维的高阶性和创新性。

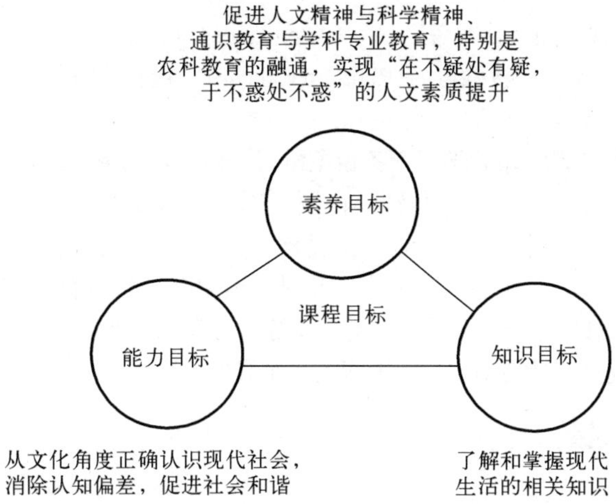
促进人文精神与科学精神、
通识教育与学科专业教育，特别是
农科教育的融通，实现“在不疑处有疑，
于不惑处不惑”的人文素质提升
素养目标
课程目标
能力目标
知识目标
从文化角度正确认识现代社会，
消除认知偏差，促进社会和谐
了解和掌握现代
生活的相关知识

图 1

二、课程思政案例设计

1. 课程思政德育目标

本课程在阐述人类学基本知识的基础上，着重选择现代婚姻家庭、精神生活、公共卫生、消费文化与族群认同、文化交流与文明交融等五个专题进行解读，以帮助青年学生更好地了解和认识他人与自我，引导他们关注社会、融入社会、解读生活、思考人生，助力人类命运共同体构建，增进人类社会的和平共处与共同发展。本案例的思政目标是充分认识民族、国家参与全球化时代经济社会合作竞争中的文化作用及其运行逻辑，培养高阶和创新思维。

2. 思政教育融合点

本课程以认知生活、融入生活和美化生活为目标，融入的课程思政元素主要包括文化多样性、美美与共、和而不同、人类文明交流互鉴和构建人类命运共同体等。

在本案例中，主要从文化人类学的角度分析了“国际交往合作中的文化交流”问题，强调文化沟通和文化交流在经济全球化、国际贸易谈判和技术转让中的独特作用，从人类文化多样性和“各美其美，美人之美、美美与共，和而不同”的思政教育角度引导学生正确看待全球化时代的文化碰撞和文明“冲突”问题，举例说明跨文化交流在全球治理、跨国公司管理中的重要作用。此外，还结合“一带一路”倡议，举例分析了中法、中德以及中国与阿拉伯国家之间的商品贸易所需要关注的商品色彩、图案、商标 LOGO 等背后隐藏的文化问题，融入人类文明交流互鉴等课程思政元素，避免经济贸易中的文化认知偏差导致的不利影响。

本案例强调了文化的整体观，引导学生在全球文化的多样性当中去寻求它内在的合理性和秩序性，去认同和尊重别人的文化，欣赏别人的文化，才能更好地沟通交流；只有在理解别的国家、别的民族、别的文化的基础上，才能接受和尊重世界文化的多样性和人类价值观的多元性，以此消除文化差异可能带来的负面影响，提升学生思维的高阶性和创新性。

3. 教育方法和载体途径

本课程采用线上线下混合式教学模式，课前通过智慧树平台发布每章的课件、参考资料、线上自主学习资料(慕课视频)和“问答讨论”题，通过发布课件和讨论问题，引导、指导和督导学生开展线上自主学习；课中借助开展前测、内容串讲、答疑讨论、知识拓展、弹幕投稿、后测及布置课后学习任务等，实施课堂翻转。

课中教学采用 AQDRAV 模式，即考勤签到(Attendance sign in)、提问或测试(Question or test)、翻转课堂讨论(Discussion in class)、随机点名(Random roll call)、抢答或答疑(Answer questions)、学习效果投票(Vote for learning effect)。

课后让学生根据课中布置的课后学习任务自主学习，内容包括下一次课的课件、参考资料、线上自主学习资料(慕课视频)和讨论题等，以及此前尚未完成的在线学习任务。

课程考核采用过程化与个性化相结合、形成性评价与结果性评价相结合方式，课程总评成绩=考勤 10%＋平时成绩 40%＋期末考核 50%。其中，平时成绩 40%=智慧树平台在线学习情况 15%＋在线学习情况(讨论、作业、测试等)15%＋课堂讨论交流等学习表现 10%；期末考核 50%=在线完成 3～5 题客观题和 2～3 题主观题(包括绘制本课程知识的思维导图等)。

三、案例特色与成效

1. 案例特色

本课程教学内容源于生活，却又高于生活；通过课程知识的讲授和现实生活相关话题的讨论与交流，引导学生关注社会，热爱生活，增强文化自信，消除认知偏差，铸牢全球化时代和人工智能时代的人类命运共同体意识，实现知识目标、能力目标和素养目标的"合一"；同时兼顾通识教育的普惠性和本校农工等学科专业的特殊性，在多学科专业交叉渗透中彰显人文素质教育特色。本案例视频为随堂录制的精品视频(2016 年 5 月录制)，后以慕课方式切分和编辑，上线"学习强国"——广东学习平台——慕课讲堂、智慧树及主讲教师运行的课程微信公众号(文化与现代生活)等平台，实现课程视频资源平台多元化。

2. 主要成效

(1)学生对本课程的教学评价较好，优秀率达 90%以上，改革成效明显，显示了良好的育人目标与教学目标达成度。校内督导和同行评价较好，认为本课程"教学理念先进，实施翻转课堂教学，教学效果好；教学内容丰富，融入课程思政元素；能有效调动学生学习的自主性和积极性，学生课堂参与度高，教学方法和考核评价有所创新"。校外同行专家兰州大学历史文化学院博士生导师杨文炯教授、中国农业大学人文与发展学院博士生导师饶静教授、上海大学人文学院博士生导师程恭让教授、广西民族大学民族学与社会学学院博士生导师付广华研究员等都对本课程给予高度评价。

(2)本课程智慧树平台("现代生活的文化解读")取得良好成效，目前已有四川师范大学、云南大学滇池学院、西南科技大学城市学院、重庆青年职业技术学院、汉中职业技术学院、鄂尔多斯应用技术学院、昌吉学院等多所西部地区院校选用本课程。截至 2023 年 7 月 18 日 19 时，选课学校 21 所，累计选课 7343 人，累计互动 1.22 万次，累计浏览 2.46 万次。

(3)本课程于 2019 年 12 月 4 日上线"学习强国"——广东学习平台——慕课讲堂，2020 年 12 月被认定为广东省线上线下混合式一流课程，2023 年 5 月被认定为第二批国家级一流本科课程(线上线下混合式课程)；依托本课程的教学成果获得省级二等奖 1 项，校级一等奖 2 项、二等奖 2 项；主讲教师荣获校级教学名师、师德标兵、"教书育人"先进个人、广东省优秀社会科学普及专家和全国优秀社会科学普及名家等荣誉称号。

案例 12 自愈心理学

课程类型：公共基础课(含文化素质课)

教育赛道：本科教育

开课年级：所有年级

面向专业：所有专业

案例视频

部　　门：教育与心理科学学院
学　　校：济南大学
案例教师或团队成员信息(第 1 位为教学案例负责人)：

姓名	职务	职称	部门
冯晶	教师	副教授	教育与心理科学学院

一、课程目标

课程定位："自愈心理学"是一门在线的通识选修课程。

课程目标：提高大学生的整体健康素养，培养学生自己疗愈自己心理的能力。

课程目标：以掌握东西方自愈心理学知识为专业知识目标，以锻炼学生自己疗愈自己心理为能力目标，以培养学生的生命情怀为素养目标。

学生情况：在高校的培养目标中，要求学生在校期间除学习专业课程外，还要加强学生心理健康教育的力度。所以，"自愈心理学"课程既符合教育需求，也符合学生成长需求。在专业人才培养要求方面，使学生掌握国内外经典的心理疗法，提高对自身健康的预防、诊断和干预能力。同时，通过课程思政实现对学生的素质教育，培养学生的健康人格。

二、课程思政案例设计

课程思政案例设计部分内容如下。

1. 导入(Bridge)

(1)在课程导入环节进行课程思政隐性教育。

(2)通过启发式教学方法进行教学引导，实现课程思政德育目标：诚信人格、诚信社会。

(3)思政教育融合点设计。

融入课程思政元素——诚信人格，诚信社会。

在人类十大奢侈品中只有一种与身体健康相关，那就是睡眠。其实很多心理障碍的形成都是意识委屈了身体，做自己不愿做的事情。但我们的身体是最诚实的，我们的本能是不能被强制压抑的。所以"真诚"地、"诚实"地对待自己是健康的第一步。那我们对待他人和社会是不是也应该诚实做人呢？让我们共建诚信社会。

2. P 前测(Pre-assessment)

(1)在教学前测环节进行课程思政隐性教育。

(2)通过比较式教学方法引导教学，如引导分析课程前测数据、数据分析与思考，实现课程思政德育目标：中国人的幸福指数。

(3)思政教育融合点设计。

融入课程思政元素——中国人的幸福指数。

大学生平均一天睡多长时间呢？

从晚上 11 点到第二天早晨 7 点，总体睡眠时间为 8 小时。那全世界的人们都能睡多长时间呢？他们的睡眠时间充足吗？他们会因为对新冠疫情的担心和焦虑缩短睡眠时间吗？作为一个中国人，在后疫情时期能有充足的睡眠是不是一件幸福的事呢？你们的幸福指数又是多少呢？

融入课程思政元素——民族精神，社会凝聚力。

后疫情时期各国的睡眠时间是多少呢？

由于疫情焦虑和收入降低，德国、美国、西班牙人民的平均睡眠时间为 6.1 小时，英国、意大利、泰国人民的平均睡眠时间为 5.9 小时。我们大三年级的学生平均睡眠时间为 8 小时，与世界相比，我们睡得太安稳、太安心了。那我们有没有思考过，后疫情时期是谁在“守卫”着我们的睡眠呢？是谁让我们如此安心地睡觉呢？

三、案例特色与成效

1. 案例特色

(1)融入课程思政中的心理学元素，通过“自愈心理学”培养学生健康人格。

课程思政是一种隐性教育，课程思政的元素也很分散。针对这个特点，“自愈心理学”发挥课程内容优势，使用课程思政中的“诚信人格”“中国人的幸福指数”“文化自信”等元素，来对学生的健康人格进行育成教育。

(2)挖掘课程思政中的精神元素，通过“自愈心理学”提升学生健康素养。

在课程讲授过程中，通过健康专业知识点把个体的“工匠精神”“科学精神”到群体的“民族精神”结合起来，提升学生整体的心理健康素养。

2. 教学改革成效

(1)在线通识选修课“自愈心理学”被评为校级专创融合线上示范课程。

(2)在线通识选修课“自愈心理学”顺利在智慧树平台开课。

(3)在线课程平台的互动活跃。

(4)学生积极参与课程思政元素研究，2020 年发表 3 篇小论文。

案例 13 趣谈生活税收

课程类型：公共基础课(含文化素质课)

教育赛道：本科教育

开课年级：所有年级

面向专业：所有专业

部　　门：商学院

学　　校：临沂大学

案例视频

案例教师或团队成员信息(第 1 位为教学案例负责人)：

姓名	职务	职称	部门
孙海燕	教师	讲师	商学院
何洲娥	教师	教授	商学院
于明江	教师	讲师	法学院

一、课程目标

“趣谈生活税收”为公共基础课，考虑到课程本身的特点及听课群体的多样性，课程内容聚焦与日常生活息息相关的衣食住行，个人打工、创业及投资理财的涉税问题，旨在普及税收知识，引导学生在学习本课程后做到“懂税、用税”，且“爱国、护税”。课程如图 1 所示。

为达成课程思政目标，采用了“学—思—行”递进式思政教学法。学(教师价值引领、学生践行悟学)、思(思自我、思他人、思践行)、行(课堂思行、校园试行、家庭实行、社区宣行、网络推行)，依次递进，步步导向践行，如图 2 所示。

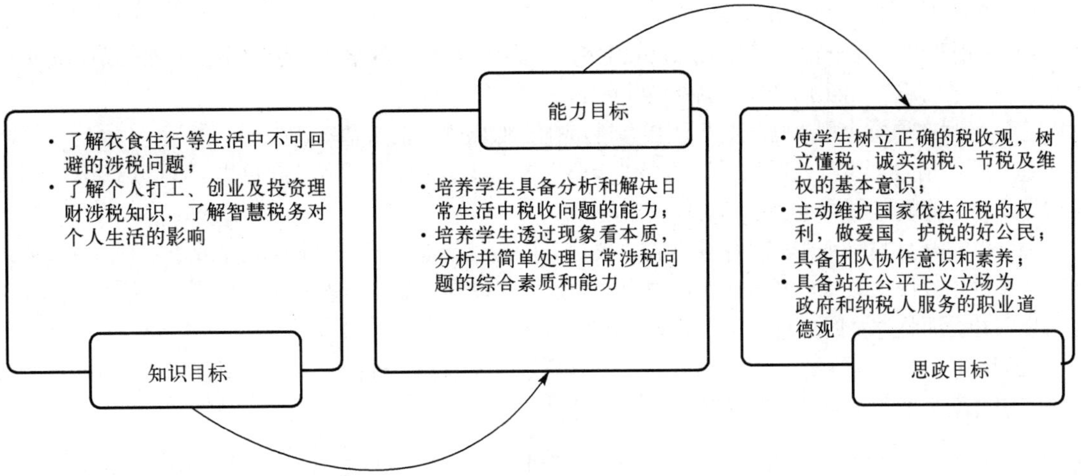
能力目标
• 了解衣食住行等生活中不可回避的涉税问题；
• 了解个人打工、创业及投资理财涉税知识，了解智慧税务对个人生活的影响
• 培养学生具备分析和解决日常生活中税收问题的能力；
• 培养学生透过现象看本质，分析并简单处理日常涉税问题的综合素质和能力
• 使学生树立正确的税收观，树立懂税、诚实纳税、节税及维权的基本意识；
• 主动维护国家依法征税的权利，做爱国、护税的好公民；
• 具备团队协作意识和素养；
• 具备站在公平正义立场为政府和纳税人服务的职业道德观
知识目标
思政目标

图 1

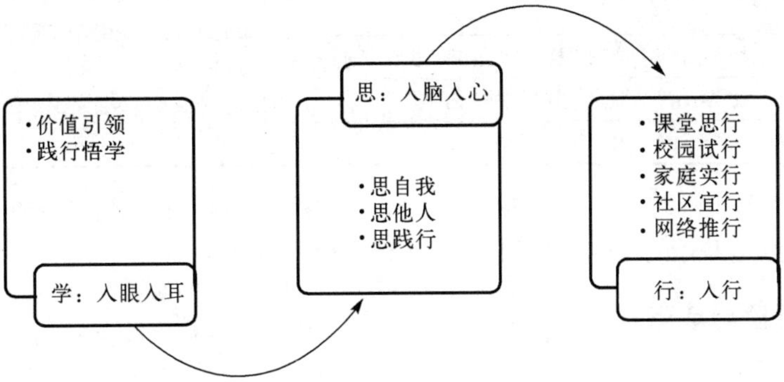
思：入脑入心
•价值引领
•践行悟学
•思自我
•思他人
•思践行
•课堂思行
•校园试行
•家庭实行
•社区宜行
•网络推行
学：入眼入耳
行：入行

图 2

二、课程思政案例设计

本次课程的主题是“汽车消费税”，作为公共基础课，首先从主题的确定上使用了较为吸引眼球的“大排量?小排量？”，这是许多购车人的苦恼，也是本次课程的“思政”焦点，即“汽车排量与节能减排的低碳生活”。

1. 思政目标

(1) 通过燃油汽车销售环节税负的计算，激发学生节能减排、低碳生活从我做起的责任心。

(2) 建立“节能减排”意识以及“打赢蓝天保卫战，匹夫有责”的责任担当。

2. 思政教育融合点

避开说教式思政，在知识点中自然融入思政元素，引导学生在获取知识的同时思考并认知对与错，继而在后续实际生活中“思而行”。

(1) 以大众普遍关心的“汽车排量”问题导入，在引发学生学习兴趣的同时，引导学生观察汽车消费税税率的设定与汽车排量的关系，并思考汽车消费税差别税率的立法初衷。

(2) 设置“投票题”，连续四次自问自答，引导学生思考实际生活中自己的做法是否符合节能减排的低碳环保理念。

3. 思政教育方法和载体途径

(1)运用“学—思—行”递进式思政教学法及“情景创设”教学法，引导学生在做投票题的同时在课堂上“学而思”，继而引导其在后续实际生活中的“思而行”。

学：教师在课堂上用“排气量”引出节能减排、低碳生活的价值观。

思：用“情景创设”教学法通过四个“投票”题，让学生角色代入，自己思考我会选择哪一类型的汽车，在选择的过程中是否会考虑环保问题。

行：用课后团队作业形式让学生制作“燃油车”与“新能源汽车”的情景剧或小视频，并调查新能源汽车的税收优惠政策，学生在对比中会进一步发现差异，坚定节能减排从我做起的信念，为学生日后步入社会面临选择时先思环保做心理暗示。

(2)用同一道“投票题”（如表 1 所示），以巧妙改变前提条件的方式来反复强调本次课程的思政主题，引导学生多角度思考“节能减排从我做起”。

表 1

环节	融入点	思政主题	授课方式
导入 第 1 次	借助投票题导入，设定“不差钱”的前提	节能减排、低碳生活、环境保护从我做起； 我国新能源技术自豪感的建立	学生 无记名投票
授课过程 第 2～4 次	借助投票题对比大小排量汽车的“税负”，设定“税收”的前提		
	借助投票题对比“环保”，设定“节能减排”的前提		
	借助投票题对比“燃油车”与“新能源汽车”		

(3)思政量化：线上学习平台科学记录课堂投票等过程性成绩；课后情景剧或小视频制作及调查新能源汽车的税收优惠政策的作业可作为团队成绩计入最终学业成绩。

三、案例特色与成效

1. 案例特色

(1)强化了课程思政的“思”与“行”效果：让思政不仅“入眼入耳”，还“入脑入心”，最终落地“入行”。

(2)思政量化。

(3)同一思政主题多环节融入专业知识的讲授。

2. 成效

(1)课程思政使学生认知改善：线上学习平台显示学生随堂测试参与率 100%，学生对问题的认知在学习前后大有不同。

(2)教师思政热情高涨：主持人获得省级课程思政讲课比赛三等奖，并多次取得校级比赛一等奖，撰写的思政论文也逐渐被录用。

案例 14 英文名著轻松学

课程类型：公共基础课(含文化素质课)
教育赛道：本科教育
开课年级：所有年级
面向专业：所有专业
部 门：外国语学院
学 校：内蒙古工业大学

案例视频

案例教师或团队成员信息(第 1 位为教学案例负责人)：

姓名	职务	职称	部门
田忠山	英语系副主任	副教授	外国语学院
王欣欣	教师	副教授	外国语学院
孙磊	英语系主任	副教授	外国语学院

一、课程目标

“英文名著轻松学”作为在线课及全校公共选修课，无先修课程要求。内蒙古工业大学学生课外英语阅读量少，听力水平有待提高，跨文化意识薄弱。本课程依据学生实际英语阅读水平和存在的相关问题，力图既要巩固其英语语言知识，又要培养其英语阅读的习惯，更要培养其跨文化意识，使其在生动有趣、浅显易懂的文学名著中对英语国家的语言和文化有更深层次的理解和把握，达到提高其对英语语言中文化的理解和知识的热爱。

本课程旨在通过学习西方经典文学题材，包括神话、悲剧、童话、诗歌和小说等培养英语综合应用能力，增强文学审美情趣，影响文化意识感知，带动阅读思考趣味，提高学生人文素养和彰显文学社会功用。

二、课程思政案例设计

1. 课程思政德育目标

(1) 基本听懂视频内容。

(2) 了解诗歌《致少女之珍惜青春》的基本主题特点。

(3) 带领学生学欣赏诗歌的意境。

(4) 中西文化对比，彰显文化自信。

2. 思政教育融合点

(1) 培养学生的美育，辩证分析什么是诗歌的意象美。

(2) 思辨性认识中西诗歌文化体现的不同的意境。

(3) 在举例上旁征博引、博古通今，达到触类旁通、陶冶情操的效果。

3. 教育方法

1) 情境共情引入

观看 *Dead Poets Society* 片段并回答问题：

① What is the title of the poem Mr. Keating asks Mr. Pits to read?

② What is the Latin term to conclude the theme of the poem?

2) 批判思维讲解

Giving the answer and study the first stanza of the poem.从总体进行分析。

3) 思政文化拓展

学习诗歌第一节的每一句，围绕赏析及翻译进行对比和拓展。

教学方法及实现手段：在线混合式教学、启发式教学、对比式教学。

载体途径：智慧树平台在线开放课程“英文名著轻松学”。

三、案例特色与成效

诗歌是语言的精华，是人类智慧的结晶。诗歌能带来美的享受，陶冶情操，提高人文修养。本案例精选了罗伯特·赫里克的《致少女之珍惜青春》。这首诗唯美清新，充满哲思，发人深省，立意独特，让人或颔首莞尔，或拍案叫绝，一定会给大家带来美的享受和真、善的启迪。本节课的前半部分对诗歌的主题和意境进行了详尽的解读和分析，下半部分就其翻译特点及注意事项进行了讲解。

就本案例来看，授课团队教师做到了寓教于乐、寓教于思、寓教于无形。学生乐于发现问题，总结规律；思考的过程、中西文化对比的过程实现了思辨性思维的培养；而最难得的是大量的引用、对比、文化自省等均渗透于教学设计的始终，做到了“润物细无声”。

案例 15　高等数学

课程类型：公共基础课(含文化素质课)
教育赛道：本科教育
开课年级：大一年级
面向专业：所有专业
部　　门：理学院
学　　校：内蒙古科技大学

案例视频

案例教师或团队成员信息(第 1 位为教学案例负责人)：

姓名	职务	职称	部门
张红霞	教师	副教授	理学院
何莉敏	教师	副教授	理学院
王娟	教师	副教授	理学院

一、课程目标

“高等数学”是全校各专业大一年级新生开设的一门公共基础课。其具有高度的抽象性和严密的逻辑性，以及知识点多、课时紧、时间长、涉及师生人数多等特点，导致部分学生学习高等数学的兴趣不高，课堂参与度较低，应用高等数学解决实际问题的能力不足。因此，可立足高等数学知识点，适时、适量地融入思政元素，渗透辩证的科学思想方法，培养学生的科学观。

(1) 专业目标：理解高等数学的基本理论和概念，掌握高等数学的思想和方法，提高利用数学解决实际问题的能力，服务后续专业课程。

(2) 育人目标：培养学生观察分析、逻辑推理、抽象思维能力；培养学生积极探索精神、创新意识和创新能力；培养学生自主学习能力、严谨务实的科学态度；培养学生团结协作意识。

二、课程思政案例设计

由于“高等数学”课程的授课对象为大一年级新生，大一阶段是学生从不成熟走向成熟的关键时期，此时引导学生树立正确的世界观、人生观和价值观尤为重要。具体的课程思政目标如下。

课程思政目标 1：通过了解我国在数学领域先进的科技进展，增强学生的中国特色社会主义道路自信和民族自豪感，坚持马克思主义的辩证唯物主义观和历史唯物主义观，形成科学思维、理性思维和辩证思维。

课程思政目标 2：通过对“追梦人”的励志经历介绍，培养学生积极的人生态度，提高学生的抗挫抗压能力，勇于挑战自我、创新发展。建立对中华优秀传统文化及科学技术的政治认同，激发学生的学习兴趣和爱国热情。

结合本视频教学案例“转动惯量”，课程思政的具体举措如下。

1. 提升教师的素养，做好学生的榜样

教师只有具备了扎实的学识，才可以游刃有余地将课程思政融入“高等数学”教学中，才能更好地为育人提供前提。教师应当尝试从不同维度进行思政案例挖掘，学习其他领域的知识，达到一定的知识储备时再探究课程思政的融入，如本案例作者在讲授转动惯量前首先学习了刚体运动学及生物力学的知识，并且查阅了相关思政案例，这样才能做到有话可说、有技可施。

2. 素质教育理论

素质教育的核心目的就是促进个人全面发展，为国家、社会的建设献上一份力量。课程思政的融入，可以加快这种发展，将社会各方面的积极因素贯穿于教学之中。本案例通过引入全红婵、阿迪力的成功事迹，让学生明白只有通过自己的勤奋努力，才能改变命运。

3. 培养学生的爱国情怀

爱国主义是重要的课程思政元素。教师任何时候都应该有一颗热忱的爱国心并融入教学，让学生在学习知识的同时树立强烈的爱国情怀。本案例通过引入从中国空间站第一视角看我们的美丽地球，告诉学生中国航天事业飞速发展，不断取得辉煌成就，离不开广大科技工作者科学严谨、坚韧不拔、勇于探索的创新精神，同时也折射了中国航天科技的自主创新能力，这种发展势头彰显着中国自信。

三、案例特色与成效

本案例不是开篇直接讲授转动惯量的概念及公式，而是通过冬奥会上花样滑冰视频来引出转动惯量，这样可以提高学生的学习兴趣。而后通过红色歌曲的唱片以及从中国空间站看美丽地球引出圆盘及球体的计算，这样将思政内容润物无声地融入“高等数学”课堂中。在转动惯量的应用举例中，我们引入全红婵、阿迪力的成功事迹，一方面给学生介绍转动惯量在生活中的应用，另一方面让学生明白只有通过勤奋刻苦的学习，才能成为国家栋梁之材。

通过把思政元素引入“高等数学”课堂，将课程内容形象化、生动化，在实现思政育人的同时，也有助于学生理解、掌握课程内容。学生的学习热情得到充分激发，师生互动明显增多，学生课堂参与度有效提升，考试成绩显著提高。

案例 16 音乐鉴赏

课程类型：公共基础课(含文化素质课)
教育赛道：本科教育
开课年级：所有年级
面向专业：所有专业
部　　门：音乐学院
学　　校：宁波大学

案例视频

案例教师或团队成员信息(第 1 位为教学案例负责人)：

姓名	职务	职称	部门
王蕾	音乐学院副院长	教授	音乐学院

一、课程目标

宁波大学在 2017 年入选国家“双一流”建设高校，也是一所地方综合性大学，通识类课程具有鲜明的学科交叉特色，学生的学习积极性高。按照培养计划要求，“思政铸魂、美育启智、艺术润心”是本课程的建设目标。

本案例内容选自通识核心课程“音乐鉴赏”，该课程是面向全校不同学科不同年级的非艺术类专业学生的限定性选修课，对选修学生在音乐专业技术知识的掌握程度上不作要求，授课注重知识性与通俗性、趣味性。本案例围绕中国声乐作品《我的祖国》展开，从内容上看教学目标如下：

(1) 了解音乐作品的创作手法、意图及音乐语言的构成，了解作品背后蕴含的深刻的爱国主义精神内涵。

(2) 掌握“联觉”的定义，了解电影音乐的作用。通过聆听、欣赏、演唱音乐感受红色经典作品，学习音乐背后的抗争精神和人民奋斗史、英雄史。

(3) 学会“联觉”理论，理解其与音乐欣赏的关系，了解音乐作品背后的人文情怀，音乐与文化的关系以及音乐的人民性。

二、课程思政案例设计

1. 课程思政德育目标

本案例从作品的流传情况和创作渊源出发，引导学生借助心理学概念“联觉”体验来聆听音乐，感受作品所表达的对于家乡故土、对于我的祖国的深深的热爱。

通过音乐作品的聆听和感受带领学生了解音乐创作的方式方法，详细解读作品中传统音乐创作手法的运用，感受我国传统音乐文化的魅力。

从音乐作品本身延伸到对词作者和曲作者的了解，了解音乐中包含的人民性和时代性。

2. 思政教育融合点

结合时事以极具代表性的中国声乐作品《我的祖国》作为欣赏的核心，在感受音乐和了解音乐知识的同时，进一步了解我国重大历史事件，提升爱国热情。

以音乐为本体，挖掘隐性教育资源，融合歌曲《我的祖国》包含的历史背景，了解歌曲中所表达的对为国家建设付出生命的烈士们的崇高敬意及赞美之情。

了解作品的创作者乔羽，结合地方文化资源，增强学生对我国声乐作品和我国传统音乐的创作形式的了解，帮助学生理解音乐的人民性并树立民族自信心。

3. 教育方法

1) 情景导入

通过歌曲《让我们荡起双桨》和《难忘今宵》导入词作者乔羽，以“你们人生中第一首启蒙歌曲”为题引入对作品《我的祖国》的欣赏，并用演唱的方式(结合作品创作背景)，以抗美援朝作为切入点表现人民深刻的爱国主义情怀。

2) 作品分析

解析作品创作背景与作者的创作意图，引出词作家乔羽的创作灵感与创作经历，运用家乡故土美丽的大河场景来反衬战争的残酷，以及抗美援朝战士对祖国深深的依恋，并分析音乐中的一个主要元素——歌词在“联觉”上的关系对应表。

3) 解构背景，活化历史

研究作品的创作历程和处理方式，通过对歌词及作品背后故事的深入解读，带领学生理解作品，感悟内心更为深刻和具体的情感表达。

4. 载体途径

本案例采用的是视频微课的形式，以视频材料和教师解说相结合，与学生保持互动，以作品结合地方历史使得音乐的核心思想更为突出，感受音乐带给人们的难以替代的力量。

三、案例特色与成效

1. 案例特色

本案例结合我国历史重大事件、地方红色文化、当下时事与个人解读，深度分析《我的祖国》的创作手法、创作历程及创作意义，结合歌词的创作手法聆听音乐，掌握运用心理学“联觉”理论去欣赏音乐，体会音乐中所包含的深层次情感的表达。

2. 教学改革成效

成效：经过 15 年的教学改革，课程思政教学团队共荣获 70 多个国家以及省市教学类和专业竞赛的奖项，线上线下选课学生突破 15 万人，王蕾老师也是高校音乐领域唯一一位主持两门国家级线上一流金课的负责人，时任浙江省省长郑栅洁 2018 年来校调研时听取了课程负责人的专题汇报，对课程建设成果予以高度评价，对人才培养成效予以充分肯定。

案例 17　大学英语 A1

课程类型：公共基础课（含文化素质课）
教育赛道：本科教育
开课年级：大一年级
面向专业：全校非英语专业
部　　门：外国语学院
学　　校：青岛科技大学

案例视频

案例教师或团队成员信息（第 1 位为教学案例负责人）：

姓名	职务	职称	部门
孟婧	大学英语教研室主任	副教授	外国语学院
刘靖	外国语学院副院长	教授	外国语学院

一、课程目标

青岛科技大学是一所以工为主，理、工、文、经、艺多学科协调发展的综合性大学。学校着力培养具备创新精神、实践能力和国际交流能力的高素质专门人才。“大学英语 A1”面向全校非英语专业本科一年级学生开设，课程在语言工具性基础上拓展人文素养，以任务为抓手强化学生的语言应用能力，实现“知识、能力、素养”三位一体目标的提升，如图 1 所示。

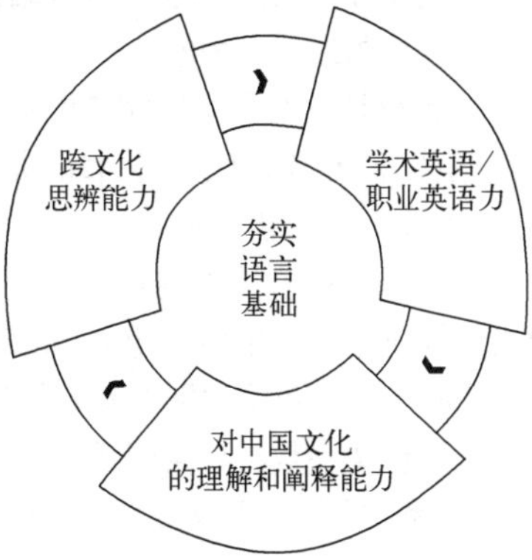
跨文化
思辨能力
学术英语/
职业英语力
夯实
语言
基础
对中国文化
的理解和阐释能力

图 1

知识目标：通过情境教学拓展语音、词汇、语法、篇章等语言知识，夯实语言基本功。

能力目标：明确任务导向，能够就熟悉的情境话题进行口头或书面交流；借助网络资源或工具书，对专业学习场景或未来工作场景中的语言材料进行处理加工，表达基本达意。

素养目标：以多元文化输入拓展国际视野；以中西文化对比提升思辨能力；以“讲好中国故事”强化文化输出。

二、课程思政案例设计

教学案例使用教材《新视野大学英语读写教程 1》的“Unit 6 Earn as you learn? Section A To work or not to work-That is the question”。

1. 课程思政德育目标

本单元围绕“大学生兼职及其对学业成绩的影响”展开，课程思政德育目标自线上延伸至线下、自课内拓展到课外。

(1) 慕课学习——形成自主学习习惯。根据课前学习清单，完成学习内容，熟悉调查报告写作格式。(课前完成)

(2) 小组合作——培养团队协作能力。组内分工完成“大学生兼职状况”的调查报告，了解大学生兼职现状。(课前完成)

(3) 课堂展示——锻炼综合表达能力。小组展示调查报告，教师给予即时评价；师生合力归纳大学生兼职主要类型及原因。

(4) 译文分享——渗透中华文化自信。以习近平总书记在 2013 年五四青年节讲话时引用的中国古诗的英译，激励年轻一代不畏艰难、勇往直前。

(5) 对比分析——提升批判思辨能力。教师展示当代美国大学生兼职状况视频，带领学生对比中美大学生兼职类型及从事兼职的原因差异。(下节学习内容)

(6) 深度阅读——培养高阶深度思维。结合课文内容讨论兼职对学习成绩的影响，引导学生树立正确的学习观、价值观。(下节学习内容)

(7) 课外写作——检测学生产出能力，包括对单元词句的掌握程度、对比类写作技巧运用及观点表达中的正向态度。(课后任务)

2. 思政教育融合点

1) 主要内容

(1) 课前。

实证调查：小组分工调查大学生兼职状况。仿照课文内容列出 2～3 个调查问题。

课件制作：小组合作制作汇报 PPT，每组推选 1 位代表在课上展示。

(2) 课中。

词汇巩固：教师针对课前预习情况予以反馈，对典型错误进行讲解。

任务展示：各小组展示调查结果，教师予以即时反馈，并归纳大学生兼职主要类型及原因。归纳过程中强化相关词句用法。

对比分析：为更好地完成本课产出任务，教师补充美国大学生兼职情况。

思想升华：以习近平总书记讲话时引用的中国古诗的英译，激发学生的文化自豪感。

(3) 下节学习内容＋课后任务。

深度阅读：教师以问题形式引导学生深度阅读课文，归纳兼职时长对学习的影响程度，师生仿照课文建议部分分享平衡兼职与学习的有效途径。

写作任务：每位学生需提交一篇题为“Earn as you learn?”的习作，要求写作中至少出现一组比较/对比实例。作文字数与英语四级考试的要求相同。

课后习题：完成课后习题 language focus 部分。

2) 课时分配

(1) 课前：课外自主学习及完成小组任务预计需 2 学时。教师提供在线答疑 1 学时。

(2) 课中：课堂教学及任务展示预计 3～4 学时。

(3) 下节学习内容＋课后任务：课后任务预计 1～2 学时，教师提供在线答疑 1 学时。

3) 思政教育融合点

(1) 课前＋课中。

学生参与实际调查，深入了解同学兼职情况，既增加了同学情谊，又可对大学生兼职有初步的判断，为后期的对比分析奠定基础。

在展示活动中积极体验习得语言技能；在对比反思中培养思辨能力；小组合力完成任务、师生合作归纳总结，实现学用结合。

(2)下节学生内容+课后任务。

通过写作任务进一步巩固语言知识，提升语言技能。陈述个人对平衡兼职与学习的做法、态度，树立积极向上的学习观，正确对待不同群体的兼职需求。

3. 教育方法

坚持学用结合、产出导向，单元学习伊始即明确单元任务，以任务引领课前学习、小组活动、课堂讨论及课后写作，为学生构建清晰的学习路线图，如图 2 所示。

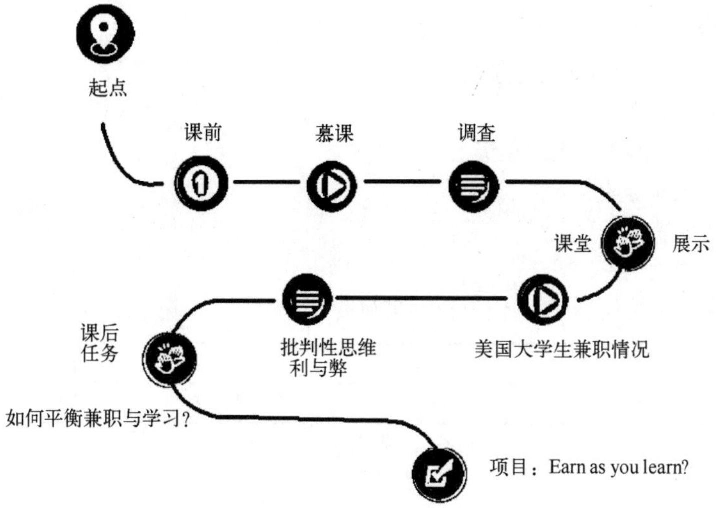
起点
课前
慕课
调查
课堂
展示
课后
任务
批判性思维
利与弊
美国大学生兼职情况
如何平衡兼职与学习?
项目：Earn as you learn?

图 2

4. 载体途径

按教学目标设计教学内容，明确产出任务，体现单元学习高阶性；分解任务，降低难度，增强学生的学习信心。课程教学依托智慧树平台自建慕课实现自主学习，借助平台实施课中互动和课后答疑，利用 iwrite 系统收集学生习作，通过机器+人工批改确保反馈的全面性和客观性。本课程配套慕课可在智慧树平台“大学英语”(青岛科技大学)6.1～6.2 节观看。

三、案例特色与成效

1. 案例特色

(1)案例选择贴近学生实际。大学生兼职现象比较普遍，教师设计的兼职调查报告任务贴近学生实际，可以激发学习兴趣。

(2)语言综合运用能力提升。通过完成调查报告可以促进同伴间交流与学习；课堂展示及课后写作任务可以提升口语及书面表达能力。

(3)对比分析强化思辨能力。学生在调查基础上各抒己见，表达对兼职的不同看法；通过对比中美大学生兼职的情况，进一步提升思辨能力。

2. 教学改革成效

本案例教学深化知识、能力和素养“三位一体”的大学英语教学目标。依托教材，整合思政素材，创设思政语境，以实际应用强化学生“用英语做事”的能力。“大学英语 A1”课程自 2020 年开展课程思政教学改革以来，已在三届、近万名大一年级学生中广泛推广应用。课程团队教师的学生评教成绩全部为优秀，学生学习积极性得到激发，应用创新能力和综合素养得到提高。案例负责人所教授学生积极参加大学生英语竞赛、数学建模竞赛、创新创业大赛等，获得多项国家级奖项，学生普遍认为这种教学创新能够“激发兴趣、深化理解、唤醒心灵”。

本案例负责人带领的大学英语教学团队获评校“课程思政优秀团队”称号，主讲的“大学英语 A1”课程获批校一流本科课程建设项目；2019 年获全国外语微课大赛一等奖；2022 年获外教社杯外语思政微课大赛三等奖；团队成员获评校“课程思政教学名师”。“大学英语”课程慕课在智慧树平台上线，累计选课院校 30 多所。

案例 18　大学物理

课程类型：公共基础课（含文化素质课）

教育赛道：本科教育

开课年级：大一年级下、大二年级上

面向专业：理工科专业

部　　门：理学院

学　　校：三峡大学

案例视频

案例教师或团队成员信息（第 1 位为教学案例负责人）：

姓名	职务	职称	部门
杨先卫	教师	副教授	理学院

一、课程目标

本课程结合学校“双一流”建设目标，服务新工科，以“夯实学生基础、培养科学素质、重视物理应用、服务专业需求”为改革方向。将传统教学中单一传授知识向传授知识、方法和思想三者并重转变，打破传统教学模式下教师和学生的思维惯性。从有广度和深度的课程内容，启发式、探究式的教学方法，注重过程的精细化考核评价以及润物无声的课程思政元素融入等方面实现课程的高阶性、创新性、挑战性和育人性。引导学生坚定理想信念，掌握科学的思维方法，培养科学探索精神、创新意识和应用能力。实现知识传授、能力培养、价值引领及家国情怀“四位一体”的课程建设目标。

二、课程思政案例设计

1. 德育目标

(1) 让学生深刻理解国家提出的“生态文明建设”的重要意义，并自觉践行新时代绿色发展理念。

(2) 使学生牢固树立以地球为中心的自然观和科学发展观，倡导人与自然的和谐统一。

2. 课程思政背景

党的十八大报告提出“大力推进生态文明建设”，在党的十八届五中全会上，习近平总书记进一步提出创新、协调、绿色、开放、共享五大发展理念，将绿色发展作为关系中国发展全局的一个重要理念，必须掌握科学规律和科学方法，才能更好地推进绿色发展，做到人与自然和谐共存。

熵是大学物理热学篇中一个非常重要的概念，但这个概念比较抽象，学生也只了解它在物理学中的简单应用。本案例将熵概念拓展到生态环境领域，结合我国经济发展中所面临的日益严峻的环境污染问题，通过剖析熵与能量的关系，从熵的角度对绿色发展理念做出物理解释，不仅有助于培养学生运用所学的物理学知识分析和处理现实问题的能力，还有助于树立和培养学生的自然观和科学发展观。

3. 课程思政设计思路

让学生理解和掌握绿色发展理念的物理内涵是本案例在课程思政方面要实现的一个重要教学目标，而物理学中熵与能量的关系是一个非常合适的切入点，用它来剖析绿色发展理念更容易让学生理解和领悟。本案例不是直接给出这个关系，而是以日常生活中常见的“生火问题”为引导，通过由浅入深的问题设置，抽丝剥茧地探究出问题的答案，最终得出“熵增会导致能量的品质退化”的结论，这种教学方式符合学生的认知规律，能够培养学生分析问题、解决问题的能力，实现了本案例的知识目标和能力目标；后面在这个结论的基础上，揭示出生态环境的熵增将导致能源危机和环境污染，从而使学生认识到生态环境保护的重要性，最后很自然地引出环境保护的思路和措施，揭示出只有坚持绿色发展理念，才能实现人与自然的和谐统一，从而让学生在思想上认识到党的十八大以来党在新时代推进生态文明建设的重大意义，树立起以地球为中心的自然观和科学发展观，实现了本案例的思政目标。

三、案例特色与成效

1. 案例特色

针对学生的思想认知特点，将物理学中的“熵”的概念拓展到生态环境领域，将课程思政与实际问题相结合，在问题探究过程中润物无声地发挥课程思政功效，增强学生的思政认同感和获得感。

2. 教学改革成效

通过学生课后的反馈，在授课前大部分学生对于“生态文明建设”“绿色发展”“资源节约型、环境友好型”“绿水青山就是金山银山”等新发展理念还停留在概念上，理解较为肤浅。特别是对“如何做到绿色发展”“如何做到人与自然的和谐统一”缺乏深刻认识。而通过本案例有理有据的分析，学生不仅在思想上认识到党在新时代推进生态文明建设的重大意义，还能在实践上认识到如何践行绿色发展理念。由此可见，本案例的课程思政实施效果显著。

案例 19　商业伦理与企业社会责任

课程类型：公共基础课(含文化素质课)
教育赛道：本科教育
开课年级：所有年级
面向专业：所有专业
部　　门：工商管理学院
学　　校：山东财经大学

案例视频

案例教师或团队成员信息(第 1 位为教学案例负责人)：

姓名	职务	职称	部门
王璟珉	中国国际低碳学院执行院长	教授	工商管理学院

一、课程目标

作为智慧树平台 TOP100 全国共享课，同时作为山东财经大学线上公选课，“商业伦理与企业社会责任”基于培养有思辨精神、社会责任感、全球视野的卓越管理人才的培养目标，自带思政特质，属于财经管理类的基石型课程，是塑造良好商业文明和实现可持续发展的关键内容。面向所有在校大学生开设，并在7个学期中，累计选课人数超过4.5万人，跨越212所院校，2020年被评选为国家级一流本科课程(在线课程)。在课程建设过程中，我们高度重视课程思政工作，形成了“天地万物，有伦有理。济世安邦，责任为先”的课程价值观，将习近平总书记对高等教育提出的希望与要求贯彻落实到课程之中，围绕“三个问题”形成独特的教学目标，设计教学内容。

(1)培养什么人——现代企业制度和观点尽管起源于西方，但立足于我国传统文化同样可以找到支撑。在吸收西方先进思想和文化的同时，也应当保持道路自信、理论自信、制度自信、文化自信。本课程努力传达这种自信，以培养有家国情怀、有理想信念、有思辨能力、有责任担当意识的新时代优秀管理人才。

(2)怎样培养人——通过将思政元素、创新创业元素全面融入教学内容，帮助学生了解商业本质，了解伦理在商业中的核心作用；通过理论学习了解商业伦理与企业社会责任的基本概念、理论框架和前沿思想；通过结合案例分析提升学生伦理决策能力和思辨能力，培养社会责任意识。

(3)为谁培养人——通过大量案例讲解，坚定“四个自信”，为新时代商业文明建设提供人才储备；为祖国强大、民族复兴、人民幸福，培养新时期合格的建设者和接班人。

二、课程思政案例设计

该课程属于智慧树平台混合式课程，即录播课＋四次直播见面课。本案例选取于授课学期的第3次见面课——基于课程负责人开发的教学案例“坦桑尼亚象牙风波：国企‘走出去’的困惑”开展的直播课片段。

本案例涉及的课程思政德育目标是：通过前面案例进行拓展分析，树立对跨国经营中企业社会责任问题与利润追求问题之间的辩证统一关系的认识，并通过研究中提出的“一带一路”中国企业社会责任新范式，帮助学生认识到中国企业跨国经营必将走出与西方式的跨国经营不一样的更加负责的道路。通过这样的讲解和分析，坚定学生对中国特色社会主义的“四个自信”。

1. 思政教育融合点

通过比较“一带一路”中国企业与西方传统跨国企业经营的初衷、原则等方面的差异，提出了中国企业社会责任新范式，进而将中国特色社会主义道路的优越性和更大的格局观展现给学生，做到思政教育不刻意，自然而然地流露在专业教学内容中。

2. 教育方法和载体途径

本案例的教育方法和载体途径主要包括：

(1)问题导向，开展启发式教学。在讲授完全球本土化的社会责任理论之后，提出了“中国跨国企业社会责任现在的表现如何”的问题，进而带领大家来认识发展中的中国企业社会责任。

(2)我国学者学术研究融入。通过提供权威评价体系帮助学员科学系统地评价中国跨国企业社会责任表现；通过案例负责人的研究提出“一带一路”中国企业社会责任新范式，帮助学生理解中国企业社会责任为何会优于西方传统跨国企业。

三、案例特色与成效

1. 案例特色

(1)通过问题导向、逻辑递推的方式向学生呈现中国跨国企业社会责任的动态发展和优异表现，提升学生动态思考和辩证思考的能力。

(2)通过学术研究(包括案例负责人的研究)的导入，提出“一带一路”中国企业社会责任新范式的概念，鼓励学生进行科学研究和探索，并坚定学生对中国特色社会主义的“四个自信”。

2. 教学效果

本课开设 7 个学期，累计选课人数超过 4.5 万人，跨越 212 所高校，累计互动 15.53 万次，教学效果良好，课程满意度均在 95%以上，部分评价意见如表 1 所示。

表 1

学生评价	“形成了商业伦理的思维和知识框架，掌握了商业伦理和企业社会责任的基本知识。”
	“老师讲的课让我了解到关于商业的一些基础知识，拓宽了知识面，对以后很有帮助。”
	“对我的创业构想有一些启发，对创业中的关系处理以及一些原则性的问题有了了解。”
	“让我了解了一些商业伦理的知识，对自己专业的学习有一定的帮助，并且树立了正确的商业道德价值观，对以后就业有很大的帮助。”
	“1. 方便我的学习，也可以随时随地复习。2. 开阔了我的眼界，了解了许多有关商业伦理与企业社会责任的问题。3. 培养了我的专业素养，提高了我的实践能力和思考水平。”
学生建议与期望	“可以在讲课的时候抛出一些主观题让学生思考。”
	“老师讲课十分认真投入，内容纲举目张，条理性很强，令人印象深刻。希望在个别部分更加生动形象一些。”
	“可以再增多点课程，感觉有点少。”
	“老师是我网课学习以来遇到的最负责的授课老师，但是，因为直播课安排在周六上午一直到 12:00 左右，这个时间段无法按时进行直播学习，导致有些遗憾，建议将直播时间改为工作日内，如周五晚上。”

案例 20　体育舞蹈——绅士与淑女的对话

课程类型：公共基础课(含文化素质课)
教育赛道：本科教育
开课年级：所有年级
面向专业：非舞蹈类专业
部　　门：体育学院
学　　校：山东大学

案例视频

案例教师或团队成员信息(第 1 位为教学案例负责人)：

姓名	职务	职称	部门
方鸿	教师	副教授	体育学院

一、课程目标

(1) 知识目标：指导学生热爱体育运动。通过体育舞蹈项目，帮助学生掌握体育舞蹈以及健身交谊舞基本动作和舞步；从文化角度解析体育舞蹈的起源发展文化、音乐文化和相关的体育舞蹈比赛文化。

(2) 素质目标：学生能够提高审美情趣，培养勇敢尚武、光明磊落精神，家国情怀，责任担当精神，愿意积极参与到锻炼身体、塑造优美形体的活动中去，弘扬体育精神。

(3) 能力目标：学生能够在掌握舞蹈基本技能的同时提升学习能力，能够自己组织舞蹈比赛，成立体育舞蹈队伍，具备一定的体育艺术文化建设能力；提高沟通能力、相互配合能力、人际交往能力；提高对舞蹈动作的感悟能力、对音乐的理解能力和内心情感的表达能力，做到体知、脑知、心知；提高灵活运用、学以致用的能力。

二、课程思政案例设计

(1) 课程思政德育目标：体育精神永不放弃，培养家国情怀、社会责任以及服务社会的信念。

(2) 课程内容：学习摩登舞华尔兹双人铜牌套路，进行搭架型配合练习。由第三小组学生体验体育舞蹈教师角色，做本次课讲解示范。老师评价、讲解舞蹈技术，并带领学生实际练习。其余组别学生站立，双人搭架型配合，跟老师练习。

⑶ 思政教育融合点：2021 年 4 月 13 日，中国女足战胜韩国队，获得东京奥运会入场券。课前，老师将 4 张中国女足与韩国队的比赛报道图片上传到微信群内，要求学生们课前学习，用体育精神激励学生。体育舞蹈运动不仅需要舞伴双人相互信任、相互配合，还需要有一定的耐力素质、柔韧素质、力量素质等运动训练基础，对于零基础的学生来说有很大的难度。该选修课的学生都是非体育专业的学生，运动素质和体能相对较差。体育舞蹈课程肩负着提高学生审美情趣，培养学生勇敢尚武、光明磊落精神，家国情怀，责任担当精神的责任，为了鼓励学生能够战胜劳累、践行体育精神，更加努力地参与体育舞蹈学习，积极参与到锻炼身体的活动中去，弘扬体育精神，老师引领学生对学习体育舞蹈的真正目的、体育精神、女足精神进行思考，对中国女足队员永不放弃的拼搏精神进行讨论。

本案例呈现的是双人搭架型练习后的场景，此时学生体能消耗已经很大，老师要求舞伴站立，保持静态，老师随机提问体育舞蹈与体育精神，学生回答。

⑷ 教育方法和载体途径：寓教于乐，采用体育赛事新闻，引导学生深入思考“什么是体育精神”，并结合自己的专业交流从女足精神中得到的感受与收获。在关于体育精神的问答中，学生有着相当多的想法，如团结协作、相信队友、永不言弃、为国争光等。

三、案例特色与成效

本课程引领学生注重培养自身艺术气质，从多方面入手提高审美情趣，培养学生的责任担当精神和家国情怀。

⑴ 使用多媒体展示视频与图片，使学生更全面地理解和掌握知识点，多元化的翻转课堂、活跃的课堂讨论和实践、课下的师生面对面交流增强了学生的课堂参与感，同时实现了远程教学指导的目的。

⑵ 由理论和实践构成课程基本框架，二者结合达到更好的教学效果。

⑶ 信息技术与教育的深度融合，增加了获取教学资源与知识的途径，改变了学生被动接受知识的局面，教学过程更加多样化和个性化。

⑷ 在课前自学环节，学生可以利用线上慕课视频进行教学内容的学习；利用网络虚拟教室，对老师事先准备的内容进行预习；通过自测练习巩固所学知识。

案例 21　北斗创新设计导航

课程类型：公共基础课（含文化素质课）
教育赛道：本科教育
开课年级：所有年级
面向专业：所有专业
部　　门：创新创业学院
学　　校：山东大学

案例视频

案例教师或团队成员信息（第 1 位为教学案例负责人）：

姓名	职务	职称	部门
邢建平	创新创业学院副院长	教授	创新创业学院

一、课程目标

山东大学为培养优秀的本科生和富有创造力的研究生，专门为本科生设置创新课 2 学分、齐鲁创业课 2 学分，为研究生设置创新创业实践课 2 学分，全校所有专业学生必修。“北斗创新设计导航”课程为创新系列课程中的核心课程，特点是内容全新、融合思政、任务驱动、专创融合、方法先行、课赛结合、线上线下、选课量大、受众面广。

“北斗[北斗卫星导航系统(BDS)，简称‘北斗’]创新设计导航”课程为全国首门线上线下混合、专创融合的基于自主北斗＋课程思政的课程。本课程注重提升大学生的国家使命感，让学生了解北斗科技的历史、现状与未来，注重国家战略、“一带一路”倡议、陆海一体与空地协同海洋战略的融合。按照教学的赛、考、评、管全过程，该课程进行了系统的课程思政建设探索，将国家的力量、榜样的力量、品质的力量、示范的力量、双创的力量等思政元素集合运用。

学生结合国家北斗新时空战略的定位原理，微模块、嵌入式与单片机软硬件原理，实现创新时空物联应用、网络和协议设计、不同行业应用等；从专业认知与北斗身边应用、自主创新国家战略、C语言程序实训来学习北斗新时空物联的原理、算法等，提升自身关键文献检索能力、论文阅读能力、信息处理能力、数理建模能力、实践操作能力、调研分析能力、美学表达能力等；拓展创新视野，激发创新创业兴趣，提高实践能力与团队协作管理能力，在实践中肯定自我、展示创新，同时提升自身的国家使命感、工程应用意识、编程思维意识。

二、课程思政案例设计

课程负责人担任山东大学特聘教授，将获得省部级科技一等奖、二等奖内容的科研成果及方法反哺教学。本课程由点及面，将思政教育与专业理论、知识融为一体。课程思政内容如下。

国家的力量：北斗是我国正在实施的自主发展、独立运行的全球卫星导航系统，战略意义堪比“两弹一星”工程(确保思政教育内容有说服力)。

榜样的力量：以科学家有母亲和祖国为切入点，介绍陈芳允、孙家栋、梁思礼等北斗科学家的先进事迹，激励学生自觉把个人理想融入国家和民族的事业中，把远大抱负落实到实际行动中。

品质的力量：与美国、欧洲、俄罗斯的卫星导航系统对照，根据北斗算法、数据实现位置解算，在真实卫星信号环境下进行高精度定位、误差分析、可靠性处理，加深对复杂系统和品质的理解。

示范的力量：从实际问题出发，讲解北斗在港珠澳大桥和核电站授时、精准导弹、舰载国防、车路协同、无人机、智慧农机等方面的应用，增强民族自豪感。

双创的力量：结合基础产品、应用终端、应用系统和运营服务构成北斗产业链，强调创新创业教育始终根植于实用理念的土壤中。

充分利用互联网信息技术，打造基于现代网络及信息技术的“课堂教学、课下学习、网络互动、实践经历”四位一体的立体化教学环境，实现并促进线上与线下、教师引导与学生自主学习、课堂学习与网络获取、教师传授与学生互动的有机结合，建立起适应现代社会发展的教学及管理新模式。

三、案例特色与成效

1. 案例特色

(1)展示北斗“国家＋榜样”的力量。

(2)展示北斗“品质＋示范”的力量。

2. 教学改革成效

运用多元化的教学和考核方法将思政教育贯穿教学全过程，融合讲(教师课堂讲授、适度翻转课堂)、查＋写(学生查询资料、写项目申请书)、做＋创(社会实践、项目调研、做课件、拍微视频)、演＋赛(项目路演、演讲、比赛)、论(论文、讨论、辩论、论坛)等，多方式呈现课程实践性、活动性、主动性、参与性、情感性和体验性，拓展教学实践与空间，实现课堂内外、学校内外、线上线下三个结合。

校内外同行和学生对本课程评价非常好。对于课程，学生普遍反映能自然接受所呈现的思政内容，并认为思政内容就是课程的一部分，能够引起情感共鸣，激励产生学习动力，能有效促进对课程知识的理解、掌握、拓展与深化。

本课程已经被全国 79 所高校 1.41 万名学生选修，连续 4 次被评为智慧树 TOP100 优秀课程，入选 2021 年度山东省课程思政示范项目。课程负责人获得国家级教学成果奖二等奖、山东大学课程思政一等奖，并在全校进行了示范推介，学校也进行了专题报道。课程负责人在教育部创新方法教学指导分委员会(简称“教指委”)会议、iCAN 全球教育大会、北京大学、大连理工大学、中国海洋大学、浙江大学、中国石油大学、华侨大学、广西师范大学、山东师范大学、齐鲁工业大学、德州学院等做专题报告 30 多场，得到了院士、国家名师、教指委委员等的一致好评。本课程入选教育部新工科教改立项和省教改立项。

案例 22 人工智能基础

课程类型：公共基础课(含文化素质课)
教育赛道：本科教育
开课年级：大一年级
面向专业：所有专业
部　　门：信息科学与电气工程学院(人工智能学院)
学　　校：山东交通学院

案例视频

案例教师或团队成员信息(第 1 位为教学案例负责人)：

姓名	职务	职称	部门
付晨	教师	副教授	信息科学与电气工程学院(人工智能学院)

一、课程目标

山东交通学院学生可按专业与人工智能的相关度分为三类，如图 1 所示。

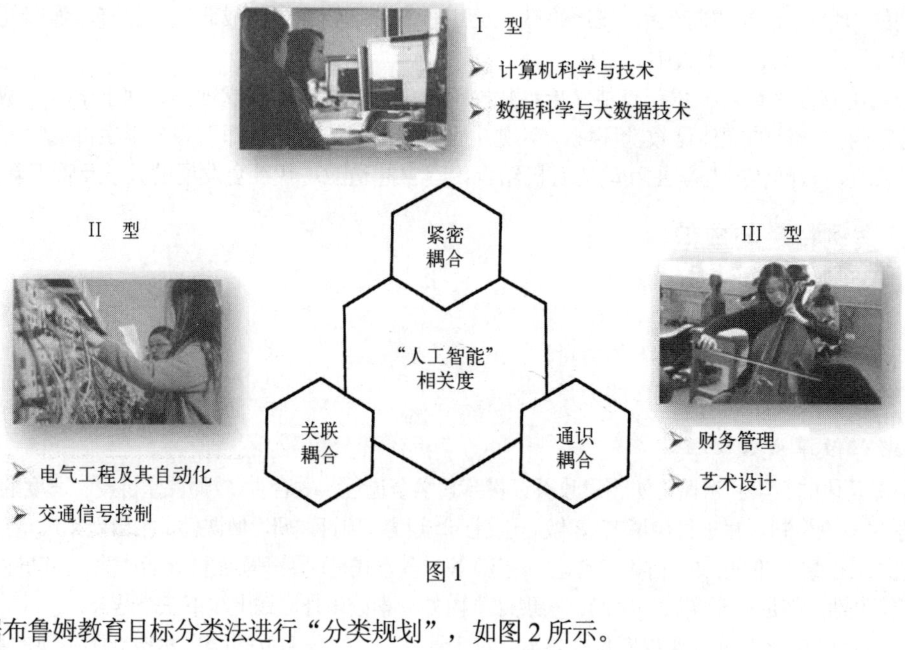

I 型
计算机科学与技术
数据科学与大数据技术
II 型
电气工程及其自动化
交通信号控制
III 型
财务管理
艺术设计
紧密耦合
“人工智能”相关度
关联耦合
通识耦合

图 1

依据布鲁姆教育目标分类法进行“分类规划”，如图 2 所示。

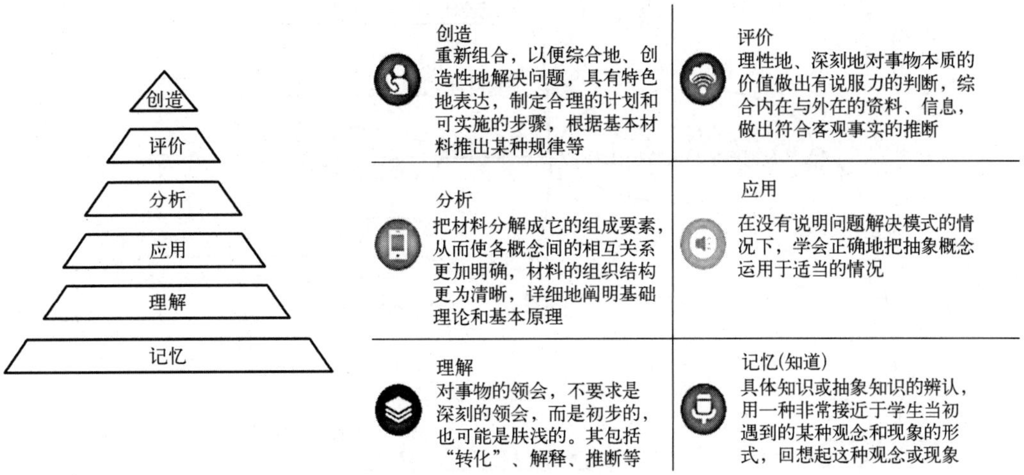
创造
评价
分析
应用
理解
记忆
创造
重新组合，以便综合地、创造性地解决问题，具有特色地表达，制定合理的计划和可实施的步骤，根据基本材料推出某种规律等
评价
理性地、深刻地对事物本质的价值做出有说服力的判断，综合内在与外在的资料、信息，做出符合客观事实的推断
分析
把材料分解成它的组成要素，从而使各概念间的相互关系更加明确，材料的组织结构更为清晰，详细地阐明基础理论和基本原理
应用
在没有说明问题解决模式的情况下，学会正确地把抽象概念运用于适当的情况
理解
对事物的领会，不要求是深刻的领会，而是初步的，也可能是肤浅的。其包括“转化”、解释、推断等
记忆(知道)
具体知识或抽象知识的辨认，用一种非常接近于学生当初遇到的某种观念和现象的形式，回想起这种观念或现象

图 2

课程目标按照知识、能力、价值塑造分为三类。

1. 知识目标

(1) Ⅰ型：达成对课程知识体系较全面的掌握。

(2) Ⅱ型：达成对“人工智能”知识和思维的入门。

(3) Ⅲ型：建立对“人工智能”基本概念和框架的认知。

2. 能力目标

(1) Ⅰ型：能够利用基本智能算法解决实际问题，启动创新思维。

(2) Ⅱ型：能够从“人工智能”的角度去分析、思考问题。

(3) Ⅲ型：拓宽视野，培养兴趣。

3. 价值塑造目标

(1) 将马克思主义立场与科学精神融为一体，激发学生科技报国的家国情怀和使命担当。

(2) 培养学生精益求精的大国工匠精神，在未来发展中实现将个体融合于“人工智能+”行业。

二、课程思政案例设计

1. 课程思政德育目标

1) 人才培养要求

“人工智能基础”是面向本科一年级所有专业学生，以实施“人工智能”普及教育为目的而开设的一门必修基础课，学科交叉度高，涉及基础面广，思政教育的切入点也很多。

2) 课程思政建设重点和目标

课程着重将“科学精神”传授给学生，培育学生的创新能力，把“工匠精神”刻在每位学生的心中；培养学生爱国的高尚情操，帮助学生全身心地投入到把我国建设成为世界科技强国的过程中。课程思政目标分类规划如图 3 所示。

2. 思政教育融合点

1) 课程思政资源整合

通过合理设计课程思政教育切入点，重新设计教学案例，推进人工智能普及教育与课程思政相结合，如表 1 所示。

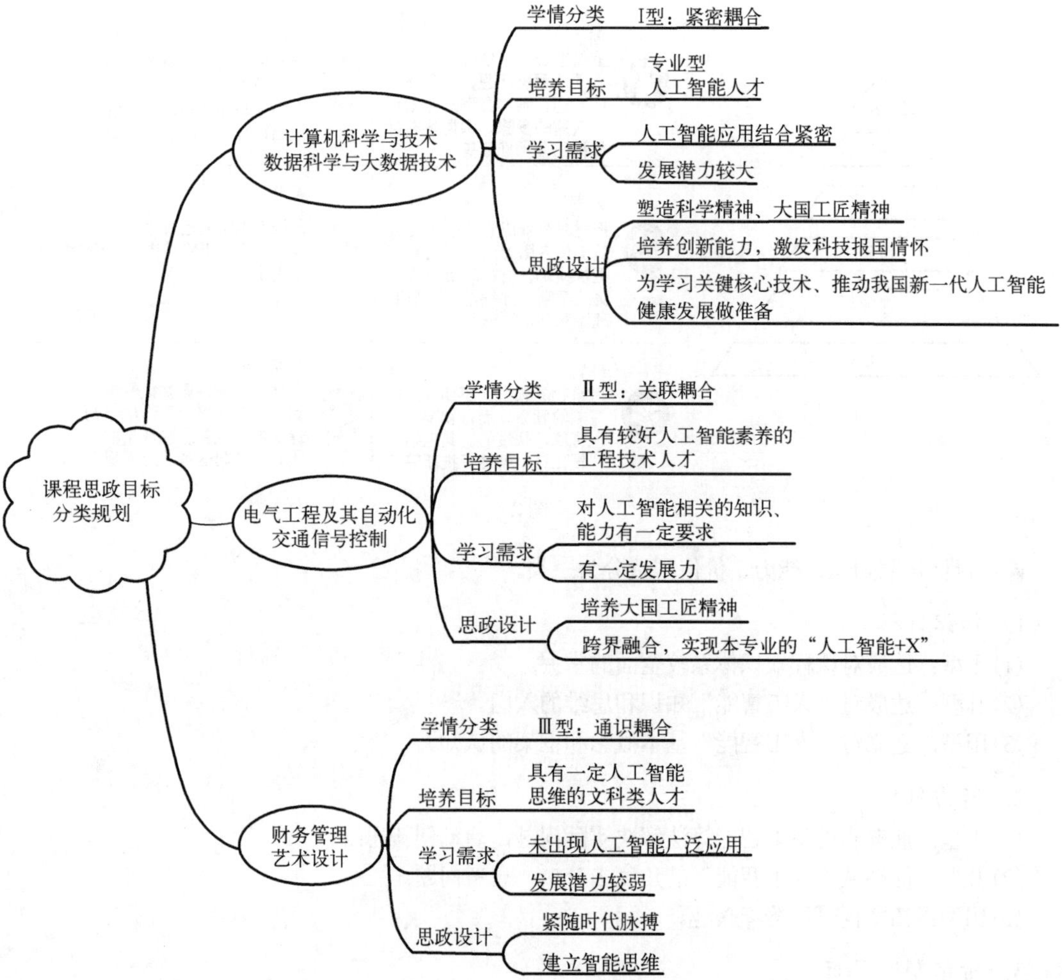
课程思政目标分类规划
计算机科学与技术
数据科学与大数据技术
学情分类
I型：紧密耦合
培养目标
专业型
人工智能人才
学习需求
人工智能应用结合紧密
发展潜力较大
思政设计
塑造科学精神、大国工匠精神
培养创新能力，激发科技报国情怀
为学习关键核心技术、推动我国新一代人工智能健康发展做准备
电气工程及其自动化
交通信号控制
学情分类
Ⅱ型：关联耦合
培养目标
具有较好人工智能素养的工程技术人才
学习需求
对人工智能相关的知识、能力有一定要求
有一定发展力
思政设计
培养大国工匠精神
跨界融合，实现本专业的“人工智能+X”
财务管理
艺术设计
学情分类
Ⅲ型：通识耦合
培养目标
具有一定人工智能思维的文科类人才
学习需求
未出现人工智能广泛应用
发展潜力较弱
思政设计
紧随时代脉搏
建立智能思维

图 3

表 1

活动序列	活动内容	思政要点	课堂设计
任务 1	绪论	自我学习 学无止境 终身学习	线上：从 Alpha Go 的发展历程看：人之为学有难易乎？学之，则难者亦易矣。 线下：听懂“人工智能基础”中的数学公式，温故而知新
任务 4	基本分类	节约使用资源 推动绿色发展 可持续发展	线上：分类识别技术在“垃圾分类”中的应用 线下：“垃圾分类”的分类过程分析
任务 5	机器学习	坚持不懈 民族自信 大国风范	线上：迭代优化——坚持不懈的重要性 线下：基于“回归”的疫情防控分析
任务 7	图像信息处理	家国情怀 工匠精神 优秀传统文化	线上：墨子的小孔成像实验 线下：中国企业排名第一的世界人脸识别大赛

2) 教学案例：绪论

主要介绍人工智能的概念、发展历程、研究范式等。以案例教学法引发学生思考。

Alpha Go 的发展史和科技创新过程，正如我国清朝文学家彭端淑在《为学》中说的那样：“人之为学有难易乎？学之，则难者亦易矣。”学无止境，要不满足现有的状况，要在学习和工作中保持忧虑，不断提高自身的素质和能力，以“工匠精神”为支撑，终身学习。如果能坚持梦想，永不言败，以积极向上的态度坚持自我，就一定会给自己的人生交上一份满意的答卷。

3. 教育方法和载体途径

1) 打造“如盐在水，水乳交融”的思政结合点

在教学案例实施时，将课程思政融入专业知识的教育，同时与企业深入探讨，设计“人工智能+交通”“卓越计划”创新班实施方案，解决专业知识与课程思政“两张皮”的问题。课程思政内容与知识点有机融合如图 4 所示。

2) 丰富教学实施策略、创新教学手段

基于本课程线上线下混合式教学的特点，研究该模式下包含视频讲解、平台互动、线下答疑和课堂交流等形式的师生互动交流混合模型，对该模型进行优化，结合创新教学手段，拉近教师与学生的距离，解决大学课堂“老师淡定讲课，学生睡倒一片”的问题。师生互动交流混合模型如图 5 所示。

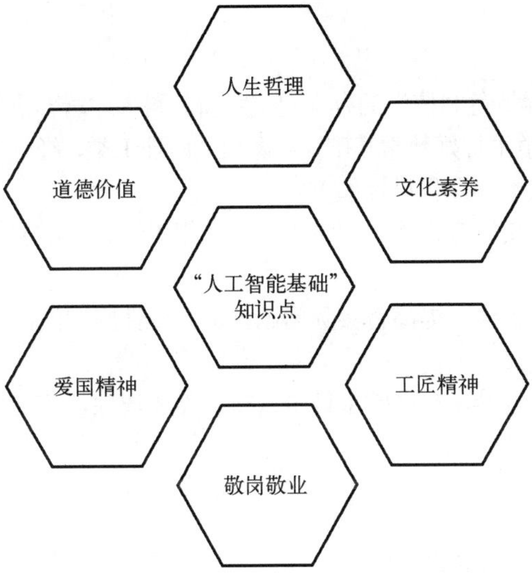
人生哲理
道德价值
文化素养
“人工智能基础”知识点
爱国精神
工匠精神
敬岗敬业

图 4

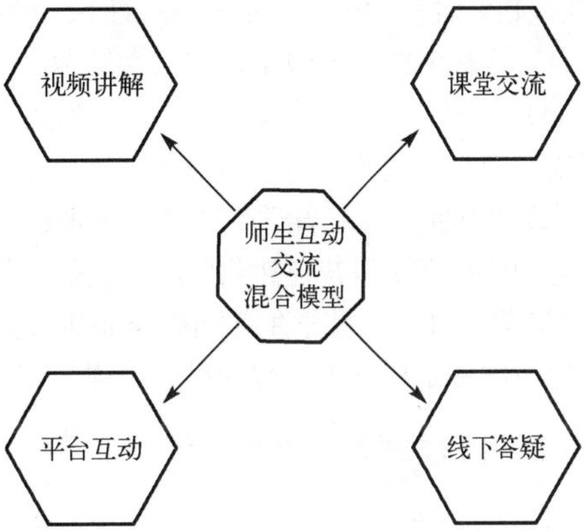
视频讲解
课堂交流
师生互动交流混合模型
平台互动
线下答疑

图 5

三、案例特色与成效

1. 教学案例特色

(1) 课程通过分类规划，设计了不同专业学生普遍接受的课程思政教学案例。

(2) 案例介绍了 Alpha Go 的发展历程，结合传统文化，引导学生树立终身学习的观念，在潜移默化中将“工匠精神”刻在每位同学心中，解决了专业知识与课程思政“两张皮”的问题。

(3) 采用线上线下混合式教学，解决了大学课堂“老师淡定讲课，学生睡倒一片”的问题。

2. 教学改革成效

课程至 2021 年春夏学期已运行至第 4 个周期，涉及校内 70 余个专业，选课学校累计 46 所，选课学生近 2 万人次，平台师生互动 20 余万次，教学效果良好；课程负责人应邀做了多场讲座，受到社会各界一致好评；已建立山东交通学院—济南特殊教育中心“人工智能”教育纽带。

案例 23 线性代数

课程类型：公共基础课(含文化素质课)
教育赛道：本科教育
开课年级：大二年级
面向专业：理工类、经管类专业
部　　门：数学与系统科学学院
学　　校：山东科技大学

案例视频

案例教师或团队成员信息(第 1 位为教学案例负责人)：

姓名	职务	职称	部门
刘洪霞	教师	教授	数学与系统科学学院
秦婧	教师	讲师	数学与系统科学学院
赵文才	教师	教授	数学与系统科学学院

一、课程目标

适应学校“山东省重点建设应用基础型人才培养特色名校”的办学定位和新工科人才培养需要，“线性代数”服务学校一流本科专业建设，致力于为学生打好数学基础。该课程面向理工类、经管类专业开设，实行全校统一教学，按门类统考。“线性代数”课程目标如下。

(1) 知识目标：使学生系统掌握行列式、矩阵、线性方程组、向量组的线性相关性、二次型等基础理论，领会处理离散问题的思想方法。

(2) 能力目标：培养学生的逻辑推理能力和高阶思维，提高将实际问题抽象为线性问题的能力，能够运用代数方法解决自然科学和工程技术问题。

(3) 素质目标：使学生领悟数学思想，提升数学素养，帮助学生健全人格、养成理性，培养勇于创新的思维品质和严谨求实的科学精神。

二、课程思政案例设计

本案例讲解“线性方程组的解”(《线性代数》第三章第三节)。

1. 课程思政德育目标

立足“线性代数”课程特点，通过融入《九章算术》等经典数学名著中的问题，厚植爱国主义情怀，提升人文素养；通过恰当融入北斗系统定位解密、CT 成像技术等应用案例，提升课程的高阶性与创新性，在传授知识的同时培养学生探索未知、追求真理、勇攀高峰的科学精神，实现“知识传授、能力培养和价值塑造”的和谐统一，培养具有家国情怀和高尚品格的一流人才。

2. 思政教育融合点

1) 融入点 1：哲学视角

数学和哲学是密不可分的，“线性代数”课程内容蕴含了深刻的数学思想方法，是马克思主义哲学思想的具体体现。例如，在判断方程组是否有解时引出“以量定质”的辩证思想，线性方程组解的存在定理的证明过程蕴含着从特殊到一般的思想，体现了马克思主义哲学中认识事物的一般规律，引领学生用马克思主义哲学观武装头脑，探索问题的本质。

2) 融入点 2：文化视角

我国古代数学家在线性方程组的求解问题上取得了辉煌的成就，最早可见于经典数学著作《九章算术》中关于“直除法”的论述，而西方直到 17 世纪才由莱布尼兹建立了完整的线性方程组理论体系。

关于这一问题的研究，我国早于西方一千余年，使学生认识到，中国古代的数学在一段时间内处于世界领先地位，以此增强学生的文化自信与民族自豪感。

3) 融入点3：案例视角

线性代数产生于实际问题，在理论发展成熟后出现了更广泛的应用。以北斗系统定位解密为例，将数学建模思想融入课堂教学，以问题驱动为导向，教师提出问题、学生分组探究、构建模型，体验应用数学的过程，激发团队合作精神。通过设置 CT 成像技术、投入产出模型等探究作业，使学生了解线性方程组的应用，鼓励学生学以致用，报效祖国。

3. 教育方法与载体途径

1) 课堂教学设计紧紧围绕课程思政和教学内容两条主线展开，双线并行

课程承载思政，思政寓于课程，知识传授与思政育人水乳交融，达成"双育人"教学目标，如图1所示。

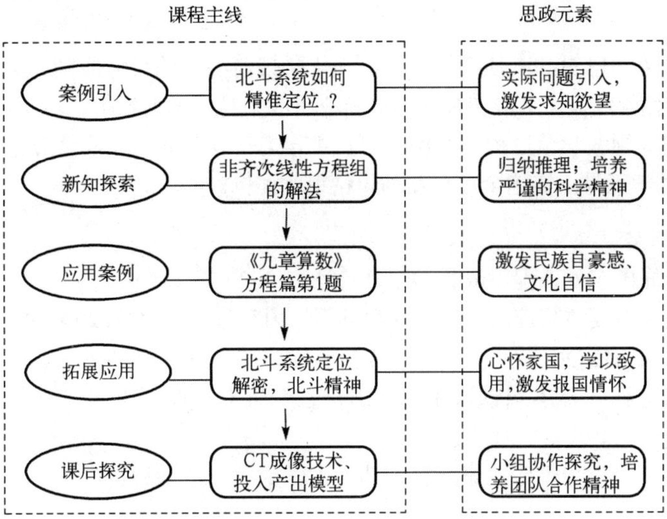
课程主线
思政元素
案例引入
北斗系统如何精准定位？
实际问题引入，激发求知欲望
新知探索
非齐次线性方程组的解法
归纳推理；培养严谨的科学精神
应用案例
《九章算数》方程篇第1题
激发民族自豪感、文化自信
拓展应用
北斗系统定位解密，北斗精神
心怀家国，学以致用,激发报国情怀
课后探究
CT成像技术、投入产出模型
小组协作探究，培养团队合作精神

图1

2) 运用现代信息技术，实施"三融合"混合式教学模式改革

在山东省教改项目"智慧教学环境下动态数据驱动的大学数学教学范式研究"的基础上，以立德树人为根本，以培养多元化、创新型人才为中心，教学活动突出教师、学生的双主体地位，实施了线上与线下教学相融合、数学建模与课堂教学相融合、知识传授与思政育人相融合的"一中心，双主体，三融合"教学新模式，如图2所示。

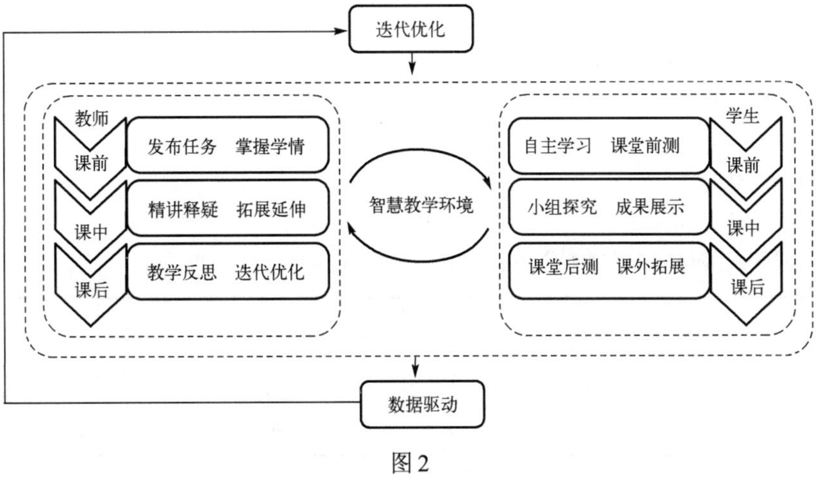
迭代优化
教师
课前
发布任务 掌握学情
课中
精讲释疑 拓展延伸
课后
教学反思 迭代优化
智慧教学环境
自主学习 课堂前测
小组探究 成果展示
课堂后测 课外拓展
学生
课前
课中
课后
数据驱动

图2

3) 构建了全链路数学文化教育体系，实现了工科院校数学课程育人落实落地

在山东省教改项目“大学数学文化的构建与学生数学素质的培养”研究的基础上，构建了全链路数学文化教育体系：通过课堂教学渗透数学文化，通过选修课讲授数学文化，通过举办周末数学讲坛传播数学文化，通过开展学生科技创新活动深化数学文化，通过创办刊物升华数学文化。“线性代数”“数学文化”被评为校级课程思政示范课程，“大学数学文化构建与学生综合素质培养的探索与实践”获山东省高校校园文化建设活动类优秀成果三等奖。

三、案例特色与成效

1. 案例特色

(1) 从哲学思想、理性思维、文化内涵和价值引领四个维度构建了具有理学特质的“课程思政”新载体。

(2) 依据“突出数学思想，增强应用意识，强化科技前沿”的设计原则，面向各专业设计了应用案例，将北斗系统定位解密、CT 成像技术等最新科研成果与学术前沿融入教学内容中。

(3) 以问题驱动引领教学全过程，实施了“自主学习—课堂研讨—实践领悟—创新探索”的研究型教学，利用智慧教学工具，实施全过程互动、精细化评价。

2. 教学改革成效

(1) 该案例获首届山东省课程思政教学比赛二等奖(2022 年 7 月)。

(2) 该案例获“新冠疫情防控期间优秀教学案例”山东省一等奖(2020 年 9 月)。

(3) 该案例被中国 MOOC 教育大会遴选为全国优秀教学案例(2020 年 12 月)。

(4) 团队获批国家级一流本科课程 1 门，山东省一流本科课程 1 门，山东省课程思政示范课程 1 门。

(5) 团队申报的“以生为本，三维融合，建设大学数学一流课程群”获山东省教学成果奖一等奖(2022 年 3 月)。

(6) 团队教师发表教学论文 10 篇；融入课程思政元素的《线性代数数字课程》由高等教育出版社出版(2021 年 5 月)。

(7) 学生学习成绩显著提升，应用与创新能力得到了极大的提高，近几年，获全国大学生数学建模竞赛全国一等奖 5 项、二等奖 5 项，省级奖励 50 余项。

案例 24 创业基础

课程类型：公共基础课(含文化素质课)

教育赛道：本科教育

开课年级：大二年级

面向专业：所有专业

部　　门：商学院

学　　校：山西大同大学

案例视频

案例教师或团队成员信息(第 1 位为教学案例负责人)：

姓名	职务	职称	部门
史建雄	商学院创新创业教研室主任	讲师	商学院
孙洁晶	商学院教学科研办主任	副教授	商学院
王清	教师	讲师	商学院

一、课程目标

“创业基础”课程是山西大同大学面向全校学生开设的线上线下混合式公共必修课程，是通识教育平台课程的重要组成部分。

本课程以培养践行社会主义核心价值观，具有社会责任感、企业家精神和工匠精神，具有创新意识和实践能力，具有本地情怀和广阔视野，适应地方经济发展需要的应用型人才为目标。

通过“创业基础”课程教学，在知识传授、能力培养、价值塑造和思政教育方面达到以下目标：

知识传授：学生要掌握开展创业活动所需要的基本知识，包括分析创业者、辨识创业机会、开发创业资源、设计创业计划书、熟悉企业管理技巧等方面内容。

能力培养：学生要掌握创业能力，学会资源整合，能够撰写创业计划书，具备企业管理的基本能力。

价值塑造：激发学生对创业的兴趣和成就感；启发学生重视自主学习和培养学生的团队合作精神。

思政教育：以社会主义核心价值观作为价值引领，培养学生的家国情怀，经世济民、德法兼修、诚实经商的价值观。在实践中，以建设知识型、技能型、创新型劳动者大军为人才培养目标，通过课堂实践及课外拓展弘扬劳模精神和工匠精神，营造劳动光荣的校园风尚和精益求精的敬业学风。践行工匠精神，坚持学思结合、知行合一。

二、课程思政案例设计

1. 课程思政德育目标

(1)通过对传音手机开拓海外市场案例的学习，提升学生对中国文化、中国产品走出国门、走向世界的自信。

(2)通过竺兆江的创业过程和奋斗历程，告诉学生幸福生活都是奋斗出来的，企业家成功都需要付出艰辛的努力。在新冠疫情期间，企业家捐款捐物、心怀天下的事迹，帮助学生树立远大志向和奋斗精神，培养学生的家国情怀。

(3)通过创业企业案例分析，讲述中国企业的创业故事，提高学生讲好中国故事的意识和能力。同时，使学生在创业实践过程中落实社会主义核心价值观。

(4)通过线上线下的小组合作，创作商业模式画布，进行商业模式设计。引导学生践行工匠精神，培养学生在敬业、精益、专注、创新等方面不断突破自我的优良品质，提升学生的团队合作能力和创新精神。

2. 思政教育融合点

本案例选取“商业模式设计”环节内容。商业模式设计是本课程中的重要内容，是创业过程的核心部分。课程内容主要是通过经典案例解析商业模式的概念，然后利用商业模式画布来设计商业模式。学生在构思创新产品的过程中，感受中国产品、中国制造走出国门，走向世界的民族文化自信；同时学生们作为创业者主体，身体力行设计、创造产品和价值，踏踏实实将理论转化为实践成果，勇于践行工匠精神。

在线课程：通过对创业企业案例和爱国企业案例的学习，使学生掌握创业机会的内涵、来源、识别等基础知识，使学生具备寻找到产业痛点，并把产业痛点设计为产品或者服务的思维能力。激励学生利用新方法、新工具去思考，学习创业企业案例和爱国企业案例使学生树立企业家的责任意识，培养学生的家国情怀。

线下实践：学生以团队形式完成商业模式画布设计，其中产品设计要求学生具有创新思维力和批判精神，这是课程的高阶目标。同时，引导学生认识到团队合作能够创造更多价值，创新是一个民族前进的不竭动力。

课程延续：通过课程拓展、章节测试，强化学生的创业者职业精神，使学生在敬业、精益、专注、创新四个方面不断突破自我，身体力行，践行创新创业的重要意义。

3. 教育方法和载体途径

(1)在教育方法上：采用了“8P 教学法”[①]，围绕“如何利用商业模式画布进行商业模式的设计”教学思路展开，通过“经典案例导入—商业模式画布概念分析—商业模式画布应用分析—团队商业模式画布创作—团队成果展示—学生组内、组间互评—教师评价”组织创业实践活动。

(2)在载体途径上，利用现代教学信息技术，融合线上线下混合式课程载体，线上学习理论知识，线下进行创业实践操作。利用在线课程教学资源，通过线上调查与提问、形成词频图、头脑风暴、创新讨论等，实现线上线下互动。

三、案例特色与成效

1. 构建优秀的在线课程资源

课程采用线上线下混合式教学法，2020 年被评为校级“精品共享课”，2021 年被评为“山西省一流课程建设项目”，获山西省课程思政设计大赛二等奖；2022 年，获山西省第二届教师创新设计大赛三等奖，目前课程总浏览次数约为 1400 万次，互动 20 多万次。

2. 学生综合能力提升

通过教学创新，学生掌握了课程的核心知识点，扎实的基本功为学生参加创新创业竞赛提供了理论基础。近年来，学生参加创新创业竞赛收获颇丰，获国赛一等奖 2 项、二等奖 3 项、三等奖 9 项，省级特等奖 4 项、一等奖 3 项、二等奖 9 项、三等奖 5 项。

3. 学以致用转换效果明显

通过创业实践，有 27 组学生创业团队完成了工商营业执照办理，成功入驻转型汇智创新城，实现创业并带动他人就业。

4. 教师科研水平显著提高

项目组成员参与、主持教改项目 6 项，指导大创项目 3 项；参与主持科研项目 9 项，出版专著 3 部，发表论文 8 篇。

5. 服务地方发展备受关注

举办的年货节帮助农民增收创收，服务乡村振兴。获人民网、黄河新闻网、大同电视台等媒体报道 21 篇次。

案例 25 花卉欣赏

课程类型：公共基础课（含文化素质课）
教育赛道：本科教育
开课年级：大一年级、大二年级
面向专业：所有专业
部　　门：食品学院

案例视频

① “8P 教学法”指“以学生为中心”的主动式教学法(People)；以创业计划书为载体的计划布局式教学方法(Plan)；以课程思政与创业课程同向同行的融合式教学方法(Political Education Elements)；以实践能力提升为终导的体验式教学方法(Product)；以团队协作完成专题的项目式教学方法(Project)；以问题为驱动的探究式教学方法(Problem)；以服务地方为定位的地域式教学方法(Place)；课前温情、课时激情、课后倾情的共情式教学方法(Passion)。

学　　校：上海海洋大学

案例教师或团队成员信息(第 1 位为教学案例负责人)：

姓名	职务	职称	部门
蓝蔚青	教师	高级工程师	食品学院

一、课程目标

(1)教学目标：通过线上线下混合式教学模式，结合“智慧课堂”信息化手段，使学生理解、掌握花卉的基本分类与主要辨识方式，了解花卉栽培、管理与养护，熟悉不同季节中常见花卉植物的名称，了解花卉植物的鉴赏，掌握东西方插花艺术的异同点，懂得如何设计插花作品。

(2)德育目标：在使学生掌握种花技巧、赏花特征、辨花要诀与插花原则的基础上，更将为人处世、待人接物与对待生活等“正能量”的知识点通过潜移默化的方式传授给每位学生，使学生树立正确的人生观与价值观，弘扬尊师重道、爱国敬业的人间正气。

二、课程思政案例设计

“花卉欣赏”课程组教师在教学过程中，始终将思政教育贯穿于教学的全过程。课程以花卉为主线，将花卉栽培与花卉鉴赏知识贯穿其中，让学生在修课过程中，懂得如何种花、认花、栽花与赏花，并将人文修养与道德培养穿插其中，使学生在完成课程学习后，在思想道德水平上有所提升，树立正确的价值观、人生观与世界观，达到“三全育人”的教育目的。该课程的课程思政工作主要通过以下四个方面开展。

1. 合理制定课程培养目标，规划课程思政教学安排

教师是教书育人实施的主体，也是课堂教学的第一责任人。在课程教学过程中，课程组教师通过对花卉专题的介绍，在传递传统花卉文化知识的同时，更将花卉与人的品德修养结合起来。例如，国兰是中华民族浩然正气与优秀品德的象征；菊花为中华民族气节与高洁品德的象征；梅花象征着高洁、傲骨之风、不畏严寒、坚强、美丽、贫寒却有德行的人，以坚贞不渝、高洁、坚强、谦虚的品格给人以立志奋发的激励。

2. 授课目的与德育目标相结合，提升课程综合授课水平

“花卉欣赏”课程组教师将授课目的与课程的德育目标紧密结合，即在使学生掌握种花技巧、赏花特征、辨花要诀与插花原则的基础上，更将为人处世、待人接物与对待生活等“正能量”的知识点通过潜移默化的方式传授给每位学生，使学生树立正确的人生观与价值观，弘扬尊师重道、爱国敬业的人间正气。

3. 全面安排课程教学内容，潜移默化传递德育思想

花的美丽可以震撼人们的心灵，让心灵得到净化，使人们向往美好的未来。花卉还能在当代社会交际中发挥重要作用，通过花卉文化精神的传递，使人们生活得更健康、更和谐、更有情趣。对此，课程组教师对“花卉欣赏”授课内容进行认真梳理，选择有代表性的专题开展思政教学，具体如表 1 所示。

表 1

序号	思政专题内容	序号	思政专题内容
1	做人当如梅——凌霜绽放	5	花中隐士菊花——淡泊名利
2	竹子的启示——虚怀若谷	6	桂花之美——朴实无华
3	名人与国兰——花中君子	7	花王牡丹——繁荣昌盛
4	心如莲花静静开——出淤泥而不染	8	月季——常开不败，月月红

通过课程思政授课，使学生树立热爱生活、诚实守信的优良品德。同时，课程组教师还向学生传递花卉的礼仪知识，让学生懂得不同花卉植物的花语以及在社会交往中表达的寓意，培养生活情趣，提升其社会交往的综合能力。

4. 深入改进课程教学方法，提升课程思政授课质量

“花卉欣赏”课程组教师在思政教学中主要采用实例教学法，将花卉知识与相关诗词、故事与传说等内容相结合来教育与感染学生，通过花卉文化精神来传递积极向上的精神风貌，以花喻人，借花寓情，使学生在思想上得到熏陶的同时，更为其健康的生活方式培养打下基础。同时，利用智慧树平台辅助教学，上传有关课外学习资料等，作为作业要求学生进行阅读与思考，借助网络媒体平台提升课程思政的教学效果。

三、案例特色与成效

1. 案例特色

(1) 培养学生热爱生活、诚实守信的优良品德。

(2) 教育学生花卉礼仪知识，提升社会交往能力。

2. 成效

课程建设成果丰硕，师生均受益颇丰。

“花卉欣赏”课程已在前期多次获评“海大好课堂”，学生评教成绩名列前茅，先后获得 8 项教学改革项目支持，获得校级精品课程、好课堂、课程思政优秀示范课程等教学类奖项 10 项，发表相关教学改革类论文 6 篇，出版教材 2 本，具备良好的建设基础。该课程开设 5 个学期，线上选课高校达 66 所，学生人数达 1.36 万名，线上互动 11.54 万次，教学满意率为 94.5%，达到良好的辐射示范效果。

案例 26 高级口语

课程类型：公共基础课(含文化素质课)

教育赛道：本科教育

开课年级：大二年级

面向专业：非英语专业

部　　门：外国语学院

学　　校：石河子大学

案例视频

案例教师或团队成员信息(第 1 位为教学案例负责人)：

姓名	职务	职称	部门
朱海燕	教师	副教授	外国语学院

一、课程目标

“高级口语”是非英语专业大二年级学生的通识教育必修课程。课程遵循 OBE 理念，结合学校“立足兵团、服务新疆、面向全国、辐射中亚”的发展定位，坚持以社会主义核心价值观育人。课程目标如下。

(1) 知识目标：能够掌握正确的语音语调、语法及篇章结构等语言知识；扩大中西文化知识面；掌握有关中国文化的英语表达。

(2) 能力目标：能够运用词汇、句型和常用表达，熟练地进行口语交际，有条理地进行观点陈述，能用较高的批判性思维对观点进行分析；用英语表达中国文化；培养跨文化交际能力。

(3) 素养目标：了解中国传统文化内涵，培养对中国文化的热爱，增强自信心和民族自豪感，培

养家国情怀和人文情怀；通过线上线下融合，培养学生的自主学习和团队合作能力。

二、课程思政案例设计

1. 案例设计理念

本案例使用《大学交际口语教程》的第三单元“Work”。课程教学以 OBE 理念为理论指导，以学生产出为导向，注重过程性评价，充分挖掘单元主题的育人价值，使社会主义核心价值观融入课程，实现知识传授、能力培养和价值塑造的统一。

2. 课程思政德育目标

(1)能意识到诚信在工作面试中的重要作用。将诚信教育融入就业教育中，提升学生就业诚信度，对学生进行社会主义核心价值观教育，强调职业道德的重要性，激励学生努力提高自身素质，合理规划个人职业生涯，从而拓展到日常生活中，强调诚信在生活的各个方面的重要性。

(2)通过小组讨论和个人展示活动培养学生的创新协作能力。

3. 思政教育融合点

(1)如何看待电影《穿普拉达的女王》片段中主人公安迪面试失败的原因？

(2)电视剧《安家》片段中主人公房似锦为什么会被降职？

(3)小组创新协作完成课前驱动任务，课堂上口头展示。

4. 教学方法

课程运用线上线下混合式教学模式，基于 OBE 理念组织教学活动，采用合作学习教学法和探究式教学法引导学生自主参与课堂教学。

(1)线上线下混合式教学模式：课前学生通过网络教学平台自主学习，课堂上拓展深化。

(2)合作学习教学法：课前小组讨论完成驱动任务，课中小组代表进行展示。

(3)探究式教学法：展示后，教师评价总结，引导学生形成正确的价值观。

5. 载体途径

(1)利用本校网络教学平台，满足学生自主学习的需求，让学生高质量完成驱动任务，从而提高课堂效率。

(2)视频资源贴近学生生活，做到将思政内容润物无声地融入教学中。

(3)教师反馈：教师通过 PPT，社会主义核心价值观的相关图片、文字资源，以及评价总结等将思政主题给予拓展。

6. 教学实施过程

课前：学生完成驱动任务单，如表 1 所示。

课中：

(1)检查驱动任务 1：总结课本对话中工作面试主要包括哪几个方面。

(2)检查驱动任务 2：总结安迪面试失败的原因。

(3)检查驱动任务 3：(思政案例融入)分析房似锦为什么会被降职。

教师总结并评价：诚信是社会主义核心价值观的重要内容，是工作及生活中必备的良好品质。

(4)总结面试技巧：

目的：通过完成三个驱动任务，锻炼学生思考、总结归纳的能力。

课后：

完成作业：小组角色扮演——工作面试(上传到网络教学平台)。

表1

学习内容	学习目标	任务明细	学习活动	检查形式
驱动任务	把握单元主题，掌握文章内容	(1)预习课本情景对话，总结工作面试中主要包括哪几个方面的问题。 (2)课前观看电影《穿普拉达的女王》片段——安迪面试，并思考主人公安迪面试失败的原因。 (3)思政案例融入：观看电视剧《安家》片段并分析主人公房似锦为什么会被降职	学习方式： 驱动任务1：个人自学； 驱动任务2和驱动任务3：小组合作。 学习媒介：网络教学平台；课本	教师课上提问并评价总结
课本情景对话学习	掌握重点词汇和表达情景对话内容	(1)听音频，模仿对话的语音语调，掌握求职面试及谈论工作环境的词汇和句型；背诵对话。 (2)掌握面试技巧。 (3)思考：在面试中，什么最重要	学习方式： 驱动任务1和驱动任务2：个人自学； 驱动任务3：小组合作。 学习媒介：课本	驱动任务1：课前组长检查； 驱动任务2和驱动任务3：教师课上提问并评价总结

三、案例特色与成效

1. 本案例的特色

(1)将社会主义核心价值观融入大学英语“高级口语”课堂，让学生在完成单元产出任务的同时，能够对单元主题形成积极的情感，推动思政育人，让学生建立正确的价值观。

(2)始终贯彻将OBE理念和线上线下混合式教学理念相结合，将每一节线下课程和线上课程紧密连接，有效促进了课程知识目标、能力目标和素养目标的实现。

(3)采用多种教学方法，充分激活课堂，让思政教育隐性融入。

2. 教学改革成效

(1)提高了课程建设成效，建立了较完备的网络教学资源。

(2)充分应用了POA，将驱动、促成、评价三个阶段有效应用在教学过程中，小组互助完成自主学习驱动任务，教师引导促成学生产出，注重过程性评价，有效提高课程思政教学效果。

(3)提高了学生口语表达能力、协作能力和批判性思维能力。

案例27 心理健康教育

课程类型：公共基础课(含文化素质课)

教育赛道：本科教育

开课年级：大一年级

面向专业：所有专业通识必修课

部　　门：人文社科学院

学　　校：太原科技大学

案例视频

案例教师或团队成员信息(第1位为教学案例负责人)：

姓名	职务	职称	部门
廖启云	法学院党委副书记、院长兼人文社科学院院长	教授	人文社科学院
郝嘉利	教师	讲师	人文社科学院
马骊	教师	副教授	人文社科学院

一、课程目标

“心理健康教育”课程围绕“立德树人”的根本任务，结合学校的高水平研究应用型大学办学定位及高素质应用型、复合型、创新型人才培养目标，课程思政建设方向和重点是：围绕政治认同、家国情怀、文化素养、道德修养等重点思政目标，优化课程思政内容供给，结合地域优势彰显山西特色，用“一方水土养一方人”的精神，教育影响“一方”学子。科学设计、制定课程思政建设原则，即“树立价值引导，强化社会功能，弘扬三晋文化”，做到“育心育德紧融合，适需适用能应用”。通过教学要让学生知晓心理健康的有关理论和基本概念，明确心理健康的标准及意义，在对心理科学知识吸收理解的基础上，使学生将习得的知识实现理论到实践的迁移，让学生“能用”“会用”，让学生感悟时代之进步，感怀国家之变革。“三位一体”的教学目标、课程思政目标体系分别如图 1、图 2 所示。

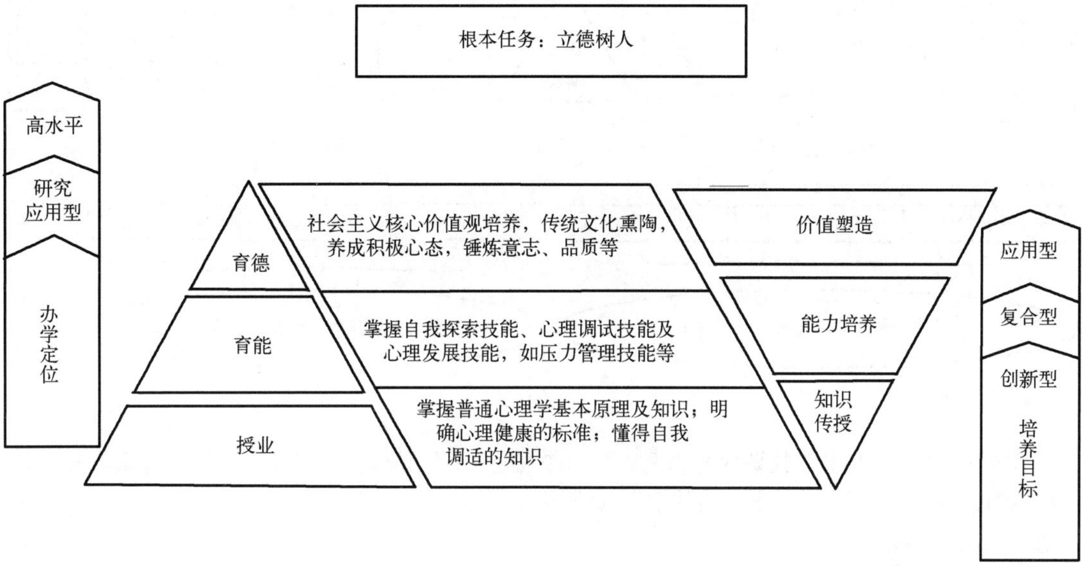
根本任务：立德树人
高水平
研究应用型
办学定位
育德
育能
授业
社会主义核心价值观培养，传统文化熏陶，养成积极心态，锤炼意志、品质等
掌握自我探索技能、心理调试技能及心理发展技能，如压力管理技能等
掌握普通心理学基本原理及知识；明确心理健康的标准；懂得自我调适的知识
价值塑造
能力培养
知识传授
应用型
复合型
创新型
培养目标

图 1

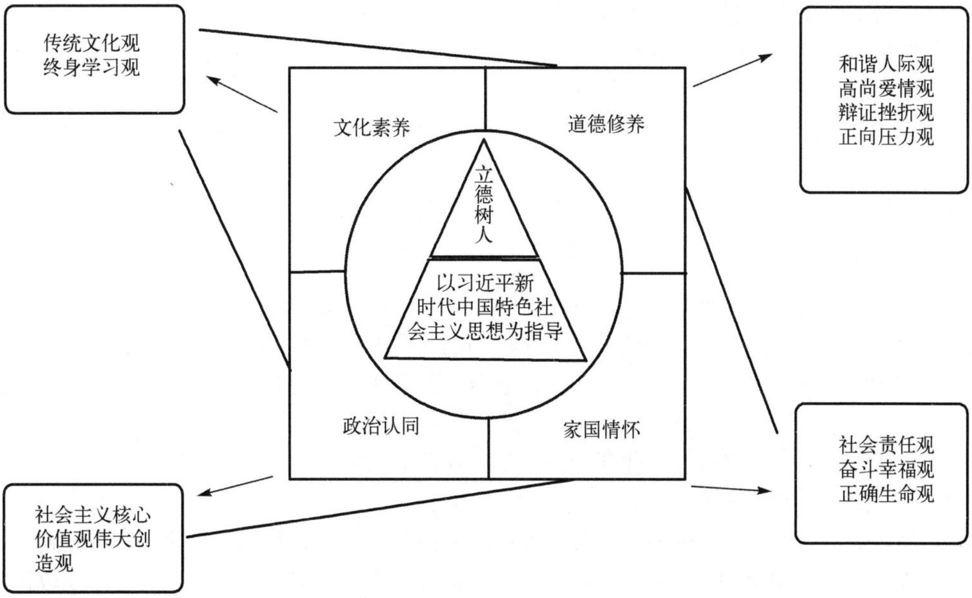
传统文化观
终身学习观
和谐人际观
高尚爱情观
辩证挫折观
正向压力观
文化素养
道德修养
立德树人
以习近平新时代中国特色社会主义思想为指导
政治认同
家国情怀
社会主义核心价值观伟大创造观
社会责任观
奋斗幸福观
正确生命观

图 2

二、课程思政案例设计

课程思政案例设计如图 3 所示。

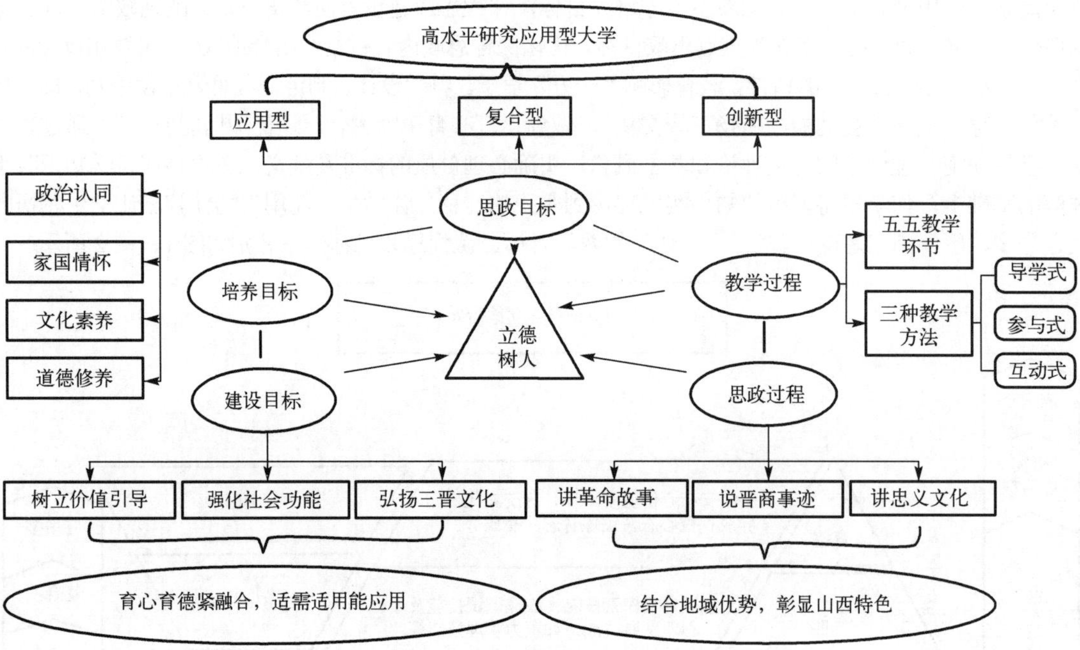
高水平研究应用型大学
应用型
复合型
创新型
政治认同
家国情怀
文化素养
道德修养
思政目标
培养目标
建设目标
立德
树人
教学过程
思政过程
五五教学
环节
三种教学
方法
导学式
参与式
互动式
树立价值引导
强化社会功能
弘扬三晋文化
讲革命故事
说晋商事迹
讲忠义文化
育心育德紧融合，适需适用能应用
结合地域优势，彰显山西特色

图 3

本案例以“心流体验”授课内容为例，其授课主题为心流体验及达成要素，授课对象是大一年级学生，授课类型为“理论教学＋实践教学”，课时为 1 学时。

1. 教学目标

通过学生对心理科学知识的吸收理解、心理调适技能的实践体验、经典案例的借鉴思考，培养大学生良好心理素质、思想道德素质和科学文化素质。

(1)价值塑造：把自己的行动整合成一个心流体验，建立心灵的秩序；找到终身目标，并忘我投入付诸实践。

(2)能力培养：能够描述自己曾经经历过的心流体验；掌握心流体验的八个要素，为自己在现实中进入心流状态做理论积累。

(3)知识传授：理解心流体验是什么；分析心流体验的八个要素。

2. 课程思政目标要点

(1)政治认同：重点培养社会主义核心价值观，包括爱国、敬业等。

(2)家国情怀：重点培养社会责任观和奋斗幸福观。爱国家也爱家乡，由家乡而国家，是中国人的家国情怀；理解“幸福都是奋斗出来的”。在参与创造伟大时代的同时，每个人也在创造自己的美好人生。

(3)文化素养：重点培养传统文化观和终身学习观。加强中华民族传统文化特别是三晋文化的传播，传承民族文化，赓续晋商精神，提高大学生人文素养。

(4)道德修养：重点培养正确的人生观、价值观和正向压力观。人生观教育：确定远大理想，并要为之努力追求。价值观教育：坚持真理、热爱真理、投身真理、追求真理。正向压力观教育：培养不屈不挠、坚忍不拔的意志力。

3. 思政教育融合点

(1) 由“庖丁解牛，游刃有余”引申到做事用心灵去体会。提出对工作的热爱和精益求精的敬业精神，培养社会责任观。

(2) 由攀岩者遇到的困难联系到一生面临的很多挑战，归根结底都是挑战自我、突破自我。确定远大理想，并为之努力追求，树立正确的人生观、价值观。

(3) 由陈望道忘我投入对真理的追求导出奋斗本身就是一种幸福。引导学生坚持真理、热爱真理、投身真理、追求真理。

(4) 通过大学生身边的正反实例对比，阐释心流体验目标确定的标准。启发大学生要树立远大理想，并要为了理想而不懈努力。对学生进行人生观教育，奋斗的青春是最美丽、最幸福的。

(5) 由程不时、黄旭华、南仁东的事例，教育学生要为他人、为社会、为国家做出贡献。培养学生的爱国主义情怀和敬业精神，对学生进行社会主义核心价值观教育。

(6) 通过对冒险家心路体验的理解，感受他们顽强的意志力。培养学生遇到困难不退缩、不屈不挠、不服输的精神，对学生进行正向压力观教育。

(7) 行有余力则以学文，给学生推荐专业书籍。希望养成爱读书的好习惯，培养终身学习观。

4. 教学重点

(1) 理解体会“心流体验”的八个要素。

(2) 一方水土养一方人，深入挖掘、合理选择并充分引入三晋文化内容，促进学生对三晋文化的了解、认知和热爱，培养家国情怀，进而把对家乡的热爱转化为建设家乡的责任担当。

5. 教学难点

启发学生认识到通过心流体验达到自我满意的愉悦状态仅仅是初级阶段，只有当我们为他人、为社会、为国家做出贡献的时候，才会产生更大的心流体验。

6. 教学方法

教学方法分理论讲授(导学式)、案例启发(参与式)、学生回答(互动式)三种。

7. 教具仪器

采用多媒体设备、手机 App 等辅助教学。

8. 教学设计

教学设计按照“课前”“课中”“课后”分为“观看教学视频、阅读拓展资料、问答讨论、回答章节测试”“问题导向、理论讲授、实践训练”“课后思考、推荐阅读、下讲导学”。课程思政教学模式如图 4 所示。

三、案例特色与成效

1. 本案例特色

(1) 通过着重讲授中国文化中的心理学思想进行理论教学。以往教学中这方面内容挖掘不足，所以我们的课程融入中国文化中的关于人性、心灵等心理学思想，挖掘三晋文化的内涵，让心理学理论充满中国味、富有中国“心”、饱含家乡情。

(2) 充分挖掘蕴含在心理科学知识中的思政教育元素。即用心理科学知识帮助学生掌握马克思主义世界观和方法论，用习近平总书记关于心理健康的重要论述和指示精神铸魂育人。例如，讲述“心流体验”时将程不时、黄旭华、南仁东作为榜样，教育学生要将个人幸福与为人民、为社会、为国家奋斗结合起来。

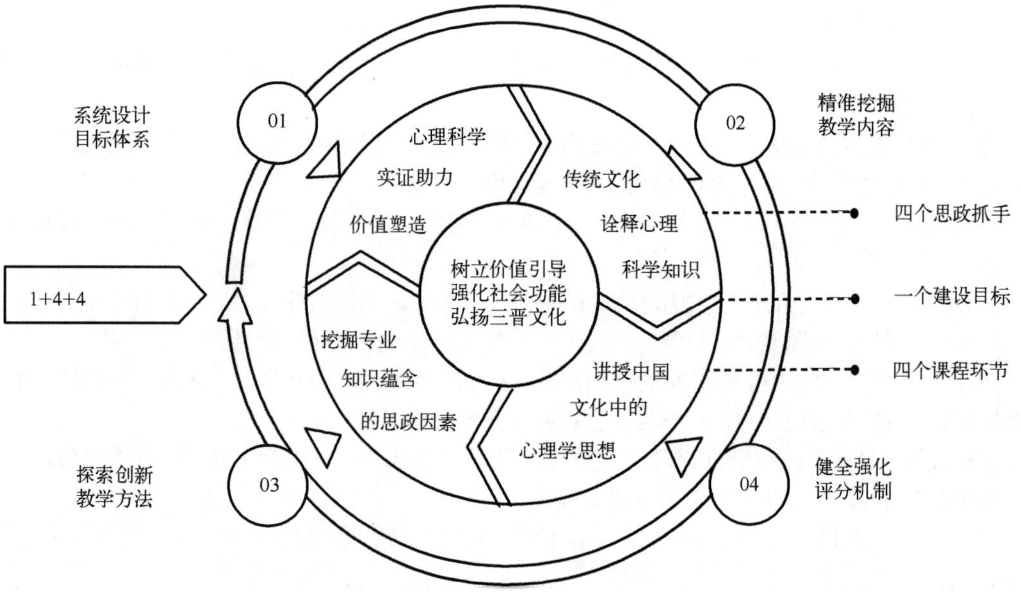
系统设计
目标体系
01
精准挖掘
教学内容
02
心理科学
实证助力
价值塑造
传统文化
诠释心理
科学知识
树立价值引导
强化社会功能
弘扬三晋文化
四个思政抓手
1+4+4
一个建设目标
挖掘专业
知识蕴含
的思政因素
讲授中国
文化中的
心理学思想
四个课程环节
探索创新
教学方法
03
04
健全强化
评分机制

图 4

2. 教学改革成效

1) 校内外同行肯定

校外专家认为课程思政目标定位准确，在思政元素的梳理、思政案例的挖掘等方面均具有一定的推广性；学校督导组认为课程思政教学成效明显，教学方法在同类课程中具有良好的示范作用。

2) 学生给予好评

有91%的学生认为学习经历使其获益良多；有92%的学生认为课程思政内容与学生实际结合紧密。

3) 教学经验惠及省内高校

近年来在省内 10 余家高校进行教学经验分享和员工培训，受众近 1500 人。

4) 开放在线课程满足社会学习需求

目前，全国选课学校近 20 所，另有 600 多名社会公众学习了该课程。

案例 28　全球公共艺术设计前沿

课程类型：公共基础课（含文化素质课）

教育赛道：本科教育

开课年级：所有年级

面向专业：所有专业

部　　门：建筑学院

学　　校：天津大学

案例视频

案例教师或团队成员信息（第 1 位为教学案例负责人）：

姓名	职务	职称	部门
王鹤	教师	副教授	建筑学院
栾淳钰	教师	副教授	马克思主义学院
秦俊男	教师	讲师	艺术教育中心

一、课程目标

课程在教育部提出《高等院校课程思政实施纲要》的背景下，根据教育部课程思政示范课要求，瞄准“新工科”建设需求，贴合“三全育人，五育并举”人才培养方案，在上千名线下学生和数万名线上学子学习数据积累基础上，提出“知行践研，卓新广微，稳变放控，得艰励同”课程思政体系化建设方法。

该方法强调从关键在教师、基础在课程、重心在思政，成效在学生四个角度进行体系化建设。即知行践研——课程思政教师应知行合一、践研不悖；课程——课程思政依托课程应卓而弥新，广且精微；思政——思政内容融入应做到稳中有变，放中带控；学生——应做到得之维艰，励在大同。成功培养出近千名有国际视野、创新精神、动手能力和人文情怀的新一代学子，并将创新成果普及上万线上学子。

二、课程思政案例设计

课程将课程思政目标寓于教学全程，思政内容无形无声融入，深入运用教育信息化手段及成果导向等教学方法，借助课堂教学、学科竞赛、社会服务等载体通过“六为六融合”来设计案例。

1. 以初心使命为动力，将教师成长与思政建设融合

以初心使命和教师天职为动力，首抓教师个人思想与品德建设，教师利用自身专长积极服务社会所急需，既通过实践验证理论，又直接为社会服务，能够做到将中国故事、中国话语、中外交流和中国气象四方面有机融合。

2. 以信息化手段为要，将课程建设与教学创新融合

课程思政带来了更高的教学目标和更多的教学内容，因此更要用最新教育信息化手段助力课程思政建设，既要做到全员育人，又要引领教学前沿。

3. 以国情政策为引领，将思政内容与教学评价融合

课程思政要根据中央政策与国情变化不断更新微调。我们在长期运行中总结出了稳教学方向、变教学内容、放教学评价、控教学过程，思政方向、内容、评价稳中有变，这种放中带控的方法，经实践检验效果良好。

4. 以传统文化为抓手，将家国情怀与创意思维融合

从中华传统文化中寻求智慧和力量之源。如卓新广微就来自“卓尔不群”和“历久弥新”两个成语。课程应提供尽可能丰富的教学资源，为学习者提供多样化选择，在此基础上立足个性化培养，这正是《中庸》中提出的“致广大，尽精微”，即广且精微。

5. 以社会需求为牵引，将学生收获与服务产出融合

针对评价忽视“以生为本”的问题，是否让学生有获得感，则成为区分“金课”和“水课”的重要标准。本课程充分借助教育信息化手段，充分利用师生碎片化时间，实现个性化精细培养。

6. 以系统科学为武器，将自身建设与推广普及融合

以系统科学为武器，借鉴系统科学在“两弹一星”中的成功经验。我们不仅提出方法本身，更制定可用的方法论，为全国教师急需的课程思政建设提供具有可操作性的理论支持与引导。

总之，“知行践研，卓新广微，稳变放控，得艰励同”课程思政体系化建设方法以马克思主义基本原理、系统科学和中华传统文化为指导，基于智慧树平台开展混合式教学，已获得教育部课程思政示范课程称号，并培养学生以师德公约、抗疫为主题开展设计并获金银铜奖五十余项，通过开展线上线下教师培训，使教师认识并科学建设课程思政，产生了强烈学术与社会影响。

三、案例特色与成效

1. 案例特色

⑴提出“以系统科学为轴，以传统文化与信息技术为翼”的课程思政建设新方法。逻辑清晰，便于把握，信息化程度高。

⑵打造“以一流课程为主，以教材出版和教学研究为辅”的课程思政贯彻新路径。课程自身建设上水平，课程负责人出版教材 11 部，发表多篇教改论文。

⑶形成“以标本兼治为核，教师培训和学生学习并重”的课程思政推广新理念。

⑷形成“以个性培养为纲，以社会评价与个人反馈为本”的课程思政评价新机制。

2. 教学改革成效

⑴助力课程自身升级，获得教育部课程思政示范课程及各级金课等称号。

⑵助力建设制度落地，打造天津大学课程思政宣言。

⑶助推教师培训，依托讲座、培训衍生出多套符合不同学科教师特色的新教学方法。

⑷提升学生收获，大量学生作业发表，并有许多落地获奖。

⑸多次讲座宣讲，在海内外产生强烈学术与社会影响。

⑹光明日报、中国日报网等主流媒体推广，读者反响热烈。

案例 29 大学英语（四）

课程类型：公共基础课（含文化素质课）

教育赛道：本科教育

开课年级：大二年级下

面向专业：所有专业

部　　门：外国语学院

学　　校：潍坊学院

案例视频

案例教师或团队成员信息（第 1 位为教学案例负责人）：

姓名	职务	职称	部门
王聪会	大学英语教研室副主任	讲师	外国语学院

一、课程目标

潍坊学院大学英语教学采用分层次授课的教学模式，包括一般要求和较高要求。学生到大二年级下学期，每班有 70%～80%学生参加大学英语四级考试（有部分学生为第二次考试），其他学生参加大学英语六级考试。

本课程总体目标：

⑴知识技能：通过系统的学习、训练，使学生在学完大学英语（三）的基础上，在听、说、读、写、译等英语应用能力、自主学习能力与合作能力等方面获得进一步提升，帮助学生通过大学英语四、六级考试。同时结合学生所学专业，提高学生解决实际问题的能力。

⑵通过文化对比，培养学生跨文化交际能力。

⑶高阶思维：通过灵活多样的教学方法，逐步提升学生的创新思维与思辨能力。

⑷课程思政：通过深度挖掘教材的人文内涵，引领学生树立积极的世界观、人生观和价值观。

二、课程思政案例设计

本案例选取《新视野大学英语 4(读写教程)》“Unit 4 Text A Achieving sustainable environmentalism ”第 1 次课作为教学内容。采用线上线下混合式教学模式，线上课程由本案例负责人主持建设，充分考虑了思政元素融入。

单元主题为“人与自然——如何实现可持续发展的环保主义”。

本案例在“产出导向”理念指导下，采用 BOPPPS 六步教学法进行设计。

1. 导言(Bridge-in)

视频开始以图片导入，引发学生思考：在人类发展与自然保护冲突时，优先考虑哪一方面？结合教材习题，观看世界环境日及历年主题介绍(视频)，训练学生听说能力，激发学生学习兴趣。让学生意识到环保的迫切性以及世界和中国在环保上所做的努力。

2. 目标(Objective)

(1)学生能够结合课文内环境主题词汇及视频中与环保相关词汇讨论人与自然关系问题。

(2)学生掌握驳论文写作方法，完成作文《我们要不要设立国家公园》(重点)。

(3)课程思政德育目标：学生能够对人与自然关系形成自己的认识，树立保护环境的意识，关注身边“不环保”行为，行动起来，为促进绿色校园建设做出贡献。

3. 前测(Pre-assessment)

学生结合视频内容(世界环境日宣传片、习近平总书记讲话)深入思考人与自然如何实现可持续发展，观看线上课程资源(章节 4.5 argumentative essay)完成作文《我们要不要设立国家公园》初稿。

4. 参与式学习(Participatory Learning)

(1)教师结合课文内容讲解驳论文写作方法(重点)。

(2)学生互评作文初稿，教师点评，学生修改作文形成二稿(难点)。

(3)学生通过观看视频(习近平总书记关于“绿水青山就是金山银山”的论述及中国文化中的古典名句)就如何实现可持续发展这一话题进行讨论(思辨思维)，将“天人合一、道法自然”等中国古代哲学思想(传统文化精华)融入课程，培养文化自信。按小组汇报，形成课堂报告。学生线上对小组评分。

5. 后测(Post-assessment)

学生提交作文终稿到线上平台，教师课后评分。

6. 总结(Summary)

教师总结本次课内容。

作业：

(1)用手机记录身边的“不环保”行为，提出改进意见(培养学生创新思维)。

(2)就改进意见设计纠正方案(宣传海报、社团活动、图片展等)，创建绿色校园。(促成学生行动，让环保意识落到实处。)

三、案例特色与成效

1. 案例特色

本案例采用双线设计——教学重点难点(主线)＋思政目标(辅线)，以先进的教学理念(产出导向理念)为指导，将有效的教学设计(BOPPPS 六步教学法)应用于课堂实践，提升课堂效果。同时，精心选择与课文主题相关的思政内容，巧妙融入课程，润物无声地唤醒学生环保意识，促使学生行动起来建设绿色校园，保护地球家园。

2. 改革成效

(1) 教学模式变革：从传统教学到线上线下混合式教学，自建资源，为学生量体裁衣，提高学生学习兴趣。

(2) 教学方式变革：以教师为中心变为以学生为中心，以产出为导向，为学生搭建“脚手架”，向课堂要效率，引导促成学生产出。

(3) 评价方式变革：从单一到多维，注重过程性评价，关注学生成长过程，注重高阶思维、创新意识的培养。

案例 30　不同视角下的临终关怀学

课程类型：公共基础课(含文化素质课)
教育赛道：本科教育
开课年级：大一年级、大二年级、大三年级
面向专业：医学相关专业
部　　门：护理学院
学　　校：温州医科大学

案例视频

案例教师或团队成员信息(第 1 位为教学案例负责人)：

姓名	职务	职称	部门
黄天中	温州医科大学特聘教授	教授	—
杨晔琴	副院长	副教授	护理学院
高晨晨	教师	讲师	护理学院

一、课程目标

温州医科大学是一所以本科教育为主，以医学学科为重点的应用研究型大学，现有医学、理学、工学和管理学四大学科门类 27 个专业。学校始终以人为本，着力培养有情怀、有自信、能做事、能创新的“两有两能”优秀本科人才。本课程结合学校“两有两能”人才培养要求，期待学生达到以下课程目标。

(1) 知识目标：能够从不同视角下阐释临终关怀，学会临终关怀的基本理论、方法、途径和策略。

(2) 能力目标：能够主动获取知识，积极探索实践；批判性地应用临终关怀相关专业技能，创造临终关怀价值。

(3) 素质目标：积极主动维护生命尊严；认同自我关怀、生命关怀、终身关怀的理念；树立文化自信，自觉弘扬和践行孝亲感恩的传统文化。

二、课程思政案例设计

1. 课程思政德育目标与融合点

本案例“临终护理的原则”主要知识点包括尊重生命、重视生命的质量、临终护理需符合文化特征和护理人员的自我关怀与成长。本案例结合每个知识点的特色融入不同思政元素，帮助学生树立尊重生命、关怀临终的价值观；培养学生共情的职业素养、文化发展与传承的责任担当以及团队成员不断自我关怀与成长的能力。

2. 教育方法和载体途径

本案例采用来自真实世界的案例承载思政育人元素，运用案例教学法、类比法、启发式教学法等教学方法，通过镜头的记录、教师的叙事和提问自然地融入思政育人元素，设置问题激发探究，以学生为中心，强调教师的引导作用，让学生在讨论与反思中内化思政素养，具体图 1 所示。

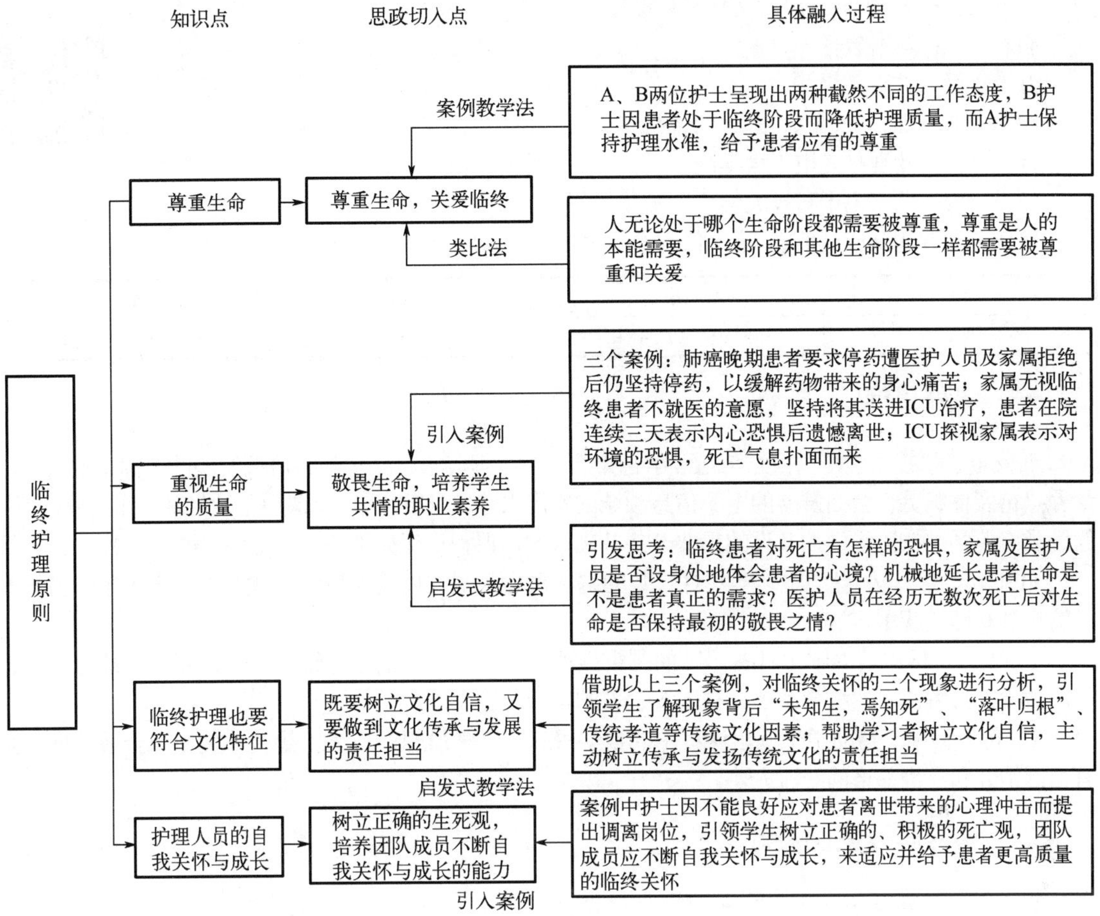
知识点
思政切入点
具体融入过程
临终护理原则
尊重生命
尊重生命，关爱临终
案例教学法
A、B两位护士呈现出两种截然不同的工作态度，B护士因患者处于临终阶段而降低护理质量，而A护士保持护理水准，给予患者应有的尊重
类比法
人无论处于哪个生命阶段都需要被尊重，尊重是人的本能需要，临终阶段和其他生命阶段一样都需要被尊重和关爱
重视生命的质量
敬畏生命，培养学生共情的职业素养
引入案例
三个案例：肺癌晚期患者要求停药遭医护人员及家属拒绝后仍坚持停药，以缓解药物带来的身心痛苦；家属无视临终患者不就医的意愿，坚持将其送进ICU治疗，患者在院连续三天表示内心恐惧后遗憾离世；ICU探视家属表示对环境的恐惧，死亡气息扑面而来
启发式教学法
引发思考：临终患者对死亡有怎样的恐惧，家属及医护人员是否设身处地体会患者的心境？机械地延长患者生命是不是患者真正的需求？医护人员在经历无数次死亡后对生命是否保持最初的敬畏之情？
临终护理也要符合文化特征
既要树立文化自信，又要做到文化传承与发展的责任担当
借助以上三个案例，对临终关怀的三个现象进行分析，引领学生了解现象背后“未知生，焉知死”、“落叶归根”、传统孝道等传统文化因素；帮助学习者树立文化自信，主动树立传承与发扬传统文化的责任担当
启发式教学法
护理人员的自我关怀与成长
树立正确的生死观，培养团队成员不断自我关怀与成长的能力
案例中护士因不能良好应对患者离世带来的心理冲击而提出调离岗位，引领学生树立正确的、积极的死亡观，团队成员应不断自我关怀与成长，来适应并给予患者更高质量的临终关怀
引入案例

图 1

三、案例特色与成效

1. 特色

本案例遵循“学之不如乐之，乐之不如好之”“以学生发展为中心”的教学理念，基于体验式教学法的理论框架，充分使用案例教学法、类比法、启发式教学等教学方法，丰富学生的体验，借助反思日记、大师引导等方式引发学生积极思考并指导其将思考付诸行动，内化思政素养，并将所学知识内化于心、外化于行。

2. 成效

选课学生纷纷给予本案例很高的评价，课程认同度达 92%以上。本案例用“一个灵魂唤醒另一个灵魂”，学生在反思日记和叙事体验中纷纷表露自己在临终关怀感性认识、生命观、感恩行动力、临终关怀实践等方面的积极变化。

案例31 线性代数

课程类型：公共基础课（含文化素质课）
教育赛道：本科教育
开课年级：大一年级
面向专业：理、工、农、医、经管类专业
部　　门：物理与光电工程学院
学　　校：西安电子科技大学

案例视频

案例教师或团队成员信息（第1位为教学案例负责人）：

姓名	职务	职称	部门
杨威	光电技术实验中心主任	教授	物理与光电工程学院

一、课程目标

西安电子科技大学是以信息与电子学科为主，工、理、管、文多学科协调发展的全国重点大学，培养“德智体美劳”全面发展的电子信息领域的实用人才。“线性代数”课程是针对理、工、农、医、经管类专业学生在第二学期开设的重要公共基础课程，课程目标如下。

(1)知识目标：引导学生理解线性代数的基本概念、基本理论和思维方式；帮助学生掌握多维度逻辑推理和延拓应用方法。

(2)能力目标：培养学生具备严密的逻辑推理能力、高度的抽象思维能力及创新实践能力，能够运用数学工具解决自然科学、工程技术等领域的实际问题。

(3)价值目标：帮助学生领悟课程中的数学思想和哲学思想，成为“德智体美劳”全面发展的具有家国情怀和高尚品格的一流人才。

二、课程思政案例设计

1. 课程思政德育目标

在课程中润物细无声地融入“大国工匠”“爱国情怀”“人文精神”“红色基因”“社会责任”“严谨求实”“科学精神”“科学思想”“遵纪守法”“孝敬父母”“感恩社会”“奋斗精神”等育人元素。

课程要把数学“冷冰冰的美丽”变成“火热的思考”，把“干巴巴的说教”变成“热乎乎的引导”；把课堂变成一个有情有义、有温度、有爱的教学过程。

2. 思政教育融合点

从课程的“知识背景”“数学史”“数学家和科学家的故事”“数学文化”“数学之美”“数学思想”“数学素养”“应用案例”等切入课程思政教育，使得教学过程自然、教学效果显著。

3. 教育方法和载体途径

(1)知识背景引入。设置问题：“GPS”是什么？“BDS”是什么？通过学生熟悉的全球定位系统GPS引出我国自主研发的北斗卫星导航系统BDS(通过图片信息展示)，最后引出课程的主题——向量，从而达到提升民族自豪感的目的。

(2)向量组与矩阵的关系引入。通过矩阵特殊数字引出我国“两个一百年”奋斗目标。

(3)向量运算例题引入。用$(\boldsymbol{\alpha}\boldsymbol{\beta}^{\mathrm{T}})^3$来研究$(\boldsymbol{\alpha}\boldsymbol{\beta}^{\mathrm{T}})^{2020}$，掌握“用简单例子来分析复杂问题”的数学思想；强调$\boldsymbol{\alpha}\boldsymbol{\beta}^{\mathrm{T}}$与$\boldsymbol{\beta}^{\mathrm{T}}\boldsymbol{\alpha}$的区别，前者为4阶方阵，后者为一个数，注意“表象”与“本质”的区别；

$(\boldsymbol{\alpha}\boldsymbol{\beta}^{\mathrm{T}})^3=\boldsymbol{\alpha}(\boldsymbol{\beta}^{\mathrm{T}}\boldsymbol{\alpha})^2\boldsymbol{\beta}^{\mathrm{T}}$，矩阵乘法不满足“空间位置”的交换规律，但其运算的“时间次序”可以交换。授课教师告诉学生“既要‘遵守规律’又要会‘合理运用规律’”的道理。

(4) 向量的几何含义引入。通过向量的长度引出“勾三股四弦五”早在我国大约公元前 1100 年就有记载，以此弘扬中华文化，增强学生的民族自豪感；用“有没有没有方向的向量”的问题，引出零向量的概念，并提出问题：“你若是一个向量，你愿意作一个零向量？还是非零向量？”引导学生树立正确的、远大的人生目标，并制订科学的实施计划。

(5) 向量的几何含义引入。从“树立正确的、远大的人生目标”“制订科学的实施计划”进一步引出中国自主研发北斗卫星导航系统的研发计划，彰显中国科技伟力，弘扬自主创新精神，把课堂推上高潮。

三、案例特色与成效

1. 案例特色

(1) 思政育人元素融入课程整个环节。

(2) 培养学生具备数学思想、科学精神、人文精神和创新思维。

(3) 把工程应用和数学理论紧密融合，大力彰显“大国工匠”的家国情怀。

2. 改革成效

授课教师负责的首批国家精品在线开放课程、首批国家级一流本科课程等 3 门线上课程总选学人数达 15 万余人，获得广大学生和校内外同行的高度好评。

授课教师近年获得陕西省教学成果二等奖 3 项、西安电子科技大学课程思政教学竞赛一等奖、西安电子科技大学首届本科教学创新奖二等奖。

授课教师应教育部高教司邀请参加国家一流本科课程评审工作；应邀在由教育部主办的研讨会上做大会报告；应邀参加中国大学 MOOC 平台的“名校名师开直播”活动。

案例 32　大学生就业指导

课程类型：公共基础课(含文化素质课)

教育赛道：本科教育

开课年级：大四年级

面向专业：所有专业

部　　门：创新创业学院

学　　校：西安翻译学院

案例视频

案例教师或团队成员信息(第 1 位为教学案例负责人)：

姓名	职务	职称	部门
黄宇婧	教师	讲师	创新创业学院

一、课程目标

结合学校“应用型、地方性、国际化”“立足陕西、面向全国、服务地方”的办学定位，根据民办高校学生学习参与度和持久性欠佳的学习特点以及就业所需实操能力较弱的具体情况，本课程坚持“立德树人、德育为先”理念，采用以学生为中心的教育理念，将课程目标设定为：

(1) 知识目标：了解并掌握大学生就业形势与政策、求职准备、求职技巧等基础知识要点。

(2) 能力目标：基本具备独立制作求职材料、参与求职活动的能力；初步具备就业权益维护的能力、适应职业环境的能力；具备系统解决就业活动中遇到问题的能力。

(3)素质目标：树立积极正确的就业观，把个人发展和国家需要、社会发展相结合；具备良好的职业道德；具备顺利开展就业活动的良好素养。

二、课程思政案例设计

本案例选自“就业心理调适”中的内容，该课程思政德育目标为引导学生树立正确的择业观、价值观。

1. 思政教育融合点

(1)分析学生就业过程中常见的观念误区，并逐一做针对性调整，引导学生树立正确的择业观。

(2)分析自卑、焦虑心理产生的原因并给予改善建议，帮助学生克服心理障碍，学会自我肯定，提升自信心，培养健康的心理素质，塑造健全人格。

(3)在心理调适方法的实践教学中引导学生正视现实和自我，合理看待理想和现实的关系，能够以正确的态度对待挫折和挑战，培养奋斗精神，端正。

2. 教学过程及途径

整节课的教学过程如图 1 所示，按照“自主学习→理论讲解→体验学习→合作探究→思政育人→产出评价→拓展提升”的思路实施教学，设计“学→讲→练→探→导→产→拓”七步走的具体教学活动，充分利用线上教学平台和课外教学资源，贯穿课前、课中、课后的教学全过程。

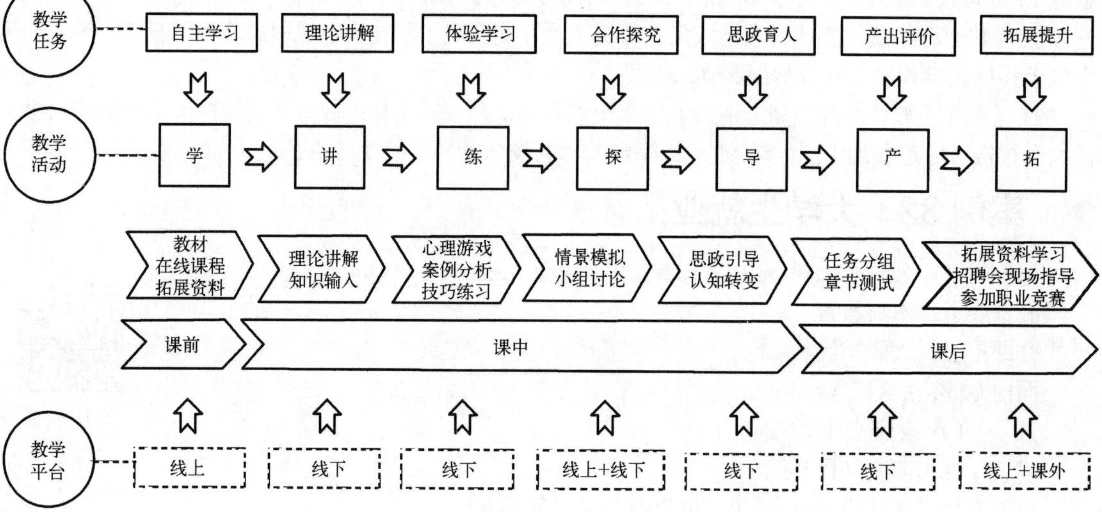
教学任务
自主学习
理论讲解
体验学习
合作探究
思政育人
产出评价
拓展提升
教学活动
学
讲
练
探
导
产
拓
教材
在线课程
拓展资料
理论讲解
知识输入
心理游戏
案例分析
技巧练习
情景模拟
小组讨论
思政引导
认知转变
任务分组
章节测试
拓展资料学习
招聘会现场指导
参加职业竞赛
课前
课中
课后
教学平台
线上
线下
线下
线上+线下
线下
线下
线上+课外

图 1

1)课前

(1)让学生学习教材相关章节内容。

(2)让学生学习在线课程“调整就业心态”知识点及拓展资料。

2)课中

(1)课程导入。

① 教师活动：组织开展心理游戏“拍 7”；教师提问“面对择业，你有哪些心理困惑？”；教师线上平台上发布问卷“面对择业，你曾经出现以下哪些想法和心态?”，组织学生参与，并现场公布调查结果。

② 学生活动：动——双向互动。

③ 设计意图：引导学生意识到做好就业心理准备的重要性；引导学生树立主动寻找就业机会的意识；总结常见就业心理问题，引起重视，激发兴趣。

(2) 大学生就业过程中常见心理问题及原因分析。

① 教师活动。

引导学生理解并掌握自卑心理的表现及调适。

◆ 提问：择业情景化问题导入。

◆ 案例分析：以真实案例分析择业自卑心理的具体表现。

◆ 心理游戏：黑点游戏。

◆ 理论讲解：以招聘者角度讲述用人单位眼中求职者的理想心态。

◆ 心理游戏："粉红大象"游戏。

◆ 小组讨论分享：积极的自我暗示的方法。

◆ 心理游戏："鼓掌"小游戏。

引导学生理解并掌握焦虑心理的表现及应对策略。

◆ 案例分析：择业过程中出现焦虑心理的具体表现。

◆ 从招聘者视角讲解：择业焦虑心理的应对。

引导学生理解并掌握自负、从众、怕苦、攀比、嫉妒心理的表现及应对。

◆ 案例分析：自负、怕苦、攀比、嫉妒心理的表现。

◆ 视频案例：从众心理的表现。

◆ 从职业生涯发展视角讲解：自负、怕苦、攀比、嫉妒心理的应对方法。

② 学生活动：动——双向互动、听——细听讲解、思——思考问题、记——记知识点。

③ 设计意图：分析择业自卑心理的具体表现，引导学生在择业中看到自己的优点，掌握自我肯定的方法；分析择业常见心理问题的具体表现及产生原因，使学生掌握自我心态调整的方法；引导学生树立正确的职业价值观。

(3) 就业心理调适方法。

① 教师活动。

走出观念误区。

◆ 理论讲解：择业常见的五大观念误区的表现。

◆ 案例分析：针对观念误区进行调整，给出职业发展建议。

清晰自我认知。

◆ 知识点回顾：自我认知与职业选择。

加强职业认知。

◆ 线上平台发布讨论问题："用人单位想要什么样的人？"

◆ 理论讲解：用人单位看重候选人的特点。

其他心理调适方法。

◆ 技巧练习：注意力转移法、运动、合理言泄、呼吸放松、冥想放松、肌肉渐进性放松等。

② 学生活动。

听——细听讲解、动——双向互动；

思——思考问题、动——双向互动；

思——思考问题、动——双向互动；

记——记知识点、动——双向互动。

③ 设计意图。

◆ 引导学生树立正确的金钱观、择业观和价值观。

◆ 帮助学生进一步清晰自我职业认知。

◆ 总结讲解用人单位重视的求职者的共性点，引导学生从现在开始训练这些能力。

◆ 帮助学生掌握心理调适的具体方法，增强心理素质，塑造健全人格。

(4) 总结。

① 教师活动：总结课程内容、公布小组积分、布置课后作业。

② 学生活动：复习并完成作业。

在课堂教学中，线上和线下同步进行，线上进行发布讨论问题、抢答、问卷调查等活动，线下进行全程体验式实践教学，综合心理游戏、案例分析、情景模拟、小组讨论、技巧练习等实践教学方法提升教学效果。

3) 课后

布置章节测验、小组任务和线上讨论等，检验学生学习效果，拓宽学生知识面。

4) 教学评价

本课程建立了全程化、过程性考核的多元评价体系，如表1所示，注重学生的参与和互动，融合线上线下全过程考核模式，注重学生学习的每一个“过程”和知识能力的螺旋式上升。具体评定方式由形成性评价和终结性评价构成。

表1

评价方式	权重	一级指标	权重	二级指标	三级指标	评价形式	评价方式
形成性评价	70%	课堂表现	20%	线下参与	参与课堂讨论的积极性和发言准确性	线下	教师评分
					参与职业测评、职业探索游戏、职业环境模拟等体验式活动的积极性和发言准确性		
				线上参与	主动发表讨论问题次数	线上	系统评分
					参与在线讨论次数		
					参与投票、问卷等线上活动次数		
		自主学习	25%	学习投入	观看教学视频时长	线上	系统评分
					完成线上学习任务点比例		
				学习效果	针对课程目标的线上章节测试成绩	线上	
				课堂笔记	笔记内容完整度、条理性、字迹工整度	线下	教师评分
		课程作业	25%	学习成效	课堂测试、课程作业得分	线上	系统评分
终结性评价	30%	小组任务及展示	30%	小组合作表现	参与小组合作的积极性和发挥的作用	线上+线下	教师评分+组内自评+组间自评
				任务成果效果	小组任务的完成效果	线上	
				展示效果	展示材料制作的完整性、精美度和创新性	线下	
					展示过程的逻辑性、清晰度及观众反馈		

过程考核包括以下内容。

(1) 课程形成性评价=课堂表现×20%+自主学习×25%+课程作业×25%。

(2) “自主学习”观看教学视频方面：包含40个任务点，全部完成得满分，单个视频任务点分值平均分配，积分达20分为满分。

(3) “自主学习”章节测验方面：包含学生章节测验任务点的完成，积分达5分为满分。

(4) “课程作业”：包含课程作业的提交、参与互评、评语撰写，如作业次数>1次，取所有作业的平均分，积分达 25 分为满分。

(5)“课堂表现”线上参与方面：参与投票、问卷、抢答、选人、讨论、随堂练习等课程活动可以获相应分数，积分达 10 分为满分。

(6)“课堂表现”线下参与方面：指学生参与课堂提问、分享、活动等学习行为，5 分/次，积分达 10 分为满分。

(7)“课堂表现”扣分项：按迟到、早退、随意缺课、旷课、逃课等情况扣分。迟到、早退扣 3 分/次；事假扣 2 分/次(2 次及以内不扣分)；病假扣 1 分/次(2 次以内不扣分)；旷课扣 10 分/次。课堂教学中不带书本、随堂笔记本、笔；上课玩手机、睡觉、吃东西等与课堂无关的事情，教师视情节严重情况扣分。

本案例的教学评价采用的是“章节测试＋过程性评价”相结合的方式。章节测试为 5 道选择题，在题库中随机选择，知识点涵盖本案例所在内容，成绩占总成绩的 2%；过程性评价体现在课堂互动中，线上每参与 1 个主题讨论加 1 分。

三、案例特色与成效

1. 案例特色

突出以学生为中心的理念，打破大班授课讨论不充分、参与度不高的局限性，创新教学方法，提升教学效果。

1)引进“体验式实践教学”方法增强学生职业技能

课堂教学中灵活运用心理游戏、案例分析、情景模拟、技巧练习等多种体验式实践教学方法，充分调动学生的学习主动性和创造性，提升学生的就业技能，增强心理素质；利用招聘会现场观摩、参加职业竞赛等课外教学方式，让学生通过真实体验将知识有效转化为技能，提升学生综合素质，课程团队成功举办过三届职业生涯规划大赛、两届简历大赛，指导的学生项目在各级各类职业技能和创新创业项目及竞赛中屡获佳绩。

2)创建了“大班小组”的教学模式

在通过线上学习和大班授课夯实学生理论基础、解决共性问题的同时，引进小组竞争积分制，以 6～8 人小组合作分工的方式完成课程任务、主题教学和能力提升，小组高度参与前期筹备、过程实施和结尾评价各环节，提高任务成果及展示在考核中的分数占比，让学生学有所得、学有所获。

2. 教学改革成效

(1)最近两期线上课程学生评分>4.8 分。

(2)毕业生和用人单位对课程的满意度较高。

案例 33　国际友人在中国

课程类型：公共基础课(含文化素质课)

教育赛道：本科教育

开课年级：所有年级

面向专业：所有专业

部　　门：外国语学院

学　　校：西北大学

案例视频

案例教师或团队成员信息(第 1 位为教学案例负责人)：

姓名	职务	职称	部门
陈娟	教师	讲师	外国语学院

一、课程目标

“国际友人在中国”为西北大学通识课。学生学习后应达到如下目标。

1. 知识目标

能了解国际友人在华事迹、对中国革命与建设的贡献及其有关中国的著作，知晓国际友人群体有谁、为中国做了什么、为什么仍被中国人铭记以及铭记的方式。

2. 技能目标

能根据所讲内容，拓宽抗战历史人文知识视野，从国际友人视角了解中国国情。能够发现国际友人著作中的“他者”视野和对中国的客观认知。能够联系实际，讲好中国故事，理解国际友人对我国当代的外交意义。

3. 思政教育目标

能理解国际友人的人道主义和国际主义意识与精神，正确看待和评价国际友人的“架桥”贡献，结合国家和社会需求，将课程所学与专业学习和个人发展相结合。

二、课程思政案例设计

本案例以“斯诺的小客厅”的今昔状况为主线，讲述埃德加·斯诺与海伦·斯诺夫妇对“一二·九”运动的支持，他们见证了中国抗日救亡运动，并向世界发出了正义的声音。如今，“小客厅”原址已经变成了中美交流的“大客厅”，在新的历史时期发挥着积极的民间外交作用。

1. 课程思政德育目标

本案例旨在使学生了解国际社会对苦难深重的中国人民的同情、对奋起反抗的进步学生的支持、对风起云涌的中国革命寄予的希望，从而深刻理解“一二·九”运动的必要性与正当性，培养学生爱国、爱党的情怀，增强从自身做起树立中国国际形象的责任感。

2. 思政教育融合点

从“小客厅”这一具象视角，回顾“一二·九”运动的历史，并通过经典著作《红星照耀中国》的选读，再现当时国际社会对学生运动的同情与支持。青年学生有着强烈的爱国情怀，不仅走在抗日救亡运动前线，还在中国共产党的引领下打出反对帝国主义侵略的口号，具有时代进步意义。

3. 教学方法

1) 翻转式课堂

线上课程为学生提供相关网络资源，使学生初步了解课程内容之后，带着问题回到课堂上参与讨论，设置与主题相关的学习任务，如“斯诺为什么对青年学生寄予厚望？”等主题讨论，践行主动学习、探讨式学习的教育理念。

2) 情景式教学

结合斯诺故居与现址今昔对比，组织学生在寒暑假去北京中安宾馆参观，实地获得体验、受到教育。

3) 探究式学习

把原著经典与时代主题相结合，通过文本阅读、视频观看、现场参观以及学生小组互动与互评等方式，将学生带回场景中，设身处地地思考斯诺夫妇当时所面对的风险与报道角度的选取，探究历史人物面对时局的策略与决心，加深对主题的了解。

4. 载体途径

1) 课程载体

运用斯诺等国际友人所拍摄的珍贵历史图片、斯诺著作《红星照耀中国》原文节选、主讲人音频、视频等载体，呈现课程内容。

2) 线下与线上途径

教师的课堂授课与网络课程相结合，线下的通识课与线上学习同步进行，使学生既有相关的网络资源，又能够在课堂上参与深度讨论，增强学习效果。

三、案例特色与成效

1. 案例特色

本案例以埃德加·斯诺的北平旧居为切入视角，讲述了“一二·九”运动中国际友人的支援，使学生更全面地了解这一历史事件，把握当时的国际环境，重温青年学生不屈不挠的爱国主义精神，从而提升学生的爱国主义情怀，使之成为有家国理想、有国际视野的新青年。

2. 教学改革成效

自 2018 年起，本课程已作为通识课在西北大学教授，2020 年在智慧树平台上线。目前西北大学已有 200 名学生选课，在学生中掀起了红色阅读的兴趣，成功申报多个“互联网＋”大学生创新创业大赛红色赛道项目，并带动学生以此开展寒暑假社会实践、三下乡等活动。线上课程已有来自三所大学的近 900 名学生选课，互动次数近 600 次，广泛应用于相关课堂教学、课外实践、团建教育、形势与政策教育中。

案例 34　戏曲鉴赏

课程类型：公共基础课(含文化素质课)

教育赛道：本科教育

开课年级：大一年级、大二年级

面向专业：非艺术专业

部　　门：综合素质教育学院

学　　校：西北农林科技大学

案例视频

案例教师或团队成员信息(第 1 位为教学案例负责人)：

姓名	职务	职称	部门
刘威	教师	副教授	综合素质教育学院

一、课程目标

“戏曲鉴赏”是面向全校非艺术专业本科生开设的通识类公共艺术课，是教育部规定的 8 门限定性选修公共艺术课程之一，20 学时，1 个学分。根据西北农林科技大学本科培养方案规定：本科生必须修够 2 个学分(两门)的公共艺术课方准予毕业。通过本课程的学习，学生能够掌握：我国戏曲的起源、发展及传承与革新；戏曲的基本艺术特征，程式化表演的四功五法、生旦净丑等角色行当；京剧、昆曲、豫剧、黄梅戏、越剧及秦腔等地方剧种的起源、唱腔特点和绝技绝活等知识。具备独立的戏曲作品的鉴赏力、较高的审美感受力和创造力。建立强烈的民族自豪感和文化自信心，具有正确的审美观和高尚的审美情趣及品位。

二、课程思政案例设计

1. 教学分析

1) 教学内容

①“关中晓月”剧情简介；② 编剧和主演及创作背景介绍；③ 唱腔、表演和舞台意境等三个方

面的艺术鉴赏。

2）内容分析

女秦商商英散尽家财，智救关中大儒刘古愚，挽救关学一脉；面见慈禧，双寡夜谈，智斗贪官，探访高贤，有勇有谋。故事情节跌宕起伏，极具吸引力。剧中加入“关学”元素为剧立魂，中华女性的家国情怀、柔肩担道义的精神令人钦佩。清丽婉转的唱腔、虚实结合的表演和舞台呈现的意境是该剧的突出艺术特点，极富艺术感染力。

3）学情分析

选修本课程的学生为非艺术专业的学生，戏曲知识基础非常薄弱；秦腔流传于西北地区，其他地区的学生几乎从未接触过。讲授秦腔之前学生已经学习过戏曲总论、国粹京剧及昆曲等其他地方剧种。作为在陕西读书的西北农林科技大学学子有必要也有意愿了解秦腔。本讲之前已经讲授了秦腔的起源发展、秦腔的艺术特征、秦腔绝活等基础知识，学生渴望了解这些艺术特点在剧目中是如何具体呈现的。

2. 教学目标

1）认知目标

(1)认识中国戏曲的写意性、虚拟性和程式化表演艺术特征在秦腔剧目中的具体体现。

(2)体会主演齐爱云的秦腔演唱特点和对秦腔唱腔艺术的创新。

(3)具体领略秦腔的艺术表现手法、马鞭舞、水袖等艺术表演。

2）能力目标

(1)学生能够提升发现秦腔艺术美、领悟秦腔艺术美的能力。

(2)学生具备举一反三、独立地鉴赏秦腔艺术作品的能力。

3）情感目标

(1)学生能够感受到秦腔这一地方剧种的艺术魅力，从内心增强对中华传统戏曲文化的认同感和自豪感，以及对本土文化的自信。

(2)学生通过对剧魂“关学”精神的解读，由内心生发出对横渠四句精神的传承愿望，增强学生的使命与担当感。

3. 教学重点和难点

(1)重点：“关中晓月”的唱腔特点、做功表演特点和舞台呈现的意境。

(2)难点：如何通过戏曲艺术表现手法来刻画人物的内心世界。

4. 课程思政与切入点

1）思政元素

(1)“关学”文化的时代价值。

(2)中华女性柔肩担道义的精神、机智勇敢的品格。

(3)西北农林科技大学学子的担当和责任。

2）切入点

(1)剧情介绍引出剧魂。

(2)“横渠四句”精神与西北农林科技大学办学理念高度吻合。

(3)剧中人物与西北农林科技大学的渊源。

5. 教学方法

采用教师讲授、亲身示范、PPT演示、视频学习等教学方法，引导学生进行沉浸式的鉴赏，感受剧魂立意。

三、案例特色与成效

“关中晓月”是新编历史秦腔剧，由著名秦腔艺术表演家、两位梅花奖得主联袂担纲演出。该剧与西北农林科技大学颇有渊源：故事的诞生地就是学校所在地——陕西关中。剧目创编刚刚完成，主创人员就携带该剧来校演出，引起轰动。本案例将秦腔基本知识、剧目鉴赏和思政教育有机结合，尤其是思政元素的挖掘凝练恰到好处，既有剧目本身彰显的中华女性的家国情怀、柔肩担道义的精神、民族精神——“横渠四句”精神等显性思政元素，又挖掘凝练出“横渠四句”精神与学校办学宗旨的高度契合、剧中人物与学校的传承关系，显示出西北农林科技大学历代师生都在践行“横渠四句”精神的隐性思政元素。授课教师以本案例曾获得陕西省课程思政教学标兵称号，作为课程思政教学示范课上线新华网、国家教育行政管理学院等多家平台。

案例 35 Python 语言程序设计基础

课程类型：公共基础课(含文化素质课)
教育赛道：本科教育
开课年级：大二年级
面向专业：软件工程、大数据管理与应用
部　　门：信息与智能工程学院
学　　校：云南经济管理学院

案例视频

案例教师或团队成员信息(第 1 位为教学案例负责人)：

姓名	职务	职称	部门
张晓艳	现代教育技术科科长	副教授	信息与智能工程学院
李红育	信息与智能工程学院院长	教授	信息与智能工程学院
王星星	教师	助教	信息与智能工程学院

一、课程目标

本课程是培养学生以解决实际问题为出发点的编程思维能力课程，要求能编写解决常见问题的程序。

1. 知识目标

掌握 Python 语言程序设计的基本方法、基本技能；由简单直观的编程开始，了解计算机程序设计的原理；享受编程求解和科技创新带来的高阶乐趣。

2. 能力目标

具备一定的程序设计能力和计算思维能力，学会运用计算机分析、解决科学计算问题，为后续课程的学习及实践打下良好的编程基础。

3. 素质目标

通过对党的二十大报告的学习，培养新时代大学生肩负起历史使命、怀抱远大理想，立足本专业，发挥所长，在向着第二个百年奋斗目标前进的路上，努力塑造全新的自己，不负时代，不负韶华，成为党和国家真正需要的有为青年。

二、课程思政案例设计

本案例主要结合南华大学“Python 语言程序设计基础”线上金课第 8 章“文件操作”来开展，采用线上线下混合式教学模式。主要内容是利用 Python 语言第三方库中 Wordcloud 库和 jieba 库引导学生对党的二十大报告进行词频分析和词云图制作。

1. 课程思政德育目标

(1) 从我们身边张桂梅老师的故事导入，深入学习党的二十大报告内容，把思想政治工作贯穿教育教学全过程，实现全程育人、全方位育人。

(2) 体味信息化时代计算机技术对解决实际问题的意义和重要性。激发学生对专业学习的兴趣及提升社会责任感，提高自身专业能力，以建设现代化中国为己任。

2. 思政教育融合点

(1) 教学以党的二十大报告为例，通过常规方式及程序设计方式进行学习并总结高频词，加深对党的二十大报告的理解。

(2) Wordcloud 库和 jieba 库属于 Python 语言中第三方库，结合 Python 语言程序设计简单、共享、开源的特点，感受共建共享的团队合作精神，培养学生的社会主义核心价值观、工匠精神、职业道德。

通过张桂梅老师的梦想，激励学生立足本专业，发挥所长，去努力实现自己梦想。

3. 运用教学方法

案例主要通过“激活旧知、聚焦问题、示证新知、应用新知、融会贯通”五个步骤展开线上线下混合式教学。通过线上党的二十大报告、词云图制作学习的数据及生成简单词云图作业的情况，体现学生收获，聚焦学生存在的问题。课堂中教之以事，寓之以德，引用张桂梅老师的新梦想，结合党的二十大报告的核心词，讲解案例中重难点，拓展新知识，举一反三完成实践任务，开拓学生创造性思维。全过程以党的二十大报告为主线，结合编程思路完成知识的学习，最后回归到张桂梅老师讲的话，让学生学好专业知识，在努力实现自己梦想的同时，帮助更多的人实现梦想。

4. 载体途径

通过南华大学“Python 语言程序设计基础”线上金课作为线上学习载体，线下课堂结合线上教学工具，开展符合云南经济管理学院人才培养的线上线下混合式教学，及时发现问题，解决问题，对课堂进行延伸，如图 1 所示。

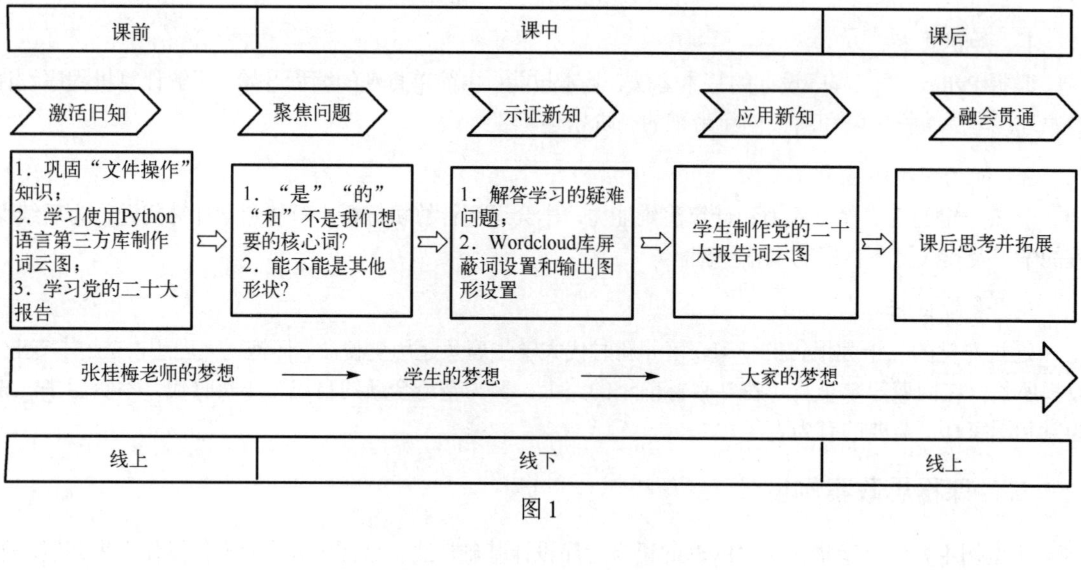
课前
课中
课后
激活旧知
聚焦问题
示证新知
应用新知
融会贯通
1．巩固“文件操作”知识；
2．学习使用Python语言第三方库制作词云图；
3．学习党的二十大报告
1．“是”“的”“和”不是我们想要的核心词?
2．能不能是其他形状?
1．解答学习的疑难问题；
2．Wordcloud库屏蔽词设置和输出图形设置
学生制作党的二十大报告词云图
课后思考并拓展
张桂梅老师的梦想
学生的梦想
大家的梦想
线上
线下
线上

图 1

三、案例特色与成效

1. 案例的特色

(1)跨校资源整合教学，依托校外线上金课，结合校内实际情况，开展线下学习，实现了优质资源的运用。

(2)国家政策文件与技术的融合，把思想政治工作贯穿教育教学全过程，切实有效解决思政与课程不协调问题，将枯燥的政策文件用程序设计可视化，提高学生学习兴趣，培养出思想优良、作风端正的新时代大学生。

(3)以张桂梅老师的梦想点燃学生的梦想，被动变主动，使当代大学生主动地深入学习宣传贯彻党的二十大精神，立足本专业，发挥所长，关心祖国前途命运，拥护党的领导，坚定理想信念，在强国新征程中勇担责任使命。

2. 教学改革成效

(1)本课程本学期选课人数达到 90 人，涵盖了学校 39 个不同专业学生，思政教育覆盖面较广，深受学生欢迎，认同率 95.1%。

(2)将文化自信、探索精神、辩证思维、责任意识等思政元素有机融入课程教学中，做到了情景契合、内容融合。通过多平台联动的教学模式有效地组织和管理课堂，线上线下教学有机结合、翻转互动交流充分。

案例 36　杭州历史文化漫游

课程类型：公共基础课(含文化素质课)
教育赛道：本科教育
开课年级：大二年级、大三年级
面向专业：汉语言(留学生)、汉语国际教育
部　　门：国际教育学院
学　　校：浙江大学

案例视频

案例教师或团队成员信息(第 1 位为教学案例负责人)：

姓名	职务	职称	部门
施虹	国际教育学院教学中心主任	副教授	国际教育学院

一、课程目标

有精神引领，方成气象；有先进文化，方有灵魂。浙江大学为传承和弘扬中华优秀传统文化，需构建一批富有中国特色的文化素质教育课程，培育和培养有人类情怀和国际视野、热爱中外文化的新时代人才。

本课程秉持这样的精神、以学生为中心的课程教学改革方向，专为国际学生及喜爱中国地域文化的学习者设计了这门文化素质课。通过杭州地域文化教学，提高国际学生语言表达能力、正向认知中国的能力、跨文化交流能力和国际竞争能力。课程以“国际学生眼中的杭州”独特视角建构章节框架，将“地域文化融入思政课堂”，增进中外文化的交流，弘扬优秀地域文化。从古今、自然、人文不同角度，向全世界展示真实、立体、厚重、开放、文明、现代的杭州。

二、课程思政案例设计

(1)聚焦“传统文化传播”发展战略，展示地域文化风貌。深入贯彻习近平总书记重要指示精神——“历

史文化是城市的灵魂，要像爱惜自己的生命一样保护好城市历史文化遗产”。选取杭州地域文化八张名片，鉴往知来，突出杭州的地域文化特色和改革开放以来的新风貌。本案例主要展示的是杭州悠久历史文化之一的书院文化。从唐代到近代，书院在杭州人才培养、学术文化乃至社会经济发展中都曾起到过重要作用。本案例从一个侧面勾勒出杭州近代书院的革新，清末变革时期的新式书院——求是书院是浙江大学的前身，其求是精神的传承至今仍具有深远影响。

(2)面向国际学生讲好“新杭州故事”，与实践育人深度交互。将面向学生的国情教育融入所在城市，组织学生实际参与课程制作，引导学生去万松书院、求是书院等地考察，通过讲好“新杭州故事”，在春风润雨之中培养他们“知杭、友杭、爱杭”的人文情怀。本案例选取书院发展变革时期最具代表性的求是书院，从它发展和变革以及求是精神的传承与发扬介绍杭州书院从近代走向现代的过程，并希望在新时代继续发掘它的文化内涵，借鉴它在人才培养、文化传播上的经验，使书院成为新时代杭州又一道文化风景。

(3)引导国际学生展开中外文化比较。本案例通过线上课程结合线下实践，在设计和拍摄过程中，让国际学生全程参与，通过中外教育文化的比较，使学生进一步感知书院文化，创造富有思想的育人生态。

(4)本课程运行以来，首先为浙江大学国际学位学生的“两课”之一“中国概况”及其他专业课提供线上教学资源，基本实现了对国际学生实施线上线下混合式教学、实践翻转课堂教学等目的。同时授课对象除浙江大学国际学生(包括浙江大学校际交流、共建学院的海外学生)，还有兄弟院校国际学生和部分中国学生及社会人士。本案例也通过一个侧面提高学习者对杭州书院发展的正向认知，增进对中国文化丰富性和多样性的认识。

三、案例特色与成效

(1)本课程是浙江大学第一门面向国际学生的线上文化素养类课程。本案例充分展示了杭州书院文化这张名片，以师生提问互动形式讲述书院文化古今的发展与传承。文化素养课程是国际学生思政教育的重要阵地。

(2)本课程将地域文化教育和高校国际学位学生思政教育相融合，从国际学生的比较文化视角解读书院文化，通过师生互动、生生互动、线上线下等多种形式，阐释杭州历史文化与传承，引导学生正向认知当代中国国情。

(3)在课程设计和内容设置上充分考虑与线下课程的匹配性，课程已在中国大学MOOC和智慧树平台上线，并由浙江大学推荐为浙江省一流本科线上课程。既可独立推广，也可灵活嵌入线下文化素质综合课程，有效提高翻转课堂和混合式教学的效果。

案例37 走进中国

课程类型：公共基础课(含文化素质课)
教育赛道：本科教育
开课年级：所有年级
面向专业：所有专业
部　　门：国际教育学院
学　　校：郑州大学

案例视频

案例教师或团队成员信息(第1位为教学案例负责人)：

姓名	职务	职称	部门
黄卓明	国际教育学院副院长	教授	国际教育学院
吕兆格	国际教育学院汉语教研室主任	副教授	国际教育学院
于澎涛	国际教育学院HSK5级教研组主任	讲师	国际教育学院

一、课程目标

1. 知识水平

本课程作为文化素质课，旨在通过中国国情和中国文化基本知识介绍，让学生对中国历史地理、政治经济、哲学文学、科技教育、医药体育等能有全面认识，帮助学生更好地了解中国国情和社会发展状况，熟悉中国的政治制度和外交政策，理解中国社会主流价值观和公共道德观念，从而更好地理解中国文化知识、弘扬中华民族精神。

2. 能力水平

通过本课程学习，使中外学生能够具有宽阔的国际视野和较强的跨文化交际能力。培养国际学生对中国、中国文化和当代中国的认知、理解及认同感，提高他们在中国学习和生活的水平，成为知华友华的国际通用人才。能够和立志从事国际中文教育和中国文化传播的中国学生一起共同拥有“讲好中国故事”的能力。

二、课程思政案例设计

本案例为中国历史的近代史部分，通过视频内容简单介绍了 1919—1949 年的中国革命历史，包括“五四运动”“中国共产党的诞生”“国民大革命”“抗日战争”“解放战争”的内容。学习此案例的内容可以使学生对中国革命史有个初步的了解，能够帮助学生了解中国共产党从诞生到独立领导中国革命，探索中国式革命道路，坚持全面抗战路线，获得抗日战争的胜利，顺应人民的呼声，最终获得解放战争的胜利，建立中华人民共和国的艰苦历程。通过学习，使学生在了解中国革命史的基础上，深刻认识中国共产党是如何从弱到强，如何领导中国革命走向胜利，以及如何实现民族独立，建立中华人民共和国的。帮助学生明白中国人民选择中国共产党、选择中国特色社会主义道路的必然性，可以帮助国际学生消除一些认识上的误解，客观认识中国的革命历史，加深对现实中国的理解和认识。

本案例采用多媒体形式，高度概括地介绍了中国革命史，重点突出了中国人民救国之路的艰难性。在课程内容表现上充分利用图片、视频等多媒体形式，将枯燥的历史事件生动地展现给学生，特别是在介绍“五四运动”“北伐战争”“抗日战争”等内容时，原始资料增强了历史的可信性，利用图片和影像加深学生对重要历史人物的印象，使内容连贯、生动，重点突出，利于学生的思想政治教育。同时，也向学生传递铭记历史、珍爱和平的理念，帮助学生树立正确的人生观和价值观，特别是客观正确看待战争的观念。

当前，各种传统与非传统的安全因素扰动世界和平。所以，我们在中国概况的介绍过程中，将中国人民的革命史作为帮助国际学生了解和认识现实中国的重要途径和手段，做了较为详细的讲述，补足学生对中国近代历史认识的空白。帮助学生认识人民选择中国共产党、历史选择中国共产党的必然性。认识只有中国共产党才能领导中国革命走向胜利，实现民族独立的道理。同时，也可以帮助学生认识中国革命也并不是一帆风顺的，而是中国共产党在克服艰难和挫折下不断前进，带领中国人民走向胜利的。

三、案例特色与成效

本案例的特色是采用润物无声的方式寓思政教育于历史知识的学习中。即充分利用多媒体资源，使用高度概括的语言生动介绍中国革命史，帮助学生理解中国革命道路，增强对中国模式的认识。

在内容选择上，选取具有代表性的重要历史事件，使用高度概括的语言讲述了中国革命史，重点突出了中国共产党从诞生就以民族独立和民族复兴为己任，带领中国人民建立新中国的革命历程。增强学生对于中国共产党领导中国革命走向胜利必然性的认识，加深对于现实中国的理解。

本案例采用多媒体教学手段，将枯燥的历史内容生动地展示给学生，利用图片和视频内容帮助学生增强记忆，树立正确的人生观、价值观和世界观，特别是树立正确客观看待战争的观念。

案例 38 军事理论

课程类型：公共基础课(含文化素质课)

教育赛道：本科教育

开课年级：大一年级

面向专业：所有专业

部　　门：国防教育学院

学　　校：中北大学

案例视频

案例教师或团队成员信息(第 1 位为教学案例负责人)：

姓名	职务	职称	部门
蔺玄晋	军事教研室主任	副教授	国防教育学院
尹建平	机电工程学院院长	教授	机电工程学院

一、课程目标

中北大学作为 1941 年八路军总司令部在太行抗日根据地创办的我党我军第一所兵工学校，享有“人民兵工第一校”美誉，肩负着为国防科技工业培养高层次人才的历史重任。“军事理论”课程依托学校强大的兵器学科专业优势，扎根学校底蕴深厚的国防军工文化，按照《普通高等学校军事课教学大纲》要求，以立德树人为根本任务，遵循学校建设国防特色鲜明高校的办学定位和培养具有国防底蕴的高素质新型人才的人才培养目标，将一代代军工人身上体现的对党、对国家、对人民的赤胆忠诚和习近平总书记多次强调的“科技是核心战斗力”的谆谆教诲融入课程讲授中，增强学生“军工报国、科技强国”的理想信念。

课程目标设定如下。

(1)知识目标：使学生掌握以中国国防、军事思想、国家安全、现代战争和信息化装备为核心内容的国防军事基础知识。(支撑毕业要求：知识水平。)

(2)能力目标：具备用马克思主义战争观和习近平强军思想分析战争问题的基本能力，具备分析信息化武器装备性能特点、局部战争态势、我国周边安全形势和世界军事形势的基本能力。(支撑毕业要求：问题分析能力。)

(3)价值目标：增强学生的现代国防观念、国家安全意识和忧患危机意识，传承赓续我党我军优良传统和红色基因，培养学生的爱国主义情感以及“科技报国、军工报国”的理想信念。(支撑毕业要求：立德树人、职业规范。)

(4)素质目标：提高以“献身国防的坚定理想信念、知识完备的国防理论素养、爱军习武的国防军事素养、科技强军的国防科技素养”为核心的学生综合国防素质，增强学生履行保卫祖国神圣义务的能力。(支撑毕业要求：爱国情怀和责任意识。)

二、课程思政案例设计

习近平总书记指出：“要用好课堂教学这个主渠道，思想政治理论课要坚持在改进中加强，提升思想政治教育亲和力和针对性，满足学生成长发展需求和期待，其他各门课都要守好一段渠、种好责任田，使各类课程与思想政治理论课同向同行，形成协同效应。”为推进课程思政建设，教育部专门下发了《高等学校课程思政建设指导纲要》，鼓励支持院士、“长江学者”、“杰青”、国家级教学名师等带头开展课程思政建设，并推出一批课程思政示范课程。在这样的大背景下，中北大学充分利用学校的军工特色和国防特色专业优势，邀请多位两院院士参与教学，开展课程思政示范课建设，具体教学设计如下。

(1) 坚持顶层设计思维和动态更新的开发理念，以军事理论基础知识为主体、“显性思政＋隐性思政”元素为两翼，构建完善的“一体两翼”课程结构体系。引领学生爱党爱国爱军队，做到价值取向与党和祖国人民同心、学术方向与政治方向同向、学术卓越与思想卓越同行、学识魅力与人格魅力同在，成为担当中华民族复兴大任的时代新人。

(2) 构建以“以爱国主义为核心的民族精神＋以艰苦奋斗为核心的军工精神＋以科技创新为核心的时代精神”为“三主线”的“课程思政”内容体系，以“红色故事＋军工故事＋中国故事”为载体贯穿于整个课程的教学中。

(3) 以兵器行业十多位院士领衔主讲，多位兵器学科教学名师、知名教授、博导参与教学，构建以“院士领衔＋专家学者主讲＋思政教师导航”为“三组合”的“课程思政”教学团队，凝聚强大的课程育人合力。

(4) 以提升教学实效为目标，采用“典型兵器案例教学法＋经典战例教学法＋讨论启发式教学法”为“三组合”的“课程思政”教学方法，潜移默化地将“课程思政”教学目标融入教学设计中，融入学生学习任务中，让学生在行为体验与情感体验中产生共鸣，让知识的传授更有温度。

三、案例特色与成效

“军事理论”课程思政示范课，在课程思政探索方面有以下五方面的特色。

(1) 聚焦“两性一度”根本要求，引入“院士领衔＋对话访谈＋前沿科技”三结合的内容模块，突出课程的前沿性、高端性。

(2) 突出“以学生为中心”，采用“情境导入＋目标介绍＋知识运用＋问题讨论＋总结反思”五环创新教学法，体现教学方法的先进性和互动性。

(3) 结合军事课程特点，融合“军事＋政治＋历史＋安全＋兵器”等多学科知识，构建“主体＋拓展＋提升”相结合的立体课程体系，突出教学内容创新。

(4) 贯彻“课程思政”理念，构建“一体两翼＋三主线＋三组合”课程思政内容体系，培养学生的爱国情怀、国防观念和责任意识，突出教学目标创新。

(5) 注重实践教学，构建“基地参观＋装备实操＋武器拆装”相结合的实践教学体系，加深学生对武器装备原理的理解，突出教学手段创新。

“军事理论”课程取得了显著的教学改革成效，目前已在多个线上学习平台开课 6 轮，选课学校超过 100 所，选课学生超过 5.4 万人次，累计互动超过 64.8 万次，页面浏览 4693 万次，受到了高校教师和学习者的普遍欢迎。

案例 39 大国兵器

课程类型：公共基础课(含文化素质课)
教育赛道：本科教育
开课年级：所有年级
面向专业：所有专业
部　　门：机电工程学院
学　　校：中北大学

案例视频

案例教师或团队成员信息(第 1 位为教学案例负责人)：

姓名	职务	职称	部门
尹建平	机电工程学院院长	教授	机电工程学院

一、课程目标

中北大学作为 1941 年八路军总司令部在太行抗日根据地创办的我党我军第一所兵工学校，享有“人民兵工第一校”美誉，肩负着为国防科技工业培养高层次人才的历史重任。“大国兵器”课程依托学校强大的兵器学科专业优势，扎根学校底蕴深厚的国防军工文化，将一代代军工人身上体现的对党、对国家、对人民的赤胆忠诚、对军工事业无限热爱的优良传统和对装备产品精益求精的执着追求融入课程讲授中，增强学生“军工报国、科技强国”的意识和情怀。

课程目标如下。

(1) 知识目标：使学生学习兵器知识，了解、掌握各类枪械、火炮、弹药、导弹的基本概念、结构原理、作战使用、发展方向等兵器基础知识。

(2) 能力目标：使学生能够通过所学兵器知识和军工科研故事，加深对习近平总书记强调的“科技是核心战斗力”以及“关键核心技术是要不来、买不来、讨不来的”的论断的认识，具备用习近平强军思想和现代兵器理论分析兵器领域相关现象的一般能力。

(3) 价值目标：增强学生对以“自力更生、艰苦奋斗、军工报国、甘于奉献、为国争光、勇攀高峰”为核心的人民军工精神的理解，培养学生的爱国主义情感以及“科技报国、军工报国”的理想信念。

(4) 素质目标：提高学生以“献身国防的坚定理想信念、知识完备的国防理论素养、爱军习武的国防军事素养、科技强军的国防科技素养”为核心的综合国防素质，增强学生的国防意识。

二、课程思政案例设计

习近平总书记指出：“要用好课堂教学这个主渠道，思想政治理论课要坚持在改进中加强，提升思想政治教育亲和力和针对性，满足学生成长发展需求和期待，其他各门课都要守好一段渠、种好责任田，使各类课程与思想政治理论课同向同行，形成协同效应。”为推进课程思政建设，教育部专门下发了《高等学校课程思政建设指导纲要》，鼓励支持院士、“长江学者”、“杰青”、国家级教学名师等带头开展课程思政建设，并推出一批课程思政示范课程。在这样的大背景下，中北大学充分利用学校的军工特色和国防特色专业优势，邀请十多位兵器行业院士参与教学，开展课程思政示范课建设，具体教学设计如下。

(1) 坚持顶层设计思维和动态更新的开发理念，以兵器专业基础知识为主体、“显性思政＋隐性思政”元素为两翼，构建完善的“一体两翼”课程结构体系。引领学生爱党爱国爱军队，做到价值取向与党和祖国人民同心、学术方向与政治方向同向、学术卓越与思想卓越同行、学识魅力与人格魅力同在，成为担当中华民族复兴大任的时代新人。

(2) 构建以“以爱国主义为核心的民族精神＋以艰苦奋斗为核心的军工精神＋以科技创新为核心的时代精神”为“三主线”的“课程思政”内容体系，以“红色故事＋军工故事＋中国故事”为载体贯穿于整个课程的教学中。

(3) 以兵器行业十多位院士领衔主讲，多位兵器学科教学名师、知名教授、博导参与教学，构建以“行业院士领衔＋专家学者主讲＋思政教师导航”为“三组合”的“课程思政”教学团队，凝聚强大的课程育人合力。

(4) 以提升教学实效为目标，采用“典型兵器案例教学法＋经典战例教学法＋讨论启发式教学法”为“三组合”的“课程思政”教学方法，潜移默化地将“课程思政”教学目标融入教学设计中，融入学生学习任务中，让学生在行为体验与情感体验当中产生共鸣，让知识的传授更有温度。

三、案例特色与成效

“大国兵器”课程思政示范课，在课程思政探索方面有以下四方面的特色。

(1)组建顶尖教学团队，邀请十多位兵器行业院士领衔主讲，用科学家的高尚人格和深厚学养培塑学生。

(2)采用“课程主持＋专业讲授＋装备操作＋院士访谈＋故事激励”五位一体的创新教学模式，用紧跟时代的多样化学习体验吸引学生。

(3)以民族精神、军工精神、时代精神为主线精选课程思政内容，用红色故事、军工故事、中国故事中所蕴含的情感体验感染学生。

(4)采用典型兵器案例教学法、经典战例教学法、讨论启发式教学等适应“课程思政”特点的教学方法，用科技创新与兵器演变的日新月异启发学生。

“大国兵器”课程取得了显著的教学改革成效，目前已经开课 3 轮，军地选课学校达到 49 所，选课学生超过 2.12 万人次，累计互动超过 44.27 万次，成功入选智慧树平台 TOP100 课程，并被推荐到“学习强国(山西学习平台)”上线，人民网给予了专题报道，受到了高校教师和学习者的普遍欢迎。

案例 40　大美三晋

课程类型：公共基础课(含文化素质课)

教育赛道：本科教育

开课年级：所有年级

面向专业：所有专业

部　　门：人文社会科学学院

学　　校：中北大学

案例视频

案例教师或团队成员信息(第 1 位为教学案例负责人)：

姓名	职务	职称	部门
杜鹃	人文社会科学学院副院长	副教授	人文社会科学学院
廖高会	教师	教授	人文社会科学学院
黄晴	教师	讲师	人文社会科学学院

一、课程目标

结合学校建设高水平教学研究型大学的办学定位和培养具有人文素养、国防底蕴、科学精神、创新能力与宽广视野的多层次拔尖创新人才和高级专门人才的培养目标，针对学生存在对山西历史文化缺乏足够了解，对红色主题等理论课程兴趣不浓厚等问题，课程特聚焦以下目标。

(1)知识目标：了解山西厚重历史文化，掌握山西革命历史、红色文化和军工文化，特别是对“四史”(党史、新中国史、改革开放史、社会主义发展史)在山西发展的理解。

(2)能力目标：通过故事讲述、精神解读、文化展示、军工体验和实践感悟，培养学生的思考能力和表达能力；通过开放作业、分享活动、方案设计等锻炼学生的创造性思维、践行能力和团队合作能力。

(3)素质目标：将山西历史文化、军工文化、“四史”以故事的形式讲授，与思政教育结合，激发学生学习兴趣和发扬奋斗精神，提升民族自豪感与文化自信力，传承革命精神和爱国主义精神，培塑学生工匠精神和公民人格，强化担当意识和肩负历史使命感，从而凝聚技术强国的精神力量。

二、课程思政案例设计

1. 课程思政德育目标

(1)通过对山西历史文化、革命文化的学习，提升学生民族自豪感与文化自信力，传承革命精神和爱国主义精神。

⑵通过对历史人物、革命英雄事迹的学习和解读，培塑大学生工匠精神，强化担当意识和历史使命感，凝聚技术强国的精神力量。

⑶通过线下小组合作项目，提升学生的团队合作能力、解决问题的能力和培养创新精神。

2. 思政教育的融合

课程以“传承太行精神，弘扬民族文化”为主旨，在呈现山西悠久历史文化、多彩自然景观与典型风土人情中，以时间顺序为主线，以主要事件为串联，以优秀人物和生动故事为架构，绘制出了革命斗争篇、改革建设篇和共圆梦想篇三个篇章。每个具有情感温度的人物故事的讲述会重点体现五种精神，即民族大义、家国情怀的爱国精神，赤胆忠心、精诚团结的忠诚品质，艰苦奋斗、百折不挠的奋斗精神，勇于牺牲、无私奉献的奉献精神，求真务实、精益求精的工匠精神。这些内容从不同角度解读“太行精神”，从而形成较为完整的“太行精神”思想体系和价值建构，用以实现课程目标。

3. 课程思政实现途径

⑴线上课堂多元展示。把思政内容穿插在影视片段、实地拍摄、专家访谈、流行音乐、诗词方言、皮影表演等载体中，把地域文化元素融入故事的讲解之中，以生动的英雄故事触发情感，以深厚的人文内涵陶冶情操，以进步的价值观念引领心智。让学生以多元的方式既了解山西历史文化，又在生动的红色故事和潜移默化的熏陶中感悟精神、升华情感。

⑵线下课堂延伸体悟。线下课程内容是对线上内容的延伸和补充，重在通过开放作业、分享活动、方案设计、游戏讨论等方法进行文化展示、军工体验和实践感悟；以切实的问题设计创新思维，培养学生践行能力；锻炼学生思考能力、表达能力和团队合作能力。将民族的历史叙事、社会的现实观照与学生的未来设计结合起来。

⑶课外实践拓展丰富。课外实践，以宣传山西红色文化、助力乡村振兴等，通过学中做、做中思、思中练、练中悟，进一步提升学生解决复杂问题的独立思考和实践表达能力。课程延伸的实践项目《中共中央北方局武乡妇训班红色文化调研报告》获得第十七届“挑战杯”全国大学生学术科技作品竞赛红色专项比赛全国三等奖(2021 年)；“石梦生花”红色文化项目组获得“互联网＋”大学生创新创业大赛山西省奖。

三、案例特色与成效

1. 课程特色

⑴依托军工基因，讲述三晋红色故事。依托学校军工背景和军工传统，挖掘和讲述山西红色故事，传承以“太行精神”为主体的爱国主义精神，吸引感染学生，提升民族自豪感和增强文化自信力。

⑵传承红色文化，多元呈现思政元素。将课堂讲授、实地拍摄和现场访谈结合起来，将民族的历史叙事、社会的现实观照与学生的未来设计结合起来，多元呈现思政元素，传承红色文化。

⑶“学”“做”“思”“练”“悟”交互结合，提升学生能力。从学生兴趣出发构建翻转课堂，延伸线上讲授，不仅实施文化展示、开放作业、分享活动、方案设计等课堂活动，还拓展到课外实践，以宣传山西红色文化、助力乡村振兴等，通过学中做、做中思、思中练、练中悟，进一步提升学生解决复杂问题的独立思考和实践表达能力。

2. 教改成效

截至申报，有 34 所学校 7300 余人在线选学了本课程，互动次数 4.06 万次。课程受到学生、学校、教学督导组和省内高校同行的高度评价。课程受邀在“学习强国”和山西省教育厅网站进行了授课时的新闻报道。目前该课程被认定为省级一流课程、山西省高校课程思政示范建设课程。授课案例获得山西省高校课程思政教学设计大赛一等奖。

案例 41 高等数学

课程类型：公共基础课(含文化素质课)
教育赛道：本科教育
开课年级：大一年级
面向专业：工科专业
部　　门：理学院
学　　校：中国石油大学(华东)

案例视频

案例教师或团队成员信息(第 1 位为教学案例负责人)：

姓名	职务	职称	部门
刘珊	教师	副教授	理学院

一、课程目标

结合学校“打造石油学科世界一流、多学科协调发展的高水平研究型大学”办学定位及数学教学“宽口径、厚基础”特征，秉承“亲其师、信其道”的育人理念，从哲学思想、真善美情怀、科学精神、使命担当四个维度挖掘课程蕴含的思政元素，培养学生的原始创新能力，为“双一流”建设提供厚实的数学基础。

1. 知识目标

深刻理解微积分的基本概念，熟练掌握微积分的基本方法和基本运算技能，为后继专业课程奠定必要的数学基础。

2. 能力目标

坚持“无痕育人”思政教学模式，培养学生的数学概括能力、抽象思维能力、数学审美能力，以及发现问题、分析问题和解决实际问题的能力。

3. 情感目标

坚持情感驱动，以诗歌为载体创新思政形式，引导学生站在高处思考数学概念、定理，培养学生科学的思维方法和正确的科学价值观。

二、课程思政案例设计

1. 立足“四维一体系”，深挖思政元素，构建课程思政知识体系

从以下四个维度深入挖掘思政元素。

(1) 哲学思想：揭示数学中辩证唯物主义哲学思想，培养学生的哲学思维品质。

(2) 真善美情怀：引导学生多角度观察数学概念、定理，揭示其蕴含的真善美，感染、熏陶学生心灵。

(3) 科学精神：揭示数学中理性和批判创新精神，激发学生探寻真理的热情。

(4) 使命担当：通过与课程相关的中国元素及科学家高尚的理想信念和无私奉献精神，培养学生的文化自信、家国情怀，激励学生砥砺奋进，树立使命担当。

课程思政建设模式和方法路径如图 1 所示。课程思政教学流程如图 2 所示。

2. 坚持情感驱动，诗意教学，创建“无痕思政”教学模式

(1) 情感驱动教学。通过线上、线下教学增强师生互动，拉近师生间的距离，让学生“亲其师、

信其道"，进而愿"受其教"。

(2)打造诗意课堂，促进学生"知""志"协同发展。

微分课程思政案例如表1所示。

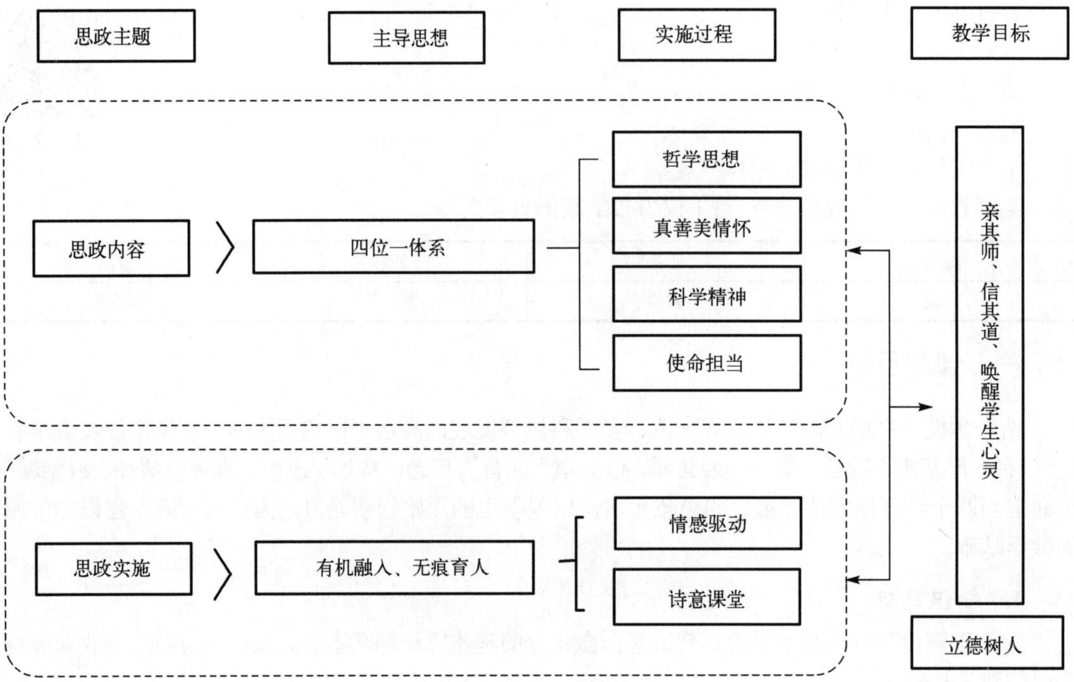

思政主题
主导思想
实施过程
教学目标
思政内容
四位一体系
哲学思想
真善美情怀
科学精神
使命担当
亲其师、信其道、唤醒学生心灵
思政实施
有机融入、无痕育人
情感驱动
诗意课堂
立德树人

图1

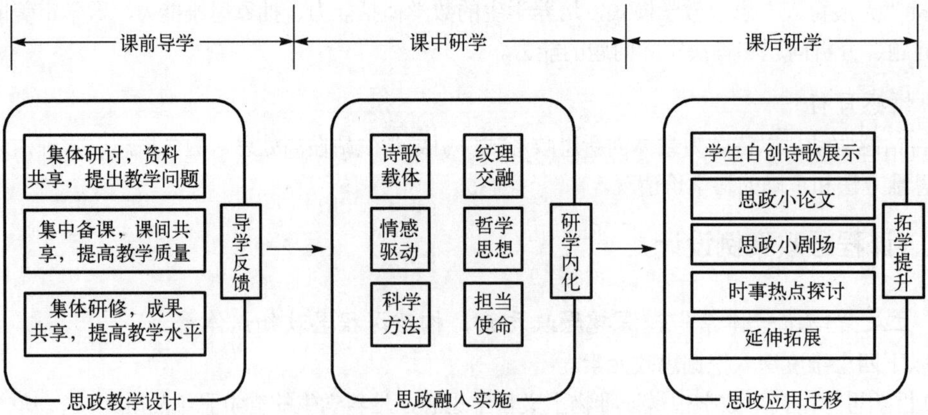

课前导学
课中研学
课后研学
集体研讨，资料共享，提出教学问题
集中备课，课间共享，提高教学质量
集体研修，成果共享，提高教学水平
导学反馈
诗歌载体
纹理交融
情感驱动
哲学思想
科学方法
担当使命
研学内化
学生自创诗歌展示
思政小论文
思政小剧场
时事热点探讨
延伸拓展
拓学提升
思政教学设计
思政融入实施
思政应用迁移

图2

表1

思政教育融合点	思政元素	微分与导数的关系	微分的几何意义	微分的应用
	知识层面	$f(x)$在点x_0处可微则函数在该点一定可导，反之亦成立	当$\|\Delta x\|$非常小时可以用切线段MT近似代替曲线段，即以直代曲	1. 近似计算——以直代曲的本质：扬弃了$o(\Delta x)$； 2. 微元法——积微成博； 3. 微分方程—— 以小见大

续表

	真善美情怀	微分的“真”	微分的“美”	微分的“善”
教育方法和载体途径	诗歌载体	微微晨光点亮喧嚣的世界，微微温暖融化昨夜的冰霜，微微就是我们，虽然微小也能成就无限梦想	**切线与曲线**：切线对曲线的告白，切线与曲线的相恋，在对立统一中实现；你给我以直代曲的幸福，我还你积微成博的明天	**扬弃也是一种美丽** 火山放下了活跃， 是为了再次撼人心魄地喷发。 种子放下了花香， 是为了再次破土而出的希望。 扬弃就是放下， 只有懂得放下才能飞得更高。 扬弃就是舍得， 只有懂得舍弃才能抵达彼岸。 积微成博， 你给我一粒沙， 我还你一个世界。 你给我一滴水， 我为你倾其大海。 以小见大， 一沙一世界， 一花一人生， 用有限去把握无限， 让瞬间化为永恒
课程思政育德目标	哲学高度	微分和导数统一到了一起，而导数其本质上就是增量比值的极限，极限就是一种不变性，是一种坚守	**直与曲的对立统一** 恩格斯在《反杜林论》中指出：“直线与曲线并不是永远绝对对立的，而是在一定条件下可以相互转化的。”微分的几何意义验证了这句话，实现了直与曲的对立统一	马克思称微分是“扬弃了的差”。马克思在他的“数学手稿”中指出，微分过程是一个否定之否定的辩证发展过程，是客观规律
	科学精神	揭示微分中理性和批判创新精神，激发探寻真理的热情		
	使命担当	不忘初心、牢记使命；奉献精神：“舍”是为了以后更广大的“得”；微分作为微积分的基础，依靠近似对精确的坚守和奉献精神以及直与曲的对立统一成就了微积分无限的辉煌和人类精神的最高胜利		

三、案例特色与成效

1. 本案例的特色

(1) 四个维度挖掘课程思政元素，深度融合知识教学与思政教育，从广度、深度、高度融合浇铸“高等数学”课程的高阶性。

(2) 坚持情感驱动，以诗歌为载体创新思政形式，形成了“以诗为媒，问道于学”的“无痕思政”教学模式。

2. 教学改革成效

自 2018 年，课程思政教学改革已在三届、近万名大一年级学生中广泛推广应用。本课程 2021 年被评为“山东省普通本科教育课程思政示范课程”，2020 年获山东省“优秀共享课程”一等奖；2019 年获评校首批“课程思政”标杆培育课程。主讲教师 2019 年获得全国高校数学微课程教学设计竞赛一等奖；2017 年获得山东省高校青年教师教学比赛一等奖。

主讲教师期末学生考评全部优秀。课程思政教学改革后，学生对老师和课程更加热爱，学习积极性得到激发，应用创新能力和综合素养得到提高。所教授学生积极参加数学建模竞赛、创新创业大赛等，获得多项国家级奖项，学生普遍认为这种教学创新能够“激发兴趣、深化理解、唤醒心灵”。

职业教育类

案例 42　幼儿教师口语

课程类型：公共基础课(含文化素质课)
教育赛道：职业教育
开课年级：高职一年级
面向专业：学前教育
部　　门：基础教育部
学　　校：哈尔滨幼儿师范高等专科学校
案例教师或团队成员信息(第 1 位为教学案例负责人)：

案例视频

姓名	职务	职称	部门
慈兆泓	教师	副教授	基础教育部

一、课程目标

本课程是由哈尔滨幼儿师范高等专科学校基础教育部语文教研室开设的面向学前教育专业一年级学生的必修课，共 32 学时。它既是一门学习教师口语理论规律的应用语言学课程，又是一门培养教师口语技能的实践性课程。课程旨在培养学生幼儿教师能力要求的职业沟通能力与文学作品的示范读讲能力。课程教学目标如下。

1. 知识目标

(1) 掌握普通话、声母、韵母、声调、音节、语流音变等基础知识。
(2) 掌握基本的作品示范读讲技巧及职业沟通技巧。

2. 能力目标

(1) 具备一定的汉语拼音应用能力和正音示范能力。
(2) 熟练运用普通话进行教师口语表达和教育教学的能力。

3. 素养目标

(1) 热爱祖国语言文字，具有不断提升自身口语应用水平的专业成长意识。
(2) 爱岗敬业，有儿童意识，文质同修、内外兼美。

二、课程思政案例设计

“幼儿教师口语”课程具有基础性、文化性、职业性特征，是课程思政的基点、起点和切入点，而科学发声、文化素养、爱岗敬业是课程思政的落点、目标和归宿。通过典型语言案例的选择，培养学生的家国情怀和教育信念，引导未来幼儿教师把爱国奋斗精神转化为实际行动，更好地树立坚定的教师信念，做幼儿健康成长的指导者和引路人。

1. 掌握普通话语音系统，形成正确朗读习惯，培养科学精神

通过参加“知信行”——百名大学生讲“四史”活动，我们指导学生录制了“幼专学子读四史”系列微课，并在每节课课前 3 分钟播放。通过认真学习历史，学生对弘扬民族精神和时代精神有了更深层的理解，坚定了文化自信。同时，利用同辈示范效应激励学生进一步巩固和提升朗读、朗诵技巧，强化科学发声意识。

2. 讲中国故事，学传统文化，践行社会主义核心价值观

本课程以“了解中国历史、结合时代需求、讲好中国故事、弘扬传统文化”为宗旨，以适合幼儿欣赏的中国故事为线索，以专题的形式安排内容，对代表性故事作品进行符合时代精神的改编和讲读训练，由此唤醒学生对中国历史的兴趣与热爱，实现中华优秀传统文化的创新性发展和创造性转化。同时，注重探索中国民间故事和红色故事中蕴含的丰富育人资源，不断提升学生的文化素养，潜移默化地引领学生正确看待世界、看待社会、看待人生。

3. 热爱幼教事业，树立正确的儿童观和教育观

通过对学生作品的展示和评价，形成价值观的同频共振。任务以“新疆棉花”为背景，选择了一段对棉花生长过程的描述，学生们用儿童化的方式表达出来并录音。在师生互评中，启发学生思考：作为准幼儿教师，不仅要让孩子了解棉花，更要传递民族凝聚力精神和正确价值观。同时，借由棉花生长过程引申出叶圣陶先生的话“教育是农业而不是工业”。引导学生思考每个孩子都是一粒种子，迟早会发芽，只是时间有早晚；等待不是教育的推诿，而是一种教育方法和情怀，从而帮助学生树立正确的教育观。

三、案例特色与成效

结合课程特点选择教师口语学科蕴含的思政元素，挖掘学生喜闻乐见的语言案例；将学生主体的思想落实到具体的教学过程中；将思政内容与教学内容自然融合，促进思政内容在课程中系统呈现，从而保证了教育目标的实现。

改变了偏重职业口语技能训练的倾向，价值引领与能力培养相辅相成，实现了课程目标的完整化、综合化。

学生不仅知道了学什么、如何学，更清晰地认识到为谁学、为何学，思想政治素养不断“增值”，“知行情”合一。

教师思政力和育人力明显提高，自觉将立德树人根本任务贯穿教育教学始终，以身作则做好思想引导和行为示范。

坚持“学生中心、产出导向”，以学生思想政治素养发展评价为中心开展评价活动，逐步构建起课程思政评价体系与机制。

案例 43　汉语言表达与沟通

课程类型：公共基础课(含文化素质课)
教育赛道：职业教育
开课年级：高职二年级
面向专业：所有专业
部　　门：公共基础教学部
学　　校：哈尔滨职业技术学院

案例视频

案例教师或团队成员信息(第 1 位为教学案例负责人)：

姓名	职务	职称	部门
薛宁	质量管理办公室教学质量主管	讲师	公共基础教学部

一、课程目标

1. 能力目标

按照专业人才培养要求，总体教学以职业活动为导向，主要培养学生的听、说、读、写等沟通及

写作能力、求职技巧、职场写作和口语表达能力，使学生能够在日常生活和职业场合中进行良好的口语表达与沟通，写出准确规范的应用文体。

2. 知识目标

根据学情分析，大部分学生具备一定的口语表达能力，但职场沟通及写作能力较为薄弱，对公文写作存在畏难和排斥情绪。本课程学习后，学生能达到以下知识目标。

⑴掌握日常生活和职业场合中口语表达的基本技巧。

⑵准确掌握与职业活动有关的应用文体的写作格式与内容。

3. 思政目标

⑴使学生具有良好的职业道德及敬业精神。

⑵培养学生的精益求精的工匠精神与爱岗敬业的劳动态度。

⑶培养学生的家国情怀及民族自信。

二、课程思政案例设计

本案例选取“确定目标，明确方向——工作计划的写作”为教学内容。

1. 课程思政教学案例 1

每个学生都要对自己的未来有所规划，长期看，要有未来五年职业规划；短期看，对自己的工作有所计划。凡事预则立，不预则废，从现在开始设计自己的人生目标，培养自我管理的能力及爱岗敬业的劳动态度。

2. 课程思政教学案例 2

个人需要制订计划，我们国家的经济发展也离不开远景目标的规划，如党的十九届五中全会通过的《中共中央关于制定国民经济和社会发展第十四个五年规划和 2035 年远景目标的建议》中，擘画了未来五年我国发展的宏伟蓝图。我们要多关注我国的经济发展，要有民族自豪感和家国情怀。

3. 课程思政教学案例 3

制订好了计划，就有了明确的奋斗目标，可以增强工作自觉性和创造精神，珍惜时间，加强时间管理，合理安排人、财、物。

4. 课程思政教学案例 4

我国在新冠疫情期间建立的火神山医院，总建筑面积超 3 万平方米，从开始设计到建成完工历时 10 天。惊人的中国速度背后，是建筑工人严格按照建设规划、时间计划进行施工的结果，是强大的国家实力展现出的中国特色社会主义制度的巨大优势。要为我们的民族自豪、为我们的文化感到自信，用爱岗敬业的实际行动表达民族自信。

5. 课程思政教学案例 5

日夜守在实验室中的科学研究者、数十年如一日进行训练的运动员、严格遵守训练计划的军人，他们之所以能创造人生的辉煌，是因为他们每天都有严格的计划。要做好时间规划，爱岗敬业，用责任心去创造人生的辉煌，为祖国贡献自己的力量。

6. 思政德育目标

⑴培养学生自我管理的能力及爱岗敬业的劳动态度。

⑵培养学生民族自豪感、文化自信和家国情怀。

⑶增强学生的工作的自觉性、爱岗敬业精神和创造精神。

7. 思政教育融合点

(1)将制订计划的作用和自我管理能力、爱岗敬业精神、火神山建设的中国速度、民族自豪感、文化自信相融合。

(2)将制订计划的重要性与国家建设发展、家国情怀相融合。

8. 教育方法和载体途径

以课堂教学、书籍、多媒体资源等为载体，相应地使用说理教育法、情感陶冶法、灌输法、情景创设法等教育方法，以理论教育、社会实践教育、心理健康教育为途径。

三、案例特色与成效

1. 案例特色

结合专业人才培养方案，以培养新时代“德智体美劳”全面发展，具备较好语言表达与沟通能力、职场求职及写作技巧的复合型人才为总目标，在“确定目标，明确方向——工作计划的写作”课程教学中创新性地将“为什么要学习写作工作计划”与学生的自我管理能力相结合，让学生在课前研究计划的制订与工作效率之间的关系；讲授工作计划的写作内容及格式时，让学生在课上讨论，在火神山的建设中做好建设计划的必要性；让学生在课后思考为国争光的技能型人才在生活中是否需要制订计划。

2. 改革成效

学生学习后增强了自我管理能力，并将课堂理论知识与生活实践相结合，学会了自我管理；增强了学生的民族自豪感和文化自信，树立了对我国企业和国家实力的自信。

案例 44　实用英语

案例视频

课程类型：公共基础课(含文化素质课)

教育赛道：职业教育

开课年级：高职一年级

面向专业：智能制造、船舶工程、物联网应用、建筑工程、数字商贸、财税金融等十大专业群 71 个专业

部　　门：外语教学部(国际合作交流中心)

学　　校：九江职业技术学院

案例教师或团队成员信息(第 1 位为教学案例负责人)：

姓名	职务	职称	部门
方芳	主任	副教授	外语教学部(国际合作交流中心)
贺婧	副主任	讲师	外语教学部(国际合作交流中心)
于永淑	教师	助教	外语教学部(国际合作交流中心)

一、课程目标

对标《高等学校课程思政建设指导纲要》《高等职业教育专科英语课程标准(2021 版)》等文件精神，以“用英语讲好中国故事”为建设目标，贴合新时代高职院校培养高素质技术技能人才办学定位，对接学校“双高建设”智能制造、船舶工程、物联网应用等专业群人才培养需求，基于“互联网＋、智能＋”时代下高职学生思维特点和兴趣习惯，融合江西省赣鄱文化、学校“红色＋”“军工＋”思政特色元素，旨在让学生通过 29 个主题情境的沉浸式学习，逐步培养学生

英语应用交际核心能力，全面提升学生职场涉外沟通、多元文化交流、语言思维运用熟练和能够自主学习等核心素养，使学生成为具有扎实语言基础、良好文化素养、跨文化交际能力和良好职业道德的高素质技术技能人才。

1. 知识目标

(1) 掌握2300～2600个与职业主题相关的英语词汇。

(2) 掌握必要的英语语音、语法知识。

(3) 掌握应用文、说明文、记叙文、议论文、融媒体的写作目的、体裁特征、标题特征、篇章结构、修辞手段、语言特点等语篇知识。

(4) 掌握必要的跨文化知识：了解世界文化、中华文化、职场文化、企业文化等文化知识。

2. 技能目标

(1) 具备必要的英语听、说、读、看、写、译技能。

(2) 能识别、运用恰当的体态语言和多媒体手段，理解和表达口头、书面话语的意义，能有效完成日常生活和职场情境中的沟通任务。

(3) 具备跨文化技能，秉持平等、包容、开放的态度，能够有效完成跨文化沟通任务。

(4) 了解抽象与概括、分析与综合、比较与分类等思维方法，具有一定的逻辑、思辨和创新思维水平。

(5) 能运用元认知策略、认知策略、交际策略、情感策略等语言学习策略，制订学习计划、选择学习资源、监控学习过程、评价学习效果；能根据升学、就业等需要，采取恰当的方式方法，运用英语进行终身学习。

3. 素养目标

(1) 家国情怀方面：坚持不懈用习近平新时代中国特色社会主义思想铸魂育人，引导学生了解世情、国情、党情、民情，树立以爱党、爱国、爱社会主义、爱人民、爱集体为主线的政治认同、思想认同、情感认同，坚定"四个自信"以及培育、践行社会主义核心价值观，大力弘扬以爱国主义为核心的民族精神和以改革创新为核心的时代精神。

(2) 个人道德情操与品格方面：提升个人道德情操和人文素养，树立正确的世界观、人生观和价值观，明辨是非、善恶、美丑以及拥有健全的人格。

(3) 职业理想与职业道德方面：有职业精神和职业规范，遵纪守法、爱岗敬业、勤学善思、求真务实、开拓进取，具有批判性思维和创新意识。

二、课程思政案例设计

课程以培养具有"家国情怀"和"世界眼光"的新时代外语高素质人才为课程思政德育目标，从"用英语讲好中国故事"角度深挖思政教育融合点，秉承"思想性"和"趣味性"相融、"语言输入"与"情感输出"并举的原则，将思政之"盐"和课程之"汤"解构为职业伦理、工匠精神、人文融通和唯物史观，将习近平新时代中国特色社会主义思想、社会主义核心价值观、国学精粹、中国精神等思政元素融入"发音工厂""思维导图""句句为营""实景演练""知识加油站"等多维板块，依托智慧树平台，辅以多媒体教学资源及FIF口语训练系统等智能学练软件，创新实施MSP（MOOC＋SPOC＋PRACTICE）三通道课程思政教学路径。

本案例以课程第一章"Daily Communication"的"Love Season"（怦然心动）小节为例，选择"爱情"这一学生成长过程中颇具吸引力的主题，以助其树立正确的爱情观，在积极追求人生幸福的同时，厚植文化自信、传播中华文化，实现"价值引领和精神塑造"同频共振的德育目标，编织主题关联语音、词句、语法等语言知识网，巧借中国古诗词爱情观、中国古代民间爱情故事等思政元素融入 Mind Map(思维导图)、Practical Practice(实景演练)、Knowledge Excavation(知识加油站)等教学环节，优设“初识相遇”“一见钟情”“热恋约会”“表达爱意”4 项主题情景英语，辅以原创动画、国风画作、唐诗宋词、名家译著等优质资源载体，将中华文化软性融入英语表述、英语翻译技巧讲解中，实施“课前自主学习”“课中成果产出”“课后巩固拓展”等环节：课前自主学习，学生按照教师下发的课前学习任务单完成收集中国民间爱情故事、爱情名言等任务及语音、词汇学习，引导其融入教学语境；课中成果产出，学生通过实现头脑风暴、情景对话、话题讨论等子任务的产出目标，化解难点并形成师生互评；课后巩固拓展，学习者根据教师下发的课后学习任务单在智慧树平台完成测试及制作爱情名言书签、分组提交中国古代爱情故事情景表演视频等实践作业。具体课程思政案例设计如表 1 所示。

表 1

序号	思政点	融入环节	结合点
1	中国民间爱情故事：梁山伯与祝英台。 西方经典戏剧：罗密欧与朱丽叶	Practical Practice (实景演练)	句式讲解——英语正确高频表述
2	中国第一部诗歌总集《诗经》：关关雎鸠，在河之洲；窈窕淑女，君子好逑	Knowledge Excavation (知识加油站)	翻译技巧讲解——音、形、意
3	千古第一才女、宋代婉约派代表词人李清照经典佳作《一剪梅》：此情无计可消除，才下眉头，却上心头	Knowledge Excavation (知识加油站)	翻译技巧讲解——文化之美
4	晚唐杰出诗人李商隐代表作《锦瑟》：此情可待成追忆？只是当时已惘然	Knowledge Excavation (知识加油站)	翻译技巧讲解——双行押韵

三、案例特色与成效

以“用英语讲好中国故事”为案例之根，以四“E”协同为案例之茎，实施 MSP 三位一体混合式课程思政教学模式(如图 1 所示)。本案例及所属课程教学改革与实践成效显著，受到省内外师生、学校、企业等多方好评，为语言通识类课程思政建设提供了范式，为依托信息化教学手段进行课程思政教改树立了样板。案例成果获江西省教学成果一等奖、江西省防疫期间线上教学优质课一等奖、职业院校外语课程思政优秀案例一等奖；所属课程累计服务全国 129 所本专科学生及社会学习者 14.56 万人，荣获智慧树平台“高职高专课程 TOP100”“高职高专精品课程”“十万金课”等荣誉，配套开发的融媒体教材《乐学英语视听说基础教程》获评省级优秀论著一等奖，并推荐参评国家“十四五”职教规划教材。

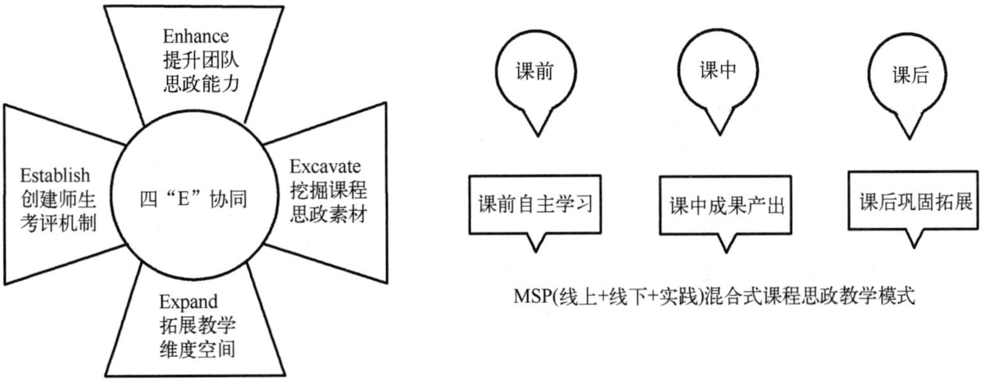
Enhance
提升团队思政能力
Establish
创建师生考评机制
四“E”协同
Excavate
挖掘课程思政素材
Expand
拓展教学维度空间
课前
课中
课后
课前自主学习
课中成果产出
课后巩固拓展
MSP(线上+线下+实践)混合式课程思政教学模式

图 1

案例45 高等数学

课程类型：公共基础课(含文化素质课)
教育赛道：职业教育
开课年级：高职一年级
面向专业：工科类专业
部　　门：基础教学部
学　　校：莱芜职业技术学院

案例视频

案例教师或团队成员信息(第1位为教学案例负责人)：

姓名	职务	职称	部门
谷成玲	教学管理科副科长	讲师	教务处
李振山	学生科辅导员	讲师	机电工程系
王金玲	副科长	副教授	教务处

一、课程目标

基于专业培养方案和高等数学课程特色及优势，围绕“培养什么人、怎样培养人、为谁培养人”这个根本问题，以“滴灌育人”和“融通育人”为路径，系统构建高等数学课程思政教学大纲，重塑“高等数学＋”教学体系。

1. 课程定位

“高等数学”是高职院校理工科专业的公共基础课，通过对函数、极限、微积分、微分方程等概念和方法的学习，使学生较系统地掌握高等数学的基础知识、基本理论和运算技能，了解基本数学建模方法，为学生提供量化分析、图像处理等数学方法，为电机与拖动、电气控制技术、电工电子技术等后继职业必修课学习奠定基础。

2. 课程目标与学情分析

总目标：以机电类专业问题为驱动，模块化学习，能用数学思想和方法去分析、处理问题，建立数学模型，奠定微积分基础，提高学生的职业素养和文化素养。

1)课程目标

(1)素质目标：

① 具备从抽象到具体、逻辑归纳的数学思维；

② 培养认真钻研、不怕困难、勇于探索的科学态度；

③ 具备精益求精的大国工匠精神、爱岗敬业的良好品质；

④ 培养团结协作、敢于尝试的创新精神；

⑤ 树立辩证唯物主义世界观。

(2)知识目标：

① 学习、理解和掌握极限、连续、一元函数微积分、无穷级数、线性代数等的基本概念、基本原理、基本运算等基础理论及专业应用方面的基础知识；

② 了解数学建模的初步知识、数学软件的计算、绘图等知识；

③ 了解数学科学的发展脉络、哲学思想、逻辑思维与方法论。

(3)能力目标：

① 能求函数的极限、判断函数的连续性与间断点；

② 能求一元函数的导数与微分、二元函数的偏导数与全微分，学会应用导数并解决极值、最值等专业问题；

③ 会用换元法和分部积分法求函数的不定积分和定积分，并会求平面图形的面积和旋转体体积；

④ 会求一阶、二阶和高阶微分方程，会求二重积分和矩阵运算，并用数学建模和数学软件解决实际问题。

2) 学情分析

(1) 大部分学生数学基础一般，学习习惯较差，部分普招学生基础和习惯相对较好，还有部分学生态度散漫、敷衍，需要在教学过程中加以引导。

(2) 学生喜欢信息化手段，如抖音、快手等 App。

(3) 对数学中的长定理和计算技巧表现出畏难情绪，排斥枯燥的数学公式。

二、课程思政案例设计

1. 课程思政德育目标

本课程坚持“立德树人”根本任务，在纵向上坚持课程体系与思政体系“双线并行，同向同行”，在横向上把高等数学知识点、数学史、传统文化、时事政治、建模案例与思政元素紧密结合、互融互通。积极开展“以能力培养为核心，融合课程思政元素”的探索，提炼课程中蕴含的思政基因，探索出以“家国情怀、数学素养、科学精神、人生哲理、理想信念”作为课程思政内容设计的五个维度，探索课程思政的融合策略、教学设计方案、评价体系等，将课程思政工作贯穿于教育教学全过程，实现全程育人、全方位育人，使高等数学课程与思想政治理论课同向同行，形成协同效应。通过恰当的教学设计和教学方法，在知识学习中融入课程思政的“润物细无声”教育理念，培养学生的“四价值一精神两意识”，如表 1 所示。

表 1

国家层面	四价值：爱国、敬业、诚信、友善的社会主义核心价值观
学校层面	一精神：竢实扬华、自强不息的交大(西南交通大学)精神，其内涵为：爱国至上、振兴中华；严谨严格、求真务实；爱校如家、敬业奉献；开拓创新、艰苦奋斗
课程层面	两意识：创新意识、责任担当

2. 思政教育融合点及教育方法和载体途径

本课程从高等数学课程教学中最能体现出德育思想的 7 个思政维度(正确的世界观与科学的方法论、科学文化修养、文化传承和文化自信、高等数学素养、团队协作、家国情怀及国际视野)确定思政教育的切入点，具体如下。

1) 模块一：电容充放电问题(函数与极限)

(1) 思政教育融入点：

① 讲述我国数学家不懈努力的精神、勇于探索真理的精神，树立学生的文化自信和文化传承的使命感，激发学生的民族自豪感和爱国热情。(极限)

② 量变到质变的运动变化过程：明白世界万物都是在连续运动中不断发生改变的，使学生通过辩证思维相信坚持的力量。(极限的概念)

③ 培养学生的节约用电意识、环境保护意识及勇于探究的精神。

④“极限”的人生哲理：做人和做事都要不忘初心，不断追求完美，臻于至善。

(2) 教育方法：手绘或软件绘图，辩证推理析本质。

(3) 载体途径：

① 刘徽的“割圆术”和庄周的“截棰 问题”视频。

② 连续复利案例(极限的计算)。

③ n级混联电路求总电阻和城市垃圾处理问题。

④ 中国传统文化:“路漫漫其修远兮,吾将上下而求索”“竹外桃花三两枝,春江水暖鸭先知”(连续的概念)。

2)模块二:电流变化率及误差计算(导数与微分)

(1)思政教育融入点:

① 增强学生对国家的认同感,体会自豪感,激发学生的爱国情怀。(导数)

② 培养“爱岗敬业,勇攀高峰”的创新精神、“追求真理、严谨治学”的求实精神,感受数学的魅力,引导学生树立攻坚克难、勇于创新的理想信念。(导数的运算)

③ 差之毫厘,谬以千里;具体问题具体分析,细节决定成败;养成良好的行为规范。(微分)

(2)教育方法:情景创设导概念、动画演示推原理、案例分析释难点。

(3)载体途径:

① 引入中国高铁的瞬时速度问题。

② 动画演示切线的概念。

③ 数学家故事介绍:牛顿和莱布尼茨论战及费马的故事。

④ 载人飞船助推器视频,引入材料涂装问题。

3)模块三:机电实习车间构造与成本最优模型(导数的应用)

(1)思政教育融入点:

① 相关数学史的介绍,增加趣味性。(函数的极值)

② 新冠疫情曲线图展示介绍医护工作者的贡献,引发学生共鸣,培养学生的爱国情怀、职业精神和责任担当。(函数的极值)

③ 在人生这条跌宕起伏的曲线路上,实现人生价值须对自己准确定位,不求一帆风顺,但求勇往直前;明白遵守法则的重要性。(函数的凹凸性)

(2)教育方法:问题导入设疑问、以图达意解困惑、以练促学探本质。

(3)载体途径:

① 港珠澳大桥视频。

② 动画演示。

③ 数学家故事介绍:费马、拉格朗日、柯西等。

④ 中华传统文化:“长风破浪会有时,直挂云帆济沧海”“横看成岭侧成峰,远近高低各不同”。

4)模块四:零件切割曲线中若干计算(不定积分)

(1)思政教育融入点:

① 引导学生学习优秀科学家凡事追求卓越完美的科学精神。鼓励学生不断挑战、敢于创新;学会运用逆向思维和发散思维;辩证分析世界是矛盾的统一体。(不定积分的概念)

②“穷则变,变则通,通则久”,学习中遇到困难时,耐心思考,灵活应对,探寻可行的解决方案。遇到生活中一时难以跨越的困难时,可以适时地按下暂停键,积极尝试可能的途径,往往会发现问题的解决没有想象的那么困难。加深学生对“条条大路通罗马”,“殊途同归”,“个性”和“共性”的哲学辩证思考。(不定积分的计算)

③ 引申北斗精神,激发学生的爱国热情和民族自豪感。

(2)教育方法:情景导入设疑问、拟人式启发讲授、数形结合达目标。

(3)载体途径:

① 数学家介绍:17世纪德国著名哲学家、数学家莱布尼茨的手稿中出现简洁不定积分数学符号。

② 不同类型的函数乘积的不定积分问题求解。

③ 同一不定积分选取不同求解方法可能产生不同积分结果，通过适当选取积分常数来实现异型积分结果之间的互相转换。

④ 北斗定位系统背后的数学原理。

5) 模块五：不规则零件的面积及体积计算(定积分及其应用)

(1) 思政教育融入点：

① 激发学生对科学和真理的探索精神，培养学生勇于担当、勤奋努力的好习惯。(定积分的概念)

② 体现了微积分中对立统一的辩证唯物主义思想和规律，使学生树立良好的辩证唯物主义思想，培养学生养成用辩证思维思考和解决问题的好习惯，塑造正确的世界观，掌握科学的方法论。(定积分的概念)

③ 从“追赶者”到“领跑者”的历程，使学生了解我国快速发展的经济实力，感受中国高铁的世界尖端技术，感受中国速度，激发学生科技报国的家国情怀和使命担当。(定积分的计算)

④ 精准扶贫、乡村振兴，适时向学生介绍中国在精准扶贫中取得的巨大成就；把实现中国梦和个人梦结合起来。(定积分的计算)

⑤ 培养学生善于使用先进工具的创新精神和勤奋好学、吃苦耐劳的优秀品质。(定积分的应用)

(2) 教育方法：比喻式启发讲解、案例分析明规则、以练促学破重点

(3) 载体途径：

① 牢牢守住 18 亿亩耕地红线视频。

② 数学文化介绍：古希腊德谟克利特的“数学原子论”、阿基米德的“穷竭法”，以及中国刘微的“割圆术”。

③ 定积分的概念讲解。

④ 京沪高铁视频：引入高铁制动时间和制动距离的问题。

⑤“靠帮扶”动画。

⑥ Matlab 软件实验。

6) 模块六：电路变量关系的微分运算(常微分方程)

(1) 思政教育融入点：

① 视频震撼学生的内心，融入习近平总书记的“绿水青山就是金山银山”的指导思想。(常微分方程应用)

② 了解科学家的名人轶事，学习科学家努力探索的精神；强调欧拉的高产和努力，让学生学习欧拉的坚强毅力和废寝忘食的治学精神。(常微分方程发展史)

③ 让学生感受数学与实际生活是密切相关的，树立学以致用的思想；结合时政，谈谈中国防疫等情况，坚定制度自信和道路自信。(常微分方程应用)

④ 学生体会中国航天在新时代的辉煌成就，增强民族自豪感。引导学生不忘学习知识成才报国初心，牢记锻炼技能报效祖国使命。(常微分方程应用)

⑤ 由齐次求解到非齐次求解，揭示由特殊到一般、由易到难的事物发展的一般规律，并培养学生大胆进行科学猜想的意识。(一阶、二阶线性微分方程求解)

⑥ 不同类型的方程采用不同的求解方法，告诫学生凡事要灵活多变，懂得变通。

(2) 教育方法：问题驱动法、案例分析明规则、以练促学破重点。

(3) 载体途径：

① 辽宁棋盘山森林火灾案例视频。

② 动画演示。

③ 数学建模案例：引入艺术品鉴别真伪、碳-14 推算年代、传染病模型、药物动力学模型。

④ 第二宇宙速度的计算等问题，引出中国航天近年的巨大成就，介绍“嫦娥五号”“天问一号”

“空间站里的天宫课堂”。

⑤ 塔科马海峡吊桥事故。

⑥ 常微分方程的发展史和数学家故事：欧拉、拉格朗日、伯努利等。

7)模块七：零件加工厂房的造价问题(多元函数微分学)

(1)思政教育融入点：

① 树形图分解：合理协作，无私奉献和精诚合作，发挥团队精神才能绽放出更加绚丽的光彩。(多元复合函数微分学)

②“精准扶贫”计划，激发学生学习的动力和学以致用、助人为乐的热情。

③ 激发学生保护环境的意识。(多元函数偏导数)

(2)教育方法：数形结合、问题驱动、案例求解。

(3)载体途径：

① 专业案例：水槽的设计。

② 大气污染视频。

8)模块八：零件加工厂房的设计问题(二重积分)

(1)思政教育融入点：

① 从实践中创设情景，渗透“化整为零、积零为整”的辩证唯物观，培养学生的创新意识和以科技服务于生活的人文精神。(二重积分的概念)

② 引导学生学会从特殊到一般、从具体到抽象的数学方法，实现能力目标的培养。(二重积分的计算)

③ 感知身边的数学，养成勇于探索新知的科学态度，养成探究式学习和主动学习的习惯。增强学习的兴趣。(二重积分的应用)

(2)教育方法：启发式、探究式、问题驱动。

(3)载体途径：

① 大雁塔视频。

② Matlab 动画演示。

③ 平面薄片质量计算问题。

④ 国家大剧院和体育馆的视频。

⑤ 两种不同类型的二重积分的计算。

3. 本案例的思政教育融合点及教育方法和载体途径

基于高等数学的服务性，深挖与专业的结合点，精心设计教案，以定积分的概念为例：通过牢牢守住 18 亿亩耕地红线视频引入曲边梯形的计算问题，使学生树立保护耕地、筑牢粮食安全底线的意识，培养学生的爱国情怀。采用“分而治之”的思想，讲授定积分的概念：“分割—近似—求和—取极限”，体会微积分中对立统一的辩证唯物主义思想和规律。Matlab 动画演示，给学生更好的视觉冲击力，培养学生的动手能力和创新意识。专业案例——“蓝鲸号钻井平台”可燃冰总产量计算问题求解，让学生举一反三，学以致用，树立学好数学，学好科学的精神。拓展练习——火箭发射做功、惯性导航问题，激发学生兴趣，为早日实现科技强国的伟大梦想而努力。

三、案例特色与成效

1. 案例特色

(1)创设问题情景：通过“耕地红线”创设情景，引导探索曲边梯形面积的计算方法。

(2)多环节课程思政融入，润物无声：回顾我国古代数学家刘徽“割圆术”，增强学生民族自豪感和文化自信；“耕地红线”问题，增强学生保护耕地、乡村振兴的意识；探讨定积分概念的形成过程，培养学生辩证唯物主义思想；利用定积分在航天及科技前沿领域的动态问题，激发学生爱国情怀，培养学生勇于探索的科学精神。

(3)培养学生数学建模能力：与航天领域应用案例相结合，通过数学建模将实际问题转化为数学问题。

2. 教学改革成效

1)学生数学素养提升，应用创新能力增强

学生参加全国大学生数学建模和数学竞赛和工业机器人技术应用竞赛，获得一等奖 12 项、二等奖 10 项、三等奖 16 项，专业内涵和综合素质得到认同和提升。

2)教师教学、科研能力稳步增强，教学相长成效显著

围绕课程思政开展高等数学课程教学改革，助推了教师积极性，形成了良好教学改革氛围。课程荣获“院级课程思政优秀教案”一等奖，被立项为 2022 年省教学改革研究项目。团队成员获全国职业院校教学能力大赛国家三等奖 1 项；省教学能力大赛一等奖 1 项、二等奖 1 项；指导学生参加省级以上数学竞赛，获一等奖 20 余项；团队成员发表课程思政方面论文 10 篇。

案例 46 高职实用英语

课程类型：公共基础课(含文化素质课)

教育赛道：职业教育

开课年级：高职一年级

面向专业：市场营销

部　　门：国际教育学院

学　　校：兰州石化职业技术学院

案例视频

案例教师或团队成员信息(第 1 位为教学案例负责人)：

姓名	职务	职称	部门
宋颖之	教研室主任	讲师	国际教育学院

一、课程目标

授课对象：市场营销专业一年级学生。

知识基础：大部分学生通过高等学校英语应用能力 A 级考试，具备一定英语知识储备。

能力基础：能够用英语进行基本的对话和表达。语音面貌仍有待提高。

学习特点：喜欢通过信息化手段获取新知识。

知识目标：

(1)掌握产品描述的几个重要方面及其英文词句与表达。

(2)掌握产品介绍时的技巧与基本素养。

能力目标：

(1)能够听懂英文产品介绍时的一些基本信息。

(2)能够在实际中恰当地运用所学的英语词句与表达，准确地用英文介绍一样产品。

素养目标：

(1)通过中国产品走向世界这一主题，树立学生民族自豪感与爱国主义精神。

(2)通过与外国友人现场进行英文沟通，培养学生的英语表达自信心与主动性。

二、课程思政案例设计

在风云激荡的历史大潮中，中国正以开放的姿态构建着“全球朋友圈”，越来越多的中国产品走出国门并且在国际市场上取得巨大成就。一个成功的英文产品介绍成为中国产品走向世界的第一张名片。

本案例选取《新职业英语视听说教程 1》第四单元的第一个模块——产品英文介绍(Product Introduction)。以中国产品走向世界为主题，结合市场营销专业学生的职业技能需要，将教学内容整合为“产品描述”“介绍技巧”“实践演练”三个部分，运用任务驱动教学法、情景教学法、头脑风暴教学法等教学理念，运用信息化教学手段，构建从信息到教学内容、从技能评估到教学工具、从训练到协作环境都以学习者为中心的课堂。

三、案例特色与成效

1. 虚实结合，学生学习效率和教师教学效率同增

运用丰富的线上教学资源，激活学生学习积极性，让学生的学习不受时空的禁锢。教学平台的全程使用，让整个学习过程可追踪、策略可及时调整、评价变得多元、效果能量化。

2. 创设真实销售情景，实现“做学合一”的职教目的

以岗位实际技能要求为技能教学的标准，为学生创设真实的海外销售情景，现场连线外国友人并为其介绍产品，在训练学生英语表达的同时，克服学生英语表达时的心理畏难情绪。培养学生在职场情景下的英语听说应用能力。

3. 在教学内容中有机融入社会主义核心价值观，润物无声

本案例从学科特点出发，深入挖掘了教学内容蕴含的思政元素和所承载的育人功能，以中国产品走向世界为主题，让学生在掌握专业知识的同时，体会中国制造不断崛起的国际影响力；在传授语言知识及其应用技巧的同时，增强学生的民族自豪感与使命感。

案例 47 传统文化与明德修身

课程类型：公共基础课(含文化素质课)
教育赛道：职业教育
开课年级：所有年级(按授课需求设定)
面向专业：所有专业
部　　门：马克思主义学院
学　　校：山东外国语职业技术大学

案例视频

案例教师或团队成员信息(第 1 位为教学案例负责人)：

姓名	职务	职称	部门
周文君	副院长	副教授	马克思主义学院

一、课程目标

本课程秉承山东外国语职业技术大学“质量立校、特色发展、产教融合、服务地方”的办学理念，为全面贯彻党的教育方针，以弘扬传统文化的精神价值和道德理念而设立，旨在提升大学生文化素养和人文精神。目前很多高职院校学生对传统文化认知不足，且学习渠道单一狭窄，使得传统文化蕴含的精神价值很难在青年一代承袭并产生广泛影响，因此本课程将实现以下教学目标。

（1）知识目标：通过解读传统文化经典使学生领会传统文化的思想观念、人文精神、道德规范，正确看待传统文化的价值，充分发挥传统文化的育人作用。

（2）素质目标：通过学习本课程，培养学生高尚的道德情操和健全的道德人格，提升学生对传统文化的认同感和自信心，增强修身的自觉性和主动性。

（3）能力目标：通过学习本课程，使学生掌握明德修身的正确方法，具备解决现实复杂问题的能力，引导学生投身崇德向善的道德实践，强化社会责任，引领社会风尚。

二、课程思政案例设计

本案例以“传统文化与明德修身”课程的第三章第四节“民惟邦本的国家观”为例。

党的十八大以来，习近平总书记在系列讲话中多次引用“民惟邦本，本固邦宁”的政治格言。党的十九届六中全会通过的《中共中央关于党的百年奋斗重大成就和历史经验的决议》，将“坚持人民至上”的宝贵历史经验置于重要位置，并进行了深刻论述。本案例通过阐述“民惟邦本”的国家观，揭示党和国家事业发展的力量源泉和根本动力。

1. 课程思政德育目标

“民惟邦本，本固邦宁”一语，出自《尚书·五子之歌》。这篇歌词是大禹的五位孙子在被放逐途中回忆皇祖训诫、抒发怨愤之情的文章，文章首句就说：“皇祖有训，民可近，不可下。民惟邦本，本固邦宁。”这是中国最早的民本思想，警示世人“人民可以亲近，不可以轻贱失礼，人民是国家的根基，人民安定了，君位就稳固了，天下也就太平了”。本案例有助于我们理解“坚持人民至上”是百年大党坚守初心，领导中国人民接续创造历史伟业新辉煌的制胜法宝，提升青年学生对新时代中国特色社会主义事业的认同感和自信心，增强修身的自觉性和主动性。

2. 思政教育融合点

1）理解“民惟邦本”的国家观是对中华优秀传统文化的赓续

在中国传统文化中“民惟邦本，本固邦宁”的民本思想揭示一个道理：“政之所兴在于顺民心，政之所废在于逆民心。”从源远流长的中华优秀传统文化中，我们可以找到与“坚持人民至上”高度契合的文化土壤。坚持人民至上，不仅体现了中华优秀传统文化的不竭生命力，更让中华优秀传统文化在新时代重新焕发出生命活力。

2）理解“坚持人民至上，是对中国共产党百年奋斗经验的总结与提炼”

坚持人民至上，是中国共产党人将坚持人民主体地位同弘扬中华优秀传统文化相结合而形成的重要创新性理论结晶。在新民主主义革命时期、社会主义革命和建设时期、改革开放和社会主义现代化建设新时期，中国共产党总是顺应时代发展大势和人民群众意愿，表现了一切为了人民、一切依靠人民的政治立场和政治态度，与时俱进、不懈奋斗的坚强决心和斗争精神。

党的十八大以来，中国特色社会主义进入新时代。中国共产党人不忘初心、牢记使命，科学认识、深刻把握新时代我国社会主要矛盾的转化，依靠人民力量推动改革发展，坚持问政于民、问需于民、问计于民。江山就是人民，人民就是江山。纵览百年大党光辉历史，始终坚持人民至上，切实尊重人民主体地位和首创精神，是中国共产党执政理念的集中体现，也是在新的历史条件下不断推进中国特色社会主义伟大事业的根本保证。进入新时代，中国共产党充分发挥人民的主人翁精神，最广泛地动员人民积极投身于社会主义现代化事业，使我们比历史上任何时期都更接近、更有信心和能力实现中华民族伟大复兴的目标，在党和人民胜利实现第一个百年奋斗目标，在向着全面建成社会主义现代化强国的第二个百年奋斗目标迈进的重大历史关头，我们更要以史为鉴、开创未来，坚持以人民为中心的发展思想，坚持全心全意为人民服务的根本宗旨，努力实现好、维护好、发展好最广大人民根本利益。

3）教育方法和载体途径

首先，修订中国传统文化课教学目标，突出思政功能和价值引导。根据中国传统文化课的课程性质，在原来课程知识目标和能力目标的基础上，增加素质目标，强化课程的育人功能，实现知识传授、能力培养与素质提升的有机统一。

其次，优化教学内容，彰显思政元素和价值融入。通过深入挖掘课程中所蕴含的思政元素，准确找出思政教育和学科知识教育的融入点。

再次，创新教学方法，提升思政教学和价值塑造效果。搭建在线开放课程，利用现代教育技术，采用线上线下相结合的混合式教学形式，让教学“活”起来。本课程目前已在智慧树平台上线使用，学生可通过该平台学习课程。

最后，改革教学评价手段，满足思政教学需求。改变过去单一的以闭卷考试为主的知识评价方式，结合成长评价、线上线下学习情况，量化学习过程和学习成效。

三、案例特色与成效

本案例以“民惟邦本”的国家观为主题，通过阐述传统文化中的人民主体地位，凸显传统文化中的“民惟邦本”思想对当代治国理政的重要作用。本案例的主要特色体现在两方面：解读经典——对“民惟邦本”思想进行挖掘和阐释；古为今用——以“民惟邦本”思想为基础，理解中国共产党“以人民为中心”“坚持人民至上”的思想。课程以传统文化经典为范本，与青年学生进行历史与文化的心灵互动，既丰富了大学生的历史、人文知识，同时又发挥了思政元素的育人功能，帮助青年学生启迪智慧、塑造人格。

中华优秀传统文化蕴含着丰富的教育内涵和思政元素。本案例通过挖掘和阐释中华优秀传统文化中的育人资源，在教学目标、教学内容、教学方法和教学评价手段几个方面进行了一些改革与尝试，突出思政功能，强调价值引领，同时通过打造在线开放课程，使学生可突破时空限制，充分利用碎片化时间反复学习，并通过习题演练巩固知识，检验学习效果。学校开设中华优秀传统文化系列课程，形成了可借鉴、可复制的做法和经验，《中国教育报》、中国高校思政网、山东教育厅《教育工作简报》、日照电视台等媒体和单位均给予报道。

案例 48 创业策划及项目路演实训

课程类型：公共基础课（含文化素质课）

教育赛道：职业教育

开课年级：高职二年级

面向专业：电子商务专业群

部　　门：对外贸易学院

学　　校：陕西职业技术学院

案例视频

案例教师或团队成员信息（第 1 位为教学案例负责人）：

姓名	职务	职称	部门
王静	创新创业教研室主任	副教授	对外贸易学院

一、课程目标

“创业策划及项目路演实训”作为电子商务专业群底层共享的公共基础课，学习对象是电子商务专业群的所有高职二年级学生。课程以技能培育为本位，以价值引领为导向，设计课程思政建设的具体目标。

(1)贯彻陕西职业技术学院以“扎根西安，服务陕西，全国领先，世界一流，打造现代服务业特色技术技能型人才高地”的办学定位，实现培养“德智体美劳”全面发展的高技术技能型社会主义建设者的育人目标。

(2)本课程在知识内容分布、思政切入点选择、核心能力培养进阶等方面，从创业实战项目出发，通过基本技能知识讲授，突出对学生道德思维与职业技能两方面的培养。

(3)整个课程倡导以生为本的基本课程价值观，时刻以学生为中心，培养学生的自主性、创造性、开发性的创新创业思维与素质。

二、课程思政案例设计

1. 课程教学目标

(1)通过案例引导和课堂讨论，让学生全面理解企业家精神，懂得发扬创业精神对于建国、兴业、成才的必要性和重要性。

(2)通过分析和引导，让学生熟悉成功创业需要具备的创业素质和创业能力，掌握提升创业素质、培养创业能力的途径和方法。激发学生树立艰苦创业精神的决心。

2. 思政育人目标

(1)要在学习和生活中培养艰苦创业精神，勇于做竞争的强者，争做合格人才，从而担负起报国的历史责任。

(2)培养学生的创新理念、敢冒风险精神、敬业精神、遵纪守法精神、勇于担当精神等。

3. 教学方法

讲授法＋案例分析＋分组讨论＋情景模拟＋咨询教学＋头脑风暴。

4. 载体途径

网络课堂＋课堂教学＋实践课堂。

5. 教学设计

教学设计如图 1 所示。

6. 教学过程及内容

1)课前准备

(1)教学任务及内容：发布课前学习任务；将学生分组，开展课前学习任务。

(2)活动：

① 教师活动：发布任务单；监控学生任务完成情况，收集学生关于企业家精神理解的词条。

② 学生活动：按照任务清单做好预习；提交对企业家精神的理解。

(3)技术资源：课程平台。

(4)课程思政：观看访谈森弗集团董事长金新康的线上课程，了解创业故事，感悟企业家精神。

2)课中讲练

(1)教学任务及内容：点评学生任务完成情况；提问导入；讲授新课；分组讨论；实训练习；总结。

(2)活动：

① 教师活动：点评学生任务完成情况；引导学生给企业家精神下定义；教师讲解重点内容；发布讨论话题“成功创业者的特征有哪些”；组织学生观看“互联网＋”大学生创新创业大赛青红赛道路演视频材料；引导学生通过思维导图梳理知识点。

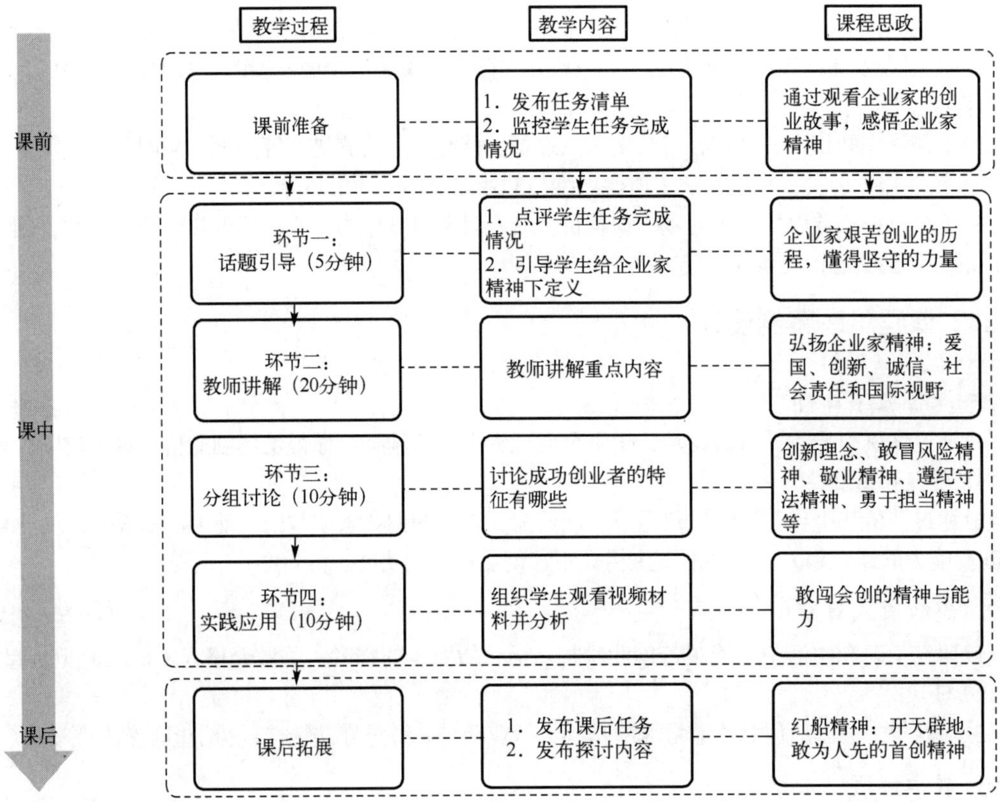
教学过程
教学内容
课程思政
课前
课中
课后
课前准备
1. 发布任务清单
2. 监控学生任务完成情况
通过观看企业家的创业故事，感悟企业家精神
环节一：话题引导（5分钟）
1. 点评学生任务完成情况
2. 引导学生给企业家精神下定义
企业家艰苦创业的历程，懂得坚守的力量
环节二：教师讲解（20分钟）
教师讲解重点内容
弘扬企业家精神：爱国、创新、诚信、社会责任和国际视野
环节三：分组讨论（10分钟）
讨论成功创业者的特征有哪些
创新理念、敢冒风险精神、敬业精神、遵纪守法精神、勇于担当精神等
环节四：实践应用（10分钟）
组织学生观看视频材料并分析
敢闯会创的精神与能力
课后拓展
1. 发布课后任务
2. 发布探讨内容
红船精神：开天辟地、敢为人先的首创精神

图1

② 学生活动：做好相关记录；通过自己搜集到的内容给企业家精神下定义；观看相关视频；分组进行讨论；思考自己的创业项目；通过思维导图梳理知识点。

(3) 技术资源：课程网站、多媒体投影、课程平台。

(4) 课程思政：①弘扬企业家精神，引导学生在爱国、创新、诚信、社会责任和国际视野等方面不断提升自己；②培养学生的创新理念、敢冒风险精神、敬业精神、遵纪守法精神、勇于担当精神等。

3) 课后拓展

(1) 教学任务及内容：发布课后任务。

(2) 活动：

① 教师活动：发布课后任务——观看红船精神的视频；发布研讨内容——“互联网＋”大学生创新创业大赛青红赛道的相关政策；梳理教学内容。

② 学生活动：搜集并研读“互联网＋”大学生创新创业大赛青红赛道的相关政策；观看红船精神的视频；完成研讨。

(3) 技术资源：课程平台。

(4) 课程思政：让学生观看红船精神的视频，领悟开天辟地、敢为人先的首创精神正是企业家精神的体现。

三、案例特色与成效

1. 本案例特色

1) 体现“思创一体”教育理念

本案例以企业家精神教育为主线，将思政元素引入课程教学之中，教学环节层层递进，倡导学生学习艰苦创业精神，勇担强国报国重任。

2) 运用“三体协同”教学模式

本案例以“线上讲授、线下辅导、翻转课堂”三种方式为一体的教学模式，培养学生创新创业思维与素质，激发学生树立艰苦创业精神的决心。

3) 践行“课赛合一”培养路径

本案例引入“互联网+”大学生创新创业大赛青红赛道的相关政策，基于“以课带赛、以赛促教、课赛合一、创训结合”的思路组织教学，旨在培育学生具备创新理念、树立创业意识和传承艰苦创业精神。

2. 教学改革成效

(1) 立项省级思政类课题 5 项，出版课程思政教材 1 部。

(2) 孵化大学生红色助农创业项目“构梦三秦”。

(3) 获得“互联网+”大学生创新创业大赛省级金奖 2 项、银奖 1 项、铜奖 2 项。

(4) 获“思创一体”省级教学成果奖 1 项。

(5) 获得校级“课程思政大练兵”一等奖。

案例 49　实用英语

课程类型：公共基础课(含文化素质课)

教育赛道：职业教育

开课年级：高职一年级、高职二年级

面向专业：电子、移动通信、物联网、云计算、大数据、人工智能等专业

部　　门：外语学院

学　　校：上海电子信息职业技术学院

案例视频

案例教师或团队成员信息(第 1 位为教学案例负责人)：

姓名	职务	职称	部门
郑峰	教师	讲师	外语学院

一、课程目标

本课程全面贯彻党的教育方针，培育和践行社会主义核心价值观，落实立德树人根本任务，面向全校 5 大专业群、33 个专业，是规模最大的公共基础必修课程。课程立足本校“电子信息产业、先进制造业和现代服务业”办学定位，结合电子、移动通信、物联网、云计算、大数据、人工智能等专业人才培养要求，通过达成“职场涉外沟通、多元文化交流、语言思维提升、自主学习完善”四项英语学科核心素养目标，培养学生学习英语和应用英语的能力，为学生未来终身学习和职场长远发展奠定良好的英语基础。引导学生拓宽国际视野、坚定文化自信，培养学生的爱国主义情怀和民族自豪感，能够在职场中用英语进行有效沟通，讲好“科技强国”的中国故事。

二、课程思政案例设计

本案例选取《新标准高职公共英语教程》“Unit 2　Culture & Custom”拓展部分“TCM for the World”(走向世界的中医药)作为教学内容，通过用英语介绍中医药文化，启发学生将各自专业知识与中华优秀传统文化的传播相结合。基于产出导向法，培养学生的创新创业精神，增强学生的文化自信。视频教学案例设计如下。

1. 案例主题

TCM for the World (走向世界的中医药)。

2. 课程思政德育目标设计

(1)知识目标：了解中医药在抗击新冠疫情中的作用、历史概况、国际认可以及现代日常功用。

(2)能力目标：能用英语简单描述中医药发展历史及功用，传播和弘扬中医药文化。

(3)情感目标：提升学生的文化自信和批判性思维能力，培养学生的创新创业精神。

3. 教学步骤

1)课前

教育方法：引导思考。

教学内容与思政教育融合点：任务驱动，请学生思考并制作英文解说的中医药文化短视频，或用双语设计与中医药相关的信息技术产品。

2)课中

(1) Warm-up。

教育方法：3D 动图引入、数据启发。

教学内容与思政教育融合点：新冠疫情来势汹汹，中医药在抗击疫情的过程中发挥了重要作用。说明中医药文化的国际推广需加大力度。

(2) Lead-in。

教育方法：观看视频、问题启发。

教学内容与思政教育融合点：简述中医药在抗击新冠疫情中的作用。

(3) Explanation。

教育方法：观看视频、视频讲授。

教学内容与思政教育融合点：介绍中医药的前世今生。展示自古至今中医药的发展历史，加深学生对中医药历史的认识。

(4) Practice (1)。

教育方法：观看视频、对比分析。

教学内容与思政教育融合点：外国人眼中的中医药——中医药的国际认可与质疑。

① 揭示中西医两种治病机制的不同导致目前中医难以在世界范围内推广。

② 在屠呦呦获诺贝尔奖的BBC纪录片里寻找青蒿素被西方世界认可的原因：循证方法与中医药相结合，体现外国人对中医药的认可度。

③ 当然，质疑仍然存在，所以需要我们努力学习英语，掌握向世界阐释中医药理念的方法。

(5) Practice (2)。

教育方法：动手操练。

教学内容与思政教育融合点：介绍日常生活中的中医药文化，如人体经络穴位按压保健理论——眼保健操、养生药茶——菊花枸杞茶。

(6) Conclusion。

教育方法：小结启迪。

教学内容与思政教育融合点：将案例中呈现的知识点进行总结梳理，回顾驱动任务。引导学生关注中西文化差异，有利于培养学生的创新创业意识，增强用英语介绍中华传统文化的能力。

3)课后

教育方法：分组讨论。

教学内容与思政教育融合点：组织师生互评，通过评价反馈学习效果。

三、案例特色与成效

1. 案例特色

本案例结合高职学生特点，启发学生将英语学习与自身专业知识相结合，助力中医药等中华优秀传统文化的对外传播，用英语讲好中国故事，培养创新创业精神。

2. 教改成效

学生制作介绍中医药典故的双语视频、与中医药文化相关的双语文创作品及信息技术产品设计创意。此外，本案例所在的“实用英语”在线课程荣获上海高等职业教育市级精品在线开放课程称号；本案例荣获全国高校教师教学创新大赛第六届外语微课大赛上海市二等奖、第五届全国高校网络教育优秀作品推选展示活动微课三等奖。

案例 50　大学语文

课程类型：公共基础课（含文化素质课）
教育赛道：职业教育
开课年级：高职一年级
面向专业：所有专业
学　　院：教育学院
学　　校：深圳职业技术学院

案例视频

案例教师或团队成员信息（第 1 位为教学案例负责人）：

姓名	职务	职称	部门
赵目珍	人文教研室主任	副教授	教育学院
武怀军	教师	副教授	教育学院
赵改燕	教师	讲师	教育学院

一、课程目标

本课程注重人文性和职业性的交融与渗透，注重学生职业生命的成长，在职业教育中融入人文精神与中华传统美德教育，努力促进学生人文精神和理想人格的养成。在内容设计上，课程以“生生之谓易”的精神为立意，将整个课程划分为“生存”“生活”“生命”“生机”四大板块，每个板块设置 3～4 个紧密相关的主题。通过课程基础知识的学习，提高学生的阅读和理解能力；通过课程经典作品的导读与鉴赏，提高学生的审美和情感感受能力；通过课程专题讨论，提高学生的语言表达、理性分析、解决问题的能力；通过有价值的项目活动设计和实践，培养学生的职业道德，提升学生的综合人文素养。

二、课程思政案例设计

1. 课程思政德育目标

(1) 了解古代家书文化，掌握古代家书的基本功能。
(2) 掌握家书所涵纳的中国传统文化精华和中华民族道德准则。
(3) 通过家书诵读和写书信实践活动，体会家书中的文化内涵和人文精神。

2. 思政教育融合点

(1) 家书是人与人之间情感交流的纽带。
(2) 古代家训、家书文化与家风、家教之间存在密切关系。

(3)家书中承载着讲仁爱、重民本、守诚信等中华优秀传统文化核心思想。

3. 教育方法

采用线上线下混合式教学，以任务驱动为核心，主要运用启发教学法、问题教学法和小组教学法，并辅以官方网站、视频资源、案例等多种资料。

4. 载体途径

第一步：视频引入——提出问题。

利用古代家书的具体实例引出家书文化的基本功能。引导学生思考并讨论：家书除其基本功能外，还有什么功能？

第二步：小组讨论——话题引申。

通过讨论，了解家书除最基本的功能外涵纳的中华优秀传统文化精华和中华民族仁义礼智信的道德准则。同时指出，家书是一种重要的家训和家教形式，家书在培养人的人格和文明家庭创建中的重要性。

第三步：案例教学——演课体验。

以郑板桥的一封家书为例展开教学。按照对中国古代家书文化和儒家知识分子的了解，以角色演课的形式开展文本分析和讨论、探究。

第四步：教师讲评——思政点睛。

思政点睛：针对讨论和演课，介绍郑板桥家书及其蕴含的思想内涵，并重点强调自省和儒家仁爱精神在个人待人接物中的重要性。

价值引领：学生应如何锻炼自省和接纳意识？怎样培养宽让精神和仁爱情怀？引导学生落脚到待人接物的思考中，通过切身实践提升道德人格，使自己成为一个充满温情和大爱精神的人。

第五步：课程拓展——深化认知。

拓展讨论：学生在教师的引导下，思考和讨论如何传承中华优秀传统文化，然后通过古今对比，对接现实，进一步思考如何将中华优秀传统文化进行现代转化。

总结升华：当今时代，人类社会不断进步和向前发展。然而，家书文化逐渐式微。保护书信文化，继承优秀家书文化，我们需要从现在做起。

三、案例特色与成效

1. 案例特色

(1)结合课程教学媒介，融入与课程相关的文献资料、视频与图片，不仅扩大学生的知识面，还激发学生对中华优秀传统文化的体认与追求。

(2)通过任务驱动教学法，强化学生对价值的选择及精神培养，使其在演课体验、角色代入式阅读中感受中华优秀传统文化在人格培养中所起的重要作用。

(3)通过实践作业，让学生进行知行合一的训练，将精神培育与知识传授、能力培养有机统一。

2. 教学改革成效

(1)通过课堂讲授和实践相结合的教学方式，学生了解和体验了传统家书的文化内涵。

(2)通过课程学习，学生领悟到家书中所承载的中华优秀传统文化的核心思想，及其在新时代家庭教育和文明家庭创建中的重要作用，并立志践行。

案例 51　公共英语(职场英语)

课程类型：公共基础课(含文化素质课)

教育赛道：职业教育

案例视频

开课年级：高职一年级
面向专业：所有非英语专业
部　　门：外语学院
学　　校：武汉城市职业学院
案例教师或团队成员信息(第 1 位为教学案例负责人)：

姓名	职务	职称	部门
喻欣	教师	副教授	外语学院
陈萍	教师	教授	外语学院

一、课程目标

本课程属于高职院校公共基础课程“大学英语”的一部分。授课对象为高职一年级学生。基于高职学生“怠于识记、乐于动手、敏于创造”的特点，以及教学大纲中的“立德树人”目标和对未来职业岗位“必须”和“够用”的英语语言要求，设计本课程目标。

1. 语言知识目标

具有较强的英语通用口语表达能力，掌握职场工作用语及普适性专业术语的英文表达方式，并能整合性运用所学英语知识。

2. 职业能力目标

具有较强的团队意识、协作能力及敬业精神，具有在职场中发现问题、解决问题的能力，奠定可持续发展基础。

3. 人文素养目标

具有必需的人文素养和国际视野，形成正确的三观(世界观、人生观、价值观)。培养学生的辩证思维，能辨析语言和文化中的各种现象及差异，提升民族文化的自信心和自豪感。

二、课程思政案例设计

1. 课程思政德育目标

发挥大学英语在“立德树人”中的主渠道作用，注重全人教育。从“个人、个人与集体、个人与社会”三个层面，把德育目标融入每一个教学单元和步骤，“巧妙不刻意、自然不浮夸”。

(1) 在“个人”层面，帮助学生树立正确的三观，注重学生辩证思维的培养和自身人文素养的提升等。

(2) 在“个人与集体”层面，帮助学生树立正确的职业道德观、职业素养和劳动价值观，培养学生相互协作的团队意识等。

(3) 在“个人与社会”层面，注重在爱国主义教育、民族文化自信、文化差异辨析和国际视野等方面的引领。

主要途径：以课堂教学(理论教育)和课外实践活动(课外职场模拟)为主要途径。

主要载体：以课程内容为主要载体。

2. 教学案例设计

单元主题：How to make a good first impression。

单元主题德育目标设计：通过“名言导入(培养学生的辩证思维和积极的人生态度——个人)→沟通技巧(提升学生的职业素养和人文素养——个人)→职场守则(帮助学生树立正确的职业道德观——

个人与集体)→实践巩固(学以致用)→总结启迪(培养学生的辩证思维和国际视野——个人与社会)”五个步骤，逐步无声、自然地融入德育目标。

第一步：名言导入。

教育方法：模拟场景、名言启发。

教学内容与思政教育融合点：通过名言“You never get a second chance to make a first impression”和模拟职场情景，引导学生对第一印象的思考，然后通过问题“How to make a good first impression”引入主题，培养学生的辩证思维。

第二步：沟通技巧。

教育方法：观看视频、问题启发。

教学内容与思政教育融合点：通过观看视频，从“What to say”出发，导出沟通技巧——礼貌用语。通过对礼貌用语画面的突出显示，培养学生的职场基本礼仪，提升个人素养。

第三步：职场守则。

教育方法：观看视频、知识讲授。

教学内容与思政教育融合点：通过观看视频，从“What to do”出发，引出职场基本守则。通过对七大守则的讲解，培养学生在守时、主动、仪态及与人相处的原则等方面的职业道德观。

第四步：实践巩固。

教育方法：音频训练。

教学内容与思政教育融合点：通过音频听力训练，学以致用，加强学生对职场礼貌用语的印象。

第五步：总结启迪。

教育方法：小结启迪。

教学内容与思政教育融合点：通过总结本课内容，加深学生对职场沟通和正确职业道德观的认识。同时，通过名言：As distance tests a horse’s strength, so time reveals a person’s heart.(路遥知马力，日久见人心。)来培养学生的辩证思维，最终达成德育目标：Being honest and upholding mutual respect for win-win cooperation (真诚，相互尊重，合作共赢)。

三、案例特色与成效

本案例贯彻了“全人教育”理念，关注了学生在认知素质、情感和自我实现等方面的发展，把“立德树人”的目标无声融入教学内容中。在教学设计上，基于“以人为本、以社会为本”的职业教育观点，从“个人、个人与集体、个人与社会”三个层面，以情景模拟、案例呈现、语言训练和思维拓展的教学方式，由浅入深，由内到外，在潜移默化中达成课程的德育目标——把学生培养成全面发展、品德高尚、能力强大的具有高度社会责任感的职场人。

“公共英语”是武汉城市职业学院的网络课程。本课程提升了学生的辩证思维能力、自律能力等个人综合素养，使学生掌握了一些职场基本英语表达技巧、沟通技巧和职场守则，树立了正确的职业道德观，增强了自信心。

第2篇　专业教育课思政案例：文学、历史学、哲学类

本科教育类

案例1　中国古代文学

案例视频

课程类型：专业教育课（文学、历史学、哲学类）
教育赛道：本科教育
开课年级：大二年级
面向专业：汉语国际教育
部　　门：外国语学院
学　　校：大连工业大学
案例教师或团队成员信息（第1位为教学案例负责人）：

姓名	职务	职称	部门
潘晓玲	汉语国际教育系主任	讲师	外国语学院

一、课程目标

“中国古代文学”是汉语国际教育本科专业的主干课程之一，主要讲授元明清文学及近代文学，可满足汉语国际教育本科生建构知识体系的需要。

1. 知识目标

使学生通过学习，能够掌握元明清及近代基本的文学知识，并能对代表性作家、作品的思想文化价值做出客观评判，加深其对中国古代文学的认知和理解，提高其文学鉴赏能力和审美能力。

2. 素质目标

注重知识传授、能力培养和价值观引领的融会贯通。以古代文学课程思政为主线，结合学生成长需求，引导学生建立健康的人生观。展现中国古代文学的辉煌成就与现代传播，坚定学生的文化自信，端正其人生态度，巩固专业思想，增强民族自豪感，使其具备向国际传播、弘扬中华优秀传统文化的能力。

二、课程思政案例设计

1. 课程思政德育目标

结合学生成长需求，融入课程思政理念，坚定学生的文化自信，引导学生建立正确的人生观。以《西游记》文本教学为载体，渗透立德树人的教育内涵，通过解读《西游记》中孙悟空从“魔”到“佛”的蜕变历程，分析其成才及自我完善的途径；进而结合东西方人文思想及社会案例，引导学生正确理解个体“自由”与社会“规范”的关系。

2．思政教育融合点

1) 人生逆袭的正确途径

由孙悟空的蜕变历程分析年轻人成才的正确途径：社会规范引导＋严格自律。孙悟空经历了花果山称王、西行取经、成为斗战胜佛三个阶段，实现了从"魔"到"佛"的人生蜕变，成人立业。孙悟空之所以能从魔到佛，得益于社会与个人两个因素：一是来自如来、观音、唐僧等师长对他的规范约束、精神指引；二是来自其严格的自律，西行路上经历了各种锤炼，一步步去除自己的"心魔"，最终修成正果。

2) 正确认识个体"自由"与社会"规范"的关系

结合大学生的成长特点，引入东西方人文思想与某名人案例，引导学生深入体会个体"自由"与社会"规范"的关系，树立正确的人生观、价值观。

孙悟空的成长过程中经历了"自由—不自由—更大的自由"三个阶段，实现了人性的完善。卢梭将自由分为三种：天然自由、社会自由和道德自由。从天然自由到道德自由的过程，是人不断锤炼自我、克服人性堕落、扬弃社会异化，最终实现人性完善的过程。孙悟空经过社会的锤炼与自我的努力，实现了跨越。引导学生体悟到，自由并非为所欲为，要实现更高层次的"道德自由"，就要深入认识自我，克服人性缺点，遵守正确的社会规范，端正成长之路。

3) 教育方法和载体途径

首先通过线上投票的方式导入课堂教学，以孙悟空的成长经历为切入点，分析成长的正确途径；进而结合东西方人文思想及典型性社会案例，从教育学、哲学的角度分析"自由"的深层含义，使学生体悟个体"自由"与社会"规范"的关系，端正价值观。

三、案例特色与成效

1. 案例特色

1) 文学教育与批判思考、价值观引导结合

古今融合，将价值观引导融入文学教育中。将文学解读与教育学、哲学理念相结合，引入东西方人文思想与典型性社会案例，引导学生对成才之路进行深入思考，对个体"自由"与社会"规范"的关系进行正确理解，塑造其健康的价值观。

2) 科研、教学与课程思政融合

本案例是结合授课者主持的课程思政教改项目与已发表的教研、科研论文设计完成的，是将教研、科研成果直接反哺课堂教学的突出体现。

2. 教学改革成效

1) 激发了学生学习与思考的热情

学生课堂发言与在线讨论更加积极，对自由与成长的思考更加深入。

2) 增强了学生对文学经典的鉴赏能力，坚定了其文化自信

培养了学生正确的价值观，扩展了认识问题与分析问题的视野。

案例 2 商务英语阅读

课程类型：专业教育课（文学、历史学、哲学类）

教育赛道：本科教育

开课年级：大三年级

面向专业：英语

案例视频

部　　门：外语系

学　　校：广州软件学院

案例教师或团队成员信息(第 1 位为教学案例负责人)：

姓名	职务	职称	部门
李天照	教师	讲师	外语系

一、课程目标

1. 本校办学定位

本校为全日制普通本科高等学校，学校办学定位于应用型高等学校，主要培养区域经济社会发展所需要的高素质应用型、技术技能型人才。

2. 学生情况

本课程针对英语专业大三年级学生(商务方向)。学生已学习英语基础核心课程，具备一定的英语阅读技巧，但对商务英语阅读技巧、词法知识、商务领域知识、行业知识等仍有待拓展和深化。

3. 专业人才培养要求

本校英语专业定位：面向粤港澳大湾区商务英语人才需求，培养能够从事商务英语或相关工作的本科层次应用型人才。

英语专业培养目标：培养“德智体美劳”全面发展，具有正确的世界观和价值观、扎实的英语语言基本功和较强的英语应用能力和跨文化交际能力，掌握英语专业知识及技能，可从事商务英语相关工作的本科层次应用型英语人才。

“商务英语阅读”是英语专业大三年级专业必修课，为专业核心课程之一。本课程目标可划分为基础水平目标与高阶水平目标。

1) 基础水平目标

(1) 知识水平目标。

了解企业文化内涵，区分不同类型的企业文化及特点，熟悉优秀企业家的特征及其企业管理理念；正确描述中国不同类型的消费者特点；熟悉手机的发展历程和国内外知名品牌。

掌握商务实用词汇及常用表达，涉及企业文化、企业管理、广告、消费者行为、全球品牌等领域。

(2) 能力水平目标。

能运用不同策略与技巧，在阅读商务文本过程中有效获取信息，包括：商务英语词汇特征和构词法；通过商务篇章语境猜测词义；商务文体的数据描述；经贸发展的常用表达；概括文章和段落的主旨大意；掌握段落的组织和布局；推理和判断主旨意图、区分事实和观点；进行快速阅读实践；等等。

2) 高阶水平目标

学生能将商务理念、商务案例、商务语言和中西文化有机融为一体，在商务背景下进行具有一定高阶性、创新性、挑战度的读后产出实践活动。

学生能通过小组合作及项目式学习形式，鉴赏和描述不同的商务文化和地区文化，树立对中国的品牌自信、文化自信、民族自信，培养家国情怀和正确的世界观、价值观。

本课程以教学痛点问题为切入点，基于学生学情和行业发展实际，在信息技术赋能和产出导向法的理念下构建“一中心、两驱动、三平台、四融合、五模块”的线上线下混合式教学模式，并引入行业导师“协同培养”模式开展教学。

其中，“一中心”指以学生发展为中心；“两驱动”指以商务英语知识和商务英语实践为驱动；“三平台”指线下传统教室平台、线上智慧树平台和线上问卷星数据分析反馈平台；“四融合”分别为四方面的教学要素融合，即商务英语阅读技巧与知识、商务英语行业导师实践经验、思政元素和本土文化知识、学生读后综合实践活动四方面的教学要素融合；“五模块”指课程划分为五大章节模块，包括消费者行为、中外品牌、企业文化、领导才能、企业管理五大模块，课程结合国内知名企业品牌和成功案例，引导学生树立对中国的品牌自信、文化自信和民族自豪感。

二、课程思政案例设计

本案例主题为企业文化与中国品牌。课程思政教学设计如下。

设计 1：

⑴学生理解企业文化的表现形式，如标识图案、口号、包装、员工礼仪等。

⑵学生通过讨论“海尔兄弟”的企业标识，了解其坚持“追求卓越”“为国家奉献”的企业精神，培养学生的家国情怀。

设计 2：

学生掌握健康的企业文化及特征，了解中国的优秀企业文化理念，案例包括华为、鸿星尔克、腾讯等秉持“创新”，“诚信”或“以人为本”的企业精神，树立学生对中国品牌的自信。

设计 3：

⑴学生小组在教师的任务驱动与指导下，查阅、研讨课内外文献，完成产出活动：“粤菜企业文化与潮汕文化”汇报。学生鉴赏广东地区的企业文化，激发学生对本土文化的自信。

⑵学生读后产出实践与汇报。

设计 4：

学生小组在教师指导下，进行“企业图案与中国元素融合的创新设计”汇报，学生通过项目式学习的形式，进行小组合作和创新设计，多维度了解中国优秀文化，树立民族自信。

设计 5：

⑴通过使学生观摩、参与和汇报创新设计成果，培养其肩负向世界传播中华文化的责任感和使命感。

⑵案例教学设计与流程。

⑶企业文化理念学习与任务驱动(授课内容)。

三、案例特色与成效

1. 案例特色

⑴课程基于线上线下混合式教学模式和产出导向法的理念，提高了学生学习成效。

⑵立足商务与本土文化融合，发挥学生课外文献阅读的能动性，制作本土文化视频作品，树立本土文化自信。

⑶设置读后综合输出创新实践，实现教学从低阶目标向高阶目标转化。

2. 教学改革成效

课堂教学获得同行专家肯定。本课程任课教师所设计和录制的课堂教学视频作品，分别获得智慧树平台及广东省数字贸易与服务产业促进会的奖项，受到同行专家和社会组织的肯定。

⑴本课程的课堂教学实录视频获 2022 年广东省“数字贸易人才培养创新大赛”金奖。

⑵本课程的微课视频作品获 2022 年首届“智慧树杯”混合式教学案例创新大赛复赛二等奖。

⑶本课程为 2022 年广州软件学院“一师一优课”立项项目。

⑷本课程为 2021 年广州软件学院“质量工程”在线开放课程项目。课程的示范课堂促进了外语课程思政建设，适应了开放教育和辅助学习的需要。

案例 3　赫哲族历史文化研究

课程类型：专业教育课（文学、历史学、哲学类）
教育赛道：本科教育
开课年级：大三年级
面向专业：历史学
部　　门：人文学院
学　　校：佳木斯大学

案例视频

案例教师或团队成员信息（第 1 位为教学案例负责人）：

姓名	职务	职称	部门
谭杰	院长	教授	人文学院
刘晶瑜	教科办主任	讲师	人文学院
胡纬	教学秘书	助教	人文学院

一、课程目标

依据学校“培养全面发展，具有创新精神、实践能力和佳木斯大学特色的应用型人才”定位，以及专业“培养理想信念坚定、专业理论扎实和教育情怀深厚的中学历史教师”的要求，设计课程目标如下。

(1) 以培养学生的多元地域文化素养为目标，使学生探究历史文化的脉络、内涵及演变，丰富认知，打下将赫哲族历史文化与中学历史教学有机融合的学科基础。

(2) 以提升学生的综合育人能力为目标，使学生学会挖掘和运用育人元素综合育人的方法，具备校本课程开发的专业化发展能力，打下将赫哲族历史文化与中学全面育人有机融合的能力基础。

(3) 以养成学生的高尚道德品行为目标，深化情感体验，使学生树立民族自豪感、文化自信心，铸牢中华民族共同体意识，打下将赫哲族历史文化与师德情怀有机融合的素养基础。

二、课程思政案例设计

1. 课程思政德育目标

让学生感知多彩的赫哲族文化魅力，增强文化自信和民族自豪感；以赫哲族文化精神涵养高尚的师德情怀和丰厚的“五育”（“德智体美劳”）为素养；积极践行传承策略，铸牢中华民族共同体意识，实现知识习得、能力提升与价值塑造的全面发展。

2. 思政教育融合点

1) 正确的世界观、人生观和价值观

让学生从赫哲族文化中汲取开拓创新、敬畏生命、执着专注的精神力量，养成积极进取的人生态度，塑造健全人格。

2) 坚定的中华文化自豪感和认同感

使学生正确认知中华文化和赫哲族文化的相互关系，认同中华文化“多元价值”与“一体价值”统一发展趋势，在赫哲族文化浸润中，增强家国情怀。

3) 新时代的责任意识和使命担当

课程积极践行社会主义核心价值观，深化内涵、丰富形式、创新方法，将赫哲族文化融入教书育人全过程，课程将互联网这个“最大变量”变为铸牢中华民族共同体意识宣传工作中的“最大增量”。

思政教育融入设计如图 1 所示。

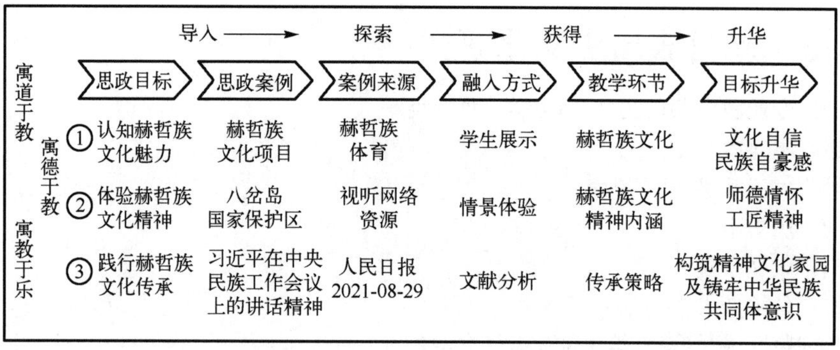
导入
探索
获得
升华
寓道于教
寓德于教
寓教于乐
思政目标
思政案例
案例来源
融入方式
教学环节
目标升华
①认知赫哲族文化魅力
赫哲族文化项目
赫哲族体育
学生展示
赫哲族文化
文化自信 民族自豪感
②体验赫哲族文化精神
八岔岛国家保护区
视听网络资源
情景体验
赫哲族文化精神内涵
师德情怀 工匠精神
③践行赫哲族文化传承
习近平在中央民族工作会议上的讲话精神
人民日报 2021-08-29
文献分析
传承策略
构筑精神文化家园及铸牢中华民族共同体意识

图 1

3. 教育方法

1) 体验教学法

依据情感和认知活动相互作用原理，组织学生开展展演、制作、赏析等实践活动，使学生产生健康的情感体验，促进学生知识内化和情感深化，使学生构建扎实的知识体系。

2) 情景教学法

运用视听资源创设思政情景，结合学习生活、教师职业、社会热点等探究育人元素，促进学思共鸣，使学生学会挖掘育人元素的方法，从而获得综合育人的积极体验。

3) 访谈教学法

依据探究性学习原理，访谈传承人，使学生深刻感受传承责任，促进知行转化，课程将赫哲族文化及精神内涵融入历史教学和德育教育中，让学生自觉践行传承使命。

4) 翻转教学法

依据 OBE 教学原理，构建“课前导预习、课上导学习、课后导实习”三位一体、以学生为主体的教学平台，全程育人，如图 2 所示。

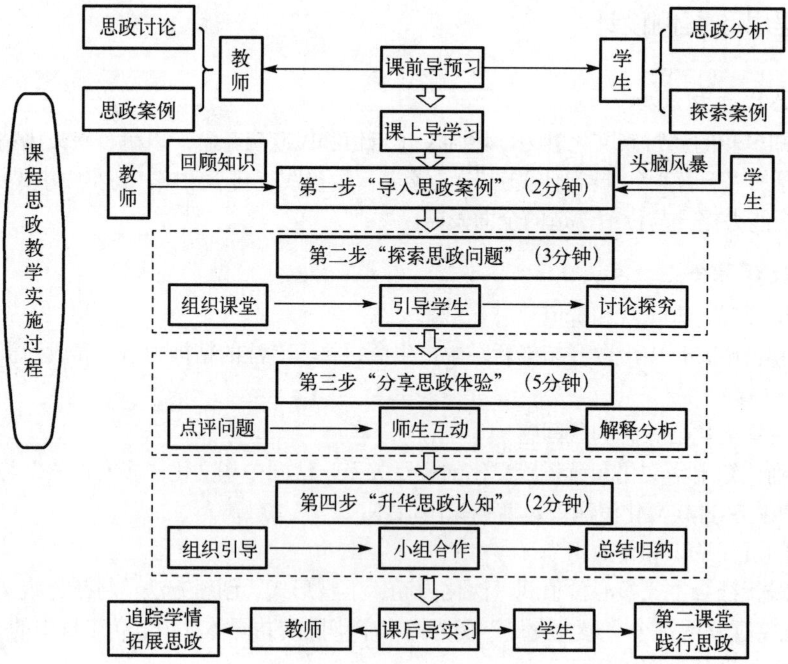
思政讨论
思政案例
教师
课前导预习
学生
思政分析
探索案例
课程思政教学实施过程
课上导学习
教师
回顾知识
第一步“导入思政案例”（2分钟）
头脑风暴
学生
第二步“探索思政问题”（3分钟）
组织课堂
引导学生
讨论探究
第三步“分享思政体验”（5分钟）
点评问题
师生互动
解释分析
第四步“升华思政认知”（2分钟）
组织引导
小组合作
总结归纳
追踪学情 拓展思政
教师
课后导实习
学生
第二课堂 践行思政

图 2

4. 载体途径

1）国家高等教育智慧教育平台

优选平台“中国少数民族文化”“异彩纷呈民族文化”等优质课程，充实思政案例资源库。

2）智慧树平台

在“学习资源”“头脑风暴”“问答讨论”区开展“云空间”思政探究活动，课堂内外联动、线上线下协同，实现思政育人效果最大化。

3）微信公众号

组织第二课堂实践活动，创建“满洲故里”微信公众号，宣传赫哲族文化，积极践行传承责任。

三、案例特色与成效

1. 案例特色

（1）新文科背景下，将历史学与民族学等学科相融合。融多学科资源、多领域思想为一体，创新知识体系。

（2）课程思政背景下，将思政教育与专业教学相融合。融社会主义核心价值观、思政案例、民族政策为一体，形成思政矩阵，协同育人。

（3）一流课程背景下，将课程设计与“两性一度”相融合。融前沿性教学内容、先进性教学形式和探究性活动为一体，凸显高阶性、创新性和挑战度。

（4）“互联网＋”背景下，将信息技术与线下教学相融合。融智慧树平台、视听资源、微信公众号为一体，丰富育人载体。

2. 教学改革成效

（1）坚持德育首位，凸显特色实效，为立足教育奠定思想基础。

（2）坚持知行合一，锤炼求真力行，为终身学习奠定智力基础。

（3）坚持“五育”并举，实现全面发展，为持续发展奠定能力基础。

案例 4　古典文献学

课程类型：专业教育课（文学、历史学、哲学类）
教育赛道：本科教育
开课年级：大三年级
面向专业：汉语言文学
部　　门：人文学院
学　　校：普洱学院

案例视频

案例教师或团队成员信息（第 1 位为教学案例负责人）：

姓名	职务	职称	部门
郭振华	副院长	副教授	人文学院
朱蕊	课程中心综合科科长	副教授	教师教育学院
和星	教师	研究实习员	人文学院

一、课程目标

根据学科发展和当下文化语境，整合传统课程内容为文献著录、文献传承、文献普适性处理三个模块，服务地方性、区域性、应用型、国际化办学定位，突出了课程的现实功用。本校汉语言文学专业92%以上的学生来自云南省内，少数民族占比近30%，毕业生大多从事教师教育或其他文职类工作。本专业培养目标明确，学生应该具有传统文化、文学、文献的研究能力和服务地方的能力。据此，确定课程目标：利用人文学科知识与价值相统一的优势，坚持知识、能力、素质有机融合，使学生在具备文献处理能力的基础上，提升古为今用的实践能力，培养勇于创新的意识，树立传承中华优秀传统文化的责任感(思政目标)。同时，本课程确立了“教为未来，学为创造”的课程理念。

1. 知识目标

识记古典文献学中目录、版本、校勘、标点、注释、翻译、检索等板块的概念、术语，并能举例说明；认识并能运用文献研读、处理的基本原理和方法。

2. 能力目标

能独立完成对中学及以下语文课本水准古文进行文献学处理；能收集、策划、交流地方文献材料，具备跨学科视野，迁移成为“面向东南亚跨境传播、弘扬典籍文化”的能力。

3. 素质目标

感悟古典文献与文化的交融，聚合为“传承中华优秀典籍文化”的自信力量，增强民族自豪感；有古为今用、服务本土、服务社会的创新实践意识和意愿，树立古典文献为文化建设服务的担当意识。

二、课程思政案例设计

1. 课程思政德育目标

课程整体的德育目标是以支撑“提高地方应用型人才培养能力”为方向，结合文学专业特点和课程以“古籍”为主要研究对象的特点，挖掘教学案例中的思政教育资源，把“传承中华优秀典籍文化”作为思政建设的核心目标，教育引导学生深刻理解中华优秀传统文化的思想精华和时代价值，传承中华文脉。如本案例，就是通过文献装帧形式的演变展示，培养学生对古籍名物的热爱及兴趣，并感受其蕴含的民族智慧，如图1所示。

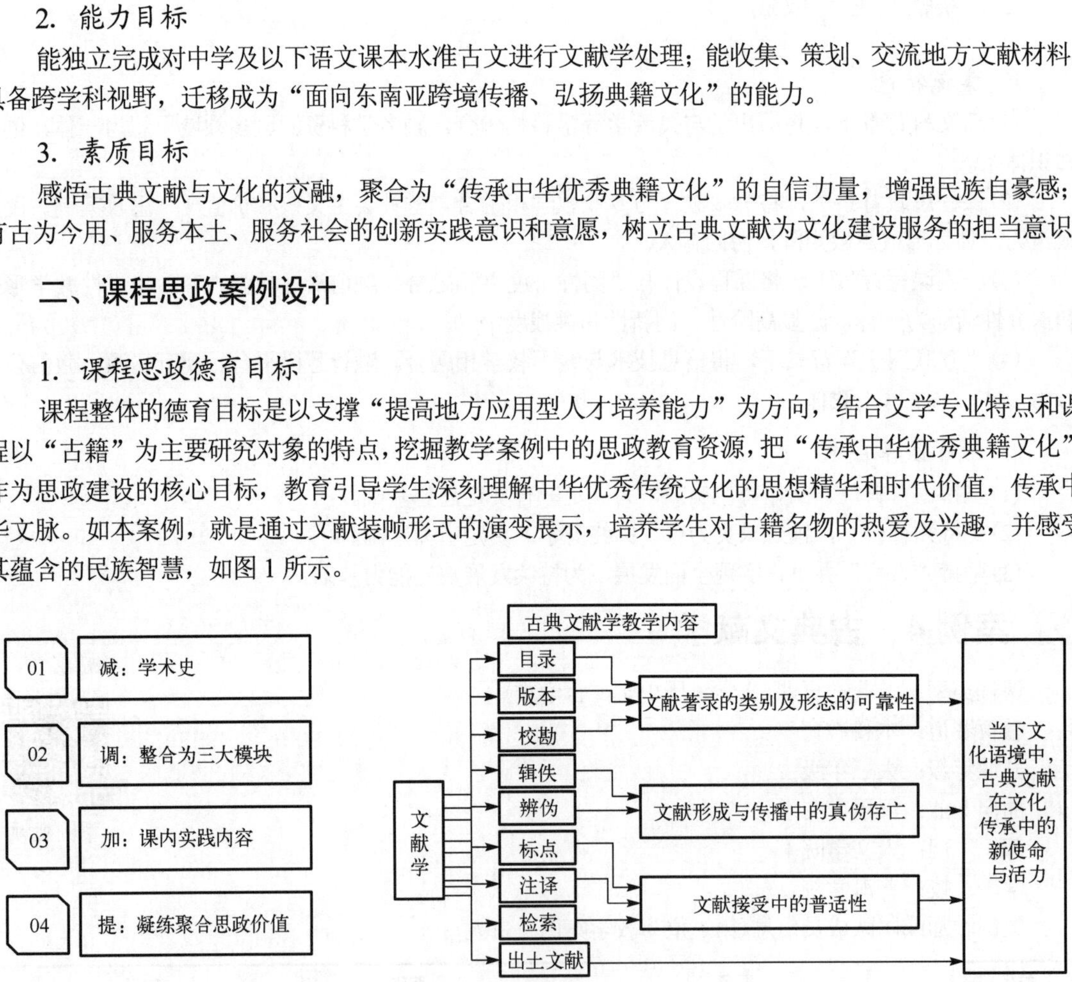
01
减：学术史
02
调：整合为三大模块
03
加：课内实践内容
04
提：凝练聚合思政价值
古典文献学教学内容
文献学
目录
版本
校勘
辑佚
辨伪
标点
注译
检索
出土文献
文献著录的类别及形态的可靠性
文献形成与传播中的真伪存亡
文献接受中的普适性
当下文化语境中，古典文献在文化传承中的新使命与活力

图1

2. 思政教育融合点

结合专业教学目标，以“中华优秀典籍文化”为底蕴，每堂课设计一个“知识与能力服务社会、服务社会主义文化建设”文献应用项目或文献案例。如本案例，专业教学目标为了解古籍文献的载体演变，识记相关概念。授课中以纸本古籍实物、雕版实物、日本汉文古籍实物展示文献装帧形式的演变，自然传递古籍中蕴含的民族智慧与创新，让学生体会蕴含在典籍中的中华传统智慧与艺术魅力。

课程以解决一个文献实际问题的应用场景来导入；采用经典的、地方的、实物的文献资源提升教学内容对学生的亲和力；讲解知识，通过一个文献处理实践操作项目或者话题，引导学生合作探究；部分课堂融入与古典文献相关的非遗文化、文献创意、手工制作等课内实践活动(课程含实践学分)；课前及课后，把链接性的知识形成阅读材料或作业上传教学平台，实现学习延伸。

3. 教育方法

通过案例展示、课内实践、价值讨论等方式，将思政内容有机融入课堂。以丰富的地方性、民族性、应用型文献案例资源库提升教学内容对学生的亲和力，有机融入思政内容。本案例以“中华传拓”现场演示，让学生了解“拓片”的概念及方法，并沉浸式体会传统典籍文化之美，如表 1 所示。

表 1

课程资源名目	类型	数量	应用场景	目标
授课视频	慕课＋自建	15	线上学习	课程知识学习
课程思政视频	自建	10	线上学习	阐释文化传承的现实意义
思政融合案例	自建	80	课堂讨论/课外拓展	创设教学场景，开展文献今用的头脑风暴
云南地方文献资源	电子＋纸质	25	演示、实践材料	拉近文献亲切感，提升动手能力
精选古籍善本资源	电子＋纸质	100	演示、实践材料	拉近文献亲切感，提升动手能力
课内实践资源	瓦当、雕版、甲骨(仿制品)、拓印套装、古籍装帧套装等	10	演示、实践材料	提升动手能力，传承中华文脉，增强文化自信

4. 载体途径

①巧设文献应用场景，无声融入思政内容或案例；②使用地方古籍文献，把思政教育融入特色文献，带动学生课上课下学习兴趣；③建设课程思政资源库，线上线下思政同向同行。本案例实际使用的载体包含案例材料、古代绘画、文献实物展示、瓦当拓印实践，自然传递古籍中蕴含的民族智慧与创新，让学生体会蕴含在典籍中的中华传统智慧与艺术魅力。

三、案例特色与成效

1. 案例特色

设置课堂实践活动，让学生沉浸式体会中华传统典籍文化的魅力。通过展示、演示等方式让学生直观体会以古籍文献为核心的传统文化魅力。课堂教学设置了中华“传拓”的现场演示，让学生直观、沉浸式地体会拓印所代表的传统文献技艺所蕴含的民族智慧及文化之美。

2. 成效

本课程为校级思政示范课。近三年，通过教学比赛、青年教师培训交流、课程思政示范等方式，开展相关活动 10 次以上，辐射教师群体 300 人次以上；近五年，教授学生 1000 人以上。2021 年 4 月，主讲教师参加教育部“传承的力量——清明诗会”录制并播放，受到中国青年报、中青在线等媒体报道；产出教研成果 5 项。

案例 5　高级英语

课程类型：专业教育课(文学、历史学、哲学类)
教育赛道：本科教育
开课年级：大三年级

案例视频

面向专业：英语、翻译等英语类专业
部　　门：外国语学院
学　　校：齐鲁工业大学
案例教师或团队成员信息(第 1 位为教学案例负责人)：

姓名	职务	职称	部门
谭小翠	教师	副教授	外国语学院

一、课程目标

“高级英语”是山东省首批线下一流本科课程，是英语类专业大三年级学生的专业必修课。齐鲁工业大学英语专业是山东省一流专业，以培养应用型、外向型高素质外语人才、服务地方社会经济发展为目标。通过学习，学生应达到以下目标。

(1) 知识目标：能够有效运用篇章、语用等知识，理解、分析和阐释具有一定难度的英文材料，形成自己的观点，扩大知识面；学习中国优秀传统文化，掌握有关中国文化的英语表达。

(2) 能力目标：具备较强的文本分析能力、良好的口头和书面表达能力、较高的批判性思维和跨文化交际能力。

(3) 情感目标：具备较高的文化自信、社会责任感和创新精神，树立爱党、爱国、爱社会主义、爱人民、爱集体的情怀，服务国家经济社会发展需求。

二、课程思政案例设计

本案例是《高级英语(第一册)》第五课“The Libido for the Ugly”(爱丑之欲)的一个知识点，在慕课中是第八章第 4 节“Libido and Ugliness”。本案例主要涵盖三方面内容：Libido 的阐释、文中的丑之意象、主题探讨《病梅馆记》。

1. 课程思政德育目标

(1) 以文中的丑之意象为鉴，培养学生正确的审美观。

(2) 将本文与《病梅馆记》比较，培养精神富足的志士青年。

2. 思政教育融合点

(1) 解读关键词“Libido”“Ugly”。“嗜丑”背后的真正原因为何？作者的写作意图是什么？

思政融合点：解读题目中的关键词“Libido”“Ugly”，分析门肯选用这两个词的原因和真实目的，使学生意识到作者辛辣直白的语言旨在揭露美国繁荣的物质社会背后的精神荒漠，痛批美国民众乃至整个美国社会仇视真理的病态价值观念，对美国前景表示担忧，希望整个社会重视精神层面的发展。

(2) 学习清代文学家龚自珍的《病梅馆记》。作者托梅议政，形象地揭露和抨击了清朝封建统治者束缚人们思想、摧残人才的罪行，表达了作者要求改革政治，打破精神桎梏，追求个性解放的强烈愿望。

思政融合点：无论是西方还是中国，都存在“以丑为美”“病态美”的现象，结合当今国内外大众传媒、影视作品中众多“以丑为美”的噱头和案例，引导学生挖掘“嗜丑”背后所反映的社会心理根源和价值观念，增强学生理性思考的能力，不随波逐流，树立正确的价值观，做一个精神富足的有志青年。

3. 教育方法和载体途径

(1) 利用慕课等移动互联终端，满足大学生利用碎片化时间学习的需求，从而提高课程思政的效果和质量。

(2) 贴近生活、贴近学生、融入教学、润物无声。以生活中的实例为教学案例，做到思政教育润物无声。

(3) 课堂教学采用翻转课堂的模式。直面生活中的问题，敢于探讨，正确引导，协调一致，久久为功。

三、案例特色与成效

1. 案例特色

(1) 教学内容紧密联系社会热点与实际生活，培养学生明辨是非的能力和批判性思维，使学生树立正确的价值观，做精神富足的有志青年，在当前复杂的国际形势面前，有坚定的政治立场和中国人的责任担当。

(2) 教学方式与时俱进，利用线上线下混合式教学模式，有效提高课程思政教学效果。

2. 成效

本课程被认定为山东省首批线下一流本科课程，教案被评为校级“德融教学好教案”；学生评教在 92 分以上，得到一致好评。

学生第三党支部被评为全国标杆党支部；英语专业 2015 级 2 班团支部被评为团中央“活力团支部”；英语专业 2015 级 2 班、2017 级 1 班被评为“山东省优秀班级”。学生多人获得“山东省优秀学生”“山东省优秀学生干部”等荣誉称号。

“高级英语”慕课在智慧树平台上线，已有 8 所学校选课，选课人数达 900 多人，开学仅 7 周，累计互动达 1000 多次。

案例 6　书刊编辑学

案例视频

课程类型：专业教育课（文学、历史学、哲学类）
教育赛道：本科教育
开课年级：大三年级
面向专业：编辑出版学
部　　门：传媒学院
学　　校：青岛科技大学
案例教师或团队成员信息（第 1 位为教学案例负责人）：

姓名	职务	职称	部门
葛卉	教师	副教授	传媒学院

一、课程目标

在“新文科”的发展框架下，编辑出版学专业要求学生学习马克思主义基本原理，树立和践行社会主义核心价值观；学习和掌握马克思主义新闻观，有强烈社会责任感，恪守职业道德准则；培养适应现代出版业发展需要的高层次、应用型、复合型专业人才。“书刊编辑学”是编辑出版学专业的专业基础课，通过该课程让学生了解出版工作的性质和规律、出版业的历史、现状与未来，让学生把出版工作的理论与实践结合起来，能进行一定的出版工作的具体操作。其中的出版制度、出版管理条例、出版与社会的关系、出版物的内容类型、出版人员的素质与职业道德，与道路自信、理论自信、制度自信、文化自信密切相关。可以说，把党的方针政策、思想意识贯彻在书刊编辑的理论与实践中，是本课程的核心，也是培养学生具有“出版意识”的主要目标。例如，在我国出版行业实行的“重大选题备案制度”，要求对涉及国家安全、社会稳定方面的选题，涉及宗教问题的选题，涉及中国国界地图的选题，涉及外交方面重要工作的选题，均需要对国家的政策进行准确的解读；课程中涉及的“三审三校”制度便是主要对选题“思想性”和“政治性”进行解读和培养学生社会主义核心价值观的内容，因此本课程的特点便是与思想政治内容结合紧密。本课程以出版理论与实务为基础，与学校 AR、VR 技术研究，工业互联网等优势相结合，在人文社科素养涵育的基础上，突出培养学生适应新旧媒体不同形态与要求的专业能力。通过“课程思政”教育元素，以“主题出版研究”等专题研究形式，重点布局课程思政教育，发掘各科各类课程的思想政治理论育人项目建设成果，多维度构建以红色精神引领人、用专业知识熏陶人、用课程实践锻炼人的红色文化育人体系。

二、课程思政案例设计

本案例内容为课程中“4.1 选题策划的原则”。

1. 课程标准

通过对日常生活中经常接触到的出版选题进行分析，使学生学习收集、整理和表述选题的知识和方法，并依据对选题的分析做出简单的决策和预判。

(1) 经历简单的收集、整理、描述和分析市场选题的过程。

(2) 通过实例，进一步认识出版选题肩负的社会效益与经济效益，并深刻理解“为社会主义服务”“为人民服务”的出版方针。

(3) 通过丰富的实例，理解读者至上和读者需要的原则。

(4) 能够运用科学、严谨、客观的方法保证选题的严肃性和科学性。

(5) 能开发具有可操作性的选题。

2. 教学目标

知识和技能：理解出版的“社会效益”“经济效益”，二者冲突时，以社会效益为先；对出版市场具备基础的认识，掌握选题策划的七个原则。

1) 过程和方法

(1) 初步学会电商网站的出版排行搜索和整理。

(2) 进一步分析不同出版社的选题特色和方向。

(3) 能够思考出版选题的方向并做出预判。

2) 情感态度和价值观

(1) 体验编辑的责任感和使命感。

(2) 体会出版选题与生活的紧密联系，感受出版价值。

(3) 培养文化自信，挖掘本土优势，巩固对社会主义核心价值观的认识。

3. 教学重点

主题出版物的选题如何把握时代性：通过对主题出版物产生的背景、当前的政治环境，以及商务印书馆总经理的讲座，使学生在情景中体会主题出版物的必要性和时代性，加深对主题出版的情感认同。

4. 课堂设计

1) 提出问题（5 分钟）

请思考一个问题：一本书或刊物的出版从什么地方开始？是文稿的选择？加工？寻找作者？还是在市场中找到选题？选题策划决定了出版工作的成果、社会影响力和经济效益，是出版工作中决定性的重要环节。选题策划得妥当与否，是编辑工作者价值感、责任感、时代感的体现，我们来看看商务印书馆总经理如何理解出版市场及选题策划的使命感。

2) 展示视频(10 分钟)

3) 学生分组讨论，选择两组代表进行发言(5 分钟)

4) 总结

在视频里，我们听到一个专业词汇“主题出版”，对于出版行业以外的人，这个词比较陌生，往往会被误解为“艺术主题”“教育主题”等以××为主题的出版物，然而，“主题出版”一词在出版行业中是一个专业术语，也是具有中国特色的出版现象，特指围绕党和国家重点工作和重大会议、重大活动、重大节庆日等集中开展的重大出版活动，其基本作用是服务党和国家工作大局，巩固和壮大主流思想舆论，动员全社会团结一心，因此主题出版所引导的方向是我们在选题策划时首要注意的。

5) 提出问题

有人肯定存在这样的疑问：这些讲政策、讲文化的大文章，年轻人会感兴趣吗？是不是政府和出版社的一厢情愿？是不是这些书只能进事业单位和政府机关，采用包销的形式？这是不是一种出版资源的浪费？

6) 解决问题(20 分钟)

提出选课策划的七个原则。

(1) 弘扬主旋律，创中国特色及与时俱进的原则。

读者花钱买书刊，花时间、精力来阅读，主要的目的是关注社会、学习知识、了解世界、调节生活。因此，我们在选题策划时一定要站在时代的前沿，与时代同步，倾听读者的心声，这样的出版物才能打动读者。

例如，时政类短视频的出版。随着移动互联技术的发展，新媒体传播呈现出移动化、碎片化的特征，短视频正是这一传播环境的产物。短视频的出现和兴起为媒体的融合创新提供了新的路径，通过社交媒体平台发布时政题材短视频已成为政治宣传的常规方法。较为严肃的时政题材短视频，往往不像知识、娱乐类短视频那样受到关注。然而，我国有些主流媒体借助微信、微博等互联网传播平台，与技术方、平台方通力合作，打造了很多点击量过亿的现象级作品。例如，三集系列时政短视频《初心》浏览点击量超过 12.36 亿次，短视频《最牵挂的人》浏览点击量超过 11.4 亿次，“一带一路”短视频《大道之行》浏览点击量超过 5 亿次，短视频《中国力量》浏览点击量超过 2 亿次，短视频《红色气质》浏览点击量超过 2 亿次，等等。这些有思想、有立场、有情怀的作品传播了足足的“政”能量。

时政短视频的内容一般以时政新闻为切入点，弘扬爱国主义、民族精神、革命精神及社会主义核心价值观，宣传习近平新时代中国特色社会主义思想等。如何运用时政短视频讲好中国共产党治国理政的故事，中国人民奋斗圆梦的故事，中国坚持和平发展、合作共赢的故事，激发人们的奋斗精神，传播爱党、爱国、爱岗、敬业的主旋律，使其既符合政治传播学和艺术创作规律，又符合移动短视频观看习惯的创作理念和原则方法，是我们在实践基础上必须不断总结思考的问题。

图书出版也是如此，如《中国共产党怎样做到不忘初心、牢记使命》和《“一带一路”，中国的文明型崛起》都是符合时代政策发展而出版的读物。

(2) 读者至上与读者需要的原则。

编辑出版工作需要从社会发展的角度和读者需要的角度来进行选题策划，这样的书刊才有生命力。

例如，湖南教育出版社出版的《妈妈总是有办法》就是根据著名主持人张丹丹的口述来编撰的一本书。出版团队第一次在张丹丹老师的办公室里聊写这本书的初心时，她说，还记得生完孩子后那个阴冷潮湿的冬天，在一个凌晨四点，给孩子喂完奶，她突然毫无缘由地开始号啕大哭，好像要把这辈子所有的委屈都哭出来，特别绝望，特别无助，特别想把孩子一放就走了。

这段话，听得编辑内心翻江倒海，作为一个刚刚生完二胎复工的妈妈，何尝没有这样的无助与绝望呢？是不是所有的妈妈都曾独自直面这无助与绝望？如何用一种方式让所有无助的妈妈连接在一起，是不是正是一种心灵的共识？所以“妈妈总是有办法”这个想法就一闪而过，后来团队在无数次讨论书名的时候，这几个字都挥之不去。它是一种暗示，暗示了母亲的勇敢与智慧，暗示了她们的积极与坚韧。

这句话可能是所有妈妈精神上最奇妙的连接，足以抚慰那些独自面对孤独、无助和绝望的妈妈。她们需要的不仅仅是一些育儿的知识和帮助，她们更需要的是暗夜里一盏小小的烛火，这样她们才能发现彼此、拥抱彼此，获得一些被理解的尊重、被体谅的感动，还有被珍视的温暖。强大的情感共鸣和理性的有效方法，也奠定了这本书稿的基调。有了强大的读者导向，这本书面世后连续一个月登顶当当网新书榜。

(3)科学严谨，紧跟图书新成果，加快引进和提升出版速度。

选题策划时，要注意事实根据和理论根据，编辑在工作中的科学严谨性往往体现在坚持实事求是的基本精神上。编辑要能够区分科学、伪科学和非科学，对于敏感性、争论性大的选题需要慎重，要请专家审读和论证。因此，编辑要牢固树立马克思主义的世界观和新闻观，时刻保持清醒的头脑。

例如，在进行“新疆七十年的发展”这样的选题策划思考时，需要注意这属于重大选题，涉及民族问题、政治领域，必须申请重大选题备案。

(4)创意创新和风格独特的原则。

创新是民族的灵魂，是社会前进的动力。编辑在工作中需要有创意创新思维，才能保证工作的独创性、突破性。

例如，《共产党宣言》最早由陈望道于 1920 年翻译，国内已有数十版译本，如果再出版还有创新性吗？接力出版社出版了绘图本《共产党宣言》，为了让少年儿童能够深入了解马克思和《共产党宣言》，作者李晓鹏博士以深厚的学术功底，提炼出《共产党宣言》的思想精髓，并用通俗易懂的语言，讲述了马克思和恩格斯的生平、《共产党宣言》的主要内容和对后世的深远影响。全书配有 90 幅生动活泼的手绘插图，帮助少年儿童更好地理解这部人类思想史上的经典之作。

工人为什么要听老板的话？资本主义为什么尚未灭亡？共产主义社会是什么样子的？人类社会将走向何方？这些生动有趣的问题，充满悬念的讲述，幽默活泼的插图，作者将马克思、恩格斯博大精深的学术体系，巧妙地转化为少年儿童能够理解、喜欢阅读的内容。

(5)系统、全面、完整的原则。

要把选题与编辑、出版、发行看作一个整体，在选题策划时需要注意组稿、编辑设计、装帧设计、发稿、审稿、校对、印刷、装订、出版、发行、宣传等环节。

(6)可操作性的原则。

有时策划方案看似很好，但实施起来困难重重。所以在选题策划时，要考虑有没有条件来完成，如印刷厂资质如何、有没有作者提供优质稿源等。

例如，鲁迅的《朝花夕拾》这本书作为中小学新课标必读名著的同时，也是鲁迅唯一一部回忆性散文集，书写了一代中国人共同的童年，成为现代回忆性散文的典范，在鲁迅作品中有着十分特别的地位，而其中的《从百草园到三味书屋》是这本书里最广为人知的一篇，把可爱的鲁迅也展现得最为彻底。因此，编辑部决定用“百草园”作为封面场景。但在进行封面制作时，所有的版画室都因为封面细节太多而拒绝 1∶1 复刻，因此编辑部开始重新邀请版画室进行刻制、拓印。纸张的柔润度、平滑度、酸碱度、亮白度、纤维稍有偏差，都会对印刷效果产生大的影响。选择拓印的纸前后一共买了八种，送到印厂，制作成书壳，看实际效果，最后才敲定 130 克的专业棉浆版画纸。又历经一个月后，第一版拓印的封面出来了，但结果并不理想，于是编辑部又重新邀请了一位版画艺术家，重新刻制封面。因此，在进行选题策划时需要有切实可行的细节计划，以免实施过程中遇到重重的阻碍。

(7) 前瞻预见性原则。

选题要有前瞻性，不能只看眼前的利益和需要，只考虑短期效果，社会在发展，世界在变化，能够慧眼独具发现具有长远价值的选题，将会产生巨大的社会影响。

例如，2017 年后浪出版公司出版了《太古和其他的时间》及《白天的房子，夜晚的房子》两部作品，两年后，作者托卡尔丘克获得了 2019 年诺贝尔文学奖。谈到如此有前瞻性的引进，后浪出版公司的编辑说："选题评估阶段主要是觉得两本书非常好看，也具有一定的获得文学大奖认可的潜力，兼具可读性和严肃性。而易丽君和袁汉镕两位译者的译稿也非常完备，所以就引进出版了。在这个中文版刚刚推出的时候，想着怎么把这位有些小众的作者介绍给读者的时候，查了一些资料，包括国外的一些诺贝尔奖赔率榜，然后发现托卡尔丘克排名比一些已经为国内读者熟知的作家还要高，同时也参考了国外的媒体评论，编辑才敢把'诺贝尔文学奖热门人选'作为广告语写出来。"

7) 总结

同学们，通过今天的学习，你是不是了解到任何一本书的出版都是经过层层筛选的呢？有空的时候到书店看一看，到网页上浏览一下，调查现在的图书都有哪些选题，会很好地帮助你了解我们的选题策划原则。

8) 小组讨论(10 分钟)

请小组讨论自己的选题是否符合上述七个原则，下节课以小组为单位，陈述选题价值。

三、案例特色与成效

1. "大师课堂"培育工匠精神

在课程中设置"大师课堂"，采用专题研讨的方式，以学生为主体，由学生结合影像、传记等资料对出版家的专业技能与职业精神进行系列讲座，解除"被动接受知识"的惯性，在案例搜集过程中加深对专业、行业和职业的认知、认同和认可。

2. 案例教学加深专业认知

"书刊编辑学"课程采用九个主题案例进行研讨，引导学生对"选题原则""出版方针""社科选题审稿""重大选题备案制度""地图出版""辞书出版"等具有强烈意识形态的议题进行正确理解，从国家政策、国内外背景等方面解读我国出版政策的制定和实施，分析征文作品中的措辞表达，提高学生识别政治错误的意识，强化对社会主义核心价值观的认识。

3. 教学内容密切联系出版实际

出版物具有社会价值与市场价值两重属性，因此，在教学中注重突出选题的现实意义和教育意义。例如，学术作品中经常会用到地图类插图，而地图涉及国界、境界、行政区划、地名等问题，有很强的政治性和科学性。如果作者对地图专业性掌握不够，往往会导致地图类插图的使用出现不规范、不合理甚至不合法的问题。因此，书刊编辑在审稿时除了需要注意引用地图的规范性和科学性外，更要注意可能影响国家利益的重大政治性问题。对于地图类插图，作者和编辑要共同予以关注，决不可掉以轻心。课堂中，让学生在搜索引擎上查找地图，这些地图往往存在错绘、漏绘等问题，直接形成危害国家统一、主权和领土完整等严重错误信息，由此提高学生对审校内容的警惕性。

4. 教学方法和教学手段的改革成果直接应用到课堂教学之中

教学团队尝试了专题式、研讨式、探究式、实践型教学，提高了学生学习的兴趣。建成了教育部产学研协同育人项目——"书刊编辑学"在线精品课程，并申报了山东省高等学校在线开放课程平台课程。教学团队获得“青岛科技大学课程思政团队”称号，相关课程“出版学概论”建成了校级“课程思政”教育教学改革试点立项课程，实现了线上线下混合课堂教学。团队成员及时将自己的研究成果，转化为课堂教学内容，开阔了学生的视野，极大地提高了学生的学习兴趣和学习成果。

案例 7　传播学概论

课程类型：专业教育课(文学、历史学、哲学类)

教育赛道：本科教育

开课年级：大一年级

面向专业：新闻学

部　　门：文化传播学院

学　　校：山东大学

案例视频

案例教师或团队成员信息(第 1 位为教学案例负责人)：

姓名	职务	职称	部门
张毅	威海分校新闻传播学院教研室主任	讲师	文化传播学院

一、课程目标

山东大学以培养一流的本科生作为教育目标之一。“传播学概论”是新闻学专业的专业基础课和理论基础课，本课程的课程目标分为知识、能力、素质三个维度。

知识维度：学生能够熟练掌握传播学的基本理论和概念，对传播的类型、传播载体、传播模式等基础概念和理论，人类社会中的人际传播、群体传播、组织传播、大众传播领域内的重要问题有充分的认知，了解传播学的学科体系、最新研究成果与前沿发展动态。

能力维度：学生能够运用学到的传播学理论和方法来分析当前传播现象和大众文化热点，解决传播实践中的现实问题。

素质维度：具备新媒体人才的基本素质，具有创造性思维和分析能力；坚持马克思主义新闻观，能够表达中国声音，讲好中国故事。

二、课程思政案例设计

1. 课程思政德育目标

本案例是“传播学概论”第三章“人类传播的符号和意义”中第一节“符号在人类传播中的作用”的教学内容。本节的教学目标分为知识、能力、素质三个层面。

(1) 知识层面：能够区别信号和象征符，了解非语言符号的功能和分类。

(2) 能力层面：能够分析社会文化符号的象征意义，能以“梅花”“五星红旗”等符号为例，分析象征符的多义性。

(3) 素质层面：体会汉语的象征意义，了解中国语言文化的博大精深， 对中华优秀传统文化有认同感和民族自豪感，培养学生的革命意志和爱国主义精神。

2. 思政教育融合点

(1) 以毛泽东《卜算子・咏梅》中梅花的象征意义为例，带领学生学习老一辈无产阶级革命家坚强的革命意志和革命乐观主义精神。

带领学生朗诵毛泽东的《卜算子・咏梅》，并以毛泽东和陆游两首《卜算子・咏梅》为例，指出一生坎坷的诗人陆游笔下的梅花是凄凉愁苦、孤独寂寞的，而老一辈无产阶级革命家毛泽东笔下的梅花却充满了坚强不屈、革命到底的乐观主义精神，这正是中国共产党人坚强不屈的革命英雄主义、坚韧不拔的意志和大无畏的战斗精神的表现。

(2) 对汉语的历史和意义有充分的认识，培养热爱祖国文化的情感态度。

汉语是世界上最古老的语言，也是世界上使用人数最多的语言之一，记载着中华民族的优秀传统历史文化。

(3) 以江姐绣红旗为例，强调非语言符号在表情达意上的重要作用，培养学生的爱国主义精神。

“一颗红星绣在中央，光芒四射，象征着党。四颗小星摆在四方，祖国大地，一片光明，一齐解放！”用江姐在狱中绣红旗的故事，激励同学们要接过先辈的旗帜，树立坚定的信仰和远大的理想。

3. 教育方法

(1) 教师讲授信号和象征符的区别、象征符代表的意义、语言符号与非语言符号的关系和功能，以及非语言符号的分类。

(2) 随机抽取学生举例并指出象征符和它所代表的意象。

(3) 按照课前的要求，由某一组同学来举例讲授非语言符号的类型与功能。

4. 载体途径

电脑、投影仪、激光翻页笔、手机、黑板、粉笔。

三、案例特色与成效

“传播学概论”课程的线上线下混合式教学方式实施以来，形成了“学术与技术统一、理论与实践并重、知识与思政融合”的鲜明特色。

(1) 学术与技术统一。本课程充分利用现代信息技术，丰富课程资源；采用交互式教学模式，引导学生从被动思考到主动发问讨论，学习积极性和效果大有提升。

(2) 理论与实践并重。本课程重视传播能力的培养，要求学生完成一系列新媒体作业，利用课程学习平台的多向交互过程，拓展学生的学术视野和实践能力。

(3) 知识与思政融合。将思政元素融入课程内容，使思政工作贯穿教育教学全过程。例如，教师在讲授象征符代表的意义时，以毛泽东《卜算子·咏梅》和江姐绣红旗为例，激励学生继承革命先驱的遗志，形成振兴中华的使命意识。

案例 8　中亚概况

课程类型：专业教育课（文学、历史学、哲学类）
教育赛道：本科教育
开课年级：大三年级
面向专业：俄语
部　　门：外国语学院
学　　校：石河子大学

案例视频

案例教师或团队成员信息（第 1 位为教学案例负责人）：

姓名	职务	职称	部门
李红鑫	教师	讲师	外国语学院
常显敏	教师	讲师	外国语学院
饶春娇	教师	讲师	外国语学院

一、课程目标

(1)石河子大学办学定位：西部先进、中亚一流、国际知名的高水平大学。

(2)学生情况：面向俄语专业大三年级学生开设。

(3)知识目标：使学生掌握中亚五国的地理、历史、政治、经济、对外关系等基本国情，同时了解目前中国与中亚五国之间的合作和交流现状，使学生既了解丝绸之路国情文化知识，又具备高级俄语输出能力。

(4)能力目标：使学生学会使用中亚网站平台查阅和翻译相关资讯和资料，能够借助相关文献资料，学会初步观察和分析这五个中亚国家的发展战略及其动态，具备自主学习、团队学习及独立思考与解决问题的能力。

(5)素质目标：使学生理解中国与中亚国家国情差异和不同的文化价值观念，了解和尊重世界文明多样性。培养学生跨文化交际的意识和能力，增强学生的国家视野和中国情怀，对外讲好中国故事，以青春力量助力“一带一路”建设。

二、课程思政案例设计

1. 课程思政德育目标

“中亚概况”为区域国别课程，蕴含丰富的课程思政元素。根据课程协同育人模式总体设计思路，将区域国别知识与思政内容有机结合。通过梳理与挖掘，本课程的思政德育目标及思政融合点如图 1 所示。

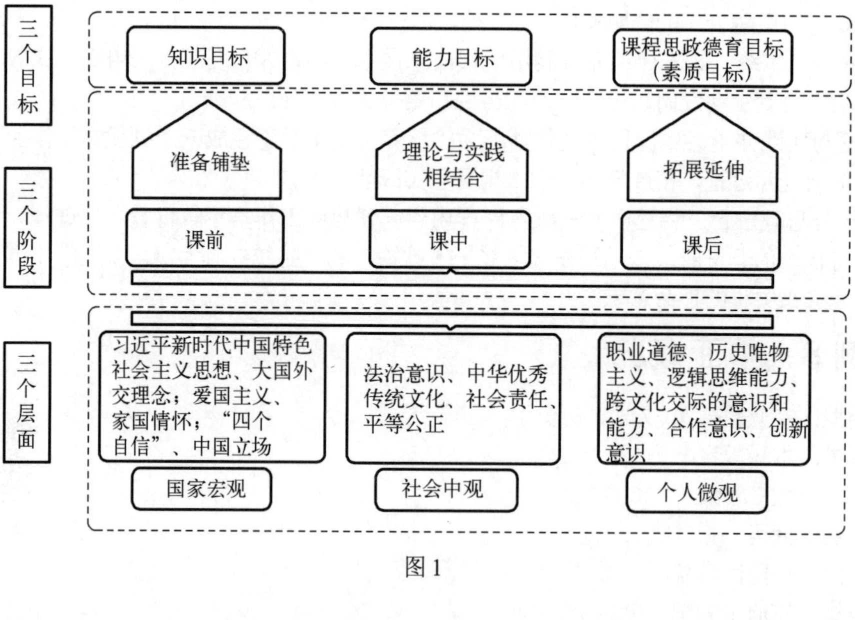
三个目标
知识目标
能力目标
课程思政德育目标（素质目标）
三个阶段
准备铺垫
理论与实践相结合
拓展延伸
课前
课中
课后
三个层面
习近平新时代中国特色社会主义思想、大国外交理念；爱国主义、家国情怀；“四个自信”、中国立场
法治意识、中华优秀传统文化、社会责任、平等公正
职业道德、历史唯物主义、逻辑思维能力、跨文化交际的意识和能力、合作意识、创新意识
国家宏观
社会中观
个人微观

图 1

2. 教育方法与教学设计：线上线下混合式教学与课程思政相融合

利用网络在线教学平台，采取翻转课堂理念，以线下为主，以线上为辅。线上主要是通过网络在线教学平台进行辅助教学，线下课堂开展有效师生互动。教学过程中既有自主探究，又有合作分享，将课程思政有机融入教学的各环节，有效提升育人功能。课程设计如图 2 所示。

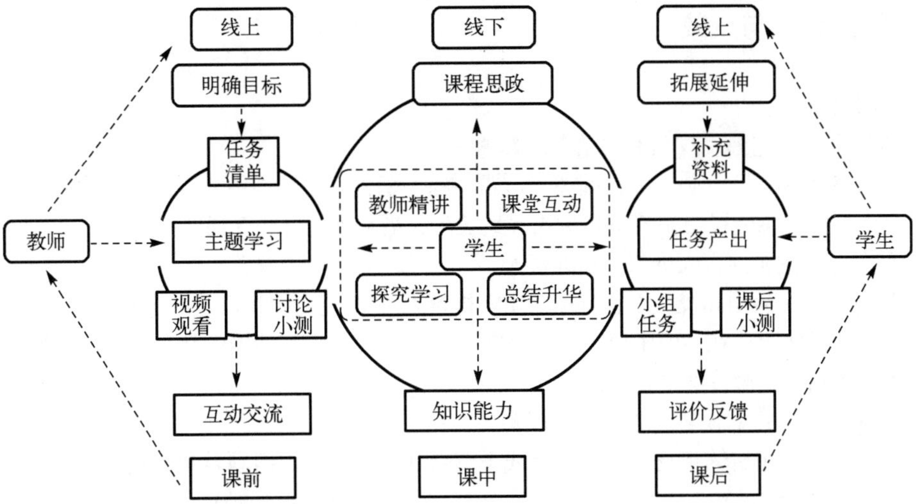
线上
明确目标
任务清单
教师
主题学习
视频观看
讨论小测
互动交流
课前
线下
课程思政
教师精讲
课堂互动
学生
探究学习
总结升华
知识能力
课中
线上
拓展延伸
补充资料
任务产出
学生
小组任务
课后小测
评价反馈
课后

图 2

3. 载体途径

教学具体实施过程如图 3 所示。

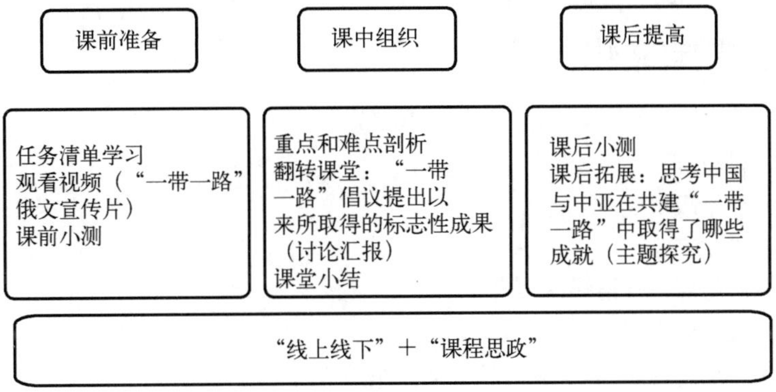
课前准备
课中组织
课后提高
任务清单学习
观看视频（“一带一路”俄文宣传片）
课前小测
重点和难点剖析
翻转课堂：“一带一路”倡议提出以来所取得的标志性成果（讨论汇报）
课堂小结
课后小测
课后拓展：思考中国与中亚在共建“一带一路”中取得了哪些成就（主题探究）
“线上线下”＋“课程思政”

图 3

(1) 课前准备：课前在线发布任务清单及微课视频，引导学生自主收集、整理与“一带一路”主题相关的中俄文资料，完成课前小测，培养学生的自主学习能力，激发学生对课程内容的兴趣。

(2) 课中组织：课堂教学是整个教育过程的重点环节。线下课堂采用启发教学法、案例教学法和小组合作式教学法等，通过介绍“一带一路”倡议的内涵、背景和核心价值，帮助学生学习专业术语的俄文表达，感受丝绸之路文化的传承与“美美与共，天下大同”的中国智慧；并通过了解“一带一路”取得的成就，感悟“一带一路”上的兵团力量，回顾兵团人与沙漠的故事，体会热爱祖国、无私奉献、艰苦创业、开拓进取的兵团精神。课堂教学通过营造积极的语言环境，拓展丝绸之路视野，提高学生的专业竞争力。

(3) 课后提高：课后分享习近平总书记关于“一带一路”倡议的相关讲话和“一带一路”倡议十周年相关中俄文资料，并布置开放性专题——中国与中亚在共建“一带一路”中取得了哪些成就，学生以小组协作方式开展探究，完成报告并进行在线分享，提高学生的思辨能力，让学生感悟中国的大国担当，增强学生的家国情怀。

三、案例特色与成效

1. 案例特色

1)注重结合时事挖掘思政元素，无声育人

结合时政热点和国际形势，如在阐述“一带一路”倡议下中国与中亚五国的合作时，通过中国与中亚国家合作抗疫，感受民心相通是最深入、最长久、最基础的互联互通。

2)注重发挥兵团精神育人价值，精准育人

在教学中，立足兵团高校，注重发挥兵团精神育人价值，如阐述“一带一路”倡议提出以来取得的成就时，结合兵团企业在沙漠中修建塔中公路，延伸至兵团人与沙漠的故事，回望沙海老兵的历史壮举，感悟兵团精神，激发学生爱国情怀。

3)注重探索多措并举教学方法，高效育人

以网络在线教学平台为依托，开展**线上线下混合**式教学。采用**问题导向**的教学模式，运用启发式教学法、探究式教学法、参与式教学法等，帮助学生了解主题内容，加强过程性考核，提升课堂效率。

2. 教学改革成效

加强学生对中亚与“一带一路”倡议这一主题的认识，感受中国力量与大国担当，加深对丝绸之路精神价值的深层次理解；帮助学生树立正确学习目标，增强爱国主义情怀与社会担当，对外讲好中国故事，为共建“一带一路”贡献青春力量。

案例 9 中国文化概论

案例视频

课程类型：专业教育课(文学、历史学、哲学类)

教育赛道：本科教育

开课年级：大一年级下

面向专业：英语

部　　门：经济与商务外语学院

学　　校：武汉工商学院

案例教师或团队成员信息(第 1 位为教学案例负责人)：

姓名	职务	职称	部门
刘芬	教师	教授	经济与商务外语学院
黄净	专业外语系主任	教授	经济与商务外语学院

一、课程目标

本校英语专业以培养“服务区域经济社会发展的应用型人才”为目标，要求学生知中国、爱中国，具备扎实的英语应用能力和深厚的人文素养，一专多能，具有国际视野和较强的跨文化沟通能力。通过对本课程 32 学时的学习，学生应该达到的知识能力水平如图 1 所示。

二、课程思政案例设计

1. 课程思政德育目标和思政教育融合点

本案例为“中国文化概论”课程的“Unit8 Arts and Crafts”，主要讲授“Bronze Craft”部分，结合“让文物活起来”的时代发展要求和本土文化特色，融入本土国宝级青铜乐器文物曾侯乙编钟。课程思政德育目标与课程融合点如图 2 所示。

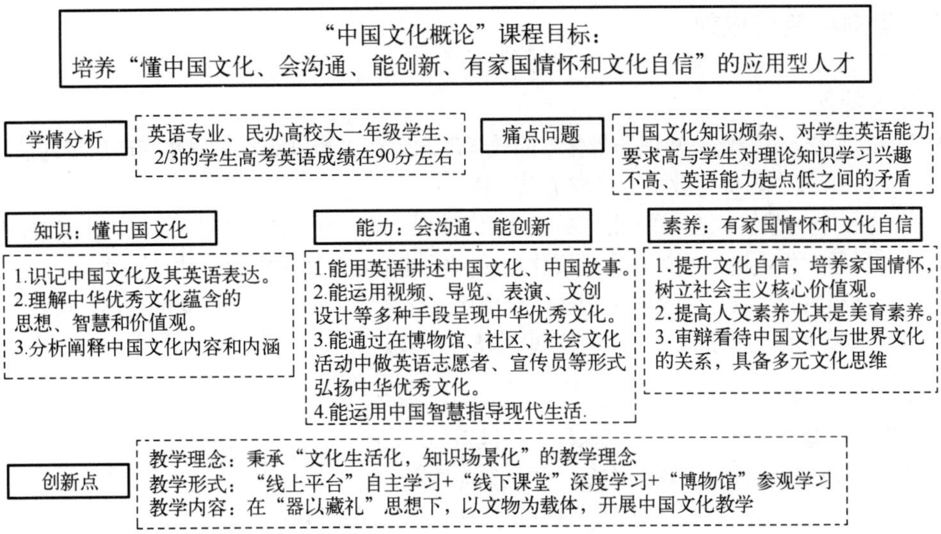
"中国文化概论"课程目标：
培养"懂中国文化、会沟通、能创新、有家国情怀和文化自信"的应用型人才
学情分析
英语专业、民办高校大一年级学生、2/3的学生高考英语成绩在90分左右
痛点问题
中国文化知识烦杂、对学生英语能力要求高与学生对理论知识学习兴趣不高、英语能力起点低之间的矛盾
知识：懂中国文化
1.识记中国文化及其英语表达。
2.理解中华优秀文化蕴含的思想、智慧和价值观。
3.分析阐释中国文化内容和内涵
能力：会沟通、能创新
1.能用英语讲述中国文化、中国故事。
2.能运用视频、导览、表演、文创设计等多种手段呈现中华优秀文化。
3.能通过在博物馆、社区、社会文化活动中做英语志愿者、宣传员等形式弘扬中华优秀文化。
4.能运用中国智慧指导现代生活
素养：有家国情怀和文化自信
1.提升文化自信，培养家国情怀，树立社会主义核心价值观。
2.提高人文素养尤其是美育素养。
3.审辩看待中国文化与世界文化的关系，具备多元文化思维
创新点
教学理念：秉承"文化生活化，知识场景化"的教学理念
教学形式："线上平台"自主学习+"线下课堂"深度学习+"博物馆"参观学习
教学内容：在"器以藏礼"思想下，以文物为载体，开展中国文化教学

图 1

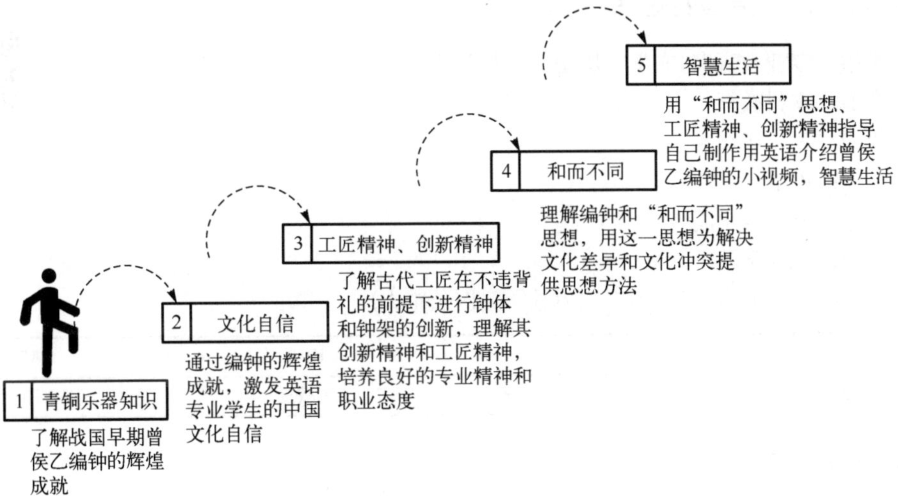
5 智慧生活
用"和而不同"思想、工匠精神、创新精神指导自己制作用英语介绍曾侯乙编钟的小视频，智慧生活
4 和而不同
理解编钟和"和而不同"思想，用这一思想为解决文化差异和文化冲突提供思想方法
3 工匠精神、创新精神
了解古代工匠在不违背礼的前提下进行钟体和钟架的创新，理解其创新精神和工匠精神，培养良好的专业精神和职业态度
2 文化自信
通过编钟的辉煌成就，激发英语专业学生的中国文化自信
1 青铜乐器知识
了解战国早期曾侯乙编钟的辉煌成就

图 2

2. 教育方法和载体途径

课程以"线上平台＋线下课堂＋博物馆"三平台为载体、开展"课前、课中、课后"三阶段教学，将思政元素全过程、全方位、有机融入教学全过程。

(1) 课前"线上平台"自主学习：学生在线上平台学习青铜文明、曾侯乙编钟等教学材料，在讨论区发表对于青铜器的认识和看法；在随堂练习区检验教材内容的自主学习效果，培养自主学习能力和探索精神。

(2) 课中"线下课堂"深度学习：进行线下课堂面对面教学，师生互动，深度理解青铜编钟的辉煌成就、体现的工匠精神、蕴含的"和而不同"思想及创新精神。

(3) 课后"博物馆"参观学习：组织学生周末参观博物馆，沉浸式感受曾侯乙编钟的艺术成就、体现的礼乐制度、蕴含的"和而不同"思想及创新精神；参观曾侯乙编钟后，以小组形式制作英语小视频，在"用英语介绍曾侯乙编钟"中提升文化自信；学生参与小视频自评、互评和留言，用"和而不同"思想指导自己，构建"和而不同"的学习共同体。

三、案例特色与成效

1. 案例特色

课程秉承“文化生活化，知识场景化”的教学理念，在“器以藏礼”思想和产出导向法指导下，以文物为载体，开展中国文化教学，形成了以下特色：

(1)活：以文物为载体，通过用英语讲好文物上的中国文化，既让教学活起来，也“让文物活起来”。

(2)动：引导学生走进博物馆，走进文化场域，促进校内外文化资源流动与互动。

(3)实：以产出为导向，以文物为载体，让中国文化教育、德育和美育变得具体、可观、可操作，不仅提升学习体验和学习效果，而且将课程思政落细落实。

2. 教学改革成效

(1)课程全程育人、全方位育人，课程思政覆盖面广。

(2)师生、生生线上线下互动合作多，学生参与度高。

(3)学生丰富了学识，增长了见识，增强了文化自信，满意度高。

(4)课程 2021 年被评为省级一流线上线下混合式课程。

案例 10　高级英语

课程类型：专业教育课(文学、历史学、哲学类)

教育赛道：本科教育

开课年级：大三年级

面向专业：英语

部　　门：外国语学院

学　　校：武汉学院

案例视频

案例教师或团队成员信息(第 1 位为教学案例负责人)：

姓名	职务	职称	部门
牛培	教师	副教授	外国语学院

一、课程目标

遵循 OBE 理念，基于学校“应用型、重特色、国际化”的发展定位和学院应用型人才的培养目标，“高级英语”作为英语专业高年级的必修课，课程目标如下。

(1)知识目标：培养学生坚实的语言基础，能阐释语言以及跨文化差异知识。

(2)能力目标：培养学生熟练的英语应用能力，能翻译中高难度的文本、独立创作常见的文体篇章、能用英语进行跨文化交际活动。培养学生独立思考和获取新知识的能力，通过课内外活动不断提高学生的创新思维和实践能力。

(3)素养目标：增强学生的人文素养、探究意识和合作分享意愿，构建积极的人生观和世界观，认同社会主义核心价值观，树立家国情怀。

二、课程思政案例设计

案例概要：本案例是一篇长篇爱情小说节选。以小说中的主人公 Dobie 为叙述视角，讲述了他和自己的疯狂追求潮流的室友 Petey 以及室友的准女朋友 Polly 之间的幽默爱情故事。故事的主体部分是 Petey 同意接受 Dobie 的交易，用他的女朋友换 Dobie 的浣熊皮大衣。Dobie 为了培养自己换来的妻子，教她学习了八种逻辑谬误。结果剧情大反转，Polly 最后选择和 Petey 在一起了，因为他有浣熊皮大衣。本案例内容是课文总结和讨论。

1. 课程思政德育目标

(1) 帮助学生树立正确的爱情观：责任、信任、尊敬、关爱、自由、平等。

(2) 促进学生树立正确的友情观：诚信、友善、互助。

(3) 通过小组展示活动培养学生的创新协作能力和公众演说能力。

2. 思政教育融合点

(1) 如何看待 Petey 和 Dobie 之间的友情？

(2) 如何评价 Petey、Dobie 和 Polly 三位人物对待爱情的态度？

(3) 小组自主分工，创新协作完成课前任务，并在课堂上口头展示。

3. 教育方法：基于 OBE 理念组织课堂活动，强调参与式课堂

(1) 小组讨论法：课前，把思考题发给学生，每个小组讨论并制作 PPT。

(2) 同伴教学法：课上，每个小组派代表上台展示小组负责的思考题的讨论结果。

(3) 探究式教学法：学生展示后，教师会给出延伸的问题，引导学生深入思考。

(4) 混合式教学法：线上和线下学习相结合。课前，学生通过线上资源自主学习，课堂上拓展深化。

4. 载体途径：基于 BOPPPS 教学模型组织参与式课堂

(1) 小组活动：强调开展多样化的小组活动，将德育融于语言教学活动中。在课文总结的第一环节，以故事接龙开始课堂。课堂前测之后，以课前思考题深化课文的主题理解。

(2) PPT 展示：学生课前分工完成思考题的 PPT，并在课堂上展示。

(3) 教师反馈：教师基于课前准备的资源给予反馈和拓展。

① 视频资源：What makes a good friend？

② 图片资源：社会主义核心价值观图片。

③ 文字资源：周恩来和妻子的“八互原则”。

三、案例特色与成效

1. 案例特色

(1) 课程思政教学设计思路创新。教学设计基于混合式学习模式开展，考虑课前、课中的各个阶段。将课文主题和思政完美融合，在学习课文语言知识的同时，提高口语表达和思辨分析等综合应用技能，同时培养了学生的小组协作能力。

(2) 思政教学资源创新。课前建设优质的线上资源，课堂积累丰富的线下资源，助力混合式教学活动的顺利开展。

(3) 教学方法创新。以学生为中心，融小组讨论法、同伴教学法、探究式教学法，以及混合式、翻转式教学法为一体，充分激活课堂。

2. 教学改革成效

(1) 有效促进了课程知识、能力和思政素养目标的达成。专业成绩和德育效果显著提升。

(2) 显著提高了学生的口头表达能力、高阶探究思维和团队创新协作能力。

(3) 提高了课程建设成效，实现了专业课程思政和“两性一度”的双重建设要求。

案例 11　翻译理论与实践

课程类型：专业教育课(文学、历史学、哲学类)
教育赛道：本科教育
开课年级：大二年级
面向专业：英语、商务英语
部　　门：外国语学院
学　　校：武汉学院

案例视频

案例教师或团队成员信息(第 1 位为教学案例负责人)：

姓名	职务	职称	部门
谢承凤	教师	副教授	外国语学院
贺玲	教师	副教授	外国语学院

一、课程目标

“翻译理论与实践”课程建设基于武汉学院“应用型、重特色、国际化”的办学定位，以及英语专业“英语＋”的专业特色和“大基础、多方向”的人才培养模式展开。

通过课程学习，学生应达到如下目标。

(1) 知识目标：了解并掌握汉英语言及文化差异，了解并掌握基本的翻译历史及翻译理论知识，了解并掌握翻译策略、翻译方法和翻译技巧的理论知识。

(2) 能力目标：提高汉、英语言综合水平，掌握基本翻译理论、翻译技能，能够结合具体的翻译目的，选择恰当的翻译策略，运用恰当的翻译方法和翻译技巧开展翻译实践、翻译批评和翻译鉴赏。

(3) 情感目标：正确理解中英语言文化差异，在跨文化交流活动中，坚守中华文化立场，讲好中国故事，传播好中国声音。

二、课程思政案例设计

本案例为“文化负载词翻译与文化传播”教学内容。

1. 课程思政德育目标

本案例内容旨在帮助学生了解和掌握异化与归化翻译策略的相关知识和技能，提高学生选择恰当的翻译策略的能力以及运用具体翻译方法与翻译技巧的水平，为中国文化自信背景下，立场正确地开展跨文化交流活动做好知识储备和技能准备。

学生在实施主体性学习的过程中，掌握文化负载语及异化、归化翻译策略相关知识和技能，同时完成价值塑造：能在文化负载语汉译英实践中，讲好中国故事、传播好中国声音，展现可信、可爱、可敬的中国形象；能在英译汉实践中，坚守中华文化立场，恰当引入世界优秀文化，深化世界文明交流互鉴，在这一过程中，实现知识传授、能力培养和价值塑造的紧密融合。

2. 思政教育融合点

(1) 学生要讲好中国故事，让中国文化走出去，应该如何选择和运用翻译策略？

(2) 学生要获得新知，应该如何选择和运用翻译策略？

3. 教育方法和载体途径

1) 组织实施

借助翻译策略抉择的典型案例，引导学生选用异化为主、归化为辅的翻译策略开展跨文化交流活动。

2) 教学方式

教学方式主要有在线学习、翻译实践、案例分析、小组讨论。

3) 考核方式

(1) 学生以“个人＋团队”的形式在课堂上开展文化负载语翻译实践、展示成果。同时，开展学生自评、同伴评价、教师评价。

(2) 学生在课外开展文化负载语翻译实践。

(3) 开展平台评价、教师评价。

“翻译理论与实践”课程在“理论＋实践”教学内容中设计思政要素融合点，在课程设计上为课程育人提供保障。在教学实施过程中，实行混合式教学模式，打造翻转课堂，并在具体教学内容中逐步落实课程思政设计，通过实现知识传授、能力培养和价值塑造的紧密融合，培养坚守中华文化立场、具备国际传播能力的语言技术技能人才。

三、案例特色与成效

1. 案例特色

在掌握翻译策略相关知识时，结合中西优秀文化语料素材，训练语言转换技能，提高国际传播能力。

在语言实训实践中，践行汉译英向世界讲好中国故事、英译汉向读者正确传达世界优秀文化和成果。

2. 教学改革成效

(1) 课程育人成效明显。学生专业素质不断提升，获批各级创新创业项目，获得各类英语学科专业奖项。

(2) 教学团队成长迅速。课程团队教师获得中国外语微课大赛、外研社杯“教学之星”、湖北省“师德先进个人”，以及教学成果奖、教学质量奖等各类奖项。

(3) 课程服务社会渐成规模。“翻译理论与实践”线上课程在智慧树平台开课 6 学期，陆续为国内 59 所高校师生提供课程服务。

案例 12　外国文学(下)

课程类型：专业教育课(文学、历史学、哲学类)

教育赛道：本科教育

开课年级：大三年级

面向专业：汉语言文学

部　　门：人文与艺术学院

学　　校：中国矿业大学

案例视频

案例教师或团队成员信息(第 1 位为教学案例负责人)：

姓名	职务	职称	部门
孙慧	教师	副教授	人文与艺术学院
曹洪洋	新闻传播学系主任	副教授	人文与艺术学院
刘薇	教师	副教授	马克思主义学院

一、课程目标

1. 本校办学定位

本校汉语言文学专业是校级一流本科专业，自2000年招收本科生以来，历经20多年的发展，目前已经成为师资力量雄厚、教学团队结构合理、学生培养质量好、用人单位评价高的文科特色专业。汉语言文学专业始终坚持价值引领，推行课程思政，铸魂育人；注重教学改革，提升课程内涵，丰富形式载体，创新发展手段，打造“金课”，夯实课堂教学主阵地；践行强化基础、突出实践、培养能力，为社会输送了大量基础扎实、知识面宽、综合素质高、实践能力强的应用型、复合型人才。

2. 学生情况

“外国文学”课程是高等学校实施大学生美育的主要途径之一，是新文科建设和中国高校“立体化外语教育”的有机组成部分，在政治方向性、价值导向性和文化引领性等方面发挥着重要作用。契合我校“双一流”建设，在“兴文”战略的推进下，“外国文学(下)”课程作为学校首批国家级一流本科课程、江苏省精品在线开放课程、校级精品课程，将课程思政贯穿始终，以马克思主义文艺观、习近平文化思想为指导，以培养创新型人才为目标，充分发挥文学课程的文化特色。课程设计突出实践性、指导性与问题解决，理论联系实际，通过鉴赏西方经典文学作品，培养学生健康高尚的审美情操。

从学生角度来看，该课程面向大三年级的汉语言文学专业学生，学生对课程认同感强，学习自主意识强，有强烈的求知欲望。

从教学安排来看，教学班级有2个，教学团队有3人，该课程使用统一的课程大纲、期末考试同卷，教师集体备课，但教师的教学手段和方式有差异，学生的学习效果也有所区别。

3. 专业人才培养要求

培养服务国家重大战略，特别是经济社会发展需要，“德智体美劳”全面发展的，掌握扎实的汉语言文学理论知识，具有较高的人文素养、审美能力和创新精神，具备突出的文化宣传、办公及书面、口语表达的能力，能够在党政机关、企事业单位、文化产业、新闻媒体及其他文教科研机构从事公关文秘、编辑出版、创作评论、文化宣传、创意策划、教学研究等工作的社会责任感强、基础理论扎实、具有较强实践能力和创新精神的高层次应用型人才。

二、课程思政案例设计

1. 课程思政德育目标

该课程秉持“以学生为本”的教学理念，以“立德树人”为培养目标，将课程思政贯穿始终，课程教学内容凸显前沿性和时代性。通过课程学习：

(1)学生能够正确运用马克思主义的文艺观和习近平文化思想解读分析外国文学作品，学会批判地吸取和借鉴外国文学中对我国当下文学创作以及文化建设的有用经验。

(2)比较系统地了解外国文学的发展进程，熟悉各种文学思潮的产生、变化和联系，掌握外国文学不同发展时期的代表作家作品，既为后续课程学习奠定良好基础，为考研同学提供必要知识构架，也为以后的工作和学习提供便利条件。

(3)运用比较法将外国文学基本内容与中华优秀传统文化相结合，推进马克思主义中国化研究，提升学生的审美鉴赏能力和思辨解析能力，拓宽新时代大学生的国际视野，增强我国的文化软实力。

2. 思政教育融合点

立足课程思政，将课程思政建设作为课程教育教学的理念和思维方式，于高阶知识讲授部分穿插思政内容线，深入阐发理论难点，帮助学生理解高阶知识。利用文学课程的文化特色，挖掘育人要素，实现对学生的思想教育，厚植学生家国情怀，多元育人；充分挖掘校本课程的独特元素，通过对英雄人物精神的传承和价值引领，提升学生使命感，润物化人；以经典文学作品赏析为抓手，充分发挥文学鉴赏活动的思政功能，实践育人。按照“明—省—辨”的逻辑设计内容，精细化、系统化提升思辨能力，达成思政育人目标，使得课程“育人”价值得以完满释放，顺其自然促进学生家国情怀、科学与人文精神的培养，如图 1 所示。

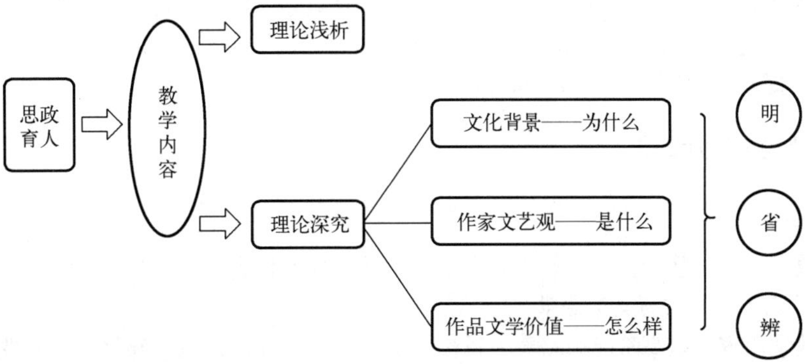
思政育人
教学内容
理论浅析
理论深究
文化背景——为什么
作家文艺观——是什么
作品文学价值——怎么样
明
省
辨

图 1

3. 教育方法和载体途径

1) 教学方法

结合文学课程的特色，科学选择教学方法，优化组合教学手段，多层次培养学生文学作品鉴赏能力及灵活运用知识能力，注重学生实践创新能力的培养。具体而言，本课程以任务驱动法为主，将启发式和研讨式教学法贯穿教学过程，组合讲授法，讲解文学基础知识；组合探究式法、合作学习法，进行作品阅读；组合体验式教学法进行文学鉴赏，多样化教学方法与手段让课程教学更有效，如图 2 所示。

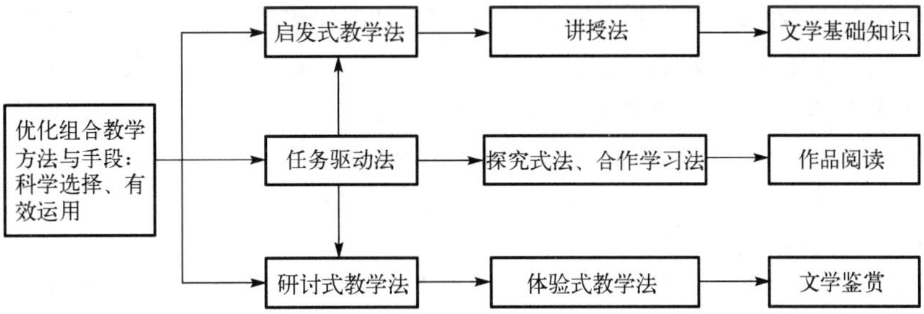
优化组合教学方法与手段：科学选择、有效运用
启发式教学法
任务驱动法
研讨式教学法
讲授法
探究式法、合作学习法
体验式教学法
文学基础知识
作品阅读
文学鉴赏

图 2

2) 载体途径

为激发学生的自主创新意识，提升文学研究能力，本课程优化教学活动，按照学习任务工作量、难易程度、学术逻辑性等三个方面，分为“前研”“新研”“专研”三个活动类型，合理贯穿各个教学环节中。

前研活动：课内游戏化学习策略＋小组探究研讨，激发学生兴趣，引出学习话题；通过文学作品的相关话题研讨，引导学生理解文学思潮的更迭与文学批评理论。

新研活动：能力提升的核心环节，由经典文本改写—跨媒介改编—文本比较三部分组成，以小组为单位完成。活动设计的目的在于解决学生浅阅读、难研究的问题。该活动从“文本细读”的批评立场出发，为每小组确定一个经典文学文本，根据要求改写文本，再将改写文本改编成话剧或短视频分享，不仅要与原作进行比较，还鼓励学生用比较法观照中西文学作品的差异性，以此树立文化自信。这不仅要求学生细读，对中西文学中的相关文学基础知识扎实掌握，还使学生从创作者的角度体验创研转化过程，激发学生的自主创新意识与口头能力。

专研活动：文辩、综判及写作。学生经过细读与创研转化体验，寻找有学术价值的文学辩题，再通过综合运用多种文学批评方法的审视，对文学作品展开学术研究，如结合19世纪小说中青年奋斗者形象，谈谈新时代青年人该如何奋斗。此外，论文写作活动包括选题论证和小组答辩，论题要经过大众评审论证，并在完成论文后进行答辩，修改后方可作为课程结课论文，通过个体选题—小组论证—全员答辩，全面提升了学生的学术创新与思辨能力。

三、案例特色与成效

1. 案例特色

(1) 革新教学理念，基于“自我教育教学观”，开展集课程思政与混合式教学于一体的多元融合式教学，打造“六十”的智慧文学课堂。

(2) 重构教学内容，以高阶能力培养为目标，优化教学设计，搭建差异化、多元性、高阶性的教学资源，建设精品慕课课程，讲“真-善-美”的外国文学，激发学生内驱力，引导学生自主学习。

(3) 创新教学方法和手段，以科技赋能教学，基于“自我教育教学观”，构建师生-生生学习共同体，营造自主、协同、探究式高效学习环境，使教学共性化与个性化相统一。

(4) 智慧化课程教学评价，打破“一考定终身”的课程教学评价，基于数据分析的课程评价全程化、多元化、多维化，以评促学、以评促发展，重在提升学生评价能力，激发学习内驱力。

2. 教学改革成效

1) 课程教学效果突出，成果丰富

近年来，本课程改革成效显著，先后荣获校级示范课程，校级精品课程，教学成果一等奖、二等奖，其中本课程教案荣获校级课程教案特等奖，课程课件荣获校级课件二等奖。在学校的大力支持下，本课程2019年荣获省级在线开放课程立项、省级微课比赛三等奖，2020年荣获国家级一流本科课程，2022年获批校级课程思政示范课程、校级在线教学优秀案例。课程团队负责人先后主持并完成国家社科基金项目、省社科基金项目、省级教育科学规划项目、省教育厅项目等10项科研项目。课程团队主持国家社科基金项目2项、教育部项目1项、省级教育科学规划项目2项、校级教改项目近10项，共出版教材2部，外国文学研究的学术专著2部，在教育类核心期刊发表教学论文20余篇。

2) 学生反馈好，学习能力提升

课程效果优，学生评价好。团队教师近5年连续荣获学校“百佳”本科教师教学奖、“最受欢迎教师”(2017)、“教书育人先进个人”(2020)、“煤炭行业先进工作者”等；近年来先后荣获校级优秀教学团队、校级课程思政教学团队。同行评价高于平均水平、教学督导评价好。

3) 学习效果显著提升

(1) 多篇学生作业发表在学院、系微信公众号平台，撰写的课程读书报告、课程小论文等都发表在“矿大中文之家”微信公众号。

(2) 汉语言文学专业2018级李伟昊同学，以第一名成绩考取南京大学研究生，在bilibili网站上，以“昊昊哥哥讲文学”账号发布外国文学知识视频，粉丝4000多人，用“守住文化战线也是保家卫国”的誓言，展现了新时代大学生的精神风貌。

(3) 中文系用“矿大中文之家”账号在bilibili网站上，分享课堂上基于文学经典改编的话剧演绎活动，视频由学生自编自导自演，并剪辑上传，展现了课程的集视、听、演、编于一体的特点。

职业教育类

案例 13　“趣”看中国古建筑

案例视频

课程类型：专业教育课(文学、历史学、哲学类)
教育赛道：职业教育
开课年级：高职一年级、高职二年级
面向专业：建筑、装饰、城市规划、园林、艺术设计、旅游管理等相关专业
部　　门：建筑工程学院
学　　校：吉林省经济管理干部学院
案例教师或团队成员信息(第 1 位为教学案例负责人)：

姓名	职务	职称	部门
奚元嶂	副院长	副教授	建筑工程学院
王薇薇	教师	讲师	建筑工程学院
孙丽娟	教师	讲师	建筑工程学院

一、课程目标

本课程面向建筑、装饰、城市规划、园林、艺术设计、旅游管理等相关专业学生以及中国古建筑的业余爱好者，选取大众耳熟能详或极具研究价值的代表性古代建筑作为对象进行讲授。

对于建筑相关专业的学生，保证其在完成本课程学习之后，能够清晰地把握中国古代建筑体系的发展脉络，熟悉古代建筑的材料、结构、造型的选择与设计规律，能够归纳出不同地域、不同年代及不同使用功能的建筑的共同特点。

而对于动漫、摄影、旅游等专业的学生，也能使其在学习本课程后，增加对中国古代建筑从设计到建造的体系化认知，了解中国古建筑的设计意匠和精神内核，为自己所从事的领域奠定理论基础，同时也能树立起对我国历史文化和民族文化的深刻自信。

二、课程思政案例设计

本案例选取的是“‘趣’看中国古建筑”中“大明宫系列”的第一节“龙首原上大明宫”，这也是“大明宫系列”的开篇之讲，主要是向学生介绍大明宫建造的历史背景和原因。通过详细解读大明宫的历史沿革和建筑特征，引导学生深入思考中华民族崛起的历史过程，感悟中国悠久灿烂文明的伟大，从而增强民族自豪感和文化自信心。

本案例课程思政设计具体如下。

(1) 通过讲述大明宫从初始至完工的曲折过程，说明一个民族需要几代人的奋斗才能创造灿烂文明，教育学生继承历史、弘扬民族精神。

(2) 介绍大明宫的总设计师阎立本以及《步辇图》等中国古典绘画名作，唤起学生对先人智慧和中华艺术宝库的自豪感与尊敬之情。

(3) 针对电视剧中的历史文化错误，帮助学生明辨是非、增强历史判断力，避免被虚假信息误导。

(4) 通过讲解皇室更迭、复杂斗争背后道德准则的缺失，启发学生反思权力运作需要仁政和正则约束。

(5) 总结大明宫见证唐朝兴衰的历史价值，帮助学生认识到国家民族的命运系于每一个公民，需

要共同守护。

我们还运用丰富的教学手段开展互动式教学，如通过组织学生讨论、现场提问、观看微视频等方式进行思政元素的有效传播。本课程的实施将全面提升学生的思想道德修养和文化自信，为他们健康成长提供强大精神滋养。我们将持续改进课程，让古代建筑成为激发学生成长正能量的生动载体。

三、案例特色与成效

“‘趣’看中国古建筑”是一门典型的普及中国古代建筑和历史知识的课程，而作为新时期的教育工作者来说，宣扬中国传统文化、培养学生的民族自豪感，以及树立学生正确的思想观和政治观都成为我们必须肩负的历史重任。为了达到这个目标，课程组教师潜心凝思、精心设计，将中国古代建筑营造过程中的所有有利于树立正确思想观和政治观的要素进行汇总和分类，再结合课程内容将其巧妙地融合在教学之中，达到了润物无声、潜移默化的效果，使学生在轻松愉悦的学习过程中树立起正确的思想观和政治观，激发学生学习建筑史的兴趣并树立对我国历史文化和民族文化的深刻自信。

案例 14 商务英语听说

课程类型：专业教育课（文学、历史学、哲学类）
教育赛道：职业教育
开课年级：高职二年级
面向专业：商务英语
部　　门：外语学院
学　　校：山东外国语职业技术大学

案例视频

案例教师或团队成员信息（第 1 位为教学案例负责人）：

姓名	职务	职称	部门
刘大伟	教学秘书	副教授	外语学院

一、课程目标

商务英语专业秉持高等职业教育特色，采用“英语＋商务”人才培养模式，培养具备较强的英语应用和商务服务能力，既了解中国国情，又善于运用语言优势讲好中国故事，“德智体美劳”全面发展的高素质技术技能人才。

商务英语专业的学生具有一定的语言知识和听说读写能力，但缺乏商务活动中熟练运用地道的英语口语进行沟通表达、讲好中国故事和跨文化交际的能力。

学习本课程后学生需要掌握一定的商务英语专业词汇、了解一般商务知识、掌握常用商务英语会话句型。通过听说基本技能的综合训练，能够在各种商务环境下领会说话人的态度和意图，具有地道的英语口语表达能力和良好的交际能力。通过商务基本技能的训练，学生应该掌握商务活动程序与内容，了解文化差异及其给国际商务带来的影响，增强跨文化交际能力。通过有机整合教学资源，融入课程思政元素，将英语语言及商务知识传授与育人工作进行双元融合，使学生树立文化自信，内化爱国主义精神，成为具有跨文化交际能力、能讲好中国故事的国际商务人才。

二、课程思政案例设计

本案例选自课程中的重点、难点内容——轻读与重读，巧妙利用嫦娥奔月传说作为教学主题。以问题导入，由易入难、层层递进式揭开轻读与重读的神秘面纱，学生通过交互式游戏、观看视频、打拍子、角色扮演等丰富的课堂互动任务了解轻读与重读，掌握听说技巧。

1. 课程思政德育目标

通过学习嫦娥奔月传说英文视频，熟练运用地道的英语口语进行沟通表达，树立文化自信，讲好中国故事。观看中国探月工程(嫦娥工程) VR 短片，感受中国航天精神，内化爱国主义精神。

2. 思政教育融合点、教育方法和载体途径

1) 问题导入：虚词、实词分类

以问题导入，选取嫦娥奔月传说中的虚词和实词猜测故事内容，讲解虚词和实词。以对抗游戏检测学生是否掌握虚词、实词分类，通过组间对抗，培养学生的竞争与合作意识。

2) 听力技巧：略过虚词听实词

播放嫦娥奔月传说视频，学生完成听力练习，掌握听力技巧——重点听实词。通过观赏视频，学生掌握中国传统故事英文表述技巧，使学生树立文化自信，提高跨文化交际、讲好中国故事的能力。

3) 口语技巧：明晰轻读与重读

设置练习任务，引导学生找出故事中重读词，用敲鼓和打拍子的形式讲解句子重音，增强知识性和趣味性，寓教于乐。通过练习任务，学生再次品味嫦娥奔月传说，在知识点中加入思政具体实例，让学生感受中国传统节日蕴含的文化价值，增强文化自信。

4) 任务产出：角色扮演讲故事

按小组布置角色扮演任务，讲述故事，纠正学生轻读、重读错误，给出评价，要求学生课下将视频上传线上平台。通过角色扮演讲述传说，使学生更加了解中国传统故事，熟练运用地道的英语口语进行沟通表达，讲好中国故事；通过小组合作，培养学生的团队协作精神。

5) 学思并行：中国探月工程

呈现中国探月工程(嫦娥工程)短片，启发学生思考探月工程和嫦娥奔月传说的关系。学生知道嫦娥奔月传说代表了古人对宇宙未知世界的向往，同时也说明了在我国古代，人们就有飞天的梦想。在中国航天人的努力下，中国人的飞天梦变成现实。中国人从来不吝啬于把刻在文化里的浪漫变成现实，所以探月工程也叫“嫦娥工程”，月球车叫“玉兔”。通过体验和讨论中国探月工程，感受中国航天精神，内化爱国主义精神。

三、案例特色与成效

1. 案例特色

首先，本案例以嫦娥奔月传说为切入点，实施隐形思政，将课程中轻读与重读的专业知识传授和育人工作进行双元融合，实现育人目标。

其次，本案例体现知识性和趣味性。交互式游戏、观看视频、打拍子、角色扮演等丰富的课堂互动任务既帮助学生掌握听说技巧，又增添课堂趣味性。

2. 教学改革成效

1) 学习成效显著

学生在学习主动性、自觉性上都有很大提升，学生对课程学习兴趣日趋浓厚；英语口语表达和跨文化交际能力有较大提升；文化自信和爱国主义精神增强，讲好中国故事的能力逐渐提高。

2) 辐射引领

“商务英语听说”课程思政改革对新教师的课程建设具有较好的示范效果，课程负责人积极与他们分享经验，带动他们共同进步。同时，本案例的精彩教学片段已被推上 BETT(全国商务外语翻译考试)视频号展播，供大家学习。

案例 15 商务英语

课程类型：专业教育课(文学、历史学、哲学类)
教育赛道：职业教育
开课年级：高职二年级
面向专业：跨境电子商务
部　　门：外语学院
学　　校：武汉城市职业学院

案例视频

案例教师或团队成员信息(第 1 位为教学案例负责人)：

姓名	职务	职称	部门
刘青	教师	讲师	外语学院
吴丽	院长	副教授	外语学院
潘文霞	商务英语教研室主任	副教授	外语学院

一、课程目标

本课程是在“互联网＋教育”不断更新发展的背景下，在跨境电子商务直播行业欣欣向荣、突飞猛进的环境下，为促进线上线下混合式教学的发展和培养学生自主学习能力而设计制作的。

“商务英语”课程的整体教学目标为：通过对本课程的学习，使学生在巩固和加强基础英语能力的同时，获得初步的商务知识和经验，掌握一定的商务技能，对商务运作、业务管理及销售技巧有基本的了解，并具备在日常商务活动中使用英语进行一般交际的能力。

二、课程思政案例设计

本案例为《职程英语(第二版)学生用书 2》“Unit4 Selling”中“Lesson 3 How to sell”的教学内容，深入浅出地介绍了在跨境电子商务直播中产品描述的实用技巧，与学生将来就业岗位的需要紧密结合。根据课程目标，本案例的课程思政内容设计如下。

(1)社会主义核心价值观。宣传中国制造，培养学生的爱国情怀，其目标主要是激发学生的民族自尊心和自豪感，培养学生的爱国精神，助力中国制造出海。

(2)友善性格。以小组的形式，引导学生团队合作、互相学习、互相包容，学习与人为善的处世之道。

(3)勇于挑战自我的精神。培养学生勇于面对挫折、克服困难、挑战自我的精神。面对全新的跨境电子商务直播任务，鼓励学生知难而进，正确对待困难，知难而上。

(4)科学思维与创新意识。引导学生学习信息技术、跨境电子商务直播技术，培养学生科学的思维。

课程思政融入专业教学的路径、方法及效果评价：

教师使用简单生动的英语进行讲授，结合动画视频、产品展示视频、直播、小游戏等，把思政元素以案例、问题等方式传递给学生，归纳总结出跨境电子商务直播中三个实用的产品描述技巧，为学生后续工作打下基础。同时，融入中国制造的产品的推广内容。

利用职教云、微课等信息技术手段实现师生在课前、课中、课后的一体化连接，以线上线下混合式教学模式弥补传统教学模式的不足，使“以学生为中心”的教学理念得以实现。教师可以通过课间交谈、QQ 互动、职教云讨论等多种渠道，把握学生思想动态。

课前，我们会布置学习线上课程任务；课中，注重思政内容——中国制造的有机融合、隐性传播，实现立德树人的润物无声；课后，通过扩展资料和完成相应的练习，为课程任务——在跨境电子商务直播中描述产品，扫清词汇障碍，并提前了解产品的卖点。通过小组形式完成任务，培养学生的团队合作能力和精益求精的工匠精神；利用虚拟情景实训室的绿幕录影棚，展现 3D 立体展厅的场景，让学生分组在职教云提交任务成果，并进行线上生生互评和教师评价、企业评价，实现课程思政全程育人的目标。

三、案例特色与成效

1. 选题新颖，与时俱进

本案例讲授“如何在跨境电子商务直播中进行产品描述”这样一个知识点，符合学生未来就业岗位的需要。由于跨境电子商务直播是一个新兴的行业，教材中少有这方面的内容，本案例正好作为教学资源的一个补充，方便学生自主学习。

2. 行动导向，理实一体

本案例以任务驱动为中心，以行动导向为方法，精心组织理实一体教学。在教学过程中，教师在充分考虑就业岗位所需的“在跨境电子商务直播中进行产品描述”技能的培养，以就业为导向，把学生的兴趣、爱好与能力发展放在首位，并遵循“理论够用、实践为重”的原则，将理论教学融入实践教学中。

3. 结合思政，助力起航

本案例将教学内容与思政教育相结合，扩宽学生国际视野，提出把中国产品卖到国外、把中国制造推向国外，助力中国制造扬帆起航，增强学生的民族自豪感和文化自信。

第3篇 专业教育课思政案例：经济学、管理学、法学类

本科教育类

案例1 高级财务管理

课程类型：专业教育课(经济学、管理学、法学类)
教育赛道：本科教育
开课年级：大二年级、大三年级
面向专业：财务管理
部 门：商学院
学 校：阜阳师范大学
案例教师或团队成员信息(第1位为教学案例负责人)：

案例视频

姓名	职务	职称	部门
李丽莉	教师	讲师	商学院

一、课程目标

“高级财务管理”是财务管理本科专业开设的一门专业核心课，以“财务管理学”“基础会计”为先导课程。按照高水平应用型财务管理人才的培养要求，学习本课程后希望学生能够达到以下目标：理解财务管理学科理论体系结构以及高级财务管理内容在学科中的地位；掌握并购的基本运作流程及并购决策的专业知识，初步具备企业并购活动决策能力，以及并购风险分析、控制能力；理解企业集团、国际企业、中小企业这些特殊企业组织的财务运行特征及财务决策专业知识，初步具备这些特殊企业财务分析和决策能力；具备收集、整理和分析企业财务管理实践案例的能力；具备沟通交流能力与团队合作精神，能够养成认真、求实、勤奋的科研精神与学风。

二、课程思政案例设计

1. 案例知识点介绍

本案例知识点节选自“高级财务管理”课程并购专题的第二章第二节“并购交易公司价值评估”。教学视频内容是介绍贴现现金流量法(一种公司价值评估方法)的基本原理和基本操作流程。

2. 课程思政德育目标

(1)引导当代大学生树立正确的人生价值观。

(2)引导大学生形成对自己的人生进行长期规划的意识。

3. 思政教育融合点

(1)以贴现现金流量法的估值原理“任何资产的价值都表现为其在未来经营寿命期内预期创造的经

济利益的现值”为切入点引导学生思考“人生的价值是什么”。最后，由爱因斯坦的名言“一个人的价值应看他贡献了什么，而不是得到了什么”明确答案：人生的价值在于创造利益，而不是索取利益。每个人只有不断地学习，让自己有能力为人民、为社会创造更多的利益，才能使自己的价值更大化。

(2) 在分析“如何预测公司在未来经营期间内创造的经济利益”这个知识点的过程中，强调一个公司经营活动创造的经营现金净流量不能全部当成其创造的经济利益，因为要想让公司未来持续经营下去，现在就要对公司进行长期规划，做必要的长期投资。公司经营现金净流量必须优先满足这些长期投资的资金需求，剩余的才是其创造的增值的经济利益。此处，很自然地引入每个人也要有意识地为自己的人生做长期规划，重视个人的长期投资，珍惜青春好时光，做好学习投资、健康投资，让自己未来的人生旅程更加灿烂。

4. 教学方法和载体途径

本案例主要使用讲授法和启发式提问法，使用多媒体课件清晰展示知识点结构和重点概念，借助线上教学平台提供预习资料，检查学生预习情况。

三、案例特色与成效

本案例思路清晰，逻辑严谨，学生容易理解。最大的特色是：本案例的思政元素同时也是教学的重点、难点知识，将专业重点、难点知识的理解和思政教育融合在一起，实现思政教育的同时让学生以人生的经营来类比公司的经营，更深刻形象地理解“贴现现金流量法”的估值原理和“公司自由现金流”指标的经济含义。很好地做到了将课程思政和专业知识融为一体。这样的教学尝试，学生易于接受，不觉得是在刻意说教。

案例 2　社会保险

课程类型：专业教育课(经济学、管理学、法学类)
教育赛道：本科教育
开课年级：大三年级
面向专业：劳动与社会保障
部　　门：法政与公共管理学院
学　　校：河北师范大学

案例视频

案例教师或团队成员信息(第 1 位为教学案例负责人)：

姓名	职务	职称	部门
高志敏	教师	副教授	法政与公共管理学院

一、课程目标

“社会保险”课程结合学校人才培养定位和专业人才培养要求，整体上设计形成了“四位一体 3454 浸入式课程思政”教学范式(如图 1 所示)；课程思政以“以学生发展为中心，以产出为导向，持续发展”的教学理念，做到了“专业＋思政，全方位融入，显性教育＋隐性教育”；培养具有良好的道德品质、宽厚基础理论、扎实专业能力、精湛实践能力的社会需要的人才。

“3”个课程思政目标	经世济民、人文关怀	德法兼修、法治精神	服务社会、奉献人生		
“4”个平台	线上教学平台	虚拟仿真实验平台	智慧课堂平台	实践教学平台	
“5”种教学方法	问题式导学	案例式教学	合作式助学	探究式求学	实践式问学
“4”个自信	道路自信	理论自信	制度自信	文化自信	

图 1

课程目标如下。

1. 知识目标

学生能完整而系统地理解并掌握社会保险的基本理论和业务知识，明确社会保险对于社会稳定、经济发展、社会和谐及国际竞争的重要性。

2. 能力目标

通过学习，提升学生主动、独立学习的能力，增强学生的实践意识、思辨能力及勇于创新的能力，把学生培养成一流的应用型人才。

3. 课程思政目标

1)经世济民、人文关怀

(1)国家安定、百姓安康——社会保险总论。

(2)关心弱势群体——养老保险、工伤保险、失业保险、生育保险。

2)德法兼修、法治精神

(1)法律素养、法治精神——工伤保险、劳动关心。

(2)职业道德、职业素养——8 个教学单元。

3)服务社会、奉献人生

(1)爱岗敬业——8 个教学单元。

(2)遵纪守法——工伤保险、劳动合同、实践教学。

二、课程思政案例设计

本案例以“视同工伤的情法交融”为教学内容。

1. 课程思政德育目标

增强学生人文关怀精神，提升学生对社会和大众的关注度。

2. 教学组织设计

本案例设置 5 个教学环节，每个教学环节都有课程思政元素，采用案例式教学、辩论、主题讨论等教学方法，融合线上教学、虚拟仿真实验、智慧课堂为一体。

环节一：教师主导，介绍《工伤保险条例》，开启学生法律思维模式。

课程思政：提高学生课堂参与能力，把课堂还给学生，提高学生独立思考、分析问题的能力。

环节二：学生进行主题讨论，教师分析学生观点。“在工作时间和工作岗位，突发疾病死亡或者在 48 小时之内经抢救无效死亡的，视同工伤”的规定，在社会上引起了很大的争议。请学生就该规定做一个主题讨论，教师总结学生的观点。

环节三：课堂辩论，2 名学生代表辩论，其他同学参与。辩论题目：

(1)工伤、视同工伤是不是一样？

(2)48 小时是否合理，是不是会产生道德或伦理风险？

(3)突发疾病是什么病，一定和工作有关系吗？

学生代表辩论，其他同学参与，或支持或反对。辩论结束后，教师讲解《工伤保险条例》的人文关怀精神和法律的权威性。

课程思政：强化学生的人文关怀精神，增强学生的法律意识，维护法律的尊严，明确法律的人民性。

环节四：学生总结课程收获与体会，教师总结课程主要内容。

课程思政：使学生提高总结、反思能力，做遵纪守法、维护法律尊严的新时代大学生；掌握学科知识，练就过硬本领，更好地为人民服务。

环节五：教师布置课后作业，课程结束。

三、案例特色与成效

1. 案例特色

本案例涉及的教学内容争议比较大、疑惑比较多，理解“工伤保险”的人文关怀精神和法律的权威性有一定的困难。

2. 教学改革成效

(1) 做到了思政元素与课程内容的完美结合。第一，把学科研究的新进展融入教学中；第二，把实践发展的新经验融入教学中；第三，把社会需求的新发展融入教学中，增加课程思政社会需求元素。

(2) 创新教学方法，实现育人目标。融合使用线上教学平台、虚拟仿真实验平台、智慧课堂平台、实践教学平台等，并通过“课前、课中、课后”教学组织，实现了“把课堂还给学生，让学生忙起来，让课堂活起来”。

(3) 提高了育人成效。第一，学生学习成绩得以提升；第二，课程思政育人效果良好，学生主动参与课堂，回馈社会。

案例 3 史学理论与方法

案例视频

课程类型：专业教育课(经济学、管理学、法学类)
教育赛道：本科教育
开课年级：大二年级
面向专业：中国共产党历史
部　　门：马克思主义学院
学　　校：黑龙江工业学院
案例教师或团队成员信息(第 1 位为教学案例负责人)：

姓名	职务	职称	部门
乔学男	教师	讲师	马克思主义学院
付云燕	毛泽东思想和中国特色社会主义理论体系概论教研室主任	副教授	马克思主义学院
韩敬瑜	教科研办主任	副教授	马克思主义学院

一、课程目标

教学团队立足学校建设一流应用技术大学的办学定位，结合中国共产党历史专业人才培养目标与历史类课程特点，基于“00 后”学生的特点，制定了本课程的教学目标，如图 1 所示。

1. 知识目标

通过课程学习，学生能了解历史学基本概念与理论，掌握马克思主义唯物史观；能应用历史学的一般治史方法，主动关注历史学科研究动态。

2. 能力目标

学生能熟练运用唯物史观分析和考察历史人物和事件，增强洞察历史规律的思维能力；树立大历史观和正确党史观，尝试运用最新的史学理论与方法进行历史研究，能够观照现实，提升论从史出、史论结合的能力。

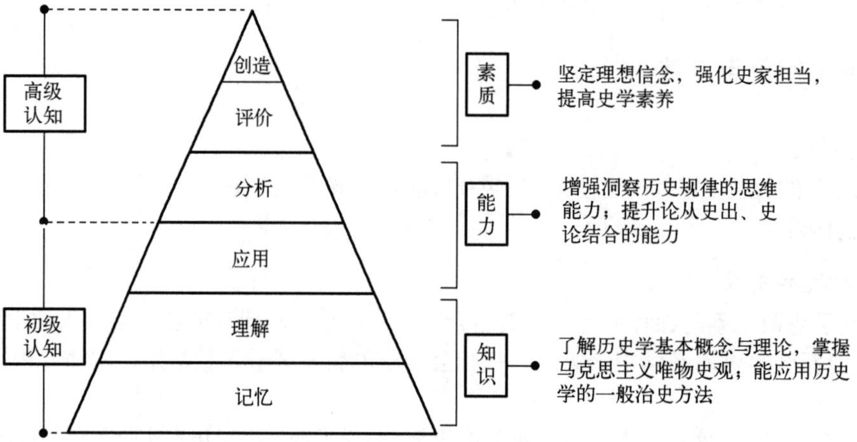
高级认知
初级认知
创造
评价
分析
应用
理解
记忆
素质
坚定理想信念，强化史家担当，提高史学素养
能力
增强洞察历史规律的思维能力；提升论从史出、史论结合的能力
知识
了解历史学基本概念与理论，掌握马克思主义唯物史观；能应用历史学的一般治史方法

图 1

3. 素质目标

通过课程学习，学生能够深刻体会历史学研究的社会功能，进一步坚定理想信念，强化史家担当，提高史学素养。

二、课程思政案例设计

1. 课程思政德育目标

⑴ 通过对"求真"与"经世"内涵的解读，从历史与现实维度深刻理解习近平总书记关于史学的重要论述。

⑵ 结合司马迁与《史记》的案例，自觉传承和弘扬司马迁史学家精神，理解新时代对中华优秀传统文化的创造性转化、创新性发展，提升社会责任感和历史使命感。

2. 思政教育融合点

1) 思政元素挖掘

本案例围绕"求真"与"经世"的内涵，挖掘习近平总书记关于史学的重要论述，帮助学生深入理解何谓"求真与经世"；结合司马迁与《史记》的案例，解读史学的经世作用，以此引导学生感受司马迁铁肩担道义的治世信仰、妙笔著文章的处世作为、理性并辩证的思维特质、尚古更崇实的人文风范，唤起学生对史学家精神与中华优秀传统文化的传承意识。

2) 思政素材选取

⑴ 习近平"在庆祝中国共产党成立 100 周年大会上的讲话"。

⑵ 班固《汉书》，卷六十二"司马迁传"第三十二"报任安书"。

3) 专业知识与思政元素有机融合

⑴ "求真"与"经世"的内涵与习近平总书记关于史学的重要论述有机融合，解读清楚知识点的同时，帮助学生加深对习近平总书记关于史学重要论述的理解，从而认识、研究、学习历史的当代价值。

⑵ 史学的经世是求真的目的与司马迁史学家精神有机融合，并引入习近平总书记关于中华文明、中华优秀传统文化的论述，引导学生感受中华优秀传统文化魅力的同时加深对习近平新时代中国特色

社会主义思想的理解。

(3) 中国史学优良传统与新中国史有机融合，激发学生对新的优良传统的关注，厚植爱国主义精神与家国情怀。

3. 教育方法和载体途径

(1) 问题导入法：问题导入，设置悬念，引起学生浓厚的兴趣和探究欲望。

(2) 史料分析法：注重运用史料教学，史论结合，论从史出，帮助学生分析、解决问题的同时，培养学生的科学探究和创新意识。

(3) 多媒体辅助教学：运用多媒体设置情境、设疑引思，辅助教学。

三、案例特色与成效

1. 案例特色

本案例通过自主学习任务(课前)——小组合作探究(课中)——思考习题巩固(课后)三环节联动，强化学生的知识理解与价值塑造，充分发挥学生主体作用，在有限的课堂时间内，最大程度调动学生参与的积极性，鼓励学生独立思考并勇敢表达。

2. 教学改革成效

2022 年 12 月，本案例获评黑龙江省首批课程思政优秀教学案例。

经过教学改革，学生学习积极性和主动性大大提升，团队精神、创新能力明显增强，近三年来先后获省、校各级各类竞赛奖项 50 余人次。

案例 4　管理学原理

案例视频

课程类型：专业教育课(经济学、管理学、法学类)

教育赛道：本科教育

开课年级：大一年级

面向专业：工商管理、国际经济与贸易、旅游管理、公共管理、英语等相关专业

部　　门：商学院

学　　校：湖北大学

案例教师或团队成员信息(第 1 位为教学案例负责人)：

姓名	职务	职称	部门
王圆圆	人力资源管理系主任	副教授	商学院
林叶	人力资源管理支部书记	讲师	商学院
胡翔	硕士点负责人	副教授	商学院

一、课程目标

本课程是湖北大学相关专业学生在大学期间接受的第一门专业课，也是其他所有管理类课程的前置课程。学生除了需要熟悉个体活动与群体活动、一般组织与企业组织的一般规律、基本原理外，关键是能够成为“管理专业人才”，为后续学习、生活、工作打好基础。

1. 塑造管理思维(已完成相关教研项目系统研究)

“大学教育的价值不在于记住很多事实，而是训练大脑会思考”(爱因斯坦)。“管理思维”就是用管理学的知识和思维方法思考一切社会问题，这是学过管理学和没学过管理学、学好管理学和没学

好管理学的最大区别。

2. 提升核心素养(已完成相关教研项目系统研究)

学生将来能够干一行、爱一行、成一行、专一行，具有很强的“进化的力量”。

3. 增强家国情怀(正在进行相关课程思政教研项目研究)

家国情怀是最大的责任感来源。培养学生的责任意识并升华到责任感的层面。学生能够感恩生活、珍惜生活，有报效国家的强烈意愿。

4. 实现知行合一(正在进行相关课程思政教研项目研究)

“管理不在于知，而在于行”(德鲁克)，最终要提升学生报效国家的实际能力。

二、课程思政案例设计

1. 案例内容

本案例为《管理学原理》教材“绪论”第二节“管理学的产生与发展”第一部分“中国古代管理思想”(视频中截取的是第4点“依法治理思想”及补白部分)。

2. 教师思考

(1)这是学生第一次上“管理学原理”课程，一定要消除他们固有的“管理学就是企业管理学”的偏见，进行科普性授课，塑造“管理学就是个人和组织管理学”的博雅教育思维。

(2)正式讲解知识点之前最好有案例启发思考进行铺垫。

(3)要旁征博引名家观点进行支撑，以教师擅长的手段进行讲解(我们擅长短视频案例教学法，并在国内外同行中影响较大)。

(4)要引导学生对教材知识点进行融会贯通，而不是零碎思考。

(5)“尽信书不如无书”，要引导学生对教材知识点的科学合理性进行思考，研究性学习(相关知识点的科学合理性已经与教材首席作者进行过讨论)。

(6)要结合教师的科研和长期教学经验对教材进行合理“补白”。

(7)课程思政教学要以“大思政”理念进行“润物无声式融入”，而非“硬融入”。

(8)案例教学应照顾到初学者的特征，尽可能以小案例“以小见大”的方式讲授。

3. 教学设计

(1)正式讲解之前的导引。以“古今修桥对比图”的例子说明“今人有科技、古人有智慧”，引起学生学习中国古代管理思想的兴趣。

(2)顺道无为思想讲解。

(3)重人求和思想讲解。

(4)预谋慎战思想讲解。

(5)依法治理思想讲解。

以党的二十大报告中的“固根本、稳预期、利长远”解释法治的保障作用，说明管理就是围绕着秩序的建立和维持而进行的一系列工作，建立和维持秩序可以借助两种不同的方法：人治和法治。依法治理的思想源于先秦法家，就是根据法律，而非君主或官吏的个人好恶来调整社会、经济、政治关系，组织社会政治、经济活动。以党的二十大报告中的“法治国家、法治政府、法治社会”“制度化、规范化、程序化”“科学立法、严格执法、公正司法、全民守法”说明依法治理的具体体现。以习近平总书记用典“国无常强，无常弱。奉法者强则国强，奉法者弱则国弱”说明依法治理的重要性；以习近平总书记用典“立善法于天下，则天下治；立善法于一国，则一国治”和党的二十大报告中的“加强重点领域、新兴领域、涉外领域立法，统筹推进国内法治和涉外法治，以良法促进发展、保障善治”，启发学生思考：依法治理的三条原则（“明法”“一法”“常法”）是完整的吗？“依法治理思想与重人求和思想如何结合？最后以央视纪录片《国家记忆・邓小平的故事》短视频案例“为什么参加高考不用‘单位同意’”（时长 54 秒）论述恢复高考对依法治国的重要贡献。

(6) 教材知识点“补白”。除了教材上讲述的中国古代四大管理思想，教师还补白讲述了“中国传统管理智慧的六个特点”：

① 很多时候话只说一半，剩下的一半话往往才是关键，需要认真体会做事的前提条件，领悟能力很重要。

② 很多古话可能会被后人“误解”，这需要我们仔细甄别词语的本意。

③ 很多前后“矛盾”的话，却能并行使用。

④ 很多词语的字面意义就是它们的本义。

⑤ 大事绝不糊涂，小事可以马虎。

⑥ 群众的智慧很多符合管理学原理。

三、案例特色与成效

1. 非常难得的课程思政教学设计创新

①将管理学家、教育家（林崇德、潘懋元等）的思想融合，进行课程思政理论创新（我们将“课程思政”系统解读为“很中国”：说好中国话语、讲好中国故事、传承中国文化、树立中国自信、培养中国人才；②基于 17 年教学经验总结出管理类“大先生”讲授的七类知识（专业知识；开窍的知识；震撼的知识；热情的知识；大气度、大胸怀的知识；共鸣的知识；敬畏的知识），进行课程思政知识创新；③有机融入大量的中国语言、中国实践、中国成就、中国智慧，进行课程思政内容创新；④思政素材全面有机融入教学，进行课程思政素材创新（我们有 3000 多个课程思政案例，覆盖各个领域）；⑤用当代学生喜闻乐见的方式进行课程思政教学方法创新（短视频案例教学法）。

2. 非常有效的短视频案例教学法

微案例教学法与视频案例教学法是国内外管理学界公认的初学者有效学习方式，基于团队精心建设的短视频案例库（案例数量超过 4000 个，具有课程思政性质的超过 3000 个），我们创新性采用融合两者优点的短视频案例教学法（时长 1 分钟左右）作为主要教学方法（占比 64.21%），辅之以图片案例、短文字案例（占比 35.79%）。兼顾内容的知识性与表述的趣味性、篇幅的精简性与信息的充足性、描述的客观性与语言的可读性，在同行中已经形成较大影响。

3. 非常重要的“补白”教学法

管理学教学是“博雅教育”，任何一本教材都无法涵盖所有管理学知识，为了让学生学到更多有用的知识，必须对未涵盖的内容进行“补白”，把书读“厚”。在本案例中，一是引导学生将“依法治理思想”与前面的“重人求和思想”结合起来思考教材中“明法、一法、常法”三条原则的不全面性；二是“补白”中国传统管理智慧的六个特点。

案例 5　营销与社会

课程类型：专业教育课（经济学、管理学、法学类）
教育赛道：本科教育
开课年级：大一年级
面向专业：国际电子商务

案例视频

部　　门：国际交流学院
学　　校：吉林财经大学
案例教师或团队成员信息(第1位为教学案例负责人)：

姓名	职务	职称	部门
李茉	市场营销学科负责人	副教授	国际交流学院

一、课程目标

市场营销是一门综合了经济学、行为学、心理学和社会学等多学科的应用科学。面对国际化复合型商务管理人才的全球资源配置要求，“营销与社会”课程以“培养学习者在中、英语境下的市场敏感性、系统的营销思维以及高效的实践能力”为核心目标。本课程的具体目标如下。

1. 知识目标

(1)解释市场营销的定义、核心概念及基本理论。

(2)概述市场调研的一般过程并比较不同的数据分析方法。

(3)阐释营销环境的构成要素及影响。

(4)剖析消费者行为的影响因素及作用。

(5)掌握STP战略，并用于整合市场营销组合模型及服务营销组合模型。

2. 能力目标

(1)通过市场调研明晰消费者的需求并准确预测消费者需求的变化。

(2)准确分析营销环境并运用SWOT[S(Strengths)优势、W(Weaknesses)劣势、O(Opportunities)机会、T(Threats)威胁]模型做出系统分析与应对方案。

(3)敏锐洞察消费者的心理与行为。

(4)应用STP战略选取恰当的细分变量及目标市场并设计市场定位。

(5)在4P框架下制定营销策略并完成简单的营销方案的撰写。

3. 情感目标

(1)具有极强的市场营销道德规范意识与坚定的职业操守。

(2)具有关怀人类命运的社会责任感。

(3)具有求索攻坚精神与创新创业意识。

二、课程思政案例设计

本案例以“包装与文创”为教学内容。包装作为营销活动中的“无声推销员”是营销策略中的关键要素。包装与文创的碰撞可以为学生理解包装设计理念与包装设计手段提供“文创”这一新的视角，更可以为学生接触“文创”提供“包装”这一有趣的切入点，同时对文创产品的包装设计实操可以深化学生对产品战略知识体系的理解并建构完整的营销组合图谱。

1. 思政育德目标与思政教育融合点

本案例的课程思政德育目标与思政教育融合点如表1所示。

表1

课程思政德育目标	思政教育融合点
了解中国文化产业的发展进程，知晓中国文化产业对中国国民经济的重要作用	课中梳理文化、文创及文化产业在中国的发展历程，以重要的政府相关文件明确其导向与地位

续表

课程思政德育目标	思政教育融合点
以文创产品为媒介，对文化创意有形化、具象化的再传播形成感性认识。 提高审美意识，塑造审美观	课中在案例赏析过程中综合理性与感性思维评鉴文创包装，在了解真实市场中的文创产品与文创包装的同时强化对中国文化的审美认识
了解中国的红色历史与辉煌成就，增强学生对党的情感认同，强化振兴中华的使命感与责任感	课前在为“红色文创包装”任务做前期准备的过程中自主了解中国的红色历史与红色文化
感受中国文化的时代脉搏，体悟文化的创新价值与时代意义，挖掘在现实文化背景中对既有文化的再解读与再创造	课前在设计“红色文创包装”过程中融合新时代背景下的中国红色文化，培养富有中国心、饱含中国情、充满中国味的营销人才
坚定“四个自信”和民族自豪感，形成自觉传承优秀民族文化的主观意识	课中在展示“红色文创包装”过程中弘扬民族精神，坚定“四个自信”，点燃学生对祖国的自豪与热爱

2. 教育方法与载体途径

本案例的教育方法与载体途径如表 2 所示。

表 2

教育方法	载体				途径
	智慧树平台	知到教辅软件	翻转课堂	学生自主设置	
任务驱动法	✓	✓			设置任务要求明确的“红色文创包装”任务
自主学习法	✓			✓	设置任务时综合考虑学情背景与所需知识，让学生产生“踮踮脚够得着”的心理预期
问题探究法	✓			✓	设置任务时，保证任务的高阶性、创新性与挑战度，推动兼具纵深性与延展性的挖掘与探究
同伴互助法				✓	鼓励以小组为单位，相互协作，扬长避短
讲授法		✓	✓		课中总结重点、难点、亮点内容以及生成性内容
案例教学法			✓		课中以案例赏析为切入点引出文创包装的方法与技巧
情景教学法		✓		✓	有目的地创设情景，为学生展演提供生动具体的情景体验
讨论法		✓	✓		引导针对实践设计的交流与探讨，通过知识与观点的碰撞获得理论的启示与思维的启迪

三、案例特色与成效

1. 案例特色

1) 理论基础具有趣味特色

包装作为营销中的重要内容，与生活联系紧密，具备天然的兴趣点与吸引力，以其为理论基础的课程思政案例能够最大限度地激发学生对课程思政活动的兴趣。

2) 实践内容具有热度特色

文创及文创产品作为近年来的营销新风尚，具有社会热点价值，具备“趁热打铁”的思政时效性，能够让学生在主动探索真实市场中的营销问题的过程中自发种下思政基因。

3) 展示过程具有生成特色

针对实践设计的小组展演环节以及交流讨论环节呈现了很多生成性问题，这是在课前的课程思政设计环节难以准确预估的，对生成性问题的及时准确反馈能够在生成性土壤中加深学生对专业知识的理解以及对思政元素的体悟。

2. 教学改革成效

2023 年，本课程被评为吉林省名师名家示范课，获得“智慧树杯”混合式教学案例创新大赛全国二等奖。

2022 年，本课程配套慕课登录国家高等教育智慧教育平台。

2021 年，本课程以混合式教学模式探索为基础，被评为教育部协同育人项目(产学合作背景下营销课程混合式教学模式的探索与实践)；以金课建设为基础，被评为省协同育人项目(基于“3P”模型的“市场营销”混合式金课建设)(已结项)；以新冠疫情期间原创应用的“混合式教学全在线新模式”为基础，被评为省教育厅科研重点项目(后疫情时期吉林省高校在线教学常态化推进路径研究)。

2020 年，本课程荣获吉林省本科高校抗疫期间在线教学典型案例；以“‘4+8’混合式教学模式”为主题在吉林省本科高校线上教学工作研讨交流会议中进行了分享、宣传与推广。

2019 年，“营销与社会”慕课获评吉林省精品在线开放课程；以其为载体，课程负责人获吉林省说课大赛一等奖；以其为载体，课程负责人获吉林省智慧课堂教学创新大赛三等奖；以其智慧教学改革为基础，立项省社科基金项目(教育信息化 2.0 时代我省地方高校智慧教学改革路径研究)(已结项)，立项校“课程思政”教学改革示范项目，立项校线上线下混合式金课建设项目(已结项)。

案例 6　司法社会工作

课程类型：专业教育课(经济学、管理学、法学类)
教育赛道：本科教育
开课年级：大三年级
面向专业：社会工作
部　　门：法政学院
学　　校：喀什大学

案例视频

案例教师或团队成员信息(第 1 位为教学案例负责人)：

姓名	职务	职称	部门
张耀蓉	教师	助教	法政学院
刘清斌	教师	助教	法政学院
刘蓉凤	教师	讲师	法政学院

一、课程目标

1. 课程概况

“司法社会工作”是社会工作专业的方向性选修课程，具有显著的人才培养特色。该课程的知识具有跨学科的综融性特点，涵盖了法学、社会学、社会工作、心理学等多个领域的知识，主要培养面向司法领域服务的社会工作人才。

2. 学情分析

本课程基于“优势视角”理论，转变了以往学情分析的“缺陷模型”，着眼于学生的优势与特长，并结合 SWOT 模型来分析学生情况。

S(优势)：本课程面向社会工作专业大三年级学生开设，学生已经学习过“社会学概论”“社会心理学”“社会工作概论”等基础主干课程，专业基础知识扎实，且学生思维活跃，有利于学习新课。

W(劣势)：在先修课程中并没有法学相关的课程，但本课程中有大量知识涉及法学、犯罪学等涉司法领域的知识，理论抽象且枯燥，对学生而言掌握难度较高。

O(机会)：涉及“青少年偏差行为”“家庭暴力”等类似的主题已经在“青少年社会工作”“家庭社会工作”课程中有所涉及，学生对这些热点话题比较有积极性。

T(威胁)：案例的选取与司法领域的保密性要求。

3. 培养要求

1)知识目标

要求掌握课程中跨专业的综合性知识。

2)能力目标

要求具有多元的应变能力、分析能力和服务能力。

3)素质目标

培养有责任感、有担当的高素质司法社会工作者。

4. 学习目标

1)知识目标

掌握司法社会工作的基本内容，包括工作原则、价值观、理论渊源、发展历史等。

2)能力目标

掌握司法社会工作者必备的实务技能，包括对案件的诊断评估、项目方案书的策划与撰写、司法社会工作服务的程序和技术等。

3)素质目标

素质目标具体包括专业价值观塑造、问题思维和创新思维的锻炼、专业自信和文化认同的建立、法治素养和社会责任意识的培育等。

二、课程思政案例设计

1. 教学案例

本案例以“未成年人司法社会工作”为教学内容。

2. 课程思政德育目标

1)课程思政德育总目标

培育德法兼修、堪当重任的高素质未成年人司法社会工作人才。

2)课程思政德育具体目标

培养学生的社会责任、法治素养、专业认同、道德品质、创新思维。

3. 思政教育融合点

思政教育融合点如表 1 所示。

表 1

教学环节	教学内容	思政教育融合点	思政目标
课程导入	未成年人保护工作的重要性	1. 少年儿童是祖国的未来、民族的希望 2. 《未成年人检察工作白皮书(2021)》 3. 视频《最高检：构建社会支持体系，形成未成年人保护合力》	社会责任

续表

教学环节	教学内容	思政教育融合点	思政目标
课程讲授	未成年人司法社会工作的定义 未成年人司法社会工作的主要内容	1.《联合国儿童权利公约》 2.《未成年人保护法》 3.《预防未成年人犯罪法》 4.《家庭教育促进法》 5. 关于建立侵害未成年人案件强制报告制度的意见(试行)	法治素养 专业认同 道德品质
课后巩固	作业：要求学生以“未成年人司法社会工作”为主题，选择自己感兴趣的领域，拍摄视频短片	1. 宣传片《聚光》 2. 第六届全国社工微电影大赛启动	专业认同 创新思维

4. 教育方法和载体途径

1) 课前

依托线上平台，充分调研学生的问题和兴趣。了解学生学情和优势，进行课前分组。

2) 课中

依据 PBL 教学法在线下课堂开展问题引导式教学，鼓励学生思考和创新。

3) 课后

布置作业，让学生运用多媒体手段在角色扮演中获得专业成长。将作业投放至线上平台，提升学生作业的社会价值。

三、案例特色与成效

1. 案例特色

本案例的特色在于将未成年人保护工作与构建社会支持体系结合起来，让学生充分认识到未成年人保护工作的重要性，也能感受到作为社会工作者在促进未成年人权益保护方面的重要职责，可以帮助学生树立良好的职业价值观，提升专业认同感和专业自信，增强学生从事未成年人司法社会工作的自豪感和使命感。

2. 教学改革成效

(1) 学生成长：学生学习态度有了积极转变，获得多个竞赛奖项并积极投身于课外实践和社会活动。

(2) 教师发展：教师团队教研能力显著提升，共获得 3 项教学竞赛奖，立项 2 个校级科研项目。

(3) 社会效益：本课程团队积极促成产学研合作，成功申请 1 个省级产学合作项目，努力致力于司法社会工作知识的社会化宣传推广。

案例 7 信息采集

案例视频

课程类型：专业教育课(经济学、管理学、法学类)

教育赛道：本科教育

开课年级：大二年级

面向专业：信息管理与信息系统

部　　门：管理工程学院

学　　校：山东建筑大学

案例教师或团队成员信息(第 1 位为教学案例负责人)：

姓名	职务	职称	部门
侯延香	管理工程学院党支部书记	副教授	管理工程学院
卢文锋	教师	讲师	管理工程学院

一、课程目标

信息管理与信息系统专业致力于培养具备信息管理、信息系统开发、大数据管理与应用知识与能力的复合型人才。专业课“信息采集”旨在通过讲授信息采集的基础理论、技术、方法、政策法规等内容，为学生从事信息管理工作奠定知识、技能和职业素养基础。

1. 知识结构目标

建立信息采集知识框架，了解国家相关政策法规，能应用新兴信息技术解决某行业领域的信息采集问题。

2. 专业能力目标

掌握信息采集工具、方法、技术，具备信息采集、检索、调查、数据爬取等能力。

3. 思政育人目标

通晓信息采集政策法律政策，具备良好的数字素养和信息战略意识，具备信息报国情怀，并能做到团结协作、终身学习，以高效解决信息采集实际问题。

二、课程思政案例设计

1. 课程思政德育目标

结合信息管理与信息系统专业人才培养要求，强化立德树人意识，从意识、精神、理想、信念、道德、法律等层面，深入挖掘课程所蕴含的爱国敬业、诚信担责、守德守法、知行合一、创新创业等思政元素，重点实现通晓数字强国战略、厚植信息报国情怀、增强信息管理意识、树立信息职业理想、增强创新创业能力、提升信息职业素养、明晰信息法律伦理等具体的课程思政德育目标，如图 1 所示。

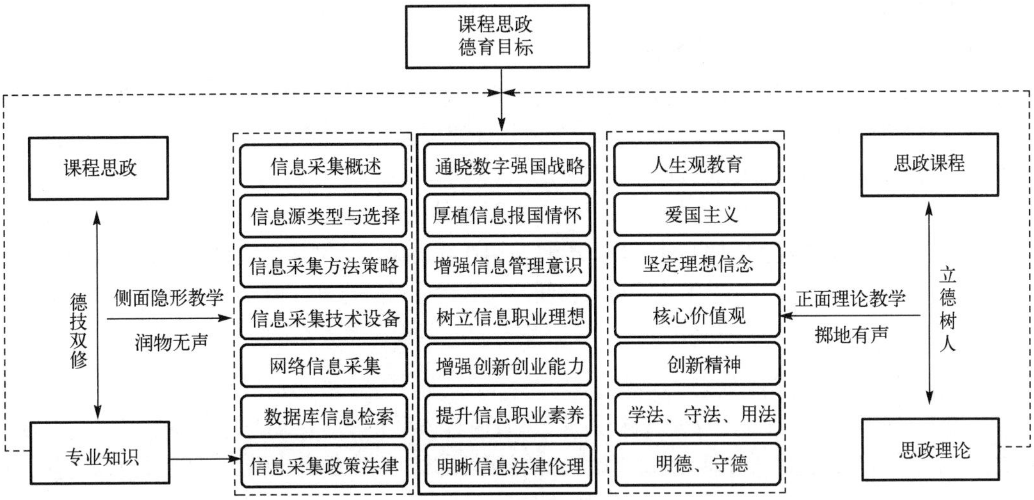
课程思政
德育目标
课程思政
专业知识
德技双修
侧面隐形教学
润物无声
信息采集概述
信息源类型与选择
信息采集方法策略
信息采集技术设备
网络信息采集
数据库信息检索
信息采集政策法律
通晓数字强国战略
厚植信息报国情怀
增强信息管理意识
树立信息职业理想
增强创新创业能力
提升信息职业素养
明晰信息法律伦理
人生观教育
爱国主义
坚定理想信念
核心价值观
创新精神
学法、守法、用法
明德、守德
思政课程
思政理论
立德树人
正面理论教学
掷地有声

图 1

2. 课程思政教育融合点、方法与载体途径

结合教学内容，选择及时新颖的教学素材，灵活运用课堂讲授、主题讨论、案例分析、视频演示、

上机实验等教学方法，对涉及的历史沿革、名人名企、典型案例等专业知识，潜移默化地将思政教学目标融入教学设计中、融入学生学习任务中(如图 2 所示)，引导学生具体问题具体分析，关注行业前沿技术发展应用状况，通晓国家数字强国战略和信息政策法律法规，关注并解决身边的信息采集问题，培育学生经世济民、信息报国、诚信服务、德法兼修的职业素养。

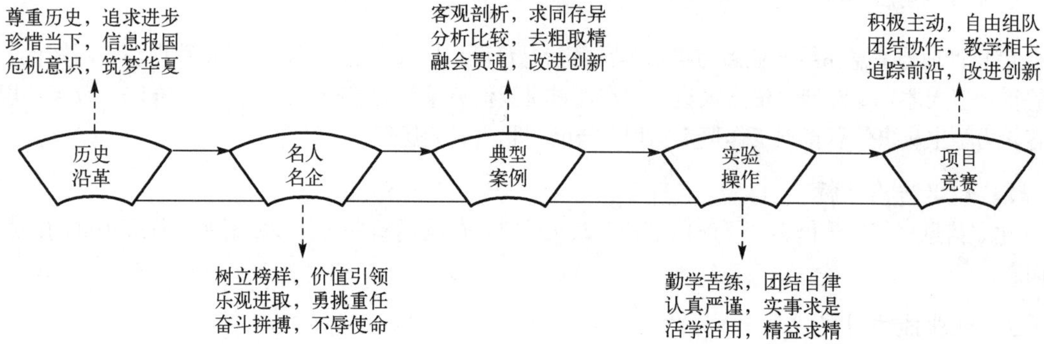
尊重历史，追求进步
珍惜当下，信息报国
危机意识，筑梦华夏
客观剖析，求同存异
分析比较，去粗取精
融会贯通，改进创新
积极主动，自由组队
团结协作，教学相长
追踪前沿，改进创新
历史
沿革
名人
名企
典型
案例
实验
操作
项目
竞赛
树立榜样，价值引领
乐观进取，勇挑重任
奋斗拼搏，不辱使命
勤学苦练，团结自律
认真严谨，实事求是
活学活用，精益求精

图2

结合知识点和思政元素，设计思政融合点，借助视频案例、新闻、调研报告等载体，运用比较分析、案例分析、小组讨论等方法，通过问题、知识、能力、素养等视角，开展课程思政教育教学活动。例如，在讲解信息采集技术与设备部分内容时，以学以致用、知行合一、遵规守法、数字素养为思政融合点，融入人脸识别技术应用最新情况及人脸识别第一案等案例，引领学生讨论思考。主要流程是：①对专业问题“刷脸是否安全”等进行提问，引导学生讨论思考；②引入专业新知识——“人脸识别的基本原理”等，讲解问题对应的专业知识；③培养相关的专业技能，将所学知识活学活用，“提升个人护脸能力”；④提升学生素养，达到育人目标，“收集人脸信息遵循最小必要原则”，提升学生的职业素养，拒绝违规采集个人隐私信息。

三、案例特色与成效

1. 案例特色

1)结合社会热点开展课程思政教育

按照《高等学校课程思政建设指导纲》要求，深入挖掘课程思政元素，结合社会热点事件或网络舆情案例，动态追踪前沿信息技术发展应用现状，设计课程思政融合点。

2)辐射西部地区开展课程思政资源共建共享

发挥专业优势，推进现代信息技术在课程思政教学中的应用，积极利用网络云盘、网络空间、百家号等平台，开展课程思政教育案例共建共享，合理运用在线讨论区、网络视频等，辐射广西警察学院、云南民族大学等西部院校，引导学生关注行业新闻，关心行业科技进展，树立信息报国的职业理想。

2. 教学改革成效

1)切实提升课程思政育人效果

通过合理的思政元素挖掘、育人目标设计、思政内容体系开发等活动，形成科学的课程思政的融入方式方法；采用多元化的教学活动和结构合理的教学团队，切实提升专业教师的课程思政意识和能力，提高课程思政育人实效，部分案例获得教学案例大赛奖项。

2)有效提升学生的信息职业素养

结合课程具体知识点，综合运用多种教学方法，从知识、意识、能力、情感等多个层面，切实提升学生的信息职业素养，达到课程思政的立德树人效果。

案例 8 电子商务

课程类型：专业教育课(经济学、管理学、法学类)
教育赛道：本科教育
开课年级：大一年级
面向专业：电子商务
部 门：国际商学院
学 校：山东外国语职业技术大学
案例教师或团队成员信息(第 1 位为教学案例负责人)：

案例视频

姓名	职务	职称	部门
毕晓培	教师	讲师	国际商学院

一、课程目标

1. 教学目标

1) 知识目标

掌握电子商务的内涵外延，熟悉电子商务的常见模式；掌握网络营销、电子商务物流、移动电子商务、跨境电子商务、电子商务法相关知识；掌握网上支付流程的基本知识，熟悉电子商务网络安全知识。

2) 能力目标

掌握常用电子商务工具软件的使用；能够熟练操作电子商务业务流程和完成相应工作任务；掌握电子商务交易过程，具有电子商务交易的能力；能利用各种平台和资源开展网络营销、移动电子商务、跨境电子商务的各种活动。

3) 价值目标

以行业需求为导向，以产业学院为载体，以 1+X 证书标准为参考，加强政、校、企、行多元深度融合，致力于把学生培养成为符合国家和社会发展需要的思想政治素质强、专业技术过硬的德才兼备的高层次技术技能型人才。

二、课程思政案例设计

1. 课程思政德育目标、思政教育融合点

知识点“O2O 含义与模式分析”计划授课时间 14 分钟，分为案例导入、知识讲解、总结归纳拓展、任务实施四个环节。教学设计如表 1 所示。

表 1

环节设计	案例导入	知识讲解	总结归纳拓展	任务实施
时间分配	2 分钟	8 分钟	1 分钟	3 分钟
思政元素	学生习惯用“大日照”App 点外卖，用滴滴打车、用共享车出行，反映了科技改变生活，引导学生注重培养自己的创新意识，激励学生刻苦学习	O2O 含义和模式分析体现了事物是普遍联系的哲学思想、主动服务的企业精神、整体思维、全局意识	O2O 经营模式体现了主动服务的企业精神；O2O 模式的应用对各参与主体有积极意义，体现了创新意识裨益多、社区团购现弊端，引导学生辩证思考	国家市场监督管理总局对 5 家社区团购企业不正当价格行为做出行政处罚(视频)。网络守法不容忽视，体现了辩证思维、诚信经营意识、人文情怀、守法意识、担当意识

续表

环节设计	案例导入	知识讲解	总结归纳拓展	任务实施
育人目标	激发学生的学习积极性，培养学生的创新意识、民族自豪感	培养学生的整体意识、大局意识、企业精神，尊重客观规律	培养学生的企业精神、创新意识、辩证思维、整体意识	培养学生的辩证思维、诚信经营意识、人文情怀、守法意识、担当意识、家国情怀

2. 教育方法和载体途径

充分发挥课堂教学在课程思政中的主要地位，课堂教学是学生在学校中时间占比最大的部分。线上教学平台等信息技术手段的应用，可以丰富教学形式，扩展教学资源。利用超星平台开展的签到、抢答、讨论等活动，形式新，趣味性足，符合学生求新求异的心理，参与积极性高。配合课堂提问、课堂互动、案例教学、视频教学、实践教学等教学环节，引入思政元素，用小组讨论、小组实践的形式锻炼学生的团队协作能力、探索精神和语言表达能力。线上线下实时互动，教学方法创新，信息手段对时空局限的破解，课程内容的分享、拓展、交流，使学生既具备了电子商务技能，也在潜移默化中树立起正确的世界观、人生观、价值观，强化了家国情怀，增强了民族自豪感，激起了激情与梦想，培养了创新意识。

三、案例特色与成效

1. 案例特色

本课程针对性、客观性、逻辑性强。本课程在以“学生为主体”的基础上，以“一捋顺、二挖掘、三融合”为思路进行教学设计。

捋顺：捋顺专业知识与思政元素的关系。

挖掘：深入挖掘与系统整合思政元素。

融合：无缝衔接专业知识与思政元素。

尊重原有课程结构，结合专业课程特点，整合零散的思政元素。每个思政元素都注重与专业知识点衔接的内在逻辑性和阐述的客观性。

2. 教学改革成效

学生纷纷反映，引入思政元素，专业课程更加贴近生活、更加生动，从学生的成绩可以看出，实施课程思政教学之后，学生成绩有所上升。

案例 9　旅游服务质量管理

案例视频

课程类型：专业教育课(经济学、管理学、法学类)

教育赛道：本科教育

开课年级：大三年级

面向专业：旅游管理

部　　门：管理学院

学　　校：上海杉达学院

案例教师或团队成员信息(第 1 位为教学案例负责人)：

姓名	职务	职称	部门
张懿玮	管理学院副院长	教授	管理学院

一、课程目标

本课程依托学校“诚信•严谨•质量”的办学理念和“多科性•国际化•高水平”的办学定位，围绕旅游管理专业数字化和应用型人才培养要求，针对学生服务素养、实践能力和自主学习能力薄弱的问题，提出以下几个目标。

1. 素质目标

坚持社会主义核心价值观和旅游业价值观，勇担“质量强旅”“质量强国”使命，具有良好的服务意识、高效的团队精神和追求卓越的服务精神，做好“旅游形象”代言人。

2. 知识目标

系统掌握旅游服务质量管理的基础知识、基本理论和方法，熟悉旅游服务质量管理数字化的前沿理论和方法，为成为未来旅游服务质量管理者奠定坚实理论基础。

3. 能力目标

熟练应用服务质量管理理论和工具，尤其是运用数字化工具，能对旅游服务质量进行科学分析、评价及改进；具备更高的自主学习、深度学习能力，有能力做好社会主义旅游事业建设者和接班人。

二、课程思政案例设计

1. 课程思政德育目标

本案例为第四讲“全面质量管理”中的第二小节“全面质量管理的内涵”，主要讲解全面质量管理的概念和内涵。通过本节课的讲解，主要达成以下课程思政德育目标。

(1)通过介绍质量发展简史，增强学生“质量强旅”“质量强国”的使命感和自信。

(2)通过对全面质量管理概念的阐释，增强学生对“群众路线”的认识。

(3)通过对全面质量管理内涵的阐释和线上线下讨论，增强学生的“系统观念”。

2. 思政教育融合点

知识点：全面质量管理简史。

思政元素：“质量强旅”“质量强国”的使命感和自信。

思政教育融合点：观看《大国质量》纪录片，了解全面质量管理历史，通过对中国质量发展历程的讲解增强学生质量强国的使命感，通过讲解日本质量超越美国的案例，使学生产生“日本能，我们也能”的质量强国的自信。

知识点：全面质量管理的概念。

思政元素：如何理解全员参与——群众路线。

思政教育融合点：融入“群众路线”。贯彻群众路线，尊重人民首创精神，坚持一切为了人民、一切依靠人民，从群众中来、到群众中去。全员参与本质上就是旅游企业的群众路线，旅游企业做好服务质量管理，必须发动所有员工，激发他们的积极性，发挥他们的智慧和作用，推进质量持续改进。最终，除让顾客满意和社会满意之外，也要让员工受益和满意。

知识点：全面质量管理的内涵。

思政元素：如何理解“三全一多”——系统观念。

思政教育融合点：融入习近平新时代中国特色社会主义思想中的“系统观念”：“世界上的事物总是有着这样那样的联系，不能孤立、静止地看待事物发展，否则往往会出现盲人摸象、以偏概全的问题。正所谓‘有无相生，难易相成，长短相形，高下相倾，音声相和，前后相随’。”“三全一多”为全员质量管理、全过程质量管理、全范围质量管理以及多方法质量管理，其本质体现了系统观念，企业大系统中的任何一个环节和部件都会影响质量，所以必须所有的人、过程和部门都动员起来，相互配合提升服务质量。

3. 教育方法和载体途径

教育方法和载体途径如表 1 所示。

表 1

阶段	教学内容	教学方法	载体途径
课前	预习本节课的主要内容，基本了解主要内容，产生“质量强旅”“质量强国”的使命感和信心	视频学习：纪录片《大国质量》第 1 集“质量时代”	中国纪录片网
		视频学习：课程微视频	智慧树
		课程 PPT 学习	智慧树
		课前阅读：教材第 4 章第 1～2 节	教材
		课前测：本节课内容前测	智慧树
课中	导入：为什么日本产品质量好？引出“全面质量管理”，以及“日本能，我们也能”的质量强国的自信	课堂讨论：为什么日本产品质量好	线下教室
	全面质量管理的概念	课堂讨论：一个成功企业的标准是什么	线下教室
		服务案例分享：有没有同学分享一下为了顾客利益而牺牲员工利益的案例	
		选择题：你觉得质量是谁的事	
		课堂讲授：概念	
	全面质量管理的内涵	教学案例：1978 年全面质量管理在北京内燃机厂和清河毛纺厂的推广	线下教室
		课堂讲授：“三全一多”	
	全面质量管理案例	案例分析：丽兹卡尔顿的酒店服务案例分析	线下教室
课后	复习和巩固本节课的学习内容拓展：有关全面质量管理的最新文献	课后阅读：《质量强国建设纲要》	智慧树
		在线讨论：如何鼓励全员参与	智慧树
		应用策划：将全面质量管理应用于团队工作	智慧树
		文献阅读：最新文献	智慧树

三、案例特色与成效

1. 案例特色

1) 以使命教育为根本，融入“质量强国”使命担当

微观上，旅游服务质量关系企业生存和发展；中观上，旅游服务质量关系产业高质量发展；宏观上，旅游服务质量关系人民对美好生活的向往，甚至中华民族伟大复兴中国梦的实现。本课程始终坚持将使命教育放在第一位，通过案例分析、质量比较、历史回顾、现状反思等多种形式，不断强化学生“质量强旅”“质量强国”的使命感和自信。

2) 以思维教育为基础，构建马克思主义思维观

在使命教育基础上，课程强调思维教育，坚持用马克思主义思维观改造学生。课程强调辩证思维、系统思维、人本思维、批判思维和历史思维等马克思主义思维观。比如，在全面质量管理教学中，重点强调系统思维观念，要求学生能够系统全面考虑质量问题。课程还始终强调以人为本，要求学生以“顾客为中心”，关注顾客需求，满足顾客期望，实现顾客满意和顾客忠诚。

3) 以行动教育为方法，推进“知信行”统一

质量最终落脚于行动，课程坚持在实践教学中体现质量意识和思维。比如，课程强调企业调研，

要求学生深入企业一线，对其旅游服务质量进行深入调研，找出问题并提出相应的对策建议。在实践中，加深对于理论知识的理解和应用，也有助于将思政教育落到实处。

2. 案例成效

(1) 本课程被评为上海市一流本科课程。

(2) 学生评价：最新一学期学生评价 4.95 分(总分 5 分)，反映“听了很多服务质量的例子，学到了很多新知识”。

(3) 督导评价：指出“学生与老师互动频繁，能引导学生思考，学习氛围浓厚”。

(4) 总体成效：学生服务素养和综合能力得以提升，在各类全国学科竞赛中获奖，以服务质量为主题的毕业论文连续三年有 3～5 篇获得优秀论文。

案例 10 成本会计学

课程类型：专业教育课(经济学、管理学、法学类)
教育赛道：本科教育
开课年级：大二年级
面向专业：审计、财务管理、会计
部　　门：经济管理学院
学　　校：泰山学院

案例视频

案例教师或团队成员信息(第 1 位为教学案例负责人)：

姓名	职务	职称	部门
王秀	教师	讲师	经济管理学院
梁丽媛	教师	副教授	经济管理学院

一、课程目标

“成本会计学”是财务管理、审计专业开设的一门专业核心课，以“基础会计”“中级财务会计”为先导课程，具有承上启下的作用。按照高水平应用型财会审管理人才的培养要求，践行“立德树人”根本任务，坚持全面育人理念，贯彻“以学生发展为中心”的教学理念，培养超越现有专业局限与学科局限，有机融合企业成本与业务活动信息，通过工作任务自动化执行、数据挖掘与分析等方式，为企业提供成本规划、决策、控制和评价服务的高素质创新型复合型成本会计人才。

基于此，本课程以学生能力为导向，建设“知识目标＋能力目标＋思政目标”三位一体的教学目标体系，输出懂理论、会决策、有眼光、能沟通、全人格的满足企业需求的全高素质创新型复合型成本会计人才，具体如下。

1. 知识目标

(1) 掌握成本会计理论知识与发展。

(2) 了解理论前沿及发展动态。

2. 能力目标

(1) 知识应用能力：对企业成本数据进行分析，为财务决策支持和风险管理提出合理建议。

(2) 数据挖掘能力：运用大数据技术进行业务成本数据的收集、整理、挖掘和可视化输出。

(3) 信息化处理运用能力：能够运用 Power BI\Python 等相关工具获取、甄别和加工成本信息，使用相关模型进行分析和判断。

3. 素质目标

⑴政治素质：树立社会主义核心价值观和爱国主义精神。

⑵人文素质：具备稳定、向上、坚强、恒久的情感力、意志力和人格魅力。

⑶职业素质：具备创新精神、工匠精神、诚信意识、会计职业道德。

⑷专业素质：具备发现财务管理问题的敏锐性和判断力，掌握创新创业技能，并能够运用成本会计理论和方法，系统分析、解决组织的成本管理问题。

二、课程思政案例设计

1. 案例知识点介绍

本案例知识点节选自“成本会计学”课程第七章“成本分析”专题，教学视频内容是“运用成本分析方法解读造纸企业成本数据”。

2. 课程思政育德目标

⑴宣传绿色低碳理念，使学生成为未来推动我国绿色低碳发展的中坚力量。

⑵高质量发展是全面建设社会主义现代化国家的首要任务。引导学生形成对自己的人生进行长期规划的意识，助力推动高质量发展。

3. 思政教育融合点

⑴造纸行业作为高污染行业，践行绿色低碳理念，不可避免面临成本短期承压的风险。以行业龙头甲企业“林浆纸一体化”成本分析为切入点，引导学生思考“成本是否越低越好”，通过对比甲乙企业近 7 年财务数据发现，践行绿色低碳理念虽然会造成企业短期成本承压，但是长远看更利于企业价值最大化，引导学生明确答案：企业成本并非越低越好，企业坚持绿色低碳发展才能在市场上立于不败之地，从而向学生播撒“绿色”种子，使学生成为未来推动我国绿色低碳发展的中坚力量。

⑵在分析“成本高导致销售净利率低”知识点中，关注“林浆纸一体化”并不能让企业利润立即见效，然而当企业林地成熟后，能极大降低企业原材料成本，从而缓解原材料依赖进口的现状，让企业走上高质量健康发展的轨道，另外引导学生关注企业高质量发展的理念，很自然地引入学生应该用发展的眼光看问题，重视个人长期投资，形成对人生进行长期规划的意识，助力推动高质量发展。

4. 教学方法和载体途径

本课程采用多元教学方法促进教学实施。根据“成本会计”内容进行模块化重构，细化思政点，通过视频、动画、案例、网站、小组协作等方式将“思政主线”深度融入教学主线的每一个任务中，达到隐性思政教育的目的。

本案例主要采用讲授法和启发式教学法，采用以案例内容为主的案例教学模式，实施从实务到理论再回归到实务的独特教学过程。

借助智慧树平台开展线上课程，搭建网络学习平台，定期对课程内容进行更新，团队教师全过程线下辅导和线上答疑，通过互动，激发学生主动学习的兴趣。

三、案例特色与成效

1. 案例特色

针对成本数据分析能力弱、基于跨领域复合知识的业财融合能力弱的情况，本案例在以案例内容为主的案例教学模式基础上进行改良，线下教学时将案例教学分解为采编案例—师生互动—执果索因—答疑解惑四个环节，体现从实务到理论再回归到实务的独特教学过程。

1）采编案例

（1）师生共同采编案例。

（2）学生查阅案例企业财务报告等资料。

2）师生互动

（1）学生讲述案例。

（2）教师解读案例中成本会计知识点。

3）执果索因

学生再次查找与案例企业会计处理相关的报道和评论，学生根据学过的知识进行判断。

4）答疑解惑

学生将最终未能解决的问题上传智慧树平台，小组之间先解惑，小组解决不了的，教师解惑。

2. 改革成效

建设线上课程，并结合线下教学，教学效果显著。一方面，案例教学使传统的课堂学习更具开放性、趣味性；另一方面，智慧树平台使师生互动多元化，学生的专业课认可度明显提升，为培养超越现有专业局限与学科局限，从“会计制度执行者”向“业务流程设计者”转型的成本会计专业人才打下坚实基础。

案例11 建筑工程计量与计价

案例视频

课程类型：专业教育课（经济学、管理学、法学类）

教育赛道：本科教育

开课年级：大三年级

面向专业：土木工程、工程管理、工程造价

部　　门：机械与建筑工程学院

学　　校：泰山学院

案例教师或团队成员信息（第1位为教学案例负责人）：

姓名	职务	职称	部门
王丽	教师	副教授	机械与建筑工程学院
韩斌	教师	讲师	机械与建筑工程学院
亓璐	教师	讲师	机械与建筑工程学院

一、课程目标

围绕泰山学院创建应用型本科高校的办学定位和培养德才兼备人才的需求，根据土木工程专业应用型人才培养要求，结合本课程特点，根据OBE的“反向设计”原则，由需求确定课程培养目标。即旨在帮助学生掌握建筑工程计量与计价必要的基本理论、基本知识和基本技能，培养学生解决复杂问题、实际问题的综合能力和高级思维，具备独立编制工程造价文件的技术能力；挖掘德育元素，实现知识、能力、素质协同培养；成为“好品行，精计量，擅计价，会管理”的高素质应用型人才，助力学生快速成长为国家级造价工程师。具体目标如下。

1. 教学目标

1）知识目标

（1）掌握工程造价的基本理论。

（2）掌握计量的技巧和方法。

(3)掌握计价的程序和方法。

2)能力目标

(1)能够编制工程量表。

(2)能够编制清单计价表。

(3)能够编制综合单价。

3)素质(思政)目标

(1)有家国情怀。

(2)有责任担当、团结合作精神。

(3)有科学、创新、严谨的职业精神，诚实守信、遵规守法的职业道德。

二、课程思政案例设计

1. 课程思政德育目标

根据学校定位和应用型专业人才培养要求，按照课程思政春风化雨、如盐融水的教学特征，对课程内容进行重新认识和重构再造，深入挖掘课程思政元素，明确课程思政德育目标。

2. 思政教育融合点、教育方法和载体途径

在课程设计中坚持“科技赋能夯实基础，任务驱动强化技能，思政引领塑造价值”，深刻把握认知规律，充分利用信息技术、网络资源，大量挖掘蕴含思政内容的典型案例、故事及实践，精心选择思政切入点和结合方式。

1)“三阶段+环节”线上线下混合式教学模式

为适应现代学生信息化的特点，满足学生对视频、图片、图纸等教学资源的需求，保证思政内容融入后有充足的教学时间，根据课程思政目标、思政融入方法、课程特点，采取“三阶段+环节”线上线下混合式教学模式，如图1所示。

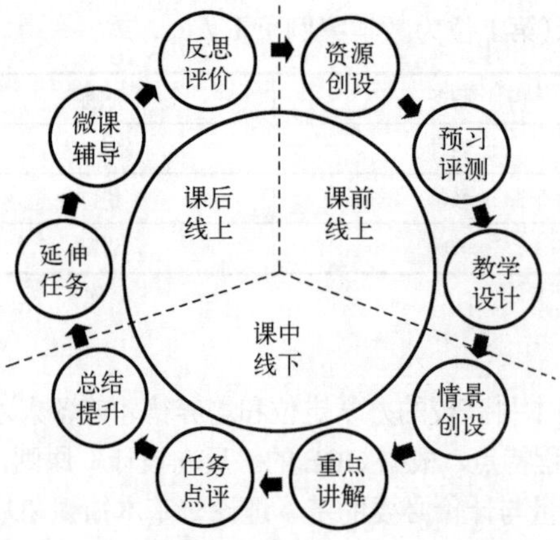
反思评价
资源创设
预习评测
教学设计
情景创设
重点讲解
任务点评
总结提升
延伸任务
微课辅导
课后线上
课前线上
课中线下

图1

2)以融入思政元素的工程项目整合教学内容，提出任务驱动教学

(1)思政教育融合点。

针对学生预习中反映的具有代表性的问题——“现代建筑中主要使用钢筋混凝土工程，砌筑工程还重要吗？需要学习吗？”进行问卷调查和讨论。

(2)情景导入法：蕴含思政的视频载体。

播放“中华传统砌筑工艺的传承与发展”短视频，解释如上预习中的典型问题。从砖、石、砌

块→新型材料，不论是传统建筑、新中式建筑，还是现代建筑，从基础、墙→窗台等建筑细部，传统砌筑工艺在劳动人民的聪明智慧下演绎出不同的风貌。新的历史时期，党和国家高度重视建筑信息化的发展，利用 BIM(Building Information Modeling，建筑信息模型)信息技术进行模拟排砖、优化施工技术，为传统工艺经验的传承与技术改进，提供快捷、高效的支撑。通过观看视频，学生感悟人民的智慧、职业自豪感、文化自信，同时引出任务，起到“价值引领、起兴、点题”三个作用。

(3) 思政渗透：任务驱动法。

“九层之台，起于累土。”(习近平总书记用典)基础是建筑的根基，直接影响建筑的安全性和经济性。引出任务——对图纸上“红砖房”M5.0 水泥砂浆砖基础工程进行计量。以任务驱动教学过程，根据学生认知规律，理实结合，解析计算规则和方法。

3) 提炼需要记忆的大量知识和繁杂计算中的马克思主义哲学观点和方法论，助力学生成为“精打细算”的能工巧匠

(1) 思维转换：积木游戏。

采用 BIM 动画、学生搭积木等形式进行图纸的深度分析，使学生完成二维平面图纸——三维立体建筑构件的思维转换。

(2) 思政渗透：头脑风暴讨论。

引导学生自主探索和思考。特别强调不同计算方法的基本原理和优点，要求学生必须掌握，并进行课下推导和应用。

(3) 技能比拼：任务点评。

按照小组讨论并进行任务的解决，完成后拍照提交，现场打分并点评、反馈。

(4) 思政渗透：提醒学生注意细节，精打细算——培养学生良好的职业素养。

(5) 总结渗透法：课后延伸任务。

以流程图形式梳理线上线下、课前课后的系统学习过程，强调重难点，提醒注意事项，培养学生良好的职业素养。

三、案例特色与成效

1. 案例特色

1) 案例故事多，学生兴趣高，引领作用好

通过搜集、整理相关材料形成课程思政建设案例库，并与每个章节中相关知识点的教学内容进行有机结合，通过生动的案例营造工程现场氛围，在帮助学生形成独立解决工程问题的同时，将思政教育渗透到专业知识教育体系中。

2) 任务驱动教学，既能整合教学内容，又能巧妙地融合思政

创设工程计量计价的任务情景，让学生置身于工程造价的真实环境中，学生自主挖掘工程量计算中蕴含的哲学观和方法论，训练其科学思维方法，传递科学精神。

3) 探讨式教学

以学生小组技能比拼形式完成任务并总结知识体系，通过任务的系统完成和总结，养成分析、探讨、总结、思辨能力和团队合作意识。

4) 总结式

有的思政内容不适宜在教学过程中插入，可以采取在课程内容即将结束进行小结时由教师或者学生总结给出。

2. 教学改革成效

通过座谈交流和问卷调查，学生更加喜欢这种教学方式；近几年学生先后在省级以上高校工程造

价技能竞赛、BIM 大赛等大学生竞赛中获得奖励 20 项，2022 年获得全国 BIM 大赛二等奖 1 项，三等奖 4 项。课程荣获校思政示范课程、一流课程等荣誉。教师荣获校教学比赛一等奖，参编教材获省优秀教材。企业评价好，2020 年对用人单位调查显示，用人单位对当年毕业生工程造价知识储备、职业素质给予非常满意的评价。

案例 12 管理学

课程类型：专业教育课(经济学、管理学、法学类)
教育赛道：本科教育
开课年级：大二年级
面向专业：工商管理
部　　门：经济与管理学院
学　　校：武昌工学院

案例视频

案例教师或团队成员信息(第 1 位为教学案例负责人)：

姓名	职务	职称	部门
孙玲修	教师	副教授	经济与管理学院
王智璇	教师	讲师	经济与管理学院
可可	教师	助教	经济与管理学院

一、课程目标

以服务地方经济、培养应用型人才为目标，使学生掌握管理基本理论、程序和方法，学习科学的管理思想，具备较强的综合管理技能与素质。

1. 知识目标

掌握管理活动的基本理论与政策；掌握管理活动的基本流程；正确把握管理活动内在规律；掌握各种管理方法与管理实践的运用。

2. 能力目标

具备应用现代理念和理论分析与处理实际管理问题的能力；具备分析内外部环境、界定管理问题的能力；具备基本决策能力；具备良好的人际交往与沟通的能力；具备激励员工的能力；具备运用现代控制方法实施工作控制的能力；具备有效运用权力指挥的能力；具备创新与运筹的能力。

3. 素质目标

实现“实践—理论—实践”一体化，使学生最终具备管理意识、管理知识和管理能力，获得个人的核心竞争优势。

二、课程思政案例设计

管理学是高校经管类专业的核心课程，课程本身具有很强的思想性和实践性，结合课程特点，教学组注重课程内容和思政元素有机结合，积极开展教学方法的改革，多元化开展管理学课程思政建设。

1. 围绕课程特点，深挖思政内容

管理学课程思政目标是以社会主义核心价值观为指引，围绕课程内容开展思政教育，突出爱国主义、团队精神教育，引导学生树立具有国家意识的全局观和服务社会大众的职业精神，达到“知识传授、能力提升和价值观引领”同步提升的德育效果。结合管理学的章节内容，课程组进行深入的课程思政分析，提炼德育元素，并将其融入各章节的教学内容，已经形成了完整的管理学课程思政体系。

2. 坚持全程思政融入，实施课程教学改革

1) 抓住教学设计环节

设置专业知识和思想品德培养的双重教学目标，深挖课程各章节内容的思政元素，使每章都有德育内容，兼有具体德育实例。通过精心的教学设计，教师在管理知识内容中融入思政元素，自然实现专业知识的“显性教育”与社会主义核心价值观的“隐性教育”的有机结合。

2) 运用多种教学方法手段

(1) 结合不同章节内容，采用视频、小组讨论、团队探究、课堂演讲、线上线下结合等教学形式。结合中国优秀企业的管理案例，寓思想道德教育于文化知识教育之中。创设教学情景，自然地将思政意识贯穿课堂教学全过程。

(2) 采用对话式教学方式。通过组织讨论，学生更容易产生自我代入的场景体验，融入社会责任、公正公平、使命担当等德育元素，将道德教育、职业素养和科学管理知识融为一体，教导学生成为一个推动社会发展和进步的管理者。

(3) 灵活运用新媒体平台开展延伸学习。利用新媒体平台上的相关文章，在课外对学生进行专业知识传递和思想教育，使课程思政教学延伸至课堂之外。

3) 多元化课程考核方式

围绕中国优秀企业和优秀企业家精神进行作业设计，学生以小组形式完成作业并在班内分享交流，培养学生的团队合作精神和职业素养，并作为平时成绩的一定比例进行考核。

三、案例特色与成效

1) 挖掘和设计思政元素与专业知识的交汇点

深入挖掘与专业课程有密切联系的思政元素，并将这些思政元素结合案例、话题、社会现象等可以与学生产生共鸣的资源相结合，实现思政元素进大纲、进课堂，使思政元素与专业知识有机结合，拒绝简单引入的“两张皮”现象。

2) 积累和设计课程思政教学案例与教学方式

强调“来源于生活，充满感情与温度”，遵循专业内容教育与思政价值引领教育有机融合的原则，采用将专业知识与通俗思政素材进行融合的教学设计。通过把经济和社会发展中呈现出来的真实案例加以提炼和处理，引发学生学习和思考，帮助学生提高对授课目标的理解和认知。在思政内容的讲述中，通过引入相应的案例与素材，生动展现专业课和思政元素的自然融合，提高学生的学习兴趣和讨论参与度，增强对思政内容的理解和消化。

3) 合理安排思政教学时间，以提高学生接受度

在进行课程思政教学时，我们将思政课堂教学的素材或案例内容控制在 5 分钟以内，同时结合线上教学，将更为丰富的思政资源上传于线上平台，供学生课后研读，并通过增加小组讨论等方式调动学生的积极性。

4) 与时俱进，突出课程思政建设的中国特色

思政教育强调充满温度、富有活力，同时与时俱进，时刻保持思政教育的时代活力，尽量做到与学生共情。关注社会热点中可以挖掘的思政元素，用新素材、新观点激活学生的课堂参与意识，引导学生树立社会主义核心价值观与情感认同。

案例 13 商事法律应用

课程类型：专业教育课(经济学、管理学、法学类)
教育赛道：本科教育
开课年级：大一年级、大二年级
面向专业：审计学、财务管理、金融学等商科类专业
部　　门：通识教育学院
学　　校：西安欧亚学院
案例教师或团队成员信息(第 1 位为教学案例负责人)：

案例视频

姓名	职务	职称	部门
马芳琴	教师	副教授	通识教育学院

一、课程目标

西安欧亚学院是一所国际化应用型商科本科高校，为满足商科专业的人才培养需求，特开设“商事法律应用”课程，旨在提高商科学生对法律的“学、思、悟、行”能力，帮助其逐步成长为“法商结合”“精商明法”“德法兼修”的应用型商科人才。

本课程结束后，学生应达到以下目标。

1. 知识目标

复述商事法律的基础知识与基本理论，识别相关概念的联系与区别。

2. 能力目标

运用相关法律知识对比分析商事行为和商事活动的合规性和有效性；分析并解决商事行为及商事活动中发生的法律纠纷。

3. 素养目标

预测可能存在的商业法律风险，法律思维与法律素养得到提升。

4. 育人目标

践行社会主义核心价值观，践行契约精神，遵守商业活动道德规范，恪守责任，实现德法兼修。

二、课程思政案例设计

1. 课程思政德育目标

本案例教学内容为“合同法”内容的开篇，旨在帮助学生理解有关合同的基础性概念，解决简单的合同纠纷，让学生在案例中感受诚信守法、践行契约精神在商业活动及社会发展中的重要意义，激发青年学生做诚信守法商业人的使命担当。

2. 思政教育融合点

诚实信用、自由平等、契约精神、权利与义务、利益与公平等。

3. 教学方法

案例教学。

4. 教学过程设计

1) 课前：发放学习任务清单

(1) 通过智慧树平台学习“商事法律应用”中“合同的概述与订立”，并完成在线测试。

(2) 在校级教学平台畅课(Tronclass)完成课前资料学习与阅读。

2) 课堂教学

(1) 课程导入。

案例 1：“袖里吞金”(图片＋视频材料)，传统合同雏形与表现形式。

融合点：自愿、公平。

(2) 合同的概念。

融合点：引导学生关注合同既是权利也是义务。

(3) 合同的订立。

案例 2：卖棉花(视频材料)。

① 通过视频案例，梳理合同订立的要件：当事人要件、标的要件、形式要件、阶段要件(要约与承诺)。

融合点：体验交易双方在谈判磋商过程中的心态及情感变化，双方在自愿、平等的对话中，公平合理实现各自的利益诉求。

② 合同订立的标志性阶段：要约与承诺。

通过案例梳理，清晰地理解何为要约、何为承诺、合同成立的标志。

融合点：合同成立意味着合同双方当事人权利与义务的产生。诚信履约、践行契约精神是必须遵守的规则，实现市场的安全与秩序，促进社会经济的发展。

③ 综合训练。

案例 3：图书交易案。

融合点：鼓励商科专业的学生合理防范法律风险，做诚信守法的表率，恪守契约精神，诚信经营，守约履责，做“精商明法”“德法兼修”的商业人才。

3) 课后任务

(1) 案例操作：模拟合同的订立过程。

要求：撰写脚本，完整呈现合同订立的基本要素——要约与承诺；模拟合同订立的过程；参考教师提供的合同范本，草拟一份合同文本(包含主要条款即可)。

(2) 案例预习。

新冠疫情到底算不算“不可抗力因素”？对于合同的履行会产生何种影响？

三、案例特色与成效

1. 案例特色

(1) 案例教学：精选案例激发学生兴趣，有助于厘清基本概念与内涵。

(2) 应用性强：引入真实商务合同纠纷相关案例，加强训练，讲练结合。

(3) 课程育人：有效融入诚实守法、契约精神等价值观，促进“责、权、利”意识的建立，激发做合格“商业人”的使命担当。

2. 教学改革成效

(1) 有效提升商科学生的法律思维与法律素养。为了及时有效地了解教学改革效果，课程组对学生进行课程前后测试。从整体的前后测试数据分析来看，课程对于提升学生的法律素养是非常显著的。

(2)学生认可：课堂学习不仅让学生知道基本的知识(合同的由来)，亲身体验合同订立的环境(模拟合同订立的过程)，还让学生理解契约精神、诚信守法对推动社会发展、社会文明进步的重要价值。

(3)督导、同行认可：自从教学改革以来，校内督导、同行的评价均在 90 分以上。

案例 14　高级财务会计

案例视频

课程类型：专业教育课(经济学、管理学、法学类)

教育赛道：本科教育

开课年级：大三年级

面向专业：会计学、财务管理

部　　门：经济管理学院

学　　校：中国石油大学(北京)

案例教师或团队成员信息(第 1 位为教学案例负责人)：

姓名	职务	职称	部门
吕慧	会计专硕教育中心副主任	副教授	经济管理学院
王珮	教师	教授	经济管理学院
马春爱	经济管理学院副院长	教授	经济管理学院

一、课程目标

本课程面向能源特色高校开设，致力于以行业需求为牵引、以新文科建设为导向、以学生发展为中心的商科专业胜任能力的培养。立足能源企业发展情境，将教学内容设置为低碳化、国际化、证券化、集团化四大板块，融入领域发展前沿，跨学科交叉重塑；以专业胜任能力为导向，构建“理论—实践—实战”混合式分层教学体系；以场景化浸润体验为核心，引入契合会计逻辑和教学需求的 BOEIRS 教学结构，仿真参与，实战演练；以激发学生内驱力为目标，多元多维立体考核；以会计职业使命为指引，开发“个人诚信—职业传承—公司治理—国家监督”四层育人框架，提升学生的专业胜任能力和家国情怀大格局。

课程以立德树人为根本任务，强化专业胜任能力锻造，培养厚理论素养、强实践技能、有家国情怀、蕴绿色思维的新会计人才。具体课程目标如图 1 所示。

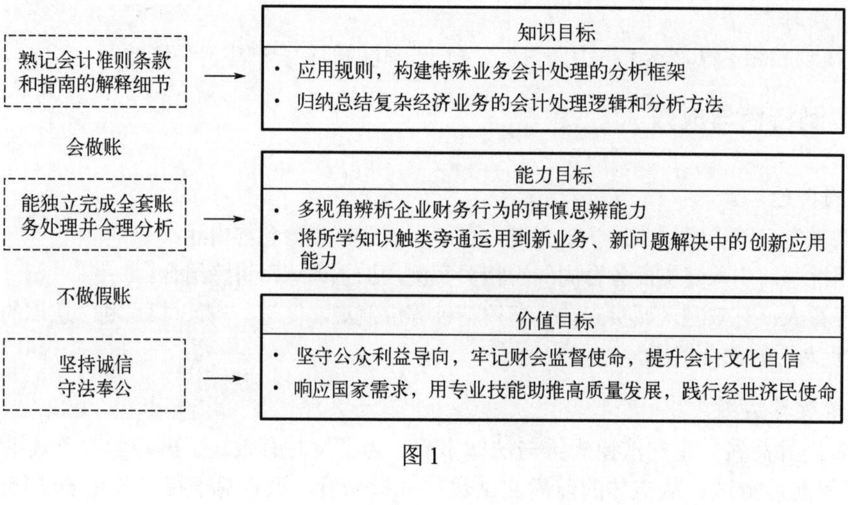
熟记会计准则条款和指南的解释细节
知识目标
应用规则，构建特殊业务会计处理的分析框架
归纳总结复杂经济业务的会计处理逻辑和分析方法
会做账
能独立完成全套账务处理并合理分析
能力目标
多视角辨析企业财务行为的审慎思辨能力
将所学知识触类旁通运用到新业务、新问题解决中的创新应用能力
不做假账
坚持诚信守法奉公
价值目标
坚守公众利益导向，牢记财会监督使命，提升会计文化自信
响应国家需求，用专业技能助推高质量发展，践行经世济民使命

图 1

二、课程思政案例设计

1. 教学案例介绍

企业合并是“高级财务会计”课程中最重要、最复杂的专题之一，被誉为财务会计体系皇冠上最为璀璨的明珠。本案例节选自“企业合并”专题的第四节“商誉的确认、计量及影响”。通过分析中国制度背景下上市公司因商誉的确认和计量而引发的系列影响，引导学生树立用专业知识防范化解重大金融风险的责任担当，强化风险防控意识，助力资本市场和国家经济的可持续高质量发展。

2. 课程思政德育目标

(1) 熟知中国会计准则从国际趋同到中国特色的发展历程，提升会计文化自信。

(2) 立足投资者权益保护和机构 ESG(Environmental 环境，Social 社会，Governance 公司治理) 投资理念，强化防范化解金融风险的意识。

(3) 深刻理解企业高质量发展、金融服务实体等政策部署，增强国家制度自信。

3. 思政教育融合点

1) 红专并进，感悟中国制度自信和会计文化自信

通过介绍国务院国有资产监督管理委员会央企合并重组工程，展现企业高质量发展的制度背景和显著成效，加深学生对中国制度背景和市场政策的认知，增强学生的国家自信和制度自信。同时，通过介绍中国会计实践历程中涌现的中国智慧的会计方案，提升学生的专业认同感和荣誉感，感悟中国会计文化自信。

2) 立德树人，强化风险防范意识和经世济民使命

在分析资本市场的高溢价并购乱象和高商誉风险异象时，引导学生关注经济运行中的薄弱环节，树立防范化解重大金融风险的意识和责任担当，利用专业技能多方协同，服务实体经济可持续发展。

3) 以学为本，提升学生商科专业胜任能力

在进行企业合并行为分析时，立足能源企业发展情境，采用场景化浸润式教学法，创设四大业财场景，从“业务—财务—金融—监管”四维视角展开分析，通过让学生设身处地地感受不同角色的立场和决策机制，培养学生多维审慎辨析经济现象的专业胜任能力。

4) 科教融合，引领学生把握领域前沿动态

教学过程中落实“以研促教，教研结合”的教学理念，将企业合并会计的最新前沿研究引入课堂，探索传统财务报表无法完全反映商誉难题的困境，激发学生的科研兴趣及对企业合并治理机制的思考，满足部分学生进行深层次科研的需求。

4. 教学方法和载体途径

1) 采用 BOEIRS 教学结构，虚实耦合，场景浸润体验

以建构主义为指导，基于 BOPPPS 教学法，开发契合会计逻辑架构和教学需求的 BOEIRS 教学结构(如图 2 所示)，注重业财情景创设，打造仿真参与式浸润体验。

2) 情景创设，角色扮演，多维思辨研讨

扎根中国，选取本土企业经典案例，按照“业务—财务—金融—监管”四维视角创设业财情景，引导学生角色扮演、汇报，并回应其他组的质疑咨询。既增加参与感和融入感，又激活审慎思辨和合作创新，提升专业胜任能力。场景建构及浸润思辨展示如图 3 所示。

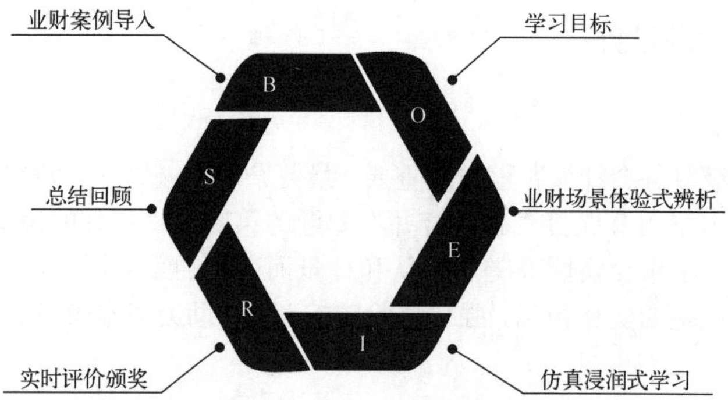
业财案例导入
学习目标
B
O
S
总结回顾
业财场景体验式辨析
E
R
I
实时评价颁奖
仿真浸润式学习

图2

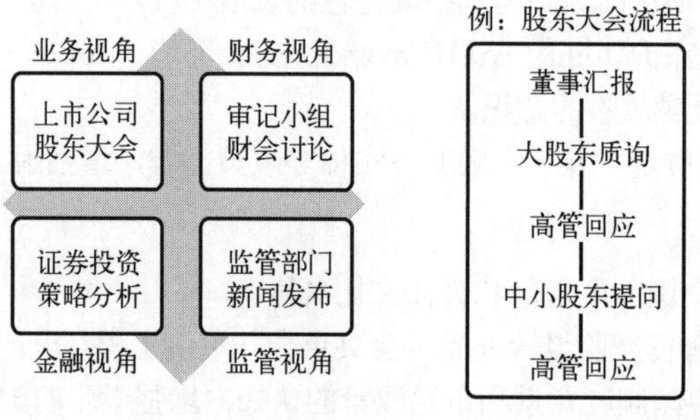
业务视角
财务视角
上市公司
股东大会
审记小组
财会讨论
证券投资
策略分析
监管部门
新闻发布
金融视角
监管视角
例：股东大会流程
董事汇报
大股东质询
高管回应
中小股东提问
高管回应

图3

三、案例特色与成效

特色：以会计职业使命为指引，四层框架浸润育人。

1. 深挖内涵，框架育人，经世济民以诚为本

结合专业特点和行业特色，构建“个人—职业—企业—国家”四层框架育人模式(如图4所示)，形成“以诚实守信为核心、以文化传承为根基、以公司治理为重点、以国家监督为拓展”的体系，培养学生恪守诚信的道德素养和经世济民的责任意识。

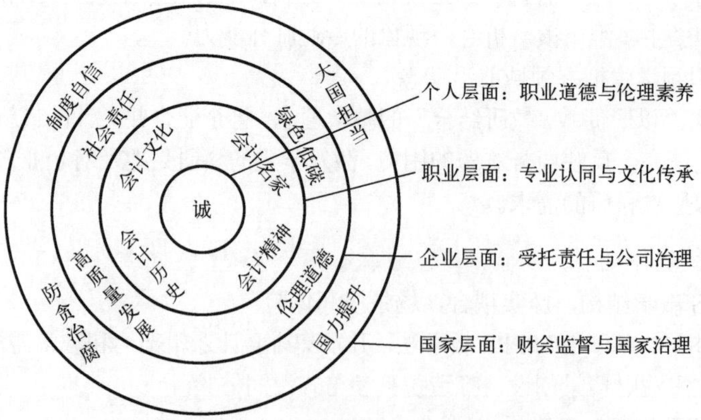
诚
会计文化
会计名家
会计历史
会计精神
社会责任
绿色低碳
高质量发展
伦理道德
制度自信
大国担当
防贪治腐
国力提升
个人层面：职业道德与伦理素养
职业层面：专业认同与文化传承
企业层面：受托责任与公司治理
国家层面：财会监督与国家治理

图4

2. 有机结合，互融互联，隐性渗透专业教学

各层思政元素并非独立割裂，而是结合专题内容“三位一体”有机融合，如在企业合并专题中，同时涵盖四层框架思政内容，如图5所示。

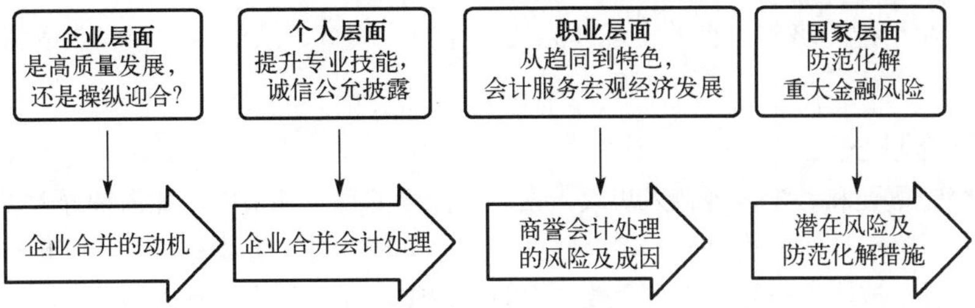
企业层面
是高质量发展，
还是操纵迎合？
个人层面
提升专业技能，
诚信公允披露
职业层面
从趋同到特色，
会计服务宏观经济发展
国家层面
防范化解
重大金融风险
企业合并的动机
企业合并会计处理
商誉会计处理
的风险及成因
潜在风险及
防范化解措施

图 5

职业教育类

案例 15　旅行社经营管理

案例视频

课程类型：专业教育课(经济学、管理学、法学类)
教育赛道：职业教育
开课年级：高职二年级
面向专业：旅游管理、导游
部　　门：旅游与艺术学院
学　　校：北京财贸职业学院
案例教师或团队成员信息(第 1 位为教学案例负责人)：

姓名	职务	职称	部门
曲琳娜	教师	副教授	旅游与艺术学院
王丽娟	教师	副教授	旅游与艺术学院
高丽敏	教师	教授	旅游与艺术学院

一、课程目标

“旅行社经营管理”课程依据学校对旅游管理专业和导游专业的人才培养要求，依托专业教学标准、《旅行社服务通则》(GB/T 31385—2015)和专业课程标准而设立，是专业职业核心能力课程。课程依据学生情况及特点，精准确定课程教学的知识、能力、素养三维目标。通过课程的学习，学生能对旅行社行业及其经营管理有系统的认识，重点掌握旅行社核心岗位的工作流程和方法，能较快胜任旅行社不同岗位工作，具备旅行社日常业务运作和业务管理的核心能力，能树立正确的价值观、人生观、道德观及职业观，专业认同感、职业荣誉感和社会责任感增强，成为具有爱国、爱岗、敬业、诚信、创新等优秀品质的综合型、高素质人才。

二、课程思政案例设计

1. 课程思政德育目标

本案例是课程项目二“旅行社产品开发业务”中的一个子任务，即主题旅游线路设计——“名人故居”研学旅行。根据旅游企业和学校“双高校”建设对专业人才培养的要求，科学设计课程思政德育目标。以立德树人为根本，将社会主义核心价值观和旅行社工作岗位核心素养贯穿教学全过程，从国家—社会—个人层面浸入思政元素。坚持思想引领与知识传授的有机结合，深入挖掘教学内容中所蕴含的思政元素，将旅行社行业职业道德与职业素养贯穿课程始终，致力于价值观、人生观、道德观及职业精神的培养，有效实现理想教育、诚信教育、法纪教育和职业道德教育的各项推进目标。

2. 思政教育融合点

根据工作岗位需要和教学内容融入思政元素，在教学的每一环节中，如课程导入、任务发布、研学活动设计等方面落实具体思政教育。将“德育素养、美育教育、劳动意识、工匠精神、创新能力”的培养、知识传授、技能掌握复合集成于教与学的过程中，促使学生能够入脑、入心、见行动，达成知行合一的教学、育人目标。

3. 教育方法和载体途径

首先，“课程导入”培养学生的深入思考和创新能力。

教学从认识研学旅行入手，通过照片合集导入课程，用问题“如果你们去参加研学旅行，你想要什么样的线路体验”鼓励学生深入思考，培养学生的认知能力、探究能力和创新能力。

其次，任务式驱动教学培养学生的团队合作能力和工匠精神。

通过“李大钊故居”研学线路设计及展示这一任务，组织学生分组讨论、展示及完成任务，提升学生的团队合作能力、团队学习意识和课堂讨论的参与度。通过精益求精的“李大钊故居”研学线路的设计、修改完善、课堂展示，培养学生的工匠精神。

最后，研学活动设计与李大钊革命故事的结合培养学生的爱国、爱党情怀。

研学线路设计最关键的是研学活动的设计。在视频中，教师通过介绍李大钊故居中卧室和李大钊女儿房间抛砖引玉，讲述革命故事，渗透爱国、爱党、吃水不忘挖井人的感恩之情，更好地激发学生的爱国主义情怀。

三、案例特色与成效

1. 案例特色

以学生为主体、以任务为驱动、以德技并修为引领，将任务驱动教学与思政教育有机融合。聚焦工作情境、沉浸教学，在具体任务中将旅行社从业人员的爱岗敬业、工匠精神有机融入，注重学生劳动意识和创新能力的培养；在研学活动设计中紧密结合李大钊故居的思政元素，嵌入式地践行思政教育要求。

2. 教学改革成效

教师通过教学设计及思政教育的深入思考与实践，教学能力显著提升，教学团队在北京市职业院校教学能力比赛中取得优异成绩。

学生通过沉浸式体验学习，深刻体会爱国主义精神、团队合作意识，具有了爱岗敬业的职业道德和素养，提高了“研学旅行策划与管理”1+X证书考试的通过率，两名学生参加新时代研学旅行课程活动设计大赛获得特等奖，学习效果显著。

案例 16 消费者行为分析

案例视频

课程类型：专业教育课(经济学、管理学、法学类)

教育赛道：职业教育

开课年级：高职二年级

面向专业：市场营销、电子商务、工商企业管理

部　　门：商学院

学　　校：北京财贸职业学院

案例教师或团队成员信息(第1位为教学案例负责人)：

姓名	职务	职称	部门
张璐	教师	讲师	商学院
平建恒	商学院党总支副书记、院长	副教授	商学院
唐波	教师	讲师	商学院

一、课程目标

本课程是市场营销等专业学生在学习“经济学基础”“管理学基础”后开设的职业能力核心课。课程立足服务“消费者”的专业岗位特质和分析“消费者”的课程特点，依据“多元整合、传承创新”课程设计理念，“学、练、赛、训、创”有机融合，达成“基础知识扎实、高阶思维系统、应用创新熟练”的培养目标。通过“岗课赛证”综合育人，帮助学生探究消费者的行为、认知、情感、态度，以及经济、文化、社会环境影响因素，掌握消费者行为与企业营销活动之间的内在关系，能利用所学知识进行方案策划、实施和评价，具备解决复杂问题的综合能力。结合课程思政，融合“诚信服务、卓越品质”京商文化内涵，培养学生精益求精、顾客为本的“中国服务”核心素养。

二、课程思政案例设计

1. “劳模精神”“京商文化”课程思政主线贯穿教育教学全过程

课程建设围绕学校“财贸特质、首都特色、国际知名的新商科职业院校”办学定位和“中国服务精品商学院”发展愿景，对标“家国情怀、职业素养、工匠精神”中国服务素养内涵，依托财贸素养德育品牌，立足服务“消费者”的专业岗位特质和分析“消费者”的课程特点，结合教学任务载体，将蕴含理想信念、社会主义核心价值观的“劳模精神”“京商文化”思政主线贯穿教育教学全过程，聚焦“有爱心、讲诚信、负责任、能财会商”财贸人才培养，如图 1 所示。

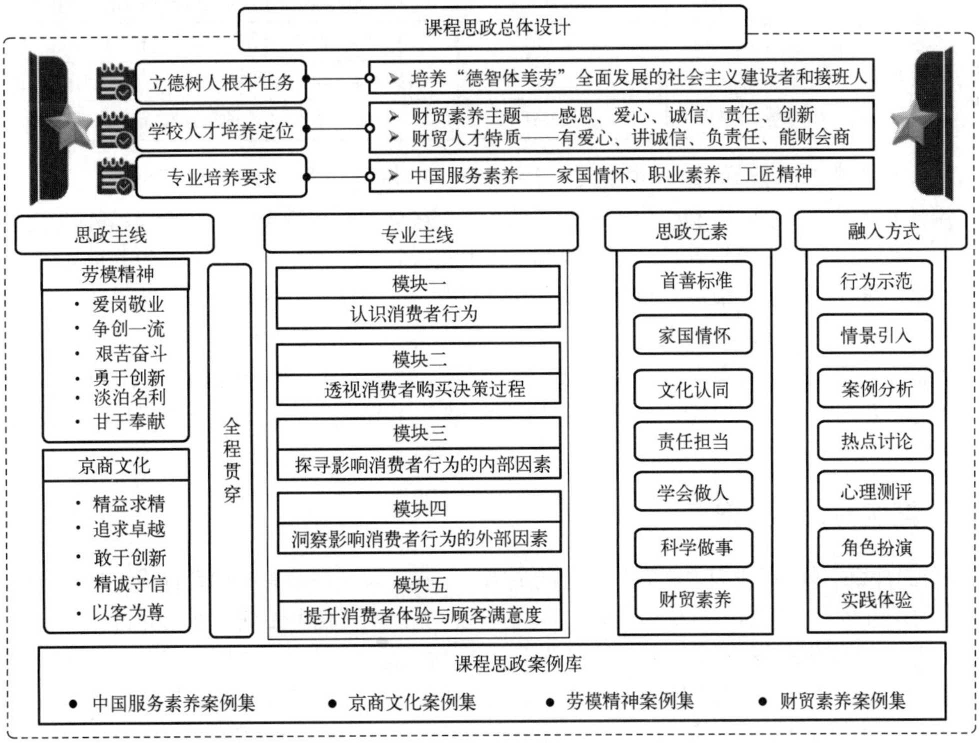
课程思政总体设计
立德树人根本任务
培养“德智体美劳”全面发展的社会主义建设者和接班人
学校人才培养定位
财贸素养主题——感恩、爱心、诚信、责任、创新
财贸人才特质——有爱心、讲诚信、负责任、能财会商
专业培养要求
中国服务素养——家国情怀、职业素养、工匠精神
思政主线
劳模精神
· 爱岗敬业
· 争创一流
· 艰苦奋斗
· 勇于创新
· 淡泊名利
· 甘于奉献
京商文化
· 精益求精
· 追求卓越
· 敢于创新
· 精诚守信
· 以客为尊
全程贯穿
专业主线
模块一
认识消费者行为
模块二
透视消费者购买决策过程
模块三
探寻影响消费者行为的内部因素
模块四
洞察影响消费者行为的外部因素
模块五
提升消费者体验与顾客满意度
思政元素
首善标准
家国情怀
文化认同
责任担当
学会做人
科学做事
财贸素养
融入方式
行为示范
情景引入
案例分析
热点讨论
心理测评
角色扮演
实践体验
课程思政案例库
● 中国服务素养案例集
● 京商文化案例集
● 劳模精神案例集
● 财贸素养案例集

图 1

2. 校企协同育人，深入挖掘思政教育资源

本课程依据专业教学标准，对接网店运营与推广职业技能等级标准，在消费者行为分析课程模块中贯穿京商文化内涵。以培养学生细致入微的“中国服务”意识为出发点，以任务驱动为手段，以“四双模式”为基础，将思政教育贯穿育人全过程。在实施过程中贯穿校企双课堂、校企双导师、双证书培养、双生源入口的“四双模式”，提供教师资源、校企资源保障。课程以“助农消费”为主题，校企协同创设“助农直播”教学活动，帮助不发达地区销售农产品，以真实职业岗位引导学生积极参与实践来获取知识解决问题，有机融入中华优秀传统文化、劳动意识、工匠精神、爱国主义等思政元素。具体融入方式如表1所示。

表1

专业主线	思政元素	融入方式＋典型案例	
模块一：认识消费者行为	家国情怀 文化认同 科学做事 精益求精 以客为尊 责任担当	热点讨论	从鸿星尔克直播间看理性消费的有限性
		案例分析	伏羲女娲图折射出的行为驱动因素
		心理测评	消费行为分析常用的科学方法与测量工具
模块二：透视消费者购买决策过程	道路自信 争创一流 敢于创新 追求卓越 家国情怀 文化认同	情景引入	从100年来年货市场的变化看购买行为的内容
		热点讨论	华为的鸿蒙系统与后疫情时代的消费购买决策
		角色扮演	“80后”“90后”“00后”心目中的“国货潮牌”
模块三：探寻影响消费者行为的内部因素	爱岗敬业 甘于奉献 淡泊名利 责任担当 精诚守信 文化认同	实践体验	“标题党” 带来的流量能否成为消费者感知信息的有效途径
		热点讨论	自我实现需要与疫情下的职业奉献
		案例分析	从故宫文创元素看影响态度的六个途径
模块四：洞察影响消费者行为的外部因素	甘于奉献 淡泊名利 敬老孝亲 精诚守信 艰苦奋斗 家国情怀	行为示范	我的喜爱群体——青年志愿者的消费行为
		实践体验	农产品如何从田间地头到直播间购物车
		案例分析	家庭消费中子女向父母赠送礼品的影响因素
模块五：提升消费者体验与顾客满意度	首善标准 以客为尊 财贸素养 科学做事 精益求精 精诚守信	行为示范	助农直播团队售后服务标准化流程
		案例分析	国货咖啡品牌“三顿半”空罐返航计划如何提升用户体验
		角色扮演	京城“老字号”的回头客，品牌做对了什么

3. 探索构建“任务驱动-六步递进-三线融合-四维评价”思政建设模式

采用任务驱动教学法，实施校企双课堂联动、线上线下混合式教学，贯穿劳模精神和京商文化。采用六步六“YAN”递进教学方式，利用课前、课中、课后三环节，将消费者行为分析知识线、能力线与素养线三线有机融合，采用“专业知识、专业能力、社会能力、核心素养”四维评价，创新构建“任务驱动-六步递进-三线融合-四维评价”的思政建设模式(如图2所示)。

以京商文化为底蕴，培养学生爱岗敬业、争创一流、艰苦奋斗、勇于创新、甘于奉献的劳模精神。实现人才培养方案中“掌握消费者心理活动及行为规律”的知识目标，达成能力目标，激发深厚爱国情感和中华民族自豪感。

三、案例特色与成效

乡村振兴战略是破解我国“三农”问题的金钥匙。在“消费情境影响消费行为”学习模块中，课程服务全面推进乡村振兴的国家战略，强化实践育人，对接电子商务专业人才培养目标，联合合作企业新疆丝路红林果业有限公司，呈现教学效果。以“实践体验”方式融入“以客为尊”“精诚守信”“家国情怀”“责任担当”等思政元素，学生在实践体验中历练成长，在耳濡目染中增强责任担当，在辛勤劳动中感知幸福生活。通过“双课堂、双联动、真实践、新体验”，引导学生积极投身乡

村振兴，做有知识、有情怀、有活力的新时代青年，实现了课程思政育人目标，创新了课程育人教学模式。

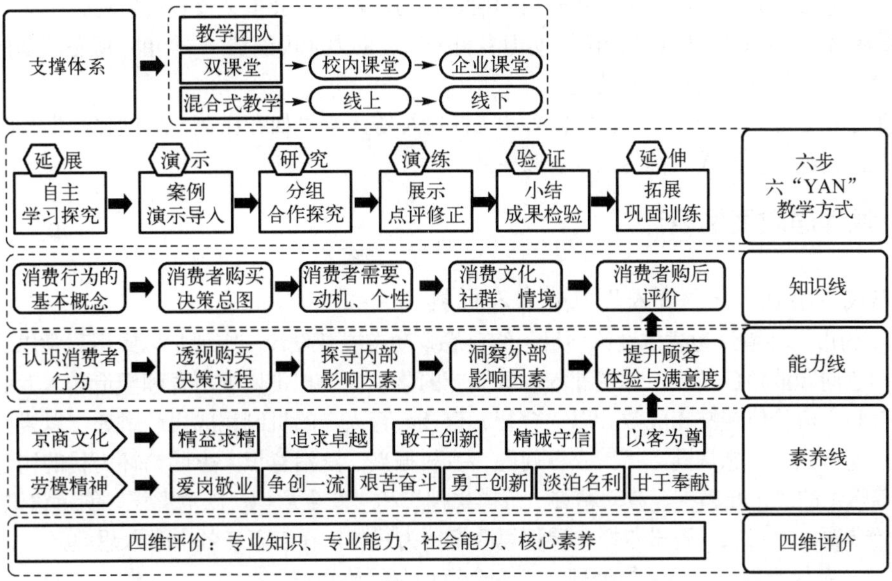
支撑体系
教学团队
双课堂
校内课堂
企业课堂
混合式教学
线上
线下
延展
自主学习探究
演示
案例演示导入
研究
分组合作探究
演练
展示点评修正
验证
小结成果检验
延伸
拓展巩固训练
六步 六“YAN”教学方式
消费行为的基本概念
消费者购买决策总图
消费者需要、动机、个性
消费文化、社群、情境
消费者购后评价
知识线
认识消费者行为
透视购买决策过程
探寻内部影响因素
洞察外部影响因素
提升顾客体验与满意度
能力线
京商文化
精益求精
追求卓越
敢于创新
精诚守信
以客为尊
劳模精神
爱岗敬业
争创一流
艰苦奋斗
勇于创新
淡泊名利
甘于奉献
素养线
四维评价：专业知识、专业能力、社会能力、核心素养
四维评价

图 2

案例 17　银行信贷实务

课程类型：专业教育课（经济学、管理学、法学类）
教育赛道：职业教育
开课年级：高职二年级
面向专业：金融服务与管理
部　　门：经济管理学院
学　　校：黑龙江农业工程职业学院（松北校区）
案例教师或团队成员信息（第 1 位为教学案例负责人）：

案例视频

姓名	职务	职称	部门
齐琳	教师	助教	经济管理学院

一、课程目标

1. 设计思路

本课程积极响应新产业、新业态、新模式、新职业背景下银行信贷人才培养要求，深化教学改革，践行立德树人理念，弘扬劳模精神、厚植工匠文化，从信贷专员的核心能力出发，校企共同开发项目化学习任务，引入信贷业务办理的新规范、新技术、新理念，采用“校企协同＋成果导向＋任务驱动”教学策略和“信贷项目贯穿、五步联动提升”教学模式，课程结合客户经理、信贷专员、信贷风控、信贷管理四个工作岗位需求，以项目式教学为内容、以“诚为本、德为先、勤为上、技为优”为思想、以竞赛技能点与职业技能证书考点为成果导向，以任务驱动重构课程结构，设计教学内容，结合线上线下混合式教学模式，培育厚德强技的高素质技术技能人才。

2. 建设目标

(1) 以《中华人民共和国商业银行法》和中国银行业监督管理委员会2010年公布并实施的《个人贷款管理暂行办法》为依据，倡导诚实守信的信贷行为，践行社会主义核心价值观。

(2) 掌握信贷从业、助力实体经济、助力乡村振兴、助力居民消费 4 个单一服务载体的银行信贷项目和1个综合实训项目的知识和技能。

(3) 将文化浸润、家国情怀、乡村振兴和工匠精神等元素“如春在花、如盐化水”般融入课程体系设计，从而构建“浸润式”特色课程思政模式。

二、课程思政案例设计

1. 形成“思政”和“育人”双管育人机制

以真实的市场环境作为载体设计项目，结合思政动态展开设计，实现学以致用、学以达用，使学生由学生角色向职业角色转换，体现课程思政实施的落地性。把价值观培育和塑造融入专业课程，体现国情教育和主流价值观熏陶成效。以“育智、育技、育人”的机制完成思政融通，以爱岗敬业、诚实守信，理论认同、思想认同，“三农”问题、乡村振兴，法治意识、家国情怀为目的构建思政资源库，以培养学生的“工匠精神、劳动精神、劳模精神”和“安全意识、规范意识、创新意识”为主线，以时事政治专题、“三农”资讯专栏、课程思政案例为载体，在以下任务中融入思政元素。

任务一：农村小额信贷申请与处理——安全意识、民族自豪

任务二：农村小额信贷受理与调查——爱岗敬业、严谨负责

任务三：农村小额信贷审查与审批——精益求精、创新意识

任务四：农村小额信贷合同签订与担保——吃苦耐劳、安全意识

任务五：农村小额信贷贷款发放与支付——勇于探索、一丝不苟

任务六：农村小额信贷贷后管理与风险——严谨负责、诚实报国

任务七：农村小额信贷贷款回收与处置——踏实进取、安全意识

任务八：农村小额信贷贷款展期与逾期——循序渐进、创新意识

2. 整合资源，丰富“课程思政”教学体系

1) “总分式”课程思政架构

“总分式”中的“总”是指从思政点引入，依托校企合作项目，基于 OBE 教育理念，以银行信贷专员岗位农村小额信贷工作任务为载体，遵循银行普惠金融小额信贷标准信贷流程，根据学生认知规律进行序化，构建并实施“四融合＋三共育＋五递进”教学模式，如图1所示。

2) “模块化”课程思政教学

引入校企合作单位，聘请银行信贷工作人员为企业导师，构建校企“双导师”教学团队。开展校企协同育人，联合研制课程标准，建设线上课程，开发信息化教学资源，编制活页式工作任务单。校内教师主导理实模块化教学，企业导师结合工作实际对学生成果进行评价和指导。“模块化”课程思政教学具体安排如图2所示。

3) “滴灌式”课程思政设计

灵活施教、润物无声是课程思政的一个重要原则。课程思政设计从大学生求知需求出发，遵循其成长规律，落实立德树人根本任务，坚持授业与育人相结合，深挖专业教学的思政元素，将培养积极向上的人生观、世界观、价值观贯穿整个教学过程，打造专业、职业、敬业、乐业的创新型课堂。

课前，教师主导发布测试任务并分析、调整教学策略；学生学习知识微课、岗位角色分工，完成作业测试任务。

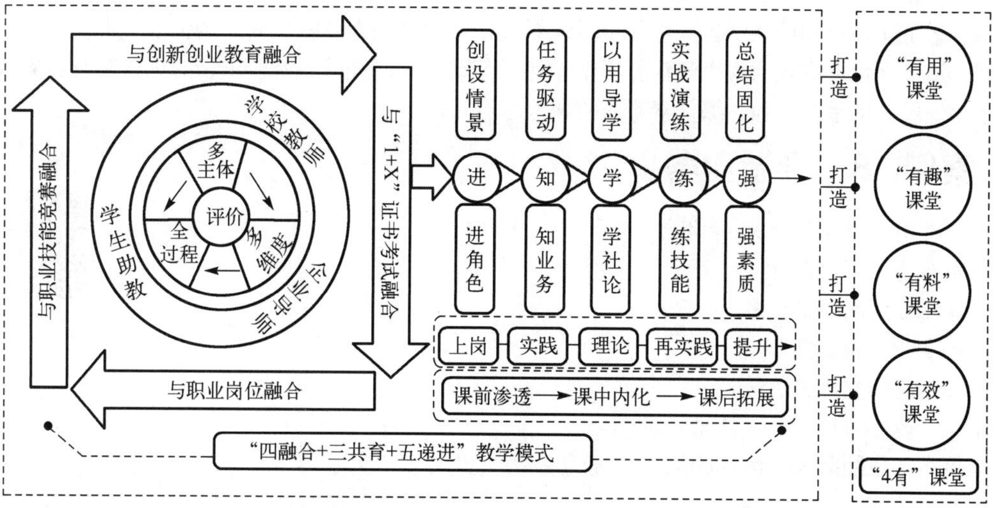
与创新创业教育融合
与“1+X”证书考试融合
与职业岗位融合
与职业技能竞赛融合
学校教师
学生助教
企业导师
多主体
评价
全过程
多维度
创设情景
任务驱动
以用导学
实战演练
总结固化
进
知
学
练
强
进角色
知业务
学社论
练技能
强素质
上岗
实践
理论
再实践
提升
课前渗透
课中内化
课后拓展
“四融合+三共育+五递进”教学模式
打造
打造
打造
打造
“有用”课堂
“有趣”课堂
“有料”课堂
“有效”课堂
“4有”课堂

图 1

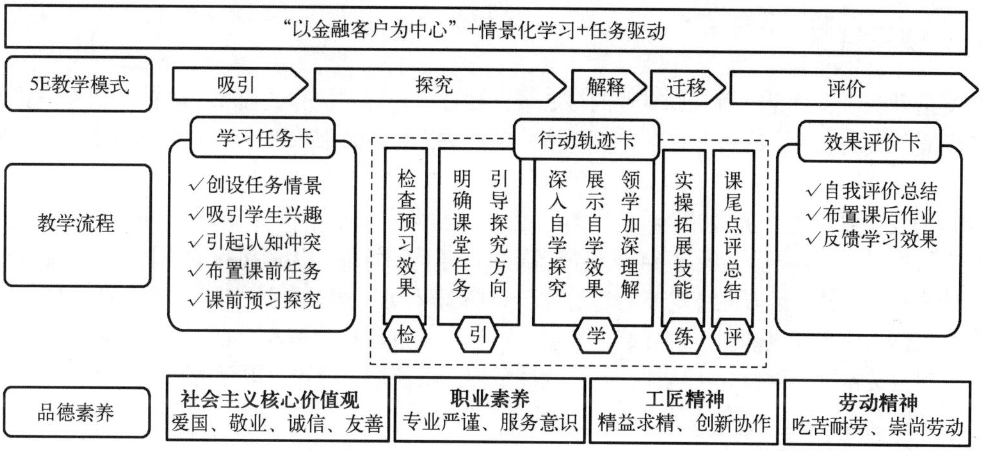
“以金融客户为中心”+情景化学习+任务驱动
5E教学模式
吸引
探究
解释
迁移
评价
教学流程
学习任务卡
✓创设任务情景
✓吸引学生兴趣
✓引起认知冲突
✓布置课前任务
✓课前预习探究
行动轨迹卡
检查预习效果
明确课堂任务
引导探究方向
深入自学探究
展示自学效果
领学加深理解
实操拓展技能
课尾点评总结
检
引
学
练
评
效果评价卡
✓自我评价总结
✓布置课后作业
✓反馈学习效果
品德素养
社会主义核心价值观
爱国、敬业、诚信、友善
职业素养
专业严谨、服务意识
工匠精神
精益求精、创新协作
劳动精神
吃苦耐劳、崇尚劳动

图 2

课中，实施“进知学练强”教学模式，教师每课演讲点评——发布创业任务——攻解重点、难点——发布实训任务——促进职业操守；学生进行 1 分钟主题演讲——创业 PK 赛——情景中学业务——手工软件实操——案例重点总结。

课后，学生通过业务拓展实操、思维导图总结归纳、牢记岗位规范巩固所学内容。

通过课前探索、课中实施、课后巩固，建立“有趣”课堂。

三、案例特色与成效

1. 创设双线同步课堂，提高了学生参与度

通过思政引领第二课堂，提高学生课堂参与度。开发受理、调查、审批、检查等线上学习任务，实施线上线下同步授课。教师在线上课堂进行专门辅导，学生利用课余时间完成线下工作任务，有效完成双线同步课堂。

2. 创设劳模精神课堂，提高了职业认同度

劳模当导师、精神进课堂，通过案例弘扬劳模精神，通过信贷实践培育学生的“求真、求精、求

稳”的金融工匠精神和质量文化。以信贷系统对接金融科技助力乡村振兴，增强学生的民族自信和技术自信。通过文化浸润式课程思政培养了学生热爱劳动、崇尚技能、精益求精的工匠精神。实现了学生技术功底厚、动手能力强、综合素质高的课程培养目标。

案例 18 导游业务

课程类型：专业教育课(经济学、管理学、法学类)
教育赛道：职业教育
开课年级：高职二年级
面向专业：旅游管理
部　　门：文化旅游学院
学　　校：吉林省经济管理干部学院

案例视频

案例教师或团队成员信息(第 1 位为教学案例负责人)：

姓名	职务	职称	部门
李娌	文化旅游学院院长	教授	文化旅游学院

一、课程目标

“导游业务”课程是旅游管理专业的核心课，被评为吉林省优秀课程和省级精品课程，其中“地方导游讲解”板块中的“冰魂雪魄东北抗联精神”被文化和旅游部冰雪旅游人才培养基地评定为“精品课程”。

课程通过紧紧围绕“东北抗联精神”的内涵进行教学内容的设计，“东北抗联精神”是东北抗日联军在中国共产党的领导下，经过 14 年艰苦卓绝的斗争，用鲜血和生命铸就的不朽精神。旅游管理专业人才培养立足吉林省地方经济发展，紧紧围绕吉林省积极重点发展的冰雪旅游产业和红色旅游资源，以课程为载体“传承红色基因，讲好红色故事”，让东北抗联精神深入人心，使学生通过课程学习，体悟“爱国主义精神、英勇战斗精神、不畏牺牲精神、艰苦奋斗精神、国际主义精神”。

二、课程思政案例设计

本案例是“导游业务”课程中关于东北“冰天雪地”极寒天气下，抗联战士的艰苦生活境况的讲解内容。具体内容包括如下几点。第一，东北极寒天气在温度类型方面的划分。第二，极寒天气下，抗联战士是如何保暖充饥的？第三，以东北地区常见的乌拉鞋为例，对乌拉草的使用方法和功能进行详解。

1. 确立“思政教育 + 乡土乡情”的思政育德目标

将思政元素融入“导游业务”课程中，充分发挥课堂主渠道在高校思政工作中的作用。推动专业知识教学与思政教育紧密结合，增强学生的国情意识、社会责任感。通过组织和指导学生参加红色讲解大赛等活动，传承红色基因。

2020 年 11 月，吉林省经济管理干部学院成功举办了“美丽中国行”全国大学生红色志愿者讲解员大赛，旨在深入贯彻落实习近平总书记“把红色资源利用好、把红色传统发扬好、把红色基因传承好”等系列重要指示精神。传承红色基因，赓续红色血脉，就是对历史最好的铭记，是对红色精神最好的传承，学生通过讲好中国故事、构筑中国精神、展现中国力量、彰显中国文化，用革命先烈的英勇事迹和崇高精神鼓舞人，让红色基因融入血脉，让红色之火熊熊不熄，让红色精神激发力量，在复兴之路上意气风发、砥砺前行。

2. 线上线下教育相结合，创新思政教育融合点

依托本课程主持人李娌教授参与建设的导游专业国家资源库“美丽中国行”专题和吉林省经济管理干部学院旅游管理专业群“导游业务”在线课程，充分发挥信息化教学平台的传播优势，为更多院校的学生提供学习和交流的平台。

三、案例特色与成效

本课程积极落实课程思政理念，将专业教育与思政育人紧密结合，在专业课程教育中增强学生的家国情怀和爱国主义精神，取得了显著成效。

1. 知行合一，实践育人

通过组织各年级学生实地走访“红色抗联路”，发挥实践育人具有的独特思政教育功能，帮助学生了解吉林省红色旅游资源和文化，掌握专业知识，厚植浓浓的爱国主义精神。

2. 线上线下联动，激发课程思政活力

针对当代大学生学习特点，通过“智慧职教”课程平台，发布“全国红色故事讲解员大赛案例视频”“微课堂”等内容，建立了基于“课程思政”元素构建的教学资源库，推进课程思政的优质教学资源共享。努力实现“教学形成特色、课程形成品牌、教师形成风格”的课程思政改革目标。

案例 19 会计信息系统

课程类型：专业教育课(经济学、管理学、法学类)

教育赛道：职业教育

开课年级：高职二年级

面向专业：大数据与会计、大数据与财务管理、会计信息管理

部　　门：会计学院

学　　校：吉林省经济管理干部学院

案例视频

案例教师或团队成员信息(第 1 位为教学案例负责人)：

姓名	职务	职称	部门
张开宇	会计信息化教研室主任	讲师	会计学院
张立伟	教师	副教授	会计学院
梁雪	教师	副教授	会计学院

一、课程目标

1. 知识目标

要求学生掌握会计信息系统基础理论知识，了解会计信息系统各个功能模块之间数据传递关系与业务处理流程，理解并掌握会计信息系统涉及的业务处理和系统维护专业知识。

2. 能力目标

要求学生具备极强的会计信息系统实践操作能力及自学能力，能根据企业行业性质和实际情况选择适合的会计信息系统及相应的功能模块；能熟练应用计算机与现代网络技术进行账务处理、薪资管理、报表管理、供应链管理等业务处理；能对会计信息系统进行维护和数据管理。

3. 素质目标

培养学生先进的会计信息化理念并能够遵守章程、诚信做账，培养学生具有大数据时代信息共享和信息安全的意识，并能够充分利用会计信息自觉参与企业管理的基本职业素质。

二、课程思政案例设计

1. 课程思政德育目标

大数据与国家数据安全息息相关，数据安全是国家安全的一部分，关系到国家安全及国防教育。培养学生具有大数据时代信息共享和数据安全的意识，加强网络安全防范认知，能辨别网络信息的精华和糟粕，做遵守网络道德的守法网民。

2. 思政教育融合点

本案例展现了大数据技术的两面性。如果大数据被善加利用，可以方便我们的生活，但如果被不法分子利用，就会威胁我们的人身财产安全，更有甚者，会影响到国家安全，进而引申出作为一名会计人员，在大数据时代如何保障企业会计数据的安全。让学生时刻保持网络安全防范意识，利用所学知识，从身边小事做起，提高网络风险防范意识，为企业数据安全献计献策、为建设网络强国助力。

3. 教育方法

通过大数据技术正反两面的案例，让学生在案例中思考、分析问题，从而引出本节课要介绍的内容。通过任务驱动法，让学生根据企业的实际情况来进行系统安全的设置。通过实践操作，让学生以企业管理者的身份，考虑如何保障企业会计数据的安全，提升学生分析问题、解决问题的能力，进而提升综合素质。

4. 载体途径

第一，加强课堂教学模式变革，合理运用现代化教学手段，提高课堂教学的互动性，运用翻转课堂与案例教学等模式进行教学，激发学生学习会计信息系统专业知识的自主性与积极性。第二，全面发挥专业案例的作用和优势，精心选择教学案例，提高课堂教学的实用性，通过发生在学生身边的两个案例，让大家感受到大数据对自己生活的影响。第三，课堂教学设计应全面发掘人文精神，围绕会计行业重点，注重培育学生诚信意识、提高学生职业素养和社会责任感，强化学生情感认同，提升其专业自信。第四，全面发挥网络教学平台效能和优势，创建线上线下与课内外有机融合的混合式教育模式。通过智慧树平台开展网络教学，实现全方位教学，从而推动学生养成良好学习习惯。

三、案例特色与成效

本节课程以大数据为切入点，通过两个案例引起学生的思考。第一个案例是大数据在新冠疫情防控中的作用，专家利用大数据技术梳理感染者的生活轨迹，追踪人群接触史，为新冠疫情防控提供宝贵信息。第二个案例是国家互联网信息办公室 2021 年 7 月 4 日以“滴滴出行”App 存在严重违法违规收集使用个人信息问题将“滴滴出行”App 下架。通过这两个案例让学生对数据安全问题引起重视，数据安全事关网络安全和国家安全，从无小事。

对于会计专业学生来讲，企业对会计数据的保密性要求极高，学完本节课，学生能够了解 U8 会计信息系统如何保障企业会计数据的安全。学生应利用所学知识，从身边小事做起，提高网络风险防范意识，为企业数据安全献计献策，同时为建设网络强国助力。

案例 20　纳税申报实务

案例视频

课程类型：专业教育课(经济学、管理学、法学类)
教育赛道：职业教育
开课年级：高职一年级
面向专业：大数据与会计、大数据与财务管理
部　　门：会计学院
学　　校：青岛酒店管理职业技术学院
案例教师或团队成员信息(第 1 位为教学案例负责人)：

姓名	职务	职称	部门
高琳	教师	讲师	会计学院

一、课程目标

“纳税申报实务”课程通过对各具体税种的税款计算、纳税筹划、税务征收管理相关规定等内容的介绍，借助税务案例，使学生能够系统地理解、掌握我国现行税法体系的概况、主要税种的含义及基本法律规定、主要税种应纳税额的计算方法等知识；能够进行企业税务登记、发票领购工作，能根据企业的类型和业务种类正确计算相关税费应纳金额，会使用各类发票、填制涉税文书、进行纳税申报，会组织数据的汇总与分析，能开展简单的纳税筹划工作，会与税务、工商、外汇、银行等机构协商，处理一般的税务事项。具有依法节税的意识，严谨、诚信的职业品质和良好的职业道德。

二、课程思政案例设计

1. 课程思政德育目标

(1) 增强学生爱国主义情怀，使学生树立依法纳税意识及正确的税收筹划观念。

(2) 引导学生树立终身学习的意识，增强职业责任感，培养学生诚实守信、严谨认真、标准规范的职业素养。

(3) 培养学生“敬业、精益、专注、创新”的工匠精神。

2. 思政教育融合点

(1) 将爱国主义教育与抗击新冠疫情等国家时事热点相融合。

(2) 将依法纳税、诚实守信与减税降费等国家税收改革的大政方针相融合。

(3) 将严谨认真、精益求精的工匠精神与税收筹划小组活动相结合。

3. 教育方法

(1) 通过课前讨论，引导学生了解税收优惠政策，关注国家帮助小微企业减轻税负压力，充分释放发展活力的导向。

(2) 利用视频、案例等多种形式增强学习趣味性，激发学生学习兴趣。

(3) 通过具体的案例来展现小微企业享受的税收优惠政策力度，学生分小组进行案例分析，讨论最佳税收筹划方案。

(4) 通过政策解读，引导学生理解“小型微利企业所得税减免优惠政策”制定原因，在今后的工作中应正确执行，既做到依法纳税又充分享受国家给予的税收优惠。

4. 载体途径

(1)视频“小型微利企业所得税减免优惠政策”，形象生动地展示了税收新政涉及的小型微利企业范围广，优惠力度大，使学生了解到税收改革政策是国家经济发展壮大之后，党和政府给予人民的减税“红包”。教师结合习近平总书记在中央经济工作会议上关于“减税降费”的讲话以及“小微企业普惠性税收减免政策”，让学生从本质上理解小型微利企业的所得税优惠带给企业的益处，减税降费的政策关系民生，符合人民的利益；让学生看到我们祖国的强大，增强民族自信心和自豪感。

(2)2020年国家出台疫情期间的税收优惠政策，规定对电影行业企业2020年度发生的亏损，最长结转年限由5年延长至8年，教师通过引导学生自己查找相关政策，一方面引导学生树立终身学习意识，增强学生自主学习能力，另一方面通过对政策的解读，激发学生的爱国主义情怀，充分了解国家在疫情期间对困难企业的帮助，进一步引导学生树立社会责任感。

(3)通过税收筹划的小组活动，教导学生要学以致用，做到既依法纳税，又充分享受税收政策红利，培养学生严谨认真、精益求精的工匠精神。

三、案例特色与成效

1. 案例特色

(1)思政元素与专业知识有机融合。结合人才培养要求、课程性质、教学内容等挖掘思政元素，如依法纳税、精益求精等；通过环节设计使思政元素与教学内容找到最佳契合点，努力做到思政元素的融入不生硬、不刻意。例如，以贴近学生的电影行业讲解税收优惠新政，引导学生切实感受到国家在疫情期间对企业的支持，共渡难关，激发学生的爱国主义情怀，增强学生的民族自信心和认同感。

(2)思政教育与时政热点有机融合。随时关注我国税收政策的发展动向，结合新的政策、热点不断完善思政教育内容，优化形式，进一步提高思政教育的效果。

2. 成效

(1)通过对近两年毕业生调研发现，学生离职率较往年相比明显下降，企业对毕业生在依法纳税意识、税收筹划能力和职业素养等方面的满意度较以往年度显著提高。

(2)税务机关、企业、高校主动要求与我院建立合作关系。青岛市李沧区税务局将我院列为李沧区青少年税收宣传普法教育基地，青岛市农商银行在我院建立金融思政教育基地，常州工程职业技术学院等多家院校也先后来我院交流课程思政建设方面的有关经验。

案例21 导游实务

案例视频

课程类型：专业教育课(经济学、管理学、法学类)
教育赛道：职业教育
开课年级：高职一年级
面向专业：旅游管理
部　　门：商务管理系
学　　校：山东水利职业学院
案例教师或团队成员信息(第1位为教学案例负责人)：

姓名	职务	职称	部门
徐姗姗	教师	副教授	商务管理系
赵晓利	教师	助教	商务管理系

一、课程目标

依据岗位需求，结合专业教学标准、人才培养方案、课程标准，参考国家和行业规范、资格证考试统编教材，对接全国导游资格证（初级）和全国“导游服务”技能大赛赛项规程，确定本课程目标，实现“岗课赛证”全面融通。

“导游实务”课程是旅游管理专业的主干课程，是全国导游资格证考试必考科目，是以培养导游职业素养和带团技能为主要目标的理实一体化课程。课程内容紧密联系导游带团实际，教授学生导游服务的基本理论和从事导游职业的工作程序、工作要求和工作技能等方面的知识，培养学生的带团基本知识和实践能力，是学生日后胜任导游职业的基础课程。

二、课程思政案例设计

1. 思政教育融合点设计

课程立足“实现中华民族伟大复兴”基本点，以“红色旅游资源”为教学载体，应对行业发展的新业态，深入挖掘红色旅游资源。通过景区发布需求、学校培养志愿服务导游，以“本地红色旅游志愿导游”项目为教学主线，组建“薪火志愿讲解服务团”。课程注重思政资源挖掘、思政元素提炼、思政模块训练，融入习近平总书记的劳动观、社会主义核心价值观、民族文化自信观，帮助学生提高自我效能，提升服务技能，激发爱国情怀，如图1所示。

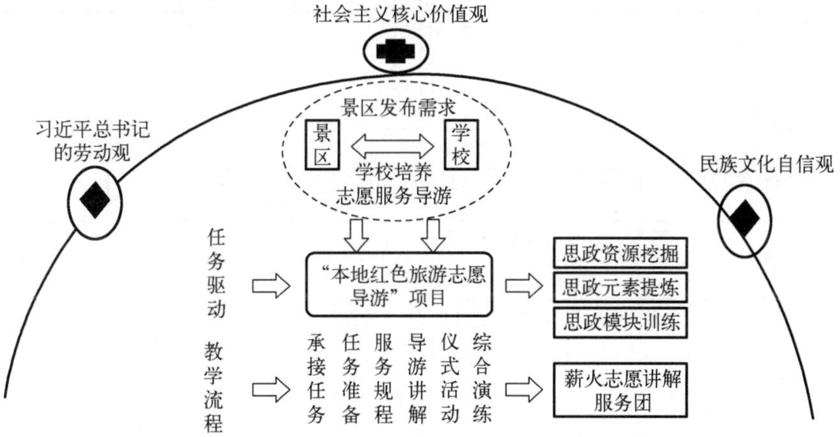
社会主义核心价值观
习近平总书记的劳动观
民族文化自信观
景区发布需求
景区
学校
学校培养志愿服务导游
任务驱动
“本地红色旅游志愿导游”项目
思政资源挖掘
思政元素提炼
思政模块训练
教学流程
承接任务
任务准备
服务规程
导游讲解
仪式活动
综合演练
薪火志愿讲解服务团

图1

2. 课程思政设计

1）课程思政德育目标

在不同任务情景实践中培养学生的劳动为先、利他主义、爱国主义、与时俱进、诚实守信、遵守法律、严谨作风的观念，明确思政目标，做新时代旅游业的奉献人、传承人、守法人和职业人。

2）思政育人模式

以习近平总书记的劳动观、社会主义核心价值观、民族文化自信观为指导；以能说会做、培优升级为主线；通过校方、企方、行业三方共制、共研，将教学内容重构为3大模块9个项目，将思政主题融入教学主题，通过真实典型工作任务，从多维度共育新时代旅游人才，实现课程思政全过程浸润，达成课程思政德育目标。

3) 教学组织与方法

课前依据学情分析和任务达成情况将学生分为“革命组”“建设组”“开放组”“复兴组”；课中通过情景教学法、任务驱动法、讨论交流法等充分发挥学生主体地位；课后通过知识巩固、实践锻炼进一步提升学生的岗位职业技能和职业素养，同时增强传承红色文化的使命感，达成教学目标。

4) 立体化教学资源

运用精品共享课程和在线开放课程，借助VR虚拟红色资源、3D虚拟仿真实训室、红色旅游云课堂、系列微课视频等多种信息化手段，组建丰富的立体化教学资源，运用网络教学平台，有效实现师生、生生互动。

5) “岗课赛证”融通，创建多元评价体系

依据国家和行业标准、技能大赛赛项规程、导游资格证考纲、红色五好讲解员标准，引入金牌导游、游客、企业（景区负责人）、学生、教师五种评价主体角色，创建多元评价体系，构建任务评价标准，如表1所示。

表1

评价阶段	评价内容		评价方式	评价主体
课前20%	理论学习8%	①线上课	平台数据统计	教师
		②资料阅读		
	调查研究6%	①线上资料搜集	组间互评	教师、金牌导游
		②线下实地调研		
	在线测试6%	平台客观题	平台数据统计	教师
课中50%	课堂表现10%	①满勤	教学App	教师、学生
		②积极回答问题，认真听讲，善于思考、提问		
	小组任务20%	①团队意识强，团队合作默契	工作任务评分标准	教师、学生、企业
		②承担小组任务，认真且圆满完成		
	任务汇报20%	①思路清晰，逻辑严谨，仪态大方	工作任务评分标准	教师、学生、企业
		②内容丰富，富有创新，特色鲜明		
课后30%	课后作业5%	①能对课堂知识进行归纳总结	自评、教学App	教师、学生
		②高质量完成课后作业，并按时提交		
	校内实践15%	①在校内党史馆、校史馆等场所提供讲解服务	工作任务评分标准	教师、学生
		②能进行“校园导览”讲解服务		
	社会服务10%	积极参与“薪火志愿讲解服务团”，为地方景区（尤其是红色景区）进行讲解服务	工作任务评分标准	教师、学生、游客、企业

三、案例特色与成效

1. 案例特色

(1) 在行业一线践行岗位标准，体现讲解内涵美。

(2) 实行双导师制，对接岗位标准，贯穿始终。

(3) 面对真实游客，及时收集游客反馈，注重教学效果的实践检验。

2. 成效

(1) 任务驱动、实地讲解、汇报展示、多元评价的融入，构建高效课堂。学生积极参与实地讲解

全过程，其团队协作意识、表达沟通能力均得到提高。

(2)实地讲解任务准备充分，讲解内容丰富有深度，文旅融合技巧运用良好。

(3)恪守标准，满足岗位标准要求。金牌导游、游客高度认可，满足红色讲解员要求。

案例 22 旅游礼仪

案例视频

课程类型：专业教育课(经济学、管理学、法学类)
教育赛道：职业教育
开课年级：高职二年级
面向专业：旅游管理专业群(旅游管理、旅游英语、酒店管理等专业)
部　　门：旅游与文化学院
学　　校：陕西职业技术学院
案例教师或团队成员信息(第 1 位为教学案例负责人)：

姓名	职务	职称	部门
何叶	教师	教授	旅游与文化学院

一、课程目标

“旅游礼仪”作为旅游管理专业群底层共享的专业基础课，学习对象是旅游相关专业高职二年级学生，“礼由心生”是奠定现代旅游业高品质服务的基石，本课程全面贯彻“以学生为中心”的导向，以“旅游职业综合能力”培养为核心理念，致力打造有温度(人文关怀、无微不至)、有风度(优雅仪态、行云流水)、有广度(开阔眼界、坚实学识)、有深度(建立品格、服务专业)的“四度”旅游工作者。以培养“讲政治、业务精、服务好”高素质高技能旅游人才为培养目标，让学生厚植家国情怀，树立“游客为本，服务至诚”的旅游价值观；了解礼仪沟通概念界定、日常社交及旅游岗位规范知识；掌握职业化形象塑造、旅游服务礼仪技能，做到“礼仪提升服务价值”。

二、课程思政案例设计

本案例教学内容为“国旗飘扬，国歌嘹亮”。

1. 课程教学目标

(1)了解中国国旗诞生、国歌问世的历史。

(2)掌握“升旗仪式”的基本规范和要求。

2. 课程思政德育目标

(1)培养学生爱国主义情怀，引导学生富有中国心。

(2)激励学生树立远大理想，为实现中国梦而努力。

3. 载体途径

网络课堂＋课堂教学＋实践课堂。

4. 教学方法

案例分析＋头脑风暴＋小组讨论＋嘉宾分享＋人体雕塑＋课堂演讲＋实践活动。

5. 教学过程

教学过程如表 1 所示。

表 1

教学过程及内容	设计意图	
一、网络课堂 提前观看“国旗飘扬，国歌嘹亮”微课，上传升旗仪式思维导图	课前看网络资源，对照自己升旗时的做法，思考升旗的意义	
二、课堂教学 (一)导入:北京旅行必来天安门，看国旗护卫队飒爽英姿	由到北京的游客必看升旗仪式，自然切入家国情怀的育人主题	
(二)初步感知，疫情期间国歌示爱 1. 头脑风暴：你知道哪些场合挂国旗吗? 2. 小组讨论：哪些新闻事件中有国旗、国歌？为什么？	联系新闻事件，理解新闻事件中国旗、国歌传达的民族自信	思政育人点：富有中国心、饱含中国情、充满中国味
(三)拓展延伸，国旗护卫分享感受 1. 嘉宾分享：由学校国旗护卫队分享训练过程引发讨论。 2. 小组讨论：国旗和国歌的历史。 3. 人体雕塑：各小组用人体雕塑定格升旗仪式	通过嘉宾分享、小组讨论、雕塑活动，进一步领悟国歌、国旗背后代表的意义	思政育人点：学习国旗护卫队“坚韧不拔、追求完美、责任担当、团结协同”的精神；学习先驱们追求理想信仰的智慧和精神
(四)课堂演讲，实现我的中国梦 1. 案例分析：撤侨唱国歌自证身份。 2. 课堂演讲：结合本专业，如何做才能为实现中国梦贡献自己的力量	体会游子归国心情，祖国强大赋予人民安全感，通过“中国梦”主题演讲，让理想照进现实	思政育人点：中国强大是人民的后盾，要树立远大理想，为国造福
三、实践活动 国旗护卫队带领，升国旗、唱国歌，学生代表做“我的中国梦”演讲	呼应开头，体会升旗仪式的神圣，强化思政育人点：树立家国情怀，点燃信仰火炬	

三、案例特色与成效

1. 总体设计层层推进

本案例围绕“家国情怀”进行设计，层层推进，旨在培养大学生的理论及情感认同，让家国情怀深入骨髓。

(1) 网络微课引发反思——升旗仪式思维导图。

(2) 天安门广场升旗仪式提兴趣——激发中国心、中国情。

(3) 学校国旗护卫队分享，课堂热议——坚韧不拔，追求完美。

(4) 小组讨论新闻事件——行为展现民族自信。

(5) 人体雕塑定格升旗——爱国需要仪式感。

(6) 游子返国触发共情——以我是中国人为骄傲。

(7) “中国梦”主题演讲谈感受——树立理想，造福祖国。

(8) 升旗仪式庄严肃穆——爱国情怀深入骨髓。

2. 教学方法形式多样

通过案例分析、头脑风暴、小组讨论、嘉宾分享、人体雕塑、课堂演讲、实践活动等教学方法，提高学生兴趣，增强学生体验，增强民族自信。

3. 三个课堂交互和谐共振

网络课堂引发思考，线下课堂教学注重探索，实践课堂突出体验，通过三个课堂激励人、熏陶人、锻炼人，构建自组织的“隐性德育场”。

取得成效：课程负责人有 3 门课程被评为省精品在线课程；获得省教学成果奖 6 项；获得省“师德标兵”称号；获得课程思政大练兵一等奖；获批省职教课程思政课题 7 项；在省内外 10 多所高职院校分享课程思政经验，获一致好评。

案例 23　导游业务

课程类型：专业教育课(经济学、管理学、法学类)
教育赛道：职业教育
开课年级：高职二年级
面向专业：旅游管理专业群(旅游管理、旅游英语、酒店管理等专业)
部　　门：旅游与文化学院
学　　校：陕西职业技术学院

案例视频

案例教师或团队成员信息(第 1 位为教学案例负责人)：

姓名	职务	职称	部门
何叶	教师	教授	旅游与文化学院
史伟婷	教师	讲师	旅游与文化学院
洪娟丽	教师	副教授	旅游与文化学院

一、课程目标

“导游业务”课程是旅游管理专业核心课，学习对象是高职二年级学生，本课程融入“1+X”研学证书培训内容，依据导游岗位能力与工作流程，针对学生认知规律，遵循“游客为本，服务至诚”的旅游价值观，系统设计德育递进教学路径，使学生了解导游服务的发展、导游职责及礼仪规范、导游服务程序和质量标准、导游相关专业知识；掌握导游服务规范及操作技能，语言讲解、带团服务技能，具有良好的口头表达、沟通协调能力，能够妥善处理旅游中各种情况，为游客提供规范化与个性化的服务。厚植学生的家国情怀，锤炼学生的心理品质，树立职业自豪感，养成良好礼仪习惯，培养“讲好中国故事、传播中华文化”导游人才，实现职业技能提升和职业素养养成同向并行。

二、课程思政案例设计

本案例教学内容为“导游讲解艺术”。

1. 思政目标

(1)厚植家国情怀，树立职业自豪感，培养职业素质。
(2)践行“游客为本，服务至诚”旅游价值观。

2. 载体途径

线下课堂+课堂教学+实践课堂。

3. 教学方法

头脑风暴+小组讨论+人体雕塑+参与体验+课堂演练+实地检验。

4. 教学过程

教学过程如表 1 所示。

表 1

教学过程及内容	设计意图	思政融入
一、课前(见差距) 在线学习微课，仿境模拟，画兵马俑博物馆游览图，找讲解要素	对照楷模，寻找差距，独立完成作业	自律诚信 持续学习
二、课中(知理论) (一)素质教育 师生着正装，师迎生上课，值日生整理教室，实施 6 步教学法和教室 6S 管理	树立上课仪式感，让职业性体现在日常	仪式课堂 心生敬畏 精细管理 劳动教育 职业素养 习惯养成
(二)课程导入(知) 1. 前测：小程序游戏“寻始皇赐官爵”。 2. 代表展示：秦始皇陵博物院导览图	引发学生兴趣，感受科技赋能；导览图展示全局，把握重要性	科技赋能 全局观念 集体意识 团队合作
(三)初步感知(知) 1. 头脑风暴：电子导游能取代人工导游吗? 2. 小组讨论：导游讲解要传承哪些中华优秀传统文化? 3. 归纳导游讲解要素及规范	分析人工导游情感交流的价值，富含传统文化讲解传达的文化自信	敬业乐业 温度赋情 传承文化 民族自信
(四)参与体验(行) 1. 人体雕塑：小组用人体雕塑诠释导游礼仪。 2. 参与体验：寻找“千人千面”兵马俑中属于你的面孔	人体雕塑直观展示导游礼仪；讨论为何会“千人千面”	尊重专业 真诚友善 工匠精神 精益求精
(五)课堂演练(行) 1. 辩论：秦始皇是一代明君还是暴君? 2. 情景演练：讲解兵马俑。 3. 总结点评：小组自评、他组点评、教师总结	通过辩论把握如何评价历史人物，集体协作进行情景演练	科学精神 辩证思维 家国情怀 使命担当
(六)课后整理(行) 师生整理教室，值日组清扫	师生共同劳动，落实 6S 管理	劳动教育 精细管理
三、实践课堂(果) 情景演练：去秦始皇陵博物院、白鹿仓景区等实境讲解，校企导师考核	实战落地，多维评价，岗位检验，无缝对接	面对挑战 迎难而上 游客为本 服务至诚

三、案例特色与成效

1. 从“仿境”“情景”“实境”，推动学生的能力递进

围绕“游客为本，服务至诚”旅游价值观，从模仿案例的仿境、创设环境的情景、实践真实的实境，引导学生进职业入角色，促进导游能力进阶。

2. 见知行果，混合教学

课前学生通过在线学习微课、案例模仿等见到差距；课中设置情景，学习知识及技能；课后在工作实境中落实；形成培养“讲政治、业务精、服务好”人才的文旅育人结果。

3. 多维评价，学分置换

采取多元化、多维度的评价机制，导游大赛成绩和景区讲解服务可以学分置换，让“讲好中国故

事，传播中国文化”深入骨髓。

取得成效：教学团队有5门课程被评为省精品在线课程，获得省教学成果奖7项，获得课程思政大练兵一等奖，获批省职教课程思政课题16项，在省内外30多所高校分享课程思政经验，获一致好评。

案例24 教你从零起步开展社群营销

案例视频

课程类型：专业教育课(经济学、管理学、法学类)

教育赛道：职业教育

开课年级：高职二年级

面向专业：市场营销、电子商务、网络营销与直播电商等

部　　门：对外贸易学院

学　　校：陕西职业技术学院

案例教师或团队成员信息(第1位为教学案例负责人)：

姓名	职务	职称	部门
杨凡	市场营销教研室主任	副教授	对外贸易学院
李倩雯	教师	讲师	对外贸易学院
白莲	教师	副教授	对外贸易学院

一、课程目标

“教你从零起步，开展社群营销”参照市场营销专业培养方案与国家教学标准，面向全国高职/本科/中职院校电子商务、市场营销等商科类专业，作为专业核心课，致力于培养具备新营销技术技能的高素质人才；也可公开面向从事相关工作的企业人员、兼职创业人员。

本课程结合社群运营项目或数字营销赛项，运用数字化新技术、直播营销新趋势、社群营销新模式等服务本土企业。

学习本课程，学生应该掌握社群营销的含义；掌握“社群组建——运营——推广裂变——营销变现”主线任务技能；熟练运用新媒体社交平台、社群工具、小程序软件等打造爆品、培养核心团队、调动社群活跃度，实现精细管理与科学化决策，从而创造社群营销价值。

二、课程思政案例设计

本案例视频“社群管理群规”，选自课程第6章“社群活跃度的打造”，致力于培养学生的文化自信、品牌自信、人才自信，具备诚实守信、遵规守则、职业担当与社会责任感等优良品质。

1. 引言(课前线上导学，线下辩论)

“无规矩不成方圆”，国有国法，家有家规。以“规矩与自由哪个更重要”议题辩论活动，得出：社群管理的群规，是提升社群活跃度的保障措施。

2. 知识点1：群规含义(线下：小组讨论、讲授法)

所谓群规，就是社群的规矩与规则。根据执行力度分为一般群规(可提醒警告)与原则(不能触碰底线)；根据形式分为有形群规(制式条款)与无形群文化(约定俗成)。得出：遵规守则、尊重他人、社群责任的意识与担当。

3. 知识点2：群规内容(小组实训、活页任务单)

群规内容包括入群门槛(如何入群，常见的有付费制、任务制、邀请制等)、入群须知(先礼后兵、

学习群公告、自我介绍、改群名片)、成员权利与义务(鼓励做什么、不鼓励做什么等)、违规处理(警告、降级、清退、拉黑、举报等)、社群升降级规则(升降级的积分、费用、违规等标准)。引导学生:树立自我约束与社群约束的意识,将个人意愿与集体意愿融合,使个人利益与社群利益相平衡,对社群品牌文化的培育给予更多理解与支持。

4. 知识点 3:群规策略(讲授法)

群规策略包括群规传达(公开公告传达与私信通知相结合),分级群规(不同级别的群规内容与严格度不同),保持稳定、权威、“三公性”(管理员要严格执行、以身作则,不能朝令夕改)。得出:社群管理员具备分类分级管理的能力——才能自信,对手中权力的运用承担责任,严格按照规则执行,身先示范遵规守则。

5. 知识点 4:注意事项(线下:小组展示,自评、互评、师评)

注意事项包括表述清晰严谨、注意措辞语气、有解释渠道、保留例外原则(考虑意外因素给人留有余地)。得出:握权不滥用权,严中有爱,爱有原则,维护社群的和谐发展,培育社群品牌文化。社群群规的最终目的不是惩罚,而是更好地推进社群发展。

三、案例特色与成效

1. 学生主体,实现“三全”育人目标

根据新岗位技能要求,强调学生主体性,贯穿爱国爱家、社会公德、职业道德教育于课程中,培养诚信、有担当的未来企业家与新媒体人才,实现“全员、全方位、全过程”的育人目标。

2. “六位一体”促进“三教”改革

运用“理论、网络、案例、自测、情景、答疑”六位一体模式开展教学,开发活页式任务单,“教”“学”“练”结合。学生自主组建、运营社群项目,教师课堂突出重点、解决难点,对社会服务实时指导,并进行多元多维度全程评价。

3. 理实一体,融通“岗课赛创”

围绕社群运营岗工作流程,结合企业项目与竞赛,注重学生理实一体学习与实操,探索不同行业与平台社群运营创新特色。

案例 25 服务礼仪

课程类型:专业教育课(经济学、管理学、法学类)
教育赛道:职业教育
开课年级:高职三年级
面向专业:酒店管理专业
部　　门:应用外语学院
学　　校:汕头职业技术学院

案例视频

案例教师或团队成员信息(第 1 位为教学案例负责人):

姓名	职务	职称	部门
文臻	应用英语专业教研室主任	讲师	应用外语学院
潘丽辉	人事处处长	副教授	人事处

一、课程目标

“服务礼仪”课程是酒店管理专业的基础必修课。课程教学基于情景教学理论开展行动导向教学实践探索。课程通过前期调研，基于学生就业岗位真实工作项目，创设真实工作情景，用真实工作任务驱动学习，学生通过任务实践、行动纠偏、思想升华达成学习目标。本课程对照国家酒店管理专业教学标准、“邮轮运营与管理”1+X 证书(初级)服务礼仪规范和标准、餐饮服务管理职业技能等级证书考核标准及酒店管理专业人才培养方案，培养学生从事酒店前厅、客房、餐厅等对客服务岗位，以及房务管家、大堂经理等 VIP 服务岗位所需具备的服务素养、服务知识、服务能力。具体教学目标如下。

1. 知识目标

(1) 能说出酒店服务礼仪价值。

(2) 能说出见面礼、引领礼、问询礼等礼节的要求。

(3) 能说出酒店前厅、客房、餐饮等一线服务岗位服务礼仪规范。

2. 能力目标

(1) 能按照酒店岗位服务礼仪标准和规范提供优质服务。

(2) 能针对顾客需求创造顾客惊喜。

3. 素质目标

(1) 具备积极乐观的职业心态。

(2) 具备主动服务意识。

(3) 具备积极沟通意识。

(4) 具备团队合作精神。

(5) 具备运用信息化工具解决问题的意识。

4. 思政目标

(1) 爱岗敬业。

(2) 将自我价值和社会价值相统一。

(3) 树立社会主义劳动价值观。

二、课程思政案例设计

本课程以“学习的内容即工作内容，在工作的过程中学习”的方式，把价值塑造和知识传授、技能训练与职业岗位有机联系起来，德技并修。选取学生在实践过程中能够通过身体力行深刻感悟的思政元素，使之内化为学生的精神追求、外化为学生的自觉行动，实现知行合一。采用“愉”“鱼”“渔”“欲”“誉”“育”6Y 协同教学策略，促进学生自我反思、沟通协作，提升职业认同和自信，实现价值观和职业素养的内化升华，丰富职业知识，提升职业技能，养成良好的职业行为习惯，使课程思政“入心”又“育行”。把思政元素微细化、具体化、实用化，全面全程全方位覆盖课程，线上线下、课内课外、校内校外相结合，突破学习时间和空间的局限性，增加身体体验，促使思想内化和行为固化，使思政育人“有效”且“高效”。

1. 课程思政全面化

基于酒店服务岗位需求定位人才培养标准，围绕岗位特点挖掘课程思政要素，把社会主义核心价值观、“德智体美劳”五育和中华优秀传统美德与职业岗位紧密联系起来，实现课程知识技能与立德树人目标的最佳结合。采用一个实践项目设计“课前、课中、课后”多个“知识—思政”点，各点连成一条“思政线”，再由多个实践项目形成多条横纵“思政线”，从而构成一个“思政面”，将思政元素与理论知识、技能实践融为一体，对课程进行全面全程全方位覆盖，给学生以启迪和反思，专业知识、职业技能、思想素养同时提升，使育人更“隐性高效”。

表 1 为课程“模块二”中“服务人员形象礼仪之仪态礼仪”的课程思政教学设计。

表 1

授课内容		仪态与职业心态	仪态与集体形象	仪态与个人气度
课程思政要素		通过学习文章“南开‘镜箴’与周恩来的气质”，了解仪态动作要领、端正学习心态和职业态度	通过学习案例“国庆阅兵现场60名标兵”，强化形象的重要性，提升吃苦耐劳的精神	通过学习典故“刘伯能教站立”，明白礼仪要内外兼修，养浩然之正气
课程思政融入点	课前(云平台)	发布人民网文章“南开‘镜箴’与周恩来的气质”，引导学生诵读经典，以此作为课程承上启下的衔接	发布北京晚报文章“国庆阅兵现场 60 名标兵”，引导学生思考军姿军容对展现国威军威的重要性，使学生明白个人形象代表集体形象	发布百家讲坛视频“彭林说礼”的片段“刘伯能教站立”，引导学生思考站立不只是外在的动作，内心更要培养大丈夫的气概
	课中(教室)	在课堂上的理论学习环节对经典进行解释，引导学生以伟人为榜样，调整学习心态和职业态度，带领学生进行仪态训练	在课堂上的实践教学环节对学生的各种仪态动作细节进行点评， 并且以国庆阅兵标兵经历的长期严苛的训练为例， 鼓励学生在仪态训练过程中应不怕吃苦，长期坚持	在课堂上的实践教学环节引导学生对“礼”和“仪”进行辩证思考，使学生明白礼仪素养的提升需要内外兼修
	课后(实训室)	学生以“镜箴”为指引，进行小组实训活动	学生互相对仪态动作细节进行纠偏、改进	学生在仪态练习过程中培养内心的正气
预期成效		学生以伟人为榜样，运用经典指导行动	学生从“敬业”到“精业”，提升吃苦耐劳的精神	学生通过听故事，提升思辨能力，加深对“礼”“仪”的理解和思考，达到正心立身的效果

2. 学习过程具身化

通过“学”——学经典、观历史、讲传统、树榜样、听故事、拓眼界，既有体现理想信念的宏大叙事，也有身边小事小景和道德情怀，既立足中国大地，又放眼国际社会；“练”——实训活动，小组合作完成实训任务；“化”——重体会、谈感悟，引导学生关注感受和情感体验(如图 1 所示)。通过“学”“练”“化”三步走，增强身体体验，使学生在学习过程中将社会主义核心价值观、“德智体美劳”五育和中华优秀传统美德逐步内化于心，再外化于行。

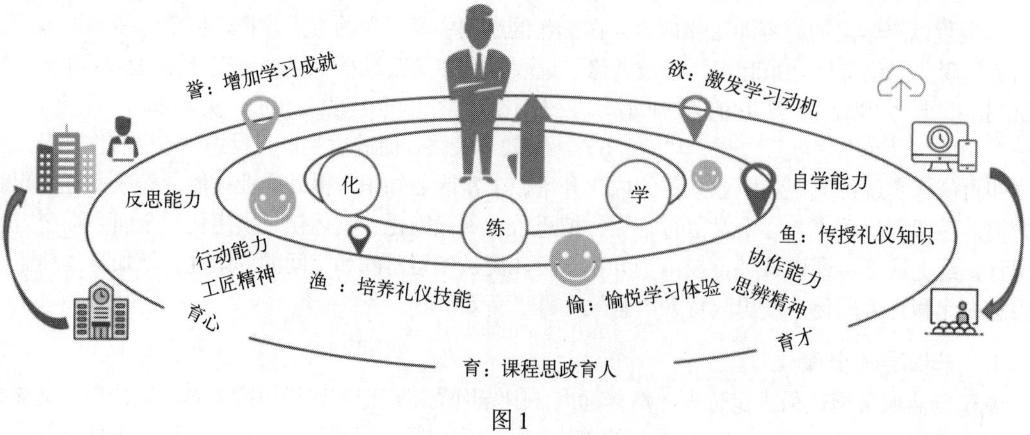
誉：增加学习成就
欲：激发学习动机
反思能力
化
学
练
自学能力
鱼：传授礼仪知识
行动能力
工匠精神
渔 ：培养礼仪技能
愉：愉悦学习体验
协作能力
思辨精神
育心
育才
育：课程思政育人

图 1

3. 学习策略促“入心”

课程采用“愉”“鱼”“渔”“欲”“誉”“育”6Y 协同教学策略(如表 2 所示)，通过混合式教学营造愉悦的学习氛围，使学生获得良好的学习体验，激发学生的学习兴趣和动机，使学生对课程思政“动心”。通过线上、课后学生自主学习，提升学生的自我认同感、沟通和合作能力，在学习过程中产生情感认同和价值认同，使课程思政“走心”。通过学生感受到学习实践活动在正确的价值观指导下带来的职业自信心和荣誉感，使课程思政真正“入心”。

表2

教学策略	“鱼” 传授礼仪知识	“渔” 培养礼仪技能	“愉” 愉悦学习体验	“欲” 激发学习动机	“誉” 增加学习成就	“育” 课程思政育人
实施方式	在线教学资源	实训教学项目	智慧教学工具	真实工作情景	多元评价方式	课程思政元素
检验机制	测试题	评价标准	学生满意度	课程出勤率	企业满意度	评价标准
技术支撑	智慧教学系统					

4. 多重空间促践行

覆盖课内课外、线上线下、校内校外，化被动学习为主动学习，提升岗位角色认同感和职业素养。在课前、课中、课后全程使用智慧教学工具和云平台辅助教学，形成线上课堂和线下课堂两大学习空间的交织融合。课前、课中、课后学习都有课程思政点，突破课程时限，提高育人成效。采用情景式教学，以项目为驱动，以任务为主线，学生先在校内完成实践项目，后到校外实训基地参与真实的工作项目，接受企业的检验。校外项目既是学生在前期学习基础上的深化和补充，又是对学生前期学习效果的检验和考查，更能激发学生的情感体验和思想内化。

5. 考核评价见成长

课程考核与评价包括了知识目标考核(随堂测试、单元小测)、技能目标考核(实训成果互评、实训成果师评)、思政目标考核(职业认同度调查)和综合评价(企业导师评价、神秘顾客评价)。知识目标考核和技能目标任务实训考核在教学过程中同步开展，思政目标考核和神秘顾客评价在学期前、学期中、学期末开展。

三、案例特色与成效

1. 校企合作，岗课融通

本案例基于职业岗位需求定位教学目标，结合企业真实的岗位工作任务，挖掘思政要素，找到课程知识、技能教学与思政育人目标的最佳结合点，使价值塑造与知识传授、技能培养同向同行。

2. 巧妙融入，全面覆盖

在信息技术的支持下，通过课内课外、线上线下、校内校外学习空间交织，巧妙设计课程思政教学内容和教学形式，建设在线开放课程和教材、配套学习手册、评价标准，使思政教育贯穿教学全过程，点—线—面全覆盖。

3. 具身学习，德技并修

学生主动探索、积极交流，通过参与实践活动，建立新的认知结构、练就新的技能、激发价值认同，塑造正确的思想和价值观，德技并修更高效。

4. 6Y 融合，入心育行

将思政“育”人与知识传授(鱼)、技能培养(渔)相融合，在“愉”悦的氛围中激发学习的

“欲”望，使学生收获成就和荣“誉”，体验—感悟—认同—内化—践行，促使课程思政“入心”“育行”。

案例 26　航站楼旅客服务

课程类型：专业教育课(经济学、管理学、法学类)
教育赛道：职业教育
开课年级：高职一年级
面向专业：机场运行服务与管理、空中乘务
部　　门：旅游与航空服务学院
学　　校：武汉职业技术学院
案例教师或团队成员信息(第1位为教学案例负责人)：

案例视频

姓名	职务	职称	部门
汤黎	教师	副教授	旅游与航空服务学院
吴玮婷	教师	助教	旅游与航空服务学院
陈雪晴	教师	讲师	旅游与航空服务学院

一、课程目标

本课程是面向机场运行服务与管理、空中乘务专业学生开设的一门专业核心课，课程旨在使学生掌握航站楼旅客服务基础知识、旅客服务各岗位操作流程和要求，培养学生立足民航、胸怀国家的情怀，树立安全意识，践行当代民航精神，具备从事民航旅客运输服务工作基本职业能力。在课程设计上结合学生特点，秉承立德树人的教学理念，整体按照“一个核心(当代民航精神)、两个主体(教师、学生)、三个层面(世界观、人生观、价值观)、四个维度(课前、课中、课后、课外)”设计教学活动。以岗位真实工作任务为载体，以人才培养为主线，结合教学标准整合课程内容，将民航发展、专业案例、行业规范、人物事迹等方面的思政素材充分转化为育人资源，实现育德于教。

二、课程思政案例设计

1. 课程思政德育目标

本案例课程思政德育目标主要体现在以下几个方面。

(1)树立爱国主义、集体主义思想，遵纪守法，热爱民航事业。

(2)养成严谨细致、诚实守信、吃苦耐劳的职业习惯和职业素养。以严谨的服务态度和较高的职业素养做好安检服务的工作，履行相应安检岗位的职责。

(3)做好旅客携带物品的区分和说明，对禁运和限运物品按照安检服务的规定及要求进行处理，保障航空器及旅客的生命财产安全。

2. 思政教育融合点

1)现实案例与专业教育相结合

通过金属棍棒劫机及用打火机两次企图点燃客舱内物品的案例，使学生意识到旅客登机前安检程序的重要性及严密性，关注从操作规范和人性化服务的角度在对旅客进行安检服务时需要注意哪些问题。

2)对接行业规范

本课程教学团队中有两位具有民航企业工作经历的教师，在课程思政建设过程中注重将民航安检岗位服务规范及安检员资格证书等要求融入教学。同时，注重理论与实践紧密结合，设置了不同的项目实训，突出旅客服务工作程序和岗位技能的学习，具有真实性和可操作性，使学生在学习知识的“获得感”中，既注重知识的传承与技能的提升，又有机融入职业精神和工匠精神。

3) 培养学生的责任意识和职业认同感

开展的互动话题“没有安检，你敢乘机吗”大讨论，以过安检携带物品常见误区、安检违规物品图片展示等，展现安检员工作的每一个细节、严格执行的每一条规定、始终坚持的每一条原则，这些都是作为民航人“敬畏生命、敬畏规章、敬畏职责”的体现，是为旅客的生命财产安全保驾护航，同时通过优秀学生在安检岗位所取得的成绩和荣誉为在校学生树立榜样的力量。

4) 教育方法和载体途径

以线上线下相结合的混合式教学模式，将学习分为课前、课中、课后，运用任务驱动、案例学习、交流讨论、角色扮演等多种教学方法，以本课程慕课中的视频、动画等信息化的资源弥补传统课堂教学实操展示受距离、角度影响的不足，以网络平台投票、讨论、复盘等方式调动学生积极性与参与度。

三、案例特色与成效

本案例的特色在于以“互联网＋”提升思政教育效果，将中国民用航空安检规则和安检常见物品检查规定等融入教学过程，除在智慧职教、智慧树等平台完成在线课程资源建设外，还深耕教材挖掘思政教育的融合点，出版了配套的立体化教材。

近五年来，学生获全国高等学校民航服务技能大赛一等奖等多个奖项，承担了武汉汉南机场世界飞行者大会志愿服务、机场安检服务等活动，参与人员达 700 余人次，学生在航站楼旅客服务行为方面产生了积极的变化，职业素养得到明显提升，被湖北机场集团、深圳新闻网等企业媒体报道。课程通过校思政示范课验收，教材及网络资源已被金华职业技术学院等十几所院校选用，负责人被评为第一届民航思政教学优秀教师。

第4篇　专业教育课思政案例：教育学类

本科教育类

案例1　学前儿童社会教育

案例视频

课程类型：专业教育课(教育学类)
教育赛道：本科教育
开课年级：大三年级
面向专业：学前教育
部　　门：教育学院
学　　校：阜阳师范大学
案例教师或团队成员信息(第1位为教学案例负责人)：

姓名	职务	职称	部门
王一雯	教师	讲师	教育学院
马莉娟	教师	讲师	历史文化与旅游学院

一、课程目标

“学前儿童社会教育”是学前教育专业的核心课程，重点关注学生个人的人文素养提升、价值观的塑造及保教能力的提高，从而培养学生科学的社会教育理念、突出的社会教育能力及丰厚的人文社会底蕴，并能够胜任幼儿园社会领域教育工作。

(1)知识目标：掌握学前儿童社会领域的保教知识，熟悉学前儿童社会性发展特点及指导要点等。

(2)能力目标：能够独立设计、组织、实施与评价学前儿童社会教育活动，养成自主探究、善于质疑的意识，培养沟通与合作的能力、自主反思的能力等。

(3)素质与思政目标：树立科学的学前儿童社会教育观、儿童观，激发学生对幼儿教育事业的认同感，培养以爱岗敬业、积极主动、乐于奉献为核心的职业素养，培育深厚的幼教情怀。

二、课程思政案例设计

本案例是“学前儿童社会教育”第五章“学前儿童社会教育活动的设计与指导”专题二“学前儿童性别角色的发展与教育”的内容，主要结合社会热点问题及理论知识全方位支持学生进行体验式学习。

1. 课程思政德育目标

(1)通过导入社会现实问题，引导学生初步了解性别、性别角色及双性化的内涵，明确学前儿童性别教育的正确方向。

(2)通过创设不同性别角色分工的问题情境，不仅提高学生仔细分析、归纳总结以及合理解读儿童行为的能力，还培养学生敢于质疑、大胆创新及交流合作的意识与能力。

(3) 树立正确的性别教育价值观，了解和认同科学的社会性别公平的理念，让学生厚植从事幼儿教育事业的深厚情怀。

2. 思政教育融合点

本课程按照“线上学习＋线下学习”“课前—课中—课后”“集体教学＋小组合作＋个人自学”的混合式教学形式，实现课程思政的有效融通，思政教育融合点如图 1 所示。

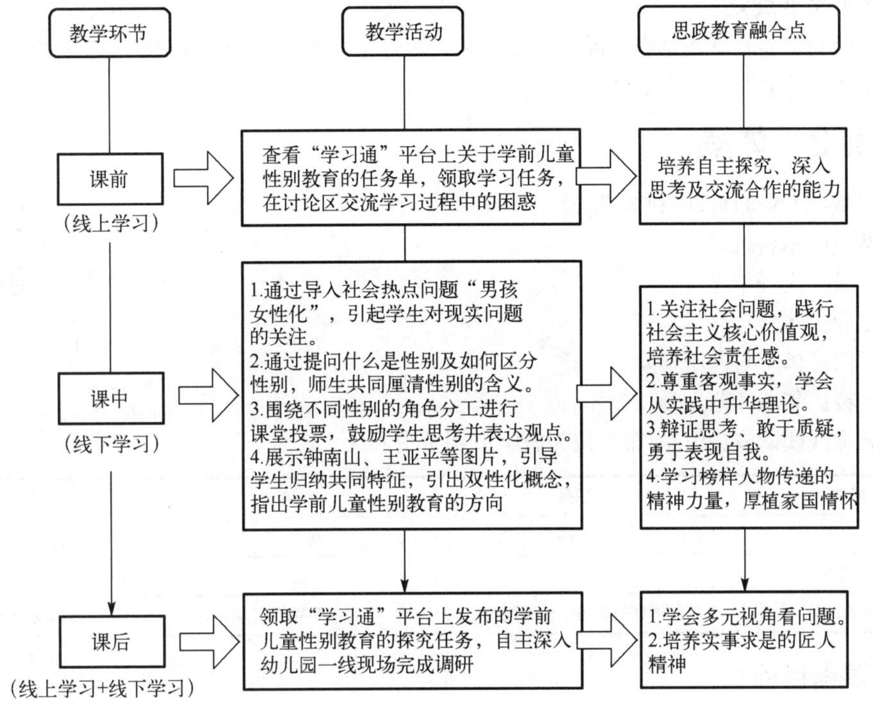
教学环节
教学活动
思政教育融合点
课前
（线上学习）
查看“学习通”平台上关于学前儿童性别教育的任务单，领取学习任务，在讨论区交流学习过程中的困惑
培养自主探究、深入思考及交流合作的能力
课中
（线下学习）
1.通过导入社会热点问题“男孩女性化”，引起学生对现实问题的关注。
2.通过提问什么是性别及如何区分性别，师生共同厘清性别的含义。
3.围绕不同性别的角色分工进行课堂投票，鼓励学生思考并表达观点。
4.展示钟南山、王亚平等图片，引导学生归纳共同特征，引出双性化概念，指出学前儿童性别教育的方向
1.关注社会问题，践行社会主义核心价值观，培养社会责任感。
2.尊重客观事实，学会从实践中升华理论。
3.辩证思考、敢于质疑，勇于表现自我。
4.学习榜样人物传递的精神力量，厚植家国情怀
课后
（线上学习+线下学习）
领取“学习通”平台上发布的学前儿童性别教育的探究任务，自主深入幼儿园一线现场完成调研
1.学会多元视角看问题。
2.培养实事求是的匠人精神

图 1

3. 教学方法

(1) 小组讨论法：围绕社会热点话题“男孩女性化”现象，引导学生展开讨论，提出自己的观点和看法。

(2) 情境体验法：鼓励学生到幼儿园真实情境中观察及录制幼儿活动视频，引导学生对儿童性别行为或者典型事件进行记录和分析。

(3) 谈话法：围绕教学重点和难点设计启发式提问，引导学生在自主思考的过程中建构关于学前儿童性别角色教育的知识体系。

4. 载体途径

本课程借助线上学习平台助力学生进行体验式学习，把课堂理论讲授与学生自主学习有机结合，打造“线上学习＋线下学习”“课前—课中—课后”“集体教学＋小组合作＋个人自学”为一体的混合式教学形式，培养学生的自主学习意识和能力。

三、案例特色与成效

1. 案例特色

(1) **社会主义核心价值观有效统领教学内容。**本案例的目标在于帮助学生掌握性别角色的理论知

识，树立科学的性别教育观。这就要求学生处理好个人与自身关系，形成正确的性别角色认同，养成良好的人格，进而引导幼儿处理好个人与自身、他人的关系。

(2)**理论教学链与实践驱动链“双链并行”**。本案例采用理论教学与实践任务驱动相结合的形式，通过创设问题情境鼓励学生在主动思考、敢于质疑中进行理论学习，并围绕幼儿性别角色发展展开实地探究，培养学生勇于克服困难、挑战自我的精神。

2. 教学改革成效

教师讲解与学生自学相结合，通过启发探究式学习和主动参与式学习调动了学生的学习积极性，并在潜移默化中坚定了自身的专业认同。

案例 2　体操

课程类型：专业教育课(教育学类)
教育赛道：本科教育
开课年级：大一年级
面向专业：体育教育
部　　门：体育与健康学院
学　　校：华东师范大学

案例视频

案例教师或团队成员信息(第 1 位为教学案例负责人)：

姓名	职务	职称	部门
张中印	教师	副教授	体育与健康学院
董翠香	教师	教授	体育与健康学院
陈海涛	体育与健康学院副院长	副教授	体育与健康学院

一、课程目标

1. 知识整合

能概述体操运动的基础理论知识；能独立完成体操技术动作，具有艺术表现力；体操专项体能水平显著提高；能运用所学知识分析、解决中小学体操教学实践及其他体育课程中的问题；能利用体操活动培养学生的健康行为和体育品德。

2. 教学能力

能说出中小学体操教学的核心内容；能阐释体操教学的基本方法与策略；能基于《体育与健康课程标准》的基本理念和要求，结合体操教学实际，有效组织体操教学并能够进行创新性设计；能对体操教学中的各环节进行讨论、反思、批判，并对学习效果进行评价；能组织课外体操锻炼、训练活动，并能组织体操竞赛、担任裁判工作。

3. 综合育人

能阐释体操运动的育人价值、体操练习育人的途径和方法；能在体操教学实践活动中将运动能力的提升、健康行为的养成和体育品德的培养进行合理设计；在学习过程中展现出奋发向上、自尊自信、乐观开朗的精神和品格，展现出合作能力、规则意识、公平竞争意识。

4. 交流合作

能描述通过体操教学提高学生合作交流能力的途径、方法；在小组自主学练、团队合作学习中提高学习效果，展现出较强的团队意识、合作能力。

5. 技术融合

熟练运用互联网进行线上学习，能够通过互联网、手机等信息技术完成线上线下的自主、合作、探究学习任务。

二、课程思政案例设计

1. 课程思政德育目标

(1) 在练习骑撑前回环动作时不畏困难、不退缩、不气馁，能够做到坚毅果敢、勇往直前，敢于挑战自己的心理极限。

(2) 在循序渐进的学习过程中，面对不断提高的难度、体能要求时，能够做到坚持不懈、坚韧不拔，敢于面对困难、勇于超越自我，不断提高动作难度、不断完善动作质量，磨炼意志品质、培养体育精神。

(3) 正确掌握骑撑前回环动作的保护与帮助方法，勇于承担责任，全力以赴保护同伴的生命健康安全。

(4) 通过准备活动环节的热身教学实践、体能练习、拉伸放松等内容的实施，让学生掌握科学锻炼的方法，提高学生身体健康水平。

(5) 在合作学习、团队展示和比赛过程中，在相互保护与帮助过程中，逐步提高情绪调控能力、合作交流能力、团队协作能力，逐步提升责任感和团队担当意识。

(6) 在单杠项目学习中进一步理解体操课程“立德树人”的理念、体育与健康课程核心素养，掌握体操教学中德育渗透的方式方法，树立高尚的教育情怀。

2. 思政教育融合点

本课程“育人”内容的组织实施并非简单地“贴标签”，而是在线上线下混合式教学的各个环节、内容中广泛开展“三全育人”，具体包括以下几点。

1) 全过程开展思政教学

(1) 明晰体操运动的德育功能，并在教学、比赛及评价过程中进行强化，并使学生掌握通过体操运动对教学对象进行“德育”的路径和方法。

(2) 对学生个人、团队学习、练习、游戏和比赛过程中的学习投入程度、团队表现进行关注和评价。

(3) 通过期末理论考试进行德育渗透。

2) 紧密结合体操运动、教学特征开展思政教学

体操运动是我国的优势项目，在国际大赛中为祖国争得很多荣誉；体操运动器械具有一定高度，体操动作具有较大难度、风险，需要练习者掌握安全防护、运动损伤预防专业知识；体操运动需要练习者具有较高的技能、体能水平，需要不断提高运动能力、完成质量；开展体操教学时，学生需要教师、同伴进行正确的、及时的保护与帮助，需要同伴具有较高的责任心；体操运动器械非常普遍，是普通大众、学生常用的锻炼手段，需要学生掌握科学的锻炼方法；等等。依据体操运动、体操教学的上述主要特征，本课程凝练体操课程思政元素，并将不同元素渗透到不同环节、内容的教学中。

3) 不仅提高学生的“思政”水平，还提高他们开展思政教学的能力

在教学过程中通过提问、探究等形式，探究教学内容中蕴含的课程思政元素，以及如何在教学实践中达成，不但提高学生的“德育”“思政”水平，还致力于提高他们在教学中对教学对象进行课程思政教学的能力。

4) 广泛运用线上线下混合式教学模式开展课程思政教学

本课程利用学校的线上教学平台，采取线上线下相结合的混合式教学模式，而思政教学将贯穿在

这两个不同的空间，线上学习、测验，课上“翻转”探究，课后线上讨论、提交作业(每节课课后、单元后)等都将融入思政教学内容，大大提高思政教学效果。在线上学习内容中通过测验、讨论、观看文字或视频材料，对学生进行德育渗透。

5)在学习评价中进行课程思政教学

对课程思政教学效果进行评价的难度较大，很多思政学习效果的表现是隐性的。课程会通过纸笔测验、线上和线下讨论、课堂上的个人表现(打分、发放个人奖券)、团队学习表现(打分、发放团队奖券)等形式，注重评价的激励、反馈和发展功能，构建主体多元、内容全面、方法多样的评价体系，其创新性尤其体现在注重对学生个人、团队思政表现的评价和反馈中。

三、案例特色与成效

1. 课程思政教学效果、质量显著提升

作为社会、中小学开展但不普及的项目，大部分体育教育专业学生在学期开始阶段对我国体操运动的辉煌成就知之甚少；体操运动规则，体操安全防护、保护与帮助等知识和能力非常欠缺。通过系统的学习，学生在体操运动领域的国家荣誉感、民族自豪感油然而生，规则意识、安全防护意识和能力、保护与帮助能力和责任感等大幅提升。

2. 学生身体力行，身心得到健康发展

作为一项非常特殊的体育运动，学生在参与过程中，通过教师的引导、课程思政元素的渗透，从最初的胆怯、犹豫、容易知足，逐步向坚毅果敢，敢于挑战自我的心理、身体极限转变，挑战自我、顽强拼搏、坚持不懈、精益求精、追求卓越的体育精神显著提升。

3. 培养学生价值认同，学以致用

本课程开展线上线下的全过程思政育人，学生从最初的迷茫逐步向接受、掌握和具备运用能力转变，主要体现在学生能在线上测验、交流互动和期末理论考试中很好地完成课程思政类题目，能在线下教学实践(热身设计、体能练习设计、技能教学实践、教学设计等)中很好地呈现课程思政教学融入路径、方法。

近年来，任课教师本人、指导的学生在参加上海市、长三角教学比赛中，多次获得一等奖、二等奖，其中课程思政教学元素、路径方法，得到评委广泛好评，课程思政教学成果显著。

案例3 职业生涯规划

课程类型：专业教育课(教育学类)
教育赛道：本科教育
开课年级：所有年级
面向专业：所有专业
部　　门：教师发展中心生涯教育研究院
学　　校：华侨大学

案例视频

案例教师或团队成员信息(第1位为教学案例负责人)：

姓名	职务	职称	部门
黄天中	院长	教授	教师发展中心生涯教育研究院
王晶	校团委书记	讲师	校团委
刘丽霞	院长助理	助理教授	教师发展中心生涯教育研究院
陆丹	教师	副教授	云南财经大学财政与公共管理学院

一、课程目标

1. 办学定位

华侨大学坚持立德树人，大力培养具有创新精神、实践能力、国际视野与社会责任感的高素质人才，贯彻“会通中外，并育德才”的办学理念。本课程以个人生涯为基点，更高层次地将家庭观、职场观、社会观、国家观、全球观纳入其中，引导学生建立“修身、齐家、治国、平天下”层层深入的视野和格局，培养学生世界公民的意识。

2. 学生情况

针对现在大学生对“职业规划、职业梦想”的困惑和迷茫，本课程顺应高校教育模式的改革要求，帮助学生了解自己、成为自己、成就自己，培养学生在思维和行为上的批判和反思能力，使其具备解决问题的能力并可以提出建设性、可行性方案，从而得到身心灵全面发展。

3. 专业人才培养要求

顺应时代和社会发展趋势，面向“00 后”学生“数字化原住民”的特点，课程强调尊重学生的个别差异，尊重人格平等，引导学生向“帮助别人，快乐自己；服务别人，成就自己”的目标迈进。

二、课程思政案例设计

本案例选取的是“职业生涯规划”课程第一章第五节“立德树人与职业生涯规划”的教学内容。

1. 课程思政育德目标

生涯是包括学习、生活、工作在内的个人发展，所以本课程的价值观目标主要是将家国情怀、全球视野融入个人职业选择、工作追求、理想实现中；本案例的知识目标是引导学生深刻理解所从事行业的职业精神和职业规范，增强职业责任感，培养职业品格；本案例的能力目标立足在拥抱国家政策、配合社会发展需要、洞察市场需求，从而让大学生自主树立职业生涯目标。

2. 课程思政教育融合点

本案例开始即点出“立德树人是国家教育的根本任务，也是职业生涯规划的依据”；接着阐述“立德树人和职业生涯规划的目标其实是一致的。因为立德树人和每一个人的职业生涯规划都是在探讨个人的发展，怎么样配合社会的需要、配合国家的发展”；然后以案例来具体说明从职业生涯规划角度如何与德、劳联结。第一个案例以学生参加面试的场景为例，通过面试前等待时的表现、对延迟的情绪反应等，提醒学生可能忽略的语言、表情、行为等的前后一致性与真实性、真诚性，然后带到“德，是一个平常就要养成的习惯”，从中可以看出每个人为人处世的态度。第二个案例是学生去某单位实习，依靠单位平台建立人脉和经验，然后自己创业并将客户带走。通过这个案例指出这其实是“公德心”的缺失。在谈到“德智体美劳”的“劳”时，提出知识点“我们所拥有的一切都来自其他的各种不同的劳力。劳动成为我们生活的一部分”，然后转到知识点 “探讨‘劳’与职业生涯规划的时候，要怀着感恩的心来看待这个‘劳’”，同时达到“人人为我，我为人人”“利他利我”的境界，从而将职业生涯规划的思想价值和精神内涵与“德智体美劳”、立德树人联结、融合。

3. 课程教育方法和载体途径

本课程采用讲授、文献引证、情景模拟、案例分析等教育方法，启发式、反思式教学法。载体途径为融思政内容于娓娓道来的案例、情景、引证的文献之中。

三、案例特色与成效

1. 案例特色

1) 中西合璧的基础

课程以中华优秀传统文化为基石，如“人文文化”“家国情怀”，以西方优秀文化为借鉴，如“通识教育”“全球视野”，进行本土化、区域化、校本化的探索。

2) 跨学科性的体系

课程融合心理学、教育学、哲学、社会学等多门学科知识，同时涵盖心理健康教育、道德教育、感恩教育等。

3) 理念与目标的创新

引导学生唤醒自己的职业生涯意识、激活自己与生俱有的职业生涯潜能、赋予自己职业生涯行动的能力，从而树立实现职业生涯使命的自力生涯理念，将个人职业生涯发展与家庭、学校、社会、国家、全球相结合，合作共赢，创造职业生涯价值，实现利人利己利家国、共生共长共发展的职业生涯理念，从而成为全面而有个性的人。

2. 教学改革成效

1) 教学理念

本课程不仅教授学生知识，即“授人以鱼”，还要教给学生获得知识的思维、方法，即“授人以渔”，更重要的是提供给学生工具、资源、平台，即“授人以筌”，引导学生真正去“做”，而不是停留在“讲和说”的阶段。

2) 教育方法

本课程强调“体验式学习”方式，因为“我听，我会忘记；我看，我会记得；我做，我会明白”，让学生在做中学、玩中学、错中学，找到自己的兴趣和方向，做出理性的评估和选择，走出属于每个学生自己的人生之路。

案例4　体育教学论

课程类型：专业教育课（教育学类）

教育赛道：本科教育

开课年级：所有年级

面向专业：体育教育

部　　门：体育学院

学　　校：四川师范大学

案例视频

案例教师或团队成员信息（第1位为教学案例负责人）：

姓名	职务	职称	部门
李野	教师	副教授	体育学院
张晓林	体育课程教学论教研室主任	教授	体育学院

一、课程目标

根据学校定位和体育类专业培养目标和毕业要求及其实现矩阵，以及作为体育教育专业核心课的地位，本着立德树人、多元融合、全面发展的理念，本课程制定如下目标。

总体目标：培养学生的体育与健康学科核心素养。具体目标：提升学生将体育课程标准转向体育教学设计的能力；能将体育学科教学的理论体系用于体育教学实践和发展需要；培养学生用结构化的知识和技能解决复杂情境问题的能力。

二、课程思政案例设计

本课程采取项目作业驱动的教学模式。课前，综合本门课程的理论和当前时政，给出项目作业设定。要求学生通过对本门课程的学习，能够运用所学知识结合当前国家需要提出综合性解决方案。课前在线推送相关理论知识的慕课资源和时政内容资料，线下课堂结合具体应用模型对理论知识进行解构分析，围绕项目作业组织理论、应用模式、思政和拓展讨论，以支架教学的形式帮助学生完成项目作业。

本案例项目作业设定为：当前我国正面临百年未有之大变局，党中央提出国内大循环和国际循环双循环并举的发展策略，乡村振兴成为保持我国经济稳步发展和文化复兴的重中之重。习近平总书记提出“绿水青山就是金山银山”，指出了自然生态和经济发展并举是未来乡村振兴的方向和途径。一切发展都离不开人才培养和国民素质的提高，我国乡村社会承载了深厚的中国传统文化，现代教育体系的引入将进一步促进中国乡村社会在保持传统文化底色的同时实现承载人类命运共同体理想的使命。根据这一场景，本案例要求学生运用所学体育教育理论为新脱贫地区 6～15 岁青少年设计教育方案，要求能够体现人类命运共同体的思想，恰当地运用体育教育理论和手段帮助乡村地区实现生态化经济发展。

本课程在 OBE 基础上，采用项目作业驱动模式及支架教学方式，利用解构分析帮助学生理解并应用所学知识，在教学过程中将完成项目作业的要点分配在教学模块中，旨在加强学生对理论的理解，帮助学生提出解决现实问题的设想和方案。在这一过程中，让学生具体直观地体会人类命运共同体思想，在自己的设计工作中体会如何展现“四个自信”。

三、案例特色与成效

本课程以四川师范大学真实的顶岗实习学校为项目设计情境，支持乡村振兴战略，以“乡村振兴、教育先行、城乡一体、以体育人——基于凉山州普格县中学的体育翻转课堂设计”为项目设计主题，引入了现代体育翻转课堂教学理念，针对体育学科的实践教育特色，切实解决乡村存在的教育落差问题，把思政具体化到顶岗教学的工作中，引导学生关注教育内容的呈现形式，在创新和解决问题的过程中提升学生的思政素质。同时支持四川师范大学“教育部体育美育浸润行动计划”，推动山区学校体育美育发展。让学生结合自身技术专长，完成“课程—设计—实施—评价”全过程设计，提升挑战度，引导学生自主实践和创新，深刻体会国家当前乡村振兴战略对师范教育的需求，提高体育师范生的综合素养。

案例 5 健身健美

案例视频

课程类型：专业教育课(教育学类)
教育赛道：本科教育
开课年级：大二年级
面向专业：休闲体育
部　　门：体育学院
学　　校：武汉华夏理工学院
案例教师或团队成员信息(第 1 位为教学案例负责人)：

姓名	职务	职称	部门
付炜	实习实训中心主任	讲师	体育学院
赵燕	副院长	副教授	体育学院
蒋春强	教师	助教	体育学院

一、课程目标

本课程是休闲体育专业必修课程，旨在使学生养成"终身体育、终身健康"的观念。课程全方位、全过程融入专业人才培养体系，秉承为党育人、为国育才的宗旨，坚持"立德树人"根本任务，以体育德，培养德技并修、全面发展、服务全民健身国家战略的体育人才。

1. 知识目标

通过"健身健美"课程教学和训练的过程，让学生掌握基本的健身健美知识和技能，养成经常锻炼的习惯和终身体育的意识和行为，掌握计算标准体脂率的方法，学会健身指导的程序和方法。

2. 能力目标

(1) 能够针对不同的人群设计不同的训练动作并进行指导。

(2) 能够根据不同年龄阶段人群撰写整套训练计划。

(3) 能够合科学理地组织课堂教学。

二、课程思政案例设计

1. 课程思政德育目标

(1) 厚植学生爱国情怀与专业自信：通过社会热点引入课程的广泛应用性，增强学生的专业自信心和使命感，使学生树立"健康中国""文化自信"的理想信念，展现当代学生的民族精神和时代精神。

(2) 培育学生乐于奉献的工匠精神：在学生角色扮演和情景模拟教学过程中，提升学生的职业素养和责任担当，树立学为人师、行为规范的职业理想。

(3) 挖掘学生"以体固本，以美培元，追求真善美"的审美观：加强体质健康教学，增强学生体能，塑造优雅的身体形态和精神状态。

(4) 培养学生良好的竞争与互助意识：通过分组展示竞赛、师生互评等过程，塑造学生"胜不骄、败不馁"的品质，同时增强学生团队公平竞争意识及团队协作互助的能力。

2. 思政教育融合点及教育方法

1) 教学内容 1：徒手训练的目的和意义

思政育人融合点：通过新冠疫情期间居家锻炼的数据统计，突出全民健身的重要性，培养学生体育强国的使命担当，以及专业自信和爱国情怀。

思政融入载体：通过提问的形式，巧用社会热点解读政策。

教育方法：以问题为导向的"启发式"教学法。

2) 教学内容 2：学生分组创编训练动作

思政育人融合点：通过线上学习平台进行分组后，鼓励学生为了更好的目标而团结协作、互帮互助、共同进步、互相尊重，加强学生合作精神、意志品质的塑造。

思政融入载体：树立榜样、鼓励协作。

教育方法：任务型教学法、合作探究式教学法。

3) 教学内容 3：学生分组展示教学

思政育人融合点：学生分组上台以"教练"身份进行教学授课。塑造学生正确的职业素养，以及积极向上的精神风貌和勇于承担社会责任的品质，同时展现当代大学生的自信心和创新能力。

思政融入载体：角色扮演、情景模拟。

教育方法："体验式" 教学法。

4) 教学内容 4：小组展示成果互评

思政育人融合点：利用线上学习平台进行师生互评、生生互评。在评价过程中，培养学生的竞争意识和抗挫能力。

思政融入载体：师生互评、榜样激励。

教育方法：合作探究式教学法。

5) 教学内容 5：课堂总结与作业

思政育人融合点：引导学生用完器械及时还原，培养学生爱护公共环境、遵守组织纪律和原则的品质。

思政融入载体：实践促学。

3. 融入途径

通过**课前设计"融合"、课中落实"融入"和课后实践"融化"**的三阶段模式，实现思政元素与专业知识、能力培养的有机融合，提升育人功效，如图 1 所示。

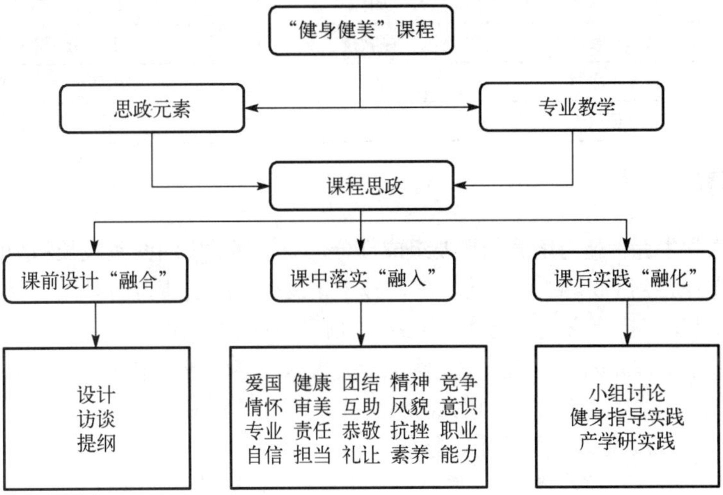
"健身健美"课程
思政元素
专业教学
课程思政
课前设计"融合"
课中落实"融入"
课后实践"融化"
设计
访谈
提纲
爱国 健康 团结 精神 竞争
情怀 审美 互助 风貌 意识
专业 责任 恭敬 抗挫 职业
自信 担当 礼让 素养 能力
小组讨论
健身指导实践
产学研实践

图 1

三、案例特色与成效

1. 案例特色

(1) 全过程浸润国情教育：巧妙结合社会热点现象，引导学生学习《全民健身计划 2021—2025 年》《"健康中国 2030"规划纲要》《"十四五"体育发展规划》中"体育强国"等精神。

(2) 全过程贯穿身心发展和健全人格培养：在进行健身指导教学及角色扮演教学时，引导学生提升自信心与阳刚之气，展现当代大学生良好的精神风貌。

(3) 全过程对标社会实践需求：在教学中，以角色扮演的方式，培养学生作为健身健美教练应具备的职业素养等，不断对标社会需求，培养全面应用型人才。

2. 成效

(1) 该课程获得校级思政设计大赛三等奖、校级优秀教案三等奖。

⑵依托该课程教学改革成果，课程团队成功申报校级教学改革课题，并获得立项。

⑶依托该课程建设，师生团队项目获得“互联网＋”大学生创新创业大赛省级银奖 1 项、校级金奖 2 项。

职业教育类

案例 6　职业沟通技能

案例视频

课程类型：专业教育课(教育学类)
教育赛道：职业教育
开课年级：所有年级
面向专业：所有专业
部　　门：山西经济管理干部学院
学　　校：山西经贸职业学院
案例教师或团队成员信息(第 1 位为教学案例负责人)：

姓名	职务	职称	部门
吕书梅	教师	副教授	山西经济管理干部学院
解研	教师	讲师	山西经济管理干部学院
王永芳	管理教研主任	副教授	山西经济管理干部学院

一、课程目标

沟通能力是大学生综合能力培养的重要组成部分，关系到学生的健康成长和全面发展，也影响到职业发展。沟通能力是决胜职场的软实力，信息技术越发达，沟通能力面对人工智能的不可替代性特征就越彰显价值。因此，提高学生沟通能力和素养具有划时代的意义。

研究表明，由于多种原因，当代大学生沟通能力现状不容乐观。本课程旨在帮助大学生学习沟通知识、掌握沟通技能、提升沟通能力、增强沟通素养、助力职场成功。

⑴知识目标：学习沟通基础知识点、技能点。

⑵能力目标：学会分析沟通障碍，掌握沟通基本技能，提升沟通能力。

⑶素质目标：树立科学的沟通理念，形成健康的沟通模式，做一个高效的沟通者，为建立顺畅的人际关系、出色完成工作任务奠定坚实基础。

二、课程思政案例设计

正确的人生观、价值观、高尚的品格、健全的人格、坚定的信念、良好的习惯都会直接影响人际沟通效果。本案例整体设计坚持“立德树人”的育人目标，把社会主义核心价值观和真诚、尊重、明辨是非等德育元素与课程内容融于一体。

1. 案例简介

案例名称：“口德即美德”——人际沟通中如何赞美人。
案例所在模块：第六模块(人际沟通技能)——项目三(人际沟通技巧)——任务三。
案例内容：
⑴赞美的心理基础：基于马斯洛需求层次理论，让学生明白赞美可满足人的深层次需求，并增

强价值感。

(2) 赞美的技巧和方式：

① 赞美技巧：赞美要因人而异；赞美要情真意切；赞美要翔实具体；赞美要合乎时宜。

② 赞美方式：直接赞美和间接赞美、语言赞美和行动赞美、公开赞美和单独赞美。

(3) 区别容易混淆的社会行为与赞美的差异，进一步引发思考。

2. 案例设计

(1) 标题设计：直击思政教育和德育元素。通过标题“口德即美德”唤起学生学习和记忆中有关中华传统美德的故事、情景等，唤起学生对中华优秀传统文化的热情和崇敬，激起美好的情感，激发进一步学习的兴趣。

(2) 过程设计：把德育教育与课程内容融为一体。

第一，寓思想政治教育于名人故事中：通过伟大的人民教育家、思想家陶行知先生的真实故事，启发学生思考，并从陶行知先生智慧的、人性化的教育方式中获得感悟和启示。让学生明白表达尊重、真诚的赞美，会使人加倍珍惜自己的名声和信誉，真诚的赞美往往能达到苛刻的责备望尘莫及的效果。

第二，透过课程重点，让学生建立正确的人生观、价值观。由赞美的四个技巧引导学生养成赞美的好习惯，建立正确的沟通处世观等。

(3) 结尾设计：由课程内容跃迁延伸，培养学生爱国、爱党的情怀。

第一，由人际沟通中的赞美，跃迁延伸至对我们伟大的祖国、伟大的中国共产党、英雄的中国人民的赞美。

第二，运用正反对比方式，把易混淆的社会行为，如奉承、讨好、拍马屁等与真诚的赞美做对比，提升学生明辨是非、把握真相的能力。

三、案例特色与成效

1. 案例特色

第一，基础深厚，辐射广泛。案例根植山西省首批职业教育在线精品课程“职业沟通技能”，选择课程的学校数量达 160 多所，选课学生达 4.33 万人。

第二，内容翔实，逻辑清晰。案例全程厚植社会主义核心价值观和德育元素。课程内容融合爱国、文明、和谐、真诚、友善、尊重等德育元素。理实一体化推进，重点难点分明。

第三，设计巧妙，形式灵活。通过讲故事、举例子等方式，让学生在潜移默化中提高品德修养，提升沟通素质。运用正反对比方式，提升学生明辨是非、把握真相的能力。

2. 改革成效

“职业沟通技能”课程采用线上线下混合式教学模式，满意度达 95.6%，远远高于同类课程，获得智慧树平台“高职高专课程 TOP100”荣誉。

本案例设计在 2022 年山西省职业教育铸魂育人项目中入选省级认定名单。

案例 7 英语听说 3——外事口语

课程类型：专业教育课(教育学类)

教育赛道：职业教育

开课年级：高职二年级

面向专业：应用英语

案例视频

部　　门：外语学院
学　　校：上海电子信息职业技术学院
案例教师或团队成员信息(第 1 位为教学案例负责人)：

姓名	职务	职称	部门
曾晶	教师	助教	外语学院
吴亚人	外语学院直属党支部书记	工程师	外语学院
邓玉华	外语学院副院长	讲师	外语学院

一、课程目标

上海电子信息职业技术学院形成了以电子信息产业为主，以高端制造业和现代服务业为辅的“一体两翼”专业布局。应用英语专业培养具备良好的英语语言交际能力、翻译能力和行政事务处理能力，面向现代服务业涉外行业的复合型技术技能人才。

本课程以英语专业毕业生求职为背景，讲述了其在工作面试、市场调研、产品推广、营销策划和商务谈判等过程中遇到的各种问题。本课程旨在帮助学生掌握岗位知识技能，熟练运用职场情境中的口语表达，提升学生的职业道德素养，从而实现“技能育人＋素养育人”双通道育人。同时，对接外贸专员工作岗位要求、“1＋X”实用英语交际职业技能等级考试要求、全国职业院校技能大赛英语口语比赛要求，推动“岗课赛证”融通的全域化思政育人目标的实现。

1. 知识目标

(1) 掌握不同职场情境中的词汇和口语表达。
(2) 掌握相关岗位的职业知识和职业技能。
(3) 掌握不同职场情境中的职场礼仪和规范。

2. 能力目标

(1) 能够熟练运用英语进行商务活动。
(2) 能够胜任营销策划、产品推广和商务谈判具体岗位职责。
(3) 能够遵守不同职场情境中的礼仪规范。

3. 素养目标

(1) 培养学生的思辨能力和创新意识。
(2) 培养学生精益求精的工匠精神。
(3) 培养学生的团队合作意识。
(4) 培养学生的爱国主义情感，增强学生的文化自信。

二、课程思政案例设计

1. 课程思政德育总目标

本课程建立起以“工匠精神”为核心，以“诚心、德心、慧心、赤心、公心、爱心、匠心”为一体的课程思政体系，培养一批“诚实守信、品德高尚、足智多谋、赤胆忠心、克己奉公、兼爱他人、匠心独运”且具有浓烈爱国情怀、深厚民族情结、勇于承担历史文化使命的社会主义新青年。

2. 单元课程思政德育目标

1) 知识目标

(1) 帮助学生了解不同类型的工作面试，包括行为面试、案例面试、情景面试、压力面试、能力面试、集体面试、小组面试、视频和远程面试、电话面试、午餐面试、模拟面试、结构化面试、非结构化面试和半结构化面试。

(2) 帮助学生掌握回答工作面试问题的方法。

(3) 帮助学生掌握工作面试的礼仪。

(4) 帮助学生掌握工作面试相关的词汇、短语和表达。

2) 能力目标

(1) 能够回答不同类型的工作面试问题。

(2) 能够掌握工作面试礼仪。

(3) 能够小组合作，模拟工作面试。

3) 思政目标

(1) 培养学生的面试礼仪规范。

(2) 帮助学生树立正确的就业观。

(3) 帮助学生了解中国传统非遗文化——木版画的制作流程。

(4) 增强学生的文化自信，培养学生的爱国主义情怀和工匠精神。

(5) 培养学生的团队合作精神和创新意识。

3. 思政教育融合点

课前，教师以新冠疫情下大学生就业为例，讲述影响学生就业的内部和外部因素，提高学生的职业规划意识，帮助学生树立正确的就业观念。课中，教师讲解不同工作面试类型和面试礼仪，学生模拟工作面试，在提升学生面试技能和口语表达能力的同时，帮助学生树立诚信求职的观念。教师以学生毕业后从事木版画刻制为例，向学生讲述了木版画的制作工艺流程、发展历史等，帮助学生了解国家非物质文化遗产，增强学生的民族自信和文化自信，培养学生的工匠精神，将学生的个人职业理想与家国梦想结合起来，使学生成为一个忠于祖国、忠于人民、热爱事业的有志青年。

4. 教育方法

课程在 POA 理念指导下，构建起“一体双道三级四贯通”的立体化混合式思政教学模式。即以课程思政建设为主体，通过“课前思政导入—课中听力口语练习—课后思政拓展”从感知到掌握再到运用的三级训练体系，实现“技能育人＋素养育人”双通道育人和“岗课赛证”融通的全域化思政育人目标。

1) 情境导入法

本节课以 Crystal 毕业求职为故事背景，设置单元情境：如何进行工作面试？

2) 项目任务法

教师课前发布任务单，小组合作完成单元项目任务：模拟工作面试，完成木版画制作。

5. 载体途径

1) 建设数字化思政资源平台

本课程在开发校企合作活页教材的基础上，将课程思政与职场英语口语技能训练和英语演讲辩论技巧结合起来，搭建在线课程思政资源，供本校及其他院校师生和企业人士联合开发使用。

2) 创建校外实践基地

学校与上海汇展信息科技有限公司等企业签订校企合作协议，建立校外学生实践基地。通过“校内文化工作室（以英语配音、演讲和辩论的形式讲述中国故事）＋校外学生实践基地（红色志愿者活动）”，实现校内外思政育人。

三、案例特色与成效

1. 案例特色

1)课赛结合，职业育人

以“岗课赛证”一体化为出发点，本案例通过模拟工作面试提高学生职业技能素养，通过木版画制作流程加深学生对国家非物质文化遗产的了解。结合“1+X”实用英语交际职业技能等级考试，帮助学生掌握如何向客户推荐产品的技巧；结合“星光计划”英语口语比赛，帮助学生掌握流程图描述的方法。

2)校企合作，协同育人

本课程建立起“1+2+3”数字化课程体系，即以在线精品课程建设为中心，联合校内外导师双向评价，确立了“企业导师联合授课—校内学生活动—校外社会实践”的三级人才培养体系，推动产教融合深层发展。

课程引入增值性考核，将学生竞赛、社会实践和企业项目纳入期末考核，建立多元化评价机制。

2. 教学改革成效

(1)学生获得上海市“星光计划”英语口语比赛二等奖、“外研社杯”英语演讲比赛(上海赛区)一等奖等奖项，以及ESDP英语演讲与辩论最佳志愿者团队等荣誉称号。

(2)应用英语专业教学资源库被确定为上海高职高专院校市级专业教学资源库建设培育项目，“英语听说3——外事口语”被评为2022年上海市高职高专院校优质课程。

(3)主讲教师获得上海市高职高专院校教学能力比赛三等奖等众多奖项，并承担上海市高青课题等多个校级、局级课题。

案例8 学前儿童心理发展与指导

课程类型：专业教育课(教育学类)

教育赛道：职业教育

开课年级：高职一年级

面向专业：学前教育专业

部 门：师范教育系

学 校：延安职业技术学院

案例视频

案例教师或团队成员信息(第1位为教学案例负责人)：

姓名	职务	职称	部门
杨雅颉	教师	副教授	师范教育系

一、课程目标

立足学校“延安精神立院、德能并重育人”办学使命，紧扣学前教育“圣地幼师”人才培养目标，自觉做延安精神的传承者和践行者，彰显学校课程思政品牌。坚持以文化人，基于“师德为先、儿童为本”课程理念，确定“厚情怀、精分析、善运用”的课程目标。作为学前教育专业的基础课，“学前儿童心理发展与指导”的授课对象为高职一年级学生，他们对儿童心理行为“有兴趣、有意愿”但“缺认知、缺方法”。因此，本课程的三维目标具体如下。

(1)认知传授：系统掌握学前儿童心理行为年龄特点及发展规律。

(2)能力培养：运用学科知识解析儿童心理，采用科学方法解决岗位问题。

(3)价值塑造：树立科学的儿童观，理解、包容和关爱儿童。

二、课程思政案例设计

1. 课程思政德育目标

依据《高等学校课程思政建设指导纲要》，以加强师德教育为使命，对照专业人才培养目标和《学前教育专业认证标准》，确定“以爱润心”德育目标，包含“家国情怀、职业道德、文化自信、心理健康”四类思政主题。

(1) 坚定理想信念，涵养教育情怀，自觉践行社会主义核心价值观。

(2) 树立科学儿童观，关注儿童心理健康，尊重儿童人格，有依法执教意识。

(3) 具有人文底蕴，传承中华优秀传统文化。

(4) 勤学善思，积极引领儿童行为，做儿童健康成长的启蒙者和引路人。

2. 思政教育融合点

依托延安地域优势，坚守中华文化立场，运用故事思维，以延安红色保育故事创设德育情境，将革命时期延安保育院促进儿童身心健康发展的保教故事融入课程内容主题，强调“把理论融入故事，用故事讲清道理，以道理赢得认同，以悟道取代灌输”，帮助学生与儿童、幼教事业建立情感关联，深刻理解“亲其师，信其道”“知其心，然后能救其失”思想精华，引导学生关注儿童心理健康，遵循儿童身心规律，尊重儿童人格，达到德智互促效果。

3. 教育方法和载体途径

1) 教育方法

依据项目式学习理论，采用案例分析、任务驱动、角色扮演等育训结合的教学方法，从课前探索、课中导学延伸到课后拓展，对接岗位任务，将思政元素与工作任务融合，建构德能并修实施框架，激发师德内生动力。

2) 载体途径

结合课程内容，建立以中国典籍、中华传统绘本、红色影片等为内容的“中国心”课程资源库，拓展课程知识的广度、深度和温度，增加知识性和人文性。课中，按照“导—厘—析—练—理”五步实施路径，有机融入延安保育院革命文化及《学记》等优秀传统文化思想精华，依据国家颁布的学前教育纲领性文件，对接“1＋X”证书，将教学内容真正落地，同步实现科学解析儿童心理行为能力和师德践行能力的螺旋式上升。充分利用延安市区革命历史资源和区位优势，把课堂讲授、现场体验有机结合起来，创新教学方法，综合运用第二课堂和课后实践活动，实现课程思政全面育人。

三、案例特色与成效

1. 案例特色

(1) 彰显学校思政品牌。依托延安地域优势，将延安保育院大爱故事融入课程，对于培养学生社会责任感和职业使命感具有积极的教育作用。

(2) 狠抓师德师风教育。按照专业认证要求，立足文化传承，发扬革命文化，赓续中华文脉，以“文”赋能，立德树人。

(3) 注重学生专业成长。深挖课程思政元素和案例，创新教学方法，课堂互动感强、参与度高，提升学生思辨和创新能力，有效发挥育人效果。

2. 教学改革成效

(1) 学生行为素养提升。学生学习积极性和学习成效明显提高，关爱儿童，理解儿童，重视儿童心理健康。

(2) 课程辐射范围较广。选课学校和学生数量稳定，课程上线“学习强国”延安学习平台，评价良好。

(3) 教师教研成果丰富。课程团队在陕西省“课程思政”大练兵展示中及陕西省教学能力大赛中取得优异成绩。

案例 9　游遍亚运参赛国和地区

课程类型：专业教育课(教育学类)
教育赛道：职业教育
开课年级：所有年级
面向专业：所有专业
部　　门：旅游外语学院
学　　校：浙江旅游职业学院

案例视频

案例教师或团队成员信息(第 1 位为教学案例负责人)：

姓名	职务	职称	部门
赵杭飞	教师	讲师	旅游外语学院
徐劼成	教师	讲师	旅游外语学院
黄慧	国际教育学院院长	教授	旅游外语学院

一、课程目标

作为全国唯一一所旅游“双高”建设职院，浙江旅游职业学院秉承“中国品牌、中国服务”的办学定位，依循以行业需求为引领，以职业能力为本位，融课程思政于特色课程的建设模式，全力打造“外语＋职业技能”的国际化高素质技能型人才。

本课程以“立德树人”为根本，实现以下三个方面的教学目标。

(1) 知识目标：学生掌握体育项目及身体健康的英语词汇，并熟悉亚运小常识，掌握与亚运会相关的句型。

(2) 能力目标：学生能够正确认识杭州亚运会的举办意义，并能运用英语来讲述杭州亚运会的名人故事。

(3) 价值目标：学生树立正确的体育与健康观念，并厚植家国情怀，传承体育精神。

二、课程思政案例设计

1. 课程思政育德目标

本课程在设计时，遵循“立德树人”理念，结合课程特点及教学内容，深度挖掘“体育运动”这一思政元素，以“杭州举办亚运会”为切入点，融入以“健康”为主题的专业教学内容，通过问题导向、探究式、任务驱动及混合式教学法，引导学生体悟杭州亚运会举办的意义，厚植家国情怀，学会讲述亚运会中的名人故事，传承体育精神，从而实现“迎亚运，享健康，拥未来”的课程思政目标。

2. 思政教育融合点

本案例内容选自《高职国际进阶英语》“Unit 7 Health—Section B Body matters”，即第七单元“健康”中的第二节内容“重视你的身体”。在混合式教学过程中，主要从“历史、赛事、人物”三个角度融入课程思政育人元素。第一，亚运会历史与身心健康：用英语讲述亚运会的历史，使学生认识亚运会；第二，亚运会赛事与身心健康：用英语阐释杭州亚运会的意义，培养其家国情怀；第三，亚运会名人与身心健康：用英语讲述亚运会名人故事，传承优良品质，学会将体育精神融入生活实践，拥抱美好未来。

3. 教育方法和载体途径

本课程的教学设计主要从以下三个阶段展开：课前，线上资源引导学生探索亚运会历史及典故；课中，学生参与学习举办亚运会的意义，厚植家国情怀；课后，通过作业巩固提升亚运会故事讲述能力。

本案例将思政之“盐”融入课堂之“汤”，并有机融合 BOPPPS 教学模式与混合教学模式，从而实现“线上线下结合，英语学科与体育学科、思政学科的跨学科领域结合以及教学与实践相结合”的三大结合，进一步提升学生语言能力的同时，拓展其学习能力和素质能力，实现“思政铸魂、语言铸技”的目标。

本课程的课堂教学过程主要分为以下三个阶段开展。第一，课前准备。学生在线上测验课前所学的亚运会知识。第二，课中讨论。学生参与亚运会历史讲解及互评，并参加课堂运动体验，共同探索杭州举办亚运意义。第三，课后巩固。学生参与课堂总结，在线上学习平台提交课堂反馈，并完成亚运会名人故事讲解的视频拍摄作业。

三、案例特色与成效

在“立德树人”的课程思政理念指导下，本课程构建了立体化、全方位的课程思政育人体系，课程思政教学取得明显成效。

1. 课程内容和教学载体革新，价值认同入脑入心

本课程教师与思政课教师等其他学科教师建立虚拟教研室，不断挖掘课程内容中的思政要素，革新教学载体，通过跨学科共同备课，推进教师间相辅相成，发挥立德树人的协同效应。此外，开展的启发式、探究式等深度教学，符合现代大学生的学情特点，能够有效推进价值认同入脑入心，激发了学生学习兴趣，深受学生喜爱和好评。

2. 师生思政意识、应用转化能力提升

学生积极参加英语演讲比赛、写作比赛等，在备赛过程中明显表现出坚持不懈、刻苦努力的优良品质，在观念表达中更加凸显文化自信。教师在课程思政理念的实践中，不断深化课程思政改革的理论研究成果，教学案例被评为 2021 年校级课程思政优秀教学案例，同时获批校级“大学英语”课程思政建设项目课题。

3. “三教”改革收效显著，师生评价高

课程于 2021 年在智慧职教平台和智慧树平台上线，共计有 8 所院校，累计近 4000 人自主学习，为在校生、社会学习者提供了优质的课程资源，为其他课程建设起到示范引领作用。此外，课程团队参与编写了配套教材，由浙江大学出版社于 2022 年正式出版发行；课程团队将课程思政教学步骤渗透到专业教学进程中，完善教学模式，结合工作实际，发表了相关论文。督导听课评价优秀，学生评教满分(2021—2022 年上学期)。

第5篇　专业教育课思政案例：理学、工学类

本科教育类

案例1　基础工程

课程类型：专业教育课(理学、工学类)
教育赛道：本科教育
开课年级：大三年级
面向专业：土木工程
部　　门：交通科学与工程学院
学　　校：北京航空航天大学

案例视频

案例教师或团队成员信息(第1位为教学案例负责人)：

姓名	职务	职称	部门
冯锦艳	智能交通基础设施系党支部书记	副教授	交通科学与工程学院
童朝霞	教师	副教授	交通科学与工程学院

一、课程目标

依托北京航空航天大学交通运输工程“双一流”学科建设，“基础工程”课程不断完善学生“思维＋能力＋实践＋素质”四位一体的知识体系构建，培养智能交通基础设施复合型人才。

知识目标：初步掌握地基基础设计的基本原理和方法，包括浅基础设计、桩基础设计、支挡结构设计、地基处理和机场建设，熟悉地基基础设计的相关规范和设计软件。

能力目标：使学生具备对地基基础进行初步设计的能力和使用软件进行初步优化的能力，提高其动手实践和解决复杂工程问题的能力。

价值目标：以精益求精的大国工匠精神为主线，以安全经济设计为底线，培养学生的思辨能力、创新意识和团队协作精神，树立民族文化自信，厚植交通强国情怀，服务“一带一路”倡议。

课程建设和实施流程如图1所示。

二、课程思政案例设计

“基础工程”课程围绕培养服务交通强国战略的社会主义建设者和接班人目标，落实北京航空航天大学“强情怀、强基础、强实践、强融通”的育人理念，开展课程思政建设。课程思政设计主线如图2所示。

本案例“重力式挡土墙设计”是第六章“支挡结构”的重要内容之一，主要讲解作为公路常见的支挡结构——重力式挡土墙的设计与优化。“重力式挡土墙设计”结合青岛某工厂挡土墙倒塌事故，引导学生从现象到本质螺旋式上升认识挡土墙的破坏模式，包括抗倾覆稳定性、抗滑移稳定性以及地基承载力条件，引导学生在挡土墙设计时进行合理优化，如设计倾斜墙背、采用衡重式挡土墙，以及与中国古建筑中的榫卯结构相结合等。

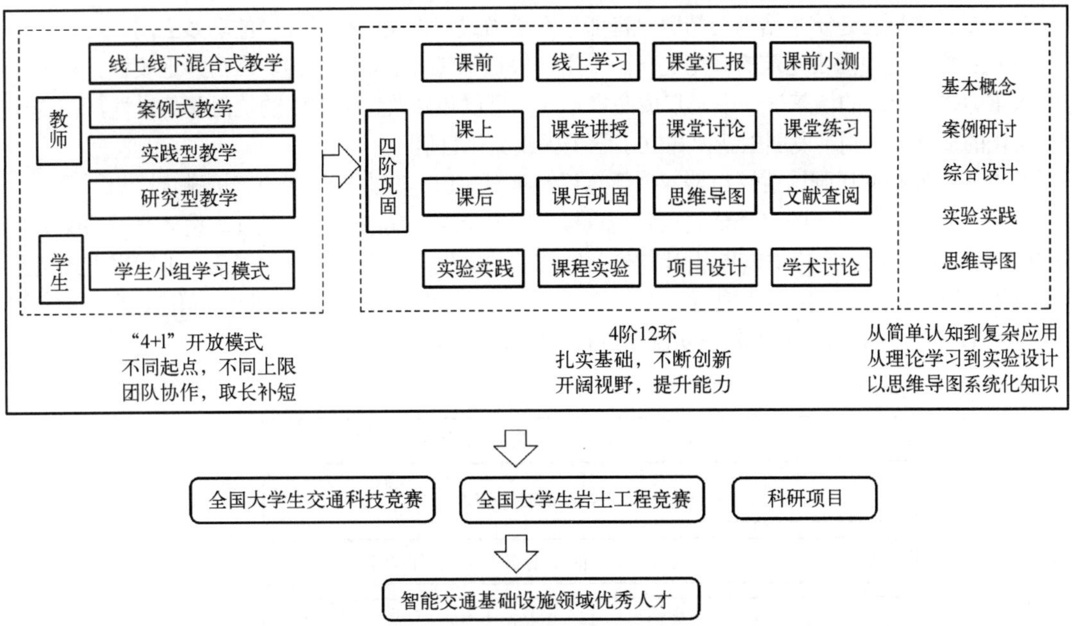
教师
线上线下混合式教学
案例式教学
实践型教学
研究型教学
学生
学生小组学习模式
"4+1"开放模式
不同起点，不同上限
团队协作，取长补短
四阶巩固
课前
线上学习
课堂汇报
课前小测
课上
课堂讲授
课堂讨论
课堂练习
课后
课后巩固
思维导图
文献查阅
实验实践
课程实验
项目设计
学术讨论
基本概念
案例研讨
综合设计
实验实践
思维导图
4阶12环
扎实基础，不断创新
开阔视野，提升能力
从简单认知到复杂应用
从理论学习到实验设计
以思维导图系统化知识
全国大学生交通科技竞赛
全国大学生岩土工程竞赛
科研项目
智能交通基础设施领域优秀人才

图1

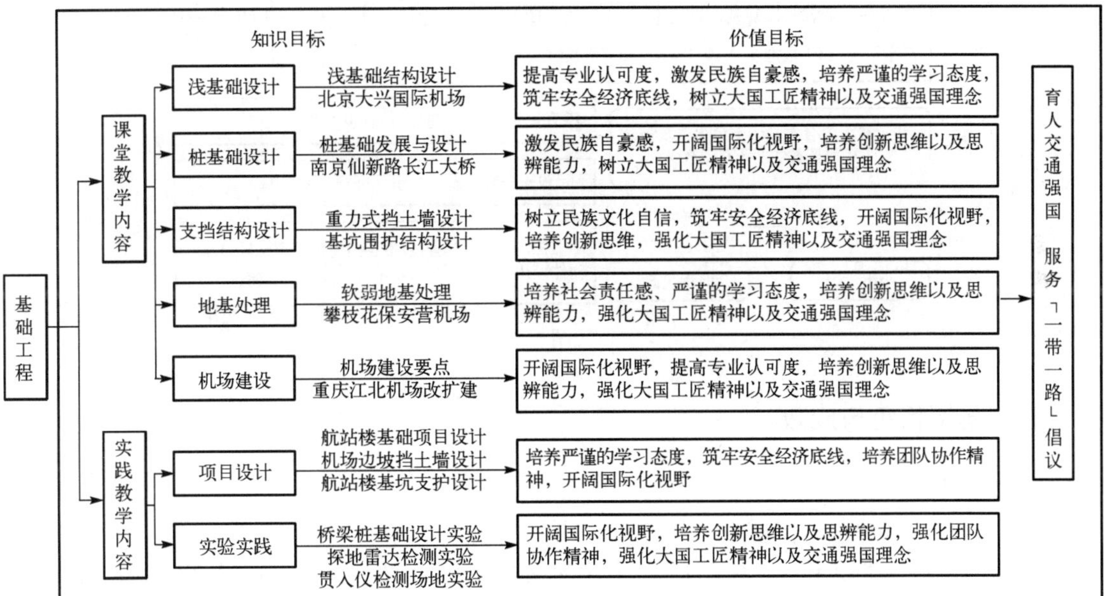
知识目标
价值目标
基础工程
课堂教学内容
实践教学内容
浅基础设计
浅基础结构设计
北京大兴国际机场
提高专业认可度，激发民族自豪感，培养严谨的学习态度，筑牢安全经济底线，树立大国工匠精神以及交通强国理念
桩基础设计
桩基础发展与设计
南京仙新路长江大桥
激发民族自豪感，开阔国际化视野，培养创新思维以及思辨能力，树立大国工匠精神以及交通强国理念
支挡结构设计
重力式挡土墙设计
基坑围护结构设计
树立民族文化自信，筑牢安全经济底线，开阔国际化视野，培养创新思维，强化大国工匠精神以及交通强国理念
地基处理
软弱地基处理
攀枝花保安营机场
培养社会责任感、严谨的学习态度，培养创新思维以及思辨能力，强化大国工匠精神以及交通强国理念
机场建设
机场建设要点
重庆江北机场改扩建
开阔国际化视野，提高专业认可度，培养创新思维以及思辨能力，强化大国工匠精神以及交通强国理念
项目设计
航站楼基础项目设计
机场边坡挡土墙设计
航站楼基坑支护设计
培养严谨的学习态度，筑牢安全经济底线，培养团队协作精神，开阔国际化视野
实验实践
桥梁桩基础设计实验
探地雷达检测实验
贯入仪检测场地实验
开阔国际化视野，培养创新思维以及思辨能力，强化团队协作精神，强化大国工匠精神以及交通强国理念
育人交通强国 服务「一带一路」倡议

图2

课程思政理念及分析如下。

理念一：从定性为重大事故的重力式挡土墙倒塌案例中深挖安全和社会责任意识，提高学生解决复杂工程问题的能力和思辨能力，实现知识、能力与社会安全责任的有机融合。

分析：公路挡土墙属于重要建筑物，影响着公路和周边建筑物的安全，可以引导学生从现象到本质认识挡土墙倒塌的原因，思考解决方法，从而培养学生解决复杂工程问题的能力和思辨能力，夯实安全责任意识。

理念二：中国古建筑木结构的精髓“榫卯”在重力式挡土墙结构设计中的巧妙应用。

分析：榫卯是中国古建筑的精髓之一，不用一根钉子就可以将木结构非常巧妙地咬合。将榫卯结构融入重力式挡土墙的墙基设计中，形成凸榫形式，可以巧妙改善挡土墙的抗滑移稳定性，在传承古建筑文化的基础上做到了发展创新，树立了学生民族文化自信。

理念三：厚植交通强国情怀，培养创新意识，实现知识、能力与创新的有机融合。

分析：重力式挡土墙的安全至关重要，直接影响着交通运输的安全。通过对设计习题的课上、课下联动，引入国产南京库伦 GEO5 设计软件，能够帮助学生了解中、美、欧规范在进行重力式挡土墙验算时的差异，开阔学生国际化视野，为服务“一带一路”倡议奠定理论基础，强化交通强国理念。

“重力式挡土墙设计”线下教学实施全过程如图 3 所示。

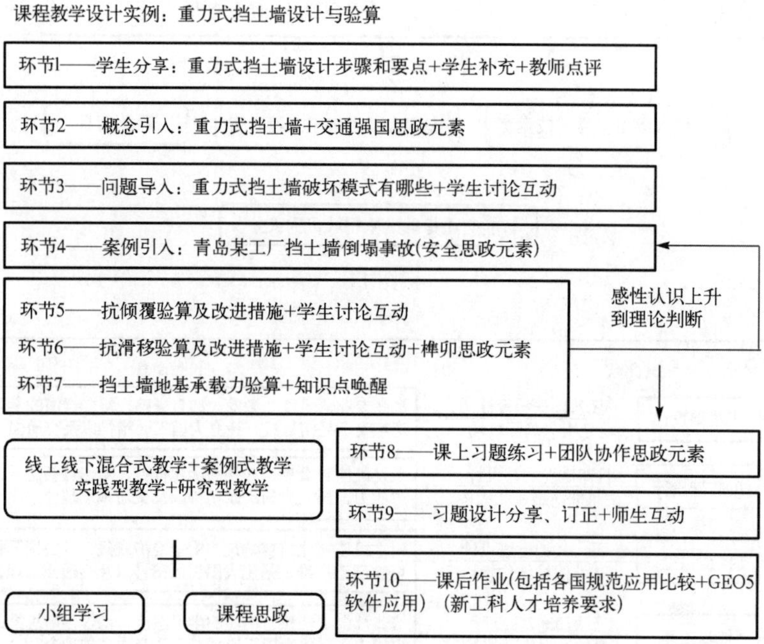
课程教学设计实例：重力式挡土墙设计与验算
环节1——学生分享：重力式挡土墙设计步骤和要点+学生补充+教师点评
环节2——概念引入：重力式挡土墙+交通强国思政元素
环节3——问题导入：重力式挡土墙破坏模式有哪些+学生讨论互动
环节4——案例引入：青岛某工厂挡土墙倒塌事故(安全思政元素)
环节5——抗倾覆验算及改进措施+学生讨论互动
环节6——抗滑移验算及改进措施+学生讨论互动+榫卯思政元素
环节7——挡土墙地基承载力验算+知识点唤醒
感性认识上升到理论判断
线上线下混合式教学+案例式教学
实践型教学+研究型教学
小组学习
课程思政
环节8——课上习题练习+团队协作思政元素
环节9——习题设计分享、订正+师生互动
环节10——课后作业(包括各国规范应用比较+GEO5软件应用）(新工科人才培养要求)

图 3

三、案例特色与成效

1. 案例特色

1) 课堂教学与案例教学相融合

知识点采用了案例式教学，结合实际工程中的重大事故引入教学内容，通过知识传授，深挖安全和社会责任，时刻警醒学生在进行设计时的底线和主线，培养学生开拓创新、精益求精和求真务实的科学情怀，为“高阶性”和“创新性”注入精神动力和价值目标。

2) 理论学习与软件相融合

对标新工科人才培养要求，课程中引入 GEO5 设计软件，提高学生对信息化工具的掌握程度，提高动手实践能力和解决复杂工程问题的能力，培养创新思维和思辨能力，厚植交通强国情怀，服务“一带一路”倡议。

2. 教学改革成效

围绕课程思政建设撰写的论文获得 2021 年中国交通教育研究会优秀思政论文奖，“基础工程”课程获批校级一流本科课程。

案例2 大学物理AII

课程类型：专业教育课(理学、工学类)
教育赛道：本科教育
开课年级：大二年级
面向专业：理工科非物理类40多个本科专业
部　　门：物理学院
学　　校：北京理工大学
案例教师或团队成员信息(第1位为教学案例负责人)：

案例视频

姓名	职务	职称	部门
胡海云	大学物理教学中心主任	教授	物理学院
缪劲松	教师	副教授	物理学院
吴晓丽	教师	副教授	物理学院

一、课程目标

北京理工大学是中国共产党创办的第一所理工科大学，传承“延安根、军工魂”红色基因，致力于培养“胸怀壮志、明德精工、创新包容、时代担当”的领军领导人才。

本课程是面向学校理工科非物理类本科专业学生开设的必修基础课，在培养学生的理想信念、科学素养、科学方法、科学精神四方面举足轻重。课程以实现学生理想信念塑造、知识体系构建和创新能力培养“三位一体”的综合提升为教学目标。

理想信念塑造注重科学伦理、物理精神的涵育，激发学生科技报国的家国情怀和使命担当；知识体系构建注重物理方法和物理思维的培养，使学生树立辩证唯物主义的世界观、科学方法论和认识论；创新能力培养注重物理建模、批判性思维的培养，培养学生追求真理、严谨求实和刻苦钻研的精神。

二、课程思政案例设计

本案例设计以“带电粒子在磁场中的运动”为教学内容。

1. 课程思政德育目标

本次课树立了理想信念塑造、物理基础构建、创新能力养成“三位一体、育人为先”的课程思政德育目标。强化课程内容与价值塑造之间的联系，实践“物理知识—物理方法—物理思想—物理文化”的物理课程思政教学模式。

2. 思政教育融合点

将理想信念、科学精神、科学方法、科学素养四方面的思政元素融入教学。

(1)理想信念：介绍中国科学家赵忠尧关于正电子发现的历程和成就，介绍北京正负电子对撞机、EAST(东方超环)等国之重器以及磁约束技术的应用前景，培养学生的家国情怀，进一步坚定“四个自信”。

(2)科学精神：结合狄拉克、安德森、赵忠尧等科学家的事迹，融入积极乐观、追求真理、求实创新、勇于探索、持之以恒、团结协作等科学精神。

(3)科学方法：从理论预言到实验验证(正电子发现)、从简单(均匀磁场)到复杂(非均匀磁场)、从定性分析到定量推导(喇叭状磁场中带电粒子的运动)分别进行讲述，最后讲述物理建模(磁镜、磁瓶、托卡马克装置)。

(4)科学素养：科学与生活之理、艺术之美相结合，用李振道创意的雕塑《物之道》和吴作人的中国画《无尽无极》阐释正负电子的产生与对撞，并介绍北极光的形成，寓理于教、寓美于理。

3. 教育方法和载体途径

采用线上线下混合方式讲授本次课内容：

问题导入：极光如何形成？东方超环运行的关键所在是什么？

知与不知：让学生了解“正电子”发现与产生的过程，让学生重点掌握带电粒子在非匀强磁场中的运动及应用。

列举实例：通过磁镜、磁瓶、托卡马克装置、极光等知识点，让学生了解带电粒子在非均匀磁场中的运动规律、应用及前沿，体现物理学“探索自然，驱动技术，拯救生命”的作用。

科艺融合：讲述雕塑《物之道》和中国画《无尽无极》中的科学含义。

课堂互动：通过线上学习平台测试、弹幕词云等途径，实时了解学生学习情况。

智慧教学：穿插视频动画、Python 仿真模拟和电影（《钢铁侠》《流浪地球》），使课堂更新颖和富有吸引力。

课后进阶：证明喇叭状磁场中 $R\infty\dfrac{m}{q\sqrt{B}}$ 的公式规律，了解磁约束技术在火箭推进器和集成电路制造工艺中的应用等，从而培养创新思维。

三、案例特色与成效

实践物理“物理知识—物理方法—物理思想—物理文化”的物理课程思政教学模式，采用混合型、智慧型、研究型、同伴式教学方法，结合互联网＋智慧教育技术，在课堂内外、线上线下进行多维度和多元化的课程思政融合。

突出物理学辩证思维和物理学概念的对立统一，提升学生科学素养和人文素养，培育具有科学精神的创新人才。学生通过观察思考、物理建模，能够应用物理学知识解决实际问题，使命感和责任感得到有效提升。

课程被评为国家精品视频公开课、国家精品在线开放课程、国家级线上一流课程、国家级线上线下混合式一流课程。教学团队获得北京市高校教师创新大赛特等奖、全国高校教师创新大赛三等奖，被评为北京市课程思政示范课程教学团队等。

案例 3 煤化工工艺学

课程类型：专业教育课(理学、工学类)

教育赛道：本科教育

开课年级：大三年级

面向专业：能源化工类专业

部　　门：化学化工学院

学　　校：重庆科技学院

案例视频

案例教师或团队成员信息(第 1 位为教学案例负责人)：

姓名	职务	职称	部门
孟晓静	教师	副教授	化学化工学院
邱会东	化学化工学院副院长	教授	化学化工学院
李敏	教师	副教授	化学化工学院

一、课程目标

本课程基于未来能源行业形势及学校应用型人才培养理念，以及能源化工类专业学生的培养目标，打造“煤化工和新能源化工等领域的高素质应用型工程技术人才”。为培养学生的专业理论知识，使学生适应煤化工行业岗位要求，确定了“学什么”“怎么学”“培养什么样的人”的三位一体的知识、能力和素质目标(如图 1 所示)。

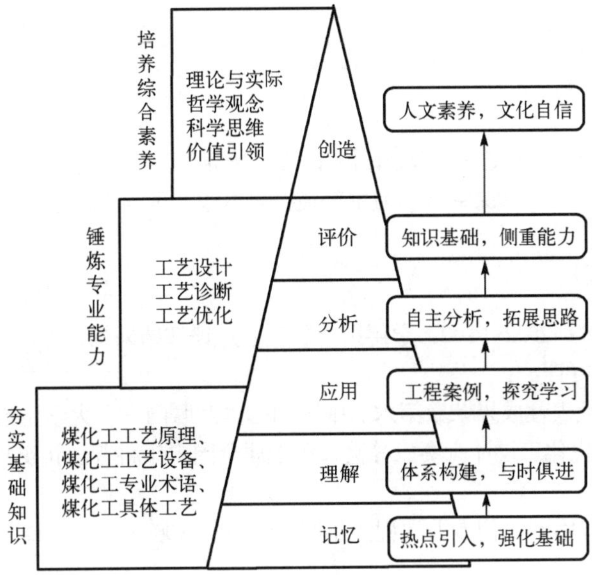
培养综合素养
理论与实际
哲学观念
科学思维
价值引领
创造
人文素养，文化自信
锤炼专业能力
工艺设计
工艺诊断
工艺优化
评价
知识基础，侧重能力
分析
自主分析，拓展思路
应用
工程案例，探究学习
夯实基础知识
煤化工工艺原理、
煤化工工艺设备、
煤化工专业术语、
煤化工具体工艺
理解
体系构建，与时俱进
记忆
热点引入，强化基础

图 1

课程通过知识体系的构建和思政元素的融入建立案例库，明确“学什么”；通过工程和生活案例的引入营造自主探究式学习环境；在教学和评价过程中兼顾传递知识和培养学生解决复杂工程问题的能力，回答好“怎么学”；多方位有机融入思政元素，润物无声地培养学生的科学思维、理论与实际相结合意识、创新意识和社会责任感，明确教育的最终目标——“培养什么样的人”。

二、课程思政案例设计

1. 教学理念

课程基于“立德树人”的根本任务，坚持“以学生为中心，以育人为本，持续改进”的教育理念，有机融入思政元素，渗透科研和工程设计思维，同时引入能源化工行业的绿色、高效、安全生产理念，促进工艺现场视频、智慧教室、教学互动软件等现代信息技术与教学深度结合，提升学生道德水平和创新思维能力。

2. 思政教育融合点

课程采用“问题引导＋案例驱动”教学方法，培养学生发现、分析及解决实际问题的能力。例如，以“煤直接加氢液化”为例，引入水制油、水氢车和热解示意图，引导学生主动思考。

3. 教学方法

1) 问题驱动，激发学生内驱力

在“煤加氢液化原理”知识点的教学中，利用 Why–What–How 的逻辑模式由浅入深介绍煤加氢液化的定义及原理，循序渐进激发学生学习兴趣，提高学生科学思维能力。

2) 案例引入，增强学生执行力

在“甲醇制烯烃催化剂”知识点的讲授过程中，引入喝酒变脸的生活案例，引导学生积极主动参与教学，激发学生主动分析和解决问题的能力。

3) 专题研讨，提升学生迁移力

将神华加氢液化技术、我国第一焦炉、首套精脱硫装置、“双碳”、热解规律、费托合成催化剂等知识加入课程，通过专题研讨，既锻炼学生思考表达能力，又培养学生解决复杂工程问题的能力。

三、案例特色与成效

1. 案例特色

(1) 深度融合思政元素。精选思政案例引入课程，培养学生解决复杂工程问题的能力和思维方法。

(2) 拓展课程教学方法。以课堂教学为主渠道，融入思政元素，辅以问题驱动和专题研讨，激发学生内驱力和执行力。

2. 教学改革成效

(1) 教学效果和评价：2022—2023 学年第一学期学生评教结果统计显示，课程教师评分位列全校前 10%，收获学生诸多好评。

(2) 授课班级学生代表性成果荣获第六届中国国际“互联网＋”大学生创新创业大赛重庆赛区银奖、第十四届全国大学生化工设计竞赛三等奖、第七届全国青年科普创新实验暨作品大赛市级三等奖等诸多奖项。

(3) 教学体系已被应用到 5 门专业课程，年服务学生约 300 人，年授课 450 学时以上，获广大师生一致好评。

案例 4　大学物理

课程类型：专业教育课(理学、工学类)

教育赛道：本科教育

开课年级：大一年级

面向专业：电子信息工程

部　　门：机电工程学院

学　　校：大庆师范学院

案例视频

案例教师或团队成员信息(第 1 位为教学案例负责人)：

姓名	职务	职称	部门
杨瑞	教师	讲师	机电工程学院
刘永皓	机电工程学院行政院长	教授	机电工程学院
王玉玲	机电工程学院教学院长	教授	机电工程学院

一、课程目标

“大学物理”是高校理工科重要的专业基础课，覆盖学校电子信息工程、物联网等 18 个专业。该课程依托教育部 ICT 产教融合创新基地、全国爱国主义红色教育示范基地及智慧树等线上学习平台，立足黑龙江、服务地方、辐射全国，坚持地方性、应用型、服务型的办学定位，融合线上线下、课内课外、校内校外展开课程建设。课程建设遵循 OBE 理念，以立德树人为目标，以学生发展为中心，重构课程内容结构，优化课堂教学模式，通过引入生活实例、生产科技及工程案例，以问题为导向培养学生自主探究和创新应用能力，强化实践教学，注重课程目标达成和持续改进，着力使学生掌握行业企业需要的知识，提升能力和综合素质。

具体目标如下。

知识目标：使学生掌握物理学基本理论及规律、分析方法，形成严谨的科学思维。

能力目标：使学生能够将物理学习与专业应用相结合，提升自主学习创造力和内驱力，培养学生实践、创新、工程估算和分析能力，具备解决复杂工程问题的能力。

素养目标：使学生具有开阔的视野和创新意识，提高“新工科”背景下的团队合作和组织协调能力，成为具有社会责任感、创新意识和家国情怀的社会主义接班人。

思政目标：通过课程思政的融入，培养学生的大国工匠精神，使其具有家国情怀和使命担当。

二、课程思政案例设计

1. 课程思政德育目标

本案例以“新工科”为背景，遵循 OBE 理念，认真贯彻以学生为主体、以教师为主导的教育模式，将思政元素融入“三全育人”(全员育人、全程育人、全方位育人)体系，以创新型的理念设计课程架构，通过“创设物理情景—创新探究—实践案例—总结凝练—提升能力”的模式，培养适应社会发展需求具有铁人精神特质的应用型人才，助力特色应用型本科示范高校建设。

具体目标：

(1) 培养学生主动学习、积极思考的习惯，增强学生专业自信心和解决复杂问题的能力。

(2) 培养学生团结协作的责任感和使命感，使其具有勇于创新思维和辩证思维能力，以及探索求真的大国工匠精神。

(3) 增强学生人文素质，培养学生奋斗精神，使其厚植家国情怀、提升综合素质。

2. 思政教育融合点

利用“天问一号”“神舟十三号”等思政素材引入新课，引起学生兴趣，激发学生的民族自豪感和科技强国的信心；通过类比法进行知识讲授，启发学生多角度分析问题，培养学生创新思维；创新应用环节，利用奥运会“梦之队”跳水实况视频等思政素材，鼓励学生向运动员学习、向榜样学习，在生活和学习中不畏困难、勇于攀登、不断超越自我；通过“回转仪”的应用，介绍我国的太空探索科技成就，激发学生民族自信心，培养学生家国情怀。拓展环节通过将“单旋翼直升机螺旋桨”与“哆啦 A 梦飞行器的设计”进行对比分析，帮助学生树立唯物主义世界观；思政元素与专业知识有机结合，不仅激发了学生学习兴趣，还促进了专业课程和课程思政同向同行、双向提升，使教师的“教”与学生的“学”真正实现了“教”“学”同频共振。

3. 教育方法和载体途径

数字赋能“八步探究法”激活高效课堂，利用视频、动画等现代化教学手段，对角动量定理及角动量守恒定律做专项讲授，结合讲授法、讨论法、多媒体演示法、设疑法、参与式法、情景法、类比法、支架式教学法等，充分调动学生参与课堂活动的积极性，从而提高课堂教学效率，由浅入深地学习角动量定理及角动量守恒定律。在基础理论知识教学的基础上，注重知识的实践和应用，力求将理论与实践相联系。通过对本节课内容的学习，学生可以应用角动量守恒定律分析实际问题；用媒体化、信息化、智能化、模块化的教学方法培养学生观察、分析解决问题的能力；通过情景模拟和小组讨论及同学间互评增强学生进行实践探索的意识，进而培养其创新精神。

八步探究法：

(1) 创设情景：“入门测”凝练问题，工程案例、科技前沿等创设物理情景。

(2)新课激活：引入新课——刚体定轴转动的角动量及角动量定理微积分形式。
(3)多元学习：通过刚体定轴转动与质点平动的类比分析，培养学生工匠精神。
(4)应用探究：通过角动量守恒定律在工程技术等领域应用的介绍，培养学生家国情怀。
(5)分组总结：总结本节课的内容，使学生能够对知识点全面掌握。
(6)凝练提升："出门测"检测本节课主要知识点的掌握程度。
(7)拓展作业：通过小组合作进行课外探究，利用平台资源丰富理论储备。
(8)交流反馈：通过查阅文献等方法探究所学知识在专业领域的拓展创新。

三、案例特色与成效

1. 案例特色

教学方法灵活多样，教学环节设计全面新颖。利用多元化动态评价体系，将德育目标、思政育人元素融入课堂教学设计，结合中国传统文化、体育精神、航空航天等成就激发学生学习兴趣。通过设问启发、类比分析为学生搭建思维认知台阶，运用多种教学方法有效突破教学重点和难点。重视知识的形成过程，充分利用新媒体技术，最终形成了以学生为主体、以教师为主导思政育人教学模式，达成了思政育人的实效，使学生的创新能力得到有效提升，学科竞赛成果丰硕。同时，此案例作为第三届黑龙江省高校教师教学创新大赛暨全国高校教师教学创新大赛选拔赛(黑龙江赛区)的典型课堂案例，获得黑龙江省教学创新大赛中级及以下组一等奖。

2. 成效

课程创新方案在黑龙江省物理学会，虚拟教研室中分享，在全国多所高校推广应用，曾被物理课程思政、卓越国培、华南理工大学生物科学与工程学院、高教方略、高校教学创新、众师云资讯等公众号推送，累计阅读量上万次。同时，课程在智慧树平台上线，运行至第6期，全国选课高校41所，思政育人创新方案受益面广。

案例5 污染气象学

课程类型：专业教育课(理学、工学类)
教育赛道：本科教育
开课年级：大二年级
面向专业：环境科学
部　　门：林学院
学　　校：东北林业大学

案例视频

案例教师或团队成员信息(第1位为教学案例负责人)：

姓名	职务	职称	部门
汪永英	教师	副教授	林学院
孟琳	教师	工程师	林学院

一、课程目标

本课程结合学校教学研究型大学的办学定位和"新农科"建设行动计划，通过对学生进行学情分析后发现，大一、大二年级学生有一定的线上学习基础，思维活跃，具有较强的好奇心，喜欢探索。课程团队根据本课程的教学内容设置的课程目标主要包括知识目标、能力目标、素质目标，注重学生能力培养。

1. 知识目标

(1) 学生在掌握环境气象学的基本概念和基本原理的基础上，理解环境气象学与空气污染方面的关系，进而运用气象学方法研究空气污染物自排放源进入大气层后的散布规律，为日后进行相关专业的学习和研究奠定基础。

(2) 通过案例分析和科学前沿介绍，使学生掌握不同气象要素在空气污染物散布过程中的影响，综合建立环境科学专业学生将会涉及的气象学知识体系，并针对空气污染现状提出解决思路和方法，培养学生的思考习惯和创新能力。

2. 能力目标

(1) 通过对空气污染物散布的基本理论和理想条件下空气污染物散布的模式的介绍，结合环境气象学理论知识，使学生理解并熟悉各种大气扩散模式，进而把空气污染问题模式化，从而强化学生尊重自然、顺应自然、保护自然和珍惜身边良好环境的观念，提高学生分析问题、解决问题的能力。

(2) 通过对空气污染气象学应用的介绍，使学生掌握厂址选择以及烟囱高度的设计原理和方法；再通过实例，以小组形式来设计工厂的烟囱，培养学生团队（小组）协作解决与空气污染气象学相关的实际问题的能力。

(3) 使学生熟悉空气污染预报的种类和方法，特别是关于空气质量的预报方法，培养学生综合分析和解决空气污染现实问题的能力，以及自主查阅文献和学习的能力，使其不断改善知识结构，增强其独立思考及创新能力，提升他们的社会责任感和进取心。

3. 素质目标

(1) 通过教师的言传身教及课程思政内容的融入，培养学生的专业素养，使其充满文化自信，自觉践行社会主义核心价值观。

(2) 通过观看音视频资料，利用实际生产生活中出现的大气污染现象，结合气象学理论知识，使学生理解现象背后的原因和本质，了解全球气候变化与人类活动的关系，从而强化学生尊重自然、顺应自然、保护自然和珍惜身边良好环境的观念，进一步理解生态文明的思政理念和坚决打赢“碧水蓝天”保卫战的重要性，树立正确的人生观和价值观。

二、课程思政案例设计

1. 授课内容

课前通过线上学习平台发布本节课的课前练习，总结上节课重点内容——空气污染物的表示方法及空气污染物的排放率，引出本节课知识点——空气污染物的危害与控制。

2. 元素融入

通过观看大气污染带来危害的视频案例，深度剖析污染事件，帮助学生加强环境保护工作的责任意识，教导学生坚守职业道德，尊重自然，敬畏法律。教学中将家国情怀、职业道德、责任担当等思政元素贯穿其中，达到教学目标与思政目标相统一。

3. 教学活动

由于学生知识和经验的局限性，可以先通过线上平台，引导他们对空气污染的危害话题进行讨论。例如：“空气污染很严重，主要会带来的危害有哪些？”通过学生的回答，从而补充并总结空气污染的危害。

4. 如何达成课程思政预期目标

课前问题导入及课后反馈，提高了学生理论联系实际的能力，同时激发了学生社会责任感和职业荣誉感，价值观进一步升华。

(1)学生通过完成课前线上任务，对课堂专业知识进行了自主探究式学习，教师通过课前反馈初步掌握了学生学习中存在的问题，为后续课堂教学知识拓展提供了时间，使思政元素能够有效贯穿课堂，提升了课堂教学效果。

(2)课堂教学以线下教学为主，以线上教学为辅，最大限度地改善了师生互动方式，活跃了课堂气氛；教师通过发放任务和主题讨论，引导学生自主学习，并通过视频播放和课堂互动，实现案例情景创设，使学生能在亲自“研究、思索、想象”的过程中领悟知识。

(3)课后反思进一步延伸课程思政内容，教师发布线上作业——“说说你家乡环境污染那些事”，学生通过搜集相关内容完成作业。学生之间互评作业的设置也让学生对不同城市的环境问题有所了解；翻转课堂鼓励有能力的学生走上讲台分享自己家乡的空气污染问题，深入剖析问题，并将环境保护、责任担当等思政元素贯穿其中，使学生内化于心，激发学生职业荣誉感。

三、案例特色与成效

将思政元素融入专业课堂，可极大提高学生的学习兴趣，也使学生对相关的理论知识有更多的感性认识和更深刻的理解，从而推动专业知识教学与思政教育紧密结合，增强新时代青年的国情意识和社会责任感，这是一件非常有意义的事。在教学过程中，可以采取讨论法、讲授法、比较法，利用问答、演示、图片、动画、影像等载体进行教学。通过对本节课内容的介绍，增强了学生的责任感和使命感，对学生加强了生态文明教育，培养了“绿水青山就是金山银山”的发展理念。

专业课融入思政元素后，充分激发了学生上课的积极性，抬头率也得到了明显的提高，最关键的是可以帮助学生形成正确的世界观、人生观、价值观，大大增强了学生的社会使命感和主人翁意识。在本案例中，通过播放大气污染带来危害的视频案例以及通过图片形式讲解控制大气污染的途径方法，让学生对空气污染的危害有了最直观的了解，接着在学生面对问题时，自然而然地把学生带入情境之中。此外，还可采用多种教学方式和手段将课程思政理念融入其中。需要重点把握的是如何将思政元素巧妙地融入，使学生感到自然而然、乐于接受，这里更需要教师付出真心，并学会从学生的角度看问题，及时调整课堂节奏。

案例 6　性健康教育学

课程类型：专业教育课(理学、工学类)
教育赛道：本科教育
开课年级：所有年级
面向专业：所有专业
部　　门：生命科学学院
学　　校：福建师范大学

案例视频

案例教师或团队成员信息(第 1 位为教学案例负责人)：

姓名	职务	职称	部门
江剑平	中国性学会性教育分会主任委员	副教授	生命科学学院

一、课程目标

福建师范大学的师范专业坚持立德树人，着力培养具有家国情怀、德才兼备、乐教、懂教、会教、善教，具备教学名师和未来教育家潜质的基础教育师资。目前，师范专业存在“重知识轻能力、重教书轻育人”的现象，学生能力培养不足，价值引领和品格塑造相对欠缺。本课程以产出为导向制定课程的思政、知识和能力三维目标，凸显师范专业“重能力、强品德”的鲜明特色。

思政目标：具备家国情怀、科学精神、科学思维、科学性观念和理智判断力；具有生命观念、性健康意识、法治意识和道德观念；具有传播性科学的使命感和责任感；增强社会主义制度优越性和自信。

知识目标：理解掌握性科学基本理论知识，能运用所学知识科学、理性分析复杂性问题。

能力目标：能运用所学知识指导学生身心健康发展，把握性教育的正确导向，培养初步具备能开展性教育活动的，乐教、懂教、会教、善教的未来教育家潜质的基础教育师资。

二、课程思政案例设计

本案例以“青春健康，让艾远行”为专题，深入分析高校为什么会成为艾滋病的重灾区，从社会和个人角度切入，探讨大学生应该如何预防艾滋病，增强大学生预防艾滋病的意识和能力，使其初步具备预防艾滋病的科普能力。

1. 思政目标

树立“健康第一”的理念，增强安全防范意识和能力；具备探索艾滋病未知、追求真理的科学精神；增强“防艾”宣传的使命感、责任感。

2. 思政教育融合点

采用“线上学习＋线下研学＋课后拓展”的混合式教学模式，把课程思政贯穿到教学的全过程，实现内容主线与思政主线的有机融合，具体融合点如下。

(1) 线上学习：引导学生自主学习线上知识，全面理解艾滋病的知识，建立对艾滋病的初步认知。

(2) 线下研学：在导入环节，以新闻为背景，激发学生学习的兴趣和欲望；在传播途径环节，通过游戏等方式理智分析艾滋病传播的隐蔽性和危险性，消除“恐艾”心理，增强防范意识；在高校艾滋病流行环节，以问题串联的形式，从现象到本质，深入分析，以科学精神探索未知，纠正错误观念，消除歧视和偏见，培养学生“健康第一”的理念和“防艾”宣传的责任感和使命感；在预防措施环节，从社会角度分析艾滋病传播的途径和我国“防艾”政策，显示我国制度优势。从个人角度提出预防艾滋病的 ABCDE 原则，并通过避孕套使用演示增强学生的防范意识和能力；在后测和反思环节，进行学习效果评价，启迪学生升华思想，表达情感。

(3) 课后拓展：以小组为单位，通过项目式学习和实践，体现价值，提升能力。

3. 教育方法和载体途径

基于布鲁姆教学目标分类法和 OBE 理念，引入“读—思—达”教学步骤，采用“线上学习＋线下研学＋课后拓展”的混合式教学模式，把课程思政贯穿教学各环节，把价值引领与知识传授和能力培养统一起来。

(1) 读——线上学习：基于课程负责人开设的国家级线上线下混合式一流课程“性健康教育学”，在教师的引导下，通过观看视频、测验、开展主题讨论和阅读拓展资料等，理解知识，建立认同认知，为线下研讨奠定基础。

(2) 思——线下研学：通过换水游戏、小组讨论、演示等开展问题式研讨(PBL)，进行探究思考，内化认识。

(3) 达——课后拓展：以小组为单位进行项目式学习，设计一份与艾滋病相关的作品或活动方案，修订完善后开展实践活动，实现外显行为，体现价值。

三、案例特色与成效

1. 案例特色

(1) 创新教学理念，把健康理念融入课程，让课程有温度。根据我国国情，基于 OBE 理念，突出将价值引领与知识传授和能力培养融为一体，建立性教育的正确导向，探索一条具有中国特色的中国式性教育之路。

(2) 重构教学内容，构建解剖生理立体化资源，让课程有广度。根据教学目标重构教学内容，把线上课程和线下资源有机整合，形成立体化资源，以“两性一度”(高阶性、创新性、挑战度)要求学生。

(3) 创新教学方法，促进性教育鲜活起来，让课程有深度。构建“线上学习＋线下研学＋课后拓展”的混合式教学模式，采用体验式、项目式、问题式等方法进行教学，打破课程沉默，活学活用。

(4) 创新教学手段，促进学生综合能力提升，让课程有高度。充分利用信息技术、智慧工具和课后实践，开展立体化教学，促进学生个性化学习和多样化发展，促进学生学以致用。

2. 改革成效

(1) 扩大传播途径，创新团队建设，服务中西部等地区。通过智慧树等平台向社会开放，服务于中西部等性教育资源相对匮乏地区，取得了良好的社会效益。全国先后有超过 260 所高校的 18 万人接受性健康教育。仅在智慧树平台就有累计 136 所高校、超过 2.63 万人选修，为中西部地区超 60 所高校提供性教育服务，极大缓解了性教育资源不平衡不充分的现状。同时，组建由东、中、西部高校教师组成的“1＋M＋N”虚拟教研室，为中西部地区培养合格的性教育教师。

(2) 创新资源建设，重构教学内容，提供优质共享资源。首次从性生物学、性心理学和性社会学“三位一体”构建性健康教育慕课课程体系和教学内容，形成全面、科学的性教育知识体系，并出版了《大学生性健康教育》纸质教材和“走进性科学”数字课程，为高校性教育提供优质资源。

(3) 学生创新意识增强，责任感提升，实践能力提升。学生获批中国计划生育协会青春健康同伴教育和多项省创新创业项目，获得“挑战杯”省级金奖和国家铜奖、“青年红色之旅”优秀项目奖等；以学生为第一作者发表论文 20 余篇；主动向河南水灾地区赈灾女性卫生用品，开展十余场性健康普及活动。

(4) 团队成果显著，示范作用强，社会影响广泛。课程负责人为国家级课程思政教学名师，国家级课程思政教学名师团队和省级慕课应用型本科课程团队负责人，主持的课程有国家级一流课程 2 门、国家级课程思政示范课程 1 门；获得全国高校在线开放课程联盟联席会议慕课十年典型案例和混合式教学二等奖，福建省“慕课十年”典型案例特等奖，福建省“向上向善育人工程基金”项目奖教金，校教学成果特等奖 1 项(排名第二)、二等奖 2 项，校课程思政优秀案例一等奖 1 项、二等奖 1 项等多个奖项；受邀为福建多所高校开展教学讲座超过 20 场，示范性强，推广性高；被福建日报、福建电视台等多家媒体报道。

案例 7 材料化学进展(双语)

课程类型：专业教育课(理学、工学类)
教育赛道：本科教育
开课年级：大四年级
面向专业：材料化学
部　　门：理学院
学　　校：甘肃农业大学

案例视频

案例教师或团队成员信息(第 1 位为教学案例负责人)：

姓名	职务	职称	部门
胡冰	材料化学系主任	教授	理学院
崔彦君	教师	副教授	理学院
徐霞	教师	讲师	理学院

一、课程目标

近年来，甘肃农业大学材料化学专业紧密结合学校优势学科，不断凝练专业方向，形成了以化学理论为基础，以材料为专业方向，特色凸显的课程体系，具有以需求为导向、理–工–农结合、多学科交叉、注重实践的专业特色，于 2020 年被确定为省级一流本科专业建设点。

“材料化学进展(双语)”课程为甘肃农业大学材料化学专业的专业选修课。课程团队有 3 人，均具有博士学位，团队以课程改革为平台，将思想政治教育、创新创业教育与知识传授有机融合，创新教学载体和教学方式，着力提升教学效果，为建设社会主义现代化强国和实现中华民族伟大复兴的中国梦提供人才保障。

课程实行中英双语教学，旨在使学生获取学科知识的同时提高运用英语的能力。

1. 知识目标

(1) 了解各类先进材料的发展过程及国内外前沿进展。

(2) 掌握先进材料的性能特点和应用范围。

2. 能力目标

(1) 理解各类材料结构与性能之间的联系。

(2) 进一步强化专业英语知识的掌握与应用，提高专业资料的阅读理解能力。

3. 价值目标

(1) 国家层面：通过课程的讲授培养学生的家国情怀，激发学生的国家荣誉感和民族自豪感。

(2) 社会层面：强化学生的社会责任感。

(3) 个人层面：增进学生对所学专业“材料化学”学科价值的认同，培养学生个人行为、个人成就的责任感，培养学生洞悉科技作用的能力，培养学生个人坚韧不拔、持之以恒的意志。

(4) 通过课程中思政内容潜移默化的影响，努力使德育目标变为学生的自我要求，使学生具有实现目标的内在的自觉性和主动性。

二、课程思政案例设计

本案例以“半导体材料”为教学内容，具体教学设计如图 1 所示。

三、案例特色与成效

通过“材料化学进展(双语)”课程思政建设改革，将显性与隐性教育相结合，打通了学科间育人价值机制，积极发挥了课堂主渠道在高校思政工作中的作用。课程充分激发了学生上课的积极性，提高了学生课堂抬头率，帮助学生形成了正确的世界观、人生观、价值观，增强了新时代青年的价值认同与道路自信、社会责任感与使命感，坚定了中国立场。

课程结束后教师及时将学生的心得体会、反思报告、小组讨论结果、案例分析报告、作业及其他作品整理并汇编成册，并完成教师微课“课程思政进行时”、学生微视频“课程思政之我见”等内容的录制，进一步推进了课程思政优质教学资源共享，同时结合各类教学资源正逐步建立“专业思政案例资源库”。在 2021—2022 学年第一学期教师课程教学质量评价结果中“材料化学进展(双语)”课程得分 97.53。

近年来，通过不断地改革与创新，材料化学专业学生学风向上，综合能力不断提升，近三年获省级以上奖项和支持 55 项，发表学术论文 16 篇，获国家授权专利 17 件。同时，团队教师及时总结教改经验，发表相关教研论文 4 篇。专业相关教研成果为多家院校(湖南农业大学、甘肃中医药大学、兰州文理学院等)的教学改革提供了借鉴，提升了学生的专业综合素养，加强了学生创新创业能力的培养，产生了良好的改革效果。

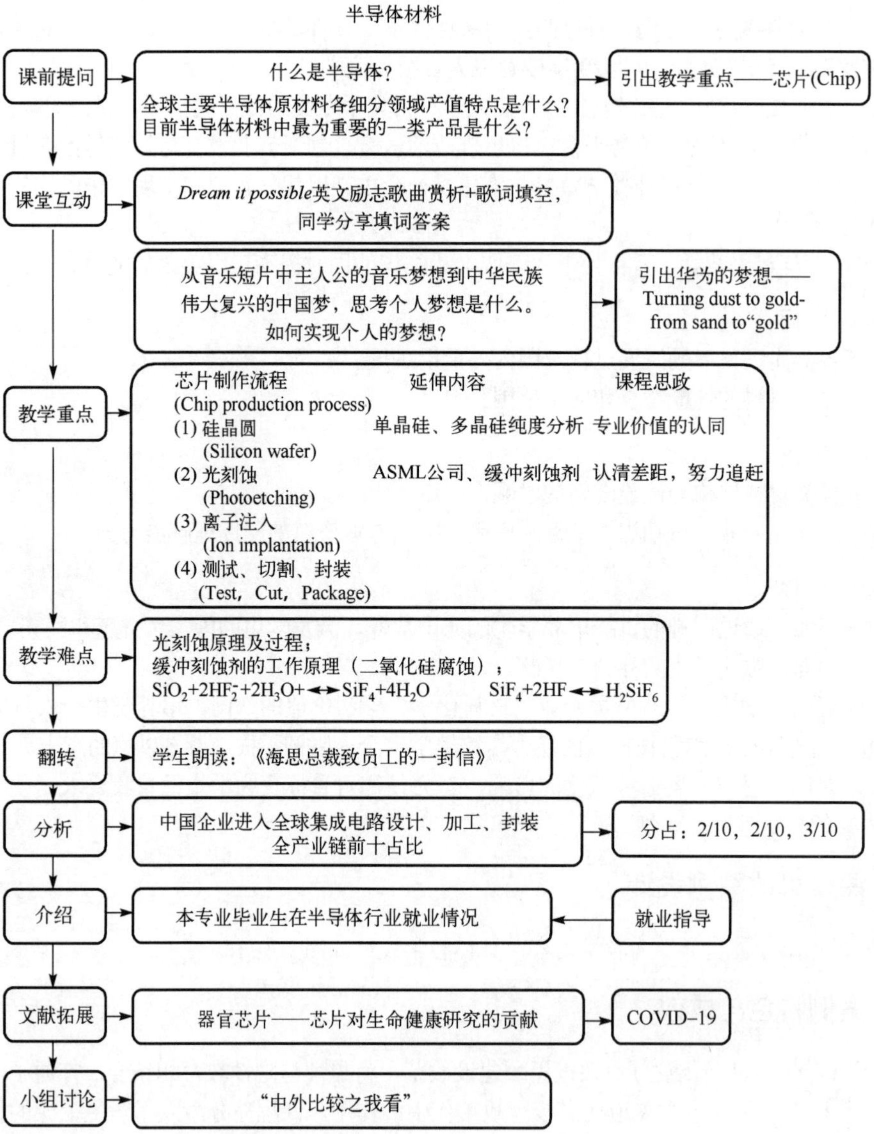
半导体材料
课前提问
什么是半导体？
全球主要半导体原材料各细分领域产值特点是什么？
目前半导体材料中最为重要的一类产品是什么？
引出教学重点——芯片(Chip)
课堂互动
*Dream it possible*英文励志歌曲赏析+歌词填空，
同学分享填词答案
从音乐短片中主人公的音乐梦想到中华民族
伟大复兴的中国梦，思考个人梦想是什么。
如何实现个人的梦想？
引出华为的梦想——
Turning dust to gold-
from sand to“gold”
教学重点
芯片制作流程
(Chip production process)
(1) 硅晶圆
(Silicon wafer)
(2) 光刻蚀
(Photoetching)
(3) 离子注入
(Ion implantation)
(4) 测试、切割、封装
(Test，Cut，Package)
延伸内容
单晶硅、多晶硅纯度分析
ASML公司、缓冲刻蚀剂
课程思政
专业价值的认同
认清差距，努力追赶
教学难点
光刻蚀原理及过程；
缓冲刻蚀剂的工作原理（二氧化硅腐蚀）；
$SiO_2+2HF_2^-+2H_3O^+ \leftrightarrow SiF_4+4H_2O$　$SiF_4+2HF \leftrightarrow H_2SiF_6$
翻转
学生朗读：《海思总裁致员工的一封信》
分析
中国企业进入全球集成电路设计、加工、封装
全产业链前十占比
分占：2/10，2/10，3/10
介绍
本专业毕业生在半导体行业就业情况
就业指导
文献拓展
器官芯片——芯片对生命健康研究的贡献
COVID-19
小组讨论
“中外比较之我看”

图1

案例8　石油炼制工程

课程类型：专业教育课(理学、工学类)
教育赛道：本科教育
开课年级：大三年级、大四年级
面向专业：化学工程与工艺
部　　门：化学工程学院
学　　校：广东石油化工学院
案例教师或团队成员信息(第1位为教学案例负责人)：

案例视频

姓名	职务	职称	部门
孙晋	教师	讲师	化学工程学院
周如金	广东石油化工学院副院长	教授	化学工程学院

一、课程目标

广东石油化工学院是华南地区唯一一所石油化工特色高校，化学工程与工艺专业作为创校龙头专业入选国家级一流本科专业建设点，通过了第二轮中国工程教育专业认证。“石油炼制工程”课程为学校首批国家一流本科课程，是培养学生成为石油化工领域高级专门人才的主阵地，是为学校化学工程与工艺专业高年级学生开设的一门专业核心课程。“四维”课程目标描述如下。

1. 知识目标

使学生掌握原油组成、物性，石油产品使用性能与质量标准，加工过程的原料、产品、流程、条件、设备等基础知识。

2. 能力目标

使学生具备原料优选、产品生产和工艺过程优化的能力，原油加工方案、清洁油品生产方案的分析、设计和优化的能力。

3. 素养目标

提升学生的自学能力、创新能力、团队协作意识、安全环保意识、交流表达能力、总结汇报能力。

4. 思政目标

使学生树立正确的职业观念，传承艰苦奋斗的石油精神，培养学生精益求精的工匠精神、勇于探索的科学精神、专业报国的家国情怀和使命担当。

二、课程思政案例设计

1. 课程思政德育目标

围绕“双碳”目标，引导学生对原油蒸馏过程提出更加专业的节能节水措施，培养学生环保意识和社会责任意识。

2. 思政教育融合点

植根红色文化，培养石油化工“五得”人才，弘扬“听党号召，为国奉献，艰苦奋斗，忠诚担当”的石化精神。

(1) 了解石油行业作为国家发展的经济命脉，对国家安全和发展的重要性，激发学生对国家发展的关注和参与意识。

(2) 正确认识石油化工和我们衣食住行的关系，了解石油化工在国民经济的作用和地位，培养行业价值认同。

(3) 认识原油蒸馏过程中先进的节能节水措施，培养学生成为绿色石油化工的践行者。

(4) 在炼油龙头装置常减压蒸馏工艺中，认识哪些环节体现了社会、健康、安全、法律、文化及环境等因素，以及是如何体现的。

(5) 研读学科前沿——炼油行业新技术推文，激发学生对炼化技术新发展的关注和参与意识。

3. 教育方法和载体途径

1) 教学方法——“目标问题导向”实施课程思政

针对“石油炼制工程”课程知识点复杂、工艺抽象难懂、实践经验性强等教学痛点，将基本概念原理、关联交叉学科基础知识列为基本问题；将概念、原理、工艺连成知识链，凝练为重点问题；将基本概念原理与其他学科知识交叉升华为难点问题；结合工程案例和生产实践提炼实践问题；用生产问题和学科前沿提出拓展问题，自然融入课程思政。以目标问题贯通教学全过程，将知识、能力与素质目标提炼成五类目标问题(基本问题、重点问题、难点问题、实践问题、拓展问题)并融入课程思政，通过课前引导自学、课中教师讲授—组织讨论—小组汇报以及课后延伸拓展等环节组织教学活动，并进行教学反馈和持续改进。

课前(启发式教学)：推送“思政视频”资源，学生自主学习并完成在线“思政话题”讨论。

课中(案例式教学、小组合作探究)：结合企业生产实际问题，融合“生产安全、资源节约”等思政元素，引导学生小组合作释疑，随后教师引导释疑。通过优秀校友案例，激励学生创新思考，培养学生专业认同、科学精神、思辨能力和解决复杂工程问题能力。

课后(探究式教学、小组合作探究)：学生结合相关学科前沿，分组查阅文献，完成“素拓项目”，形成素拓项目汇报及多维度解析思维导图，课上分组汇报，要求报告能够充分考虑“社会责任、科学精神”等因素，增强学生行业自信。

课堂以虚拟现实视频作为课程引入，围绕思维导图进行多维度解析，学生完成小组讨论、分享汇报和流程模拟三个环节的全过程。课后督促学生继续完成相关拓展问题的学习，这样的过程可打造思辨课堂，引发思考，激发兴趣，启迪智慧，形成训练思维和有效学习，对提升学生思维能力有极大的帮助。

2) 载体途径

(1) 学堂在线——思政视频。

课程团队充分挖掘炼化行业特有的思政育人元素，融入了中国石化感动中国的十大杰出人物和优秀校友，他们有岗位能手、技术达人，还有全国劳模和国家科学技术进步奖特等奖获得者。学生课前在“学堂在线”观看相关思政视频。

(2) 视频编辑软件。

通过图像处理、视频录制、视频截取、视频合成，并对原版英文视频添加中文字幕等手段，对教学素材进行深加工。

(3) MindMaster 绘制思维导图软件。

使用 MindMaster 等软件精心设计思维导图，对各章节知识点进行总结，从不同维度进行解析。学生通过绘制思维导图，实现了思辨能力的提升。

(4) Aspen Plus 流程模拟软件。

团队以新工科建设为导向，创新性地将化工流程模拟软件 Aspen Plus 灵活运用到课堂教学中，推进学科交叉，使抽象的概念更直观、更形象，弥补了传统教学方式在直观感、立体感和动态感等方面的不足，化解了教学痛点问题，为提高课堂效率和教学效果提供了一种现代化的教学手段。

三、案例特色与成效

1. 案例特色

1) 以目标问题为导向实施“课程思政”

基于目标问题的教学模式特别有助于融入课程思政，让思政元素的融入真正做到如盐入水、润物无声。

2) 智能化混合式教学助力“课程思政”

针对本课程工程实践性强的特点，课程团队发挥毗邻国有特大型石化企业的地缘优势，依托 3 个国家级工程实训中心和 2 个省级产业学院，让学生能通过虚拟仿真实训(校内)和企业工程实训(校外)

积累工程实践经验，推进思政教学和实践教学的融合。

3) 能力培养与价值塑造相融合的“课程思政”

以问题为导向，以分析为基础，以设计为重点，以应用为巩固，以思考为提升，将思政与专业相融合，引导学生进行探究学习与辩证思考，使能力培养与价值塑造相融合。

2. 教学改革成效

申报人在 2022 年凭借课程“石油炼制工程”获广东省教学创新大赛二等奖、第二届“智慧树杯”课程思政示范案例教学大赛二等奖、2023 年西交利物浦全国高校教学创新大赛特等奖和最佳人气奖。

在推广方面：

(1) 申报人在第 13 届泛珠三角（“9+2”）化工专业本科教学工作会议上以“‘石油炼制工程’国家级一流课程建设经验分享”为主题做了特邀报告。

(2) 申报人在全球国际教育论坛做了混合式教学创新改革报告。

案例 9 电路分析基础

课程类型：专业教育课(理学、工学类)

教育赛道：本科教育

开课年级：大一年级

面向专业：通信工程、电子信息工程、电子科学与技术

部　　门：电子工程学院

学　　校：广西科技大学

案例视频

案例教师或团队成员信息(第 1 位为教学案例负责人)：

姓名	职务	职称	部门
袁浩浩	通信工程专业负责人	副教授	电子工程学院
蒋联源	教师	副教授	计算机科学与技术学院
张联盟	专业负责人	讲师	启迪数字学院

一、课程目标

1. 课程思政建设方向和重点

课程依据学校办学理念和培养信息通信领域基础扎实、专业能力强、具有较强工程实践能力和创新精神的应用型人才的目标，坚持“实基—铸魂—育人”思路，夯实电路分析基础，铸炼电子电路专业技能，引导学生思考专业能力与国家命运的关系，确立以下课程思政建设目标。

聚焦“学以致用、精益求精、爱岗敬业、科技报国”，帮助学生养成理论联系实际的电类课程学习习惯，形成学以致用、知行合一的工程素养；引导学生在电路分析、检测、设计等过程中坚持求真、求精，保持批判、创新的科学探索精神；以信息通信领域优秀人物、感人事迹为素材，课程团队言传身教过程化育人，培养学生在本专业厚植深耕、守正创新的职业担当；以电类专业前沿动态为案例，强化教研融合，树立科技报国的理想信念。

2. 学情分析与对策

电路是“模拟电子技术”“数字电子技术”等后续课程的基础，是学生进入工程技术领域的奠基课程。基于学校“求真近道，明德致新”的校训，课程团队全面考量课程学科属性和学情，确立了以下四个基本对策(如图 1 所示)。

(1) 教研融合：将研究进展带入课堂，面向前沿，让学生在课堂上了解最新科研进展。

(2)学以致用：引导学生分析解决身边的电路问题，将教学与创新创业、社会实践相结合。

(3)寓教于乐：将多种电路模型、游戏元素引入教学，让学生快乐学习。

(4)师生互学：鼓励学生课后开展小组探究学习，走上讲台分享，并参与师生互动。

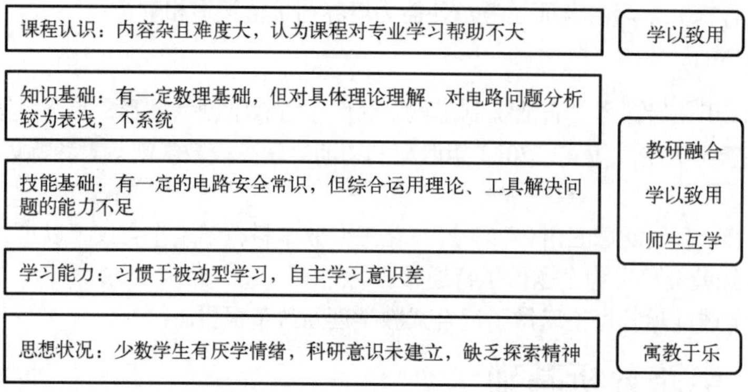
课程认识：内容杂且难度大，认为课程对专业学习帮助不大
学以致用
知识基础：有一定数理基础，但对具体理论理解、对电路问题分析较为表浅，不系统
技能基础：有一定的电路安全常识，但综合运用理论、工具解决问题的能力不足
教研融合
学以致用
师生互学
学习能力：习惯于被动型学习，自主学习意识差
思想状况：少数学生有厌学情绪，科研意识未建立，缺乏探索精神
寓教于乐

图1

二、课程思政案例设计

该案例以4.3节戴维南定理为教学内容。

1. 课程目标

1)知识与能力目标

理解戴维南定理的内涵及适用范围，掌握求解含源一端口电路网络开路电压和等效电阻的方法；能熟练运用戴维南定理化简电路，并理解其工程意义和应用价值，能够应用仿真软件分析验证电路等效问题。

2)课程思政德育目标

培养积极探究理论联系实际的学习能力和科学素养；培养爱岗敬业、守正创新的科学家精神；培养直面问题、迎难而上的科学方法和科学精神。

2. 教学方法

探究教学法：通过电路仿真实验对一个含源一端口线性电路进行研究，从先验知识入手一步步将学生带入电路探究的情景当中，培养学生积极实践、勇于创新的良好习惯。

案例教学法：计算特定电路连接不同负载时负载的电路参数问题，采用一般线性电路分析和戴维南定理等效两种方法，对比得出戴维南定理的通用性和工程价值。

3. 思政元素

科学素养：培养通过研究、分析、仿真等方法探究新内容的学习能力、创新能力。

爱岗敬业：以戴维南人生经历为启发，引导学生以兴趣为桨，以梦想为帆，从热爱专业到爱岗敬业，不断提升个人职业素养。

科学方法与科学精神：基本理论与电路分析实例相结合，引导学生面对专业问题积极寻找问题突破口，自觉运用理论、工具等分析解决问题。

4. 思政融入设计

1)课程教学内容设计1：戴维南定理介绍

(1)戴维南定理内容。

从全国科学技术名词审定委员会官网了解戴维南定理的权威表述及命名，认识到教材中的表述与之高度一致，同时说明教材中的定理名称在第六版时也从原来的“戴维宁定理”更新为“戴维南定理”，培养学生遵守规则、严谨治学的态度。

(2) 戴维南人生启示。

从法国电信工程师戴维南的个人经历引导学生树立积极向上、深耕专业，能够主动培养自己的兴趣爱好并甘愿为之付出心血和汗水的科学家精神和职业热忱。

2) 课程教学内容设计 2：探究式引入主题

通过仿真实验研究，用“你来说，我来做”的模式考查学生对替代定理、叠加定理的掌握情况，探究过程中培养学生温故而知新的学习能力，基于之前学过的替代定理将 5.2 Ω 所在的 ab 支路用电流源替换，然后采用上一节的叠加定理得出电压 U_{ab}。实验探究结论为：一个有源线性二端网络可以用一个电压源和一个串联等效电阻来置换，置换后端电压和端电流保持不变。

以学生为主体所得实验探究结论与戴维南定理一致，培养学生从已知知识探索未知内容的学习能力和科学素养。

3) 课程教学内容设计 3：戴维南定理应用

(1) 利用现有认知求解例题，引导学生对一般电路分析法和戴维南定理电路等效分析法进行对比，深入理解戴维南定理的工程价值。

(2) 利用难度增大的例题，帮助学生设法寻找问题突破口，基于先验知识和戴维南定理按照基本步骤求解问题，养成直面问题、迎难而上的科学精神。

4) 课程教学内容设计 4：拓展、总结与任务

拓展：计算开路电压 U_{oc} 并设计电路实验方法和步骤，对计算结果进行验证，培养理论联系实际的自主学习能力。

小结与任务：通过总结梳理教学内容、强化育人要素；从定理应用步骤、灵活选用等效电阻求解方法的过程培养严谨的科学思维。

三、案例特色与成效

1. 案例特色

1) 工程认证理念与课程思政有机融合

基于 OBE 理念，从国家电子信息行业需求、学校与专业定位出发结合实际学情科学确立课程思政德育目标。聚焦“学以致用、精益求精、爱岗敬业、科技报国”，分类别、分阶段、过程化落实电路问题分析、前沿动态、电路规律与特性、电子电路创新实践等思政实施载体，形成“以学生为中心”的持续改进教学设计与教学方法的课程思政建设路径。

2) 课程思政与“情景探究式”教学方法有机融合

在戴维南定理学习中，通过创设电路问题情景，基于替代定理和叠加定理进行求解得出戴维南等效变换结论，培养学生基于先验知识探究新内容、温故而知新的学习方法，培养学生直面问题、勇于探索的科学家精神。

2. 成效

1) 教学质量提升

学生专业认同感明显增强，近 3 年升学率保持在 10%以上，专业对口就业率 88%以上；创新实践能力与综合素质提升显著，以本课程为主要支撑，多人次在科技竞赛中获奖。

2) 示范辐射效应明显

(1) 带动其他专业课建设：自本课程 2020 年获自治区一流本科课程后，2021 年本专业新增“电磁场与微波技术”“半导体技术”2 门校级一流课程。

(2)课程团队2022年被评为“课程育人”“科研育人”培育团队，形成学院思政特色。

(3)课程团队爱岗敬业、精益求精，5年来荣获各类教学奖励12项，受邀在公开会议、兄弟院校做课程思政建设经验分享5次。

(4)课程思政教学成果在学校官网报道。

(5)课程教学资源在智慧树平台服务社会，目前选课学校45所，翻转课累计学习人数422人。

案例10 环境影响评价

课程类型：专业教育课(理学、工学类)

教育赛道：本科教育

开课年级：大三年级

面向专业：环境工程

部　　门：生命与环境科学学院

学　　校：桂林电子科技大学

案例视频

案例教师或团队成员信息(第1位为教学案例负责人)：

姓名	职务	职称	部门
李林	教师	教授	生命与环境科学学院
储小雪	教师	讲师	生命与环境科学学院

一、课程目标

“环境影响评价”是环境类学科中具有综合性、实践性和创新性的一门重要的理论与方法课程，是环境工程专业的核心课程之一。课程围绕学校培养“高素质新工科人才”和专业培养“双高”(高能力、高素养)型环保应用型人才的定位，针对人才培养的“缺、低、弱、失”问题，以培养“善于做”和“忠于做”的“双高”型环保一流人才为宗旨，设置了知识传授、能力培养和价值塑造融为一体的课程目标(如图1所示)。旨在从社会需求的“环保法律法规和技术标准等基础知识、环境影响评价相关技术、评价过程充分考虑工程实践对环境保护与社会可持续发展的影响及环保人的社会责任和职业道德”三个维度，培养学生从事环境影响评价及相关工作的综合能力和素养，支持学生夯实解决复杂环境工程问题的能力。

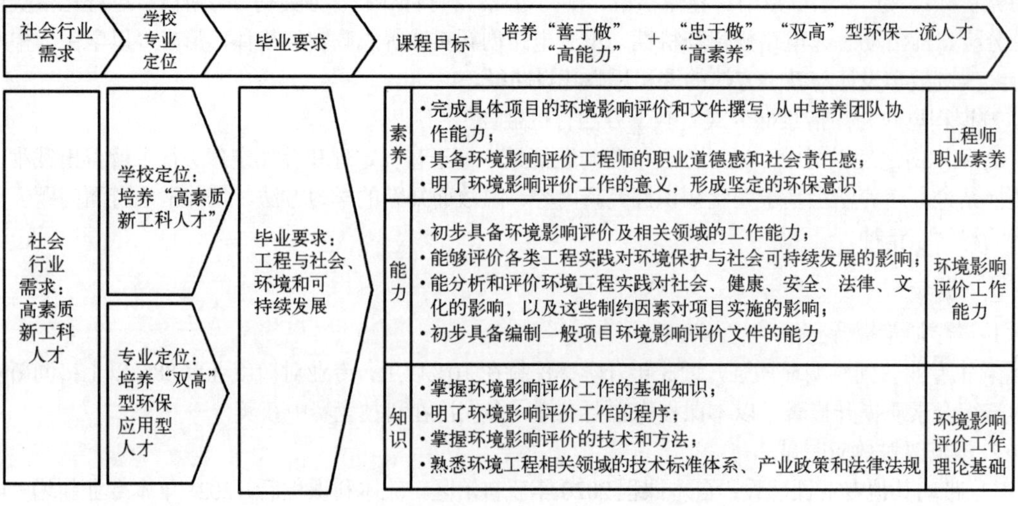
社会行业需求
学校专业定位
毕业要求
课程目标
培养“善于做”“高能力” + “忠于做”“高素养” “双高”型环保一流人才
社会行业需求：高素质新工科人才
学校定位：培养“高素质新工科人才”
专业定位：培养“双高”型环保应用型人才
毕业要求：工程与社会、环境和可持续发展
素养
•完成具体项目的环境影响评价和文件撰写，从中培养团队协作能力；
•具备环境影响评价工程师的职业道德感和社会责任感；
•明了环境影响评价工作的意义，形成坚定的环保意识
工程师职业素养
能力
•初步具备环境影响评价及相关领域的工作能力；
•能够评价各类工程实践对环境保护与社会可持续发展的影响；
•能分析和评价环境工程实践对社会、健康、安全、法律、文化的影响，以及这些制约因素对项目实施的影响；
•初步具备编制一般项目环境影响评价文件的能力
环境影响评价工作能力
知识
•掌握环境影响评价工作的基础知识；
•明了环境影响评价工作的程序；
•掌握环境影响评价的技术和方法；
•熟悉环境工程相关领域的技术标准体系、产业政策和法律法规
环境影响评价工作理论基础

图1

二、课程思政案例设计

1. 课程思政德育目标

本课程以培养高能力、高素养的“双高”型环保应用型人才为建设方向，针对毕业要求设置了课程思政建设目标(如图 2 所示)，旨在引导学生深刻理解并自觉实践环保行业的职业精神和职业规范，增强职业责任感，遵纪守法、爱岗敬业，助赢“蓝天、碧水、净土”三大环保战役。

2. 课程思政目标实现途径

课程团队将课程思政目标与知识和能力目标相融合，坚持做好顶层设计，根据专业特色，围绕课程思政目标分别从政治素养、社会责任、道德品格、专业素养、美丽中国和壮美广西等方面深入挖掘思政元素，激发学生的家国情怀和使命担当。具体的课程思政目标实现途径如图 2 所示。

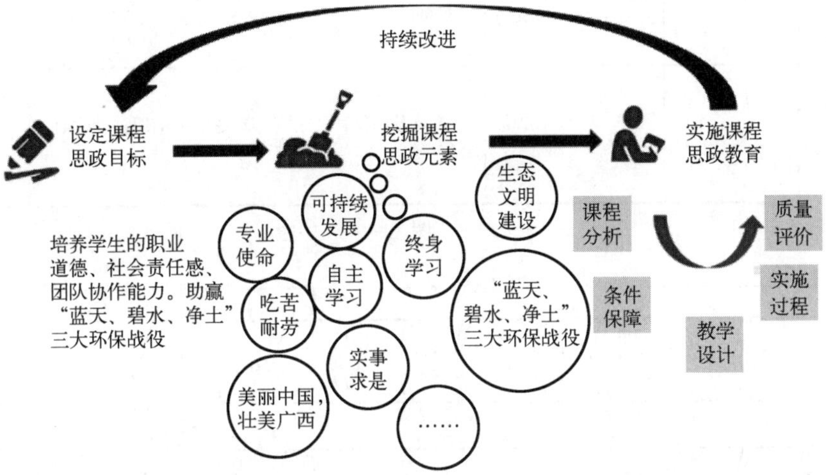
持续改进
设定课程思政目标
挖掘课程思政元素
实施课程思政教育
培养学生的职业道德、社会责任感、团队协作能力。助赢“蓝天、碧水、净土”三大环保战役
专业使命
可持续发展
生态文明建设
终身学习
自主学习
吃苦耐劳
实事求是
美丽中国，壮美广西
“蓝天、碧水、净土”三大环保战役
……
课程分析
质量评价
条件保障
实施过程
教学设计

图 2

3. “课程思政”融合点

课程团队根据本专业的特色和优势，深入研究课程的育人目标，深度挖掘提炼专业知识体系中所蕴含的思想价值和精神内涵，科学合理拓展本课程的广度、深度和温度，从课程所涉专业、行业、国家、文化等角度，增加课程的知识性、人文性，提升引领性；针对课程思政目标，从课程整体规划出发，遵循思政教育融入专业知识的原则，对课程思政点进行梳理并与课程教学内容进行了深度融合(如图 3 所示)。

4. 思政教育教学方法及载体途径

“环境影响评价”课程采用“三维三阶三融合”模式(如图 4 所示)开展线上线下混合式教学。思政教育深度融合“三维三阶三融合”模式，具体开展方式如下：

三维课堂：线上课堂思政视频＋线下课堂思政融入＋实践课堂思政教育；

三阶学习：初阶思政视频＋中阶案例分析和主题讨论＋高阶实践内化思政精神；

三融合：通过知识拓展、成果分享、任务驱动等多种融合方式将思政教育融入专业教育，助推“双高”人才培养。

课程团队不断探索以学生的学习成效为目标，深入开展以学生为中心的课程思政教学和评价方式改革，创新课堂教学模式。建成了 6 个课程思政专题视频，在课程网站开展话题讨论，拓展课程思政时空。采用小组讨论、网上分享、户外教学等多种教学方法组合提升课程思政效果。

课程思政目标	培养学生的职业道德、社会责任感、团队协作能力。 助赢“蓝天、碧水、净土”三大环保战役			
预期效果	明确新一代环保人的使命与担当，初步树立环保思想	1.意识到环境影响评价工作是不断改革推进的； 2.初步具备自主学习、不断学习更新相关法律法规知识的能力	能以“严谨认真、实事求是、吃苦耐劳”的态度开展污染源调查和分析	……
思政点	新一代环保人的使命与担当	1.加大环保力度，深化环境影响评价改革； 2.自主学习，终身学习	要以“严谨认真、实事求是、吃苦耐劳”的态度开展污染源调查和分析	……
知识点	1.我国的环境影响评价制度； 2.环境影响评价程序	1.环境法律法规； 2.环境标准	1.建设项目工程分析的基本内容和技术要求； 2.污染源调查的内容与评价方法	……
章节	第1章 环境影响评价概论	第2章 环境法律法规与环境标准	第3章 建设项目工程分析和污染源调查	……

实现 实施 挖掘 关联

图 3

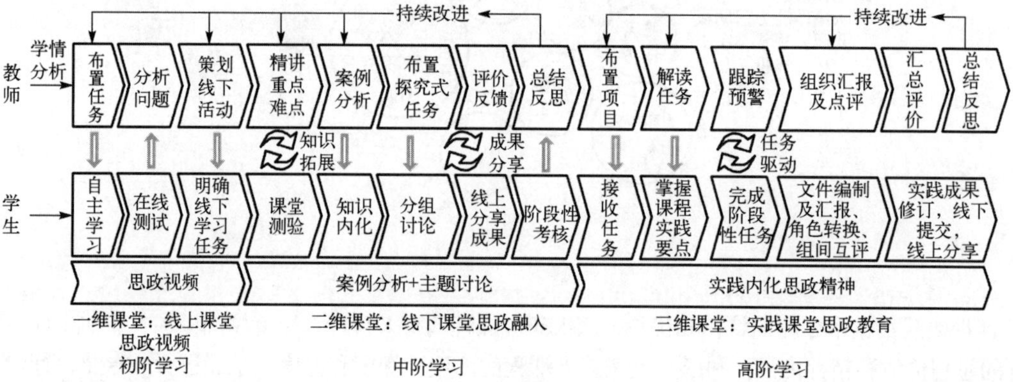
持续改进
持续改进
学情分析
教师
布置任务
分析问题
策划线下活动
精讲重点难点
案例分析
布置探究式任务
评价反馈
总结反思
布置项目
解读任务
跟踪预警
组织汇报及点评
汇总评价
总结反思
知识拓展
成果分享
任务驱动
学生
自主学习
在线测试
明确线下学习任务
课堂测验
知识内化
分组讨论
线上分享成果
阶段性考核
接收任务
掌握课程实践要点
完成阶段性任务
文件编制及汇报、角色转换、组间互评
实践成果修订，线下提交，线上分享
思政视频
案例分析+主题讨论
实践内化思政精神
一维课堂：线上课堂思政视频
初阶学习
二维课堂：线下课堂思政融入
中阶学习
三维课堂：实践课堂思政教育
高阶学习

图 4

5. 典型教学案例

本案例以第 2 章“环境法律法规与环境标准”中的“加大环保力度，深化环评改革”为教学内容。

1) 教学目标

教学目标如图 5 所示。

2) 章节思政目标

从知识介绍到实际问题的引入，旨在锻炼学生“分析问题、解决问题”的能力，运用专业知识客观分析、解释身边的实际问题，围绕美丽中国和生态文明建设战略目标，突出新《环境保护法》的力度，强化学生环境影响评价工作底线意识和责任担当。

3) 思政教学素材

以习近平总书记对生态文明建设工作做出的重要指示，强调学生要认真学习专业知识，通过对新《环境保护法》的深入解读，引导学生紧跟国家的环保新导向。

4) 教学过程设计

教学过程设计如图 6 所示。

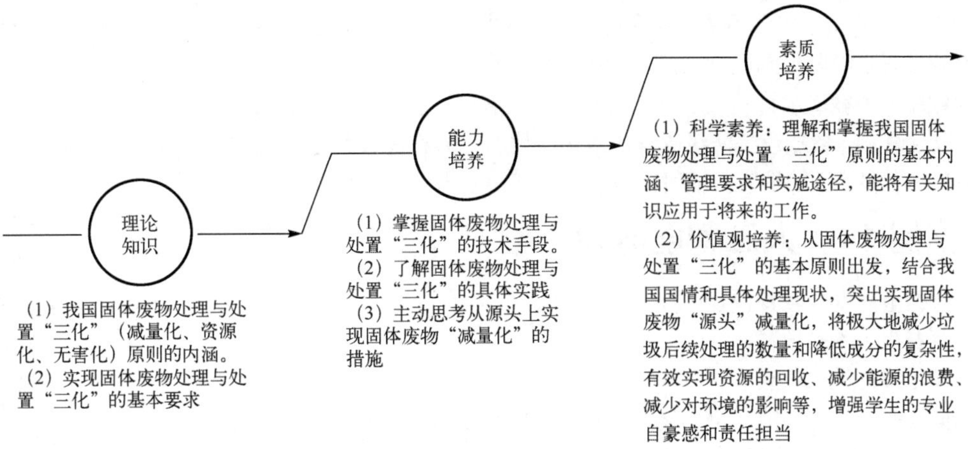
素质
培养
能力
培养
理论
知识
（1）我国固体废物处理与处置“三化”（减量化、资源化、无害化）原则的内涵。
（2）实现固体废物处理与处置“三化”的基本要求
（1）掌握固体废物处理与处置“三化”的技术手段。
（2）了解固体废物处理与处置“三化”的具体实践
（3）主动思考从源头上实现固体废物“减量化”的措施
（1）科学素养：理解和掌握我国固体废物处理与处置“三化”原则的基本内涵、管理要求和实施途径，能将有关知识应用于将来的工作。
（2）价值观培养：从固体废物处理与处置“三化”的基本原则出发，结合我国国情和具体处理现状，突出实现固体废物“源头”减量化，将极大地减少垃圾后续处理的数量和降低成分的复杂性，有效实现资源的回收、减少能源的浪费、减少对环境的影响等，增强学生的专业自豪感和责任担当

图 5

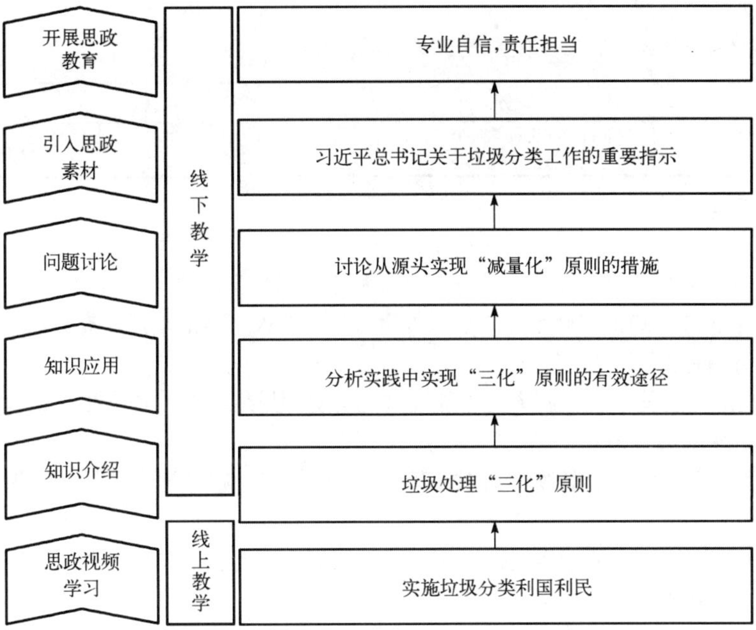
开展思政教育
引入思政素材
问题讨论
知识应用
知识介绍
思政视频学习
线下教学
线上教学
专业自信,责任担当
习近平总书记关于垃圾分类工作的重要指示
讨论从源头实现“减量化”原则的措施
分析实践中实现“三化”原则的有效途径
垃圾处理“三化”原则
实施垃圾分类利国利民

图 6

三、案例特色与成效

1. 案例特色

(1)教学模式和方法特色：采用“三维三阶三融合”模式与思政教育深度融合的方式开展教学。

(2)采用多样化的教学策略和教学组织形式，达到课程思政“寓道于教、寓德于教、寓教于乐”的效果。

(3)具有可推广性：课程思政编入教学大纲和教案，自建课程思政视频。

2. 成效

1)教学成效提升，为环保事业留住更多人才

通过课程思政教育，学生的专业自信明显提升，近两届学生毕业后愿意从事本专业工作的比例高

达 93.75%，其中愿意从事环境影响评价相关工作的比例达到 45.56%，相比往届毕业生，有大幅提升。

2) 课程思政经验得到同行认可，课程得到推广

课程在三项教改项目的资助下，连续两年开展课程思政研究和实践，直接受益学生近 200 人。通过发表教改论文、参加校院两级课程思政讲课比赛，课程思政示范课在校内进行推广；同时，思政专题视频在网络和线下的推广，辐射范围广泛，获得校内外同行和学生的广泛认同。

案例 11　人工智能导论

课程类型：专业教育课(理学、工学类)

教育赛道：本科教育

开课年级：大二年级

面向专业：人工智能、自动化、计算机科学与技术、机械、电子、智能科学与技术等信息类专业

案例视频

部　　门：智能科学与工程学院

学　　校：哈尔滨工程大学

案例教师或团队成员信息(第 1 位为教学案例负责人)：

姓名	职务	职称	部门
莫宏伟	智能科学与工程学院类脑计算与人工智能研究中心主任	教授	智能科学与工程学院

一、课程目标

本课程要求学生理解人工智能作为多学科交叉科学，需要学习哲学、数学、脑科学、神经科学、计算机科学等多学科基础知识和理论，要求深入学习和理解人工智能本质，充分认识人工智能对人类的未来意义。具体目标如下。

(1) 从大历史观角度使学生理解人工智能发展的历史和思想脉络，使学生认识到人工智能的本质和内涵，思考人之为人的价值和意义。

(2) 利用人工智能多学科、多领域知识、理论交叉的特点，培养学生多学科知识交叉思维和创新意识。

(3) 使学生系统理解机器智能实现技术和方法，认识到机器智能与机器创造的巨大作用，学会利用人机协同技术和方法解决各类问题。

(4) 使学生充分理解人工智能对未来人类社会经济、科技和文明发展的重要作用，具备未来社会发展需要的人工智能人才素质。

二、课程思政案例设计

1. 课程思政德育目标

在学生学习和掌握人工智能理论、方法与前沿技术的同时，教育学生从智能进化历史、哲学思想、社会发展、多学科交叉、工程技术五个层面深入理解人工智能本质和内涵。激发学生爱党、爱国、爱社会主义的热情，培养“人类命运共同体”理念指导下的未来社会发展需要的人工智能人才。

2. 思政教育融合点

课程思政案例整体分七个模块，分别是人工智能发展历史、大历史观下的人工智能、深度学习技术、类脑计算技术、人工智能行业应用、人工智能军事应用、人工智能伦理道德。通过七个模块分别展示人工智能历史发展、技术发展、行业应用、社会进步以及人工智能伦理道德等方面的积极作用。

在人工智能历史和技术发展方面，通过讲述华人和国内著名专家学者在历史和当代前沿技术方面的巨大贡献，展示我们国家在中国特色社会主义制度下“智能＋行业”对整个社会进步的促进作用，激发学生爱党、爱国、爱社会主义的热情。

以习近平总书记人类命运共同体理念为指导，从国家和政府高度重视人工智能对国家和社会发展的重要性的角度，教育学生树立正确的人工智能技术伦理和社会发展观念，激发学生的历史责任感和使命感。

3. 教育方法

通过线下课堂、线上慕课、翻转课堂实现教学，利用微信公众号等新媒体，以及动画、音视频等多种形式表达案例中的思政内容。

4. 载体途径

通过编写《人工智能导论》配套教材开展课程思政教育，建立图片、音视频、论文等多种内容的思政素材库，并利用微信公众号等新媒体为载体开展课程思政教育。

三、案例特色与成效

1. 案例特色

1) 人类命运共同体理念融合

将人工智能的发展放在智能进化大历史观下加以考察，融入人类命运共同体理念，在教育学生把握和认识人工智能的本质和内涵的同时，深刻认识人类命运共同体理念对于发展人工智能的重要社会意义。

2) 人工智能伦理道德与社会主义道德及价值观培养

将人工智能伦理道德教育与人类社会发展、社会主义核心价值观、人生观相结合，培养学生正确的技术伦理和社会道德观念。

2. 成效

课程运行 3 个学期，在智慧树平台共有来自 44 所高校的 2.1 万名学生参加了课程学习。课程思政内容受益面广泛，互动讨论达 15.83 万次。课程极大地激发了学生对人工智能的热情，使学生更加清楚地认识到人工智能发展对国家、社会、人类的重要意义。

案例 12　理论力学(物理类)

课程类型：专业教育课(理学、工学类)
教育赛道：本科教育
开课年级：大二年级
面向专业：物理专业
部　　门：物理学院
学　　校：哈尔滨工业大学

案例视频

案例教师或团队成员信息(第 1 位为教学案例负责人)：

姓名	职务	职称	部门
任延宇	物理学院近代物理系主任	教授	物理学院

一、课程目标

哈尔滨工业大学秉承“规格严格，功夫到家”的校训，坚持面向国际学术前沿、面向国家重大需求、面向国民经济主战场，成为培养引领未来发展的拔尖创新人才的摇篮、国家创新驱动发展的重要策源地。

“理论力学(物理类)”课程是物理专业“四大力学”的第一门课程，也是学生进入物理学各个前沿领域必修的基础课程。学生在学习本课程后能够全面掌握经典力学的知识并具备初步物理思维和科研能力。

与其他物理课程一样，这门课程讲解的难点不仅在于让学生掌握相关知识，更在于让学生知道学习这些知识的意义所在。因此，将“培养学生的基础科学研究精神”作为课程思政目标，既符合学校培养拔尖创新人才的办学定位，也是让学生在课堂上有真正收获的必然要求。

二、课程思政案例设计

“理论力学(物理类)”课程以“培养学生的基础科学研究精神”作为课程思政目标，在长期的教学实践中形成以下特色：以卓越的授课质量为前提；真正做到润物无声，将课程思政成效落到实处；制作了充分体现思政元素的网络课程，便于推广交流，并已经在社会上引起很好的反响。

下面的内容将以“分析力学引言”一节为例，详述上述三个方面的措施和成效。

1. 以卓越的授课质量为前提

本课程作为黑龙江省高校课程思政示范课程，连续9年评教结果均为A+，其中6次为学院最高分，1次为校大班课程最高分。本课程包括板书和课件在内的所有教学环节都力求完美，使学生在无形中被授课教师的敬业精神深深打动，为课程思政的开展做好准备。

2. 真正将课程思政成效落到实处

在教学过程中，以思政目标带动知识点的讲授，各知识点间既有数理逻辑的明线，又有价值引领的暗线，整门课程一以贯之，以充分引发学生思考和共鸣。以“分析力学引言”一节为例，首先在前面课程的讲解中，让学生充分认识到牛顿力学的伟大，为本节内容做铺垫。这样，当学生在本节意识到在牛顿力学最鼎盛时期居然有科学家们要建立一个新的力学体系的时候，一定会感到好奇，从而在讲解中充分结合物理学发展历程巧妙引导学生感受科学本质、体会物理之美，进而主动思考自己今后的科研方向。

3. 思政成效清晰可见，便于交流推广

在网络课程制作伊始，课程团队就考虑如何将课程思政要素充分融入，引发了来自全国各高校学生以及其他社会学习者的广泛共鸣。学生在学习本节内容时受到的震撼和感动实实在在地反映在弹幕留言上，共计210条。整门课程弹幕留言超过6400条，甚至不亚于一部影视作品。这充分说明本课程的课程思政内容能够引发广大受众的强烈共鸣，进而为国家培养基础科学领域的创新人才贡献自己的力量。

三、案例特色与成效

1. 案例特色

(1) 利用科学家探究未知世界的纯粹性与科研成果对社会发展深远影响间的巨大反差，巧妙引导学生探究科学发展的动机与规律，从中体会到物理之美。

(2) 尽管这一节内容已足以做到震撼，但对于整个课程的教学目标来说只是承上启下的一环。因此，本课程的课程思政内容不是心理鸡汤的罗列，而是借助一个知识体系奉献给学生一个理念。

2. 教改成效

本课程的教学改革显著激发了学生对基础科学研究的兴趣，使得学生在知识和能力上有了真正意义上的提升，形成良性循环。物理学院学生连续7年获全国大学生物理学术竞赛特等奖，其中5次夺得冠军。

案例 13 结构力学

课程类型：专业教育课(理学、工学类)
教育赛道：本科教育
开课年级：大二年级、大三年级
面向专业：土木工程、交通工程
部　　门：土木工程学院
学　　校：哈尔滨工业大学

案例视频

案例教师或团队成员信息(第 1 位为教学案例负责人)：

姓名	职务	职称	部门
赵威	学科组副主任	副教授	土木工程学院
曹正罡	学科组主任	教授	土木工程学院
张瑀	教师	讲师	土木工程学院

一、课程目标

哈尔滨工业大学土木工程专业有百年历史，入选国家级一流专业建设点。“结构力学”课程是土木工程专业学生必修的重要专业基础课，是后续专业课程的理论基础。课程团队积极推进课程思政教学改革，树立学生严肃认真的科学作风和理论联系实际的工程观点，培养学生的科学思维能力、分析计算能力、实验研究能力、计算机编程能力及综合应用能力。

课程思政建设的目标是以习近平新时代中国特色社会主义思想为指导，将专业知识传授与价值引领相结合，通过丰富和发展混合式教学方法，建立适用于“结构力学”课程的“思政＋自然科学”课程体系和教学模型，做到思政融入如盐入水，润物无声。课程改革建设以充分的学情分析为基础，结合专业正在进行的工程教育认证，确定四个课程目标，重构课程内容，如图 1 所示。

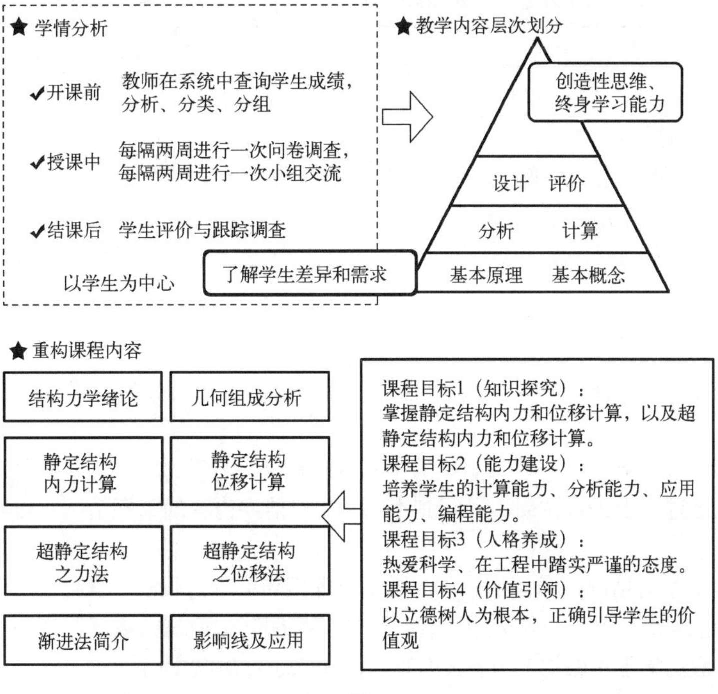
★ 学情分析
✔开课前 教师在系统中查询学生成绩，分析、分类、分组
✔授课中 每隔两周进行一次问卷调查，每隔两周进行一次小组交流
✔结课后 学生评价与跟踪调查
以学生为中心
了解学生差异和需求
★ 教学内容层次划分
创造性思维、终身学习能力
设计 评价
分析 计算
基本原理 基本概念
★ 重构课程内容
结构力学绪论
几何组成分析
静定结构内力计算
静定结构位移计算
超静定结构之力法
超静定结构之位移法
渐进法简介
影响线及应用
课程目标1（知识探究）：
掌握静定结构内力和位移计算，以及超静定结构内力和位移计算。
课程目标2（能力建设）：
培养学生的计算能力、分析能力、应用能力、编程能力。
课程目标3（人格养成）：
热爱科学、在工程中踏实严谨的态度。
课程目标4（价值引领）：
以立德树人为根本，正确引导学生的价值观

图 1

二、课程思政案例设计

1. 教学内容

本案例以“第 4.2 节 变形体虚功原理”中的“4.2.1 变形体虚功原理内容”“4.2.2 变形体虚功原理证明”为教学内容。

1)学习重点

(1)能够熟练掌握变形体虚功原理的内容和证明过程。

(2)培养分析能力，能够利用虚功原理进行问题求解和计算。

(3)结合案例工程师社会责任，结合人物感悟科学家精神，增强民族自豪感。

2)学习难点

(1)变形体虚功原理的证明过程。

(2)变形体虚功原理的应用。

2. 知识体系

知识体系如图 2 所示。

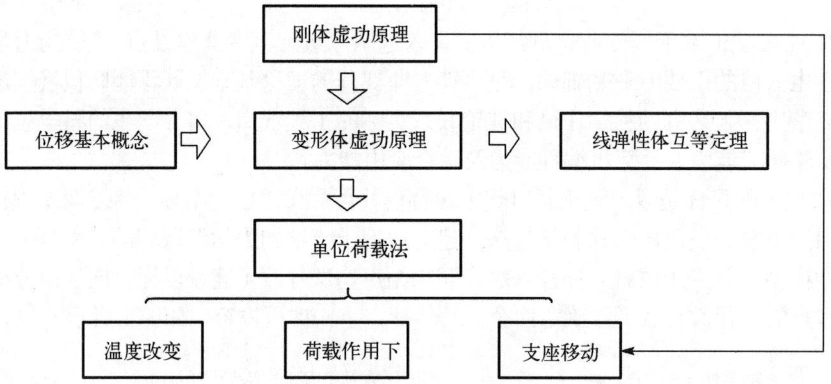
刚体虚功原理
位移基本概念
变形体虚功原理
线弹性体互等定理
单位荷载法
温度改变
荷载作用下
支座移动

图 2

3. 课程学习目标

(1)知识探究：能够熟练掌握变形体虚功原理的内容和证明过程。

(2)能力培养：培养分析能力，能够利用虚功原理进行问题求解和计算。

(3)素质养成：养成热爱科学以及甘于承担结构工程师社会责任的习惯，引领学生感悟科学家精神，增强民族自豪感。

4. 学情分析

在静定结构和超静定结构之间，本章内容起着承上启下的作用，为超静定结构分析的方法打下基础。

学生对内力计算相对熟悉，在学习材料力学时对此有比较多学时的学习，但是对位移计算是比较陌生的。课程团队通过线上平台调研，了解到不同学生对前序内容的掌握情况，以及对本章内容的熟悉程度。

根据学生以往的学习情况，掌握变形体的虚功原理推导单位荷载法、掌握变形体虚功原理的阐述和证明是重点和难点问题。学生自学效果不佳，因此课程团队把原理的表述和证明放在课堂上进行，并配合慕课学习，避免学生对课堂上内容没有理解，无法进行后续学习。

在课程思政方面融入社会责任、科学家精神、爱国与传承。

5. 教学方法和策略

1）课前

预习课件：拓展内容——拉格朗日与牛顿。

慕课学习：刚体虚功原理及应用。

2）课堂

引入：学生提出的问题结合实际工程案例，引入后续学习内容——结构位移的计算。

课堂讲授：变形体虚功原理表述和证明。

课堂讨论：变形体虚功原理的应用范围。

3）课后

思考与作业：推导单位荷载法的公示。

思政元素的融入：社会责任、科学家精神、爱国与传承。

采用混合式教学：课前线上发布预习内容及课外阅读。课堂上采用 PPT 讲授与板书结合的方式，配合课堂分组讨论，加深理解。课后在线上布置思考问题和作业，分组完成。形成从线上到线下再到线上的循环混合式教学模式。

课程思政理念：春风化雨、润物无声是教育工作者追求的理想境界。如何让思政课自然而深入融入专业知识，让家国情怀、民族自信、工程责任、创新思想等体现在各个教学环节，是教育工作者孜孜不倦研究的内容。

课程团队根据课程特色与教学目标，深入挖掘专业知识体系中所蕴含的思想价值和精神内涵，将思政内容有机融入课程教学。适度拓展专业理念课的广度和深度，引导学生学会独立思考问题、分析和解决问题。通过深入讲授本专业相关内容的概念和理论，培养学生探索未知、追求真理、勇攀科学高峰的责任感和使命感。

课程采用创新教学模式，以学生为中心，以混合式教学为依托，让学生深刻体会到力学学习所带来的成就感，激发学习兴趣、培养创新能力；采用实例＋引导的方式引入相关思政元素，引起学生的共情，自然地将思政元素融入教学全过程。

6. 教学设计及教学过程

教学设计及教学过程如表 1 所示。

表 1

教师活动	预设学生活动	活动目标
(1) 内容回顾： 位移的概念、位移产生的原因	回答位移的相关概念和产生的原因	在回顾上节课知识的同时，明确了本章后续要解决的问题，为下一阶段学生自主学习提供依据
(2) 问题导入：为什么要计算位移？——学生线上提问，引入工程实例： ① 虎门大桥抖动事件； ② 深圳赛格大厦晃动事件	观看动图，了解案例，思考工程问题	了解工程知识，培养学生结构工程师社会责任感
(3) 知识讲授： 刚体虚功原理表述和应用，与理论力学相联系。应用：求刚体位移，求支座反力	课前预习内容，然后通过翻转课堂，由学生讲解	通过对刚体虚功原理的复习，进入虚功原理内容，刚体虚功原理的应用是本节课内容的铺垫，培养学生应用能力
(4) 拓展知识： 虚功原理的奠基人——拉格朗日。由牛顿建立的经典力学体系到拉格朗日的力学体系	学生对力学发展史有了了解，并且对各门力学课程建立联系	科学家精神： 理论创造的勇气； 严谨实证的态度 （课程思政融入）
(5) 启发引导： 刚体虚功举例，与变形体虚功比较。引入变形体虚功原理的内容（板书）	学生计算平衡力系作用在刚体及变形体上总虚功的值，了解它们的区别	引入变形体虚功原理的内容
(6) 知识讲授： 变形体虚功原理的表述和证明（本节课重点内容）	聆听老师对变形体虚功原理证明的思路，掌握分析方法	学会虚功原理的证明过程，培养分析问题的能力和解决问题的能力

续表

教师活动	预设学生活动	活动目标
(7)内涵建设： 变形体虚功原理的阐述和证明是具有“哈尔滨工业大学特色”的内容	了解结构力学中对变形体虚功原理做出重要贡献的科学家，以及变形体力学的学习方法	学习上要有方法，思想上要有传承(课程思政融入)
(8)课堂讨论： 变形体虚功原理的适用条件和应用范围	分组讨论变形体虚功原理的应用范围，得出结论	加深对变形体虚功原理的理解，学会系统性分析问题、探索工程问题的方法论，培养探究精神
(9)知识讲授： 原理的总结和说明，对原理做进一步理解	聆听老师对变形体虚功原理做出的几点说明，对原理内容进一步挖掘和深入探讨	深刻理解虚功原理中的力学概念；建立由虚功原理到单位荷载法的思路
(10)课堂总结： 本节课的知识点总结，重点和难点回顾	形成对本节课内容整体的印象，并建立本章内容各部分之间的联系	结合课程内容，学会探索工程问题的方法论，培养探究精神，强化核心价值观
(11)课外学习： 其他教材对变形体虚功原理的阐述和证明(培养学生独立学习能力)	通过线上的资源学习与本节课程内容相关的课外内容	加深对课堂内容的理解。培养学生查阅资料、自主学习的能力
(12)作业： 推导位移计算的方法——单位荷载法的公式，分组分别推导荷载引起、温度改变引起以及支座移动引起	完成线上作业以及分组的工作坊项目	完成对知识的复习，加深对变形体虚功原理与单位荷载法的理解，以及巩固编程计算的能力

三、案例特色与成效

(1)学生学习积极性提高，能力素质全面提高。班级学生多人次获得国家奖学金、十佳大学生、优秀团员标兵、优秀学生干部等称号，参加全国结构设计大赛，连续五年获得一等奖，并有一人获得全国大学生自强之星。

(2)课程思政教学成果丰硕，教书育人作用凸显。课程团队获批教育部产学协同育人项目、省教育规划重点课题，获得省首届课程思政竞赛特等奖及优秀教学案例奖，获得校首届课程思政竞赛特等奖及优秀教学案例奖。“变形体虚功原理”被评为首批省课程思政优秀案例。“结构力学”课程获批国家级一流线下课程，思政实践教学内容获得省教学成果二等奖及校教学成果一等奖。

(3)课程应用广、受益面宽，示范辐射作用明显。“一个基础、两个提高、三个模块”教学体系、开发的试题库和自动组卷系统以及主编的教材，在国内产生深远影响，起到了积极的辐射和带动作用。课程思政成果在结构力学和弹性力学教学指导委员会会议上做了专题报告。课程团队受邀主讲省教育厅课程思政系列师资培训课程，提出的课程思政模型在各高校作为课程思政优秀教学案例交流推广，相关教学内容已得到同行的认可，与火箭军工程大学建立两个课程咨询服务项目，并多次进行师资培训。

案例 14　土力学

课程类型：专业教育课(理学、工学类)

教育赛道：本科教育

开课年级：大三年级

面向专业：土木工程

部　　门：土木建筑工程学院

学　　校：海南大学

案例视频

案例教师或团队成员信息(第 1 位为教学案例负责人)：

姓名	职务	职称	部门
路平	教师	副教授	土木建筑工程学院

一、课程目标

海南大学土木工程专业立足海南自贸港基础设施建设对人才资源和智力支持的需求，毕业生留琼比例超 50%，需培养特色专业基础扎实、具有创新意识能力及匠人精神的复合型人才。

高峡平湖、穿江跨海、基深千尺、楼高万丈，“土力学”贯穿自贸港建设的每一个工程领域。

知识目标：引导学生记忆土的渗流、变形、强度特性等基本知识，培养学生理解土力学的基本理论和分析方法。

技能目标：培养学生运用相关知识对自贸港建设中的沉降量、土压力、承载力和稳定性等复杂工程问题进行方案设计、数据分析与凝练结论的综合能力。

思政目标：立德树人，引导学生弘扬科学精神，提升学生的个人品格，强化学生的道德修养，激发学生科技强国的家国情怀。

二、课程思政案例设计

1. 科学精神方面

1) 创新意识

融合点：微课中的“临界水力坡降”。

教育方法与途径：借助知网文献引入学科前沿对这一问题的研究方法（离散元法），辅以该方法的演示，可促使学生更深刻理解经典理论中的流土。

课程思政德育目标：强化学生的创新意识，激发热爱钻研的科学精神。

2) 科学的认识论与方法论

融合点：微课中的“土中渗流”与“流土”。

教育方法与途径：借助自建的线上思政小课堂，探讨对“土中水”与“水中土”问题的理解，阐明矛盾双方在一定条件（流速或者水力坡降达到一定的量）下可以相互转化。

课程思政德育目标：引导学生构建辩证唯物主义认识论与方法论。

3) 逻辑推理能力

融合点：依托海南自贸港工程建设中地下水位高的特点，以微课例题“渗流力的工程应用”为融合点。

教育方法与途径：引导运用牛顿第一定律、土的三相草图法等工程基础知识来合理抽象问题，再训练学生利用所学的新公式求解实际水力坡降。

课程思政德育目标：锻炼学生的逻辑推理能力，提升中高阶认知水平。

2. 道德修养方面

1) 工程伦理

融合点：微课中“北京某深基坑开挖工程”流土事故。

教育方法与途径：阐明该事故是由施工方专业知识不扎实而导致的。

课程思政德育目标：引导学生肩负作为土木人的社会责任感，强化学生的工程伦理观念。

2) 工匠精神、职业素养

融合点：关于“北京某深基坑开挖工程”流土事故的研讨。

教育方法与途径：引导运用流土判别方法，探讨评价事故发生的本质原因及防治措施。

课程思政德育目标：锻炼学生应用所学知识解决复杂工程问题的职业素养，培养学生树立精益求精的大国工匠精神。

3. 家国情怀方面

融合点：“北京某深基坑开挖工程”流土事故。

教育方法与途径：探讨事故发生对社会带来的恶劣影响，可进一步引申到我国社会主义现代化国家的建设目标之一——“和谐”，引领学生思考“住有所居”的价值诉求。

课程思政德育目标：激发学生科技强省、知识报国的家国情怀与使命担当。

三、案例特色与成效

1. 案例特色

(1)专业教育融合课程思政，构建课程思政小课堂的案例库。

(2)教学方法融合科学前沿，培养实践创新能力与科学精神。

(3)教学内容融合当地省情，激发科技强省与知识报国情怀。

2. 成效

(1)课程建设水平稳步提升。主讲教师获国家、省级“青教赛”奖励，获校级教学成果奖，主持省、校级教改课题，打造课程思政案例库，获评校级课程思政典型案例、一流本科课程。教学督导组对教学效果高度肯定，学生对教学质量综合测评为95.5分。

(2)学生自主学习能力显著增强。在154名学生的翻转课堂中，资源总学习人次达22048人次，问答次数达2263次，含思政小课堂在内的资源平均学习时长为6.9分钟/人，本案例中思政小课堂的参与度为98.7%，“立德树人”基本达到全覆盖。

案例 15　金属工艺学

课程类型：专业教育课(理学、工学类)

教育赛道：本科教育

开课年级：大二年级

面向专业：机械工程学院、材料科学与工程学院、经济管理学院的相关专业

部　　门：材料科学与工程学院

学　　校：河北科技大学

案例视频

案例教师或团队成员信息(第1位为教学案例负责人)：

姓名	职务	职称	部门
王会霞	教师	副教授	材料科学与工程学院

一、课程目标

学情分析：授课对象为大二年级学生，他们已完成“工程制图”“金工实习”等课程的学习，但对金属材料和成型工艺的知识体系缺乏认知。学生局限于对知识点的死记硬背，缺少对复杂问题的主动性、辩证性思考，参与度和积极性不高，不能理解(理工科)学习对“三观”的培养有着潜移默化的影响。教师对学生情感价值观的塑造关注不够，课程育人功能不全。教学内容更新慢且呈现形式单一。教学评价的主体、内容、方法单一。

知识目标：对比和总结常用金属材料、热处理及成型工艺的特点及应用范围。

能力目标：分析金属材料成分、组织、性能之间的关系，初步具备根据典型零件的实际服役条件，合理选择材料、制定和评价热处理和成型工艺的能力。

二、课程思政案例设计

1. 课程思政德育目标

传承与创新、民族自信、工匠精神、责任与担当。

2. 融合点

追溯近代焊接技术的起源，培养传承与创新的品质。讲述鸟巢主支撑用钢的自主研发和成功焊接的案例，增强民族自信。以大国工匠高凤林拒高薪、爱岗敬业的案例，培养爱国情怀。对比分析中国与欧洲的焊接产品结构，直面差距，增强学生的责任担当，培养学生勇于探索的精神，激励学生为中国早日成为焊接强国贡献力量。

3. 教学方法

讲授法、翻转课堂、案例教学法。

4. 载体途径

1) 课堂导入(3 分钟)

教师：从超过 45%的钢材需要焊接加工，引出焊接在国民经济中的重要地位。明确本次课的教学内容和教学目标。

课程思政：从碳弧焊发展到金属极电弧焊，学习科学家甘于寂寞、勇于尝试、传承创新的品质。从厚药皮焊条的发明，引出焊条电弧焊。

2) 焊条电弧焊的特点及应用(2.5 分钟)

学生：翻转，分享。

教师：引出气体保护焊，播放河北邢台某自行车企业的气体保护自动焊生产线的视频，将学生带入情境，用自动化生产的视频，激发学生学习欲望。

3) CO_2气体保护焊的特点及应用(4 分钟)

学生：翻转，分享。

教师：引入焊条电弧焊和CO_2气体保护焊联袂解决鸟巢主支撑厚板焊接的成功案例。

课程思政：说明厚度 110 毫米的 Q460E-Z35 是我国舞阳钢厂自主研发的高强度结构钢，是世界首次用来焊接大跨度空间钢结构(鸟巢)的材料，以此激发学生民族自豪感。

4) 氩弧焊的特点及应用(3.5 分钟)

学生：翻转，分享。

课程思政：从氩弧焊的应用引出火箭心脏焊接人高凤林的事迹。

高凤林用钨极氩弧焊焊接火箭发动机上的喷管，壁厚 0.33 毫米，焊点宽度 0.16 毫米，焊接焊点时间误差为 0.1 秒，需要 3 万次操作，累计焊缝长度绕足球场 2 周。高师傅甘于奉献、爱岗敬业，拒绝外企 8 倍年薪，践行“心中只要装着国家，什么岗位都光荣”的工匠精神。

5) 分析差距，引发思考(2 分钟)

课程思政：分析中国焊接产品结构，正视与欧洲的差距，培养学生为振兴中国装备制造业而努力学习的责任与担当。

6) 操场练兵，布置作业(1 分钟)

教师：发布练习同步投屏，重点问题讲解，布置作业。

三、案例特色与成效

1. 案例特色

以线上慕课为平台，以线下智慧课堂为载体，以课程思政为抓手，秉承协同育人理念，在知识传授中实现了价值引领。

2. 改革成效

翻转课堂＋案例教学，优化了教学设计，实现了教学模式创新。

(1)翻转课堂激发了学生的主动性和参与性，将热点案例引入课堂教学；智慧教学工具实现了师生实时信息交互和反馈。

(2)挖掘课程的思政元素，并融合学科前沿新技术，实现教学内容创新。

寓价值观引导于知识传授和能力培养之中，实现立德树人的润物无声。

实现科研反哺教学，结合动画实现了教学内容和呈现形式的创新。

(3)形成性和终结性结合，实现评价体系创新。

课堂教学的实时评价，让教师可以及时关注教学目标的达成。

教师和学生作为评价主体，评价内容和方法实现多元化。

案例 16　材料科学基础

课程类型：专业教育课(理学、工学类)

教育赛道：本科教育

开课年级：大二年级

面向专业：材料类专业

部　　门：材料科学与工程学院

学　　校：黑龙江科技大学

案例视频

案例教师或团队成员信息(第 1 位为教学案例负责人)：

姓名	职务	职称	部门
栾亦琳	系副主任	副教授	材料科学与工程学院
王永东	教务处副处长	教授	教务处
朱艳	系主任	副教授	材料科学与工程学院

一、课程目标

“材料科学基础”是材料类专业的核心课程，主要研究材料的成分、组织结构、制备加工工艺和性能之间的相互关系，指导材料的设计和应用，并为从事材料科学研究和工程技术工作打下坚实的理论基础，培养具有爱国主义精神、富有创新意识和实干精神的应用型工程技术人才，通过学习促使学生达到以下目标。

知识目标：理解金属材料的化学成分、微观结构、制备加工工艺与性能之间的关系和变化规律，掌握材料微观结构、凝固结晶和塑性变形的基本原理。

能力目标：能够根据零件的服役条件和性能要求，运用组织结构的变化规律及材料强化基本原理，具备选择材料、制备材料、制定铸锻焊和热处理工艺的能力，锻炼学生解决材料学复杂工程问题的能力。

情感目标：使学生领悟精益求精的大国工匠精神，培养作为一名工程技术人员应该具备的实事求是、尊重自然规律的科学态度，以及不怕困难、坚持不懈和勇于拼搏的精神，厚植爱国主义情怀和科技报国的使命担当。

二、课程思政案例设计

本案例以“2.1 纯金属的结晶”为教学内容。

1. 思政目标

(1) 增强民族自豪感，厚植爱国情怀。

(2) 勇攀科学高峰，勇担科技报国的职责使命。

(3) 了解“双碳”目标，增强环保意识。

2. 思政设计

思政设计如图 1 所示。

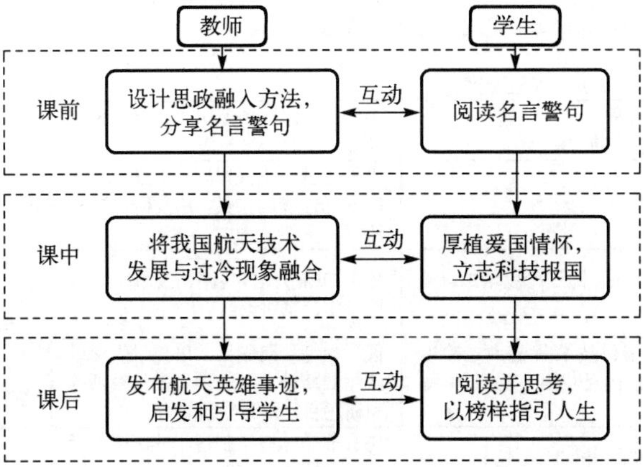
教师
学生
课前
设计思政融入方法，分享名言警句
互动
阅读名言警句
课中
将我国航天技术发展与过冷现象融合
互动
厚植爱国情怀，立志科技报国
课后
发布航天英雄事迹，启发和引导学生
互动
阅读并思考，以榜样指引人生

图 1

3. 思政实施

思政实施如图 2 所示。

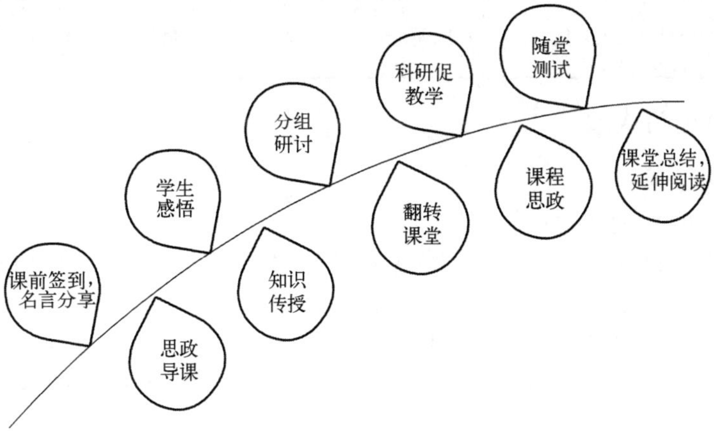
课前签到，名言分享
思政导课
学生感悟
知识传授
分组研讨
翻转课堂
科研促教学
课程思政
随堂测试
课堂总结，延伸阅读

图 2

4. 思政教育融合点、教育方法和载体途径

思政教育融合点、教育方法和载体途径如表 1 所示。

表 1

步骤	教学内容	教师活动	学生活动
课前签到，名言分享	组织课堂，利用智慧树平台签到，分享名言警句	利用签到时间分享名言警句，为后面教导学生“不负韶华，科技报国”做铺垫	签到，阅读名言警句并思考

续表

步骤	教学内容	教师活动	学生活动
思政导课	将“神舟十三号”载人飞船返回舱成功着陆的时政新闻引入课堂，展现我国载人航天技术的蓬勃发展	以国家科学技术的发展，激发学生的爱国情怀，起到“思政”潜入“课”的作用	感受祖国的强大，根植科技报国的使命
学生感悟	请学生谈谈此时此刻的想法		
知识传授	空间环境应用的非晶体合金，具有极高的强度韧性、抗辐照等性能，其组织结构没有晶界，与细小等轴晶体组织形成鲜明对比。它是如何形成的呢？ 讲解过冷现象的定义及过冷度	采用问题驱动法，提出问题，引起学生思考	带着问题，开始探索新知识
分组研讨	讲解过冷原因： 自由能与温度的关系	由松花江结冰现象引入过冷现象，使知识讲解浅显易懂	带着兴趣认真听课
翻转课堂	研讨过冷原因	讲解液态金属和晶体自由能随温度变化曲线的含义，启发研讨过冷原因	根据曲线变化趋势讨论过冷原因
科研促教学	过冷度的应用：随过冷度增加，晶粒变细	体现 OBE 理念，以学生为中心，鼓励学生分享讨论结果	培养学生归纳能力，锻炼学生表达能力，为从事科学研究打下坚实基础
	教师利用熔覆技术及增大过冷度的方法，获得尺寸细小的 TiN 耐磨涂层	展示教师科研成果，培养学生学以致用的精神，鼓励学生参与教师的科研项目，培养创新能力	从科研实例深入理解过冷度应用，参与科技活动，锻炼科研能力
课程思政	过冷度极大，获得非晶体材料：变压器铁芯传统上采用硅晶体制造，空载损耗非常大，改成非晶体材料，极大降低空载损耗，节约能源 30% 以上	讲解非晶体材料制备，解决课前疑问。介绍“双碳”目标，培养环保意识。由非晶体材料尚未解决的科学问题，鼓励学生“科技报国”。思政教育过渡自然，起到润物细无声的作用	感悟学习科学文化知识、建设祖国的重要性，努力学习，立志投身科研工作，把祖国建设得更加繁荣富强
随堂测试	利用智慧树平台发布问题，测试学生知识掌握情况	发布问题	回答问题
课堂总结，延伸阅读	总结本节课的重点内容，布置思考题，发布课后线上学习要求，推荐延伸阅读材料“飞天英雄征寰宇——记‘神舟十三号’航天员”，树立榜样，课后延续思政教育		记录重点内容和学习要求，以航天英雄为榜样，刻苦学习，勇攀科学高峰

三、案例特色与成效

1. 案例特色

1）全员育人，思政课教师与专业课教师有机结合

聘请思政课教师作为顾问，研究教学中的思政元素，提炼、加工、总结，切实做到思政课程与课程思政有机结合，协同推进，达到润物无声的育人效果。

2）体现专业特色，融入新时代工匠精神内涵

制造强国，材料先行，建立有关材料科学家、大国工匠等内容的思政案例库，严谨贴切地融入教学中，培养学生探索未知、追求真理、勇攀科学高峰的责任感和使命感。

3）构建了“专业理论、专业实践、课程思政”三位一体的育人模式

构建以社会主义核心价值观为引领的“三位一体”课程思政教学闭环式设计；课程思政融入方法多元，使课前、课中与课后相结合，适时融入合适的课程思政元素，从而达到课程思政营养内化于心的效果。

2. 成效

1）实施成效

课程思政内容在实施中得到学生的一致好评，学生们认为课程思政内容引入适时、恰当，激发了学习和研究兴趣，精神受到了洗礼，备受鼓舞。学生在全国大学生焊接创新大赛等国家级赛事中屡获佳绩，创新与钻研、解决实际焊接工程问题能力得到提升，并在新冠疫情期间积极投入志愿服务，体

现了主人翁意识和爱国情怀。从毕业生反馈意见看，融入思政元素的课程设置受到用人单位好评。

2) 同行评价

课程受到哈尔滨工业大学材料学院副院长、教育部高等学校材料类专业教学指导委员会副秘书长黄冠军教授，黑龙江科技大学教务处处长、教育部高等学校环境科学与工程类专业教学指导委员会委员、省级教学名师宋志伟教授的高度评价，他们认为本门课程的思政融入，和风细雨，润物无声，值得推广。

3. 推广应用

(1) 院内推广：课程负责人含有课程思政元素的教案，获得学院思政教案大赛一等奖，作为模板在全院进行推广应用。

(2) 校内推广：课程负责人含课程思政的教学内容获校课程思政教学大赛一等奖，在全校起到了良好的示范作用。

(3) 校外推广：课程负责人团队含有课程思政元素的教案，获评全国高校在线开放课程联盟联席会慕课与线上线下混合式典型教学案例，作为典型在全国进行推广应用；课程负责人团队含有课程思政元素的智慧树课程被佳木斯大学、广东石油化工学院等多所高校的同行引用和参考。

案例 17　机械制造工艺学

课程类型：专业教育课(理学、工学类)

教育赛道：本科教育

开课年级：大三年级

面向专业：机械设计制造及自动化

部　　门：工学院

学　　校：湖州师范学院

案例视频

案例教师或团队成员信息(第 1 位为教学案例负责人)：

姓名	职务	职称	部门
管珣	教师	讲师	工学院
杨帆	工会主席	讲师	工学院
程广振	教师	教授	工学院

一、课程目标

本课程是机械设计制造及其自动化、机械电子工程专业的必修课程，主要要求学习机械制造过程的切削基本原理、加工方法与设备、机床夹具、加工质量、机械制造工艺以及制造新技术等内容。该课程注重培养学生的学习方法论，引导学生学会运用马克思主义基本原理来观察问题、分析问题和解决问题；运用多种教学方法培养学生专业能力，培养合理选择切削刀具和切削用量的能力，培养分析和解决零件加工质量问题的能力，培养制定零件机械加工工艺规程的能力。通过引入“新四史”(党史、新中国史、改革开放史、社会主义发展史）故事、工匠故事等，培养学生求真务实、实践创新、团队协作、精益求精的工匠精神；培养学生踏实严谨、耐心专注、吃苦耐劳、追求卓越等的优秀品质。

二、课程思政案例设计

本案例以“机械制造工艺学”课程中的“透过现象选基准”为教学内容。

1. 设计思路

设计思路如图 1 所示。

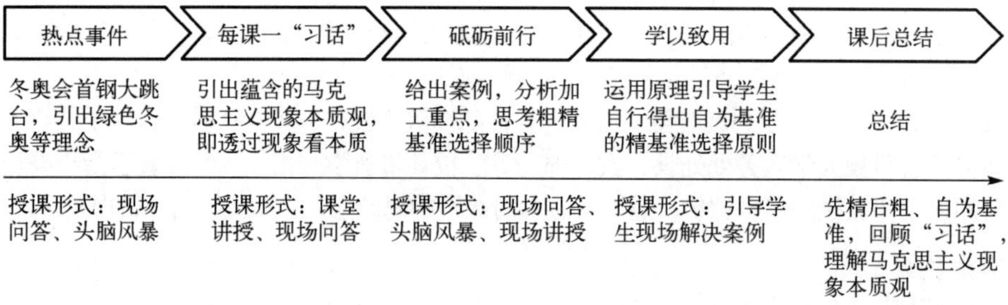
热点事件
每课一“习话”
砥砺前行
学以致用
课后总结
冬奥会首钢大跳台，引出绿色冬奥等理念
引出蕴含的马克思主义现象本质观，即透过现象看本质
给出案例，分析加工重点，思考粗精基准选择顺序
运用原理引导学生自行得出自为基准的精基准选择原则
总结
授课形式：现场问答、头脑风暴
授课形式：课堂讲授、现场问答
授课形式：现场问答、头脑风暴、现场讲授
授课形式：引导学生现场解决案例
先精后粗、自为基准，回顾“习话”，理解马克思主义现象本质观

图 1

2. 教学目标

(1) 思政目标：深刻理解马克思主义现象本质观，并能够运用透过现象看本质的原则来分析和解决问题。

(2) 专业目标：深刻理解粗精基准的选择目的，并深入认识“先精后粗”的基准选择原则。

(3) 素养目标：培养透过现象看本质的能力，树立放眼看世界的大局观、绿色节俭的工程观。

3. 教学重点和难点

(1) 教学重点：马克思主义现象本质观、粗精基准选择目的、“先精后粗”原则。

(2) 教学难点：马克思主义现象本质观、“先精后粗”原则。

4. 教学方法

案例参与式教学法、混合式教学法、问题导入式教学法、讲授法。

5. 教学过程

教学过程如表 1 所示。

表 1

教学环节	教学内容	教师活动	学生活动	教学意图
课前	发布学习任务，自主学习			
课中导入	首钢大跳台、绿色冬奥、节俭冬奥、马克思主义现象本质观	1. 引入首钢大跳台图片，提出问题，引导学生想起北京冬奥会的办会理念； 2. 通过图片中“大烟囱”与绿色冬奥的视觉冲击，引发学生深入思考，引出马克思主义现象本质观	1. 要求学生积极回答所知的办奥理念； 2. 要求学生敢于大胆思考，深刻认识到事情绝不是图中看到的那么简单	1. 通过北京冬奥会，激发学生的兴趣，提高课堂活跃度； 2. 利用“大烟囱”的视觉冲击，激发学生深入思考问题的动力，同时提高专注度
课中参与学习 1	每课一“习话”，引入马克思主义现象本质观	1. 引用习近平总书记的讲话，引出当今世界正面临“百年未有之大变局”； 2. 分析其中的马克思主义现象本质观	1. 学生要深入思考，习近平总书记讲话中的深刻哲理； 2. 学生要深入思考，为什么当今世界正面临着“百年未有之大变局”	1. 使学生深刻理解习近平总书记的讲话及其哲理； 2. 理解工业互联网和“互联网＋”的成功发展，原因就在于在实践中合理运用了这一哲理
课中参与学习 2	给出加工案例，运用矛盾论，找出加工关键；确定待加工表面，确定粗精基准选择顺序	1.给出一个案例，通过提问，引导学生利用矛盾论，找到主要加工表面； 2. 通过提问，引导学生给出不同加工路线，提出一个现象“似乎应该先选择粗基准”； 3. 选择合适的加工路线，并利用透过现象看本质的方法，一步步使学生理解粗精基准的选择目的，使学生自然得出“先精后粗”的结论	1. 要求学生通过思考并回答，如何利用矛盾论确定主要加工表面； 2. 要求学生给出不同的加工路线； 3. 要求学生根据待加工表面找到定位表面，发现定位表面需要先行加工，并透过现象看本质，自行发现应该先选择精基准	1. 使学生能够灵活运用矛盾论，抓住主要矛盾； 2. 使学生根据已学知识，学会找到不同的加工路线； 3. 学会透过现象看本质，发现“先精后粗”的选择顺序

续表

教学环节	教学内容	教师活动	学生活动	教学意图
课中参与学习 3	通过运用哲学原理，引出“自为基准”的选择原则	1.提出一个加工案例，让学生给出解决方案； 2.通过学生运用马克思主义现象本质观找出定位基准，引出精基准的“自为基准”的选择原则	要求学生实际运用马克思主义现象本质观来分析问题，并且回答问题，给出定位方案	1. 使学生能够灵活运用马克思主义现象本质观； 2. 使学生自己得出“自为基准”的选择原则，获得一定的成就感，提高学习兴趣； 3. 引出新的知识点，为下一次课做准备
课中总结	总结重点、难点	梳理本节课重点和难点，强调“先精后粗”的选择原则，进一步总结本节课重点在于运用马克思主义现象本质观解决问题的方法	请学生理解习近平总书记讲话中的哲学道理，即马克思主义现象本质观	通过总结使学生进一步加深理解马克思主义现象本质观和“先精后粗”的选择原则
课后	课后作业： 1.有关加工工艺路线设计的习题； 2 有关加工工艺基准选择的习题； 3 预习精基准选择五原则和粗基准选择四原则，并自行发觉其中的哲学道理			

三、案例特色与成效

1. 课程中强调马克思主义方法论的运用

机械类专业课程，以传授实践经验总结的知识为主，本课程使用当代马克思主义作为理论指导。

2. 挖掘冬奥遗产中的思政元素融入教学

冬奥遗产中有大量与绿色设计和绿色制造有关的产品和技术，可用来深度挖掘其中的思政元素。

3. 多种教学方式相结合

教学过程以案例教学为主，并与课堂讨论、课堂游戏、学生自我思政案例建设设计、学生自我案例视频录制等有机结合。

4. 学生课程作品丰富

课程体现师范院校特色，学生本着“绿色智造、匠心传承”的精神，积极建设自己的教学案例。

5. 学以致用，传承思政

学生在课程训练、教育实习和毕业实习中，积极在自己的教学中融入思政元素，获得实习指导教师和实习单位的认可和好评。

案例 18　信息论与编码

课程类型：专业教育课(理学、工学类)

教育赛道：本科教育

开课年级：大三年级

面向专业：电子信息工程、通信工程

部　　门：电气与自动化工程学院

学　　校：华东交通大学

案例视频

案例教师或团队成员信息(第 1 位为教学案例负责人)：

姓名	职务	职称	部门
展爱云	校教学督导组副组长	教授	电气与自动化工程学院
丁青锋	发展规划处副处长	教授	电气与自动化工程学院
邹丹	院教学督导组成员	讲师	信息工程学院

一、课程目标

本课程为电子信息类专业核心课程，内容抽象理论性强，以现代通信系统实践为背景，研究提升系统可靠性、有效性和安全性的理论和方法。

课程团队按照布鲁姆分类目标和分层动词，确定学习该课程后学生应该达到的知识目标、能力目标和素质目标。三类目标的具体内容如下。

1. 知识目标

(1) 描述信息论发展史，认识信息论的研究领域和内容，解释通信系统各部分功能。

(2) 能够根据随机变量分析方法，对通信系统进行建模表达。

(3) 能够从信息量传输角度对信息量进行求解，分析各个量对传输的影响。

(4) 掌握通信系统中的各种传统的信源编码方法和信道编码方法，并分析通信系统中的有效性和可靠性；学会评价各种编码方法的性能。

(5) 能够根据通信系统要求，查阅文献，分析比较各种编码方法对需求的适用性，并给出解决方案。

2. 能力目标

(1) 提高分析问题、解决问题的能力。

(2) 学会辨析事物两面性。

(3) 培养学生团队合作的能力和正确的角色定位。

(4) 提升学生的表达沟通能力。

3. 素质目标

(1) 树立正确的辩证唯物主义世界观和方法论。

(2) 弘扬社会主义核心价值观。

(3) 培养学生的科学素养和科学精神。

(4) 涵养职业道德和工匠精神。

二、课程思政案例设计

本案例以“RS 编码检纠错能力分析及应用”为教学内容。

1. 课程的德育目标

结合案例教学内容，本案例的三类目标如下。

1) 知识目标

① RS 编码原理；② RS 译码方法；③ RS 编码的应用；④ 提高检纠错能力途径。

2) 能力目标

(1) 提高分析问题、解决问题能力。

(2) 将理论应用于实际的能力。

3) 素质能力

(1) 培养理论联系实际的意识。

(2) 培养看待问题的大局观意识。

(3) 培养学生创新意识。

(4) 激发学生的民族自豪感和勇于担当的精神。

(5) 培养学生的攻坚克难的工匠精神。

2. 本案例的思政教育融合点

(1) 从现实问题出发，理论联系实际(信道编码目的、疫情监测)。

(2) 通信系统性能(效率和可靠性)的辩证统一。

(3) 华为在信道编码方面的成就。

(4) 信道编码方面的故事、极化码方面的专利占比、汉信码国际标准、健康码的研制故事(钟毅)、天链系统。

(5) 不改变编码效率的情况下，寻找新的编码(极化码的出现)。

(6) Logo 二维码的创新、健康码的创新。

(7) 研制健康码的精神。

(8) 钟毅、阿尔坎(Erdal Arikan)创新背后的故事等。

3. 教育方法

(1) 利用问题导入法，一方面激发学生进一步探索的欲望，同时紧扣身边的事，提升了学生参与讨论的可能性和积极性。最后，还培养了学生将理论应用于解决实际问题的能力。

(2) 通过案例分析，引导学生利用已有的循环码知识解决新的问题。

(3) 运用“科技＋”方法，展现我国新的技术，激发学生的民族自豪感，引导学生积极关注我国二维码标准上“卡脖子”的难题，激发学生勇于担当重任的意识。

(4) 运用“时事＋”方法，紧扣课程内容，将发生的与“RS 编码应用”有关的国家大事巧妙地融入课程中，引导学生站在国家和人民的层面思考问题。

(5) 运用“人物＋”方法，通过挖掘各个人物背后的故事，展现其研究背后的科学精神和工匠精神。

4. 载体途径(教学设计)

具体案例中有关课程思政的载体途径如下。

(1) 通过生活中的问题引出内容，渗透理论和实践相结合的思想。

(2) 通过信道编码的目的，提出问题。

(3) 讲解天链、RS 编码应用于星地通信，以习近平总书记的讲话、图片等形式，培养学生民族自豪感。

(4) 探讨有关污染二维码和 Logo 二维码的问题。

(5) 从新冠疫情出发，引出健康码。

(6) 展现钟毅及团队研制健康码过程的艰辛与坚持。

(7) 汉信码破解“卡脖子”的难题。

(8) 通过讲解天路通信问题，认识效率和可靠性在通信系统中的重要性。

(9) 阿尔坎(Erdal Arikan)发明了极化码，展示华为在极化码研究上的专利占有率。

(10) 华为极化码方案。

三、案例特色与成效

1. 本案例的特色

分类挖掘，途径清晰：展现我国在相关方面取得的成就、科学研究中的人物、实际应用中的复杂工程问题等，先后涉及 8 个思政教育融合点。

紧扣内容，融入合理：始终围绕 RS 编码，将检纠错能力的分析和提升作为目标，对各个应用点进行分析，解决了课程内容与思政元素“两张皮”现象。

关注热点，激发兴趣：本案例通过生活中大家比较关注的星地通信、二维码、健康码等问题，以学生切身感受，进一步激发学生学习的兴趣和探索创新的欲望。

2. 教学改革成效

1) 通过课程思政的融入，学生学习内驱力得到增强

从近三届学生课程目标达成度自评情况及评价结果来看，得分越来越高，说明学生对于自己学习的内容有了更多的自信。

为了进一步了解课程思政融入的效果，对学生进行了问卷调查，结果显示：一方面学生对课程思政的融入是非常认可的；另一方面认可度也在提升。另外，调查结果也显示学生对于主讲教师行为示范的效果是认同的。

通过教学改革，学生学习积极性和对老师的信任度提高了，学生会主动来找老师做项目、参加比赛等。学生围绕着 4G、LTE-R、5G 等自主研制的一系列仿真平台，也激发了学弟学妹自主研制的欲望。

2) 团队教师成果丰硕

课程上线智慧树平台。主讲教师在全国电子信息类青年教师授课大赛中获得二等奖、华东赛区一等奖，获得学校“教学创新大赛”二等奖、“百位博士讲党史”一等奖等，获得江西省“师德标兵”，学校“优秀主讲教师”“优秀教师”“天佑主讲教师”等荣誉称号。课程被评为江西省首批高校“课程思政”示范课程，课程团队被评为“江西省高水平教学团队”。

3) 校内外辐射推广

教学改革获得校内外的认可，课程思政改革成果在电子信息工程专业、通信工程专业的多门课程中得以实践，取得良好的效果。2019—2023 年在学校多个学院分享课程思政做法，并在学校教师节晚会、高级人才午餐会、“教授有约”等场合做课程思政示范，同时也在多所兄弟院校进行了分享。

案例 19 有机化学

课程类型：专业教育课（理学、工学类）
教育赛道：本科教育
开课年级：大二年级
面向专业：化学、化工、材料类等工科专业
部　　门：化学与分子工程学院
学　　校：华东理工大学

案例视频

案例教师或团队成员信息（第 1 位为教学案例负责人）：

姓名	职务	职称	部门
沙风	教师	副教授	化学与分子工程学院

一、课程目标

华东理工大学的前身是华东化工学院，它是一所以化学化工见长的高校，而“有机化学”是理工科专业重要的基础必修课，对人才的培养十分重要。结合“有机化学”课程的特点，课程总体教学目标如下。

培养学生正确的政治方向和高尚的道德情操、家国情怀和文化传承意识、正确的三观和科学的方法论、宽广的国际视野和社会责任感，使学生养成自主学习能力和创新思维，最终更好地服务于人们的生产生活。

在教学过程中，既要完成知识的传授，如掌握基本知识和理论，又要为学生展现正确的价值取向，体现价值塑造的导向作用，同时使学生能够借助基本的有机化学思维，通过文献调研等方法，完成较复杂的有机化学问题的分析，具备初步的综合评价能力。

二、课程思政案例设计

1. 案例主题

手性和周其林(不对称催化)。

2. 结合章节

第三章立体化学(手性现象、手性分子和不对称合成与催化)。

3. 课程思政要点

科学精神、创新意识、理想塑造、民族自信心、环保意识。

4. 案例设计思路

1) 寻找合理切入点

有机分子的手性是一类有趣的现象，它既统一于自然界的普遍规律，也有自己独特的魅力：不同构型(手性)的异构体有着截然不同的空间结构，自然有着可能完全不同的化学性质，有些对映体甚至存在对立的生物活性。研究和合成手性分子不仅有着非常重要的意义，同时也是有机化学的重要任务之一。在讲授有机化学的过程中，认识分子的手性和了解不对称催化都是课程的重要知识点。在不对称催化领域，我国近年来涌现出很多杰出的科学家，如果能将这些科学家的工作和教学中的不对称合成知识点结合起来，是一个非常合适的课程思政案例切入点。

2) 设计案例逻辑(兴趣导入法)

手性是我们身边常见的一种现象。本案例用模拟的情境使学生备感亲切，有趣而又生动，充分调动了学生学习的积极性，同时也使学生明白了手性的概念。

紧接着，用生活中更多的事实举例说明手性现象是普遍存在的，自然引出手性分子和手性碳的概念。

接下来讲解手性分子和手性碳，以及手性分子的判断依据(知识点)、手性碳的标记(知识点)以及确定化合物绝对构型的实验方法(X-射线单晶衍射法，知识点)和手性分子的合成。如何人工合成手性分子意义重大，也一直是有机化学关注的焦点之一。不对称合成就是当前得到手性分子的最重要来源。接下来利用酶催化的原理介绍不对称催化原理(知识点)。

3) 架构课程思政(引用诺贝尔化学奖，引出周其林的重要工作)

紧接着，引用诺贝尔化学奖得主的工作。讲到此处，学生不仅了解了不对称合成的意义，更重要的是，在内心深处唤醒了他们的求知欲，这不仅启发了学生，还为后续课程思政的进一步展开铺平了道路。

接下来趁热打铁：既然不对称反应如此重要，受到诺贝尔化学奖的青睐，那么我们国家有没有在这方面做出杰出贡献的科学家呢？当然！周其林院士。随后介绍周其林的主要贡献和获奖情况(课程思政的构建)。

周其林的工作介绍非常生动地诠释了有机化学中的重要反应类型，以及所关联的课程思政元素，为人才培养提供了强有力支撑。

4) 巧用翻转课堂

讲解完课程思政案例后，紧接着布置分组讨论题。以学生为主导，进一步提升课程思政的作用，让学生从被动接受到主动思考。从学生的完成情况来看，大部分学生都非常欢迎并积极地参与到演讲过程和撰写小论文中来，有的采用问答式介绍，有的则将难懂的组合化学概念编成动作小品，使学生在轻松、欢乐的氛围中理解了组合化学的高效性。这些过程丰富了学生的视野，使他们体会到环保、高效的重要意义。

5) 案例总结

本案例以知识点＋人物传记的形式呈现给学生，使他们在了解不对称催化的同时，也刻画了走在科研最前沿的、勇攀科学高峰的华东理工大学校友周其林院士的高大形象，在学生心中树立了榜样。案例讲解结束后，为学生布置了演讲和小论文任务。从反馈情况看，学生都积极地参与演讲和小论文写作，各抒己见，把课程思政推到了高潮。

三、案例特色与成效

1. 案例特色

(1)本案例采用了兴趣导入式案例教学方式。

(2)案例逻辑的故事性编排激发了学生学习兴趣。

(3)多模式翻转课堂的运用受到学生的欢迎。

2. 成效

新教学大纲/教学设计被上海市学生德育发展中心选拔收录。

课程团队发表了论文《有机化学课程思政建设"四步法"》。

通过特邀报告，国内同行对案例设计给予了高度评价。

案例 20 物理化学

课程类型：专业教育课(理学、工学类)

教育赛道：本科教育

开课年级：大二年级

面向专业：化学、化工、材料类等工科专业

部　　门：化学与分子工程学院

学　　校：华东理工大学

案例视频

案例教师或团队成员信息(第 1 位为教学案例负责人)：

姓名	职务	职称	部门
刚洪泽	教师	副教授	化学与分子工程学院
彭昌军	教师	教授	化学与分子工程学院
徐首红	化学与分子工程学院副院长	教授	化学与分子工程学院

一、课程目标

华东理工大学为"985 优势学科创新平台"、国家"双一流"建设高校，坚持社会主义办学方向，全面落实立德树人根本任务，培养"德智体美劳"全面发展的社会主义建设者和接班人。学校以理工科为特色，其中化学、材料科学与工程、化学工程与技术 3 个学科入选一流学科建设名单。

"物理化学"是化学的理论基础，是化学、化工、材料类等工科专业的基础必修课，衔接基础课程和专业课程的核心课，处于枢纽地位。课程培养的目标是使学生掌握物理化学的基本知识、基础理论和思维方法，加强对自然现象本质的认识；能利用物理化学基本理论知识发现问题、分析问题，并设法获得解决问题的正确途径和方法、获得合理有效的结论；具有自主学习和探索问题的能力(如图 1 所示)。

二、课程思政案例设计

"物理化学"课程授课对象为化学、化工、材料类等工科专业的大二年级学生。围绕学校"培养以实现中华民族伟大复兴中国梦为使命与担当的全面发展人才"的大目标，课程团队一直在深入开展课程思政实践教学，旨在培养具有良好的思想品德、家国情怀、社会主义核心价值观、实事求是的科学精神、高尚的职业素养、社会责任感的人才。

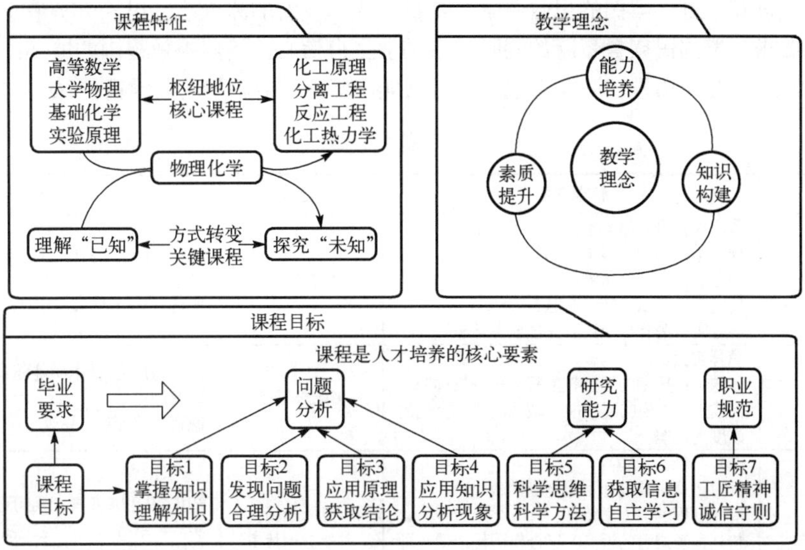
课程特征
高等数学
大学物理
基础化学
实验原理
枢纽地位
核心课程
化工原理
分离工程
反应工程
化工热力学
物理化学
理解“已知”
方式转变
关键课程
探究“未知”
教学理念
能力培养
素质提升
教学理念
知识构建
课程目标
课程是人才培养的核心要素
毕业要求
问题分析
研究能力
职业规范
课程目标
目标1 掌握知识 理解知识
目标2 发现问题 合理分析
目标3 应用原理 获取结论
目标4 应用知识 分析现象
目标5 科学思维 科学方法
目标6 获取信息 自主学习
目标7 工匠精神 诚信守则

图 1

“物理化学”课程内容涵盖热力学定律与基本方程、多组分系统的热力学、相平衡和化学平衡、传递现象和化学动力学、统计热力学、量子化学、电解质溶液和电化学、界面现象和胶体等，具有理论性强和应用范围广的特性。课程团队以化学理论为基础、以应用为导向，引入项目式案例和学科前沿发展动态，完善课程内容。课程思政内容主要围绕“家国情怀、科学精神、科学素养、科学思维和价值观塑造”5 个方面展开。目前已制定思政教学指南，含思政育人目标的新课程大纲、新教案、新课件。同时，开发完成 20 余个“物理化学”思政案例，拍摄完成课程思政微视频，不断积累课程思政教育资源。

在思政教育过程中，课程团队基于 PBL 教学模式，在传统的课堂讲授基础上，结合互动式讨论、学科前沿拓展和项目式课题等教学策略，通过典型思政案例开展育人工作，将立德树人的根本目标贯彻到课程教学全过程中。在课程思政实施过程中，课程团队不断完善课程闭环运行机制，通过督导听课、同行互评、学生评教、问卷调查、教学研讨等多种方式加强教学过程监控，优化思政育人内容、调整教学策略，持续改进课程质量(如图 2 所示)。

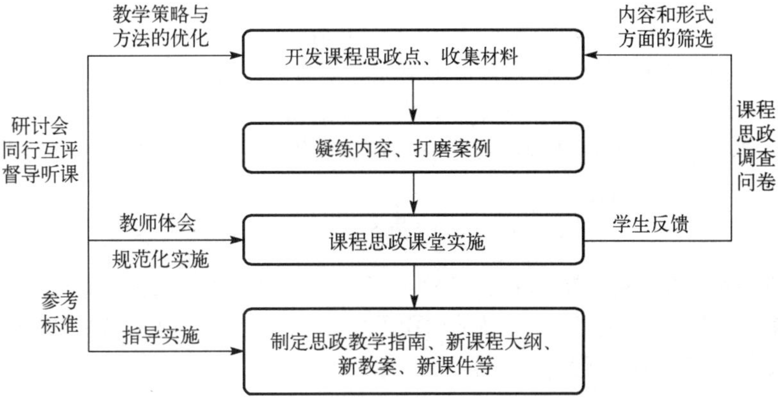
教学策略与
方法的优化
开发课程思政点、收集材料
内容和形式
方面的筛选
研讨会
同行互评
督导听课
凝练内容、打磨案例
课程
思政
调查
问卷
教师体会
规范化实施
课程思政课堂实施
学生反馈
参考
标准
指导实施
制定思政教学指南、新课程大纲、
新教案、新课件等

图 2

本案例以"焦耳–汤姆逊效应"为教学内容。早在19世纪40年代，人们就致力于研究系统热力学能随体积和压力的变化规律。其中以1852年焦耳和汤姆逊合作的节流实验最为著名，焦耳-汤姆逊效应即节流效应被观察到。案例的思政要素一是我国成功发射的冰火箭，讨论分析液氢燃料制备和贮藏上的高技术要求，增强民族自豪感的同时，激励学生自信心，培养报效祖国的情怀；思政要素二是通过焦耳和汤姆逊的合作历程，激发学生的学习兴趣，培养精益求精的科学精神(如表1所示)。

表1

教学方法	教学内容	载体	课程教学目标
问题导入 启发式提问 互动讨论	我国长征五号B运载火箭成功发射。 问题①：为何用液氢燃料? 问题②：如何制备液氢? 问题③：什么是节流膨胀? 问题④：为什么节流膨胀能制备液氢	央视视频	知识与能力：认识液氢燃料制备和贮藏的高技术要求。 德育：家国情怀、中国梦、增强民族自豪感
互动讨论	焦耳实验。 问题①：压缩的干空气能视为理想气体吗? 问题②：水浴的温度能灵敏地反映干空气的温度变化吗	多媒体动画	知识与能力：热力学能随体积和压力变化的研究历史。 德育：培养科学思维
对比分析	焦耳–汤姆逊实验； 针对焦耳实验设计不足之处的改进； 节流过程的热力学特征； 焦耳和汤姆逊的近10年合作历程：受焦耳工作的影响，汤姆逊抛弃热质论，成为热力学的开创者之一	多媒体动画、 科学家小故事	知识与能力：焦耳和汤姆逊合作开展的改进实验，掌握节流过程的热力学特征。 德育：培养精益求精的科学精神
互动讨论	焦耳–汤姆逊效应即节流效应； 焦耳–汤姆逊系数； 转变曲线。 问题①：气体节流膨胀后温度升高还是降低? 问题②：相同压力不同温度下节流效果一样吗	多媒体动画	知识与能力：掌握节流效应，理解焦耳–汤姆逊系数、转变曲线。 德育：科学思维
首尾呼应	氢气等的转变曲线； 利用焦耳–汤姆逊效应，在工业上实现循环节流膨胀制冷过程	图片	知识与能力：了解焦耳–汤姆逊系数的测定方法。 德育：提高前沿性
学科发展	利用量热实验测定焦耳–汤姆逊系数	图片、 多媒体动画	知识与能力：了解节流效应在工业制冷、气体液化方面的应用。 德育：激发科技报国的热情
科学前沿	以"双碳"目标为背景，介绍二氧化碳封存在地下可能产生的焦耳–汤姆逊效应及影响	科技论文	拓展科学前沿视野

三、案例特色与成效

1. 案例特色

长征五号B运载火箭首飞成功，是我国由航天大国迈向航天强国的关键一步。长征五号B运载火箭使用液氢和液氧为推进剂。中国是世界上为数不多可使用液氢燃料作为火箭推进剂的国家。液氢通过预冷和节流膨胀制备得到，其原理为焦耳-汤姆逊效应。此案例把热力学原理与航天事业发展联系起来，学生的学习兴趣明显提高，充分认识到物理化学知识在科技发展中的贡献，激发学生科技报国的热情，意义深远。

2. 成效

思政教育学生满意度达到了78%以上。案例"物理化学— 中国梦— 长征五号B运载冰火箭(课件)"获2021年全国高等学校本科化工类专业优秀课程思政案例三等奖。相关思政成果在中国化学会第32届学术年会上被介绍与推广，获得同行好评。

案例 21　土力学

课程类型：专业教育课(理学、工学类)
教育赛道：本科教育
开课年级：大三年级
面向专业：土木工程
部　　门：理工农学院
学　　校：吉首大学张家界学院

案例视频

案例教师或团队成员信息(第 1 位为教学案例负责人)：

姓名	职务	职称	部门
蒋凌云	教师	副教授	理工农学院
张海花	教师	副教授	理工农学院
戚利平	教师	讲师	理工农学院

一、课程目标

本课程秉承“立德树人”的教育理念，并结合学校“以人名校，以业报国”的办学特色和高素质西部工程实践型人才培养要求，课程主要教学目标如下。

1. 知识目标

了解土体三相理论；熟悉土体渗透理论、变形理论及强度理论；掌握强度理论三应用(土压力、土坡稳定性、地基承载力)和 GEO5 软件在土力学中的应用。

2. 能力目标

通过对土力学四理论、三应用的学习和技能实操，启发学生思考，培养学生处理复杂工程问题和工程设计的能力。

3. 素养目标

通过课程的改革与应用，使学生树立正确的行业使命感，增强自信心和自豪感，培养职业操守和求实创新、严格要求的责任心，成就“用得上、下得去、留得住、干得好”的西部工程实践型人才，服务祖国大好河山的现代建设。

二、课程思政案例设计

1. 课程思政德育目标

(1) 强调建筑安全意识，培养学生遵守职业道德规范、求真务实、安全至上的职业精神，树立正确的行业使命感。

(2) 强调质量第一，培养学生矜持不苟、求实创新、严格要求的责任心。

(3) 增强学生民族自信心和自豪感。

2. 思政教育融合点

(1) 通过朋辈榜样分析湖北“楼歪歪”倾斜原因，要求学生学以致用，遵守行业规范，强化质量意识，培养学生对国家、社会和人民的责任感。

(2) 依托伟大工程上海中心大厦，熔铸学生科技报国的家国情怀，并将上海中心大厦与湖北“楼歪歪”和上海“楼倒倒”进行建筑质量对比，批判失稳建筑，培养学生丰厚的科学素养和家国情怀。

3. 教育方法

问题驱动法、讨论法、产出导向法、问题情景教学法。

4. 载体途径

(1)依托问题，启发思考。2021年4月8日，一起民房倾倒事件被推上了抖音热榜：湖北省监利市尺八镇某村民历时8个月，耗费57万元巨资修建的民房在入住不到三个月时间的情况下，房屋突然产生倾斜(以下简称湖北“楼歪歪”)。引导学生以“问卷调查”形式分析该建筑倾斜的原因，以身边真实事故，启发学生思考。强调安全意识，求真务实、安全至上的职业精神，强化对国家、社会和人民的责任感。

(2)样板示范，榜样先行。选择已毕业且在不同职位(质检员、结构设计师、施工员)工作的学生，从质检、结构设计及施工多角度综合分析湖北“楼歪歪”产生倾斜的原因，录制成视频在课中分享。以学长分享建筑倾斜原因视频的方式，要求学生学以致用、用以促学、学用相长，树立学生的行业使命感，强化学生为国建设的使命担当。

(3)典型案例，课中对比。简要介绍上海中心大厦的建筑规模与施工难度，增强学生民族自信心和自豪感，熔铸学生科技报国的家国情怀。同时又将湖北“楼歪歪”、学生课前提交的地基失稳案例、上海中心大厦三者进行建筑质量对比，赞美稳定建筑，批评失稳建筑。要求学生应具备矜持不拘、求实创新、严格要求的责任心和丰厚的科学素养。

三、案例特色与成效

1. 案例特色

(1)围绕课程目标，创新人才培养。围绕课程教学目标和企业对人才质量的要求，将知识、能力、素养三位融合一体，培养“用得上、下得去、留得住、干得好”的西部工程实践型人才。

(2)丰富教学形式，创新教学手段。以学生为中心，完善教学方法，丰富教学形式，改革教学手段，渐进式唤醒学生学习兴趣，诱导学生自主探索，培养出理论功底扎实和知识技能强的学生。

2. 成效

(1)学生参加学科竞赛获省级及以上奖 30项，主持省双创课题6项。

(2)课程完成线上一流课程建设，搭建并使用网上平台。

(3)课程团队参加省信息化教学竞赛、省创新教学大赛、省课程思政教学竞赛分别获得一、二、三等奖，省教育厅教改课题获结题优秀奖。

案例22 岩土工程勘察

课程类型：专业教育课(理学、工学类)

教育赛道：本科教育

开课年级：大三年级

面向专业：地质工程专业

部　　门：资源与环境工程学院

学　　校：江西理工大学

案例视频

案例教师或团队成员信息(第1位为教学案例负责人)：

姓名	职务	职称	部门
陈飞	资源与环境工程学院副院长	教授	资源与环境工程学院
何书	地质工程系主任	副教授	资源与环境工程学院
孙涛	地质工程系副主任	副教授	资源与环境工程学院

一、课程目标

围绕建设行业特色鲜明、区域最具贡献的高水平大学，江西理工大学国家级一流本科专业地质工程专业致力于培养具备较强解决地质工程实际问题能力的应用型人才，通过“岩土工程勘察”课程学习，达到以下目标。

1. 知识传授

系统掌握岩土工程勘察基本理论、基本方法；掌握岩土工程勘察在不同阶段、不同场地条件下的勘察技术方法；了解岩土工程勘察发展动态与学术前沿。

2. 能力培养

培养学生运用岩土工程勘察基本原理与方法对岩土工程问题进行分析、评价的能力，提高学生解决地质工程实际问题的能力，培养学生的科学思维与创新意识。

3. 价值塑造

在专业知识教学过程中有机融入思政元素，使学生接受坚定“四个自信”的教育、社会主义核心价值观的教育和中华优秀传统文化的教育，使学生树立正确的人生观、价值观，涵养学生家国情怀，培养学生的爱岗敬业精神、开拓创新精神、工匠精神和工程伦理道德等。

二、课程思政案例设计

1. 课程思政德育目标——坚持立德树人，明确思政目标

在“岩土工程勘察”教学过程中融入“四个自信”、社会主义核心价值观、中国优秀传统文化、习近平生态文明思想等。

通过本课程的学习，培养学生的爱国主义精神，使学生树立法治意识，提升学生的社会责任感和使命感，使学生树立正确的人生观、价值观，培养学生的人文精神、拼搏奉献精神，使学生怀家国情、立报国志，爱党爱国、敬业奉献、友善互助，掌握工程伦理的基本规范，使学生形成积极向上、遵纪守法、诚实守信的良好精神风貌。

2. 思政教育融合点——深挖思政教育资源，融入思政元素

在教学大纲中提出了课程思政目标和要求，在每次课教案的教学内容和教学进度安排中明确了思政元素的融入知识点。

在教案中明确了每节课的课程思政内容。在教学过程中结合专业教学，对学生进行思想教育和人文教育，将思政元素融入工程教学案例中。在教学 PPT 中插入了教学视频 48 个和工程案例图片 256 幅，创作课堂小结藏头诗 24 首，在讲解专业知识的同时有机融入思政元素。

3. 教育方法和载体途径——创新课程思政，提升育人成效

围绕课程思政目标，与时俱进，不断完善和更新课程内容，全面深入地开展课程、教学内容和方法的改革，保证课程的科学性、前沿性和先进性，使课程思政做到“如盐入水、润物无声”。

1) 坚定“四个自信”的教育

例如，在“绪论”这章，通过介绍我国岩土工程勘察和工程建设的发展、在国内外做的重大工程案例等，增强学生对祖国的自豪感。

2) 社会主义核心价值观教育

结合成功的重大工程案例进行教学，如在“绪论”这章介绍上海中心大厦、港珠澳大桥等案例，增强学生的爱国主义精神，介绍这些工程案例中技术人员忘我的工作过程，提升学生的社会责任感和

使命感，树立正确的人生观和价值观，培养学生的拼搏奉献精神。结合工程案例介绍工程行业优秀人才、本专业优秀毕业生的成长经历，鼓励学生要努力学习、热爱集体、热爱专业、助人为乐、全面发展；教育学生遵纪守法、诚实守信。

3)中华优秀传统文化教育

通过诗词，使学生受到中华优秀传统文化的教育，提升学生人文素养。

在每次课教学过程中结合教学内容引用古诗词，如在“绪论”这章讲解岩土工程师要将理论和实践高度结合，引用“纸上得来终觉浅，绝知此事要躬行”，本课程共引用古诗词168句(首)。

每次课创作一首藏头诗作为课程小结，共创作 24 首。如“绪论”这章用于课堂小结的藏头诗题名为《勘察绪论》：“勘覆唯实重担挑，察今知古勤学早。绪行既卓忘辱宠，论德使能报国豪。”

三、案例特色与成效

1. 案例特色

(1)思政元素点睛，如盐入水“树人”。在教学过程中在向学生传授专业知识的同时，结合专业知识点潜移默化地进行思政教育。

(2)教学案例生动，春风化雨“感人”。教学资源丰富，教学案例多样，紧扣专业知识点。

(3)诗词曲赋形象，传统文化“育人”。结合教学内容引用古诗词，创作藏头诗作为课堂小结，使学生受到中华优秀传统文化的教育，提升学生人文素养。

2. 成效

1)课程育人成效

教学方法多样，提高学生学习兴趣；教学资源丰富，提高学生学习效果；教学层次突出，提高学生创新能力；思政元素融合，提高学生政治品德。

2)教学改革成效

(1)课程建设：“岩土工程勘察”课程2019年被评为“江西省高校课程思政示范课程”，2020年获批江西省一流课程、江西省高校育人共享课程，获2020年江西理工大学课程思政成果奖一等奖、2021年江西省本科教学成果奖二等奖。

(2)发表“岩土工程勘察”课程思政教学改革相关教改论文6篇。

(3)出版《陈飞诗文集》1部。将“岩土工程勘察”课程育人心得和作为课堂小结的藏头诗结集成《陈飞诗文集》，2020年2月由中南大学出版社出版。

(4)“岩土工程勘察”课程思政育人情况被30多家媒体宣传报道，包括大江网、江西教育网、江西网、搜狐网、凤凰网、中国教育网等网站，中国教育报和江西教育电视台等。

(5)在江西理工大学、赣南科技学院、江西应用技术学院等高校做课程思政经验交流、讲座和报告23次。

案例23 工程创新与实践

课程类型：专业教育课(理学、工学类)

教育赛道：本科教育

开课年级：大三年级

面向专业：电气工程及其自动化

部　　门：物理与电气工程学院

学　　校：喀什大学

案例视频

案例教师或团队成员信息(第1位为教学案例负责人)：

姓名	职务	职称	部门
霍大勇	物理与电气工程学院副院长	教授、高级工程师	物理与电气工程学院
郭国敏	企业教师	高级工程师	—
黄二强	企业经理	工程师	—

一、课程目标

本课程是面向电气工程及其自动化专业高年级学生的技能训练课，旨在培养电气工程师综合素养，着重一流工匠的养成教育。

本课程依托学生个人开发的创新项目，培养设计、安装、运行、维护和工程管理技能，强化理论联系实际，提升创新意识和创新能力。按照电气工程师工作所需，训练以下环节：立项调研，前期开发，任务编制，项目实施，电气设计，材料工具计划编制，工艺实施，监理，安装施工，工程概预算、决算，设备调试、验收。贯穿核心意识、民族团结精神、安全文明生产意识、工程伦理、协作精神的培养。

案例立足南疆的工程实践，实施职业引领，培养爱国主义精神。学生作品被推荐参加各类学术竞赛、大学生创新创业训练计划(简称大创)项目、申报专利等。

二、课程思政案例设计

本案例源于课程第六讲“电气控制”第一节，包含元器件、线路、保护环节原理，设计安装与运行维护。

1. 课程思政德育目标

(1)核心意识、看齐意识的养成。

(2)民族团结教育、感恩与爱疆教育。

(3)职业引导。

2. 思政教育的融合点

(1)电动机控制的保护环节——提升全民“获得感、幸福感、安全感”。

(2)电动机控制案例——山东援疆项目疏勒县如意集团的生产现场——脱贫攻坚与乡村振兴——喀什的发展为电气专业人才提供了广阔的空间，喀什的社会稳定、长治久安需要电气专业人才投身其中。

(3)工程伦理——“获得感、幸福感、安全感”、喀什大学东城校区建设——个人的发展要和社会主义建设紧密结合。

(4)混编分组，强化民族团结与朋辈影响。

3. 教育方法和载体途径

集中讲解与分组讨论相结合、线下指导与线上建课相结合。

(1)融入习近平总书记关于“不断增强人民群众获得感、幸福感、安全感”的重要指示精神(在讲授“保护环境”时、结合项目讨论“安全与工程伦理”时各融入一次)。强调习近平总书记高瞻远瞩，凸显习近平总书记对安全的关注、对青年的期望。

(2)课程从习近平总书记关于民族团结的重要论述讲起，从“中华民族是一个大家庭，一家人都要过上好日子”到脱贫攻坚和乡村振兴，引出援疆省市在喀什建工厂吸纳和培养各民族群众在家门口就业、带动集体脱贫致富，同时也为电气工程技术人员提供了工作岗位，为学生提供了广阔的发展空间；并列举了两个少数民族女工成长为自治区纺织能手、一个内地专科毕业生成长为纺织厂执行经理并积极报考喀什大学“专升本”的例子。

由如意纺织厂纺织机械的电气运行控制实例、华电公司喀什热电公司输煤机的电气控制实例，自然引出新课——电动机的控制。

融入实例：如意纺织厂和华电公司喀什热电公司对电气专业人才的需求、本专业毕业生在公司的工作状况；喀什大学东城校区职教本科项目的立项建设；喀什在“一带一路”倡议中枢纽城市的定位，以及国家对喀什的重视；喀什对又红又专技能型人才的需求。

三、案例特色与成效

1. 案例特色

(1)课程思政和专业教学有机融合、相互渗透。

(2)课前五分钟引导与专业课教学自然衔接。

2. 成效

(1)始终贯穿爱国爱疆、民族团结教育；引导学生将个人发展和国家社会的需求紧密结合。毕业生 84.6%在疆内工作，其中 61.5%在南疆工作。

(2)2015 级学生获专利一项。

(3)学生立项多项大创项目，2016 级学生的“塔县农村供电”项目获国家级立项。

(4)学生立足新疆的实践项目获多项创新比赛奖。

(5)组织学生以课程作品参加比赛，增强学生的自信心和责任感。

(6)学生喜欢课程，课程思政效果好。

案例 24　现代测试技术

课程类型：专业教育课(理学、工学类)

教育赛道：本科教育

开课年级：大三年级

面向专业：测控工程专业

部　　门：防空反导学院

学　　校：空军工程大学

案例视频

案例教师或团队成员信息(第 1 位为教学案例负责人)：

姓名	职务	职称	部门
张惠媛	教师	讲师	防空反导学院
吴建峰	教师	副教授	防空反导学院
叶继坤	导弹系统教研室主任	副教授	防空反导学院

一、课程目标

办学定位：坚持“立德树人、为战育人”，围绕实战搞教学，着眼打赢育人才，培养德才兼备的高素质专业化新型军事人才。

学生情况：面向测控工程专业本科生开设。

课程目标如下。

(1)知识目标：掌握现代测试技术的基本理论、方法原理和技术应用，熟悉典型工程及地空导弹测试装备实际应用，了解相关领域前沿发展新理论、新方法和新技术。

(2)能力目标：具备综合设计、性能分析等基本能力，形成归纳演绎、分析综合等系统化、工程化科学思维方法，能够运用所学知识分析和解决工程应用及装备实践问题。

(3) 素质目标：具备善于思考、勤于实践、勇于创新的科学探究精神，具有备战打仗责任意识和强军使命担当精神，学员理想信念、职业素质和个人修养得到不断强化。

二、课程思政案例设计

1. 课程思政德育目标

树立“目标导向、思政引领、德智同行”课程思政教育理念，遵循“教书与育人并重、德育与智育并重”原则，从“专业—课程—学员”3 个维度，树立学员“家国情怀”“爱国奉献”“强军报国”等理想信念(A 类)，培养学员“科学探究”“实事求是”“精益求精”等职业素质(B 类)，塑造学员“道德品质”“诚实守信”“善于思考”等个人修养(C 类)，达到“课程承载思政，思政寓于课程”的目的，如图 1 所示。

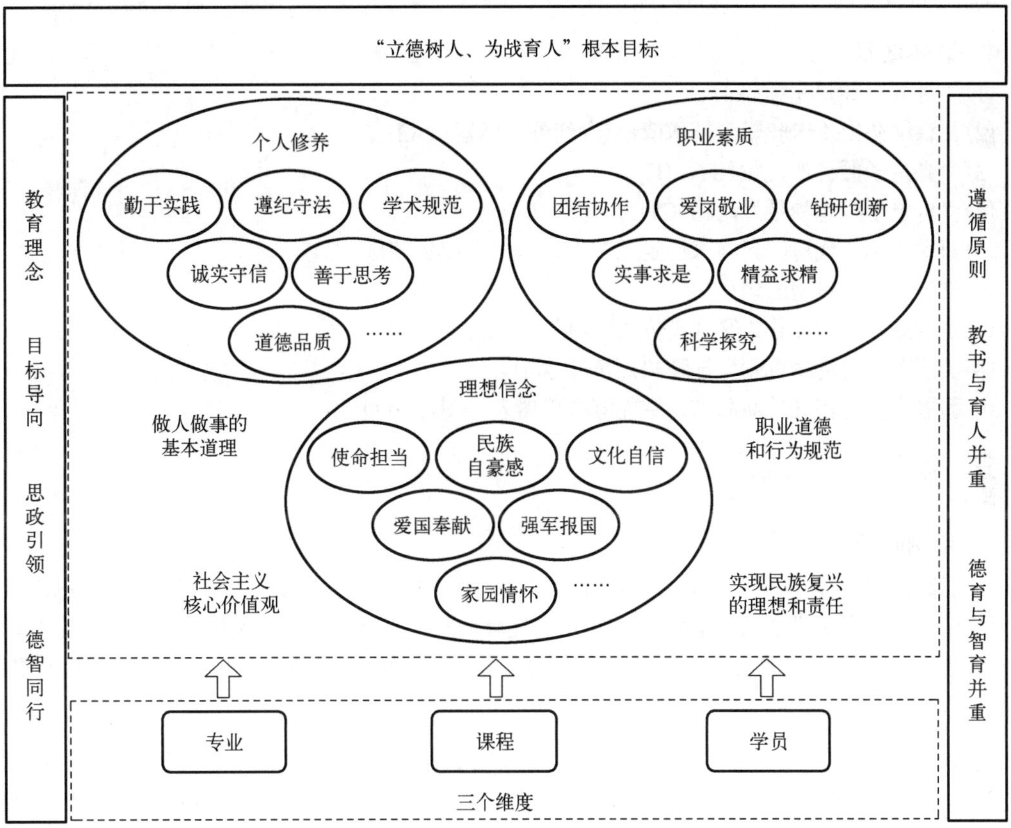

“立德树人、为战育人”根本目标
教育理念
目标导向
思政引领
德智同行
个人修养
勤于实践
遵纪守法
学术规范
诚实守信
善于思考
道德品质
……
职业素质
团结协作
爱岗敬业
钻研创新
实事求是
精益求精
科学探究
……
理想信念
使命担当
民族自豪感
文化自信
爱国奉献
强军报国
家园情怀
……
做人做事的基本道理
职业道德和行为规范
社会主义核心价值观
实现民族复兴的理想和责任
专业
课程
学员
三个维度
遵循原则
教书与育人并重
德育与智育并重

图 1

2. 思政教育融合点

以“光敏电阻”教学内容为依据，分类挖掘课程思政元素共 3 类 10 项内容，科学合理设计思政元素教学融合点。

1) A 类：理想信念

A1：树立社会主义核心价值观，坚定“四个自信”。

A2：勇担重任、打破技术壁垒的家国情怀和爱国奉献精神。

A3：追赶超越，勇于创新，增强民族自豪感和自信心。

A4：使命忧患意识、备战打仗责任、强军报国担当精神。

2）B 类：职业素质

B1：探索未知、追求真理、勇攀高峰的科学探究精神。

B2：实事求是、不迷信权威、敢于质疑的科学态度。

B3：直面挑战、自强不息、无私奉献的开拓精神。

B4：精益求精、团结协作、爱岗敬业的职业素养。

3）C 类：个人修养

C1：健康乐观、积极向上、见贤思齐。

C2：善于思考、勤于实践、理论联系实际。

3. 教育方法

发挥课堂教学“主渠道”作用，运用首尾呼应式、直接举证式、类比式等多元化的思政元素教学融入策略，将教学内容蕴含的德育内涵和育人元素融入“课前—课中—课后”教学全过程。

4. 载体途径

(1)“毒刺”导弹视频(A4)。

(2)瓦森纳协定“卡脖子”技术清单(含红外传感器)(A2)。

(3)“光量子假说”视频(B1、B2)。

(4)“价电子跨越禁带”动画(C1)。

(5)新中国第一代海归科学家汤定元院士爱国故事(A2、B3、B4)。

(6)红外导引头典型应用(C2)。

(7)我国红缨-6、前卫-2 便携式防空导弹图片(A3)。

(8)美国军售台湾“毒刺”导弹热点事件(A4)。

(9)新冠疫情防控红外测温仪、智能测温机器人等图片(A1)。

三、案例特色与成效

1. 案例特色

注重德育和智育同向同行，分类挖掘理想信念、职业素质、个人修养 3 个类别的课程思政元素，从“课前—课中—课后”3 个阶段，合理运用首尾呼应式、直接举证式、类比式等多元化的思政元素教学融入策略，实现了思政元素与专业知识的有机融合，有效拓展了课程思政的广度、深度和维度。

2. 成效

通过课程思政建设与教学改革，课程团队课程思政理论水平和教学能力显著提升，学员对课程教学的兴趣度、满意度明显提高。课程团队 2023 年被评为陕西省课程思政示范课程教学团队，2022 年被评为空军工程大学首批课程思政“领航之星”；公开出版课程思政理论专著 1 部(清华大学出版社)，发表课程思政论文 6 篇，获大学课程思政征文一等奖 2 项、二等奖 1 项。

案例 25 环境监测

课程类型：专业教育课(理学、工学类)

教育赛道：本科教育

开课年级：大三年级

面向专业：环境工程

部　　门：环境与市政工程学院

案例视频

学　　校：青岛理工大学

案例教师或团队成员信息(第 1 位为教学案例负责人)：

姓名	职务	职称	部门
孙好芬	化学教研室主任	教授	环境与市政工程学院

一、课程目标

“环境监测”是我校环境工程专业本科生核心专业基础课，以培养学生具有一定环境分析技能和环境质量评价及预测能力为目标，通过架构“知识—技能—思维—价值”四位一体的优质课程新范式，使课程实现以下目标。

知识目标：使学生掌握环境监测的基本概念、基本原理及相关法规，监测方法的科学原理和技术关键，各类监测方法的特点及适用范围等一系列理论与技术问题；使学生掌握监测方案设计，优化布点，样品的采集、运输及保存，样品的预处理和分析测定，并能分析实验结果，以获得合理有效结论，识别和判断复杂环境工程问题的关键环节。

技能目标：使学生掌握常规环境监测项目的基本原理，能够独立解决在环境监测过程中出现的一些常规问题，能独立完成环境监测项目的实验设计；使学生掌握环境监测过程的质量保证、数据处理与分析评价的基本技能，并了解环境监测新方法、新技术及其发展趋势。

思维目标：通过小组教学、案例教学等，结合日益凸显的环境问题及国家不断更新的产业政策、法律法规，使学生了解环境监测对人类社会环境保护和环境治理的作用和贡献，对一些涉及环境监测技术的问题，有初步分析问题和解决问题的能力，培养学生正确的学习和研究方法，逐步树立辩证唯物主义世界观，提升学生思辨能力。

价值目标：在教学中融入职业道德、责任意识、创新精神、实践能力等课程思政点，融合生态文明建设“国之根本”的“绿水青山就是金山银山”的生态环境理念，培养学生家国情怀，引导学生提升自我价值感和职业自豪感，主动投入智慧学习过程，塑造正确的价值观，提升职业素养。

二、课程思政案例设计

1. 课程思政德育目标

(1) 本节课使学生了解生态监测技术在我国环境及生态污染治理行业的现状和应用；掌握生态监测的基本原理。培养学生环保意识，树立生态文明观；提高科研素养，提升职业素养，增强科创意识，将生态监测知识应用到污染调查中，培养学生灵活运用知识的能力。

(2) 思政目标侧重于学生社会主义核心价值观、理想信念、生态文明、辩证思维、科学素养和职业素养的教育，培育出有坚定政治立场、有理想信念、有正确价值观和扎实生态监测职业技能的“环保卫士”。

2. 思政教育融合点

1) 基本国策的引入

课程开头由《中华人民共和国宪法修正案》导入，引出“生态文明”建设写入宪法，标明“基本国策”事实，培养学生环保意识，树立生态文明观；提出“绿水青山就是金山银山”的重要历史意义，最后引出“环保卫士”的重要职业任务——助力打赢“污染防治攻坚战”，提升了学生的职业素养和职业自豪感。

2) 科技创新的引导

第一个实例：华中农业大学王艳婷老师团队从正面对“生物富集”作用进行了重金属和化工染料

的增强型生物吸附剂研发，获得了丰硕的成果。该实例既可以提升学生的科研创新意识，又给学生指明了“融会贯通”的思路。对任何问题，都可以从有利和不利两个角度来看，培养将不利因素转化为有利因素的辩证思维模式。

第二个实例：通过介绍生态监测技术的发展，引入环保天眼“高分 5 号”卫星，这是一颗环境专用卫星，也是国家高分辨率对地观测系统重大科技专项中搭载载荷最多、光谱分辨率最高、研制难度最大的卫星，三个“最”字足以提升学生的国家荣誉感和自豪感，更加坚定做“环保卫士”的职业光荣感。同时，引导学生逐步肩负起科技兴国的历史使命，为建设强大的祖国努力学习。“高分 5 号”卫星的成功发射，是我国实现高光谱分辨率对地观测能力的重要标志，将满足环境综合监测等方面的迫切需求，对掌握高光谱遥感信息资源自主权，助力建设美丽中国具有重要意义。让学生树立科技兴国理念，树立爱科学、学科学的意识。

3) 职业自豪感的提升

“生态文明”写入宪法，“绿水青山就是金山银山”成为生态文明建设的原则之一，均表明生态环境保护的重要性，也说明“环保卫士”助力打赢“污染防治攻坚战”的意义，充分认识国家对环保的重视和改善生态环境的决心，提升职业自豪感。

4) 辩证思维能力的提高

第一个实例，王艳婷老师团队的科研实力足可以使学生认识到辩证思维的重要性，看待科学问题需要从正反两个角度去考察，会有创新性的发现。

第二个实例，通过生态监测方案的制定，可以发现事物是普遍联系的，需要考虑各方面的因素，首先制定相对完整的监测大纲，才能制定完备的、重点突出生态监测系统性、代表性和完整性的监测方案；而后才能找出关键影响因素，提出优先监测项目，这是生态监测的特殊性所在。

3. 教育方法

在不同的教学过程中采用不同的将课程内容与课程思政相融合的教育方法，如图 1 所示。

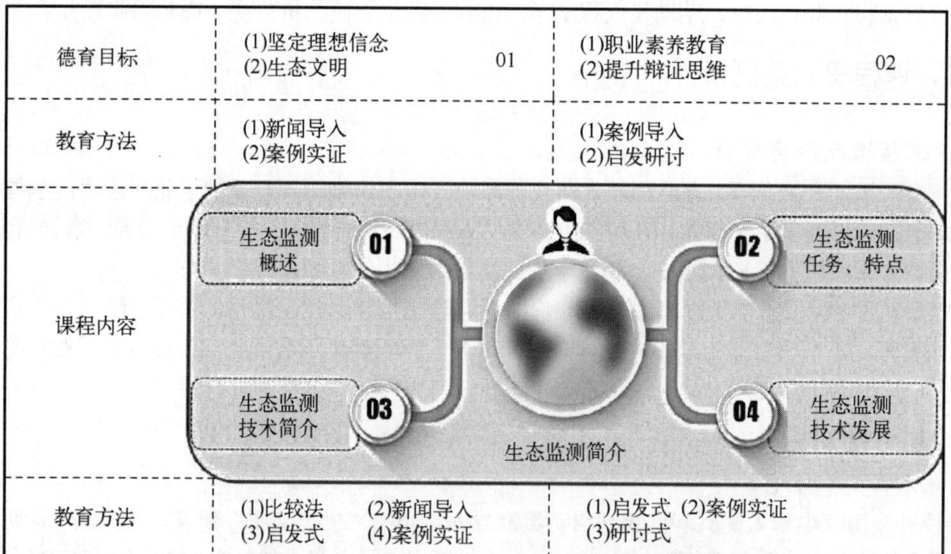
德育目标
(1)坚定理想信念
(2)生态文明
01
(1)职业素养教育
(2)提升辩证思维
02
教育方法
(1)新闻导入
(2)案例实证
(1)案例导入
(2)启发研讨
课程内容
生态监测概述
01
02
生态监测任务、特点
生态监测技术简介
03
04
生态监测技术发展
生态监测简介
教育方法
(1)比较法 (2)新闻导入
(3)启发式 (4)案例实证
(1)启发式 (2)案例实证
(3)研讨式
德育目标
(1)社会主义核心价值观
(2)提升辩证思维
03
(1)提高科研创新意识
(2)科技兴国教育
04

图 1

4. 载体途径

(1) 国策衔接专技：将生态文明写入宪法和党章，表明国家对生态文明建设和环保的重视与决心，极大提升学生的职业认同感和自豪感，牢固树立生态文明建设的理想信念，这是环境工程专业学生助力打赢“污染防治攻坚战”的坚定信念和必经之路。

(2) 专技融合思政：“环境监测”是环境工程专业核心必修课，其中的生态监测是重点与核心内容，生态文明和生态监测息息相关，后者是前者的必要保证措施与建设策略。另外，生态监测过程中必须贯彻社会主义核心价值观理念，还需要使用辩证思维观点进行监测方案设计与实施。

(3) 思政融入教法：辩证思维、社会主义核心价值观、生态文明建设理念、坚守职业道德和法治观念等，与各种教学方法相得益彰，形成“盐溶于水”的课程思政教学效果。

(4) 教法提升成效：不同教学方法穿插应用，既可以寓教于乐，也可以寓教于思政，极大提高课堂教学效率，形成课程思政闭环教学效果。

三、案例特色与成效

1. 案例特色

1) 融合课程思政，重塑教学内容

在“绿水青山就是金山银山”的感召下，利用社会主义核心价值观、生态文明建设理念、精益求精的工匠精神、坚守职业道德和法治观念等有效解决学生的职业自豪感不足、缺乏学习内在动力的问题，将“敬畏、责任、实践、创新”的价值观传递给学生，引导学生深度学习，促进学生高阶思维能力的发展。

2) 教学模式创新，形成教学闭环

在 OBE 理念的引领下，根据布鲁姆的认知结构理论，“精准”进行 5E[吸引(Engagement)、探究(Exploration)、解释(Explanation)、迁移(Elaboration)和评价(Evaluation)]教学模式设计，持续改进课堂教学；“清单＋矩阵”辩证思维的启发与培养，使学生克服思维盲区，提高分析、辨别和筛选重要信息的能力。

3) 利用智慧教学模式，形成智慧学习范式

积极进行教学内容重构，掌握现代化教学技术，努力提高教学技能，增加师生互动、生生互动环节，逐步形成现代教学技术引领下的智慧教学模式，促进形成学生智慧学习范式；引导学生领悟环保背后蕴含的以人民至上的理念，环保必须秉持人类命运共同体的理念，以培养学生的家国情怀和国际视野。

2. 成效

1) 学生职业认同感明显提升

本案例教学直接与基本国策“生态文明建设”相关，是环境监测重中之重的“生态监测”相关内容，其发展历程使学生清楚地认识到“高光谱遥感信息资源自主权”对助力建设美丽中国有着极其重要的历史和现实意义，既提升了学生的国家自豪感，也提升了“生态文明”建设者和“环保卫士”的职业荣誉感。

2) 学生辩证思维能力提高

从生态监测技术大纲到监测方案的设计与实施，明显提升了学生全方位的辩证思维能力，从单一思维模式逐渐走向复杂、多元化思维方式，在环境监测实践中解决问题的能力明显提高。

3) 学生科技创新能力提升

与本案例教学相关的科技创新是最受学生欢迎的内容，野外采样、调查、实验室检测、质量保证及环境影响评价，都是学生喜闻乐见的科技创新项目，学生参与相关大创项目 5 项，撰写科技论文 10 余篇；并且学生创新能力的提升提高了保研率，连续 3 年有 4 名学生因参与相关大创项目和科研项目被保送至同济大学进行硕博连读。

4)现代教学技术提升教学效果

教师应用现代教学技术，精准重构教学内容，精心设计教学流程，精致实施信息化教学，大大提升了教学效果。

案例 26 土力学

课程类型：专业教育课(理学、工学类)

教育赛道：本科教育

开课年级：大三年级

面向专业：土木工程

部　　门：土木工程学院

学　　校：青岛理工大学

案例视频

案例教师或团队成员信息(第 1 位为教学案例负责人)：

姓名	职务	职称	部门
孙林娜	岩土工程教研室主任	教授	土木工程学院
时伟	教师	教授	土木工程学院

一、课程目标

青岛理工大学是山东省重点建设的应用研究型高水平大学，土木工程专业为国家级一流本科专业和国家级特色专业，“土力学”为土木工程专业核心课。本课程教学目标注重课程思政，以学生发展为中心，以学习产出为导向，培养学生利用土力学原理和方法分析解决岩土工程问题，实现理论与实践相结合的能力。

1. 知识目标

充分理解和掌握土的基本物理力学性质及影响因素，掌握土的强度、变形及渗流三大特性，掌握常规土工实验方法，奠定专业基础知识。

2. 能力目标

能够独立自主地学习、探究、归纳、总结和综合分析解决实际工程中出现的土体强度指标、土压力分布计算、地基承载力、土体稳定性评价等方面问题。

3. 素养与课程思政目标

坚持立德树人，引导学生树立正确的世界观、社会主义核心价值观，激发学生家国情怀和使命担当，培养精益求精的工匠精神，强化工程伦理教育。

二、课程思政案例设计

1. 课程思政德育目标

“土力学”课程 2020 年获评首批国家级线上线下混合式一流课程，课程团队 2021 年获评首批山东省课程思政教学团队。

本次课主要教学内容为朗肯土压力理论，课程思政德育目标如下。

(1)对南宁基坑坍塌事故的介绍分析，使学生树立正确的职业道德观，加强职业法治教育。

(2)对土力学名人朗肯的介绍，引导学生树立正确的世界观、人生观。

(3)对主动和被动概念的延伸，激励学生积极向上的学习态度。

2. 思政教育融合点

本课程针对本科大三年级学生的基本学情，编制了《土力学课程思政教学大纲》，将价值塑造、知识传授和能力培养三者融为一体，同时，从培养学生正确的世界观、社会主义核心价值观、家国情怀、科学精神、工程伦理、工匠精神、社会担当等方面全方位建设课程思政资源库，线上资源有图片、视频、新闻、论文等，线下资源包括学术报告、科技创新实践活动、开放性试验等，既有正面成功案例又有反面失败典型，并不断充实更新。在此基础上，创新教学设计及实施方案。对应专业教学内容深入挖掘思政元素，并进行加工提炼，将知识点与思政元素紧密融合，采用润物无声的方式达到思政教育的目的。

3. 教学设计、教学方法和教学手段

1）教学设计

本课程基于 OBE 理念，以学生为中心，采用逆向设计法，组织实施线上线下混合式教学，教学过程包括课前自主学习、课中合作探究、课后深化拓展三阶段。通过“知识点＋社会热点＋升华点”的模式，在“知识传授”和“价值引领”上进行统一，开展课程思政教学。

本案例为线上课前自主学习部分，内容相对浅显易懂，通过对工程灾害的剖析，引导学生了解、分析事故带来的惨痛和影响，培养学生的职业责任感和职业道德；通过行业人物故事，让学生对大师追求卓越的科学精神进行深入的了解，培养良好的职业素养。

2）教学方法

本课程根据课程目标和内容，选择以传递信息、直接感知、实践练习、鉴赏精品工程、引导探究等为主的不同教学方法，因材施教。

在本次课中，主要采用探究式案例教学方法，通过实际发生的失败工程案例提出问题，讨论原因，引出本次课主题内容，进行理论分析，从而达到培养学生分析、解决问题的能力，并认识问题背后所蕴含的思政元素，实现对学生的价值引领，如图1所示。

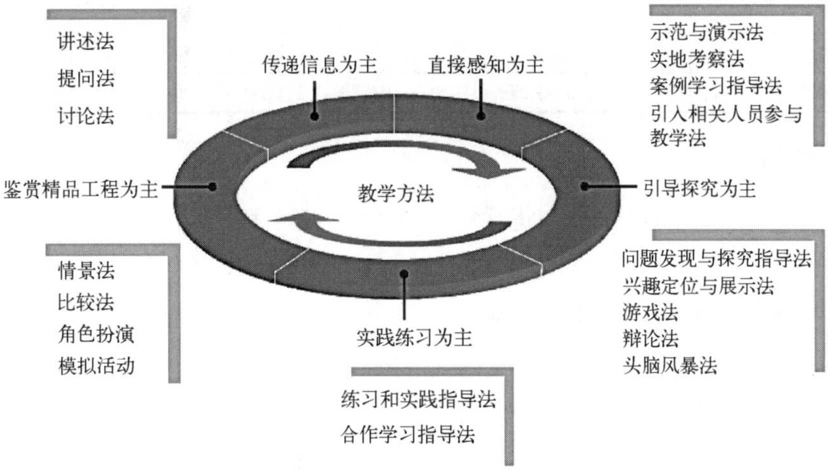
讲述法
提问法
讨论法
传递信息为主
直接感知为主
示范与演示法
实地考察法
案例学习指导法
引入相关人员参与教学法
鉴赏精品工程为主
教学方法
引导探究为主
情景法
比较法
角色扮演
模拟活动
实践练习为主
问题发现与探究指导法
兴趣定位与展示法
游戏法
辩论法
头脑风暴法
练习和实践指导法
合作学习指导法

图1

3）教学手段

本课程主要通过运用现代教育技术、优化传统教学手段、开放线上慕课、建立教学资源库等教学手段，达到线上线下混合式教学的目的。

本案例主要通过视频、PPT 动画、图片等数字化、网络化教学手段，实现工程案例引入和演示教学功能。

三、案例特色与成效

1. 案例特色

(1) 坚持立德树人，以学生为中心，达成培养应用研究型人才的课程思政建设目标。

(2) 创新编制《土力学课程思政教学大纲》，建设教学资源库，创新教学设计及实施方案，思政教学卓有成效。

(3) 创新教学方法，采用信息化、“智能＋”等先进教学手段，全过程开展课程思政教学。

2. 成效

本课程思政教学成果得到校内外专家的高度评价认可，一致认为本课程构建了全面覆盖、类型丰富、层次递进、相互支撑的课程思政体系，将价值塑造的要素有机地融入课堂教学各环节，提升了教师授课的治学精神和人生态度。此外，课程团队还将课程思政教学方法与中国海洋大学、潍坊学院等相关院系进行推广交流，获得一致好评，应用效果显著。

案例 27　通风与空调工程

课程类型：专业教育课(理学、工学类)
教育赛道：本科教育
开课年级：大三年级
面向专业：建筑环境与能源应用工程
部　　门：环境与市政工程学院
学　　校：青岛理工大学

案例视频

案例教师或团队成员信息(第 1 位为教学案例负责人)：

姓名	职务	职称	部门
管宏宇	教师	副教授	环境与市政工程学院
刘国丹	教师	教授	环境与市政工程学院
梁士民	建环系主任	副教授	环境与市政工程学院

一、课程目标

坚持立德树人，为培养应用创新型暖通人才，制定本课程目标。

1. 知识目标

熟练掌握通风与空调工程原理和设计方法，并具备一定的解决实际工程问题的专业能力。

2. 能力目标

能够独立自主地学习、探究、归纳、总结和综合分析各类空调工程问题，成为应用创新型暖通人才。

3. 素养与思政目标

以“系节能、强能力、重责任”为宗旨，聚焦“碳达峰、碳中和”社会需求，引入时事案例思政和赛教融合思政等，提升学生社会责任感和爱国热情，助力专业素养高和爱国情怀强的应用创新型人才培养。

二、课程思政案例设计

1. 全过程思政教学模式

(1) 团队学习思政：采用基于团队学习的混合式教学模式，开展开放式大作业翻转课堂，通过小班翻转、专业年级公开翻转的形式，以综合能力本位取代知识本位，注重培养学生主动参与、独立思考与交流分享的品质。

⑵ 时事案例思政：以新闻热点导入专业内容，将专业内容与思政有机融入，润“思”细无声，增强学生专业认同感。

⑶ 虚实结合思政：“冷热源机房→空调系统→房间末端设备→房间气流分布”的全实景 VR 漫游，增强学生的系统工程意识和理论分析能力。

⑷ 科教互动思政：使国家自然科学基金等科研项目反哺教学，将专业内容与思政有机融入，结合团队承担的 973 项目子课题 C919 国产大飞机座舱环境适航标准、和谐号列车空调系统研究等，增强学生民族自豪感，培养学生创新能力、社会责任感、科技报国的家国情怀。

⑸ 赛教融合思政：头脑风暴→专利→虚拟模型→实验平台→科创比赛获奖→大创项目→核心论文→逐年迭代的过程，培养学生兴趣和专业认同感。

⑹ 前沿技术思政：全方位跟踪整个学科相关的前沿科技成果与先进的数字化技术，并有效地融合到章节教学内容中，使学生了解前沿技术，提高专业素养。

2. 具体实施方法与载体途径

具体实施方法与载体途径如图 1 所示。

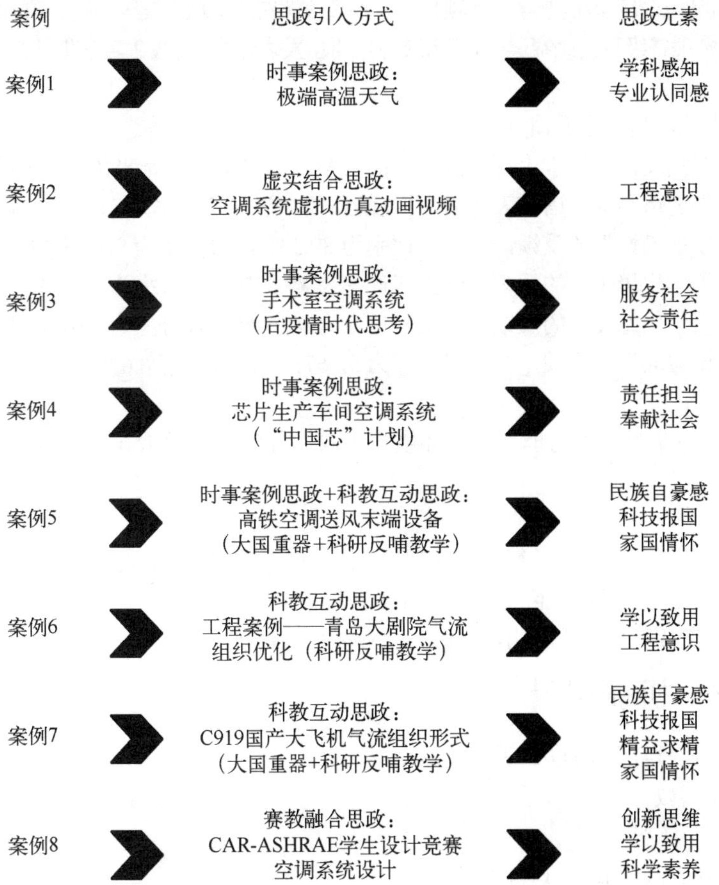
案例
思政引入方式
思政元素
案例1
时事案例思政：
极端高温天气
学科感知
专业认同感
案例2
虚实结合思政：
空调系统虚拟仿真动画视频
工程意识
案例3
时事案例思政：
手术室空调系统
（后疫情时代思考）
服务社会
社会责任
案例4
时事案例思政：
芯片生产车间空调系统
（“中国芯”计划）
责任担当
奉献社会
案例5
时事案例思政+科教互动思政：
高铁空调送风末端设备
（大国重器+科研反哺教学）
民族自豪感
科技报国
家国情怀
案例6
科教互动思政：
工程案例——青岛大剧院气流组织优化（科研反哺教学）
学以致用
工程意识
案例7
科教互动思政：
C919国产大飞机气流组织形式
（大国重器+科研反哺教学）
民族自豪感
科技报国
精益求精
家国情怀
案例8
赛教融合思政：
CAR-ASHRAE学生设计竞赛
空调系统设计
创新思维
学以致用
科学素养

图 1

三、案例特色与成效

1. 案例特色

(1)团队学习思政——培养学生主动参与、独立思考与交流分享的品质。
(2)时事案例思政——增强学生的专业认同感。
(3)虚实结合思政——增强学生的系统工程意识和理论分析能力。
(4)科教互动思政——培养学生的创新能力、社会责任感、科技报国的家国情怀。
(5)赛教融合思政——培养学生的专业兴趣和认同感。
(6)前沿科技思政——使学生了解前沿技术，提高专业素养。

2. 成效

1)课程团队及指导学生获奖情况
(1)本课程获得省级创新创业类精品微课一等奖。
(2)本课程被评为校级一流课程。
(3)课程团队获校级教学成果二等奖。
(4)课程团队成员先后获得青岛理工大学"十大优秀教师"等荣誉。
(5)课程团队获批省级教改课题案例库项目、本科教改课题各1项，校级课题2项，发表教改论文4篇。
(6)学生获得多项省级科创比赛奖项，获得专利2项，发表论文3篇，2名学生获得山东省优秀毕业生。
2)学生评价
通过网上问卷，收集学生反馈意见。
(1)针对"教学拓展，引发学生探究欲望"的反馈，学生好评率为88.67%，较好率为9.33%。
(2)针对"授课通俗易懂，语言表达清晰" 的反馈，学生好评率为89.33%，较好率为8.67%。
(3)针对"教学严谨性"的反馈，学生好评率为89.33%，较好率为9.33%。
(4)针对"培养学生思维"的反馈，学生好评率为89.33%，较好率为8.67%。
(5)针对"对待学生态度"的反馈，学生好评率为92.67%，较好率为6.67%。
(6)针对"答疑方面"的反馈，学生好评率为92.67%，较好率为6.67%。
3)专家意见
本课程的教学改革得到青岛理工大学环境与市政工程学院教学指导委员会主任王海英教授的高度肯定。
4)推广应用
本课程已在智慧树平台持续运行5个学期，累计选课人数499人，选课学校25所，互动5488次，浏览已达8421次，借助智慧树平台有效地进行了课程辐射推广。
本课程被同行院校积极推广应用，同时与企业合作推进培训微课制作。

案例28 机械设计

课程类型：专业教育课(理学、工学类)
教育赛道：本科教育
开课年级：大三年级
面向专业：机械设计制造及其自动化
部　　门：机械与汽车工程学院
学　　校：青岛理工大学
案例视频
案例教师或团队成员信息(第1位为教学案例负责人)：

姓名	职务	职称	部门
刘晓玲	教师	教授	机械与汽车工程学院

一、课程目标

针对青岛理工大学应用研究型大学的定位及专业人才培养目标，本课程要求学生厚基础、能设计复杂机械。基于OBE理念，设计具体课程目标如下。

1. 知识目标

基于机械零件的特点和应用，建立机械结构知识体系；掌握在复杂工况下连接、传动、轴系零部件等的失效分析和设计方法。

2. 能力目标

具有深度分析和解决较为复杂机械设计问题的能力；具有设计连接、传动、轴系零部件以及开发新的零部件的能力；具有设计复杂机械的能力；具有终身学习能力。

3. 素质(思政)目标

通过课程学习，培养学生的家国情怀、严谨勤奋的态度、精益求精的作风、求真务实的社会责任感和工程伦理意识。

二、课程思政案例设计

1. 课程思政德育目标

(1) 增强学生家国情怀，培养学生的责任担当、伦理意识、哲学思维和创新能力。

(2) 坚持价值引领，提升学生的问题解决能力，使学生坚定“四个自信”，增强工匠精神和职业素养。

2. 思政教育融合点

(1) 家国情怀：“卡脖子”技术问题。

(2) 责任担当：中国制造需要能自主创新的工程师。

(3) 哲学思维：机器与零件、整体与局部的辩证关系。

(4) 伦理意识：“挑战者号”航天飞机事故。

(5) 工匠精神：“北斗三号”发射推迟的原因。

(6) 创新精神：冬奥会火炬台的创新设计。

(7) 职业素养：学以致用，全国机器人大赛。

3. 教学方法和载体途径

将线上与线下、课内与课外相结合，采用案例式、启发互动式的混合式教学方法；以新闻热点、科幻电影、哲学故事、科创大赛、项目教学、知识图谱、雨课堂等多种载体途径，全方位、立体化呈现“机械设计”第一课。

以“为什么学”“学什么”“怎么学”为主轴线，将隐性的思政元素融入显性的专业传授，具体教学方法和载体途径如下。

(1) 以“早餐机器人”开篇，先讲“为什么学”，以“北京八分钟”新闻引出沈阳新松机器人自动化股份有限公司的工业机器人，以习近平总书记视察该公司的画面强调我国的“卡脖子”技术问题，引发学生的家国情怀和责任担当。

从国家层面，继续讲解“机械工业的水平是现代化建设水平的标志”，以高铁和焊接机器人为案例，引出机器和机械的作用。

更进一步，引出制造与设计的关系，引导学生成为具有自主创新能力的机械工程师。

(2)再讲“学什么”，通过内燃机讲解机器、机构、构件与零件的关系，引出整体与局部的辩证关系，进而从“挑战者号”航天飞机零件失效引发事故，引导学生树立工程伦理意识，对比“北斗三号”，培养学生的工匠精神和职业素养。

通过案例和知识图谱，引出课程内容、性质、特点、任务，以冬奥会火炬台案例提升学生创新思维，以科幻电影引出前沿技术。

(3)讲解“怎样学”后，以机械未来发展和我校机器人战队的成绩引导学生开启“机械设计”课程。

三、案例特色与成效

1. 案例特色

(1)显隐交融的思政育人模式：将隐性的课程思政与显性的专业传授相结合。

(2)从个人修养、责任担当和家国情怀三个层面，深挖课程内容中的思政元素，将其有机融入知识传授和能力培养：厚植家国情怀、工匠精神和创新精神，培养学生的责任担当和职业素养；引导学生借助所学解决问题，形成正确价值观。

2. 成效

(1)“机械设计”课程获批国家级一流课程、山东省一流课程、山东省课程思政示范课程。

(2)学生参加国家及省部级科技创新大赛，勇于探索，获国家级奖励40余项。

(3)申请省级教改重点项目1项，省级课程思政改革项目1项。获省级教学成果奖二等奖2项，省课程联盟在线课程优秀案例二等奖；获教学创新大赛二等奖2项。

案例29 传热学

课程类型：专业教育课(理学、工学类)
教育赛道：本科教育
开课年级：大三年级
面向专业：能源与动力工程、建筑环境与能源应用工程、新能源科学与技术
部　　门：热能工程学院
学　　校：山东建筑大学

案例视频

案例教师或团队成员信息(第1位为教学案例负责人)：

姓名	职务	职称	部门
王茜	教师	副教授	热能工程学院
于明志	能源与动力工程专业负责人	教授	热能工程学院
崔萍	热能工程学院副院长	教授	热能工程学院

一、课程目标

1. 办学定位和人才培养要求

我校是一所以工为主、以土木建筑学科为特色，工、理、管、文、法、艺多学科交叉渗透、协调发展的应用研究型大学，是住房和城乡建设部与山东省人民政府共建高校，山东省应用型人才培养特色名校，以培养理论基础扎实、具有创新创业和奉献精神的高素质应用型专业人才为己任。本专业培养的学生应掌握扎实的理论基础、知识面宽、能力强，具备社会责任感、勇于开拓创新的精神，具备良好的团队协作能力。

2. 课程培养目标

知识目标：掌握传热学基本概念、基本理论以及解决传热问题的基本方法。

能力目标：具有独立分析和解决工程传热问题的能力。

素质目标(思政目标)：具有系统思维能力与工程素养，善于沟通交流和团队协作，具有较强创新创业精神。树立正确世界观，具备科学素养，以及科技强国、大国工匠的责任感。

学习能动性目标：养成“提前学、认真学、思辨学、常温习”的良好学习习惯。

二、课程思政案例设计

1. 案例教学目标

(1) 知识目标：理解实际物体的吸收比、灰体的概念，掌握基尔霍夫定律及选择性吸收的应用。

(2) 能力目标：综合运用选择性吸收的理论知识分析复杂工程问题、提出自己的见解的能力。

(3) 素质目标(思政目标)：理解中国共产党领导下社会主义制度的优越性，具备大国担当意识；养成低碳和可持续发展的意识和行为，积极从事节能减排事业；注重科学思维方法的训练，具备探索未知、追求真理、勇攀科学高峰的责任感和使命感，具有科技报国的家国情怀和使命担当。

实际授课中，以案例分析和小组讨论为主，学生在学习知识完成任务的同时，通过自我思考和教师价值引领将思政贯穿全程。在潜移默化中引导学生学好专业知识，提升学生努力学习建设强大实现祖国的责任感(如图 1 所示)。

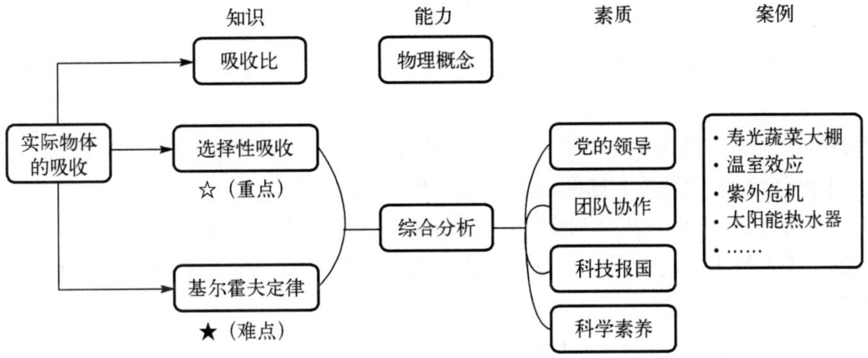
知识
能力
素质
案例
吸收比
物理概念
实际物体的吸收
选择性吸收
☆（重点）
基尔霍夫定律
★（难点）
综合分析
党的领导
团队协作
科技报国
科学素养
• 寿光蔬菜大棚
• 温室效应
• 紫外危机
• 太阳能热水器
• ……

图 1

2. 案例教学实施和思政设计路径

在案例教学中，以学生自我认知为主、教师价值引导为辅，学生全过程参与(如图 2 所示)。

3. 案例具体教学和思政融合途径

1) 课前

(1) 在线自学智慧树平台“8.2.2 热辐射的基本定律(2)”。理解实际物体的吸收比和灰体的概念并完成测试。

(2) 小组任务：线上搜索“双碳”目标的内容和意义，制作 PPT 或海报上传，同时准备进行课堂交流。

设计思路：对于基础的知识点要求学生通过课前自学完成，养成“提前学、认真学、思辨学、常温习”的良好学习习惯。通过布置小组任务，加强学生小组协作能力和动手能力，通过自我学习和完成任务了解国家担当和政策导向。

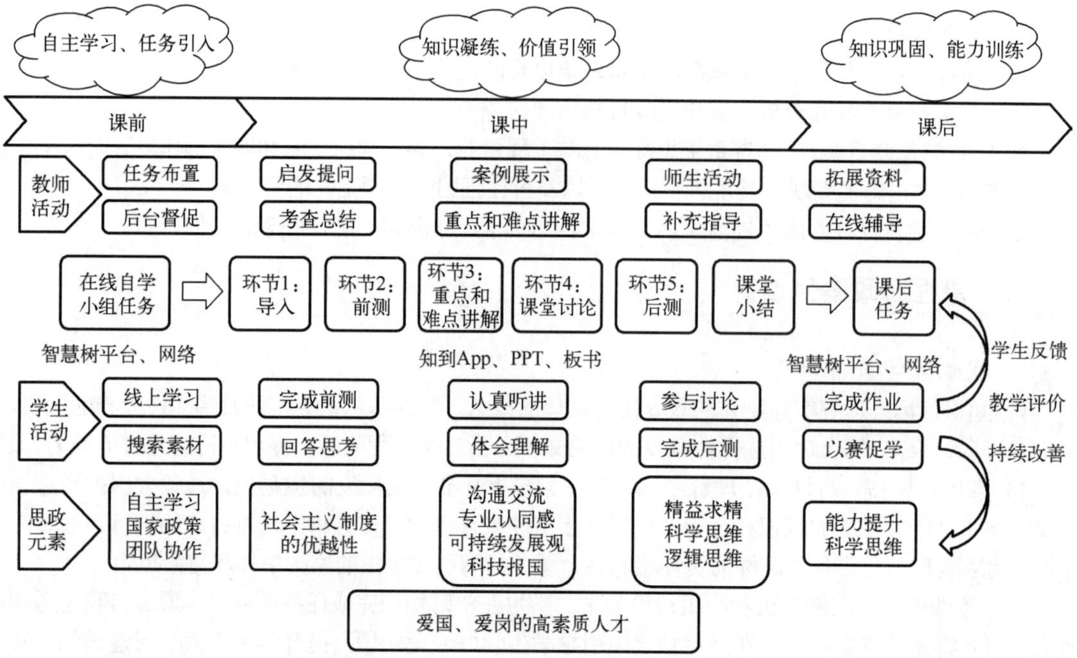
自主学习、任务引入
知识凝练、价值引领
知识巩固、能力训练
课前
课中
课后
教师活动
任务布置
后台督促
启发提问
考查总结
案例展示
重点和难点讲解
师生活动
补充指导
拓展资料
在线辅导
在线自学小组任务
环节1：导入
环节2：前测
环节3：重点和难点讲解
环节4：课堂讨论
环节5：后测
课堂小结
课后任务
智慧树平台、网络
知到App、PPT、板书
智慧树平台、网络
学生反馈
教学评价
持续改善
学生活动
线上学习
搜索素材
完成前测
回答思考
认真听讲
体会理解
参与讨论
完成后测
完成作业
以赛促学
思政元素
自主学习
国家政策
团队协作
社会主义制度的优越性
沟通交流
专业认同感
可持续发展观
科技报国
精益求精
科学思维
逻辑思维
能力提升
科学思维
爱国、爱岗的高素质人才

图2

2) 课中

(1) 导入：通过时政新闻，引出“严寒冬日，寿光的蔬菜大棚为何能够产出新鲜蔬菜驰援武汉”的提问。

设计思路：以时事新闻为开头，展示面对新冠疫情社会主义制度的优越性以及人们众志成城抗击疫情的决心；同时启发学生思考大棚保温的原理，调动学习兴趣。

(2) 前测：定性描绘黑体、灰体和实际物体吸收比、发射率同波长的关系。

设计思路：考查线上学习效果，启发学生利用理想模型将复杂问题化繁为简的科学思路，引出本节课重点和难点。

(3) 重点和难点讲解：基尔霍夫定律的推导。

设计思路：借助板书推导，加强学生数学概念。

(4) 课堂讨论：关于“双碳”目标以及三个典型选择性吸收案例的讨论。

案例一：蔬菜大棚——玻璃/大棚的选择性吸收。

案例二：温室效应——大气的选择性吸收。

案例三：紫外危机——臭氧的选择性吸收。

设计思路：通过“双碳”目标的讨论考查学生课前收集和归纳资料，以及对形势政策把握的能力。通过案例一的分析和讨论，首尾呼应。举一反三，通过类比分析让学生理解知识的同时，切实加强学生责任心和使命感，养成低碳意识和行为，积极从事节能减排事业，为人类生存和可持续发展做贡献。

(5) 后测和课堂小结：为了提高太阳能热水器的效率，需在表面上涂一种材料，该表面光谱吸收比 α_λ 随波长变化的最佳曲线是什么？

设计思路：遵循“两性一度”标准。通过在线后测考查学生对本节课所讲理论知识的掌握程度，做到学以致用、融会贯通，同时结合选择性涂层的科研热点问题，培养学生科研思维。

3) 课后

(1) 计算作业：关于基尔霍夫定律的计算题目。

(2) 小组任务：线上查阅太阳能选择性涂层的发展趋势并撰写报告，同时列举选择性吸收的其他工程应用。

设计思路：通过计算加强学生对物理和数学概念的掌握。通过小组任务加强学生的合作能力，培养学生查阅文献资料和撰写报告科学素养的同时，激发学生科技报国的家国情怀和使命担当。通过本课小结，锻炼学生的知识归纳能力和逻辑思维。

三、案例特色与成效

1. 体现了以学生为中心的教学设计理念

以教师为中心的教学设计转变为以学生为中心的教学设计，激发了学生课堂参与的积极性，达到了使学生自主学习、深度学习的目的。学生课程评教分数理想、对教学模式有积极反馈，对任课老师有较高评价。

2. 实现了全时空教学

课程选用山东建筑大学“传热学”在线开放课程资源，借助智慧树平台、知到 App 在线进行签到点名、作业审阅和在线考试、发布资源等，积极有序高效地开展混合式教学探索与实践。在线课程得到全国累计 2000 多人次的学习。对于一般性内容学生通过线上自学掌握，课堂上可以把时间充分留给重点和难点内容以及互动环节；课堂学习完毕之后利用课下时间结合在线资源进行回顾和拓展。

3. 实现了“理论学习 + 思政教育 + 创新实践”的深度融合

把课堂的大量时间留给学生，增强课程的实践性，极大地激发了学生的观察力和创造力，实现了理论学习、思政教育和创新实践的深度融合，学生综合素养显著提升，创新能力明显增强。彻底改变了学生参加全国大学生节能减排竞赛科技类作品连续数年无人获奖的窘境，学生基于“零排放”可持续发展思维，利用传热学基本理论提出的 “零能耗褐煤干燥及伴生能量综合利用系统”在 2021 年获得了全国大学生节能减排竞赛科技类作品一等奖。

4. 同行专家评价

2004 年“传热学”被评为山东省精品课程，2019 年“传热学”在山东“在线课程联盟”上线并向全国开放。2021 年“传热学”课程被评为校级课程思政示范课程，同年，获批“山东省一流本科课程(线上线下混合式)”，被推荐申报国家级一流本科课程。案例负责人作为青年教师注重积极参加各类培训和教学比赛，作为“传热学”课程主讲人在省级以上教学竞赛获奖 2 次。

案例 30 运筹学

课程类型：专业教育课(理学、工学类)
教育赛道：本科教育
开课年级：大二年级
面向专业：物流工程、交通运输、交通工程、工业工程
部　　门：交通学院
学　　校：山东科技大学

案例视频

案例教师或团队成员信息(第 1 位为教学案例负责人)：

姓名	职务	职称	部门
宋作玲	教师	讲师	交通学院

一、课程目标

遵循 OBE 理念，落实立德树人根本任务，将价值引领、能力培养和知识传授三者融为一体，培养学生全局观及多学科交叉的跨界思维，提高学生发现、分析和解决实际问题的能力，培养学生创新意识，增强学生信息素养，顺应新科技革命和产业革命浪潮，服务于智能制造、现代流通体系、交通强国等国家和区域发展战略。

在课程教学大纲中融入价值塑造目标，使学生理解运筹学在项目管理、经济运营中的前沿技术和应用实践；掌握计算机软件分析与求解运筹学的能力；了解人工智能时代智能算法的演变，能够从专业角度分析和感知运筹学管理与应用的现状、趋势和前景。课程教学目标体系如图 1 所示。

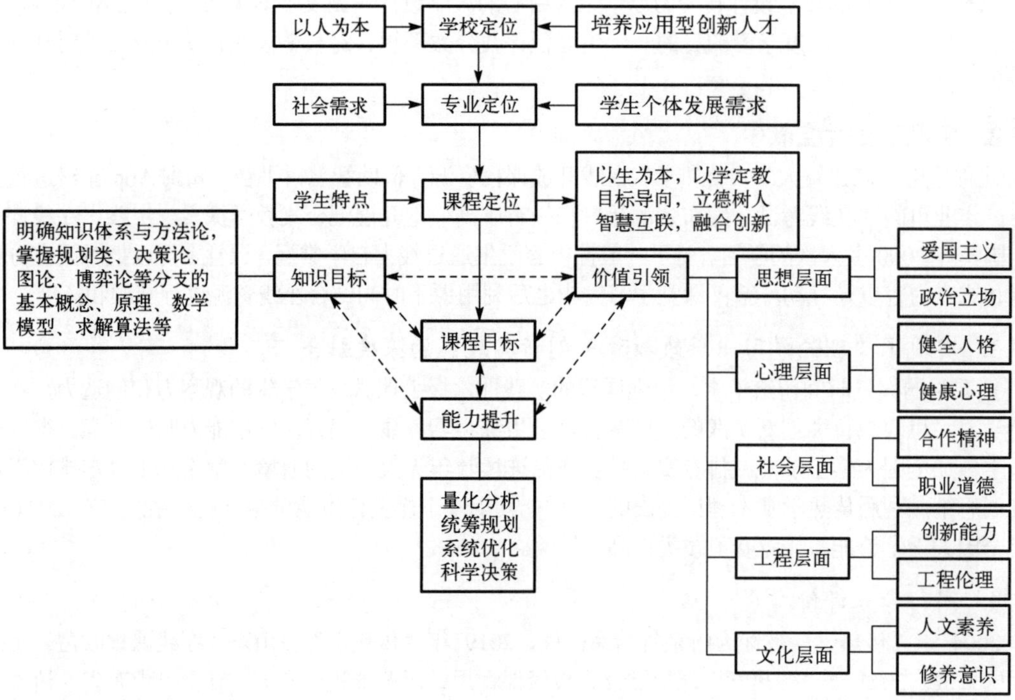
以人为本
学校定位
培养应用型创新人才
社会需求
专业定位
学生个体发展需求
学生特点
课程定位
以生为本，以学定教
目标导向，立德树人
智慧互联，融合创新
明确知识体系与方法论，掌握规划类、决策论、图论、博弈论等分支的基本概念、原理、数学模型、求解算法等
知识目标
价值引领
课程目标
能力提升
量化分析
统筹规划
系统优化
科学决策
思想层面
爱国主义
政治立场
心理层面
健全人格
健康心理
社会层面
合作精神
职业道德
工程层面
创新能力
工程伦理
文化层面
人文素养
修养意识

图 1

二、课程思政案例设计

1. 课程思政德育目标

了解中国古代朴素运筹学思想，增强文化自信；理解军事运筹学阶段发展与应用，增强国防意识和危机意识；厘清运筹学学科进程，初步感知其分支与研究范畴，感悟中国爱国学者联系实际、勇于创新的精神。了解其多学科交融的特点、系统的观点，增强学习兴趣和内驱力。

2. 融合点

(1) 历史文化自信。“运筹”取自《史记》中刘邦称赞张良的话：“运筹帷幄之中，决胜于千里之外。”在朴素运筹学阶段，通过中国古代的案例：田忌赛马、沈括运粮、丁渭修皇宫、修建都江堰等，感知以谋划取胜的特点，蕴含着劳动人民智慧，初识博弈论、网络计划的起源与应用。

(2) 国防教育。军事运筹学阶段，讲解运筹决策对于战争制胜的重要性，可以抵御外敌袭击、可以捍卫海权、可以在核武器制衡中获得优势。当今国际局势下，更应该增强国防意识，维护和平，用科技提升军事实力。

(3) 家国情怀，服务社会。20 世纪中叶之前，在运筹学研究方面中国与西方国家存在差距，增强学生危机意识。后来，运筹学进入民用阶段，爱国学者钱学森、许国志、华罗庚开拓了中国运筹学发展局面。结合新中国的工农业生产实践，提出统筹法、优选法等，将运筹学通俗地推广，解决中国现实问题。

1962 年，管梅谷提出了运筹学界广受赞誉的“中国邮递员问题”，是中国学者命名的运筹学经典算法。

我们课程顾问刘法胜，师从管梅谷，他设计的交通阻尼函数，被国际运筹学界传为“用筷子指挥交通”的佳话，形成身边的学术榜样和传承的力量。

(4) 交叉融合，勇于创新。运筹学与其他学科相互关联，兼具科学性和艺术性。追古思今，在经济环境日益复杂的趋势下，运筹学具有值得挖掘的政治、经济和社会应用价值。

3. 教学方法和载体途径

(1) 案例教学法。通过生动的案例理解运筹学基本思想。

(2) 多媒体技术。通过视频剪辑，PPT 动画制作、时间轴设置等展示运筹学思想与学科形成，增强体验感。

(3) 任务驱动式。安排学生收集运筹学应用案例并加以分享，了解运筹学各个分支，以及运筹学的应用情境。

三、案例特色与成效

本案例充分挖掘“真、善、美、勇”的课程思政元素，将价值塑造融入知识传递和能力培养。通过案例教学、体验式教学、任务驱动式教学、混合式教学等强化学生主体地位，增强学生内驱力，培养学生的创新能力、实践能力和信息化素养，注重学科交叉融合。

主讲教师主持或参与教改项目 20 余项，先后获得省、校级教学成果奖 11 项，获全国高校微课比赛二等奖，校级讲课比赛一等奖 2 项、二等奖 1 项；获优秀园丁、十大杰出青年、优秀班主任等称号。学生创新实践能力得以提高，教师指导学生参加省级以上科技竞赛获奖 70 余项。课题团队成立交通运输课程思政工作室，构建课程思政教学共同体，基于知识管理理念、技术和方法，整合课程思政资源，协同创新，示范引领。

案例 31 分析化学

课程类型：专业教育课（理学、工学类）

教育赛道：本科教育

开课年级：大一年级

面向专业：应用化学、材料化学、高分子材料与工程等

部　　门：化学与生物工程学院

学　　校：山东科技大学

案例视频

案例教师或团队成员信息（第 1 位为教学案例负责人）：

姓名	职务	职称	部门
王冬梅	教师	教授	化学与生物工程学院
周俐军	教师	高级信息师	网信办
陈伟	教师	副教授	化学与生物工程学院

一、课程目标

分析化学是应用化学、材料化学、高分子材料与工程等专业的专业基础课，是支撑上述专业学生基础实验、专业实验、毕业设计(论文)等环节的主干课程之一。通过本课程学习，使学生掌握分析化学的基本理论、基本概念、基本方法和基本计算，准确树立“量”的概念。让学生掌握分析方法原理和操作技能，具有分析问题和解决问题的能力；让学生了解分析化学在化学研究、工农业生产、医疗卫生、能源开发、环境保护等领域的应用，使学生能够运用所学知识从事初步的分析化学实践和科研工作；让学生初步掌握科研的选题、文献调研、方案设计及实施、数据处理等科研过程，为开展毕业论文写作及今后的科研工作打下坚实基础，培养学生的创新思维和创新能力。

二、课程思政案例设计

本案例为课程第九章第三节“分光光度法原理及应用”的教学内容。课堂上以日本福岛核污水排放问题导入，组织学生讨论、梳理思维导图、开放性问答，同时融入了用分光光度法测定物质的浓度等探究性报告和设计方案，课堂生动有趣。同时注意引导学生进行课程思政的挖掘，从正反两方面分析解决相关问题，润物无声。

1. 教学设计

(1)案例引入：把日本福岛核污水排放问题抛给学生讨论。

(2)探究方案：让学生讲解用已学过的知识测定核污水中钴、铀等微量元素含量的方案，并讨论。

(3)教师点评、生生互评：大家选出自己喜欢的方案，说明原因并评价打分。

(4)思政讨论：指出日本排放核污水做法的错误和原因(反面教材)。

(5)思政讨论：我国在环保方面的做法(“双碳”)，同时介绍自己的参赛作品(正面典型)。

(6)拓展训练：其他同学用所学知识解决身边生活问题的方案探索。

2. 授课要点

1)授课要点：案例引入探究

课程思政德育目标：树立人与自然和谐共生的理念。

思政教育融合点：在讲解该知识点时引入日本福岛核污水排放问题。

教育方法：请学生根据思维导图梳理知识，让学生提出解决方案。

载体途径：视频＋学生讲解思维导图。

2)授课要点：探究方案的讲解

课程思政德育目标：培养学生分析问题、解决问题综合能力。

思政教育融合点：让学生对日本福岛核污水的成分进行分析，选出合适的方法，提出自己的解决方案。

教育方法：激励学生大胆发表自己的见解，互相学习。

载体途径：学生讲解方案，其他学生提出疑问。

3)授课要点：探索学习评价

课程思政德育目标：批判性思维的培养。

思政教育融合点：选出两名学生讲解支持的方案并提出原因，同时让学生在“学习通”平台进行互评。

教育方法：激励大家表达观点，互相学习。

载体途径：学生互评＋教师点评。

4)授课要点：课程思政讨论

课程思政德育目标：批判性思维、正确的环境保护观的培养。

思政教育融合点：请一名同学分析出日本排放核污水做法的错误和原因，挖掘其中的课程思政的元素。

教育方法：引导批判性思维和课程思政融入。

载体途径：学生讲解＋教师点评。

5) 授课要点：课程思政讨论

课程思政德育目标：树立“绿水青山就是金山银山”的环境保护观，从我做起，从小事做起。

思政教育融合点：播放视频《习近平时间》，引出正面案例，引导学生从身边事情做起。

教育方法：增强学生团队合作能力、提出问题和解决问题的能力。

载体途径：学生讲解＋教师点评。

6) 授课要点：学习迁移和拓展

课程思政德育目标：创新思维培养。

思政教育融合点：总结课程重点内容，布置新的探索任务。

教育方法：激励学生大胆探索，小心求证。

载体途径：老师讲解、学生讲解＋教师点评。

三、案例特色与成效

1. 案例特色

(1) 通过教学设计将枯燥的“分光光度法原理及应用”的理论教学与环境保护和实际问题解决结合起来，不断激发学生学习兴趣。

(2) 以知识为基础，以环境保护观念为引导，将价值观教育与课程教学融会贯通。

(3) 利用网上教学平台功能，实施翻转课堂，提高学生自主学习能力。

(4) 以专业为依托，强化生态环境保护的重要性，帮助学生树立正确的生态价值观。

2. 成效

本课程已开展了 3 个学期的线上线下混合式教学实践，融入课程思政点 30 余个。学生在学习本节内容时，通过参与社会热点讨论、观看教学视频、参与问卷调查等活动，在掌握课程知识的同时，进一步提高了个人环境保护意识，培养了将理论与实践结合、创新拓展的能力。部分学生获得全国相关竞赛三等奖，同时课程也受到学生一致好评。

案例 32　工程力学

课程类型：专业教育课（理学、工学类）

教育赛道：本科教育

开课年级：大二年级

面向专业：交通运输、交通工程等

部　　门：交通与车辆工程学院

学　　校：山东理工大学

案例视频

案例教师或团队成员信息（第 1 位为教学案例负责人）：

姓名	职务	职称	部门
王延遐	教师	教授	交通与车辆工程学院
代祥俊	力学教研室主任	副教授	交通与车辆工程学院
杨雯	教师	讲师	交通与车辆工程学院

一、课程目标

山东理工大学的办学定位是培养“有社会责任、有创新精神、有专门知识、有实践能力、有健康身心”的应用型高级专门人才。本课程是首批国家级一流本科课程，是山东省课程思政示范课程，本课程依托交通运输、交通工程等国家级一流本科专业，旨在培养交通领域的高级工程技术人才。本课程把思政内容融入日常教学，并将思政内容纳入考核指标，实现全员、全程、全方位育人。

1. 知识目标

掌握物体系平衡以及构件强度、刚度、稳定性的基本知识，掌握将复杂的工程问题简化为力学模型的技能。

2. 能力目标

具备应用工程力学原理分析、解决复杂实际问题的能力，具备设计复杂工程结构和零部件的创造能力。

3. 素质目标

课程思政培养胸怀祖国、为服务人民的爱国精神；工程难题塑造勇攀高峰、敢为人先的创新精神；理实结合形成追求真理、严谨治学的求实精神；项目驱动培育集智攻关、团结协作的协同精神。

二、课程思政案例设计

1. 课程思政德育目标

基于力学特点，制定课程思政建设目标，秉承“厚德博学、笃行至善”的校训，将思政元素与课程内容有机融合，培养学生的“大国工匠、科学精神、家国情怀、使命担当”；通过力学知识构建与力学实验，培养学生的“专业认同、学术风格、科学思维、文化素养”；通过用力学知识解决实际问题，学以致用，培养学生的“道德品行、学术诚信、勤奋刻苦、学术志趣”。按照布鲁姆教育目标分类法划分的知识点，搭建相应的思政逻辑框架(如图 1 所示)，深挖各知识点的思政元素，将显性的教学内容与隐性的思政元素的结合点进行整理，实现有机融合。

2. 思政教育融合点

基于学校的办学定位，结合专业培养目标与特色，从“工程力学”是专业基础课的特点出发，按照布鲁姆教育目标分类法划分知识点，搭建起与知识点相对应的思政逻辑框架，采用“1＋4＋N”模式对“工程力学”课程体系中蕴含的思政元素进行深度挖掘，找准思政教育融合点(如图 2 所示)。

3. 教育方法和载体途径

将“工程力学”知识点体系中的四个知识模块所蕴含的思政元素，“隐性”融入相对应的混合教学模式中(如表 1 所示)。

通过多元混合“隐性”教学模式，用“工程力学”课程知识体系所蕴含的丰富的思政元素，潜移默化地影响学生。

实施“行为养成＋思政内容”的课程思政教育模式和方法路径，从行为养成和思政内容两个方面推进思政改革。师德修养是教师行为“师范”的直接体现，教师在教学过程中的行为“润物无声”地影响着学生；学生在学习过程中的行为潜移默化地提升了自身道德修养；学校主导的协同育人顶层设计是学生正确价值观形成的关键。课程思政以知识点为依托，学生是主体、教师是主导、学校是关键，如图 3 所示。

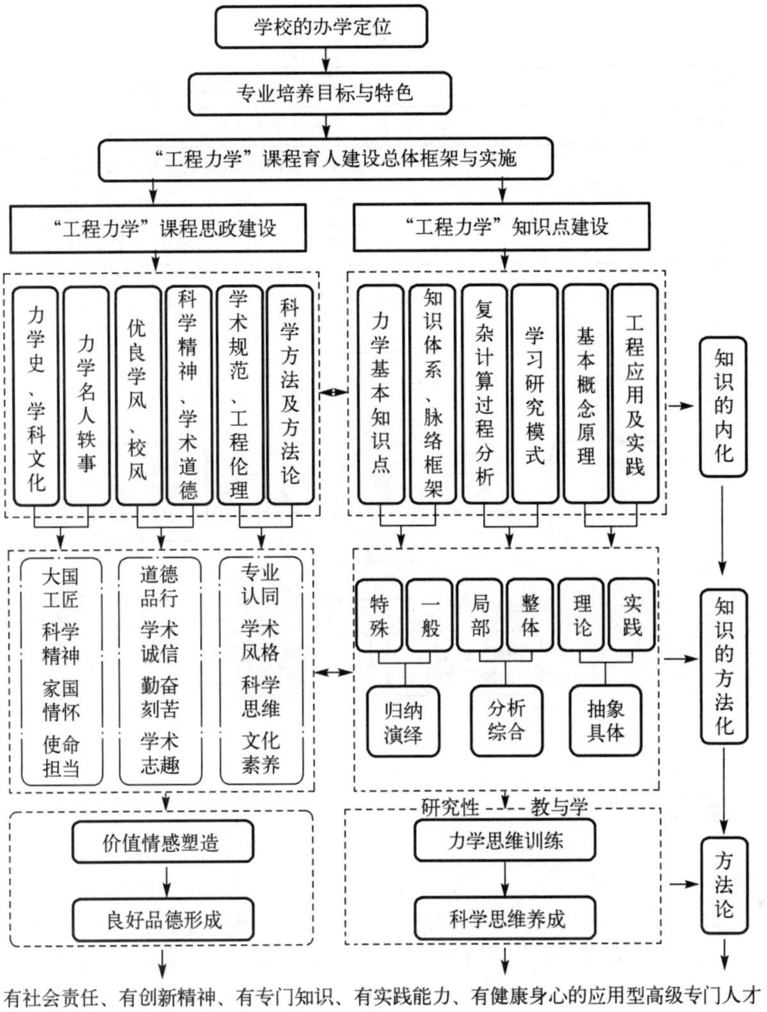
学校的办学定位
专业培养目标与特色
“工程力学”课程育人建设总体框架与实施
“工程力学”课程思政建设
“工程力学”知识点建设
力学史、学科文化
力学名人轶事
优良学风、校风
科学精神、学术道德
学术规范、工程伦理
科学方法及方法论
力学基本知识点
知识体系、脉络框架
复杂计算过程分析
学习研究模式
基本概念原理
工程应用及实践
知识的内化
大国工匠
科学精神
家国情怀
使命担当
道德品行
学术诚信
勤奋刻苦
学术志趣
专业认同
学术风格
科学思维
文化素养
特殊
一般
局部
整体
理论
实践
归纳演绎
分析综合
抽象具体
知识的方法化
研究性
教与学
价值情感塑造
良好品德形成
力学思维训练
科学思维养成
方法论
有社会责任、有创新精神、有专门知识、有实践能力、有健康身心的应用型高级专门人才

图 1

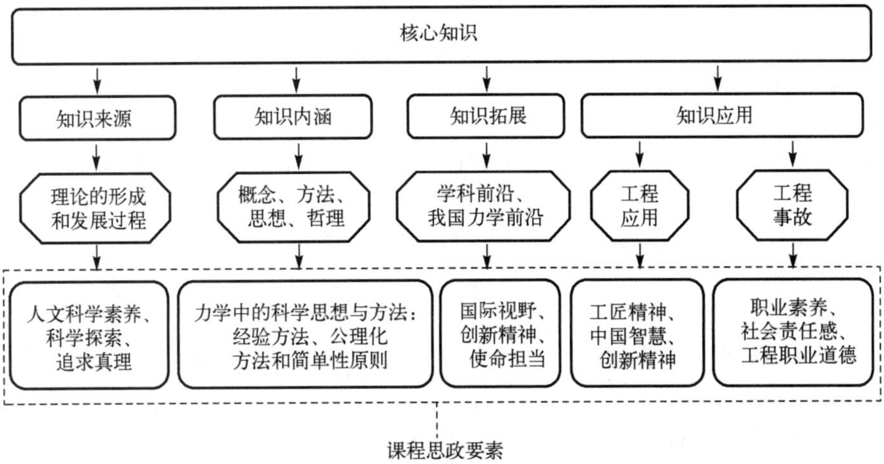
核心知识
知识来源
知识内涵
知识拓展
知识应用
理论的形成和发展过程
概念、方法、思想、哲理
学科前沿、我国力学前沿
工程应用
工程事故
人文科学素养、科学探索、追求真理
力学中的科学思想与方法：经验方法、公理化方法和简单性原则
国际视野、创新精神、使命担当
工匠精神、中国智慧、创新精神
职业素养、社会责任感、工程职业道德
课程思政要素

图 2

表 1

知识模块	混合教学模式
知识来源模块	线上自主学习＋课堂教师精讲＋小组讨论
知识内涵模块	线上自主学习＋翻转课堂＋教师辅助引导
知识拓展模块	小组探究学习＋对分课堂＋教师辅助引导
知识应用模块	小组探究学习＋对分课堂＋翻转课堂＋教师辅助引导

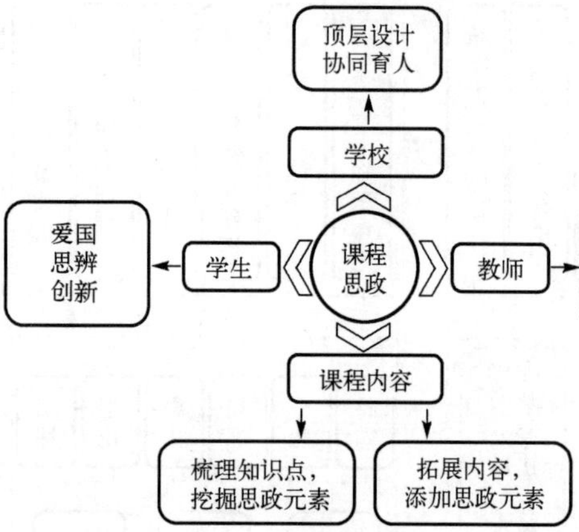
顶层设计
协同育人
学校
爱国
思辨
创新
学生
课程
思政
教师
主动学习
关爱学生
科学导学
课程内容
梳理知识点，
挖掘思政元素
拓展内容，
添加思政元素

图 3

三、案例特色与成效

1. 案例特色

本案例引入"弯扭组合变形案例"，从生活或工程中的实例出发，建立力学模型，体现教学内容的创新性。基于组合变形强度计算的一般思路，层层递进，由单向弯曲与扭转强度分析计算，推进到双向弯曲与扭转强度分析计算，再提高到拉伸、弯曲与扭转三种组合变形的强度计算，体现教学内容的高阶性。最后再归结到一般思路，与"不忘初心、牢记使命"对应。

2. 教学改革成效

本课程已经在山东理工大学 5 个学院 13 个专业推广应用，共计 4000 多名学生选学。运行结果表明，学生的学业成绩稳步提升，课程目标达成度逐步提高；学生的创新实践能力逐步增强，获各类竞赛奖励 500 余项。

截至 2022 年 7 月 18 日，全国 28 所大专院校的 8012 名学生完成在线课程学习，累计互动 13.12 万次。

案例 33　环境工程学

课程类型：专业教育课（理学、工学类）
教育赛道：本科教育
开课年级：大三年级
面向专业：环境生态工程、资源循环科学与工程
部　　门：资源与环境工程学院
学　　校：山东农业工程学院

案例视频

案例教师或团队成员信息（第 1 位为教学案例负责人）：

姓名	职务	职称	部门
周晓艳	资源循环科学与工程教研室主任	副教授	资源与环境工程学院

一、课程目标

1. 知识与技能目标

使学生掌握废水、废气及固体废物的处理工艺流程，能够根据不同废弃物指标特点选择不同的工艺进行处理；培养学生自学、独立思考的能力；使学生具有一定的创新能力和环境工程处理工艺的规划、设计、实施的技能。

2. 过程与方法目标

采用“觉醒三部曲”的课程设计方法，以实际项目导向对课程内容进行重构，增强学生的自主学习能力；使用“在线课程＋翻转课堂＋开放互动信息化教学手段”和“(教师)三施、(学生)三思”的教育方法激发学生内在的学习驱动力。

3. 情感态度与价值观目标

通过党的十九大报告和《国民经济和社会发展第十四个五年规划和 2035 年远景目标纲要》中与生态文明建设的相关理念以及我国生态环境需求现状，引导学生热爱自己的专业，服务于乡村振兴的生态建设，培养学生“新农科”专业素养。

二、课程思政案例设计

1. 课程思政德育目标

1) 为学须先立志

“为学须先立志。志既立，则学问可次第着力。立志不定，终不济事。”课程思政是落实立德树人根本任务的关键，可引导学生扣好人生第一粒扣子，走正路、干正事、扬正气。

2) 培育德才兼备的时代新人

引导学生增强中国特色社会主义道路自信、理论自信、制度自信、文化自信，提高驾驭复杂局面、处理复杂问题的本领，在大是大非面前保持政治清醒。

3) 激发学生学习动力

因事而化、因时而进、因势而新。主动学胜过被动教，向改革创新要活力，激发学生学习动力。推动授课形式创新，强化案例式教学、探究式教学、互动式教学等的作用，积极运用现代信息技术、新媒体技术，引导不同类型的学生都爱听爱学、听懂学会，实现全员、全程、全方位育人。

2. 思政教育融合点

将思政元素自然而然引入课堂，在讲解相关知识内容的同时，融入时事政治和热点问题及前沿内容。例如，“城市黑臭河道整治与生态文明建设”的报告以山东省黑臭水体整治的路径、转型发展为案例，引出水体治理与修复是践行“绿水青山就是金山银山”重要思想的实践。党的十九大报告中“生态文明”被提及 12 次，并首次将“美丽”作为社会主义现代化强国的限定词之一。国家对于“生态文明”的高度重视，使我们环境生态工程专业正逢天时、地利、人和，同时我们应更多考虑的是责任、担当和更大的作为。在教学过程中，通过组织学生进行小组讨论，还能提高学生团结协作的能力。

3. 教育方法

1) “三施”

课前，教师采用“反向设计，正向实施” 的课程设计理念，以实际工程项目为依托对课程内容进行重构。课中，实施“在线课程＋翻转课堂＋开放互动信息化教学手段”的混合式教学，根据自己录制的在线课程“环境工程学”，并结合智慧树平台进行随堂练习、头脑风暴、问题引导、工程案例分析、讨论归纳等，提高学生自主学习能力和学习兴趣，引导学生热爱自己的专业，服务于乡村振兴的生态建设。课后，教师实施“幕后组织策划和统筹导演”，使学生成为“主演”，发挥学生的学习内驱力和创造力。

2)“三思”

课前，学生集思广益，自主学习，了解自己对知识掌握的薄弱点。课中，学生根据教师的引导，自主思考，好学思辨，对知识点能够做到举一反三。同时，学生利用信息化教学手段，积极参与课堂讨论，发表自己的看法，针对工程中出现的复杂问题，积极思考，培养自己的专业素养。课后，学生能够根据教师的要求，动脑、动手，增强自己的创新能力。

三、案例特色与成效

1. 案例特色

1)让学生参与到课程思政教育中

根据党的十九大报告及《国民经济和社会发展第十四个五年规划和 2035 年远景目标纲要》中与生态文明建设相关的内容，找到与课程的结合点，引导学生参与到课程思政的教学中。学生通过制作 PPT，查找相关资料，上台演讲，增强了理解能力，在潜移默化中受到熏陶，有助于树立正确的人生观和价值观。

2)通过分组制作工艺流程，提高学生的团结协作能力

要求学生利用废弃物将工艺流程制作成模型，并在班级内进行展览介绍。通过这种方式，既增强了学生的动手能力及团队协作能力，又能让学生对工艺有更深刻的理解，提高了学生的学习兴趣。

2. 成效

学生关注我国环境事业的发展，立志为我国环保事业做贡献，投身于乡村振兴的建设中；同时具备了良好的职业素养、团队精神和创新能力。学生积极开展和环境保护相关的调研活动，如开展“山东省畜禽养殖废弃物资源化处理现状”调查等。

案例 34 数据结构

课程类型：专业教育课(理学、工学类)

教育赛道：本科教育

开课年级：大二年级

面向专业：计算机科学与技术

部　　门：计算机科学与技术学院

学　　校：上海电力大学

案例视频

案例教师或团队成员信息(第 1 位为教学案例负责人)：

姓名	职务	职称	部门
卢芳芳	教师	讲师	计算机科学与技术学院
张安勤	教师	副教授	计算机科学与技术学院
殷脂	教师	副教授	计算机科学与技术学院

一、课程目标

上海电力大学把立德树人作为根本任务，坚持为党育人、为国育才。学校始终立足电力、立足应用、立足一线，面向国家重大战略需求，为我国能源、电力行业培养卓越电力工程师。

通过“数据结构”课程的理论教学和实验训练，使学生具备下列能力。

(1) 能够列举并描述常用的数据结构(线性结构、树形结构、图形结构)和抽象数据类型，能选择合适的数据结构对特定的应用问题建立数学模型并求解。

(2) 能够描述常用数据结构的时间复杂度与空间复杂度的分析方法，能运用这些方法识别和判断不同解决方案的优缺点，获得有效结论。

(3) 能够针对不同数据结构的应用场景，根据不同应用场景(尤其是电力行业)的特定需求，设计合理的算法解决实际应用问题。

(4) 能描述经典算法的基本原理，并能将其灵活运用到软件系统的设计与开发方案中，设计解决复杂工程问题的算法，并测试和评估算法的有效性。

具体课程目标如图 1 所示。

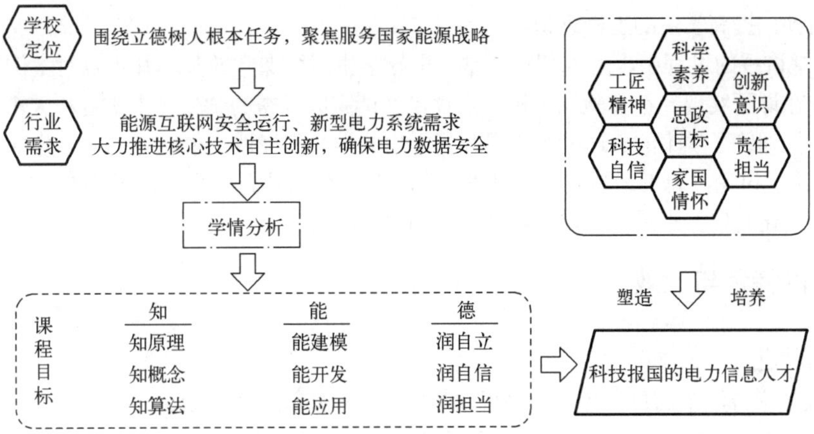
学校定位
围绕立德树人根本任务，聚焦服务国家能源战略
行业需求
能源互联网安全运行、新型电力系统需求
大力推进核心技术自主创新，确保电力数据安全
学情分析
课程目标
知
知原理
知概念
知算法
能
能建模
能开发
能应用
德
润自立
润自信
润担当
科学素养
工匠精神
创新意识
思政目标
科技自信
责任担当
家国情怀
塑造
培养
科技报国的电力信息人才

图 1

二、课程思政案例设计

将上海电力大学精神深度融入课程建设，围绕“数据结构”课程的教学目标，可以从线上课程自学、线下课堂教学(包括讲授内容、翻转课堂、实践环节)及课后学科竞赛三个方面着手，充分利用多种资源、多种教学形式，在课程内容、教学方式中融入人工智能科技创新、爱国情怀、科学精神等思政元素，激发学生的求知欲望和专业自豪感(如图 2 所示)。在给学生传授专业知识与提升专业能力的同时，引导学生培养积极健康的人生观、价值观以及良好的道德素养和工程素养。

下面讲解典型教学案例：最短路径 Dijkstra(迪杰斯特拉)算法。

(1) 使用图片展示人们的日常交通出行，无论是查找城际间的路线、城市内的路线，还是查找小区内的具体楼栋的位置，只要我们打开百度或者高德等导航系统，输入起止点的位置，导航系统马上能给出若干条推荐路线。通过百度或者高德等导航系统的定位和导航功能，从而引出“最短路径”问题。

(2) 百度或者高德等导航系统的定位和导航功能的实现，离不开北斗等卫星导航系统。北斗卫星导航系统的成功，又离不开孙家栋等老一辈科学家们的不懈努力和奋斗，学习老一辈科学家们不畏艰难、勇攀高峰的科学精神，为国家科学技术的发展做出自己的贡献。以专业知识点为基础，找准思政元素的切入点，探索思政元素的嵌入方式，实现教学内容与思政教育的有机融合。

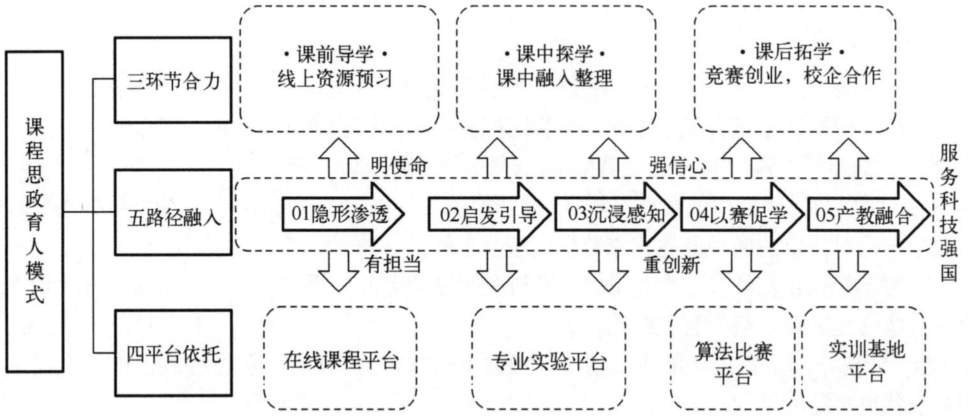
课程思政育人模式
三环节合力
五路径融入
四平台依托
·课前导学·
线上资源预习
·课中探学·
课中融入整理
·课后拓学·
竞赛创业，校企合作
明使命
强信心
01隐形渗透
02启发引导
03沉浸感知
04以赛促学
05产教融合
服务科技强国
有担当
重创新
在线课程平台
专业实验平台
算法比赛平台
实训基地平台

图2

(3)使用教材和多媒体课件介绍 Dijkstra(迪杰斯特拉)算法思想，再结合具体的实例来演示Dijkstra(迪杰斯特拉)算法的执行过程及程序代码实现。通过学习算法的精巧设计，培养学生精益求精的科学探索精神，提高学生的工程意识。

(4)在课堂讲授的过程中，融入翻转课堂，引导学生围绕课堂的基本知识点对案例问题的求解算法进行研讨并在课下实现，在实验课上进行点评，并请完成优秀的学生走上讲台和大家分享交流。在这个过程中不仅训练了学生的表达能力，提高了学生的学习积极性，也培养了学生分享的精神。

(5)通过课堂讨论，思考最短路径算法的实际应用。结合中国研制的北斗卫星导航系统，增强学生科技自信、文化自信、家国情怀以及科技创新的决心和信心。

三、案例特色与成效

1. 案例特色

在混合式教学方法中的每个环节，将思政教育与专业知识教育融合。

(1)在线上课程自学方面，以任务驱动的教学方法，提高学生的自学能力。

(2)在课中，挖掘课程内容的思政元素；在翻转课堂上，请优秀同学分享交流；在实践环节，利用情景模式有效开展实践育人。

(3)课后，通过学科竞赛提高了学生对算法设计和编程的兴趣，促进了学生课程学习的积极性，也培养了学生攻克难题、科学探索的精神。

2. 成效

课程思政改革受到了校内外同行的广泛认可和学生的一致好评。人格塑造、政治认同、文化自信、国家意识等与知识和能力传授有机结合，促进了学生的全面发展，达到了教书育人的目的。同时，对其他学科也起到了示范的作用。

1)教改项目与课程建设

(1)课程被评为智慧树全国共享课程。

(2)课程被评为上海高校市级一流本科课程(线上线下混合)。

(3)课程团队获批“数据结构”课程思政项目(20191236)。

2)荣誉证书

(1)2023年，课程团队教师获得上海市临港新片区课程思政教学巾帼风采展示二等奖。

(2)2022年，本课程获得第二届“智慧树杯”课程思政示范案例教学大赛二等奖。

(3)2021年，本课程获得校级第三届课程思政示范课二等奖。

案例 35 电子技术基础

课程类型：专业教育课(理学、工学类)
教育赛道：本科教育
开课年级：大二年级
面向专业：交通工程
部 门：交通运输工程学院
学 校：同济大学
案例教师或团队成员信息(第 1 位为教学案例负责人)：

案例视频

姓名	职务	职称	部门
黄世泽	交通运输工程学院教学中心副主任、教工支部双带头人、支部书记	副教授	交通运输工程学院

一、课程目标

(1)掌握模拟电子电路的基本概念、基本电路和基本分析方法，掌握数字逻辑代数的基本知识，掌握组合逻辑电路和时序逻辑电路的分析设计方法。

(2)培养学生的工程观念和工程思维习惯，具备对电子技术的应用能力，引导学生建立工程分析方法与应用能力。

(3)培养学生的辩证思维能力，培养学生自主解决问题的能力，培养学生创新思维能力。

(4)通过对知识点的深入剖析、对科学家钻研精神的领会，培养学生的家国情怀和责任担当，使学生成为“德智体美劳”全面发展的行业精英和社会栋梁。

二、课程思政案例设计

1. 课程思政德育目标

“电子技术基础”课程是上海市课程思政领航课程，课程通过电子技术科技发展成就激发学生的家国情怀，通过电路的分析计算培养学生精益求精的思辨精神，通过电路的故障分析培养学生的工匠精神。

课程以马克思主义哲学为指导，充分挖掘电子技术知识点中蕴含的哲学元素，增强学生辩证思维能力。课程介绍电子技术的发展成就，培养学生的理想信念。课程深入探究电子产品故障机理及预防措施，培养学生的责任担当。

2. 思政教育融合点

本案例以“直流电源电路”为教学内容，探讨直流电源常发生的故障。通过电动车充电着火、手机充电伤亡等案例，引出讲授内容；进行知识点串联，依次讲解降压模块、整流模块、滤波电路和稳压电路。在讲解滤波电路时，结合电容和二极管的选择，强调有一利必有一弊；通过小组讨论“为什么直流电源会发生着火故障”，教育学生要遵守相关规范，提升产品质量，并且养成安全用电的好习惯。

3. 教育方法和载体途径

在教学过程中，以问题为导向有机融入课程思政教育(如图 1 所示)，主要教育方法和载体途径如下。

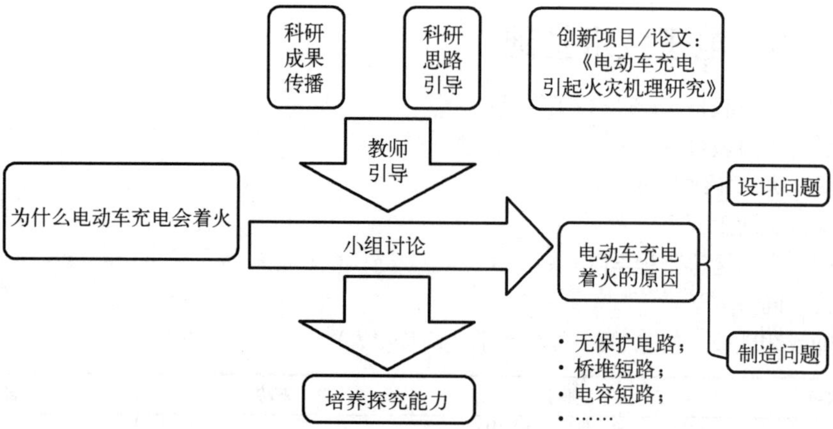
科研
成果
传播
科研
思路
引导
创新项目/论文：
《电动车充电
引起火灾机理研究》
教师
引导
为什么电动车充电会着火
小组讨论
电动车充电
着火的原因
设计问题
制造问题
· 无保护电路；
· 桥堆短路；
· 电容短路；
· ……
培养探究能力

图 1

(1) 通过宿舍的用电引出直流电源的定义，并留下伏笔，指出这些大家习以为常的用电行为存在严重的安全隐患。

(2) 通过电动车充电着火案例引导学生对直流电源电路原理的认知渴望，进而完成直流电路原理的讲解。

(3) 通过学生分组对电动车充电着火的探讨，使得学生加强对直流电源电路完整的理解，培养探究精神和分析问题的能力。

(4) 通过对预防电动车充电着火的措施的讲解、讨论，使学生形成关于直流电源的完整认知，并进一步引出课程思政，教育学生要以人民生命安全和美好生活为追求，做诚实守信的有责任担当的交通强国所急需的行业精英和社会栋梁。

三、案例特色与成效

1. 案例特色

本案例的最大特色是，成功以工程事故为抓手，探索出进行“责任担当”教育的有效路径。

责任担当是“德智体美劳”全面发展的行业精英和社会栋梁的最重要素质，而如何将“责任担当”这一思政知识点融入专业教学中，是教学的难点。本案例由工科的知识点出发，工科知识在所运用领域必然会存在一些工程事故案例；对于事故发生机理的分析，一定能够挖掘到人为的因素；通过对事故预防措施的探讨，能够培养学生的责任担当。通过上述的教学组织设计，成功在工科知识和责任担当的课程思政中间架设了一座桥梁。

2. 成效

(1)“电子技术基础”课程被评为上海市课程思政领航课程、上海市级高校重点课程。

(2) 课程负责人获得第二届卓越联盟高校青年教师教学创新大赛二等奖，获首届同济大学教师教学创新大赛一等奖，获评同济大学名课优师。课程思政成果得到业内专家一致好评，2018 年卓越联盟高校青年教师教学创新大赛评委会主任范怡红教授指出：“黄世泽老师创新设计的课程思政环节，是我们高等教育的新方向，并且这个环节的设计不是简单的宣教，而是无缝的衔接，是渗透式的，这一点非常不容易，也非常好。”

(3) 以课程思政为主要内容的教学成果《专业教师课程思政胜任力提升的有效路径研究与实践》获得同济大学教学成果奖一等奖，《混合式课程中线下教学组织创新与实践》获得 2019 年同济大学教学成果奖三等奖。

(4) 线上课程开课四学期，选课人数达 2 万余人；获评智慧树“双一流高校——专业课 TOP100”、智慧树“一流高校精品课程”；线下课程近 3 年的学生评教分数分别为 10 分、9.97 分和 9.96 分(满分为 10 分)，教学督导听课给予 7 个 A。

(5) 课程思政的一些具体措施通过《中国交通报》等媒体广泛宣传，形成较强的辐射效应。

(6) 申请人受邀成为新华网课程思政培训嘉宾，多次受复旦大学、南京大学、山东大学、新疆大学和中国农业大学等高校邀请进行课程思政经验分享。

案例 36 交通管理与控制

课程类型：专业教育课(理学、工学类)

教育赛道：本科教育

开课年级：大三年级

面向专业：交通工程

部　　门：交通运输工程学院

学　　校：同济大学

案例视频

案例教师或团队成员信息(第 1 位为教学案例负责人)：

姓名	职务	职称	部门
李林波	教师	副教授	交通运输工程学院

一、课程目标

本课程秉持同济大学“知识、能力、人格”的育人理念，以培养“与祖国同行，以科教济世”的社会栋梁、行业领袖和专业精英为目标，着力厚植爱国情怀，培养具备战略思维、政策理解能力、法规意识、安全责任、人文关怀和伦理道德的交通战略科技人才。

本课程在课程目标、教学理念和方法、教学内容与评价等方面全面融入思政教育元素和内容，精心收集编写课程思政案例，将课程思政内涵有机融入课程专业知识体系和课程作业，实现思政要点和专业知识点的一体化教学。通过课程学习、讨论、实验和实践，全面提升学生的规则与管理意识，以及处理复杂交通系统管控的工程实战能力、快速掌握新知识的学习能力、解决实际问题的创新能力和团结协作能力等。

二、课程思政案例设计

本课程传承同济大学 1956 年全国首个城市建设系、1995 年全国首部《交通管理与控制》教材等专业建设的悠久历史，依托于首批国家级一流本科课程、国家精品资源共享课程、上海市课程思政领航课程等项目，聚焦于“社会人文、政策法制、发展理念、管理思维、责任担当、创新实践”思政六要素，为社会经济发展和国家交通建设培养高素质人才。

本课程将思政教学要点落实到 30 余个知识点中，围绕目标、逻辑、重点、方法 4 个育人要素，结合教学单元，按照“协同管控思想与战略思维方法”“管控规则与法治意识培养”“管控优化与可持续发展理念”“管控实践与责任担当”4 个教学模块，采用教学模块、课前准备、掌握要点、思考问题和教授方式等环节组织实施教学。

本案例教学内容是对交通法规的介绍，属于“管控规则与法治意识培养”教学模块。为了将中国共产党以民为本、公平正义的执政理念展示出来，在课程设计时通过对交通法规的历史溯源，让学生感受新中国成立对于交通法规建设的变革与促进作用；通过交通法规所蕴含的价值观揭示新中国对于公平正义、生命至上的信念追求，培养学生的人本精神与规则意识；通过对法律条文修订的解说，向学生传递以人为本的发展理念；通过交通事故的追因，告诉学生如何透过现象看本质，培养学生的探究精神；通过对事故案例的介绍，明确交通法规建设永远在路上，展望交通法规的未来，根植学生的担当意识与创新精神。借助思政要素的赋能，交通法规的内容介绍就突破了传统的直白叙述，从不同维度展示了交通法规丰富的内涵，激发了学生的学习兴趣与探知欲望。

进一步地，在教学方法上，采用叙说历史、制造悬念、提出问题等手段，调动学生的积极性，如在强调交通法规的积极作用时，通过交通事故追因来制造悬念，层层剖析，在因素揭示中加深学生对问题的认知与理解，也启迪学生的探究思维；在强调法规的不断发展时，通过自动驾驶案例揭示交通法规建设的任重道远，培养学生的担当意识，激发学生的创新斗志。

三、案例特色与成效

本案例主要通过对交通法规概念、溯源、作用、完善过程等内容的介绍，将法规历史观与社会价值观等要素清晰地呈现在学生面前，深刻体现了中国共产党加强社会经济建设、心系民众交通安全的发展理念与建设情怀。

本案例改变了传统教学过程中对知识点的直白叙述，以历史溯源、悬念制造、案例启迪等方式丰富了讲解内容。思政要素的赋能极大地提升了教学效果，让学生从不同的维度了解了交通法规，教学达成度为 0.99，提升了 10%。

案例 37 传热学

课程类型：专业教育课(理学、工学类)
教育赛道：本科教育
开课年级：大三年级
面向专业：能源与动力工程专业
部　　门：能源与建筑学院
学　　校：西安航空学院

案例视频

案例教师或团队成员信息(第 1 位为教学案例负责人)：

姓名	职务	职称	部门
魏朝晖	教师	副教授	能源与建筑学院
周亮	教师	副教授	能源与建筑学院
张倩	教师	讲师	能源与建筑学院

一、课程目标

根据“行业性、地方性、应用型”学校办学定位和培养能源动力领域运行、维护高素质应用型工程技术人才的专业目标，针对“擅实践，弱理论”的学情，设定课程目标如下。

知识目标：掌握热量传递的基本概念、规律、计算和分析方法，掌握热量传递强化、削弱的方法和间壁式换热器的基本热计算方法。

能力目标：具有综合分析实际传热问题、将传热现象抽象为物理问题和数学符号的能力，并能对能源动力领域中复杂传热问题提出合理解决方案。

思政目标：以“碳达峰、碳中和”国家战略为导向，将学生发展与传热领域青年责任、家国情怀紧密结合，以中国航空航天等大国重器为案例，坚定学生的“四个自信”，培养学生精益求精的工程精神、求真务实的科学精神和甘于奉献的西迁精神。

二、课程思政案例设计

1. 课程思政德育目标

通过“华龙一号”核电机组等中国近些年重大成就，培养学生的“民族自豪感”“工程精神”“科学精神”；通过这些案例的传热问题分析中所用到的“认识论”“矛盾论”“实践论”等马克思主义哲学思维方法，提升学生的科学思维能力。

2. 思政教育融合点

重走 Nukiyama 沸腾换热实验之路，培养学生学习“传热学”的兴趣，激发学生学习“传热学”的热情，引导学生去掌握研究传热问题的科学方法，开展探究式“传热学”教学，培养学生的“工程精神”和“科学精神”。

以“华龙一号”核电机组非能动余热排出系统为例，讲解其中的沸腾换热问题，提升学生的“民族自豪感”，培养学生的“工程精神”。

以“太空中的液滴”和教师在“闪蒸”方面的研究为案例，潜移默化地传输认识的循环性和往复性，难度逐层递增，加强学生对“闪蒸”的理解，提升学生的“民族自豪感”，培养学生的“科学精神”。

3. 教育方法

1）剖析时事热点中蕴含的传热知识，将思政性、趣味性和知识性融为一体

课程通过学生感兴趣的烧开水等身边案例、学生关注的北斗卫星导航系统等热点事件、学生讨论的“华龙一号”核电机组焦点问题、锅炉水冷壁等工程实际案例，突出“内容有趣”；通过分析中国沸腾换热最新研究成果体现问题分析方法的实际效果，凸显“知识有料”；通过分析过程中采用的认识论、矛盾论、实践论等马克思主义哲学思维方法，体现“思政有用”。

2）学生课前自学（用费曼自学法），课中案例内化，课后探究运用

针对学生擅长在实践中学习知识的情况，根据“从实践中来，到实践中去”的思路，构建基于 BOPPPS 的线上线下混合式教学模式，通过“学生课前自学（用费曼自学法），课中案例内化，课后探究运用”，提升学生知识内化效率（如图 1 所示）。

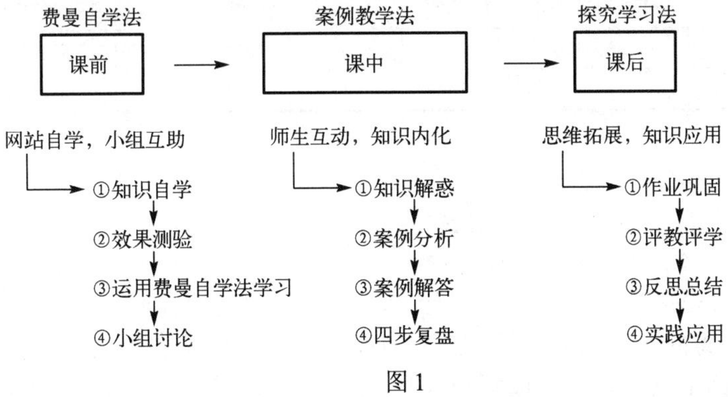
费曼自学法
课前
案例教学法
课中
探究学习法
课后
网站自学，小组互助
①知识自学
②效果测验
③运用费曼自学法学习
④小组讨论
师生互动，知识内化
①知识解惑
②案例分析
③案例解答
④四步复盘
思维拓展，知识应用
①作业巩固
②评教评学
③反思总结
④实践应用

图 1

4. 载体途径

1）案例

构建“点、线、面、体、场”立体式案例资源库，点点有针对案例，节节有贯通案例，章章有模块案例，专业有综合案例，行业有复杂案例。

2）教师科研

从教师科研提炼课程知识点，提升课程内容的“两性一度”（高阶性、创新性、挑战度）。

三、案例特色与成效

1. 案例特色

1) 从情感交流出发实现价值塑造润物细无声

以能触动心弦的人生经历为话题，促进师生情感共鸣，类比专业知识在热点事件中的应用，引导学生用马克思主义思维方法剖析热点事件蕴含的传热原理，突出思政内容的有趣性和实用性，使思政教育入脑入心。

2) 构建良好的课程思政生态

通过思政讨论、培训等提升团队的思政育人能力；利用学校航空馆、文化走廊和阎良航空产业基地营造思政环境；通过线上线下混合式教学模式将思政内容渗透到教学各个环节；利用群体动力理论，组建学习小组，发挥群体思政自育功能。

2. 成效

近四届学习“传热学”的学生平时成绩和师生互动率显著提升，学生创新能力明显增强，课程建设取得了显著成效，得到兄弟院校的高度评价。

案例 38 高级计算机图形学原理与实践

课程类型：专业教育课(理学、工学类)
教育赛道：本科教育
开课年级：大三年级
面向专业：计算机科学与技术、软件工程、数字媒体技术、测绘工程等
部　　门：计算机科学与技术学院
学　　校：西安科技大学

案例视频

案例教师或团队成员信息(第 1 位为教学案例负责人)：

姓名	职务	职称	部门
马天	计算机科学与技术学院副院长	副教授	计算机科学与技术学院
符立梅	信息科学系副主任	副教授	计算机科学与技术学院
张杰慧	教师	讲师	计算机科学与技术学院

一、课程目标

结合学校“励志图存，自强不息”的胡杨精神，基于学校“立足西部，面向全国”培养高素质专业技术人才的办学定位，制定以下课程目标。

(1) 使学生能够依据图形学中的理论，分析图形表示和生成算法；使学生掌握二维图形和三维图形的几何变换，立体图像的投影变换、消隐处理和窗视变换，并能建立各类变换的数学模型。

(2) 使学生能够运用图形学相关类的编程技巧，进行各类算法的编程实现，在基本算法基础上进行扩展，并能运用调试工具进行运行结果的分析、解释。

(3) 使学生能够针对图形学领域的复杂工程问题，成立研究型学习小组，合作开发、选择与使用技术与工具，协作完成课程作业的选题、设计、完善和汇报。

(4) 使学生能够主动与其他学科背景的成员合作，形成技术攻坚的使命担当，形成求真务实、实践创新、精益求精的职业素养。

二、课程思政案例设计

本案例以课程中“2.2 圆绘制实践与综合应用”节中“圆的扫描转换”为教学内容。

1. 课程思政德育目标

(1) 培养学生热爱中国传统文化的意识，增强民族自豪感。

(2) 培养学生透过现象看本质、分而治之的辩证思维。

2. 融合点

通过“讲好中国故事，绘制中国元素”的方式，让学生深刻感受中华先贤的智慧和传统文化的魅力。

(1) 通过展示北京 2008 奥运会和 2022 冬奥会的会徽，让学生思考奥运五环的组成，进而引入本节课内容“圆的扫描转换”。然后，在综合案例中引入太极八卦图，通过展示天宫一号的“巡天太极”以及介绍中国传统武术“太极拳”等，培养学生对中国传统文化的热爱，进一步增强民族自豪感和传承传统文化的自觉。

(2) 在讲解综合案例时，首先分析奥运五环图案由五个不同颜色和位置的圆组成；在此基础上，进一步引导学生观察思考太极八卦图的组成(如图 1 所示)：本质上是由五个不同大小的圆和一个半圆组成的，只需按照顺序依次绘制即可，循序渐进地引导学生透过现象看本质，培养复杂线框图形分而治之的辩证思维。

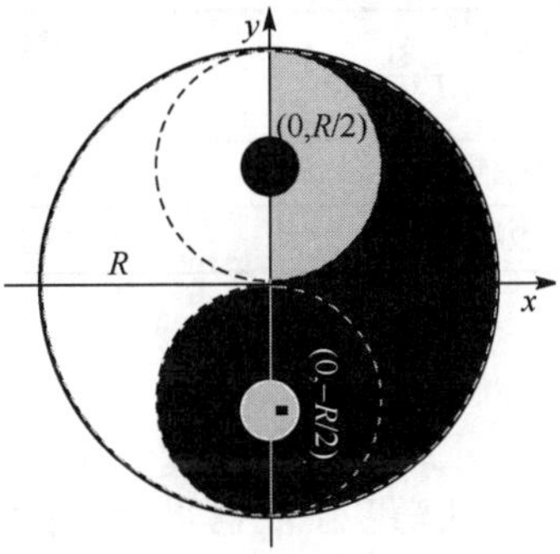
y
(0,R/2)
R
x
(0,−R/2)

图 1

3. 教育方法和载体途径

以知识点开展教学，以问题实例来引导，采用智慧树、智慧教室等多平台联动的混合式教学模式，其中智慧树平台慕课负责理论知识讲解，线下智慧课堂负责翻转交互巩固，并辅以其他线上平台播放 PPT，进行课堂交互、课后作业布置。具体教学过程如下。

(1) 课前：发布慕课学习任务，提前熟悉“圆的扫描转换”的基本原理。

平台：智慧树(自建慕课)。

(2) 课中：翻转交互，实践巩固，案例提升。

平台：其他线上平台(微信小程序)＋智慧教室。

(3) 提问式复习基本概念，翻转讨论圆的扫描转换算法。

(4) 讲解圆的中点 Bresenham 算法程序设计。

(5) 综合案例分析复杂二维线框图案的绘制。

(6) 课后：布置理论演练、案例思考拓展。

平台：其他线上平台(微信小程序)。

三、案例特色与成效

本案例的教学目标明确、全面，知识、能力和素养等目标要求相互关联、层层递进；通过“讲好中国故事，绘制中国元素”的方式，将文化自信、辩证思维等思政元素有机融入课程教学中，做到了情景契合、内容融合；通过多平台联动的混合式教学模式有效地组织和管理课堂，线上线下教学有机结合、翻转互动交流充分，树立了学生自主学习的观念，提高了每节课的学习效率和成效。

课程团队发表教改论文 2 篇，获省级教学成果奖 1 项、校级教学成果奖 1 项，教改成果已融入 2020 版课程大纲。近两学期学生评教结果、教师评教结果均为优秀，学生在线下课堂的参与热情和线上学习的认真度都有明显提升，学生讨论更加关注传统文化和科技强国的使命。

案例 39　电机学

课程类型：专业教育课(理学、工学类)

教育赛道：本科教育

开课年级：大三年级

面向专业：电气工程及其自动化、新能源科学与工程

部　　门：机电工程学院

学　　校：新疆农业大学

案例视频

案例教师或团队成员信息(第 1 位为教学案例负责人)：

姓名	职务	职称	部门
时谦	系副主任	讲师	机电工程学院
王长云	教师	讲师	机电工程学院
白花蒲	教师	实验员	机电工程学院

一、课程目标

新疆农业大学是新疆维吾尔自治区重点建设的高水平大学，电气工程及其自动化专业为新疆维吾尔自治区一流本科专业和特色专业。“电机学”为电气类专业、新能源科学与工程专业必修的专业核心课程，该课程以高质量课程思政建设支撑高水平专业建设，以学生发展为中心，以学习产出为导向，培养学生利用电机学原理和方法分析解决电气工程问题，实现理论与实践相结合的能力，形成了“一心五环”(如图 1 所示)的课程思政建设机制，以学生创新能力培养为核心目标。

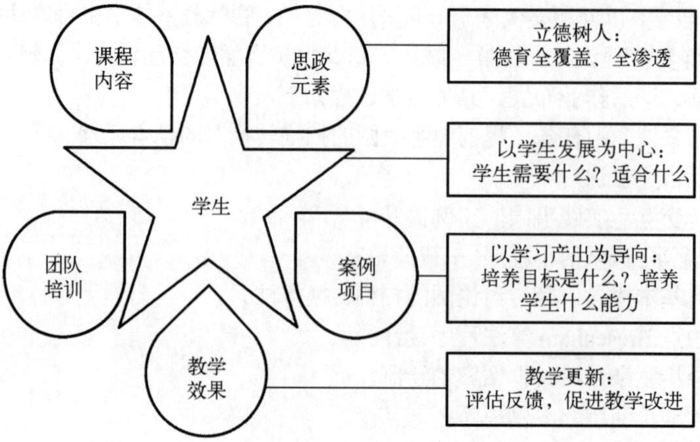
课程
内容
思政
元素
学生
团队
培训
案例
项目
教学
效果
立德树人：
德育全覆盖、全渗透
以学生发展为中心：
学生需要什么？适合什么
以学习产出为导向：
培养目标是什么？培养
学生什么能力
教学更新：
评估反馈，促进教学改进

图 1

课程具体的教学目标如下：

(1) 知识目标：通过理论知识学习和大量的习题训练，使学生全面掌握电机学的基础知识与核心技术，并具备相关电机的分析、计算能力和运用所学知识解决复杂问题的能力。

(2) 能力目标：使学生掌握电机学的实验方法和测试手段，了解现代测量仪器仪表的使用，培养学生逻辑思维能力、工程应用和实验探究能力，以及适应职业变化和继续学习的能力。

二、课程思政案例设计

1. 课程思政德育目标

本课程在教学中积极融入思政教育，结合当今时代的科技发展引导学生建立正确的工程伦理观，养成严谨的学术作风和职业道德，逐步树立科技报国的家国情怀和使命担当。

2. 思政教育融合点

(1) 着重学生实践能力、应用能力的培养，通过实验开展，培养学生一丝不苟、滴水穿石的工匠精神。

(2) 通过高铁技术、磁悬浮列车技术，使学生在学习专业知识时，理解和学习伟大的科学家勤于思考、锲而不舍、勇于创新、追求真理的毅力和精神。

(3) 将电机学理论知识与工程应用紧密融合，以工程事故为抓手，探索出进行“责任担当”教育的有效路径。将“责任担当”这一思政知识点融入专业教学中，在对事故发生机理进行分析时，挖掘到人为的因素；通过对事故预防措施的探讨，培养学生的责任担当。

3. 教育方法和载体途径

1) 教学方法

本案例采用以“电机为什么转起来”的工作任务驱动教学，整个教学过程采用线上线下混合式教学模式，分为课前(网络平台上学习)学习、课中(案例讨论，启发)、课后三个环节。通过以上三个环节组织教学，在不同教学环节中采用多种教学法，激发学生的兴趣，进行重难点突破，提升学生动手专业能力。

课前：“电机学”课程为新疆维吾尔自治区一流本科课程，在“学习通”平台上建立了相关的网络课程。教学采用教师发布学习任务和学习资料，学生自主完成学习任务进行问题反馈，教师线上答疑、总结归纳学生自学问题，解决问题的教学方法，调整上课的侧重点。

课中：复习回顾网络课程的学习内容，引入案例，讨论分析，提出问题，巩固知识点以及拓展学生的知识面。

(1) 讲解三相异步电动机的结构：为什么大部分驱动电机都采用交流电动机？电动车采用交流电动机，混合动力车也采用交流电机，为什么直流电动机应用少？从而引入结构这个问题，从直流电动机引入到交流电动机(直流电动机结构复杂，可靠性差)。通过类比启发法分析，引出三相异步电动机的结构。

(2) 讲解三相异步电动机的运行原理：学生通过观看三相异步电动机转动的演示视频，探究问题：为什么磁场转动后转子也转动起来？激发学生的兴趣，鼓励学生利用物理学中的电磁感应原理进行分析，接着教师利用三相异步电动机转动原理示意动画边讲解边引导学生，讨论归纳得出结论。

(3) 利用前两部分知识内容，组织学生通过讨论分析得出三相异步电动机转子为什么能转动及其工作原理。

课后：带领学生去实验室观摩，教师布置拓展任务，学生练习，完成任务，并对课中知识内容进行巩固复习；教师线上答疑指导，教师、学生之间互相给出评价。

2）教学载体

以“电机为什么转起来”这一工作任务为载体，融入思政教育和能力素养养成教育，采用经典的纸质教材和配套的电动机转动演示视频、教学 PPT、网络学习平台等数字化教学资源，形成“纸质教材＋数字化教学资源”的新形态一体化教材体系，组建微信学习答疑群，利用信息化教学手段进行线上直播答疑，并通过线上线下混合式教学模式组织教学活动。

三、案例特色与成效

1. 案例特色

⑴本案例通过任务驱动、案例导入和多模式翻转课堂等，全面提升学生兴趣，开阔学生视野，提升学生综合应用能力。

⑵将思政元素融入案例教学的所有环节中，培养学生的科学精神、人文精神和创新思维。

⑶将电机学理论知识与工程应用紧密融合，成功以工程事故为抓手，探索出进行“责任担当”教育的有效路径。

2. 成效

本课程 2020 年获评新疆维吾尔自治区首批一流本科课程，学生对课程的评分为 92 分以上，督导对课程评价均为优秀。课程团队教师近年获新疆维吾尔自治区教学成果奖 1 项、省级以上教学竞赛奖 3 项、校级教学竞赛奖 5 项，指导学生获省级以上电子竞赛奖和创新项目 20 余项；1 人被评为新疆维吾尔自治区教学能手。

案例 40 物理学与人类文明

课程类型：专业教育课（理学、工学类）
教育赛道：本科教育
开课年级：所有年级
面向专业：所有本科专业
部　　门：理学院
学　　校：中央民族大学

案例视频

案例教师或团队成员信息（第 1 位为教学案例负责人）：

姓名	职务	职称	部门
邹斌	理学院副院长	副教授	理学院

一、课程目标

“物理学与人类文明”是主要面向我校人文社科、经济管理、体育艺术等文科类专业开设的一门跨专业选修课程，共计 36 学时，2 学分。本课程是一门将自然科学知识与人文教育相融合的通识教育课程。把物理学放进人类文明的发展中去讲授，使文科学生得到较为全面系统的科学知识的同时，体会求实、探索、锲而不舍的科学精神及物理学家的家国情怀。

按照知识、能力、价值三维目标全面修订课程教学目标，充分考虑“新文科”与物理学科深度交叉融合的要求，坚持德育和智育并重，把价值引领和塑造作为树人的重要目标。构建起“三层次九维度”的“物理学与人类文明”课程思政教学体系。

在课程学习中，学生应达到的知识、能力水平如下：

1. 知识传授

从生活中提炼出来的物理学基本原理；

物理学的基本思想与思维方法；
物理学在科技革命、社会发展中的重大作用。

2. 能力培养
基于物理学基本原理解释实际现象的能力；
科学思维和创新意识；
团队协作与沟通表达能力。

3. 价值塑造
政治认同与家国情怀；
科学精神与科学家精神；
优秀传统文化与工程伦理。

二、课程思政案例设计

1. 课程思政德育目标
本案例通过深入挖掘和讲授霍尔效应发现与发展过程中的科学精神与科学方法，培养学生良好的科学素养。弘扬追求真理、严谨治学的求实精神和勇攀高峰、敢为人先的创新精神，激发学生科技报国的家国情怀和科技强国的使命担当。

2. 思政教育融合点
教师提问引导学生思考，融入课程思政，通过课堂参与式实验展开问题，让学生带着问题学习，激发学生的好奇心；以“为什么要研究霍尔效应”为切入点，揭示学生的学习盲区，让学生知道事情的来龙去脉，加深对霍尔效应研究的印象，掌握学习内容；提出霍尔当时面对的难题，设定真实场景，激发学生的想象力和创造力；在副效应讲解中穿插课堂提问，引导学生跟随教师的思路，进行科学推理，培养其探索创新的科学精神。

在理论推导分析中渗透思政教育，引导学生进行霍尔系数的理论推导和霍尔效应副效应的形成机制分析，提高文科学生的科学素养和科学推理能力。

3. 教育方法和载体途径
按照什么是霍尔效应、为什么研究霍尔效应、科研前沿和生活应用、霍尔效应的深层次问题的逻辑思路设计本案例的讲授顺序：霍尔效应的实验现象—宏观霍尔效应的微观解释—霍尔效应发现的曲折过程—霍尔效应的科研前沿—生活中的广泛应用。

三、案例特色与成效

1. 案例特色
“物理学与人类文明”课程思政建设以文理交融和培养本科学生科学素养为建设方向，以培养学生实事求是、勇于探索的科学精神为建设重点，以科技兴国、大国重器为实例，引领学生进一步树立家国情怀。坚持问题引导，渗透物理学思想，立足于理，建瓴于文，将科学精神和科学家精神等课程思政内容有机融入。

2. 成效
问题引导式教学方式和课程思政教学实践有效激发了学生的学习积极性，学生课堂参与度明显提高。督导专家和学生评价高，整体课程满意度超过 96%。学生主观评价认为“老师的讲课娓娓道来，内容翔实有趣，课堂氛围轻松诙谐，在例子与理论的交叉融合中带给了我们非常棒的学习体验”“在文科气氛浓郁的中央民族大学需要多一些这样的课程”。

本课程于 2022 年 1 月被评为北京市课程思政示范课程。

职业教育类

案例 41　金属材料与热处理

课程类型：专业教育课(理学、工学类)
教育赛道：职业教育
开课年级：高职一年级
面向专业：冶金、机械
部　　门：冶金化工系
学　　校：包头钢铁职业技术学院

案例视频

案例教师或团队成员信息(第 1 位为教学案例负责人)：

姓名	职务	职称	部门
王晓丽	冶金化工系主任	教授	冶金化工系
朱燕玉	冶金教研室主任	副教授	冶金化工系
周宜阳	教师	讲师	冶金化工系

一、课程目标

1. 立足企业、岗位、职业技能要求，确定教学内容

基于职业能力进行教学内容设计，对冶金、机械行业金属材料检测和热处理等工作进行职业岗位、工作任务分析，确定热处理生产典型工作任务，引入企业真实热处理案例，构建以典型工作任务为背景的教学情境，如图 1 所示。

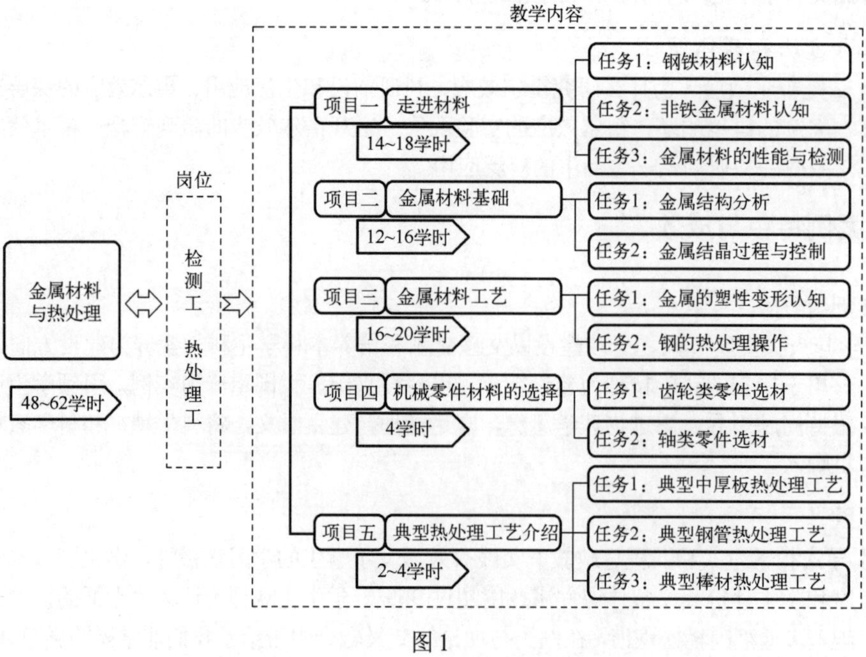

教学内容
金属材料与热处理
48~62学时
岗位
检测工
热处理工
项目一
走进材料
14~18学时
任务1：钢铁材料认知
任务2：非铁金属材料认知
任务3：金属材料的性能与检测
项目二
金属材料基础
12~16学时
任务1：金属结构分析
任务2：金属结晶过程与控制
项目三
金属材料工艺
16~20学时
任务1：金属的塑性变形认知
任务2：钢的热处理操作
项目四
机械零件材料的选择
4学时
任务1：齿轮类零件选材
任务2：轴类零件选材
项目五
典型热处理工艺介绍
2~4学时
任务1：典型中厚板热处理工艺
任务2：典型钢管热处理工艺
任务3：典型棒材热处理工艺

图 1

2. 面向两类生源，进行精准学情分析

(1)借助丰富的教学资源，采用线上线下混合式教学方式，以虚拟仿真的手段强化训练，达到学生提升技能、强化基础的目标。

授课对象：高职一年级学生。

知识基础：学生具有一定的钢铁冶金基础知识，了解工艺流程；具有金属材料性能、组织结构，以及晶体等方面的知识；了解可通过热处理手段获得钢铁材料的组织结构、性能等指标。

技能基础：学生的基础理论知识学习程度较高，具备识别金属材料牌号、测试金属材料性能的能力；具备分析金属材料组织结构、性能和控制结晶过程关系的能力，实践能力是薄弱环节。

学习特征：学生的理论基础相对好，自主学习能力欠缺，应用信息化手段学习兴趣较强，喜欢动手，对操作感兴趣。

(2)充分利用教学资源，以网络授课为主、线下授课集中指导的方式，达到提升学生技能、强化基础的目标。

授课对象：扩招在岗学生。

知识基础：学生熟悉热处理的工艺，对检测设备和热处理及其操作熟悉，但是理论基础欠缺。

技能基础：学生具有一定的实际操作能力，对于其原理认知不足。

学习特征：学生基础知识薄弱，学习目标强，时间有限，学习地点和方法受限。

3. “课、岗、赛、证”融通，确定教学目标

依据专业人才培养方案和课程标准，立足冶金技术相关岗位，从检测工、热处理工国家职业技能标准的要求出发，同时对接金相技能大赛，以真实的现场案例为导向，满足人才培养要求；从知识、技能和素质三个方面确定本课程教学目标，培养和提高学生的专业能力、方法能力、社会能力，培养学生精益求精的工匠精神，使学生发扬劳动精神，树立安全意识。

1)知识目标

(1)掌握钢在加热、冷却时的转变过程。

(2)认识钢热处理转变产物的形态与性能。

(3)掌握钢的热处理工艺(退火、回火、淬火、正火)的特点及应用。

2)技能目标

(1)能运用钢的热处理原理分析加热及冷却过程中的组织结构转变。

(2)会比较转变产物的形态与性能。

(3)能正确选择热处理方法，制定工艺规程，改善或提高零部件的性能。

(4)能使用金相显微镜观察钢的显微组织结构，检测钢的性能。

3)素质目标

(1)使学生树立社会主义核心价值观，具有深厚的爱国主义情怀和中华民族自豪感。

(2)培养学生热爱劳动、安全文明生产、环境保护和质量效益的意识，具有社会责任感。

(3)培养学生严谨的科学态度和良好的职业道德，培养工匠精神。

(4)培养学生创新精神，具有独立制订计划并实施的能力。

(5)培养学生团队协作精神、开拓创新的职业技能及素养。

二、课程思政案例设计

1. 案例引导新知

(1)提问：如何利用风力发电？

思政载体：新材料的开发，科技改变生活。

思政目标：提高学生学习兴趣，激发学生学习积极性。

方法：讨论启发。

(2)思政教育：介绍包钢的历史及产品优势。

思政载体：包钢的历史及产品优势。

思政目标：激发学生为发展中国钢铁事业奋发图强的学习热情。

(3)进入车间前，进行安全检查并提示注意安全事项。

思政载体：岗位安全认知。

思政目标：树立安全意识。

2. 以工厂典型案例为载体，在实践中学习

(1)现场带领学生认知辊底式无氧化正火炉。

(2)提问：看完正火炉，大家有什么感想？

设计意图：通过提问引出热处理生产设备的作用和意义。

3. 思政教育

通过回答问题，总结出想要得到合格的产品需要我们掌握每一个生产环节，聚沙才能成塔。

三、案例特色与成效

通过实践教学的形式，以工厂典型案例作为载体，设计工作任务组织教学，设置多样化的学习项目，形成项目引导、任务驱动的教学模式，在材料热处理工艺设备的直观体验中学理论，训练观察能力、提升工艺设计技能，突出课程的职业性和实用性，从基础理论到生产实践，逐层递进设计教学内容，完成知识的学习，岗位技能、职业素养的培养。

在知识点教学过程中，将课程内容与国家重大科技需求相联系，使知识点与我国材料应用成就相结合，最终实现将知识传授与思想引领有机融合，引导学生建立将个人成长与国家发展、中华民族伟大复兴相结合的信念，培养学生既具有扎实金属材料热处理专业知识，又具有爱国、敬业、诚信、奉献、拼搏、担当的意识，成为德才兼备的材料领域的合格技能型人才。

案例 42　生物化学

课程类型：专业教育课(理学、工学类)

教育赛道：职业教育

开课年级：高职一年级

面向专业：医学、生物工程、农学、药学

部　　门：食品与生物学院

学　　校：长春职业技术学院

案例视频

案例教师或团队成员信息(第 1 位为教学案例负责人)：

姓名	职务	职称	部门
张春玉	医药健保系主任	教授	食品与生物学院
耿敏	教师	讲师	食品与生物学院
刘黎红	食品(药品)系主任	教授	食品与生物学院

一、课程目标

"生物化学"课程是医学、生物工程、农学、药学等多领域的重要专业基础课程。本课程主要介

绍生物体的化学组成和生命活动过程中的化学变化规律，揭示生命现象本质。以服务后续专业核心课和岗位基本能力要求为出发点，将专业基本技能和职业能力转化为学习内容，确定本课程教学目标；以职业能力培养为导向，将信息技术与课程深度融合，构建新的在线课程知识体系；通过线上线下混合式教学模式的实施突出“以学生为中心”的教学理念；在教学过程中恰当融入社会主义核心价值观、工匠精神、科学精神及大学生社会责任感，实现从思想到行动的全方位人才培养。具体课程目标如下。

⑴知识目标：使学生了解蛋白质的发现，熟悉蛋白质的生物学作用，掌握我国蛋白质研究各阶段主要代表性成果及蛋白质理论研究对人类的贡献。

⑵能力目标：培养学生运用科学思维分析问题、解决问题的能力。

⑶素质目标：强化学生专业理念，提升学生专业素养，使学生形成正确的价值观和人生观。

二、课程思政案例设计

1. 课程思政德育目标

培养学生实事求是的良好品德，塑造学生的科学传承精神、民族自豪感，培养学生的家国情怀与社会责任担当；让学生具有良好的职业操守，形成守正创新、敬业奉献的价值观；树立学生科学知识来源于实践，反过来应用于实践的行为准则。

2. 教学实施设计

以恩格斯对于蛋白质与生命关系的论断，引导学生科学地认识蛋白质。

问题一：蛋白质的发现及生物学作用。

以动画及图片再现科学实验的过程，使学生懂得科学知识来源于实践，培养学生实事求是的良好品德。以动画展示蛋白质的生物学作用，结合新冠疫情期间医生对蛋白质饮食的指导，使学生懂得科学理论与人类生产实践是息息相关的。

问题二：科学不能忘记——致蛋白质研究先行者。

以我国古代劳动人民的伟大发明——豆腐的制作与蛋白质理论的关系，展现中华民族的聪明才智，增强学生的文化自信，引导学生树立正确的价值观和文化观，增强民族自豪感。

将我国科学家蛋白质研究的发展历程以电影的形式展现，回顾科学前辈为蛋白质研究的无私付出、科学传承的过程以及蛋白质研究各阶段的主要创新性成果，引导学生认识到每一阶段的科学发现都是无数科学家不畏艰难、努力钻研、无私奉献的结果，引导学生形成敬业奉献的价值观，要学习科学前辈的奋斗精神，赓续血脉，努力成为合格的社会主义的接班人。

以时间轴的形式展示国外科学家在蛋白质领域的主要贡献，表明科学研究的艰辛不易，提出国内外科学家的团结合作才能推动科学的发展，展现团结合作的精神。

问题三：蛋白质理论研究及应用——凯氏定氮法。

介绍凯氏定氮法的产生及应用，以三聚氰胺食品安全案例为例，培养学生良好的职业操守，做守正创新的合格的社会主义接班人。

结束语：

用相册的形式展现一代代科学前辈给我们留下的宝贵知识财富，引导学生懂感恩、知回馈，牢记习近平总书记教诲，让自己的青春在党和人民最需要的地方绽放绚丽之花。

三、案例特色与成效

1. 案例特色

以“科学知识的来源、科学知识的传承、科学知识的应用”为授课的逻辑主线，将社会主义核心价值观及守正创新的精神内涵融入教学全过程，思政元素的融入适度、恰当、有启发性。

2. 成效

本课程为智慧树平台吉林省精品在线开放课程，课程思政设计贯穿课程教学全过程，各种类型的课程资源均体现课程思政元素。课程运行 6 期，共 36 所学校选课，7800 余名学生、600 余名社会公众完成在线学习，网络互动 11 万余次。通过课程思政改革，明确了课程的价值目标，提高了育人效果。

案例 43 工程力学

课程类型：专业教育课（理学、工学类）
教育赛道：职业教育
开课年级：高职一年级
面向专业：装备制造大类专业
部　　门：智能制造与汽车学院
学　　校：重庆电子工程职业学院

案例视频

案例教师或团队成员信息（第 1 位为教学案例负责人）：

姓名	职务	职称	部门
王姗	教师	讲师	智能制造与汽车学院
吴胜磊	教师	讲师	智能制造与汽车学院
许华超	教师	讲师	智能制造与汽车学院

一、课程目标

“工程力学”为重庆电子工程职业学院智能制造与汽车学院省级“双高计划”（中国特色高水平高职学校和专业建设计划）专业群“汽车装配与试验技术”的平台基础课程，是一门研究物体机械运动一般规律和有关工程构件强度、刚度、稳定性理论的专业基础课，旨在使学生掌握工程科学基础理论、工程力学分析方法，具备力学基础理论知识、计算和试验能力。同时为高职一年级学生完成承上启下的专业学习过渡。承上，与“物理”“高等数学”等基础课相联系；启下，与“机器人典型结构设计”“汽车装配制造”等核心课程相贯通，帮助学生打通“工程模型→力学模型→数学模型”的认知通路，进一步培养能在工程项目中从事与力学有关的技术开发、工程设计的技术人才。

同时，该课程也作为重庆市首批课程思政示范项目，更是将“培养学生的基础科学研究精神”作为课程思政目标，既符合学校培养技术技能型人才的办学定位，也让学生在课堂上真正做到“有所得、有所悟”。

二、课程思政案例设计

本案例选取了“工程力学”课程中第三章“空间力系”中的一个知识点“重心与形心”展开讲解。同时，为充分调动学生好奇心，激发学生求知兴趣，结合课程思政主题，将本案例命名为“重心、匠心、奥运心——重心在稳定平衡结构中的应用”。以东京奥运会中的体操项目“跳马落地站不稳”为案例，逐渐引出课程内容，从定性和定量两个维度讲解如何运用“重心”以实现物体的稳定平衡。讲解过程采用案例法、提问法、展示法等教学方法，通过网络平台、视频资源等信息化手段达成教学效果，实现育人目标。

本次课的知识目标是了解重心的含义及应用，掌握实现稳定平衡的条件。课程思政德育目标有二，一是直观地了解奥林匹克精神，学习运动员艰苦训练、稳扎稳打的意志品质；二是在学习方法上，培养学生理论联系实际的能力，激发学生发现生活生产中知识的主观能动性，以及用所学知识解释现象的应用能力。为了达成这一教学目标，本案例构建了“五步双线一闭环”的教学设计思路(如图 1 所示)。

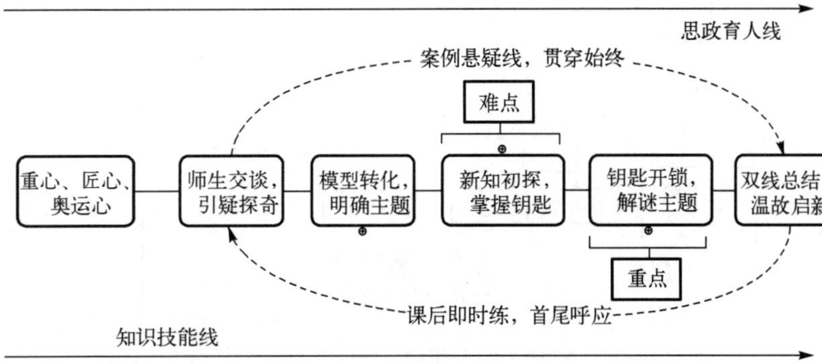
思政育人线
案例悬疑线，贯穿始终
难点
重心、匠心、奥运心
师生交谈，引疑探奇
模型转化，明确主题
新知初探，掌握钥匙
钥匙开锁，解谜主题
双线总结，温故启新
重点
课后即时练，首尾呼应
知识技能线

图 1

第一步：师生交谈，引疑探奇。

运用情景引入法，采用交谈的互动方式，拉近师生距离，选取奥运热点话题，自然设疑引思——为什么站不稳？同时引导学生建立专业视角，将所学知识与生活生产中的现象联系起来，进而明确主线问题——如何站得稳，如图 2 所示。

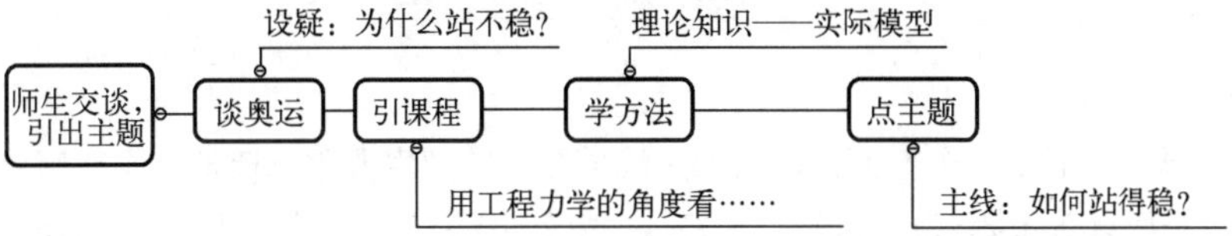
设疑：为什么站不稳？
理论知识——实际模型
师生交谈，引出主题
谈奥运
引课程
学方法
点主题
用工程力学的角度看……
主线：如何站得稳？

图 2

第二步：模型转化，明确主题。

运用讲解法，将生产动态模型逐步转化为刚体静态模型，将口语转化为专业术语，阐明理论与模型的联系逻辑思路，帮助学生从根本上打通模型转化的通路，破除认知联系的障碍。同时将主线任务类比为锁，将知识难点——重心类比为钥匙，充分调动学生的求知探索欲，如图 3 所示。

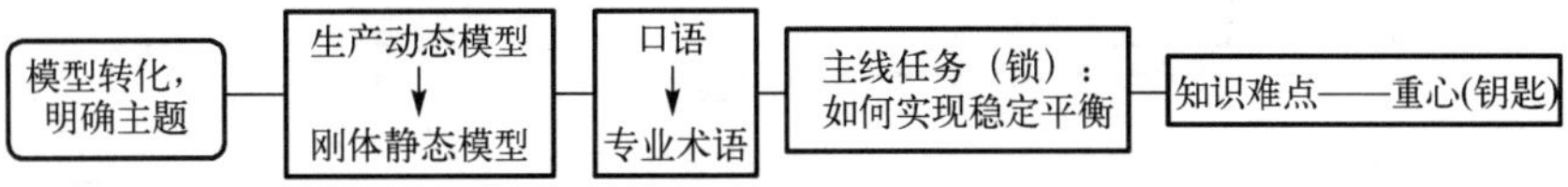
模型转化，明确主题
生产动态模型
刚体静态模型
口语
专业术语
主线任务（锁）：如何实现稳定平衡
知识难点——重心(钥匙)

图 3

第三步：新知初探，掌握钥匙。

运用计算法、图示法等，从定性与定量两个维度，帮助学生掌握知识难点——重心。教学过程由浅入深，由表及里，符合认知规律，在潜移默化中帮助学生构建对事物全面的、客观的认知逻辑，如图 4 所示。

第四步：钥匙开锁，解谜主题。

运用案例法，选取“机器人”“大唐不倒翁”案例分别阐述重心在平衡性、稳定性中的应用，最后选取“台北 101 风阻尼器”综合阐释重心在稳定平衡工程结构中的妙用。既有生活案例，也有生产案例，拓宽学生工程视野的同时，更让学生直呼“原来如此”，从内心深处激发对生活生产现象的观察学习兴趣，如图 5 所示。

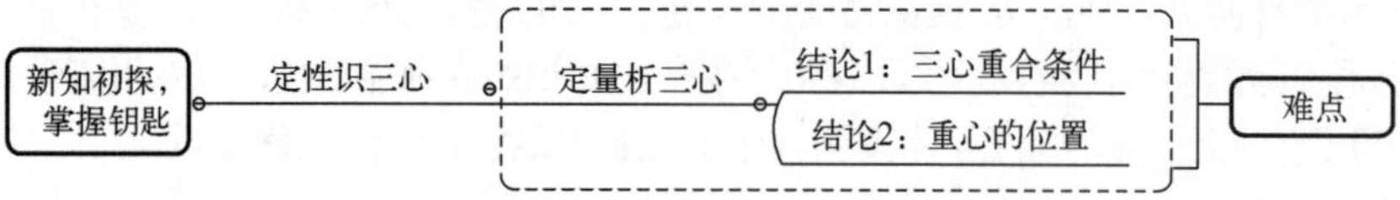
新知初探，掌握钥匙
定性识三心
定量析三心
结论1：三心重合条件
结论2：重心的位置
难点

图 4

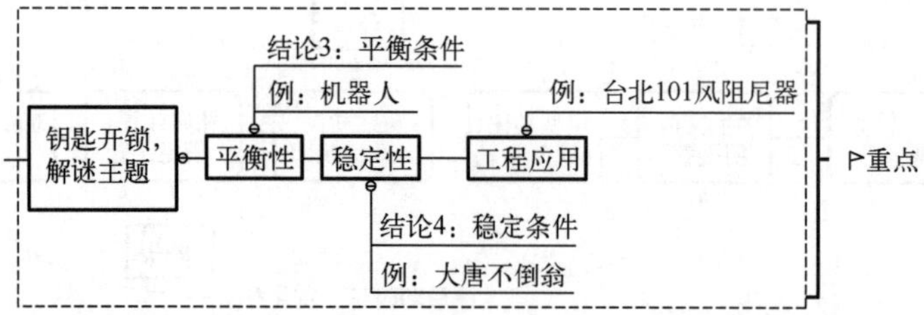
结论3：平衡条件
例：机器人
例：台北101风阻尼器
钥匙开锁，解谜主题
平衡性
稳定性
工程应用
重点
结论4：稳定条件
例：大唐不倒翁

图 5

第五步：双线总结，温故启新(如图 6 所示)。

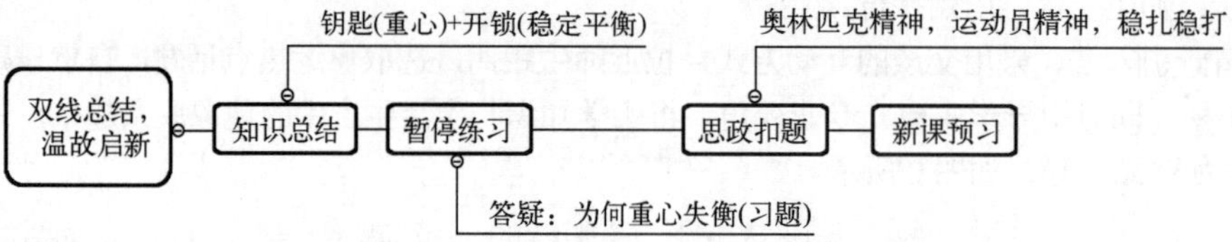
钥匙(重心)+开锁(稳定平衡)
奥林匹克精神，运动员精神，稳扎稳打
双线总结，温故启新
知识总结
暂停练习
思政扣题
新课预习
答疑：为何重心失衡(习题)

图 6

本节共讲了 4 个结论、4 个案例，需借助思维导图帮助学生做逻辑梳理。同时暂停练习，让学生完成课堂随测，呼应开头主题(为什么站不稳？)，完成知识到应用的学习闭环，也随测了学生学习效果。最后阐明，工程可以有“外挂”(风阻尼器)，帮助稳定重心。但是体育竞技没有，学习亦然，使学生了解奥林匹克精神，发扬运动员精神。万丈高楼平地起，稳扎稳打，稳定好重心才能盖高楼，呼应本次课主题——重心、匠心、奥运心，如图 7 所示。

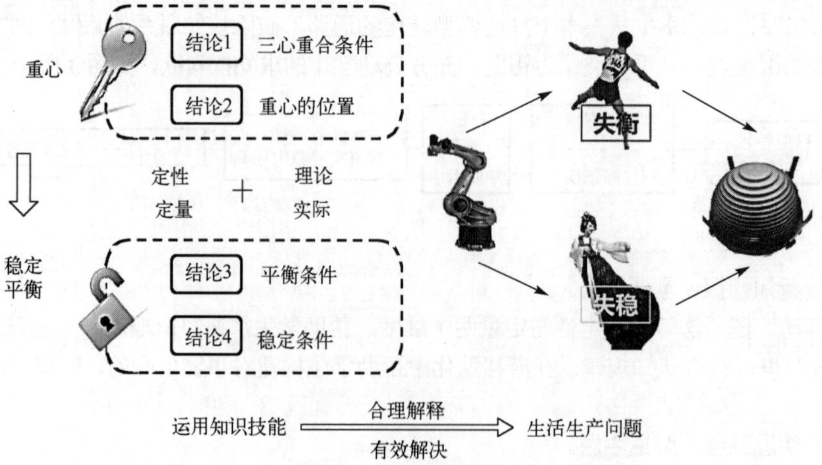
重心
结论1 三心重合条件
结论2 重心的位置
定性
定量
+
理论
实际
稳定平衡
结论3 平衡条件
结论4 稳定条件
失衡
失稳
运用知识技能
合理解释
有效解决
生活生产问题

图 7

三、案例特色与成效

(1)在案例选取方面，奥运热点贴近生活，且不同于常规的工程案例的选取，学生有新鲜感，学习兴趣浓厚。奥林匹克精神入课堂，也使“工程力学”的思政育人更有广度和深度。

(2)在教学设计方面，构建了“五步双线一闭环”的教学设计思路，“五步”完成知识学习和技能应用，“双线”为知识技能线与思政育人线，“一闭环”为开头、结尾的奥运案例相呼应，同时阐明奥林匹克精神，激发学生学习奥运健儿的刻苦奋斗的意志品质。思政融入自然流畅，育人效果如盐入水。

(3)在模型贯通方面，本案例选取了 2 个生活案例(跳马落地站不稳、大唐不倒翁)和 2 个生产案例(机器人、台北 101 风阻尼器)，充分运用线上课程的动画和近远景切换，帮助学生构建“工程模型→力学模型→数学模型”的认知通路，关注高职学生空间构型感欠佳等实际学情，切实培养学生理论联系实际的能力。

本课程取得了良好的教学效果，在课后评教中获得了极好的肯定和反馈。

案例 44 中式面点技艺

课程类型：专业教育课(理学、工学类)

教育赛道：职业教育

开课年级：高职一年级、高职二年级

面向专业：中西面点、中餐烹饪

学　　校：东营市东营区职业中等专业学校

案例视频

案例教师或团队成员信息(第 1 位为教学案例负责人)：

姓名	职务	职称	部门
任燕	教研组长	助理讲师	—
车秀双	教研组长	讲师	—
郭学成	主任	讲师	—

一、课程目标

本课程融知识、技能、素养为一体，将中国传统面点品种与市场流行品种、企业经营品种相结合，突出技能性、职业化要求，以理论适度、重在实践为原则，将面点操作手法、水调面团、发酵面团、油酥面团相关品种的制作等基础知识与基本技能作为主要教学内容，并在真正的生产任务中进行实践，旨在培养学生诚实、守信、积极沟通的团队合作精神和服务意识，以及持之以恒、精益求精、开拓创新的工匠精神，为职业发展打下良好的专业基础。

在教学方式上，通过项目引领、任务驱动，按照酒店面点厨房操作的各个环节的工作要求组织教学。教学评价采取过程评价与结果评价相结合的方式，注重基础知识与职业技能的双重考核，旨在提升学生的综合素质与职业能力，具体目标如下。

1. 素质目标

(1)思想政治素质：热爱祖国，尊崇传统饮食文化，具有较强的社会责任感、荣誉感和进取精神。

(2)道德素质：明礼守法、团结协作、忠于职守、诚实守信。

(3)文化素质：具有一定的审美能力和文化品位，能够运用面点的不同技法对面点产品进行创意设计。

(4)职业素质：具有吃苦耐劳、积极进取、爱岗敬业的工作态度，具有持之以恒、精益求精、开拓创新的工匠精神，强化标准意识、安全意识、节约意识及以顾客为中心的服务意识。

2. 知识目标

(1) 了解面点的基本理论，掌握面点制作常用原料的选择、鉴别和管理。
(2) 掌握面点制作间设施、设备、工具的布局并能使用和管理相关设备和工具。
(3) 掌握各类面点的加工方法、基本操作流程及口味特点。
(4) 了解面点岗位基础知识，掌握面点岗位操作规范及生产标准。

3. 能力目标

(1) 能分析各类面点的加工原理、基本技法及风味特色。
(2) 能实时了解面点行业发展的新业态、新模式，掌握新技术、新工艺、新规范。
(3) 能独立完成面团调制、馅心制作、加工成型、熟制等的综合性生产实训。
(4) 具备根据客户需求，顺应市场变化，合理创新、巧妙组配产品的综合应用能力。

二、课程思政案例设计

1. 课程思政教学整体设计思路

1) 总体理念和思路

本案例落实立德树人根本任务，自然融入“三敬三讲”“工匠精神＋劳动精神”的思政双主线，实现素质、知识、能力在工作实施中的一体化培养。基于课程特点，以智选餐厅承接的宴席面食—水煎包制作为真实任务载体，深挖课程蕴含的思政元素，确定课程育人目标，提出具有面点岗位工作特色的“双主线”课程思政设计思路，以情境融入、活动融入、实践融入等多种方式，全程培育职业素养，同时关注学生价值观、必备品格和关键能力的形成。

2) 案例蕴含的思政元素分析

(1) 重构教学内容，融入“三敬三讲”，培育厨德提素养。

“三敬”指敬人、敬事、敬物；“三讲”指讲规范、讲创新、讲效益。在真实的生产任务中，按“依从—认同—内化”培育厨德。

(2) 设计教学环节，渗透“工匠精神＋劳动精神”，强化认知拓知识。

通过设计课前学生自主探究、课中小组协作完成任务、课后平台测试、巩固记忆知识等教学环节，在具体实施过程中渗透执着专注、精益求精、追求卓越的工匠精神及崇尚劳动、热爱劳动、辛勤劳动、诚信劳动等劳动精神，强化知识应用和职业认知。

(3) 融通规范标准，强化双主线思政内涵，精进厨技提能力。

在技能训练中，植入国家《食品安全法》《餐饮服务食品安全操作规范》和企业生产标准，实施“自查—组查—师查”的精细化管理，将“三敬三讲、工匠精神＋劳动精神”内化于心，在自觉养成中实现认同。

2. 课程思政教学实施

课程思政教学实施总体设计如图 1 所示。

1) 具体教学实施策略

本案例以行动导向教学观为指导，以承接的真实任务为载体，构建生产式学习场景；以学习者为中心，以班组为单位，基于工作过程实施双主线课程思政设计。

2) 方法及手段

(1) 任务驱动教学法。让学生带着任务去预习、查找相关资料，并以微课视频、PPT 等形式展示。

(2) 翻转课堂。利用智慧树平台，结合课前预习、课中教学、课后反思，在不同时段加强技能训练及思政内容的学习。

(3) 讨论法。通过小组研讨、头脑风暴等形式，引导学生思考，创造积极氛围，激发学生兴趣。

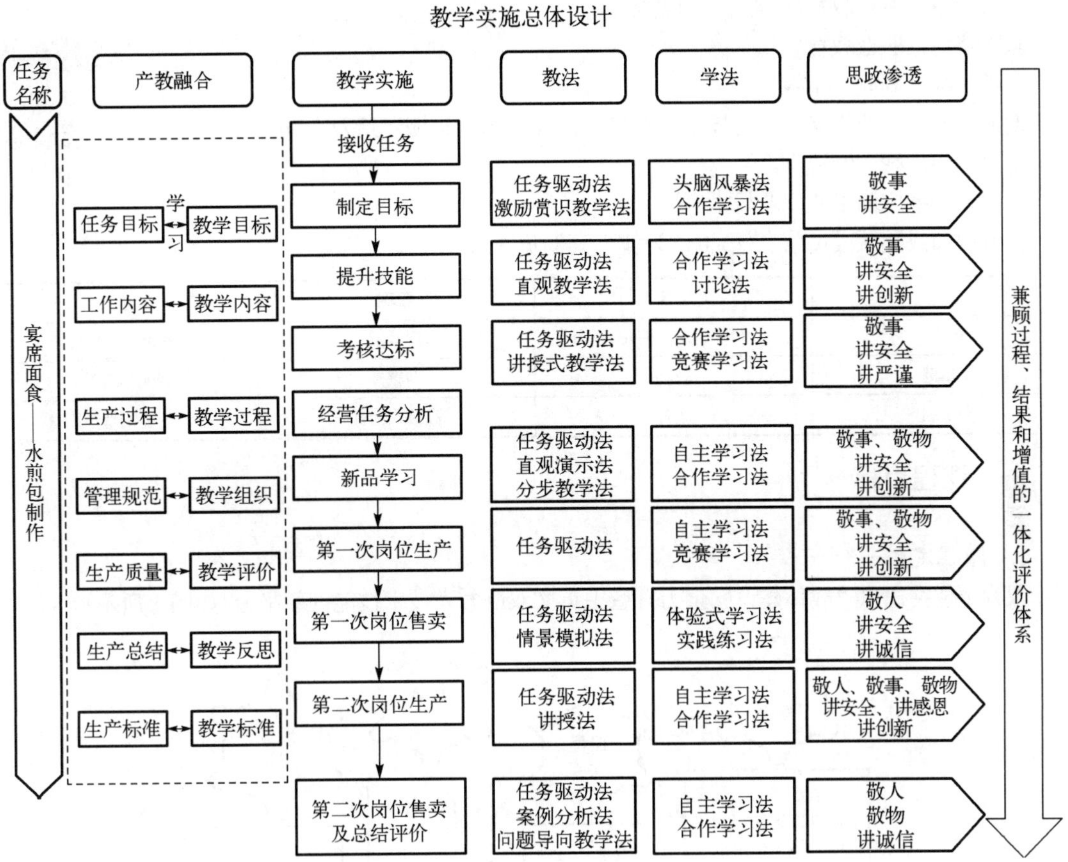
教学实施总体设计
任务名称
产教融合
教学实施
教法
学法
思政渗透
宴席面食——水煎包制作
任务目标
学习
教学目标
工作内容
教学内容
生产过程
教学过程
管理规范
教学组织
生产质量
教学评价
生产总结
教学反思
生产标准
教学标准
接收任务
制定目标
提升技能
考核达标
经营任务分析
新品学习
第一次岗位生产
第一次岗位售卖
第二次岗位生产
第二次岗位售卖及总结评价
任务驱动法 激励赏识教学法
任务驱动法 直观教学法
任务驱动法 讲授式教学法
任务驱动法 直观演示法 分步教学法
任务驱动法
任务驱动法 情景模拟法
任务驱动法 讲授法
任务驱动法 案例分析法 问题导向教学法
头脑风暴法 合作学习法
合作学习法 讨论法
合作学习法 竞赛学习法
自主学习法 合作学习法
自主学习法 竞赛学习法
体验式学习法 实践练习法
自主学习法 合作学习法
自主学习法 合作学习法
敬事 讲安全
敬事 讲安全 讲创新
敬事 讲安全 讲严谨
敬事、敬物 讲安全 讲创新
敬事、敬物 讲安全 讲创新
敬人 讲安全 讲诚信
敬人、敬事、敬物 讲安全、讲感恩 讲创新
敬人 敬物 讲诚信
兼顾过程、结果和增值的一体化评价体系

图 1

三、案例特色与成效

1. 思政元素匹配教学内容

以“舌尖上的中国”视频引导学生学习水煎包基础理论知识，领略中国传统饮食文化魅力。

2. 多维度融入思政元素

第一维度，从专业素养中提炼“三敬三讲”，实现教学高度。第二维度，从典型案例分析中提炼“工匠精神和劳动精神”，培养学生的民族自豪感、家国情怀和职业素养。

3. 调整教学评价机制适应思政需要

(1) 企业评价，课堂上邀请企业专家与学生互动交流，提升学生的技能水平和综合素养。

(2) 教师评价，课堂上通过“技能之星”“进步之星”等的评选，配以教师的激励赏识教学法，使学生在自觉养成中实现职业认同。

(3) 通过学生自评、互评，从侧面反映思政育人的教学效果。

案例 45 工业机器人应用基础

课程类型：专业教育课(理学、工学类)
教育赛道：职业教育
开课年级：高职一年级
面向专业：工业机器人应用技术、机电一体化技术、机械制造及自动化
部　　门：智能制造学院
学　　校：广西工业职业技术学院

案例视频

案例教师或团队成员信息(第 1 位为教学案例负责人)：

姓名	职务	职称	部门
杨铨	智能制造学院院长	副教授	智能制造学院
辛华健	教师	副教授	智能制造学院
曲宏远	教师	高级工程师	智能制造学院

一、课程目标

1. 课程定位

课程定位突出以“载体建设”全力打造中英文双语教学技术技能创新平台(如图 1 所示)。

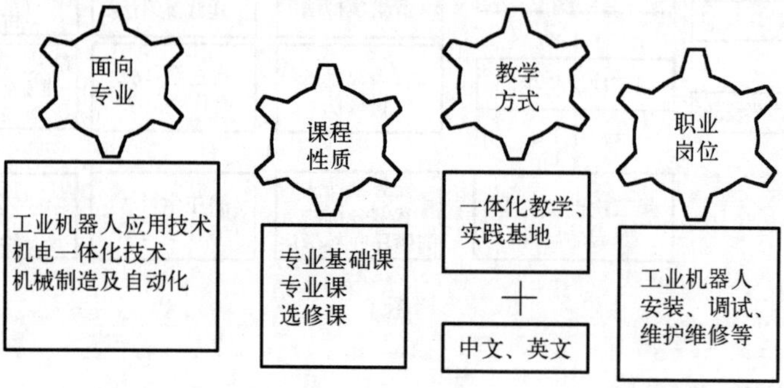
面向
专业
工业机器人应用技术
机电一体化技术
机械制造及自动化
课程
性质
专业基础课
专业课
选修课
教学
方式
一体化教学、
实践基地
+
中文、英文
职业
岗位
工业机器人
安装、调试、
维护维修等

图 1

2. 教学目标

以任务为单元，以应用为主线，培养学生工程实践项目解决能力。主要教学目标如下。

1) 知识目标

(1) 能够写出机器人的结构组成及作用，规范画出电气原理图。

(2) 能够正确地使用示教盒进行机器人程序的构建、编写和调试。

(3) 能够用示教盒进行机器人信号的配置。

(4) 能够应用简单的编程语句进行机器人程序的编写。

(5) 掌握“1+X”工业机器人操作与运维职业技能等级证书(中级)考试要求掌握的标准知识点。

2) 能力目标

(1) 能够进行电气原理图和 I/O 分配表的设计。

(2) 能够正确地选用机器人的外部工具进行安装、连接和调试。

(3) 能够熟练地掌握机器人的各种控制模式的操作流程。

(4) 能够熟练地按操作流程设置机器人的自动和手动运行模式。

(5) 熟悉“1+X”工业机器人操作与运维职业技能等级证书(中级)考试要求掌握的操作技能。

3) 素质与思政目标

(1) 养成安全操作的习惯，培养社会主义核心价值观。

(2) 善于从不同的角度发现问题，积极探索解决问题的方法。

(3) 学会举一反三、触类旁通、灵活应用，培养工业机器人技术基础应用能力。

(4) 培养学生的团队意识、组织协调能力、创新思维能力。

(5) 培养“1+X”工业机器人操作与运维中级证书要求达到的素质。

3. 聚焦“1+X”证书制度，深化“课—岗—证—赛”的课程内容重构

为适应新时代对工业机器人电气调试员、工业机器人维修工等工作岗位提出的新要求和职业岗位的新标准，结合“1+X”工业机器人操作与运维职业技能等级证书(中级)的职业技能要求，与智慧树平台进行网络教学资源整合，利用仿真视频、现场实操视频，让学生身临其境。具体教学内容整合如图 2 所示。

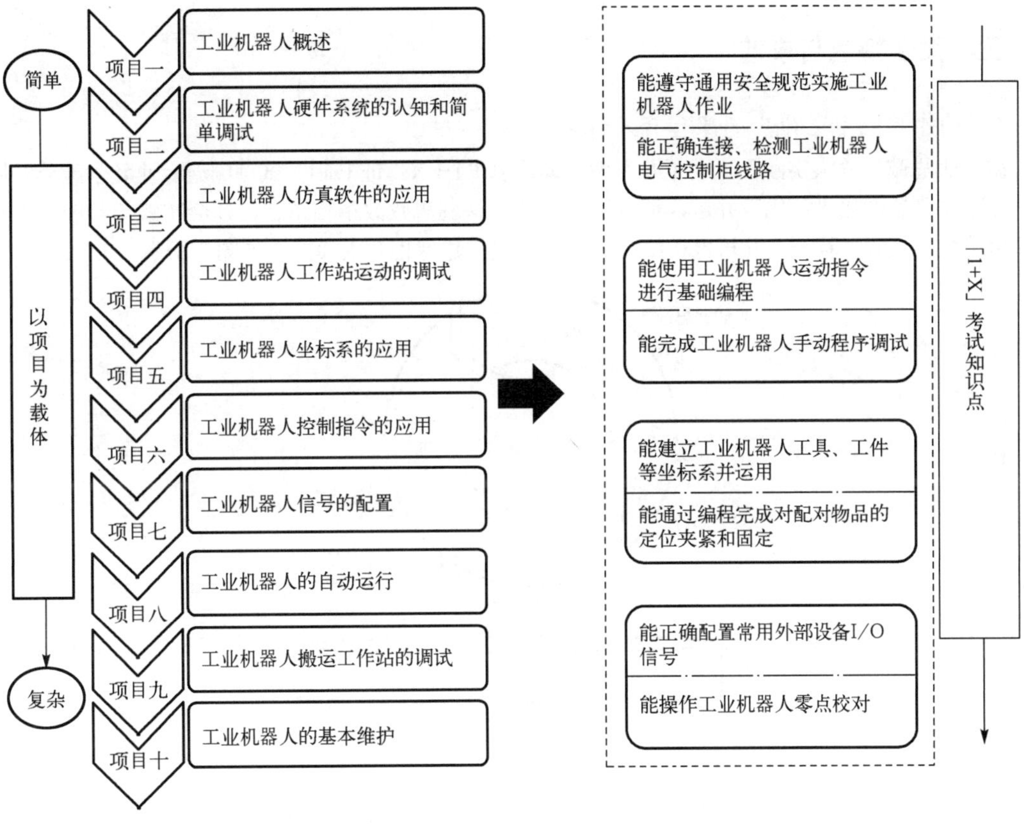
简单
以项目为载体
复杂
项目一
工业机器人概述
项目二
工业机器人硬件系统的认知和简单调试
项目三
工业机器人仿真软件的应用
项目四
工业机器人工作站运动的调试
项目五
工业机器人坐标系的应用
项目六
工业机器人控制指令的应用
项目七
工业机器人信号的配置
项目八
工业机器人的自动运行
项目九
工业机器人搬运工作站的调试
项目十
工业机器人的基本维护
能遵守通用安全规范实施工业机器人作业
能正确连接、检测工业机器人电气控制柜线路
能使用工业机器人运动指令进行基础编程
能完成工业机器人手动程序调试
能建立工业机器人工具、工件等坐标系并运用
能通过编程完成对配对物品的定位夹紧和固定
能正确配置常用外部设备I/O信号
能操作工业机器人零点校对
「1+X」考试知识点

图 2

二、课程思政案例设计

本课程是工业机器人应用技术专业的一门专业基础课，是高职一年级学生下学期所学课程。教学内容根据“1+X”工业机器人操作与运维职业技能等级证书(中级)的职业技能要求，结合世界知名机器人企业 FANUC 机器人公司对机器人基本应用能力制定的标准进行设置。通过引入机器人企业典型应用案例，使学生按照工业机器人知识要求学习相关的工业机器人基础知识。本课程将机器人搬运工

作站的调试与编程分解成多个典型工作任务，根据对典型工作任务的分析及能力要求设计教学内容，同时将企业对现场的管理、操作与设计的规范融入教学过程，充分实现了教学内容与职业标准对接、教学过程与生产过程对接的职业教育理念。

本课程在教学设计过程中，对于每个知识点及教学内容对标“1＋X”工业机器人操作与运维职业技能等级证书(中级)的职业技能要求，进行了明确的标准化设计，对于学生的教学目标、能力目标、素质与思政目标都做了规范性的准确定义，使得教师在教学活动中更加明确教学内容和目标，学生更加明确自己的定位和学习要求。在“工业机器人应用基础”的课程建设过程中，课程团队秉承立德树人的教学理念，将专业知识和课程思政有机统一，在课程讲授中，潜移默化地融入课程思政要素，激发学生的担当意识和爱国情怀，对树立正确的人生观和价值观起到了引领作用。

例如，三点法设置，是机器人坐标设置的一种常用方法。在“三点设置工具坐标”课程的学习中，让学生掌握三点设置的步骤和方法，培养学生自主学习和语言表达的能力，使学生树立安全工作意识，使得学生能够灵活地运用动作指令，按工艺规范进行机器人调试，同时培养学生团队协作和沟通交流的能力。

三、案例特色与成效

1. 构建“三融三化”的课程育人模式

融“大思政”“大实践”“大工匠”为一体，以“1＋X”证书制度试点倒逼专业教学改革，协同化、标准化、品牌化“三化”并进，通过氛围营造与课程思政改革相结合、社会实践与实践育人模式改革相结合、技能大赛与工匠培育相结合等多种形式构建课程育人模式，如图3所示。

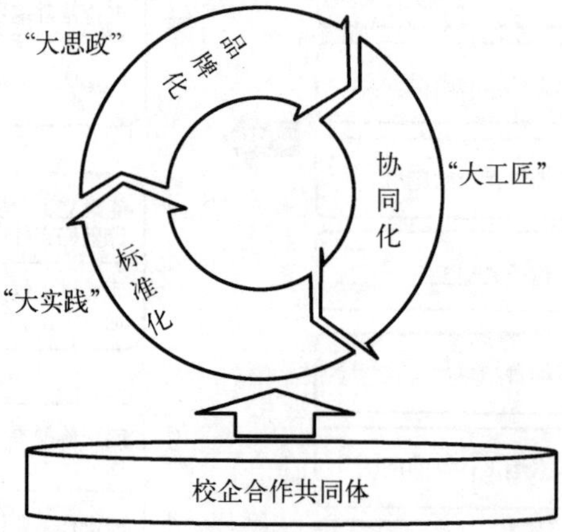
“大思政”
品牌化
协同化
“大工匠”
标准化
“大实践”
校企合作共同体

图3

2. “课一岗一赛一证”“线上线下”扩展实践教学形式取得新成效

课程采用中英文开发了 44 个微课视频，编写出版了新形态立体化教材。课程团队教师参加广西信息化大赛以“工业机器人应用基础”课程获得一等奖，参加教学能力大赛获省级二等奖，被评为广西技术能手。学生参加技能比赛获全国二等奖，获世界技能大赛第五名。

案例 46 机械设计与应用

课程类型：专业教育课(理学、工学类)
教育赛道：职业教育
开课年级：高职一年级

案例视频

面向专业：机械制造及自动化
部　　门：机电工程学院
学　　校：哈尔滨职业技术学院
案例教师或团队成员信息(第 1 位为教学案例负责人)：

姓名	职务	职称	部门
李敏	机电工程学院教学总管	教授	机电工程学院

一、课程目标

“机械设计与应用”课程是机械制造及自动化专业的一门重要专业基础课，课程依据专业教学标准及专业岗位对机械设计和制造领域人才的要求，融入产品设计师职业技能标准，培养学生具有分析设计和维护常用机构、通用零部件的岗位职业能力和创新思维。课程在机构和机械零部件设计与选用任务的完成过程中，融入思政元素，培养学生具有爱岗敬业、吃苦耐劳、诚实守信的工作态度，具有严谨治学、精益求精、团结协作的职业精神，具有无私奉献、劳动创新、报效祖国的理想信念，实现课程教学与思政教育“相融相通”。

1. 素质目标

(1) 具有自主学习、独立分析问题和解决问题能力。
(2) 具有机械创新设计思维和全面系统设计思想。
(3) 具有良好的职业素养和可持续发展能力。
(4) 具有团队协作意识和机械设计安全责任意识。
(5) 具有爱岗敬业、吃苦耐劳、诚实守信的工作态度。
(6) 具有严谨治学、精益求精、团结协作的职业精神。
(7) 具有无私奉献、劳动创新、报效祖国的理想信念。

2. 知识目标

(1) 掌握常用机构的类型、原理、特性、分析和设计方法。
(2) 掌握典型零部件的类型、工作原理、特性、选择、使用、维护和设计方法。
(3) 掌握机械系统的组成、功用、设计内容及步骤。
(4) 掌握现代设计手段的应用和创新设计方法。

3. 能力目标

(1) 能够独立分析和设计、维护常用机构和典型零部件。
(2) 能够独立分析和设计、维护简单机械装置。
(3) 能够熟练查阅标准、规范、手册等技术资料。
(4) 能够运用机械设计知识解决实际工程问题。

二、课程思政案例设计

1. 课程思政德育目标

本案例将思政元素“精益求精”“勤于思考”“严谨治学”“家国情怀”融入课程中，培养学生精益求精的工匠精神，勇于担当的爱国情怀，勤于思考、严谨治学的工作态度，实现课程教学与思政教育“相融相通”。

2. 思政教育融合点

(1) 在课程导入部分，播放机构学专家黄真教授的机构学成就的视频，介绍为我国机构学发展做出巨大贡献的人物——燕山大学黄真教授。黄真教授是我国最早从事并联机器人研究的学者，在国际上也是最早的几位知名学者之一。他的贡献主要有：①建立了并联机器人机构学系统理论；②解决了国际上争论了 150 年的统一通用的自由度原理与公式；③首创并联机构的通用综合原理。获得 IFToMM（国际机构学与机器科学联合会）卓越成就奖，使学生感受黄真教授身上体现出的中国老一辈机械专家的责任担当、工匠精神和家国情怀，引导激励学生继承和发扬老一辈专家精益求精的工匠精神，勇于担当的爱国情怀，勤于思考、严谨治学的工作态度。

(2) 在绘制平面机构运动简图过程中，学生按照平面机构运动简图的绘制步骤，认真细致地完成平面机构运动简图的绘制，融入全面系统思想，使学生分析问题、解决问题时建立全面系统思维，同时也无形地培养了“精益求精、勤于思考、严谨治学”工作精神。

3. 教育方法

(1) 问题探究法。提出问题，导入学习：内燃机传动系统组成？由问题的提出引入教学，启发学生思维。

(2) 任务驱动法。明确本次课的学习任务，即掌握运动副类型和表示方法，分析机构运动简图绘制方法，使学生在任务驱动下进行学习。

(3) 讲授法。教师讲解运动副的概念和运动副的表达方法。

(4) 演示法。动画演示“内燃机传动系统机构”“颚式破碎机机构”“牛头刨床主运动机构”，把运动副和机构运动情况清晰地展现出来。

(5) 总结法。课程最后给出本次课总结。

4. 载体途径

(1) 以机械设计领域先进人物故事为载体，引入机构学专家黄真教授事迹，从榜样力量和人格魅力的角度实现思政育人。

(2) 载体的形式包括视频、图片、讲解、讨论。

三、案例特色与成效

1. 案例特色

(1) 思政育人贯穿教学全过程，达到了“润物细无声”的效果。将机构学专家黄真教授的事迹融入课程中，实现了课程教学与思政教育的“相融相通”。

(2) 运用信息技术，激发学生的学习兴趣。采用线上线下混合式教学方式，通过内燃机传动系统机构、颚式破碎机机构、牛头刨床主运动机构动画演示，使抽象的运动副和机构运动情况变得直观易懂，充分体现了教学资源应用的优势，激发了学生的学习兴趣。

2. 成效

(1) 以学生为主体，育人效果显现。教学以学生为主体，结合任务引入、明确学习目标、任务实施、任务总结、课后思考等环节，融入思政元素，思政育人效果显现，学生积极思考、互动交流、团结协作，完成学习任务的主动性和积极性大大提高。

(2) 全过程多元评价，促进了学生全面发展。根据学生完成的平面机构运动简图质量、学习态度、小组配合情况等，进行了学生评价、小组评价、教师评价相结合的全过程、多元评价，促进了学生全面发展。

案例 47　建筑力学

课程类型：专业教育课（理学、工学类）
教育赛道：职业教育
开课年级：高职一年级
面向专业：建筑工程技术
部　　门：建筑工程学院
学　　校：湖北城市建设职业技术学院

案例视频

案例教师或团队成员信息（第 1 位为教学案例负责人）：

姓名	职务	职称	部门
董娟	建筑工程系主任	讲师	建筑工程学院
鲁晓俊	建设工程监理专业带头人	副教授	建筑工程学院
胡永骁	建筑工程学院副院长	讲师	建筑工程学院

一、课程目标

“建筑力学”是建筑工程技术专业的专业基础课程，面向高职一年级学生开设，课程内容对应施工员、质量员、安全员等核心职业岗位能力要求。通过本课程的学习，学生能够运用平衡方程分析作用在结构构件上的力与平衡的关系，综合运用强度、刚度、稳定性条件为结构构件选择安全且经济的承载方案，保证结构构件在施工及使用阶段的安全和质量。在教学过程中潜移默化地使学生热爱生活、热爱专业、乐于观察、善于辨析，培养学生的集体意识和团队合作意识，使学生循序渐进地形成建筑工程施工安全至上、坚持标准、崇尚劳动、精益求精的职业素养，从而达成建筑工程技术技能人才的培养目标。

本课程以建筑工程典型构件为载体构建了 6 个教学模块，如图 1 所示。

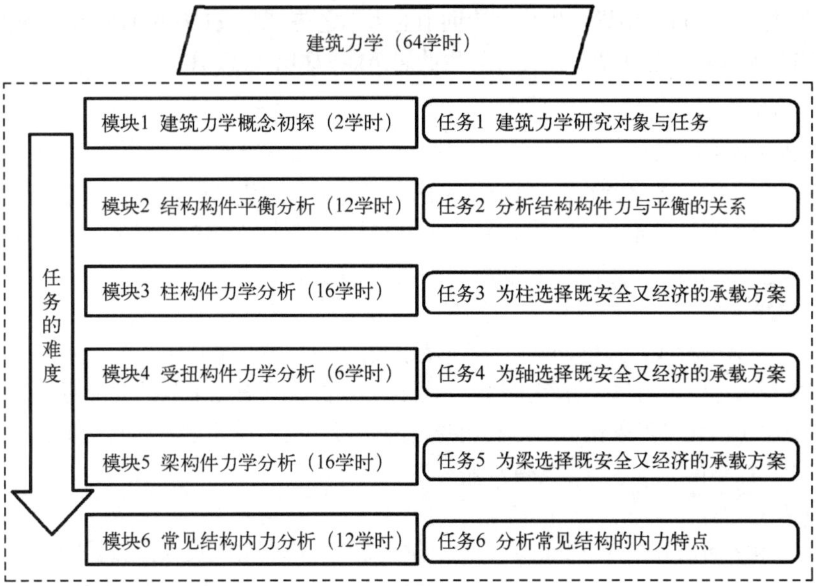
建筑力学（64学时）
任务的难度
模块1 建筑力学概念初探（2学时）
任务1 建筑力学研究对象与任务
模块2 结构构件平衡分析（12学时）
任务2 分析结构构件力与平衡的关系
模块3 柱构件力学分析（16学时）
任务3 为柱选择既安全又经济的承载方案
模块4 受扭构件力学分析（6学时）
任务4 为轴选择既安全又经济的承载方案
模块5 梁构件力学分析（16学时）
任务5 为梁选择既安全又经济的承载方案
模块6 常见结构内力分析（12学时）
任务6 分析常见结构的内力特点

图 1

二、课程思政案例设计

1. 教学内容

本案例选自模块5“梁构件力学分析”的任务4-2-2“提高梁的刚度的措施”(如图2所示)。

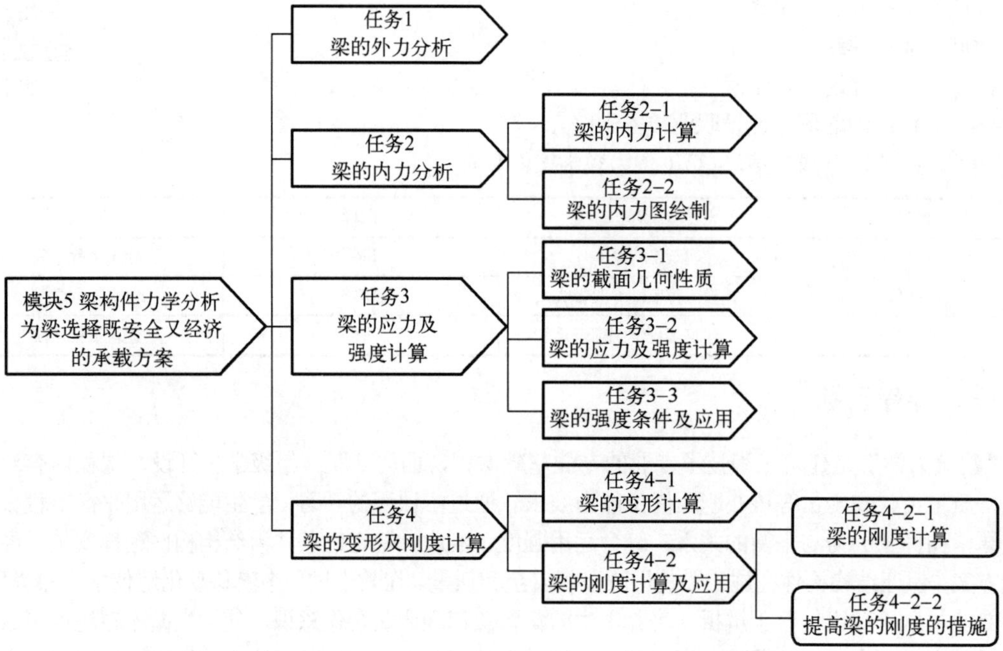
模块5 梁构件力学分析
为梁选择既安全又经济
的承载方案
任务1
梁的外力分析
任务2
梁的内力分析
任务2–1
梁的内力计算
任务2–2
梁的内力图绘制
任务3
梁的应力及
强度计算
任务3–1
梁的截面几何性质
任务3–2
梁的应力及强度计算
任务3–3
梁的强度条件及应用
任务4
梁的变形及刚度计算
任务4–1
梁的变形计算
任务4–2
梁的刚度计算及应用
任务4–2–1
梁的刚度计算
任务4–2–2
提高梁的刚度的措施

图2

2. 课程思政德育目标

(1)通过师生共读古诗，引导学生体会诗词中的力学之美，形成对美的理解和发现能力。

(2)在左右手游戏和小组活动中，提升学生的思辨能力和创新意识。

3. 教学过程

1)品读古诗《竹石》

教师带领学生品读古诗《竹石》，讲解诗中的力学元素，根据竹转换成的悬臂受弯构件简图，引出变形计算公式及刚度影响因素。在感叹竹子“无惧风雨、坚韧不屈”品质的同时，教师引导学生体会诗词中的力学之美，帮助学生形成对美的理解和发现能力。

2)左右手游戏

教师发起左右手小游戏，提出问题：“矩形截面梁如何摆放变形更小？”让不同选择的学生使用钢尺模拟梁的变形大小，亲自体会并得出结论“同样截面的梁立放比平放的变形更小”。在此过程中，教师将变形的概念生活化、形象化，通过利用身边随手可得的物品让学生体验变形大小与构件摆放形式间的关系，使生涩难懂的力学理论变得浅显易懂。

3)小组活动

教师布置小组活动任务：“如何提高一张纸的刚度？”各小组成员发挥自己的创新能力，在不改变材料属性(弹性模量 E 不变)和材料用量(截面面积 A 不变)的情况下，通过改变材料的截面形状(惯性矩 I 变化)来提高其抗弯刚度。在此过程中，学生通过小组活动，提高了团队协作和沟通能力；通过不断改进折纸方案，提升了创新意识。

4）点评讲解

教师点评并讲解“在保证面积 A 不变的情况下，采用合理截面形式可以提高梁的刚度”。教师引入竹子空心截面的图片，此时，学生已经能够分析竹子轻而刚度高的原因并感叹竹子的“智慧”。最后教师展示施工中的型钢梁、管桩、空心板等构件，将所学知识用于工程实践。

三、案例特色与成效

1. 共读古诗品力学之美，提升专业认同

通过将古诗中的竹转化为悬臂受弯构件，让学生在感受诗情画意的同时，发现其中蕴含的力学元素，激发了学生的学习兴趣，让学生切实体会到力学在生活中无处不在，提升学生的专业认同感。

2. 以源于生活、高效教学为主旨，搭建“生活场景—— 工程实例”教学桥梁

将理论性强、生涩难懂的力学理论及概念，通过身边的、日常的、直观的场景或物件引入，搭建“生活场景—力学现象—专业认知—工程实例”的教学桥梁，激发学生学习兴趣和责任感，在专业理论学习之后，寻找身边的工程案例，将所学在实践中验证。既强化了学习效果，又潜移默化地培养了热爱专业、善于辨析、安全与经济并行的工程意识。

案例 48　高等数学

课程类型：专业教育课（理学、工学类）
教育赛道：职业教育
开课年级：高职一年级
面向专业：地质、勘查类专业
部　　门：基础课教学部
学　　校：湖北国土资源职业学院

案例视频

案例教师或团队成员信息（第 1 位为教学案例负责人）：

姓名	职务	职称	部门
刘世金	教师	教授	基础课教学部

一、课程目标

本校工程类专业主要面向全国，培养拥护党的基本路线，从事工程地质勘查等技术岗位的，“德智体美劳”全面发展的爱国敬业的高素质技能型人才。

根据专业人才培养方案，“高等数学”作为通识必修公共基础课中的文化素养类课程，主要服务以下目标。

(1) 渗透微积分思想，传承华夏文化和数学思维方法，培养学生的数学认知能力和数学语言表达能力。

(2) 培养学生“学数学、爱科学”的思维习惯，训练学生的微积分运算能力。

(3) 树立学生成为大国工匠的信心，将微积分理论融入解决实际问题的过程，训练学生应用数学技术解决专业实际问题的“应用能力”。

(4) 为学生学历提升等职业生涯发展提供文化素养和知识储备，增强学生的“自学能力”。

二、课程思政案例设计

本案例以“高等数学”课程中的“极限的概念”为教学内容，具体设计如下。

1. 课程思政德育目标

(1)研究体育竞技中的极限思想，弘扬自强不息、为国争光的奥林匹克精神。
(2)形成“学数学、爱科学”的思维习惯。
(3)研习庄子“一尺之棰，日取其半，万世不竭”的哲理，传承华夏文化。
(4)体会“不可割，则与圆周合体而无所失矣”的极限思想和科学思维方法。
(5)感受中华诗词文化中的哲学思想及其对人类文明的贡献，树立文化自信。

2. 思政教育融合点

(1)从2008年的北京奥运会到2022年的北京冬奥会，见证我国实现中华民族的百年奥运之梦。
(2)庄子“一尺之棰，日取其半，万世不竭”哲学思想中蕴含的极限思想。
(3)刘徽“割圆术”中的极限思想和对圆周率π计算的科学贡献。
(4)李白《送孟浩然之广陵》诗词文化中文学美和极限美深度融合的数学美。

3. 教育方法载体

(1) π的科学认识、研究、突破，再认识、再研究、再突破……数学思维方法。
(2)观察函数变量变化趋势，构建逻辑递推思维能力。
(3)理解极限的概念，掌握极限的运算。
(4)增强利用数学语言表达的自信，形成良好的语言组织和沟通能力。
(5)研究存款理财中每一年年末的本利和数列排列情况，为连续复利计算埋下伏笔。

4. 重点及措施

重点：极限的概念。

措施：(1)体会体育竞技中的“极限”思想；(2)展示庄子哲学思想下的数列极限推演；(3)动态演示刘徽“割圆术”中正多边形与单位圆面积无限逼近。

5. 难点及措施

难点：极限思想的形成，即对变化趋势的理解，往往成为课程中的难点。

措施：以“动画演示”分割1天、2天……、N天后棰的长度，带领学生逐步感受当N越大时，棰“万世不竭”的内涵。

6. 教学资源

文本资料：任务书、Mathfuns操作指南、课件。
视频资料：“割圆术”演示视频、极限概念微课、Mathfuns极限运算微课。
设备软件：Wi-Fi环境，Mathfuns软件，智慧职教课程平台、线上学习平台App。

7. 形成性考核

(1)课件学习(10%)：包括学习进度(95%)、笔记(5%)。
(2)态度考核(20%)：包括课堂活动(60%)、出勤(40%)。
(3)作业任务(20%)：包括课后作业(90%)、实践任务(10%)。
(4)综合考试(50%)：包括理论检测(90%)、实践检测(10%)。

8. 课后作业

三、案例特色与成效

1. 案例特色

(1)思政目标明确：全程围绕“为党育人、为国育才”的目标进行设计与教学。

(2) 思政载体恰当：无论是奥运会中的体育竞技，还是祖冲之和刘徽圆周率的计算、庄子的哲理、李白的诗词，无不蕴含着“极限”思想，专业理念上更突出“教学”，思政认知更是“润物细无声”，使学生能真正入耳、入脑、入心。

(3) 理实结合，重在应用：课程利用多种信息化手段，以存款理财任务驱动，提高学生分析、解决专业问题能力。

2. 成效

从对课前、课中、课后学生任务完成情况分析来看，教学重难点得以突破，学生课堂学习效果有显著提高，同时课程立德树人的思政目标也已达成。

案例 49　Linux 操作系统应用

课程类型：专业教育课(理学、工学类)
教育赛道：职业教育
开课年级：高职一年级
面向专业：计算机网络技术
部　　门：信息工程学院
学　　校：湖北职业技术学院
案例教师或团队成员信息(第 1 位为教学案例负责人)：

案例视频

姓名	职务	职称	部门
唐娟	人工智能及移动互联专业教研室主任	高级实验师	信息工程学院
潘志安	信息工程学院院长	教授	信息工程学院
沈平	实训中心主任	教授	信息工程学院

一、课程目标

“Linux 操作系统应用”课程为计算机网络技术专业基础课程，开设于高职一年级下学期，共 64 学时，4 学分。先修课程有“Windows 操作系统”“计算机网络基础”，后续课程为“Linux 服务器配置与应用”。本课程还可作为计算机大类专业的选修课。

对计算机网络技术专业学生的学情分析如下。

1. 思想特征

(1) 思维活跃，个性突出。

(2) 一些学生缺乏理想信念。

(3) 对国家安全观、网络法律法规认识不足。

2. 行为特征

(1) 对 Linux 相关课程学习有一定的好奇心，但学习目标不明确。

(2) 学习不能持之以恒。

3. 学习基础

(1) 熟悉 Windows 操作系统的操作方法。

(2) 能够应用网络基础知识组建局域网。

(3) 对线上线下学习过程比较了解。

课程通过任务驱动、案例导向的线上线下混合式教学模式，使学生掌握 Linux 操作系统管理的基本知识与技能，能够熟练使用 Linux 桌面操作系统，进行日常配置、维护和管理。培养学生解决 Linux 桌面操作和服务器基本配置问题的职业能力，达到初级职业标准要求。提高学生分析和解决问题的能力，为学习后续相关核心课程、取得职业技能等级证书、参加网络类大赛等奠定基础。

二、课程思政案例设计

1. 课程思政总体目标

培养具有团队协作、工匠精神、创新思维、规则意识、安全观念、家国情怀的高素质社会主义技能人才。

2. 思政教育融合点

1) 从教学目标中提炼思政主题

课程分为 8 个项目，每个项目都有思政主题(如表 1 所示)。挖掘专业知识体系中蕴含的思想价值和精神内涵，从三维教学目标中提炼核心思政主题(以项目 3 为例，如图 1 所示)。

表 1

项目	思政主题
项目 1 安装 Linux 系统	自由开放，自主创新
项目 2 配置桌面	求同存异，和合共生
项目 3 管理用户	凝心聚力，团队协作
项目 4 管理文件	分类统筹，安全发展
项目 5 管理磁盘	动态监管，协同共享
项目 6 管理软件	厚积薄发，勇于实践
项目 7 系统运维	爱岗敬业，精益求精
项目 8 shell 编程	知行合一，慎思笃行

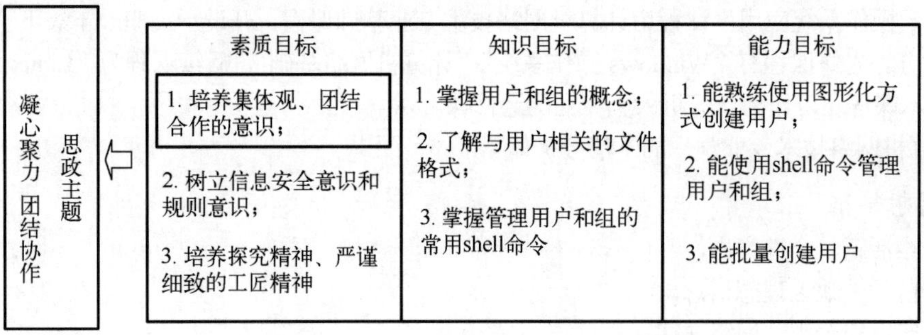
凝心聚力 团结协作
思政主题
素质目标
1. 培养集体观、团结合作的意识；
2. 树立信息安全意识和规则意识；
3. 培养探究精神、严谨细致的工匠精神
知识目标
1. 掌握用户和组的概念；
2. 了解与用户相关的文件格式；
3. 掌握管理用户和组的常用shell命令
能力目标
1. 能熟练使用图形化方式创建用户；
2. 能使用shell命令管理用户和组；
3. 能批量创建用户

图 1

2) 在教学过程中设置点滴思政元素

在教学过程中发生的点滴育人元素，不在核心思政主题之列，可进行隐性设置。例如，在案例视频小王和小李的对话中，结合教学内容设置了“安全意识”的思政元素，时间较短，但意味深长。

3. 教育方法和载体途径

1) 主题式思政的实施

围绕项目的思政主题，准备配套的思政场景，在教学过程中多方位传导育人主题。具体实施过程如下。

(1) 营造育人氛围。

在案例视频开场语和结束语中，显示思政主题“凝心聚力、团结协作”，营造育人氛围。

(2) 引发育人主题。

在案例视频中，教师在讲授“主要组和附加组的权限和关系”时，类比“在校学生的主要组织和附加组织”；这个案例告诉大家，学生在享受组织带来的权益和机会时，也要遵守组织的规章制度；案例升华到主题就是遵守规则、凝心聚力、形成合力，才能长足发展。

(3) 品读主题故事。

课程每个项目最后都有主题故事。在项目 3 中，以华为“床垫文化”阐释了团结奋斗之路，供学生“看故事，品人生”。在教学中，就主题故事引导学生谈感想、讲做法，进行自我思政教育。

2) 点滴式思政的运用

在案例视频中，通过对话“从本机或从远程登录的多个用户能同时使用同一台计算机”，引发担忧“这样子会不会不安全”，再给出解决思路“对不同的用户、不同的组设置权限”。十几秒的对话，既推广了“安全意识”，又引出了“安全行为”。运用点滴式思政，隐性结合育人理念和教学内容，似盐溶水，看似无形，实则有味。

三、案例特色与成效

1. 案例特色

1) 思政形式多样

主题思政和点滴思政互补，显性思政和隐性思政并用，育人过程自然，有利于学生接受。

2) 育人载体丰富

通过人物动画、教师讲述、背景字幕、主题故事传播育人理念，做到全过程育人，思政灵活有趣，易于学生理解。

2. 成效

1) 线上线下考试通过率双提升

截至 2023 年 6 月，线上精品课程在智慧职教平台共开设 6 期，第 6 期 2023 年 6 月结课，选课人数 3552 人，考试通过 1781 人，通过率 50.1%，较第 5 期提升 33.9%；校内学生线下课程结业考试平均分 84 分，通过率 92.3%，比 2022 年同期提升 6.7%。

2) 助力网络技能比赛获奖

“Linux 操作系统应用”是网络技术类赛项的模块之一。我校计算机网络技术专业一直使用本课程进行线上线下混合式教学，在湖北省职业院校技能大赛高职组“计算机网络与信息安全技术”大赛中，荣获一等奖。

案例 50　化工制图

课程类型：专业教育课(理学、工学类)

教育赛道：职业教育

开课年级：高职一年级

面向专业：化工技术类

部　　门：机械工程学院

学　　校：兰州石化职业技术大学

案例视频

案例教师或团队成员信息(第 1 位为教学案例负责人)：

姓名	职务	职称	部门
刘立平	教师	教授	机械工程学院
王霞琴	教师	讲师	机械工程学院
张化平	机械工程学院副院长	高级工程师	机械工程学院

一、课程目标

“化工制图”是高等职业教育化工技术类各专业的一门专业基础课程。本课程结合企业对专业学生的岗位要求，以职业能力为依据进行课程设置。本课程以“机械图、化工设备图、化工工艺图”的绘制与识读为主线，构建石化领域技术人员从业入门的基础技能。专业学生需要具有中等复杂程度机械图样、化工图样的读图能力、绘图能力、空间想象和思维能力，学会查阅相关手册和有关的国家标准，能够按照国家标准、行业标准绘制指定装置的工艺流程图、工艺管道及仪表流程图、设备布置图、管道布置图，使学生初步具备用工程技术观点观察问题、分析问题和解决问题的能力；树立创新意识、标准意识、质量意识，以及严肃认真的工作作风、精益求精的工匠精神。

二、课程思政案例设计

本案例视频教学内容选自“化工制图”课程中的“组合体的形体分析”，主要讲述形体分析法的概念及应用、组合体的组合形式、组合体的表面连接关系。

通过学习形体分析法，培养学生化繁为简、化难为易、解决问题的能力；通过学习组合体在各基本体组合过程中的表面连接关系，正确处理画线与不画线的问题，培养学生严谨认真的工作态度、精益求精的工匠精神。

融合点 1：在讲解形体分析法的概念(假想把组合体分解成若干基本体，分析这些基本体的结构形状、组合方式、相对位置及表面连接关系，以便进行组合体绘图、读图及尺寸标注的方法，称为形体分析法)时，告诉学生利用形体分析法把复杂问题简单化，化繁为简、化难为易，找到解决实际问题(绘图、读图、尺寸标注的问题)的科学方法。形体分析法是这门课最重要的方法。

融合点 2：在讲解完组合体的表面连接关系(平齐不画线、不平齐画线、相切不画线、相交画线、轮廓线消失不画线)之后，提醒学生在画图的时候一定要细心观察、认真分析，认真分析哪一条线该画、哪一条线不画，细节决定成败。强调图纸是用来指导生产加工的，必须是正确的，因此，要严谨认真地对待每一张图、正确画好每一条线。否则，图纸出错会影响生产，出现废品，造成经济损失。世界上就怕“认真”二字，以精益求精的工匠精神对待每一张图、每一条线，是我们必须养成的工程素养，为我们成为大国工匠打下坚实的基础。

融合点 3：在课程结束之前，教师会认真地按知识点之间的内在联系进行整理和归纳，提升学生自主学习特别是归纳总结的能力，巩固学生所学知识，夯实基础。采用线上线下混合式教学模式，利用 PPT 展示、动画播放、软件建模等辅助讲解授课内容。

三、案例特色与成效

“化工制图”是针对高职一年级新生开设的一门化工技术类专业基础课程。课程思政的融入对于引导和培养学生树立正确的世界观、人生观和价值观起着先导作用。本课程深度挖掘与课程内容契合度高的思政元素，通过显性教育与隐性教育相结合，把思政内容巧妙融入课堂教学。

本案例的课程内容“形体分析法”是把复杂形体假象分解成简单的基本体，适当切入课程思政点“科学的学习方法，把复杂问题简单化，解决绘图、读图问题”等内容。在画组合体三视图时，必须搞清楚各基本体在组合的过程中的表面连接关系，切入课程思政点“严谨认真的工作态度、精益求精的工匠精神”等内容，使思政元素自然贴切地融入课程知识，达到了如盐入水、润物无声的效果，使学生容易接受。

案例 51　芳烃生产工艺

课程类型：专业教育课(理学、工学类)
教育赛道：职业教育
开课年级：高职二年级
面向专业：应用化工技术、有机化工技术、煤化工技术
部　　门：应用化学工程学院
学　　校：兰州石化职业技术大学
案例教师或团队成员信息(第 1 位为教学案例负责人)：

案例视频

姓名	职务	职称	部门
展宗瑞	教师	副教授	应用化学工程学院

一、课程目标

应用化工技术专业旨在培养“知工艺、懂安全、会操作”的高素质、技能应用型人才，“芳烃生产工艺”是应用化工技术专业核心课程。课程围绕典型芳烃产品生产工艺过程，通过工艺理论学习、大型半实物仿真装置开停车操作、常见事故应急处理等项目载体，从教学目标到教学内容，紧扣新时代发展要求，对接行业发展及最新技术进展情况，通过新的教学方式培养既懂得化工产品生产技术，又具有一定科学创新思维、规范操作理念、严谨职业精神的化工人才。

同时，为落实立体化育人格局，促进显性教育和隐性教育相融合，深入挖掘课程蕴含的思政元素。将知识学习、能力培养和思政教育融为一体，实现立德树人、润物无声的教学效果。

二、课程思政案例设计

课程团队对本门课程思政建设模式进行统一规划设计，遵循“思政”“专业”相长原则，从聚焦课程到聚焦专业，绘制“课程思政元素地图”，找准“思政内容”与本课程知识点或技能点的契合点，进行系统性的课程设计，以无缝对接和有机互融的方式，做到“基因式”融合。力争实现显性思政和隐性思政相融合，构筑课程思政、基地思政、网络思政、日常思政“四位一体”的立德树人体系；统筹推进和分类实施相融合，尊重教育教学规律和人才培养规律，彰显课程思政教育教学润物无声的效果；育人效果与信息技术相融合，借助大数据网络分析，实现育人指标数据化、标准化，育人效果可测化、可评化，推进“全员、全过程、全方位”育人。

本案例教学内容选自“芳烃生产工艺”课程模块二“催化重整工艺”的“重整催化剂”“催化剂的研发历程”环节，具体教学设计如表 1 所示。

三、案例特色与成效

本案例围绕重整催化剂的发展历程展开。教学内容聚焦于重整催化剂技术研发，教学过程以学生为中心，设计了合作学习、自主探究、学生互评等形式多样的学生活动，潜移默化地将家国情怀、团队协作意识、岗位责任意识、科学精神与工程思维习惯等贯穿始终，能够做到育人有温度，润物细无声。

在教学过程中，通过课堂表现观察和问卷调查、集体讨论等方式发现学生对“课程思政”改革的反应是积极的、肯定的，他们易于接受这种渗透式、潜移默化的教育方式，在专业课知识和技能学习上的积极性和主动性也有所提高。化工类专业 2020 级“芳烃生产工艺”课程的考试成绩比 2019 级整体提升了 10%。

表 1

教学环节（用时）	教学内容	教与学活动		设计意图
		教师活动	学生活动	
环节三：重整催化剂（思政切入点）	1. 上一环节的重整反应中两类有效反应——芳构化及异构化，对催化剂有双重功能要求：既促进芳构化，又能促进异构化； 2. 介绍我国重整催化剂的发展，从跟踪模仿到自主创新的艰难探索过程	【知识迁移】回顾环节二关于重整过程中的有效反应及其对催化剂的特殊要求 【新知讲解】分析重整催化剂的具体组成、功能特点及使用注意事项 【知识拓展】了解我国重整催化剂的研发及应用过程	【听讲解、记笔记】听取讲解，分析催化剂组分特点 【融会贯通】根据双重功能催化剂特点，重构整合之前所学的储备知识，建立工业催化剂选用的基本思路 【要点归纳】就催化剂发展历程的主要节点及催化剂发展特点，进行梳理，提炼要点	1. 自主分析工作任务，培养学生根据所学知识自主思考、独立解决问题的能力； 2. 介绍我国重整催化剂的研发及应用历程，融入思政教育。1695 年，我国自行研究、设计、建设的第一套年产 10 万吨的半再生催化重整生产线在大庆炼油厂投产，使用了国产的第一种铂基催化剂。强调中华民族的自立自强精神
环节四：催化剂的研发历程（思政切入点）	1.引入我国催化界的泰斗郭燮贤老先生事迹，在过去的半个多世纪里，以国家利益为己任，以民族复兴为大局，为国家的发展和科技的进步奉献了自己毕生的精力； 2.中国石化石油化工科学研究院（RIPP）自主研发的四代催化剂的特点	【人物介绍】郭燮贤老先生带头研制了我国第一个铂重催化剂，之后陆续参与“多金属重整”“氯化清除”“肼分解”等多项科研任务，为我国重整催化剂的研发及工业应用做出了突出贡献 【分析讲解】比较分析国产催化剂每代的技术更新，引导学生自己思考 【组织讨论】组织学生讨论催化重整的关键核心技术，强调自主知识产权的重要性	【听讲解、记笔记】通过科学家科研报国故事，树立家国情怀； 【小组讨论】了解美国 UOP 和法国 IFP 成套重整技术发展情况，讨论全球主要重整技术专利	1. 通过科学家科研报国故事，树立学生的家国情怀； 2. 催化剂更新换代，不断解决现实问题，帮助学生树立与时俱进、不断发展的终身学习观念； 3. 讨论重整关键技术专利，激发学生自主创新意识

案例 52　数据库原理及应用

课程类型：专业教育课（理学、工学类）

教育赛道：职业教育

开课年级：高职二年级

面向专业：计算机网络技术、云计算技术应用

部　　门：信息与传媒学院

学　　校：内蒙古建筑职业技术学院

案例视频

案例教师或团队成员信息（第 1 位为教学案例负责人）：

姓名	职务	职称	部门
云洁	信息与传媒学院教务中心主任	讲师	信息与传媒学院

一、课程目标

“数据库原理及应用”是一门理实一体化课程，授课对象为高职院校大二年级学生。本课程的总目标是确保岗位所需专业技能得到培养的同时兼顾数据库知识体系的相对完整性，因此以真实项目贯穿教学过程，以职业技能培养为目标，以项目任务实现为载体，将理论学习与实际操作相结合。让学生在“做中学”“学中做”，提高实践动手能力，培养创新能力与团队合作精神。根据学生的基本情况以课程标准为依据设计知识、技能和素质目标的同时，根据课程内容设计了思政育人目标，通过教学过程中思政元素的融入，激发学生对社会主义核心价值观的认同感，培养学生诚实守信、求真务实的性格。提高学生在沟通表达、自我学习和团队协作方面的能力；培养学生良好的程序设计风格、自主学习能力、创新能力与团队合作精神，使学生树立正确的技能观，培养学生的工匠精神。

在教学中以习近平新时代中国特色社会主义思想为指导，在专业知识的学习和专业技能提升的过程中始终融入理想信念层面的精神指引，培养大学生树立正确的理想信念，坚定正确的政治信仰，践行正确的价值取向，增强自身的社会责任感，提升明辨是非的能力，将高职学生培养成德才兼备的高技能创新型人才，成为中国特色社会主义事业合格的建设者和接班人，最后实现“知识传授、能力提升和价值引领”的课程教学目标。

二、课程思政案例设计

本案例在管理维护数据库阶段，引入《中华人民共和国网络安全法》，说明数据库安全是网络空间安全的重要组成部分，引导学生知法守法，遵守职业道德。学生在教师布置学习任务后，自主进行课前在线学习、在线测验和实践练习。课程资源主要是本校自建线上课程、与教材配套的在线开放课程和课程组收集整理的企业实际案例等，教师跟踪学生学习效果，收集问题并调整上课流程。

课中学生通过教学活动将知识内化、获得技能，教师进行教学引导、实时指导、归纳总结和考核评价并布置下节课的学习任务；课后学生通过学习教学视频进行巩固提高，教师进行答疑指导和批改评价。其中运用的主要的教学方法有项目教学法、任务驱动法、分组教学法和案例教学法等，课程思政通过画龙点睛、专题嵌入和隐性渗透的方式融入案例探究、交流讨论、角色体验的教学过程中。

具体的教学过程主要分为平台导学、创设情境、思政切入、探究分析、实践训练、评价总结和课后实践 7 个环节，形式新颖，因材施教，循序渐进，分层兼顾。

三、案例特色与成效

“数据库原理及应用”是计算机网络技术、云计算技术应用、信息安全与管理、移动应用开发等相关专业的必修基础课，是在学生学习了数据结构及高级语言程序设计课程，具备了组织数据的思想、方法及程序设计的基本能力后，开设的一门理实一体化的课程。本课程主要为后续课程服务，是非常重要的思政教育工作阵地。

本课程在教学内容上与时俱进，作为学习云计算、大数据、人工智能等最新技术的必修课程，结合“1+X”证书考试内容，及时反映行业企业实践与最新成果。着力将思政教育内容融入课程教学中，思政教育与专业教育相得益彰，实现全方位、全过程、全员立体化育人。

教师通过多种教学方法将思政元素隐性渗入教学过程中，达到了潜移默化的效果。在教学评价中也将思政内容列入考核，主要注重过程性考核，将过程性考核纳入课程最终成绩。这种模式可以让学生注重日常知识的积累，端正态度对待专业课程学习，有效提升了课堂授课质量。

案例 53 现代传感器综合应用

课程类型：专业教育课(理学、工学类)
教育赛道：职业教育
开课年级：高职二年级、高职三年级、高职四年级
面向专业：电气自动化技术、机电一体化技术
部　　门：信息与电气工程学院
学　　校：青岛港湾职业技术学院

案例视频

案例教师或团队成员信息(第 1 位为教学案例负责人)：

姓名	职务	职称	部门
隋美娥	教师	副教授	信息与电气工程学院

一、课程目标

“现代传感器综合应用”是高职电气自动化技术专业的核心专业课。秉承“以德立身、自强不息”的校训和培养智能制造领域现场工程师的专业培养目标要求，本课程立足智能生产、生活实际案例，“以学生实践创新能力发展为中心”，以项目任务为载体，进行课程内容的重构，着力培养学生解决传感器实际应用问题的能力和综合创新能力，以中国智能制造电气人的职业使命，厚植职业理想和责任担当，实现自己的人生价值。

结合智慧物联的产业背景、智能制造现场工程师的职业岗位要求，服务地方产业和学校办学定位，制定课程目标如下。

(1)知识目标：掌握生产、生活中常用的温度、湿度、气体、液位、光电、位移等传感器的基本工作原理，实际生产、生活中实际使用场景的功能原理分析。

(2)能力目标：能结合虚拟仿真和实物创作两种载体，对温度、湿度、气体、液位、光电、位移等传感器进行课内课外“基础项目—提升项目—拓展项目—竞赛项目”四层次多元化的创新实践，提升学生动手能力和实践中分析问题、解决问题能力。

(3)素养目标：以“立德树人”为根本宗旨，引导学生坚定理想信念、厚植爱国情怀、培养奋斗精神、增长专业知识、拓宽职业视野。

二、课程思政案例设计

1. 课程思政德育目标

(1)通过对热电效应的学习，使学生认识到“伟大发明始于好奇，终于踏实实践与科学求真的探索”，激励学生在专业道路上求真务实，勇于质疑。

(2)通过讲解中国科学院的温差发电片和“‘嫦娥四号’月夜之电——钚 238 同位素衰变”，从民生到国之重器，提升学生科技报国的家国情怀。

2. 思政教育融合点及载体途径

本案例的核心知识点是“热电效应”。

(1)课前，通过天然气泄漏产生爆燃事故，引发学生思考：“防患于未‘燃’真的很难吗？作为未来的电气工程师，如何利用专业知识，为国计民生服务？”(引发学生思考，提升专业认同度。)

(2)课中，引出国家标准(科技前沿)，针对燃气器具必须加装“热电式熄火保护装置”(国计民生)，导出课程，以熄火保护功能为载体展开教学，围绕热电效应的发现史(科学求真，协作创新)、热电式

熄火保护原理、热电势产生的虚拟仿真及实物演示(求真务实，严谨细致)，拓展开发体温发电小游戏(创新探索，不懈追求)，让学生在动手实践中，巩固专业知识，提高学习兴趣，激发不断创新的动力，进一步将热电效应的应用拓展到在寒冷的月夜，如何为国之重器“嫦娥四号”的精密仪器保温(钚 238 同位素衰变发出的能量，利用热电效应转化为电量，保障精密仪器低功率运行)(前沿探索，家国情怀)。

(3) 课后，通过参考文献可知，阿波罗 15、17 号测量月壤温度用的是热电偶，而“嫦娥五号”测量月壤温度用的是热敏电阻，通过中外不同的月壤温度测量方法，区分热电偶和热敏电阻的测量原理，同时，提升学生的科技自信、家国情怀与使命担当。为了提升学生的信息化素养及探索创新精神，提供了设计制作热电偶智能控温装置的练习。

3. 思政教育方法

在教学过程中，教师引导学生积极思考完成燃气器具自动熄火保护工作原理分析和体温发电创新实验的探索，实现了“教、学、做、研、创”一体化，利用课后思考题将模拟电子、单片机、虚拟仿真等知识进行有机融合，提升学生综合能力。

三、案例特色与成效

1. 案例特色

(1) 问题引领，环环相扣，知识与思政紧密融合。

(2) 由小及大，层层递进，从民生到国之重器，提升学生专业认同度与科技报国的家国情怀。

2. 成效

通过教学改革，学生创新积极性和主动性明显提升，学生传感器知识参与“挑战杯”“互联网＋”“机电产品创新”等相关赛事获奖 20 余项，学生参与专利授权 6 项。

案例 54　二手车鉴定评估与交易

课程类型：专业教育课(理学、工学类)

教育赛道：职业教育

开课年级：高职二年级、高职三年级

面向专业：汽车技术服务与营销、汽车检测与维修技术

部　　门：现代汽车系

学　　校：日照职业技术学院

案例视频

案例教师或团队成员信息(第 1 位为教学案例负责人)：

姓名	职务	职称	部门
韩佩宏	教师	讲师	现代汽车系
王娜娜	教师	讲师	现代汽车系
张素素	教师	讲师	现代汽车系

一、课程目标

围绕学校“面向社会、服务区域经济”的办学定位和“立德、乐学、慎思、敬业”的校园文化，聚焦“现代科技、育德育人”的专业群特色及“双主体培养、产教融合”的人才培养要求，“二手车鉴定评估与交易”课程坚持立德树人、“三全育人”(全员育人、全程育人、全方位育人)，确立课程思政建设方向，课程重点是“着力培养思想政治坚定、德技并修，能积极服务国家汽车行业发展战略和山东省经济建设发展的具有车辆技术鉴定能力，能为客户提供金融服务的汽车后市场高素质技术技能型人才”。

1. 知识目标

(1)掌握二手车信息调查的方法，了解二手车主要参数内容。

(2)掌握二手车评估的各种专业术语。

(3)掌握二手车技术状况检查的主要内容。

(4)掌握二手车成新率的评估方法。

(5)掌握二手车价格的估算方法。

(6)掌握二手车鉴定评估报告编写方法和内容。

(7)了解国内外二手车市场现状。

(8)知道事故车辆的辨别方法及检测项目。

2. 能力目标

(1)能够查找二手车参数信息，辨别车辆的合法性。

(2)能够接洽客户并与客户签订《二手车鉴定评估委托书》，能够制订评估计划。

(3)能够对车辆进行技术鉴定，判定车辆技术状况。

(4)能够使用多种方法估算二手车价格。

(5)能够根据评估鉴定工作过程撰写评估报告。

(6)能够完成二手车收购、销售等业务，能够完成二手车置换工作。

(7)能够引导客户办理二手车交易手续。

二、课程思政案例设计

1. 课程思政德育目标

依据“服务地方、立足岗位、注重创新、全面成长”的汽车服务专业群思政总体核心素养要求，本课程提出了“一种情怀、一种素养、一种精神、一种观念、一种品质”的“五个一”课程思政德育目标，实现价值引领，如图 1 所示。

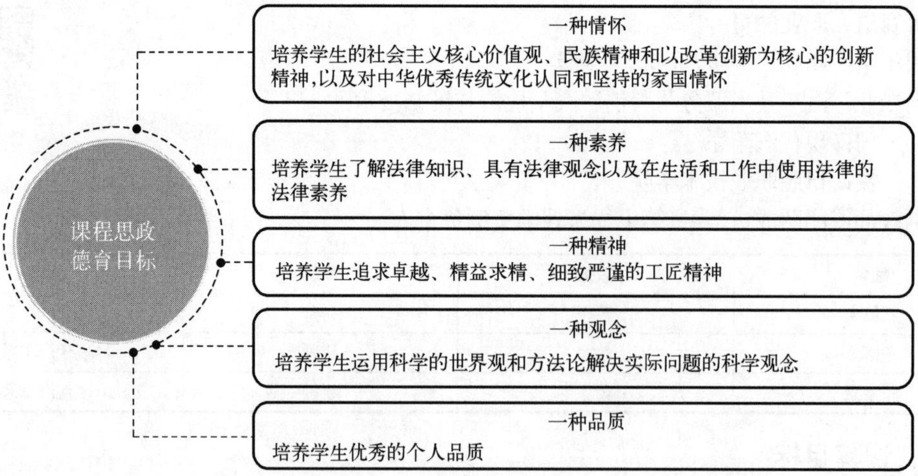
课程思政
德育目标
一种情怀
培养学生的社会主义核心价值观、民族精神和以改革创新为核心的创新精神，以及对中华优秀传统文化认同和坚持的家国情怀
一种素养
培养学生了解法律知识、具有法律观念以及在生活和工作中使用法律的法律素养
一种精神
培养学生追求卓越、精益求精、细致严谨的工匠精神
一种观念
培养学生运用科学的世界观和方法论解决实际问题的科学观念
一种品质
培养学生优秀的个人品质

图 1

2. 思政教育融合点

结合思政工作规律，采用“课堂内外结合”“校园内外结合”“线上线下结合”的方式，将课程思政元素融入教学各环节，实现价值观塑造、知识传授和能力培养的同频共振，如表 1 所示。

表 1

项目	任务和内容		思政元素承载点	思政目标	教学方法和策略
接待客户	接待准备	接待准备资料	礼仪	弘扬传统文化	视频：“礼”的起源和本质，介绍“礼”的真善美的内涵
			二手车概念	理论与实践关系	解读二手车概念，分析二手车纠纷案例，理解理论与实践之间辩证统一的关系
		国内外二手车市场现状	国外市场发展历程，国内市场发展前景	国际视野、国家战略、专业自豪感	汇报各国家二手车市场的发展历程，了解各国的市场环境，开阔视野；分析国内二手车市场现状，解读“一带一路”沿线国家汽车产业政策，增强专业自豪感
	业务洽谈	车辆贬值	损耗与贬值内涵和应用	国情和政策、职业素养	提问：如何回答“我的车值多少钱”的问题？引出车辆损耗与贬值之间的关系，分析国情与政策对价格的影响；进行话术训练
		解读车辆信息	车辆报废和回收	汽车产业政策	目前我国现行的汽车排放和报废标准，排放标准发展历程
判别车辆合法性	检查手续	证件种类和检查要点	证件真假识别、免购置税车辆	法律常识、民族自豪	身份证、行驶证、机动车登记证真假鉴别方法；讲故事“抗震救灾中的变形金刚”
	非法车辆	鉴别非法车辆的方法	非法车辆种类、VIN 码	懂法律和国家标准	《中华人民共和国治安处罚条例》和《中华人民共和国刑法》对于买卖非法车辆的处罚；根据《中华人民共和国国家标准》GB 16735—2019 对 VIN 码标示方式和要求，识别假 VIN 码
技术鉴定	事故检查	事故车检查内容和检查方法	事故车危害、漆膜厚度仪使用	社会责任和职业使命	案例引入，直观感受事故车辆的危害，激发学生社会责任感和使命感：以漆膜厚度仪为例，说明平凡岗位的重要性，观看视频“平凡岗位的平凡英雄”
	静态检查	车身检查内容和检查方法	检查方法、数据分析	整体与局部	讨论：先对车辆整体检查还是按照一定的流程先对局部进行检查？解释整体与局部的辩证关系，制定检查方案
		发动机舱检查内容和方法	发动机检查项目	分析与归纳	发动机舱检查项目多而杂，分析检查项目的特点，归纳出检查顺序和方法，论证合理性
评估价格	计算成新率	使用年限法	使用年限法的局限性	矛盾对立统一	分析使用年限法单独使用时得到的成新率不准确，再简要介绍在其他成新率计算中使用年限法的作用，明确其对立与统一的关系
		部件鉴定法	新能源汽车各部件划分	演绎	根据传统燃料汽车部件的划分方式，推导出各种新能源汽车部件的划分
		综合分析法	参数分析	论证与推理	根据社会现状和国情，对公式中各参数类型和权重进行调整
	估算成新率	重置成本法	概念和应用范围	制度自信	解读概念，拓展训练：用重置成本法给二手房估价，分析国家对维持经济平稳发展所发布的宏观经济政策，感受社会主义制度的优越性
		现行市价法	参数差异量化	一般与特殊	根据常见参数的差异量化计算公式，推导出特殊参数差异量化计算公式，说明一般与特殊的数学思想
二手车交易	收购	二手车收购	车辆类型	“底线”思维、“红线”意识	讨论：哪些类型的二手车不能交易，不同类型二手车在收购时的注意事项
	过户	过户流程	车辆过户	为人民服务意识	投票：消费者不愿意购买二手车的原因。播放视频：市场调研，说明协助办理过户手续为消费者提供服务的意义

3. *教育方法*

课程思政的有效实施一定是在具有实践性、活动性、主动性、参与性、情感性、体验性的课堂中，学生在行为锻炼和情感体验之后，才会促进价值观内化。根据学生成长规律和特点，在线上线下混合式教学过程中，采用快乐教学的方式引导学生参与和体验。

教师发挥教学主导作用，采用任务驱动式、案例式、启发式教学方法，引导学生参与教学的各环节。学生发挥主体作用，通过讨论式、互动式、探究式等方式，去体验、感悟思政内涵，产生情感共鸣。同时，教师将思政案例用情景化、形象化、故事化、游戏化、幽默化的方式传递给学生，激励学生产生学习内动力，实现思政目标。

4. 载体途径

在教学过程中，教师按照岗位、技能大赛、“1+X”考试的标准和规范性要求，组织学生进行理论学习和模拟实训，从“课堂内教学”“课堂外活动”“第二课堂”“环境建设”“评价机制”五种途径融入课程思政，如图 2 所示。

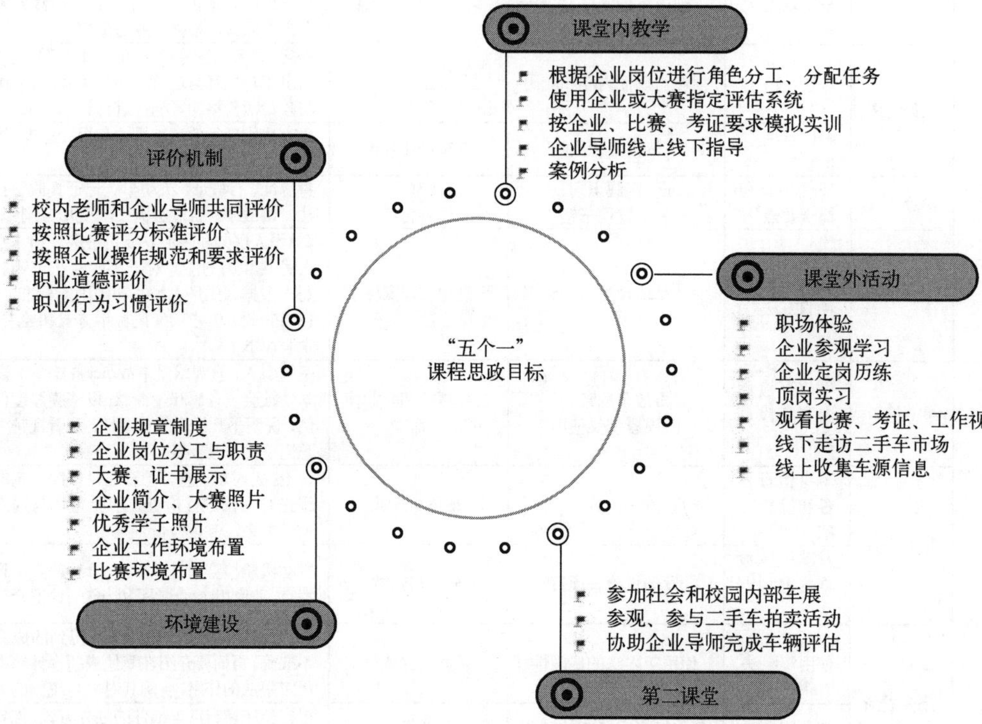
课堂内教学
根据企业岗位进行角色分工、分配任务
使用企业或大赛指定评估系统
按企业、比赛、考证要求模拟实训
企业导师线上线下指导
案例分析
评价机制
校内老师和企业导师共同评价
按照比赛评分标准评价
按照企业操作规范和要求评价
职业道德评价
职业行为习惯评价
课堂外活动
职场体验
企业参观学习
企业定岗历练
顶岗实习
观看比赛、考证、工作视频
线下走访二手车市场
线上收集车源信息
“五个一”
课程思政目标
企业规章制度
企业岗位分工与职责
大赛、证书展示
企业简介、大赛照片
优秀学子照片
企业工作环境布置
比赛环境布置
环境建设
参加社会和校园内部车展
参观、参与二手车拍卖活动
协助企业导师完成车辆评估
第二课堂

图 2

三、案例特色与成效

1. 案例特色

引入关于走私车的案例，说明《中华人民共和国刑法》中对于参与走私车的量刑处罚，逐步培养学生知法、懂法、守法的意识，进而激发社会责任感；结合国家标准和实车 VIN 码特点，进行案例分析，为技术鉴定奠定知识基础；根据“1+X”考试中对车辆 VIN 码的要求，通过实车鉴定掌握鉴定技能。

从课程的整体设计到每个教学任务，从线上教学环节的设计、教学资源的准备到线下教学过程的开展实施，再到每个教学任务的考核评级，课程思政教育贯穿于整个教学实施过程。

2. 成效

学生学习积极性明显提升，上课抬头率和活跃度、学习专注度有很大的提高；将实训室管理规范自然而然地融入日常实践操作当中，学生自觉按照管理规范、企业和“1+X”考试标准进行模拟实训，实现了“德技”双修双提升，促进了就业。

案例 55　药理学

课程类型：专业教育课（理学、工学类）
教育赛道：职业教育
开课年级：高职二年级
面向专业：药品生物技术、药品经营与管理
部　　门：生物与化学工程系
学　　校：山东科技职业学院

案例视频

案例教师或团队成员信息（第 1 位为教学案例负责人）：

姓名	职务	职称	部门
劳鸿鹏	教师	讲师	生物与化学工程系
王祎男	食品质量与安全专业主任	讲师	生物与化学工程系

一、课程目标

结合我校“育致用英才，铸职业未来”的办学理念，根据学情分析，针对学生人文关怀不够、责任感不强的痛点问题，基于药品类专业人才培养方案和岗位需求，提出了“药理学”课程的思政育人目标：培养精“理”厚“德”的药学服务人员。

贯穿“求真乐学明药理，厚德强技护健康”递进式的思政主线，从学习态度、职业精神、理想信念三方面潜移默化地融入思政元素，通过学习使学生掌握各类代表性药物的药理作用、作用机制、临床应用、主要不良反应及用药注意事项，具备正确、合理使用药物的能力，并能够激发学生的学习兴趣，着力提升学生的职业素养，成为有家国情怀、有社会担当、有专业自信、有仁爱之心的新时代服务型药学人才，如图 1 所示。

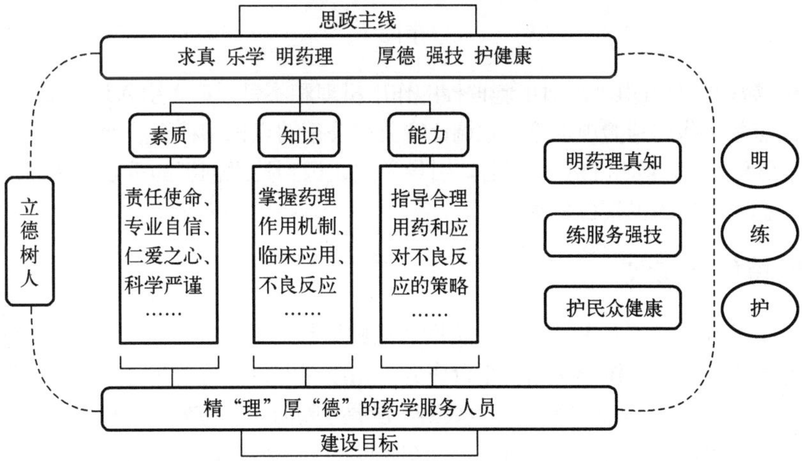
思政主线
求真 乐学 明药理　　厚德 强技 护健康
素质
知识
能力
责任使命、专业自信、仁爱之心、科学严谨……
掌握药理作用机制、临床应用、不良反应……
指导合理用药和应对不良反应的策略……
立德树人
明药理真知
练服务强技
护民众健康
明
练
护
精“理”厚“德”的药学服务人员
建设目标

图 1

二、课程思政案例设计

1. 教学内容

本案例教学内容选自“药理学”课程模块五子情景 1“平喘药”，属于呼吸系统疾病治疗药物中的重要内容。

本次课以哮喘疾病为出发点，介绍从学习哮喘的发病机制到药物的作用靶点的基本药理学学习方法。重点学习平喘药的分类及作用机制，以及临床的合理应用。作为未来的药学服务人员，正确掌握平喘药知识是我国防治哮喘的重中之重，激发学生对自己专业责任的认识。

2. 教学思想与德育目标

“药理学”作为药学专业学生的专业基础课程，既要让学生掌握严谨、科学的药理知识，更要培养学生扎实的药学服务技能，培育学生服务“健康中国”战略行动的责任感和使命感。

教学过程坚持以学生为中心的教学理念，以“求真乐学明药理，厚德强技护健康”为思政主线，采用 BOPPPS 的教学模式，通过师生之间的有效互动，同时结合超星、智慧树教学平台、动画视频等信息化资源，引导学生积极思考解决问题，开阔学生的视野，最终达成教学目标。

3. 课程思政设计与实施

(1) 以“雷暴哮喘事件”切入，启发学生对哮喘症状和诱因的思考。对哮喘发病形势分析，强调正确掌握平喘药知识是我国防治哮喘的重中之重，激发学生对自己专业责任的认识，加强学生的“为公”意识，使学生感受到学习这部分知识是建设健康中国的重要责任。

(2) 问题引导式学习哮喘的免疫病理机制：由生活现象引出对哮喘诱因的思考，学生思考国家生态文明建设的意义可强化对哮喘诱因的认知。而后启发学生对诱因导致症状的原因的思考、对诱因导致气道狭窄的原因的思考。课堂目标如图 2 所示。

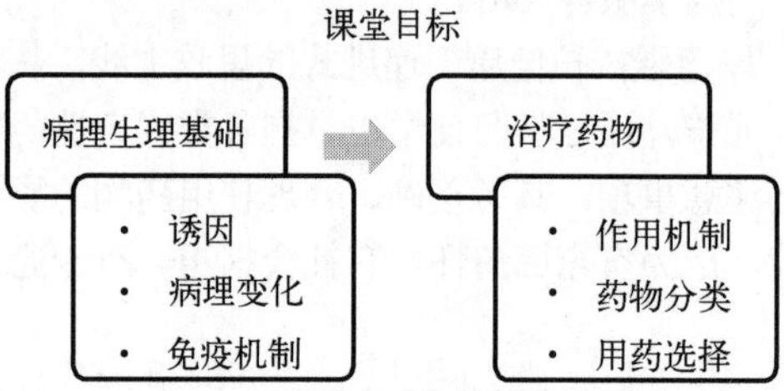
课堂目标
病理生理基础
· 诱因
· 病理变化
· 免疫机制
治疗药物
· 作用机制
· 药物分类
· 用药选择

图 2

(3) 通过 β2 激动剂对气道平滑肌细胞调控的作用机理和不良反应，引入运动员不能使用 β2 激动剂类药物以及国家禁用瘦肉精的规定等，强调比赛公平公正的意识和社会法治问题。

(4) 通过介绍我国治疗哮喘的科技前沿，引导学生认识到技术创新的重要性，以及医者仁心、持之以恒的意义，提升学生的民族自豪感 。

三、案例特色与成效

本次课坚持以学生为中心的教学理念，借助智慧树平台，采用线上线下混合式教学模式。课前，在线上平台发布导学任务，组织学生结合平台资源，完成课前自学与自测；课中，以学生为主体，通过“雷暴哮喘事件”，介绍我国哮喘流行病学数据，强调哮喘防治的重要性，激发学生作为未来药学服务人员的责任感；通过问题式与启发式讲授，介绍哮喘的发病机制，从而引出常用药物的分类及作用机制，结合药物的临床应用，强调药物应用时的安全性。课后，布置拓展任务，通过走进社区进行合理用药科普，将所学知识融会贯通，学以致用，践行药学人的责任与使命。

课程具有思路清晰、重点突出、逻辑性强、充分发挥“药理学”桥梁作用的特点，将药物作用机理与临床应用紧密相连，加深了学生对药物的理解，教学手段多样，有机融入思政元素，有助于培养学生的责任感和使命感。

案例 56　煤化工装备操作与维护

课程类型：专业教育课(理学、工学类)
教育赛道：职业教育
开课年级：高职二年级
面向专业：煤化工技术
部　　门：轻化工技术系
学　　校：山西铁道职业技术学院

案例视频

案例教师或团队成员信息(第 1 位为教学案例负责人)：

姓名	职务	职称	部门
乔建芬	轻化工技术系主任	教授	轻化工技术系
张亚萍	化妆品专业负责人	讲师	轻化工技术系

一、课程目标

“煤化工装备操作与维护”课程以典型煤化工装备为载体，建立如下课程学习目标。

1. 知识水平

了解煤化工装备的结构特点、工作原理、工作过程及操作维护知识；掌握煤化工装备保养、检修及方案制定知识；熟知安全生产要求、国家标准、技术条件及相关行业准则。

2. 能力水平

能进行煤化工装备日常维护管理；能制定煤化工装备维护、保养、开停车及检修方案；具有诊断煤化工装备常见故障的能力；能熟练使用常见检修工具；能正确阅读煤化工装备说明书；会拆装、调试煤化工装备。

3. 核心素养

勤于反思、社会责任、问题解决、珍爱生命、国家认同、劳动意识等。

4. 课程思政教育

爱国主义教育、诚实守信教育、安全意识教育、法律意识教育、工匠精神教育等。

二、课程思政案例设计

“煤化工装备操作与维护”课程以马克思主义理论为指导，坚持知识传授与价值引领相结合，运用可以培养大学生理想信念、价值取向、政治信仰、社会责任的题材与内容，进一步融入社会主义核心价值观，全面提高大学生缘事析理、明辨是非的能力，让学生成为德才兼备、全面发展的人才。

“煤化工装备操作与维护”课程聚焦绿色低碳发展理念，培育和践行社会主义核心价值观，落实立德树人根本任务，创新“4 精神+2 教育”课程思政教育模式(如图 1 所示)，将思政教育贯穿教学全过程。

“4 精神+2 教育”：4 精神指爱国精神、工匠精神、团队精神、创新精神；2 教育指安全教育、劳动教育。

“4精神+2教育”课程思政教育模式

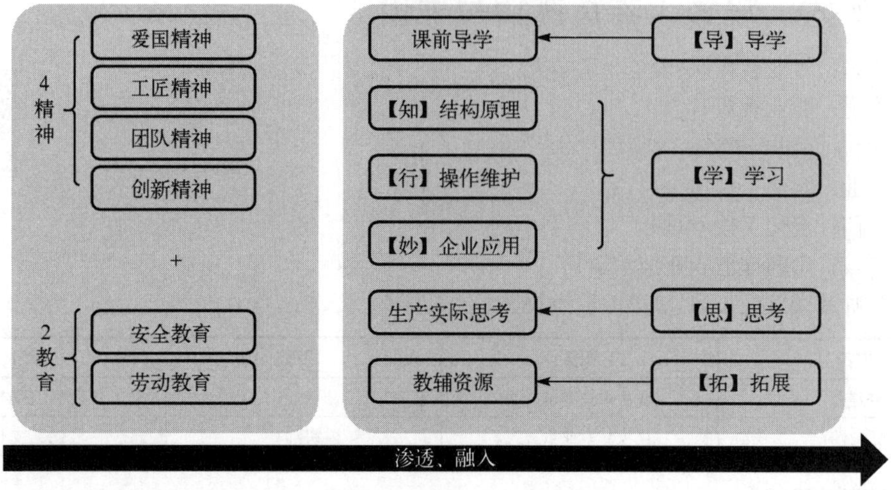
4精神
爱国精神
工匠精神
团队精神
创新精神
+
2教育
安全教育
劳动教育
课前导学
【导】导学
【知】结构原理
【行】操作维护
【妙】企业应用
【学】学习
生产实际思考
【思】思考
教辅资源
【拓】拓展
渗透、融入

图 1

本案例教学内容：聚焦安全规范，践行匠心操作——离心泵操作与维护。

1. 课程思政德育目标

(1)培养学生的安全意识与防范能力。

(2)培养学生的工匠精神、团队精神等。

(3)培养学生良好的规则意识和规范操作操守。

2. 思政教育融合点

(1)通过对大国工匠——化工良医李永祥的介绍，使学生在学习专业知识的同时，知晓一定要踏踏实实做人、认认真真做事，要有一丝不苟的敬业精神、工匠精神。

(2)通过两个违规操作现象，使学生在学习专业知识的同时，知晓一定要严格按照作业要求操作，一个很小的步骤或者环节做不到位，就可能存在安全隐患或者给企业带来损失，所以，安全意识教育在设备操作与维护过程中十分重要。

3. 教育方法和载体途径

(1)通过俗语“人往高处走，水往低处流”，激发学生学习的兴趣。

(2)通过“大国工匠——化工良医李永祥”短视频，帮助学生理解设备操作与维护需要耐心、用心、操心，培养学生一丝不苟、精益求精的工匠精神。

(3)通过离心泵启动前的准备工作，让学生深刻体会“安全第一、预防为主”的含义，树立安全意识，要养成良好的职业习惯。

(4)通过两个违规操作现象——气缚现象和汽蚀现象，让学生知晓安全操作、规范操作的重要性。违规就要付出代价，轻则设备损害，重则伤及人员。

(5)通过离心泵运行和维护步骤，让学生知晓化工生产、化工设备的特点，树立安全意识，具有安全操作技能和预防事故发生、排除常见故障的能力。

(6)通过离心泵停车操作，让学生知晓，化工生产过程中，一定要保持高度警觉，遇到紧急情况，应做紧急停车处理，及时向领导汇报。

三、案例特色与成效

1. 案例特色

“煤化工装备操作与维护”课程是校企合作建设课程。本案例中涉及的离心泵是典型的煤化工装备，应用广泛，课程思政融入具有代表性和推广应用性。

2. 成效

1) 课程建设的成果

课程质量提升，获得学生、学校、企业好评。2021 年，该课程被评为省级精品在线开放培育课程。课程团队发表课程思政教改论文 4 篇。

2) 文化育人效果明显

2022 年，基于该课程的思政育人基础，校企合作育人项目“以德铸魂，以匠育人”获省级文化育人品牌。

3) 创新实践能力的提升

基于该课程的改革，学生创新思维、实践能力增强，2020—2022 年，现代学徒制学生(员工)获得省级以上“互联网＋”大学生创新创业大赛奖 16 项，其中，国际银奖 1 项，国际铜奖 1 项，省级金奖 4 项。校企师生获专利授权 6 项。

案例 57　高速切削与五轴加工

课程类型：专业教育课(理学、工学类)
教育赛道：职业教育
开课年级：高职二年级
面向专业：数控技术专业
部　　门：航空工程学院
学　　校：陕西工业职业技术学院

案例视频

案例教师或团队成员信息(第 1 位为教学案例负责人)：

姓名	职务	职称	部门
梁晓哲	教师	副教授	航空工程学院
崔静	教师	副教授	航空工程学院
王彦诚	教师	助教	航空工程学院

一、课程目标

多轴加工是现代制造领域的技术高地之一，也承担着现代化产业发展的重担，更是支撑装备制造业发展的核心。“高速切削与五轴加工”课程围绕“如何运用信息化平台、3D 打印新工艺、多轴加工新技术，依据国家行业标准新规范，培养具有家国情怀以及‘红色匠心’的智能制造领域的高技术技能人才”这一问题，以全国数控技能大赛赛题为主线，以培养具有家国情怀的工匠为副线，融合习近平总书记提出的“绿水青山就是金山银山”的绿色发展理念，引进企业技术人员作为课程导师，引进企业技术标准作为教学标准，构建了“理虚实”(理论知识、虚拟实验、实际操作)教学模式，采用任务驱动、案例分析、小组协作等教学方法，解决了无动力源垃圾捕捞船的创意改造设计、3D 模型制作、实践检验、模型加工的教学重点，突破创新设计方法以及刀轨优化等教学难点，从而有效达成了培养学生职业精神、工匠精神、劳动精神、创新精神的德技并育融合目标。

二、课程思政案例设计

1. 案例总体设计

本案例以“为家乡改善水域环境”的真实项目的工作过程为导向，对接新技术、新工艺、新规范，在智能化的实训教学环境中，将课程思政贯穿教学之中，落实德技并育、工学结合的教学目标，如图1所示。

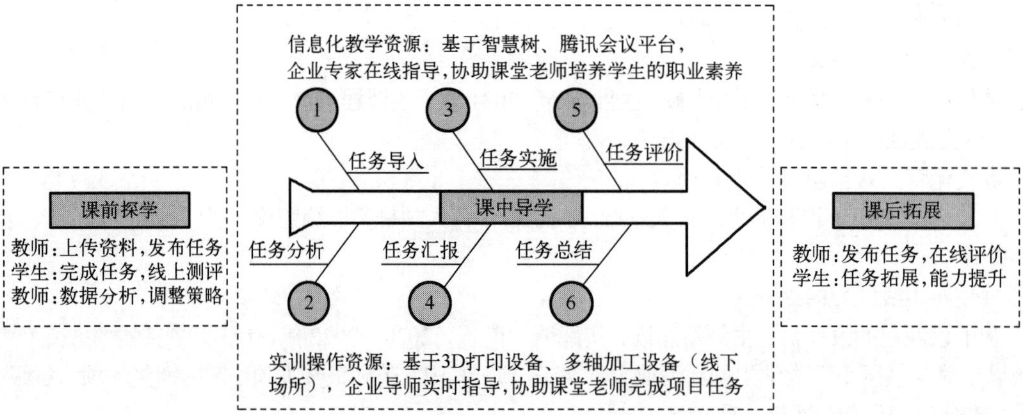
信息化教学资源：基于智慧树、腾讯会议平台，
企业专家在线指导，协助课堂老师培养学生的职业素养
1
3
5
任务导入
任务实施
任务评价
课前探学
教师：上传资料，发布任务
学生：完成任务，线上测评
教师：数据分析，调整策略
课中导学
课后拓展
教师：发布任务，在线评价
学生：任务拓展，能力提升
任务分析
任务汇报
任务总结
2
4
6
实训操作资源：基于3D打印设备、多轴加工设备（线下
场所），企业导师实时指导，协助课堂老师完成项目任务

图1

2. 案例实施设计

根据零件加工流程，“高速切削与五轴加工”课程项目四安排了6大教学任务，选拍了4段视频，以其中任务六“推进器叶轮的五轴加工”为例，根据课程设计流程划分为8个子任务。教师根据学生课前任务完成情况，发现学生的差异化学情，及时调整教学策略，因材施教，依据教学目标，解重点、破难点、强技能。

(1)工作过程浸润“匠心育人”课程思政。

以“绿水青山就是金山银山”为引领，基于真实垃圾清理工作过程，将家国情怀、使命担当、技术报国等课程思政内容，始终贯穿教学过程，将坚守职业标准、创新技术应用的思想融入理论学习中，通过文案设计与修改、草图设计、3D虚拟模型制作、装配验证优化、虚拟仿真校验、五轴叶轮加工，培养学生精益求精的工匠精神，塑造学生积极乐观的劳动精神，建立永不言弃的科学态度。

(2)创新思维培育，注重新技术、新工艺、新方法的融入。

(3)利用智慧树和腾讯会议平台，实现信息采集与互补。

新冠疫情期间，线上学生通过腾讯会议直播课的方式与线下学生同上一堂课，运用线上平台进行自主学习、在线讨论、抢答、评价等活动，线上线下学生组成互助小组，同时教师对线下学生的课堂活动与作品进行信息与成果的采集，并将采集结果上传智慧树平台，为线上学生在线学习提供更多参考，为新冠疫情期间“停课不停学”提供了丰富的线上教学经验，并产生多方面积极借鉴作用。

三、案例特色与成效

1. 对接职业岗位新能力，实践一专多能教学模式

依托北京精雕集团校企合作中心，多年来针对订单班学生实施基于真实工作过程的教学研究，为了满足企业更加多元化的岗位新能力需求，课程团队扎根数控技术专业，积极探索开发从CAD(Computer Aided Design，计算机辅助设计)到CAE(Computer Aided Engineering，计算机辅助工程)，再到CAPP(Computer Aided Process Planning，计算机辅助工艺规划)，最后到达CAM(Computer

Aided Manufacturing，计算机辅助制造）的岗位新能力链，真正实践一专多能的教学模式，课程团队负责人入选教育部国家级职业教师创新教学团队。

2. 对接“互联网＋”大学生创新创业大赛，以教学项目促创新创业

所培养学生结合所学技能，自主创新设计的多项产品，在“互联网＋”大学生创新创业大赛全国总决赛中获得金奖，产品也在各行业领域得到推广，迄今为止已有 25 名学生参加全国各类创新创业赛项，荣获省级以上荣誉 10 余项，获得专利数项。

3. 打造“三人行”课堂，用兴趣点燃学生专业热情

课程团队始终秉承以学生为中心的理念，根据“三人行，必有我师”的名句，开发出课堂小老师特色辅助授课模式，也就是随机选拔学生，提前学习课程知识，或者课前作业完成较好的学生和老师一起教学，学生乐于参与这个环节，学习积极性显著提高，课堂活动丰富有趣，师生互动、生生互动活跃，显著提升了学生分析、解决问题的兴趣。

4. 对接“岗、赛、课、证”，浸润“匠心育人”课程思政

以岗位需要为引导，以技能大赛为目标，以“1＋X”证书为标准，以精益求精的新技术为检验，以智能劳动精神为行动，将课程思政元素贯穿在整个“理虚实”一体化课程中。在创新设计过程中树立职业标准，在精密制作过程中浸润职业素养。时刻保持严谨的思维和精益求精的态度，在操作设备中培养劳动精神。利用第九届数控技能大赛的决赛“垃圾捕捞船”项目自然蕴含的家国情怀、使命担当，有效指导学生利用技术“匠心守护家乡绿水青山”，达到德技并育的立德树人目标。

案例 58 电路分析

课程类型：专业教育课（理学、工学类）
教育赛道：职业教育
开课年级：高职一年级
面向专业：电子信息工程技术
部　　门：电子信息学院
学　　校：陕西国防工业职业技术学院

案例视频

案例教师或团队成员信息（第 1 位为教学案例负责人）：

姓名	职务	职称	部门
侯艳红	教师	副教授	电子信息学院
马艳阳	教师	副教授	电子信息学院

一、课程目标

“电路分析”课程是我院应用电子技术、电子信息工程技术、微电子及无人机专业的最基础、最有用的一门专业基础课，是专业教学改革的重点课程之一。根据专业人才培养目标对课程提出的要求，该课程一方面使学生牢固掌握常用电路元件的识别与检测技术、常见电路的识图读图技能、电路的基本理论知识，并学会电路的基本分析方法和进行实验的初步技能；另一方面培养学生运用所学知识去分析问题、解决问题的能力，同时强化学生职业素养的养成，为学生学习和掌握后续专业知识和专业技能奠定必要的电路知识基础。

二、课程思政案例设计

本教学案例节选自“电路分析”课程中“提高感性复杂功率因数的方法”。

1. 教学目标

1) 知识目标

(1) 深刻地理解提高功率因数的意义；

(2) 掌握提高感性负载功率因数的方法。

2) 技能目标

学会将理论与实践紧密结合。

3) 德育目标

培养学生节约资源的意识。

2. 教学重点和难点

(1) 重点：感性负载提高有功功率的方法。

(2) 难点：并联电容提高感性负载功率因数的定性分析。

3. 教学方法

比较发现法、启发讨论法、辅助教学法。

4. 教学手段

多媒体教学、动画演示。

5. 教学过程

(1) 图片展示，提升兴趣；

(2) 复习回顾，问题导入；

(3) 揭秘内容，获得真知；

(4) 深入挖掘，拓展知识。

6. 课堂设计与思政点融入

1) 新课导入

复习：现在生活、生产实际中，负载多为感性负载，都是应用电磁感应原理制成的电器产品，也就是交流电路里带有线圈的设备，都称为感性负载。

思政融入点：多观察，多探究，养成勤思考、多动脑的好习惯。

2) 新课教学

(1) 任务一：复习回顾，问题导入。

分析感性负载的功率因数太低的原因。

(2) 任务二：例题分析。

某厂供电变压器至发电厂之间输电线的电阻是 5Ω，发电厂以 10^4V 的电压输送 500kW 的功率。当功率因数 $\cos\varphi = 0.6$ 时，输电线上的功率损失是多大？若将功率因数提高到 0.9，每年可节约多少电？

通过计算得出每年可节约用电 16.6 万度，节省资金约 8 万元。

思政融入点：养成节约好习惯。

(3) 任务三：揭秘内容，获得真知。

由例题分析，显而易见，为了节约资源，必须提高感性负载的功率因数。以单相交流电路为例，介绍常用提高感性负载功率因数的方法。

常用提高功率因数的方法，是在感性负载两端并联容量合适的电容器。

思政融入点：培养节约环保意识，理解习近平总书记关于“绿水青山就是金山银山”的论述。

3) 总结巩固

(1) 总结布置任务：深入挖掘，拓展知识。

给出工程预算补偿电容的计算公式，否则就会出现欠补偿和过补偿情况。

(2) 自测一下。

选择题：工程上常见的提高感性负载功率因数的方法是(　　)。

(A) 在感性负载两端并联一容量合适的电容器

(B) 串联电容器

(C) 并联电容器

(3) 思政融入点：以组为单位进行总结探究。

三、案例特色与成效

本次课首先给出负载形式，然后说明感性负载功率因数太低，会导致供电电源的利用率很低，接着以一个具体的例子进行阐明，从而揭秘提高感性负载功率因数的具体方法，最后深入挖掘，拓展知识，提出了后续应该深入的问题。这样组织条理清晰，步步深入，不仅提高了学生学习的兴趣，而且教学效果显著。

“电路分析”课程教学坚持“育人为本、德育为先”的理念，把“立德树人”作为教育的根本任务，将思政教育全面渗透到教学全过程，充分体现在日常教学之中，在落小、落细、落实上下功夫。

案例 59　电工技术

课程类型：专业教育课(理学、工学类)

教育赛道：职业教育

开课年级：高职一年级

面向专业：汽车相关专业

部　　门：汽车工程学院

学　　校：陕西交通职业技术学院

案例视频

案例教师或团队成员信息(第 1 位为教学案例负责人)：

姓名	职务	职称	部门
曹思琳	教师	讲师	汽车工程学院

一、课程目标

汽车专业为我院省级示范院校建设重点专业，但是高职学生电学基础较差，仅凭上课学习很难理解和掌握相关知识。针对学生现状，根据本课程建设的指导思路，按照汽车就业岗位群的具体岗位要求，结合新能源汽车“1+X”技能证书、电工“1+X”技能证书和高职汽车专业人才培养方案，设计了“电工技术”课程。

学习完本课程后学生能够达到以下目标。

(1) 能力方面：能够专用仪器仪表，能检测不同特征电路，会分析选择专用工具排除常见电路的故障，尤其是电机、变压器、典型低压电器等。

(2) 知识方面：会分析解决电路、典型器件及相关控制电路的故障。

(3) 素质方面：具有职业素质，具备一丝不苟、精益求精的工匠精神，能担当民族复兴大任。

二、课程思政案例设计

本案例以“电工技术”课程中“三相交流电”为教学内容，采用问题式、案例式教学法，通过线上平台、视频资源等信息化手段实现育人目标。

本次课的思政目标为：树立“6S”[整理(Seiri)、整顿(Seiton)、清扫(Seiso)、清洁(Seiketsu)、素养(Shitsuke)、安全(Safety)]安全观念，增强安全责任意识，进行安全规范操作，始终坚持“发展不能以牺牲安全为代价”这一基本原则。

围绕思政目标，本次课从学习新知、思维辨析空间、思政空间三个方面入手，引导学生进行学习。

1. 学习新知：区分单相交流电与三相交流电

1)活动

学生头脑风暴——在日常生活中，哪些设备用的是单相交流电，哪些用的是三相交流电？

2)思政目标

通过问题的设置，让学生进行独立思考，并进行引导，提高学生的参与度。

2. 学习新知：三相交流电(星形联结)

1)活动

教师结合日常生活实际进行原理讲解。

2)思政目标

在生产实践中，不仅要从理论上去分析和解决问题，还需理论结合实际，提高知识迁移能力。

3. 思维辨析空间：零线如果断了会造成什么后果

1)活动

(1)学生在线上平台进行投票。

(2)播放新闻视频——说明零线断开会造成电器烧毁，电器不能正常工作。

2)思政目标

结合视频，引出——树立“6S”安全观念，增强安全责任意识。

4. 思维辨析空间：零线与火线接反了会造成什么后果

1)活动

(1)学生在线上平台回答问题。

(2)播放新闻视频——说明零线与火线接反会造成人员触电危险，需要掌握正确安装方法。

2)思政目标

结合视频，引出——进行安全规范操作，始终坚持“发展不能以牺牲安全为代价”这一基本原则。

5. 思政空间——知行德育

1)活动

播放“习近平总书记安全生产重要指示”新闻视频——对学生进行“知行德育”素质培养。

2)思政目标

结合视频，引出——要加强安全生产监管，分区分类加强安全监管执法，强化企业主体责任落实，牢牢守住安全生产底线，切实维护人民群众生命财产安全。

三、案例特色与成效

1. 案例特色

案例应时代之“势”而行，做好思政教育工作。案例中引入实际岗位职业规范、“6S”安全观念、安全责任意识以及当前我国新冠疫情后复工复产的经济情势，引起大学生群体的关注与思考，学生在学习到专业课知识的同时，能够将对课程的认识拔高到进入社会后所承担的社会责任。

2. 成效

依时代之“势”而行，充分挖掘课程中蕴含的思政元素，搜集和制作思政教育资源，使思政育人润物无声。结合与时俱进的教学手段，使得思政要素声像结合、图文并茂，利用线上平台，时时在线沟通，促进了师生交流、生生交流，形成了教师乐教、学生乐学的双向互动教学模式。

案例 60 发动机电控系统检修

课程类型：专业教育课（理学、工学类）
教育赛道：职业教育
开课年级：高职二年级
面向专业：汽车检测与维修、汽车电子技术
部　　门：汽车工程学院
学　　校：陕西交通职业技术学院
案例教师或团队成员信息（第 1 位为教学案例负责人）：

案例视频

姓名	职务	职称	部门
任春晖	教师	教授	汽车工程学院

一、课程目标

1. 实现“发动机电控系统检修”课程知识传授、能力培养和价值塑造的有机融合

使学生形成汽车发动机电控系统知识框架的同时，引导学生正确领悟“五位一体”总体布局的内涵；培养学生勇攀高峰、敢为人先的创新精神，激发学生科技报国的家国情怀和使命担当；引导学生树立“精益求精、追求卓越”的大国工匠精神。

2. 实现“发动机电控系统检修”课程思政教学改革

课程建设过程结合已建成的省级精品在线开放课程，推进教法改革，积极探索思政育人路径方法，综合运用信息手段与多种教学方法，打造“理虚实”一体、线上线下结合的课堂教学新形态，实现教学过程的管理、教学效果的评价与教学策略的调整，达到思政育人润物无声的效果。

二、课程思政案例设计

1. 课程思政德育目标

本课程是汽车电子技术专业群的专业核心课程，立足国家骨干专业建设要求，对接专业技术技能人才培养需求，从行业、产业、政策、标准、产品五个维度，国内、国际两个视角，挖掘思政元素，科学构建了课程思政三大建设目标。

(1) 瞄准“节能、环保、安全”三大目标，基于发动机电控系统结构与技术改进，阐释产业转型升级的紧迫性，引导学生树立“绿色”的生态文明理念，进而领悟“五位一体”总体布局的内涵。

(2) 围绕中国如何从汽车大国成长为汽车强国，深入解析电控系统性能提升的必要性，培养学生勇攀高峰、敢为人先的创新精神，激发学生科技报国的家国情怀和使命担当。

(3) 针对汽车发动机科学使用与专业维护，提升学生解决问题的能力，培养学生爱岗敬业、奋斗奉献的劳模精神与劳动精神，引导学生树立“精益求精、追求卓越”的大国工匠精神。

2. 思政教育融合点

(1) 通过对发动机热力和热机械性能优化的电控系统结构改进的学习，树立学生科技报国的家国

情怀和使命担当，同时鼓励并相信学生，实现我国汽车强国梦，需要各位学生的一分耕耘与付出。

(2)围绕创新型热管理系统进行讨论，使学生明白只有通过创新发展，掌握关键核心技术，才能实现既定发展目标，激发学生科技创新动力。

(3)通过线上线下＋小组作业对混合喷射技术进行结构认识与性能讨论，让学生认识到进一步降低碳排放是社会发展的必然需求，树立生态兴则文明兴的意识，从身边小事做起，时刻不要忘记为绿色家园尽心尽力。

3. 教育方法和载体途径

(1)采用任务驱动法、头脑风暴法等构建学习情景，激发学生学习兴趣；以行动导向、小组合作实施教学，提高学生课程参与度，变被动学习为主动学习，充分发挥学生的创造性。

(2)推进教法改革，打造“理虚实”一体、线上线下结合等课堂教学新形态。采用信息化手段，推进教法改革，实施线上线下混合式教学，教学中有机融入职业精神、专业精神、劳动精神、劳模精神，实现价值塑造、知识传授和能力培养紧密融合。

三、案例特色与成效

1. 聚焦“节能减排”，创新专业课程思政元素挖掘方法与路径

聚焦“节能减排”目标，围绕行业、产业、政策、标准、产品五个维度提炼思政内涵，全方位挖掘思政元素，形成课程思政资源库，为专业课程挖掘思政元素提供方法借鉴与路径参考。

2. 创新泛在学习内容，丰富思政育人对象

依托省级精品在线开放课程，面向院校在校生、行业从业人员及其他社会人员开放，丰富思政育人对象，实现学习者时时、处处的泛在学习，形成示范辐射效果。

3. 融入品牌新技术，创新教学手段，丰富思政育人手段

融入品牌新技术，创新教学手段，将教师讲授、虚拟仿真和实操练习相结合，突破教学重点和难点，激发学生科技创新动力，培养学生科技报国的家国情怀和使命担当。

案例61 C语言程序设计

课程类型：专业教育课(理学、工学类)
教育赛道：职业教育
开课年级：高职二年级
面向专业：物联网
部　　门：信息工程学院
学　　校：乌鲁木齐职业大学

案例视频

案例教师或团队成员信息(第1位为教学案例负责人)：

姓名	职务	职称	部门
其曼古丽·加马力丁	教师	副教授	信息工程学院

一、课程目标

“C语言程序设计”是计算机类专业的核心课程，根据本类专业所对应的职业岗位的需要，结合计算机行业职业资格标准[计算机等级考试(二级)/计算机技术与软件专业技术资格(水平)考试(初级/中级)]，以构建“项目”的方式进行知识与技能的重组。“C语言程序设计”课程项目以构建应用型的案

例为主，将理论与实践融为一体，体现了以职业实践活动为主线的教学过程，注重培养学生的应用能力和解决问题的实际工作能力。

通过“C 语言程序设计”课程教学，培养学生的规范意识、工匠精神、团队合作精神、民族团结精神。

二、课程思政案例设计

“C 语言程序设计”课程设计的思路由 5 个部分组成。

1. 融入民族团结

中华民族一家亲，同心共筑中国梦！让青年学生树立“像爱自己的眼睛一样爱护民族团结，像珍视自己的生命一样珍视民族团结”的理念，让民族团结的种子在心中发芽，让民族团结教育之花精彩绽放。

2. 融入行业发展形势

任务开始，教师先引导学生列举实际生活中的应用，引起学生的共鸣，让学生明白科技的发展可以改变人们的生活方式，为社会生活带来极大的便利，体会学习科学技术的重要性。激发学生对本专业的重视和热爱，增强学生学习动力。之后，教师再介绍人工智能等现代技术的最新发展趋势，列举我国在高新技术领域领先的案例，增强学生的国家自豪感和民族荣誉感。

3. 融入科学思想

在课堂中融入理论指导实践、实践验证理论的科学思想。学生通过亲身体验体会理解“理论指导与实践探索辩证统一”这一科学思想的含义。要让学生明白理论知识不是为了学习而学习，最终的目的是解决实际问题，并坚持把理论与工作实践结合起来，做到有的放矢，进而使学生明白“学懂、弄通、做实”的道理。

4. 融入匠心教育

学生分析生活中存在的问题，并策划解决方案。在老师的引导下，编写程序解决问题，完成目标任务。这一过程不仅可以锻炼学生的动手实践能力，还能培养他们的团队精神。通过列举我国各行业工匠的事迹，观看《大国工匠》的视频节目，通过如“大技贵精”之李刚、为火箭焊接心脏之高风林等知名工匠的事迹倡导工匠精神，触动学生思想，让学生体会工匠精神的可贵，并鼓励学生向这些工匠学习，培养坚持不懈的品质。

5. 融入职业素养教育

给学生设置任务，任务包含了简单的生活案例。要想在规定的时间内完成整个任务，学生就需要团结协作、相互配合。因此，教师在实训过程中要有意识地引导和鼓励学生分组分工合作，让每个学生都有自己的任务职责，实现团结协作，最后共同完成任务。这不仅锻炼了学生的能力，还培养了学生协作互助、有效沟通的职业素养。

三、案例特色与成效

“C 语言程序设计”课程内容设计合理，层次清晰，以分析案例为主，展开知识点的讲解。邀请了企业资深工程师韩广老师参与企业案例的讲解。打破了原有的课程设计，首先分析案例，画出思维导图，再通过思维导图，逐个编写代码。课程按照算法篇（流程图）、基础篇Ⅰ（数据类型）、基础篇Ⅱ（结构化程序设计——选择语句）、基础篇Ⅲ（循环语句——结构化程序设计）、基础篇Ⅳ（函数）、基础篇Ⅴ（数组）、高级篇Ⅰ（指针）、高级篇Ⅱ（字符串）、高级篇Ⅲ（文件）、应用篇分层详细地介绍“C 语言程序设计”相关内容，课程思政润物无声地融入全过程，实现了立德树人的教学效果。

案例 62 有机化学

课程类型：专业教育课（理学、工学类）
教育赛道：职业教育
开课年级：高职一年级
面向专业：应用化工技术、石油化工技术、化工生物技术
部　　门：石油与化学工程系
学　　校：新疆应用职业技术学院

案例视频

案例教师或团队成员信息（第 1 位为教学案例负责人）：

姓名	职务	职称	部门
何春霞	化工生物技术专业带头人	教授	石油与化学工程系
何燕	教师	副教授	石油与化学工程系
王蕾	教师	助理工程师	石油与化学工程系

一、课程目标

本课程通过对有机化学理论和实验实训内容的学习，培养学生能够区别有机化合物的类别，命名常见有机物；能够通过有机物结构特征归纳其性质规律；会书写典型的有机化学反应方程式；能够理解有机化学在化工行业中的基础地位和应用。培养学生能够利用实验原理设计简单的实验方案；能够进行有机化合物分离纯化、鉴定、制备和物理性质测定；能够运用有机物理化性质解释和解决生活生产问题，能胜任化工服务相关岗位。培养学生好问勤思、严谨治学、刻苦钻研的专业素养，敬岗守纪、团结协作、精益求精的职业素养，诚信守正、修德厚德、自律自悟的道德素养，创新探索、明理辩证、知行合一的科学素养。

二、课程思政案例设计

1. 课程思政德育目标

通过对“烷烃的自由基反应”知识点的讲解以及对雾霾形成机制的探讨，加强学生“绿色低碳、安全出行”的理念，树立“爱护环境，人人有责”的意识，在行为上践行低碳出行。通过案例的讲解激发学生的爱国热情，以及振兴中华、绿色化学报国的历史使命感。

2. 思政教育融合点、教育方法和载体途径

1）思政点导入

（1）教学过程和思政教育融合。

【抛出问题】：如何消除雾霾，还地球一片万里晴空？

【教师讲解】：雾霾（PM2.5）的含义和危害。

（2）教育方法和载体途径。

通过问题引导，引发学生思考，教师讲解雾霾的成分和危害，让学生坚定消除雾霾的信念——“育人入脑”。

2）思政点融入

（1）教学过程和思政教育融合。

【新闻报道】：以中国科学院地球环境研究所研究成果为背景讲解空气中二次有机气溶胶对 PM2.5 的形成做出的重要贡献。

【研究案例】：科学研究发现自由基反应是大气氧化性和 PM2.5 等超细颗粒物生成的核心驱动力，而低温条件能促进气溶胶的生成。

【知识点与思政点的融合】：二次有机气溶胶的形成过程——自由基链反应，并分析链的引发、链的增长和链的终止三个环节。分析参与自由基链反应的挥发性有机物的来源、PM2.5 的形成过程。

(2) 教育方法和载体途径。

通过对新闻报道、研究案例的讲解，将思政点与烷烃自由基反应的知识点相融合，引导学生用所学知识解释生活现象，引发学生思考自由基反应与雾霾的关系。同时，加强学生“绿色低碳、安全出行”的理念，树立“爱护环境，人人有责”的意识——“育人入心”。

3) 思政点拓展

(1) 教学过程和思政教育融合。

【案例应用】：雾霾危害人体的过程和机理；雾霾对城市酸雨、交通的影响。

【国家号召】：跨学科集中攻关打一场雾霾“歼灭战”和“蓝天保卫战”。

【老师号召】：同学们，作为祖国的一分子，为了我们头顶的一片万里晴空，我们该怎么做呢？

(2) 教育方法和载体途径。

拓展雾霾的危害，通过国家层面、老师层面的号召，引导学生践行低碳出行。激发学生的爱国热情，以及振兴中华、绿色化学报国的历史使命感——“育人入行”。

三、案例特色与成效

(1) 构建了课程的“教学四环节、思政五融入”建设途径，建设课程思政“活”课，如图 1、图 2 所示。

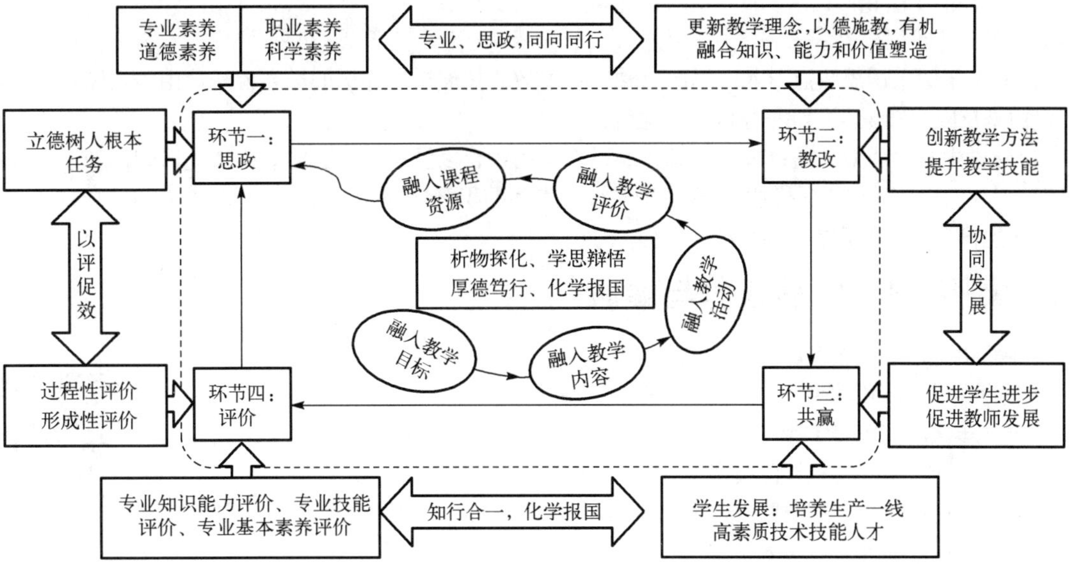
专业素养
道德素养
职业素养
科学素养
专业、思政，同向同行
更新教学理念，以德施教，有机融合知识、能力和价值塑造
立德树人根本任务
环节一：思政
环节二：教改
创新教学方法
提升教学技能
融入课程资源
融入教学评价
以评促效
协同发展
析物探化、学思辩悟
厚德笃行、化学报国
融入教学活动
融入教学目标
融入教学内容
过程性评价
形成性评价
环节四：评价
环节三：共赢
促进学生进步
促进教师发展
专业知识能力评价、专业技能评价、专业基本素养评价
知行合一，化学报国
学生发展：培养生产一线高素质技术技能人才

图 1

(2) 课程育人“笃行”，创建“三育人”递进的教学模式(如图 3 所示)，在知识上教会学生，在心灵上感化学生，在行动上引导学生。

以学生践行为目标，让学生全面发展，在课程育人过程中层层升华，做到学生知识能力学习入脑，知识能力内化入心，知识能力运用知行合一，达到育人入脑、育人入心、育人入行的效果。

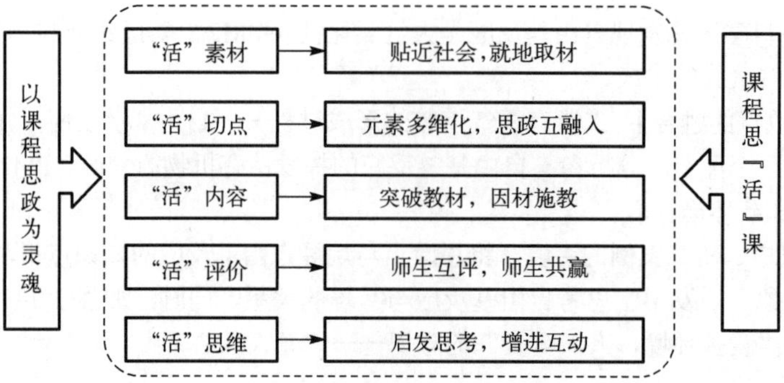

以课程思政为灵魂
“活”素材
贴近社会，就地取材
“活”切点
元素多维化，思政五融入
“活”内容
突破教材，因材施教
“活”评价
师生互评，师生共赢
“活”思维
启发思考，增进互动
课程思『活』课

图 2

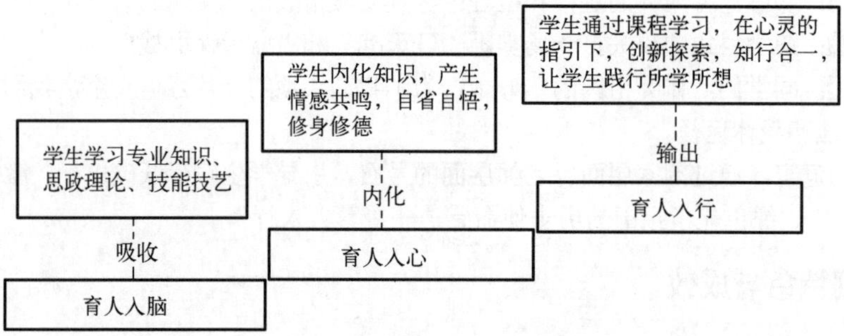

学生通过课程学习，在心灵的指引下，创新探索，知行合一，让学生践行所学所想
学生内化知识，产生情感共鸣，自省自悟，修身修德
学生学习专业知识、思政理论、技能技艺
输出
内化
吸收
育人入行
育人入心
育人入脑

图 3

(3) 本案例引用关于雾霾的环境污染问题，用所学知识解释雾霾的形成机制；介绍了科学家研究的前沿项目和研究成果。

(4) 本案例采用思政点导入—思政点融入—思政点拓展层层递进的教学方法，由浅入深将“烷烃的自由基反应”知识点与课程思政有机融合。

(5) 学生素养成效。通过线上资源和线下教学的融合以及思政元素的潜移默化影响，使学生的世界观、人生观、价值观明显改善，学生参与技能大赛的积极性提高；学生的行动能力和社会责任感增强，学生积极参加服务社会的活动。

案例 63　食品营养与健康

课程类型：专业教育课（理学、工学类）

教育赛道：职业教育

开课年级：高职二年级

面向专业：食品检验检测技术

部　　门：生物工程学院

学　　校：杨凌职业技术学院

案例视频

案例教师或团队成员信息（第 1 位为教学案例负责人）：

姓名	职务	职称	部门
唐丽丽	教师	副教授	生物工程学院
时静	教师	讲师	生物工程学院
张红娟	教师	副教授	生物工程学院

一、课程目标

1. 课程思政建设方向和重点

坚守学校办学定位，结合“服务食品安全与公众健康”的专业特色，根据公共营养师国家职业标准和专业人才培养方案要求，挖掘思政元素，培养学生营养健康素养和基本技能，为提高国民营养健康水平而努力奋斗。

2. 课程思政建设目标

以“立德树人”为根本任务，将专业知识、营养健康指导职业技能与弘扬传统、知恩感恩、爱岗敬业、爱国爱民等思政元素融入日常教学全过程，实现“服务健康中国战略、提升公民健康素养”的课程思政总目标。

3. 课程思政内容供给与融合

秉承“德技并修、全面可持续发展”的育人理念，将专业知识与思政教育深度融合，实现价值理念塑造、知识传授和个人能力培养的有机融合，为健康中国建设贡献智慧和力量。课程思政建设总体设计如图 1 所示。

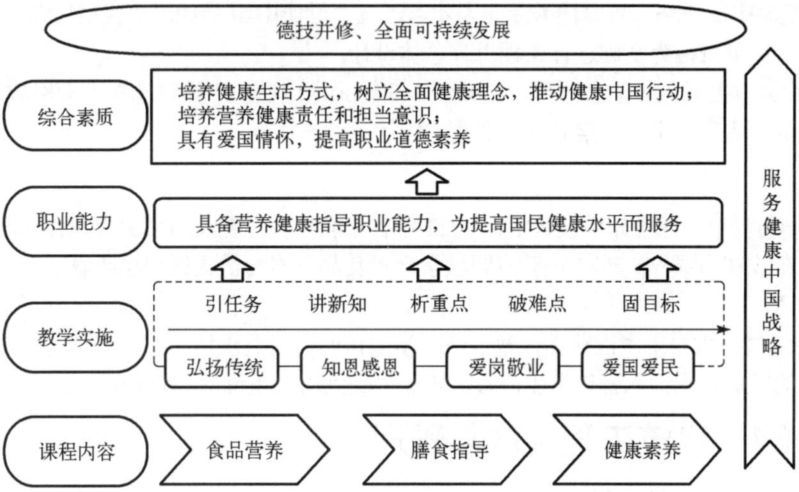
德技并修、全面可持续发展
综合素质
培养健康生活方式，树立全面健康理念，推动健康中国行动；
培养营养健康责任和担当意识；
具有爱国情怀，提高职业道德素养
职业能力
具备营养健康指导职业能力，为提高国民健康水平而服务
教学实施
引任务
讲新知
析重点
破难点
固目标
弘扬传统
知恩感恩
爱岗敬业
爱国爱民
课程内容
食品营养
膳食指导
健康素养
服务健康中国战略

图 1

二、课程思政案例设计

1. 课程思政德育目标

本案例的教学内容“健康生活方式”选自第七章“人体健康基本素养”。课程思政德育目标为：具备对公众进行健康生活方式指导及相关健康知识宣教的基本能力；培养学生心系国民健康的大局意识和恪守职业道德的职业精神；激发学生关心公众健康的使命感和责任感。

2. 思政教育融合点

融合点一：以 2019 年国家出台的《健康中国行动(2019—2030 年)》为例，导入“生活方式”的概念，讲解健康生活方式的具体表现，使学生认识到近年来国家更重视人民健康，将推进健康中国建设上升为国家战略。引导学生增强对中国特色社会主义的制度自信，努力学习专业知识，为健康中国建设贡献自己的力量。

融合点二：以《中国居民膳食指南》引入“合理膳食是健康的基础”的教学内容，使学生培养健康生活方式，倡导“三减三健”健康理念，让学生认识到健康对个人、家庭及国家的重要性，引导学生利用所学食品营养与健康专业知识服务大众，激发学生爱民、爱国、爱健康的热情，为践行社会主义核心价值观做出贡献。

融合点三：以“15 分钟健身圈”引入“运动是保证健康的重要因素”的教学内容，通过介绍《国务院关于实施健康中国行动的意见》中将“实施全民健身行动”作为主要任务，全民健身已上升为国家战略，帮助学生建立积极向上的健康生活方式，推动健康中国行动，培养学生普及营养健康的责任和担当意识，激发热爱生活、热爱民族的情怀。

3. 教育方法和载体途径

借助案例分析、情景导入等教学方法，在课堂教学过程中引导学生自觉践行精益求精、爱岗敬业的职业精神，培养学生感恩意识、爱国情怀，激发学生关心公众健康的使命感和责任感。

三、案例特色与成效

1. 案例特色

(1)服务健康中国战略，培养优秀专业人才。以《“健康中国 2030”规划纲要》为指引，以国家最新政策文件、标准规范为基础进行课程思政总体设计。

(2)思政元素深度融入教学全过程。在教学中润物无声地融入“知恩感恩、爱岗敬业、爱国爱民”等思政育人元素，提升学生思政素养，为健康中国行动做出贡献。

2. 成效

“食品营养与健康”课程先后被认定为 2022 年省级职业教育在线精品课程和食品产业职业教育教学指导委员会在线精品课程；2023 年获省职教学会“食品营养与健康课程思政教学设计与实践”课题立项。

学生在各级技能大赛中多次获奖；教学中向学生传递的精益求精、诚实守信的工作态度和爱岗敬业、勇于创新的职业追求深入青年学生内心，毕业生受到用人单位的一致好评。

案例 64　建筑工程经济与管理

课程类型：专业教育课(理学、工学类)
教育赛道：职业教育
开课年级：高职二年级
面向专业：建设工程管理、工程造价、建筑工程技术等
部　　门：建筑工程学院
学　　校：浙江工业职业技术学院

案例视频

案例教师或团队成员信息(第 1 位为教学案例负责人)：

姓名	职务	职称	部门
李静	建筑工程学院办公室主管	讲师	建筑工程学院

一、课程目标

“建筑工程经济与管理”课程是建设工程管理、工程造价、建筑工程技术等专业开设的一门专业主干课程。课程面向高职二年级学生，学生已学习过高等数学、建筑构造等基础课程。“建筑工程经济与管理”课程学习建筑工程经济和建筑企业管理基本理论、知识和方法，培养学生的经济意识和管理思维。

通过课程学习，学生应达到的知识能力水平：了解基本建设、我国建筑市场的发展；理解经营预测与决策的概念及方法；掌握建筑工程经济学的基本知识，掌握施工招投标、合同管理、施工索赔、施工项目管理的相关知识，能正确认识一般经济现象的本质；能运用工程经济学、合同管理等知识，进行工程技术经济分析，解决一般的工程经济技术分析和施工项目管理问题。

二、课程思政案例设计

1. 课程思政德育目标

(1) 价值目标：增强学生民族自信心和自豪感，激发学生爱党、爱国、爱社会主义、爱人民的情感，树立建筑强国梦；增进对全面深化改革等的认识。

(2) 素质目标：培养劳动意识及探索未知、追求真理的思维习惯。

(3) 知识目标：了解我国建筑市场的发展历程。

(4) 能力目标：能正确认识建筑市场发展的历程。

2. 知识点与育人元素结合的教学设计

教学设计如图 1 所示。

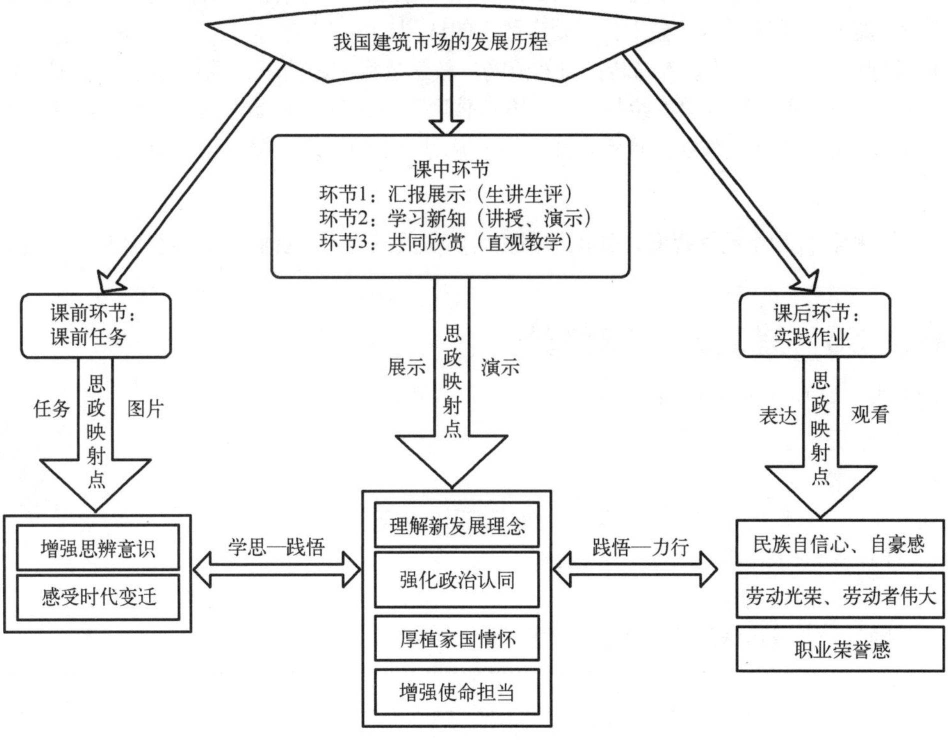
我国建筑市场的发展历程
课中环节
环节1：汇报展示（生讲生评）
环节2：学习新知（讲授、演示）
环节3：共同欣赏（直观教学）
课前环节：
课前任务
课后环节：
实践作业
任务
思政映射点
图片
展示
思政映射点
演示
表达
思政映射点
观看
增强思辨意识
感受时代变迁
学思—践悟
理解新发展理念
强化政治认同
厚植家国情怀
增强使命担当
践悟—力行
民族自信心、自豪感
劳动光荣、劳动者伟大
职业荣誉感

图 1

1) 课前

教师：发布任务“预习：寻找建筑和城市的新老照片，制作 PPT”。学生：完成制作 PPT 的任务。融入思政元素：① 培养学生搜集资料的能力；② 使学生感受建筑的巨大变化和时代的变迁。

2) 课中

环节 1：学生 PPT 汇报，“教育方法和载体途径”是讲解深圳皇岗村——小渔村到现代化社区、武汉汉阳码头——英雄的城市、浙江余村——绿水青山就是金山银山，生生互动，教师点评后引入主题。融入思政元素：体会改革开放的成就、抗疫的胜利，厚植爱国情怀。

环节 2：教师讲解建筑市场的发展历程。“教育方法和载体途径”是介绍十一届三中全会、邓小平南方谈话、深圳速度、火神山速度、鲁班奖等。学生课上认真聆听并思考。融入思政元素：强化政治认同，厚植家国情怀，增强使命担当。

环节 3：教师课上播放上海中心大厦、港珠澳大桥、大兴机场等图片、视频。“教育方法和载体途径”是观看图片、视频。学生观看视频并思考。融入思政元素：树立劳动意识，强化民族自信心、自豪感。

3) 课后

(1) 观看纪录片《超级工程》，写观后感。“教育方法和载体途径”是学生写观后感，体会工程建设成就、工匠精神、建筑强国梦。

(2) 教师批阅。

三、案例特色与成效

1. 案例特色

(1) 知识传授与立德树人契合度高。教学内容体现思想性、前沿性与时代性，能引发学生对“坚定理想信念，爱党、爱国、爱社会主义、爱人民”的认同。

(2) 知识点与思政教学的切入与转换自然流畅，教学过程主线清晰、重点突出、逻辑性强。

(3) 教学组织与实施注重学生参与。教学方法体现了先进性、互动性与针对性，灵活选用生讲生评、生生互动等教学方法，作业注重实践性，注重调动学生的学习积极性和主动性。

2.成效

学生学习积极性和主动性提升，知识掌握扎实，实践能力水平提升，情感得以升华，实现了育人目标。

案例 65　建筑工程概预算

课程类型：专业教育课（理学、工学类）

教育赛道：职业教育

开课年级：高职三年级

面向专业：工程造价、建设工程管理、建筑工程技术等

部　　门：管理工程学院

学　　校：浙江广厦建设职业技术大学

案例视频

案例教师或团队成员信息（第 1 位为教学案例负责人）：

姓名	职务	职称	部门
冯改荣	工程造价系主任	副教授	管理工程学院
王瑜玲	工程造价系副主任	副教授	管理工程学院
黄丽华	管理工程学院副院长	副教授	管理工程学院

一、课程目标

“建筑工程概预算”是工程造价专业的核心课，授课对象为大三年级学生。对标建设工程全过程造价咨询岗位需求和全面数字造价管理应用型创新人才培养目标，梳理本课程目标。

(1) 知识目标：了解造价行业发展前沿及改革趋势，熟悉造价行业规范、标准；掌握建筑工程各

分部分项工程清单、定额工程量计算规则。

(2) 能力目标：能够熟练应用计量计价规范，预算、概算定额及相关政策文件，编制全过程造价咨询中的建筑工程概算、预算、结算文件。

(3) 素质目标：培养学生“咫尺之间求精准，毫厘之内探极致，创新思维造价人”的职业素养，旨在使其成为新时代具有创新思维的造价人，成为适应建设工程全过程造价咨询职业岗位需求的高层次技术技能型人才。

二、课程思政案例设计

1. 课程思政德育目标

课程培养学生“咫尺之间求精准，毫厘之内探极致，创新思维造价人”的职业素养，实事求是、诚实守信的职业道德，团结协作、守望相助的集体主义精神，吃苦耐劳、敢为人先的劳动精神，精益求精、敬业创新的工匠精神。课程具体德育目标梳理如图 1 所示。

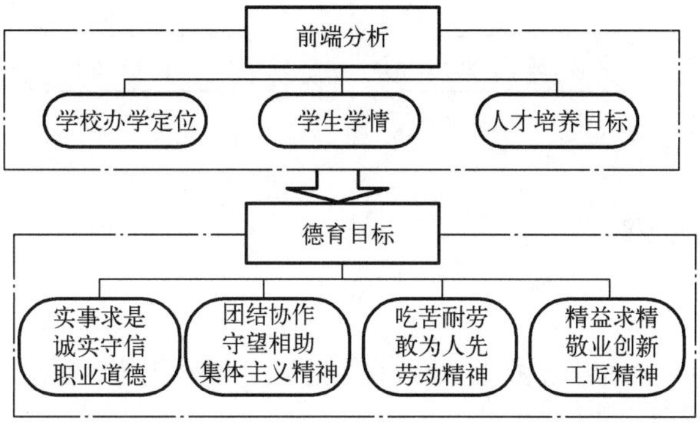
前端分析
学校办学定位
学生学情
人才培养目标
德育目标
实事求是
诚实守信
职业道德
团结协作
守望相助
集体主义精神
吃苦耐劳
敢为人先
劳动精神
精益求精
敬业创新
工匠精神

图 1

2. 思政教育融合点、教育方法和载体途径

本案例教学内容主要讲解“精准计算混凝土带形基础清单工程量”。

1) 自主学习探究竟，角色扮演悟职场

选择典型的工程项目中含有混凝土带形基础与独立基础的工程项目，通过线上平台发布课前预习任务，要求学生分组，分别扮演建设方、施工方、审计方三方造价人员，小组合作完成所给项目带形基础混凝土工程量的计算，教师通过学生课前自主学习、师生交流，发现学生算量中的“易错点”“困难点”。采用角色扮演，一方面使学生加深对职场角色的体验，感悟虽然代表着工程项目不同参与方造价岗位角色，但是工作中无论代表哪一方，都要坚持遵循客观事实、诚实守信的职业道德；另一方面培养学生主动学习习惯、探究未知的欲望。

2) 课中理思路，明原理，团结互助解疑惑

课中通过汇报展示算量结果，发现算量偏差，引发争议，通过查询相关规范、查找计算规则，厘清算量的争议点，鼓励学生结合 BIM 软件建立三维模型辅助理解基础工程中条基与条基、条基与独基存在的搭接关系并判断其所在的位置。教师展示 3D 打印的混凝土基础构件搭接节点模型，解析算量规则，解答学生疑惑。学生通过查找二维平面与三维模型的对应尺寸关系，进一步破解搭接算量难点，小组成员发挥团队协作、守望相助的集体主义精神，最终完成精准算量。借助 BIM 软件、3D 打印技术解决算量疑惑，激发学生的科技创新思维。

3) 成果汇报展自信，精准对量悟精神

再次通过小组展示，检视学生知识掌握程度，通过逐步解决每个疑难点，化解学生畏难情绪，锻

炼学生克服困难、勇往直前的勇气，使学生逐步建立自信心，感悟劳动带来的快乐。学生通过小组协作围绕算量中的“疑难杂症”，进行“对症下药”，逐个击破，通过组间对量，找差距，纠偏，最后精准对量，使每个学生在整个任务完成的过程中感悟精益求精的工匠精神。具体教学过程设计如图 2 所示。

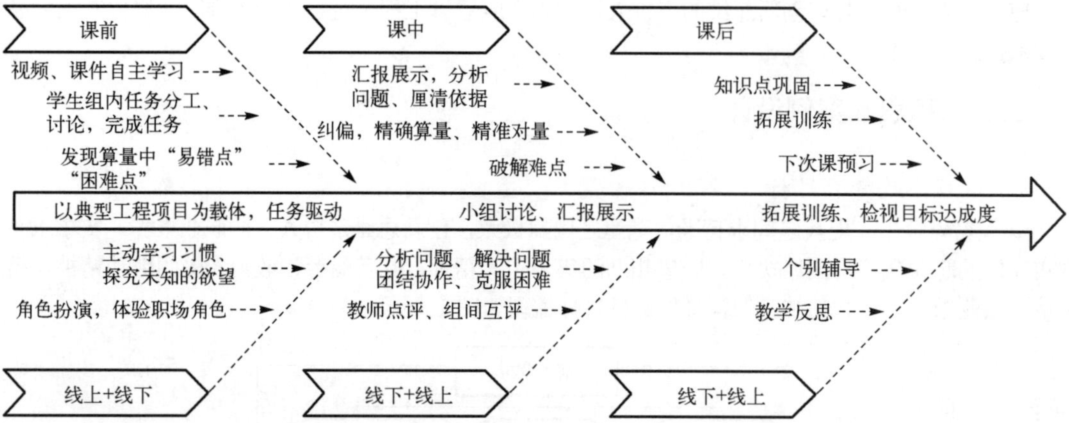
课前
课中
课后
视频、课件自主学习
学生组内任务分工、讨论，完成任务
发现算量中“易错点”“困难点”
汇报展示，分析问题、厘清依据
纠偏，精确算量、精准对量
破解难点
知识点巩固
拓展训练
下次课预习
以典型工程项目为载体，任务驱动
小组讨论、汇报展示
拓展训练、检视目标达成度
主动学习习惯、探究未知的欲望
角色扮演，体验职场角色
分析问题、解决问题
团结协作、克服困难
教师点评、组间互评
个别辅导
教学反思
线上+线下
线下+线上
线下+线上

图 2

三、案例特色与成效

1. 案例特色

(1) 在教学全过程中，多维度渗透课程思政育人元素，“润物无声、如盐化水”般渗透“实事求是、团结协作、精益求精”等职业素养。

(2) 应用 BIM 软件、3D 打印技术等激发学生空间想象力，启发学生思考，采用“先拆后拼”思维破解学生算量过程中遇到的难点，克服学生畏难情绪。

2. 成效

1) 学生成长

通过对计量规则的准确理解，摸清原理，系统掌握，学生更加重视对事实、证据和论证的分析与评价，克服了畏难情绪，增加了勇往直前的勇气，团队协作能力得到了有效锻炼，更加追求形成“求真、公正、开放、反思”的人格精神。

2) 教师成长与课程改革提升

通过课程思政改革，该课程被立项为浙江省课程思政示范课程。课程团队获得浙江省第三届高校教师教学创新大赛三等奖，编写的配套教材全面融入课程思政，被立项为住建部“十四五”规划教材、浙江省“十三五”新形态教材；“政校行企”合力打造的精品在线开放课程顺利上线，并推行“慕课西行”活动，在线课程系列微课获浙江省教育技术成果奖三等奖。

案例 66　计算机网络技术

课程类型：专业教育课(理学、工学类)
教育赛道：职业教育
开课年级：高职一年级
面向专业：计算机应用技术、云计算技术应用
部　　门：信息工程系

案例视频

学　　校：淄博职业学院

案例教师或团队成员信息(第 1 位为教学案例负责人)：

姓名	职务	职称	部门
姜雪	教师	讲师	信息工程系

一、课程目标

课程根据学校“融入区域经济发展，瞄准人才需求市场，把握高职发展前沿，培养高技能型人才”的办学宗旨，结合计算机相关专业的学生情况和人才培养要求，将“计算机网络技术”作为一门专业基础课程，学生通过学习与训练可达到以下目标。

1. 知识目标

了解计算机网络的体系结构，理解 OSI 和 TCP/IP 协议模型，掌握计算机网络的基本构建、管理技术和相关协议。

2. 能力目标

具有初步的企业网络规划与管理能力、分析和解决实际问题的能力、依据工程的设计需求进行细化与再设计的创新能力。

3. 思政目标

将爱国情怀、敬业精神、人文精神、职业操守等思政内容融入教学知识点中，教学生不但会做事更会做人。

二、课程思政案例设计

1. 课程思政德育目标

(1) 了解“网络强国战略”的科学内涵，理解实施“网络强国战略”的重大意义。网络空间是国际发展和竞争的新场域，得网络者得天下，网信事业发展水平是衡量一个国家综合国力的新维度。在世界权力图谱被互联网信息技术重新绘制的当下，建设网络强国就是紧抓时代发展的“牛鼻子”，助力中国网络发展实现“弯道超车”。

(2) 鼓励学生要有“勤奋好学”的精神。在人工智能迅速发展的今天，就业形势发生了严峻的变化，很多传统职业很容易被淘汰，但也有一些有“价值”的职业不宜被机器取代，鼓励学生要勤奋好学、努力进取，力争胜任有“价值”的职业，从而在社会上站稳脚跟，实现自我价值。

(3) 借助中国共产党成立 100 周年的话题，引导学生认知“学习, 不断地学习, 与时俱进地学习, 是中国共产党的一大优良传统, 一种独特优势”。党的十九大报告强调：“要增强学习本领，在全党营造善于学习、勇于实践的浓厚氛围，建设马克思主义学习型政党，推动建设学习大国。”号召学生沉下心来，通过勤奋好学来点亮人生，只有打好了专业基础、增强了自身本领，才能助力实现中华民族伟大复兴的中国梦。

2. 思政教育融合点

(1)“网络强国战略”与“计算机网络技术”课程的重要性的融合。

(2)“勤奋好学”精神与交换机的工作原理中交换机“自学习”的过程的融合。

(3) 学习中国共产党的优良传统和独特优势——“学习，不断地学习，与时俱进地学习”，汲取奋进的力量，开创网络时代的美好明天。

3. 教育方法

教学过程采用启发引导法、演示教学法、案例分析法。

4. 载体途径

课前，要求学生搜集有关“网络强国战略”“勤奋好学”精神和中国共产党成立 100 周年的图片及视频；课中，学生进行讨论和总结；课后，学生完成思政学习心得并提交到网络教学平台。将社会热点、时事政治和学生关注的思想与生活等问题与知识点有机融合，在轻松的氛围中，让学生不但学会了知识，而且懂得了做人的道理，为树立正确的世界观、人生观、价值观以及职业观打好基础，同时也注重教导学生传承家国情怀、弘扬中国精神。

三、案例特色与成效

鉴于本门课程的重要性，引入有关“网络强国战略”的内容，让学生了解“网络强国战略”的科学内涵和实施“网络强国战略”的重大意义。激发学生学好本课程的积极性，让学生对本课程保持浓厚的兴趣，增强学生学好专业知识的责任感和使命感，为学生掌握好这门课程乃至学好相关专业课程做好铺垫。

在讲解“交换机的工作原理”时，通过理解交换机“自学习”的过程，让学生重新思考“勤奋好学”精神的重要性，鼓励学生在很多传统职业面临淘汰的今天，要在“人机大战”中获胜，只有“勤奋好学”，不断提升自我专业素养，将来才能在社会上站稳脚跟，实现自我价值。

借助中国共产党成立 100 周年的话题，倡导学生向中国共产党学习，正因为中国共产党是一个学习型政党，才有了今天的辉煌成就。号召学生要“勤奋好学”，打好专业基础、增强自身本领，才有能力为社会和国家发展做出自己的贡献。

课程思政改革成效显著，学生通过学习实现了知识、能力、思政三个方面的目标。

案例 67 ZigBee 技术应用

课程类型：专业教育课(理学、工学类)
教育赛道：职业教育
开课年级：高职二年级
面向专业：通信技术
部　　门：信息工程系
学　　校：淄博职业学院

案例视频

案例教师或团队成员信息(第 1 位为教学案例负责人)：

姓名	职务	职称	部门
刘芳舒	教师	讲师	信息工程系

一、课程目标

“ZigBee 技术应用”是通信技术专业的核心课程之一，培养学生具备通信领域所需要的 ZigBee 短距离无线组网技术的基本知识、技术技能，具备 ZigBee 应用开发及对 ZigBee 物联网项目进行管理和维护的基本能力。

1. 知识目标

(1) 掌握 ZigBee 的基本概念、ZigBee 技术使用的协议标准。

(2) 掌握 ZigBee 与其他无线传感网的区别与联系。

(3) 了解常用的 ZigBee 应用。

(4) 掌握 ZigBee 网络的数据收发知识，包括单播、组播和广播模式。

(5) 掌握 ZigBee 网络拓扑结构(协调器、终端节点等)、组网技术、串口通信等知识内容。

2. 能力目标

(1) 具备物联网 ZigBee 技术应用开发的能力。

(2) 具备熟练应用 ZigBee 软件环境的能力。

(3) 具备结合 ZigBee 硬件编程及调试的能力。

(4) 具备对 ZigBee 技术的新发展自学的能力。

二、课程思政案例设计

本案例以“汉芯事件”和海思半导体公司应对美国制裁事件，介绍我国科技行业自主研发的重要性，使学生肩负起时代赋予的使命和责任担当，激起学生学习报国的理想情怀。同时达到以下课程思政目标。

(1) 培养学生基本的科学文化及研究素质：有科学的认知理念与认知方法，以及实事求是、勇于实践的工作作风。

(2) 培养学生基本的职业道德和职业合作行为目标：具备风险意识、责任意识、吃苦耐劳精神、团队合作意识，有严谨、认真、细致的工作作风。

(3) 结合我国通信领域先进技术的发展，增强学生对国家科技进步的自豪感，并且注重培养学生专业素质和职业道德，引导学生为国家先进技术的应用与发展以及国家信息安全贡献自己的一份力量。

在教学过程中本着“服务学生、引导学生”的目标，从思政元素入手，利用课上＋课下的模式组织学生学习。利用线上平台完成课程思政的相关建设，通过课程通知、课程主题讨论、调查问卷、总结作业等形式使思政内容贯穿课前、课中和课后。通过上传课程资源，包括视频资源、图片资源、文本资源等完善课程混改建设。

课上，教师以发问为主要的互动方式，通过设置学生感兴趣的问题让学生动起来，积极参与到小组讨论和思政内容的学习中来，在轻松的课堂环境中，使对学生的思政引导达到润物无声的效果。同时，并不局限于在案例模块对学生进行课程思政教育，有时也通过一句话、一段话，告诉学生老师是如何进入这个领域的，曾经遇到什么困难，用什么方法解决，诸如这些老师的读书学习经历，以切身真实的经历来对学生加以引导。

课下，学生通过学习线上课程资源，对相关思政内容加深理解和认识，形成自己的学习总结报告，让学生的思想得到正确的引导，在丰富了学生的课余生活的同时，增强了对本专业科技前沿成果的了解，同时让学生找到个人成长的方向和空间，找到学习的动力。

三、案例特色与成效

本课程通过把握新时代引领方向，倡导工匠精神和工程伦理，挖掘各具特色的思政元素和思政方案，达到了思政育人“润物无声”的效果。课程从学生感兴趣的方面做好思政元素的融入和渗透，让学生在学习专业知识的同时，了解本专业的前沿技术与成果，增强了学生的爱国主义情怀，使学生树立了正确的世界观、人生观、价值观，提升了学生的专业素养和职业道德。通过优化教学方法，促进了专业培养与立德树人的相得益彰，让学生在国家发展和个人前途的交会点上规划人生，为自己以后的职业道路找到奋斗的方向。

案例 68 建筑构造与识图

课程类型：专业教育课(理学、工学类)
教育赛道：职业教育
开课年级：高职一年级
面向专业：工程造价专业群
部　　门：建筑工程学院
学　　校：淄博职业学院

案例视频

案例教师或团队成员信息(第 1 位为教学案例负责人)：

姓名	职务	职称	部门
于晓静	教师	副教授	建筑工程学院

一、课程目标

基于学校“崇尚实践精神，铸就技术品质，立足区域经济，培养职业人才”的办学定位和工程造价专业群“擅读图、懂施工、能计算、会管理”的人才培养要求，结合高职学生学习特点，本课程全面贯彻《高等学校课程思政建设纲要》文件精神，将知识传授、能力培养和品质塑造融入课前、课中、课后全过程，通过“智育”“德育”双管齐下，引导学生树立正确的价值观，提高学生的职业素养及道德情操，旨在培养能够熟练识读建筑施工图、掌握建筑构造做法、夯实“1+X”证书(建筑工程识图、建筑信息模型、装配式建筑构件制作与安装、建筑工程施工工艺实施与管理)要求的技能基础，且热爱伟大祖国、传承鲁班品质、践行工匠精神的建筑行业复合型高素质技术技能人才。

二、课程思政案例设计

本案例的教学内容“建筑的构成要素”选自第一章“房屋建筑构造概述”，以“践行社会主义核心价值观，树立正确的工程观”为思政目标及主线，主要内容包括建筑的概念、建筑三要素及各自的含义。通过学习，学生应能掌握建筑物、构筑物的区别及组成要素，理解建筑的设计意图。

融合点一：以鸟巢、人民英雄纪念碑等建筑为例，导入“建筑”的概念，分别讲解建筑物和构筑物的定义及特点。鸟巢属于建筑物，它展示了我国体育大国的形象，从而能够激发学生的民族自豪感；人民英雄纪念碑作为构筑物之一，警示学生铭记历史、缅怀先烈，珍惜来之不易的幸福生活，传承爱国精神。

融合点二：以“万里长城”工程为例，讲解建筑技术要素。作为中华文明的瑰宝，万里长城以城墙为主体，同大量的城、障、亭、标相结合，是我国古代的军事防御工事，也是人类文明史上最伟大的建筑工程之一。通过设置问题“万里长城为何能被称为世界奇迹之一”，引发学生思考，分析深层原因，“因为它的建造水平超出了当时的生产力发展水平，同时也体现了我国古代劳动人民的勤劳勇敢，以及他们在工程技术方面的聪明才智”。万里长城工程完美阐释了“伟大出自平凡，平凡造就伟大”的深刻含义，由此引导学生树立劳动意识，传承劳动精神。

融合点三：以“火神山医院”为例，讲解优秀建筑作品的必备要素。课中播放极具震撼力的火神山医院建设纪实，火神山医院不仅在抗疫大考中发挥了关键性作用，而且它的建成离不开先进的建造技术和为生命争分夺秒的建设者的辛苦付出。由此引导学生作为“准工程人”，要学好专业知识，在祖国需要的时候勇于担当，不负韶华。

本案例运用工程图片、史料记载、施工视频等资源，通过恰当的教学方法，实现了智育、德育双赢。

三、案例特色与成效

1. 案例特色

1）构建了“金句引领→价值导向→精神传承”的课程思政案例库

用习近平总书记“伟大出自平凡，平凡造就伟大”金句做引领；用“万里长城”建设者的勤劳勇敢做价值导向，引导学生树立劳动意识，传承劳动精神。

2）完善了“意识养成→要义理解→精髓活用”的课程思政教学过程

课前看一看，了解建筑的概念及构成要素，树立良好的责任意识；课中听一听，掌握建筑三要素的含义，理解习近平总书记金句的要义；课后论一论，思考作为“准工程人”应具备的担当与责任。

2. 成效

(1) 教师队伍：强化了育德意识，提升了育人能力。

(2) 课程建设：挖掘了有高度、有深度、有温度的思政资源。

(3) 课堂教学：把“干巴巴的说教”转变为了“热乎乎的教学”。

第 6 篇　专业教育课思政案例：农学类

本科教育类

案例 1　植物学

课程类型：专业教育课(农学类)
教育赛道：本科教育
开课年级：大一年级
面向专业：生命科学类、植物生产类、园林、园艺等
部　　门：生命科学技术学院
学　　校：华中农业大学

案例视频

案例教师或团队成员信息(第 1 位为教学案例负责人)：

姓名	职务	职称	部门
赵毓	教师	教授	生命科学技术学院
欧阳亦聃	教师	教授	生命科学技术学院
严顺平	教师	教授	生命科学技术学院

一、课程目标

华中农业大学是以农业和生命科学为优势特色的国家“双一流”建设高校。始终坚持立德树人，培养“德智体美劳”全面发展的社会主义建设者和接班人。“植物学”是生物科学、农学、农业资源环境等 13 个本科专业必修的专业基础课程。该课程教学目标如下。

知识目标：使学生系统掌握植物个体发育的形态结构及器官建成过程、植物类群演化与分类学等基本知识、原理；了解植物科学领域的新技术和发展趋势。

能力目标：使学生具备创新能力和灵活运用所学知识、技能解决生物学相关问题的能力。

素质目标：结合国家建设和民族复兴的新时代背景，以“三农”价值引领课堂教学，增强学生的家国情怀与文化自信，使学生树立绿色发展理念，激发学生的社会使命感和责任心。

二、课程思政案例设计

本案例以“花粉粒的科学与艺术之美”为教学内容。

1. 课程思政德育目标

培养学生的科学精神和创新精神，增强学生的民族自信心和自豪感，使学生感受生命科学的艺术之美。

2. 课程思政教育融合点、教育方法和载体途径

通过知识回顾，让学生进一步掌握花粉粒的发育过程。用图片＋动画展示各种植物花粉粒形态，让学生了解花粉粒的多样性；介绍我国首部《中国木本植物花粉电镜扫描图志》，让学生走进花粉粒的微观

世界，领略花粉粒所反映出的大自然创造的神奇魅力，享受巧夺天工、丰富、浓郁的自然艺术之美。

实例展示：花粉粒所含的营养物质对花粉的萌发和花粉管的生长有重要作用。此外，花粉粒还有“微型天然营养库”“绿色黄金”的美称。以我国乡土树种马尾松和油松的纯净、干燥花粉——“松黄”为例，让学生了解兼有食药价值的花粉在我国传统医药学中悠久的应用历史，增强文化自信。

学习花粉的寿命及影响花粉寿命的因素(知识点)。花粉寿命的延长有助于克服农业生产上杂交育种中亲本花期不遇和远距离杂交的困难。通过时事热点＋视频让学生了解我国科学家在大豆育种花粉低温保存关键技术方面取得的新突破，增强学生的民族自豪感、荣誉感，培养他们的创新意识。

实例展示：花粉作为植物雄性生殖细胞，除繁衍后代外，还可以鉴定植物，作为勘探石油、推断气候及侦探刑事案件的依据，进一步开阔学生的知识视野，培养学生的学习兴趣，激发学生的学习热情。

科学名人领航：帮助学生掌握花粉败育和雄性不育的特点(知识点)。介绍我国油菜专家傅廷栋老师和杂交水稻专家袁隆平老师利用发现的雄性不育植株对世界油菜、水稻杂交育种所做的贡献，厚植学生的“三农”情怀，培育“知农爱农兴农”人才。

科研成果融入：雄性不育植株虽然在自然界中普遍存在，但是数量太少，根本不能满足作物、蔬菜等的育种需求。通过科研成果介绍我国科学家瞄准国家发展的重大需求，利用先进的生物学技术，通过遗传育种的方法在粮食作物、牧草、蔬菜中不断挖掘和鉴定控制雄性不育的基因，为它们产量的提高做出更大的贡献。激发学生的创新思维，培养创新人才。

三、案例特色与成效

1. 案例特色

在案例中，思政元素融入教学整个过程，思政元素和专业知识有机融合。培养了学生的科学和人文精神，提高了创新思维，培养了学生感受美、鉴赏美、创造美的能力。

“植物学”知识和农业生产实践、国家重大需求紧密融合，将“‘三农’情怀和强农兴农爱农”根植于心。

2. 成效

本课程为国家级线上线下混合式一流本科课程、国家级线上一流本科课程、国家精品在线开放课程、教育部课程思政示范课程。中国大学 MOOC 平台本课程选课人数达 16 万余人，获得一致好评。

课程负责教师及团队获教育部课程思政教学名师和教学团队，荣获湖北省教学创新大赛特等奖、校级教学成果奖、教学质量优秀奖和青年教师讲课比赛一等奖。

课程负责教师是国家级一流本科课程及虚拟仿真实验项目的评审专家，并在教育部和省高教会主办的研讨会上做课程思政报告；主持校级课程思政项目多项，参与发表课程思政教改论文多篇。

案例 2 设施环境与调控

课程类型：专业教育课(农学类)
教育赛道：本科教育
开课年级：大三年级
面向专业：设施农业科学与工程
部　　门：农业科技学院
学　　校：山东农业工程学院

案例视频

案例教师或团队成员信息(第 1 位为教学案例负责人)：

姓名	职务	职称	部门
刘素慧	教师	副教授	农业科技学院
尉辉	教师	实验师	国土资源与测绘工程学院
蒲琼	教师	副教授	农业科技学院

一、课程目标

1. 知识目标

(1) 了解不同设施环境特点和植物对环境的需求。

(2) 理解设施环境特点和植物对环境的需求间的相互关系。

(3) 掌握设施环境调控的措施和仪器设备的使用。

2. 能力目标

(1) 通过小组讨论能验证设施环境的变化规律，会对所测得的数据进行分析和讨论，并得出结论。

(2) 结合实际情况或给定案例，可制定出切实可行的解决方案，并通过实际操作能解决设施生产中环境调控的实际问题。

3. 素质目标

(1) 通过小组教学提高学生沟通协调能力、团队合作意识等。

(2) 通过设计性实验培养学生踏实严谨的科学精神、创造性解决问题的能力。

(3) 通过典型人物树立并增强学生的“科技兴农”的情怀，引导学生勇当时代“新农人”。

(4) 通过设施环境调控理念增强学生的节约能源、保护环境的意识。

二、课程思政案例设计

1. 课程思政德育目标

(1) 个人发展：培养学生严谨求实、吃苦耐劳、追求卓越等优秀品质，培育学生科学精神、精益求精的工匠精神及探索创新精神，引导学生增强人与自然环境和谐共生的意识，明确当代“新农人”的时代担当。

(2) 职业素养：与课程教学内容紧密结合起来，加强职业道德、专业伦理、科学精神和工匠精神教育，使其内化为精神追求，外化为自觉行动。

(3) 国家战略：把“绿水青山就是金山银山”“为农业插上科技的翅膀”“新农科”建设等重要理念与授课内容有机融合，引导学生把论文书写在祖国的大地上，做“强农兴农”的践行者，为推动乡村全面振兴贡献更多更大的力量。

2. 思政教育融合点

(1) 通过对设施农业、设施环境调控发展及进展等内容的学习，培养学生爱农意识、科技兴农的理想信念以及与时俱进的国际视野。

(2) 通过设施环境对不同植物的影响等内容的学习，促进学生灵活运用所学植物学和植物生理学的知识来分析问题，培养学生自主学习及深度学习能力。

(3) 通过对设施环境的变化规律的测定与分析等内容的学习，培养学生发现问题、分析问题、解决问题的能力，培养学生勇于探索、敢于担当的优良品质。

(4) 通过对设施环境自动调控系统的学习，增强学生化零为整的意识，增加对“新农人”的行业认同感，树立“知农爱农为农”的意识。

(5) 通过对设施农业能源工程等课程内容的学习，培养学生节约能源、保护环境的意识。

3. 教育方法和载体途径

在确立课程思政德育目标的基础上，构建“素材丰富、逐渐递进”的嵌入式课程思政体系(如图 1 所示)。在内容上，突破单纯“专业视域”和“知识视域”，从培养“新农人”的角度出发，将设施环境案例、设施环境调控发展历程、国家“三农”战略等“渗灌式”地融入课程中；在实施上，采用“直观展示、翻转课堂、真实案例、课外拓展”等载体途径逐渐递进，增强学生的认同感和使命感，有利于培养知农爱农的高素质应用型人才。

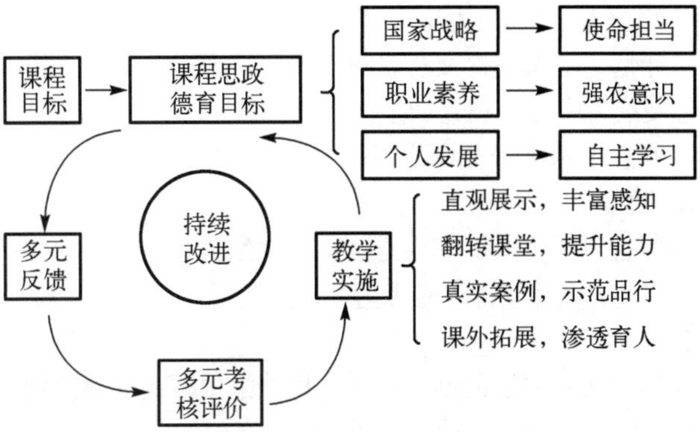
课程目标
课程思政德育目标
国家战略
使命担当
职业素养
强农意识
个人发展
自主学习
持续改进
多元反馈
教学实施
直观展示，丰富感知
翻转课堂，提升能力
真实案例，示范品行
课外拓展，渗透育人
多元考核评价

图 1

三、案例特色与成效

1. 案例特色

(1) 打造了“产学研”协同下的“三跨”师资队伍，重塑课程内容，有利于增强学生对“新农人”的行业认同感和“大国‘三农’”的时代担当。

(2) 实施了理实一体化教学，有利于培养学生严谨求实、吃苦耐劳、追求卓越等优秀品质，有利于培育学生科学精神、精益求精的工匠精神及探索创新精神。

(3) 将课程思政嵌入教学过程，强化“强农兴农”的使命担当。

2. 成效

(1) 以学生为中心的课堂，学生的参与度提高了，课堂氛围活跃。

(2) 小组教学促进了协同学习、自主学习和深度学习，学生积极参与各种创新创业大赛，并取得优异的成绩。

(3) 增强了学生的民族自尊心和自信心，服务“三农”的毕业生在增加，激发了科技兴农的担当，学农不务农的学生数量在减少。

案例 3　测树学

课程类型：专业教育课(农学类)
教育赛道：本科教育
开课年级：大二年级、大三年级
面向专业：林学、生态学、测绘工程
部　　门：环境与资源学院
学　　校：浙江农林大学

案例视频

案例教师或团队成员信息(第 1 位为教学案例负责人)：

姓名	职务	职称	部门
王懿祥	环境与资源学院、碳中和学院副院长	教授	环境与资源学院
邓愫愫	教师	讲师	环境与资源学院
梁丹	教师	讲师	环境与资源学院

一、课程目标

浙江农林大学坚持立德树人，“以生为本”，培养创新型、复合型、应用型专业人才，落实高水平本科教育与课堂教学提升计划。本课程探索互联网＋教育新模式，贯彻“新林科”教育理念，全面实施课程思政，体现以学生发展为中心，设置如下课程目标。

知识目标：帮助学生掌握单木因子及林分蓄积量、生长量、生物量和碳储量测定等方面的基础知识和理论，提升学习的高阶性。

能力目标：帮助学生掌握测树工具的使用方法，使学生具备树木和林分调查技能，具备熟练测算材积或蓄积、生物量及生长量等森林资源调查能力，提高运用计算机处理数据的能力，适应“新林科”教育的新挑战，符合社会需求。

素质目标：激发学生解决实际问题的创新能力，培养学生解决复杂问题的综合能力，强调林学生态人才的综合素质和全面发展，引导学生勇于创新、追求真理。

价值目标：增强学生人文底蕴、生态文明意识、科学精神、职业素养和社会责任感，使学生了解国情林情，践行社会主义核心价值观，坚定“四个自信”。

二、课程思政案例设计

案例 1：林分蓄积量测定概述。围绕“森林蓄积量”和“森林蓄积量测定方法”两个核心知识点，从森林蓄积量的重要性切入，通过讲解森林蓄积量的概念，增加我国森林蓄积量的快速增长及我国对森林蓄积量增长目标的承诺的相关讲述，使学生理解掌握森林蓄积量测定方法的重要性，进而培养学生“学林知林爱林”的专业情怀，并能够按照国家确立的宏伟目标激发自身的责任感和使命感。

案例 2：森林碳汇概述。围绕“碳汇、碳源、森林碳汇”“森林碳汇的重要性”“森林碳库组成”三个核心知识点，从森林碳汇的重要性切入，通过讲解森林碳汇的相关概念，使学生了解森林碳汇的重要性以及我国丰富多样的森林资源，再用全球森林面积下降反衬我国“美丽中国”建设的伟大成果，进而激发学生对国家的自豪感和坚定“四个自信”，并能够按照国家确立的宏伟目标激发自身的责任感和使命感。

案例 3：森林经营增汇。围绕“什么是森林经营”和“森林经营如何增汇”两个核心知识点，结合我国相关的政策方针，讲授我国如何努力通过森林经营增加森林碳汇，培养学生大局观和抓主要矛盾的意识，理解我国通过森林经营增加森林碳汇助力“碳中和”的必要性和重要性。

切入点 1：服务国家“碳中和”宏伟目标。以国家实现“碳中和”宏伟目标引领课程思政建设，课程以培养熟悉国家相关林业方针政策，具有美丽中国视角和绿色低碳专业情怀，掌握森林资源测定和计量的应用型人才为目标，引导学生树立“行万里路，测天下树”和投身于减缓全球气候变化事业的坚定信念。

切入点 2：聚焦中国林业伟大实践。结合习近平生态文明思想和中国林业几十年的伟大实践，引导学生形成勇于创新和敢于挑战的精神品质，坚定“四个自信”，增强使命感、责任感，讲好中国林业故事。

载体途径：采用线上线下相结合的理论教学设计及虚实结合的实验课教学设计，合理运用多种信息技术手段，打破课堂时间和空间限制，以润物无声的方式进行思政教学，提高学生理论联系实际的能力。

三、案例特色与成效

1. 案例特色

⑴教学目标远大，服务国家“碳中和”宏伟目标。

⑵思政内容独特，聚焦中国林业伟大实践。

⑶注重科学教育与人文教育的融合及其训练。不仅要求学生写实验报告，还要写散文或诗歌，涌现了很多佳作，不断丰富学生思政作品库。

2. 成效

本课程被学校推荐为省级思政示范课。13 个高校 1000 多人选修了本课程，赢得了广泛好评。

职业教育类

案例 4　园林规划设计

课程类型：专业教育课（农学类）

教育赛道：职业教育

开课年级：高职二年级

面向专业：园林技术、城乡规划

部　　门：园林工程系

学　　校：江西生物科技职业学院

案例视频

案例教师或团队成员信息（第 1 位为教学案例负责人）：

姓名	职务	职称	部门
覃嘉佳	园林工程系副主任	副教授	园林工程系
舒姗	园林技术教研室主任	讲师	园林工程系
徐彤晖	教师	讲师	园林工程系

一、课程目标

课程贯彻落实党的教育方针，分析学情，以学生为中心，结合专业实战型人才培养模式，培养学生的设计理念、抽象思维和动手能力。通过“理实虚”一体化的学习，强调“文化育人、慎独严谨”的培养方向，突出“职业核心素养”全面发展，使学生掌握园林规设计的基础知识和基本技能，并具备高等技能型人才所必需的园林规划设计基础知识、基本原理和基本技能；以博大精深的传统园林中造园艺术与生态智慧作为切入点，培养学生的综合设计素质、空间想象与空间组织能力；通过团队协作完成项目，提升逻辑思维和团队协作能力，养成良好的操作习惯、慎独严谨的职业素养、艰苦奋斗的劳动精神和精益求精的工匠精神，为今后参加园林设计与施工的工作打下坚实的基础。

二、课程思政案例设计

1. 课程思政德育目标

在“居住区架空层功能设计”的教学案例中，对现有的知识体系与课程框架进行重构，导入“凯旋壹号院”新中式风格的真实居住区项目任务进行教学实践，以博大精深的传统园林中造园艺术与生态智慧作为切入点，使学生深层次理解传统园林景观的精华，寻找传统文化的弘扬与传承创新的契合点，强调基于国情、立足本土，将现代生态文明理念融合落实到我国城市人居环境建设实践中，中西方融会贯通，树立民族设计自信心，培养并践行“工匠精神”，构建根植于本土文化与生态文明的现代园林景观工程设计理念思维与专业技能。

2. 思政教育融合点

选取新中式风格的真实居住区项目作为课程任务，以现代设计手法演绎传统文化精髓，使学生在设计探索过程中领略传统园林文化魅力，培养学生的爱国主义情怀；在居住区架空层的功能设计中，强调“因地制宜、以人为本”，要求学生始终以安全为设计前提，在空间设计中必须重视不同使用者的感受，提高学生的安全意识，始终做到以人为本；通过对设计作品的修改与完善，让学生体验完整的设计过程，充分发挥学生主观能动性，通过团队协作开展创新的形式，培养学生精益求精的职业精神。

3. 教育方法

在教学中，系统设计“做中学、学中品、品中悟”三层递进的课程思政实施路径，教师以“体验”情景式案例启发和训练学生的创意思维，将思政目标巧妙地“隐”于教学准备、教学实施、考核评价的课程教学全过程之中，引导学生注重架空层景观设计的人性化与创意性，并将“凯旋壹号院”架空层功能分析融入景观设计当中。课堂中，以头脑风暴的形式，结合自主开发的趣味游戏，引导学生在一个自由开放的环境中积极互动，培养学生自主学习与团队协作探究的能力。

4. 载体途径

突破传统思想的束缚，打破时间、空间限制，强调学以致用，实现课程思政载体的创新与学校定位和人才培养目标相适应。依托智慧树平台，构建“理实虚”立体化的教学资源，开展多元化的教学方式，达成全方位的课堂教学目标。

三、案例特色与成效

(1) 依托智慧树平台资源，构建“理实虚”立体化教学资源，使学生深层次理解传统园林景观文化的精华，有效解决了教学中的重点和难点。

(2) 系统设计“做中学、学中品、品中悟”三层递进的课程思政实施路径，使学生一边“做”构思，一边“学”细节，在“学”中“品”，品出严格遵守国家标准、遵纪守法的重要性，品出什么是精益求精的工匠精神；在“品”中“悟”，悟出精益求精的“匠心”与诚信敬业的“初心”。

(3) 课程思政与专业技术巧妙融合。新中式风格的真实居住区项目任务的导入，将传统文化与现代艺术有机结合，做到与时俱进，将课程思政融入专业教学内容中，提升了学生的文化自信和职业核心素养。

第 7 篇　专业教育课思政案例：医学类

本科教育类

案例 1　牙周病学

课程类型：专业教育课(医学类)
教育赛道：本科教育
开课年级：大三年级
面向专业：口腔医学
部　　门：口腔医学院
学　　校：安徽医科大学

案例视频

案例教师或团队成员信息(第 1 位为教学案例负责人)：

姓名	职务	职称	部门
孙晓瑜	教学管理办公室副主任	副主任医师，副教授	口腔医学院
张雷	牙周黏膜科主任、党支部书记	副主任医师，副教授	口腔医学院
程楠	教师	主治医师，讲师	口腔医学院

一、课程目标

“牙周病学”是研究牙周组织相关疾病的发病机制、临床表现、治疗转归和预防保健的一门专业核心课程，授课对象为我校口腔医学专业五年制本科生，对于学生即将开始的实习工作和继续深造有着很强的指导意义，具有理论性和实践性并重的特点。在学习本课程时，学生已具备一定的专业基础知识和良好的学习能力，学习兴趣浓厚并具有一定的线上学习经验，能够熟练运用多种网络教学平台和智慧教学工具。结合本校办学定位和“新医科”改革的各项要求，本课程旨在讲授牙周病学相关理论基础的同时进一步加强学生与牙周病诊疗相关的临床能力训练，并进行专业育人和思政育人的融合，以培养理论知识扎实、临床技能过硬、勇于担当奉献和富有仁爱之心的口腔医生。

二、课程思政案例设计

1. 教学目标

(1) 知识目标：掌握根分叉病变的概念、分类方式及治疗原则；熟悉根分叉病变的发病因素和临床表现；了解根分叉病变的诊断方法。

(2) 能力目标：以临床病例进行导入，将临床思维能力的培养融入理论教学，培养学生灵活运用基础知识解决实际临床问题的能力。

(3) 思政目标：培养学生“以患者为中心”的服务意识，救死扶伤、敬佑生命的医者情怀，适当联系前沿的科研成果启发创新思维，并将本团队的研究成果引入到课程中，培养学生的科研创新能力。

2. 思政教育融合点

《国民经济和社会发展第十四个五年规划和 2035 年远景目标纲要》提出了“全面推进健康中国建设”的重大任务。口腔健康是身体健康的重要组成部分，是反映一个国家或地区居民身心健康水平、文明水平的重要标志。国家卫生健康委也于 2019 年专门印发了《健康口腔行动方案(2019—2025 年)》，维护群众口腔健康，对推进健康中国建设具有重要意义。中华口腔医学会近年来也围绕“健康口腔，牙周护航”的主题指引学科发展和专业提升。因此，在这样的时代背景下，专业课教学应充分激发口腔医学生“除人类之病痛、助健康之完美”的职业使命感，将国家战略和行业号召落到实处，为祖国口腔健康教育普及和口腔医学发展贡献力量。

通过学习根分叉病变相关的理论知识，学生在学习到疾病危害和诊治方法的同时，更认识到疾病预防、健康知识普及任重而道远，从而激发学生积极推广口腔健康知识的社会责任感和职业使命感。

3. 教育方法和载体途径

本次课主要借助大量的图片、示意图，结合临床进行治疗方式的讲授，同步开展线上线下互动，在激发学生学习兴趣的同时便于学生联系临床进行内容的理解，以板书总结归纳课程重点和难点，便于记忆掌握。在讲解的过程中结合国家大政方针政策，融入爱伤护患、以患者为中心的职业素养教育；通过展现本团队研究成果，引导学生从临床工作中发现科学问题，培养学生勤于思考、善于发现的科学精神。

三、案例特色与成效

1. 学生学习满意度提高

课程教学采用线上与线下相结合的方式进行，学生上课主动思考，学习的积极性得到很大提升，绝大部分学生认为教学内容安排合理，教学目标明确，课程思政融入自然并有所启发，非常愿意在以后的学习中继续采用这种方式进行学习。除了课堂学习，学生在团队教师的指导下开展了根分叉病变相关临床问题的探究，并取得了一定的科研成果。

2. 教师教学能力提升

在课程思政教学改革的驱动和牵引下，团队教师强化思想引领，落实立德树人根本任务，团队荣获校“学雷锋先进集体”和院“课程思政优秀指导团队”称号，教师对于信息化教学技术的应用能力获得了质的提升。

3. 示范推广作用

主讲教师多次在校内外进行牙周病学课程思政教学设计和教学经验的分享交流，获得了良好的反响。

案例 2　人体寄生虫学

课程类型：专业教育课(医学类)
教育赛道：本科教育
开课年级：大二年级
面向专业：临床医学、预防医学
部　　门：基础医学与法医学院
学　　校：包头医学院
案例教师或团队成员信息(第 1 位为教学案例负责人)：

案例视频

姓名	职务	职称	部门
董文杰	基础医学与法医学院实验中心副科长	副教授	基础医学与法医学院

一、课程目标

包头医学院医学人才的培养目标是以社会主义核心价值观为基本准则，立德树人，全程育人，全方位育人。为少数民族边疆地区卫生机构培养具有初步临床能力、终身学习能力和良好职业素质的，具有社会责任感、创新精神和实践能力强的，“德智体美劳”全面发展的高素质应用型临床医学专门人才。

“人体寄生虫学”是面向医学专业开设的一门重要基础课程，是研究与人体健康有关的寄生虫的形态结构、生长发育、繁殖规律及致病机制，阐明寄生虫与人体、外界环境相互关系的一门学科。通过学习认识寄生虫病的发生、发展和转归规律，掌握致病机制、诊断和防治基本知识和技能，为日后的工作打下基础，从而准确对寄生虫感染进行诊断和治疗，有效控制寄生虫病的流行，保护人类健康。

二、课程思政案例设计

1. 思政目标

(1) 培养基础扎实、积极进取、社会责任感强、创新精神和实践能力强的高素质应用型人才。

(2) 通过学习疟疾这种疾病，了解青蒿素的研发之路，深刻体会科研人员团结协作、不畏困难、开拓创新、为科学献身的精神。

(3) 2015 年，屠呦呦教授获得诺贝尔生理学或医学奖，是中国人的骄傲，课程导入屠呦呦事迹，激发学生的爱国情怀。

2. 思政教育融合点

思政教育融合点如图 1 所示。

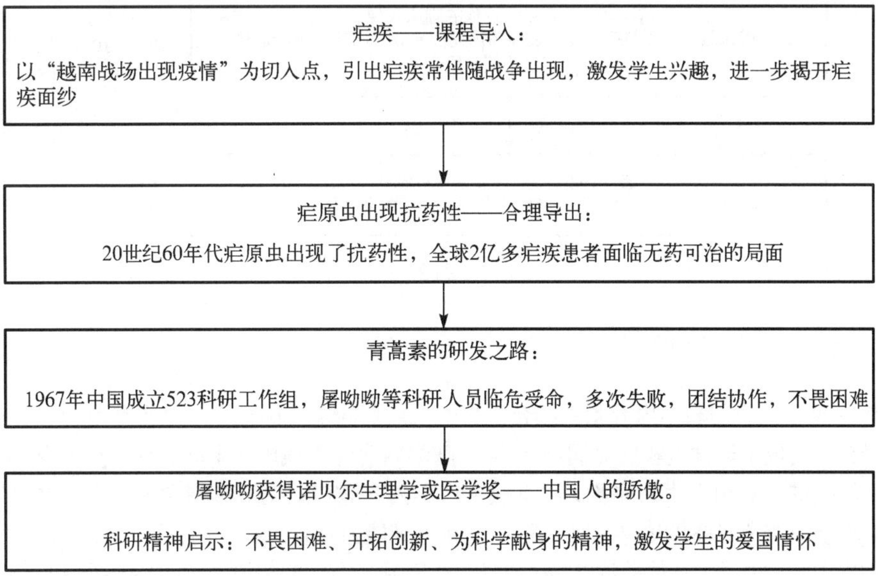
疟疾——课程导入：
以“越南战场出现疫情”为切入点，引出疟疾常伴随战争出现，激发学生兴趣，进一步揭开疟疾面纱
疟原虫出现抗药性——合理导出：
20世纪60年代疟原虫出现了抗药性，全球2亿多疟疾患者面临无药可治的局面
青蒿素的研发之路：
1967年中国成立523科研工作组，屠呦呦等科研人员临危受命，多次失败，团结协作，不畏困难
屠呦呦获得诺贝尔生理学或医学奖——中国人的骄傲。
科研精神启示：不畏困难、开拓创新、为科学献身的精神，激发学生的爱国情怀

图 1

3. 教育方法和载体途径

1) 教学方法

图片＋动画视频演示法：通过疟疾病人的照片＋疟疾传播途径(动画视频演示) 帮助学生理解疟疾的传播途径、疟原虫的致病机制等内容。

启发提问式教学：问题导入，启发思考，与学生充分互动，提高学生学习兴趣和注意力。

病例讨论式教学：结合越南战场士兵出现的临床表现进行讨论，紧密结合临床案例，为医学实践中疟疾感染的临床诊断奠定基础。

历史事件展示法：1967 年中国成立 523 科研工作组，屠呦呦等科研人员临危受命，开拓创新、团结协作，研发出青蒿素，为治疗疟疾做出巨大贡献。2015 年屠呦呦获得诺贝尔生理学或医学奖。

2) 教学内容载体途径

教学内容载体途径如图 2 所示。

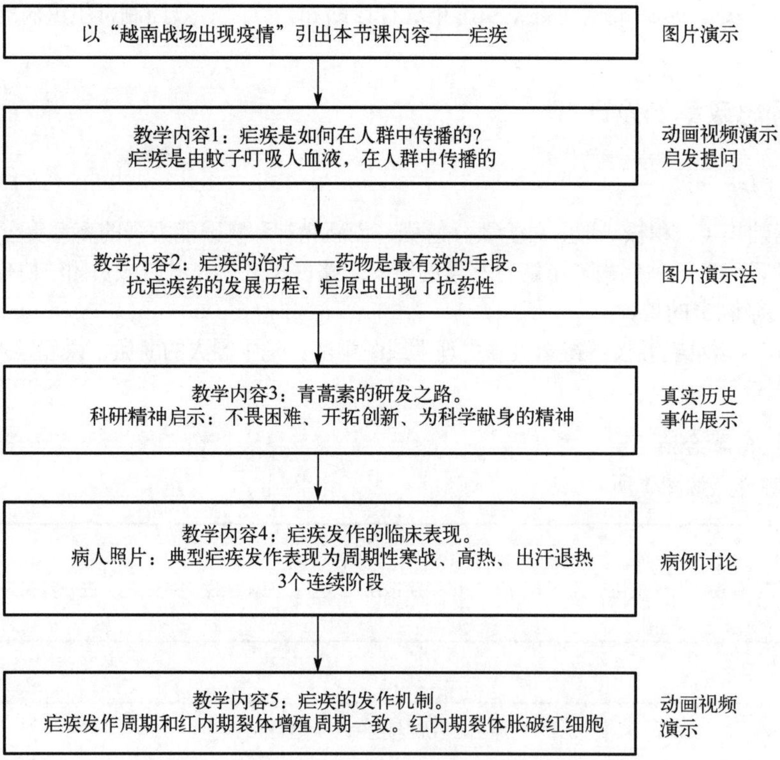
以“越南战场出现疫情”引出本节课内容——疟疾
图片演示
教学内容1：疟疾是如何在人群中传播的?
疟疾是由蚊子叮吸人血液，在人群中传播的
动画视频演示，
启发提问
教学内容2：疟疾的治疗——药物是最有效的手段。
抗疟疾药的发展历程、疟原虫出现了抗药性
图片演示法
教学内容3：青蒿素的研发之路。
科研精神启示：不畏困难、开拓创新、为科学献身的精神
真实历史
事件展示
教学内容4：疟疾发作的临床表现。
病人照片：典型疟疾发作表现为周期性寒战、高热、出汗退热
3个连续阶段
病例讨论
教学内容5：疟疾的发作机制。
疟疾发作周期和红内期裂体增殖周期一致。红内期裂体胀破红细胞
动画视频
演示

图 2

三、案例特色与成效

本案例中思政内容与教学内容紧密结合，将“抗疟药的发展历程”与“青蒿素的研发之路”较好地糅合在一起，实现了教学过程的“润物无声”；教学内容深入浅出，生动有趣，教学视频、图片能有效抓住学生的眼球，吸引学生的注意力；案例中教学内容潜移默化地影响学生，让学生深刻体会到我国科学家为攻坚克难所具备的团结协作精神、创新思维能力和献身科学精神。

通过问卷调查邀请学生从教学效果和思政资源质量两方面对课程进行评价，90%以上的学生认为思政教学能帮助他们将理论知识与实际应用联系起来，提高了他们学习“人体寄生虫学”的兴趣，同时课程思政的众多案例也激发了他们重新审视自己的世界观、人生观和价值观，引导他们树立正确的价值导向。

案例 3　药理学

课程类型：专业教育课(医学类)
教育赛道：本科教育
开课年级：大二年级
面向专业：药学
部　　门：药学院(葡萄酒学院)
学　　校：滨州医学院

案例视频

案例教师或团队成员信息(第 1 位为教学案例负责人)：

姓名	职务	职称	部门
王巧云	药理学教研室主任	教授	药学院(葡萄酒学院)
周玲	教师	副教授	药学院(葡萄酒学院)
孙红柳	教师	教授	药学院(葡萄酒学院)

一、课程目标

根据滨州医学院培养具有社会责任感、基础扎实、实践创新能力强的应用型人才的总目标，结合药学专业的应用型药学人才培养要求以及服务于合理用药和新药研发的课程任务，确定本课程目标。

1. 知识水平

学生能够记住药理学总论的基本概念、基本理论，临床常用药物的药理作用、临床应用、常见和严重不良反应以及禁忌证等；比较同类药物中不同药物的特点；理解药物分类及作用机制。

2. 能力水平

学生能熟练应用药理学基本理论，结合病人个体差异，合理选择药物；用药过程中具备辩证思维能力及与患者沟通交流的能力。

3. 素质水平

通过重温经典药物发现史及药物迭代过程，提升学生敢于质疑、勇于探索的科学素养及创新思维，以期创新药物服务人类健康；通过融入我国医药贡献的故事，增强学生民族自豪感，厚植家国情怀；通过合理用药宣传与健康教育宣传，提升学生全民健康服务理念，助力健康中国建设。

二、课程思政案例设计

1. 课程思政德育目标

本案例紧扣课程目标，形成三条思政教育主线：

(1) 提升学生敢于质疑、勇于探索的科学素养及创新思维，激发学生创新热情。

(2) 厚植学生家国情怀，增强学生民族自豪感和自信心。

(3) 提升学生服务全民健康理念，助力健康中国。

2. 思政教育融合点

本案例重构教学内容，以胰岛素发展历程(胰岛素过去、现在和未来)为主线，拓展了内容的广度和深度，在知识内化、能力提升中融入思政教育，形成了广度、深度与温度三度融合的课程，并从不同维度聚焦三条思政教育主线，强化育人效果。

思政教育融合点具体为：在胰岛素发现史、胰岛素迭代历程及胰岛素制剂未来发展的奇思妙想中提升创新思维，激发学生创新热情及勇于探索的科学素养。自《黄帝内经》关于糖尿病的记载、人工合成有活性结晶牛胰岛素、“胰岛素之父”甘忠如的故事及国家组织胰岛素集中采购的政策四个维度，厚植学生家国情怀，增强学生民族自豪感。自课后作业——联合国糖尿病日的胰岛素合理用药宣传和健康教育宣传，引导学生提升全民健康服务理念，助力健康中国建设。

3. 教学方法和载体途径

以故事为载体，师生在故事中感悟教学内容隐含的温度；以实践活动为载体，将理论知识与实际运用相结合，在实践中提升学生知识应用能力和健康服务意识，提升学生社会责任感。以课后思考问题为载体，在文献查阅与思考中激发学生创新热情。

在教学中贯彻以学生为中心的教学理念，将参与式、探究式教学方法与讲授法相结合。

三、案例特色与成效

1. 案例特色

三条思政教育主线贯穿教学始终，形成思政内容体系，实现了教学全过程育人。过程性评价体系保障了育人效果，有效提升了学生的创新思维、服务健康中国的意识和家国情怀。

2. 成效

(1) 课程获评山东省课程思政示范课程及山东省线上线下混合式一流课程；

(2) 课程在新华网新华思政平台展播。

案例 4 老年照护实践与创业

课程类型：专业教育课(医学类)

教育赛道：本科教育

开课年级：大三年级

面向专业：护理学

部 门：护理学院

学 校：成都医学院

案例视频

案例教师或团队成员信息(第 1 位为教学案例负责人)：

姓名	职务	职称	部门
杨立威	老妇儿教研室副主任	讲师	护理学院
曾兢	护理学院院长	教授	护理学院
王艳	教师	讲师	护理学院

一、课程目标

知识目标：构建老年照护理论知识体系；掌握创新创业基础知识；了解老年照护领域的前沿理论以及创新实践路径；拓展学科视野，增长跨学科知识。

能力目标：具备老年人健康管理能力；从专业与创新双角度发现、解决老年健康问题的临床思维能力；强化自身自主学习、团队协作及信息技术等综合能力；加强专业领域内的创新实践能力。

素质及思政目标：以“以孝为先，以术为本，以民为重”为育人目标，坚持“四心”思政理念。① 孝道之心：主动传承中华民族传统美德。② 仁爱之心：树立敬佑生命、大爱无疆的护理职业价值观。③ 专业之心：秉持生命健康全周期的理念，争做新时代南丁格尔。④ 工匠之心：大医精诚，具有求真力行、知行合一的科学素养与工匠精神。

二、课程思政案例设计

本案例教学内容节选于“老年照护实践与创业”课程的“吞咽障碍”专题，通过教学设计寓价值引导于知识传授中，从课前微课到课中活动，再到课后拓展，将思政教育贯穿于教学全过程。

1. 课程思政德育目标

(1)扬孝道之心：在实践中体会老年照护工作的重要性，以专业能力践行孝道文化。不忘本来，方能源远流长，通过建立学生对传统文化的认同感、归属感，鼓励他们去创新与发展，才能不断筑牢大学生的文化自信。

(2)强专业之心：认识到专业创新对促进健康的影响，开启对技术革新和产业变革下护理职业担当的思考，促进从以治疗为主的理念向生命健康全周期的理念转变，争做既能潜心科研创新，又能脚踏实地守护国人健康的新时代南丁格尔。

2. 思政教育融合点与教育方法

本案例聚焦“四心”思政理念中的“孝道之心”与“专业之心”，结合国家大事、成都医学院的故事、身边好事三大类思政案例，运用案例植入教学法(案例导入、情景模拟)与陶冶式教学法(主题讨论、事例分享与反思)，显性融入与隐性润化相结合，线上线下、课中课外共同发力，真正做到“润物无声”地融入理想信念层面的精神指引，实现价值塑造、能力培养的一体化推进。

3. 载体途径

(1)通过创设老人拒绝配合治疗的情景，使学生体会身体改变给老人带来的影响，在角色扮演中培养学生从老人视角理解其行为的同理心，升华爱老之情。

(2)通过展示师生团队共同创新实例，使学生认同创新是国家与行业的第一生产力，在小组讨论的思维碰撞中激发学生敢于创新的精神和尚德精术的职业认同感。

(3)通过预设中华美食课后思考题，使学生感受中华美食文化，在自主探索的过程中帮助学生树立文化自信，实现思政隐性育人。

(4)通过分享团队教师受患者认可的案例，使学生体会护理工作的意义，在个人反思中理解如何用专业之心守护健康，主动在专业领域中追求精益求精。

三、案例特色与成效

1. 案例特色

本案例以多维协同思政育人模式展开设计。在第一课堂，线上设置以“成都医学院的故事”为主线的思政微课，线下将“身边好事”典型案例融入情景模拟、小组讨论等课堂活动中；在第二课堂，线上进行中华美食讨论，线下开展学生创业经验分享活动，以此实现课程思政线上线下相衔接，第一课堂与第二课堂相连通，发挥混合式教学育人效能，实现全成员、全过程、全方位的立德树人。

2. 成效

本案例用身边人的故事，讲述了如何做人、做事、做学问，开启了学生对护理专业的新认识，提升了学生从创新角度审视专业问题的能力。与课程主题相关的学生项目获大学生创新创业大赛校赛银奖和省级大学生创业项目立项。本课程获评国家级线上线下混合式一流本科课程及校级课程思政示范课。

案例5 健康睡眠与幸福人生

课程类型：专业教育课(医学类)
教育赛道：本科教育
开课年级：所有年级
面向专业：所有专业
部　　门：医学院
学　　校：东南大学

案例视频

案例教师或团队成员信息(第1位为教学案例负责人)：

姓名	职务	职称	部门
王长松	中医学教研室主任	主任医师	医学院
封慧	中医学教研室教学秘书	讲师	医学院
刘红梅	科助理	讲师	医学院

一、课程目标

东南大学秉承“以科学名世，以人才报国”的信念，坚持立德树人，以造就具有家国情怀和国际视野的领军人才为己任。“健康睡眠与幸福人生”就是一门提高学生身心素质的通识课，旨在引导学生思考人生价值，重视健康的维护，获得高品质睡眠；通过科学的方法，追求快乐与幸福。课程目标如下。

(1)知识目标：了解与健康睡眠相关的中医学、积极心理学的基本知识，了解现代脑科学研究的最新进展，开阔视野，增长见识。

(2)能力目标：掌握维护健康、获得高品质睡眠的方法，找到解决身心问题的途径，全面提高身体素质。

(3)素养目标：在老师的启发引导下，思考人生价值和人生意义，注重人品的培养和幸福的获得，更加珍爱自己，热爱生活，热爱学习和工作。

二、课程思政案例设计

1. 课程思政德育目标

本案例教学内容是课程第6周“歌唱养生”的一节，教学目标是：使学生了解歌唱调节心理情绪的相关知识；掌握根据不同情绪选择歌曲的方法；感受以中医为代表的中国传统文化的魅力，培养良好的心境和心理素质，增强文化自信。

2. 思政教育融合点

(1)歌唱是学生普遍感兴趣的娱乐活动，也是调节情绪、培养情操的有效方式。从歌唱入手，融入思政教育，符合学生心理特点。

(2)历史悠久、资源丰富的中国民歌，是中国优秀传统文化的一部分，是引领学生感悟传统文化魅力、增强文化自信的重要载体。

(3)以五行学说为核心的五音疗疾理论，能有效指导学生通过歌唱培养良好的心理素质，最具民族特色。

3. 教育方法和载体途径

1)深入浅出的随教随融法

根据学生特点，以通俗易懂的语言讲解知识和原理，并随时融入思政元素。例如，在讲解“歌唱调节心情”的机理时，把五行学说与同气相求、同声相应、五音疗疾、情志相胜等国学经典观念结合起来，用于指导实践：“肝气郁结时，人就会发怒，就会呼叫，而角音入通于肝，能够疏解肝郁，治疗肝胆疾患。”

再如把常见的情绪，按照中医理论进行五行归类，并给出选歌建议。思虑过度，久思不解，乱思难控者，均属于思。可选择呼唤、吼叫、发怒为主情调的歌曲，如《人生第一次》《好汉歌》《保卫黄河》《就恋这把土》《一壶老酒》等。

2) 灵活生动的示范演唱法

在课堂教学中，把知识讲解与示范演唱结合起来。根据课程需要，老师随时演唱，自然衔接，转换自如。与引用明星或歌唱家的演唱作品相比，老师亲自演唱更能贴近生活，学生感到可学可做；并且演唱点到为止，使大家意犹未尽，主动课后模仿。

3) 悄无声息的择善而从法

精心选取教学内容和教学素材，悄无声息地融入德育目标。如在音乐疗法和歌唱养生众多的理论中，有意选择基于中国传统文化的歌唱养生理论；在丰富的养生曲库中，重点选择中国民歌，以及具有红色基因的优秀歌曲和影视歌曲，通过声情并茂的示范演唱，激发学生的民族自信和文化自信，培养学生的家国情怀。

三、案例特色与成效

1. 案例特色

从学生调节心理情绪的需求和普遍感兴趣的歌唱活动入手，以历史悠久、资源丰富的中国民歌为载体，通过精选教学内容、深入浅出的教学方法、灵活生动的示范演唱，把思政德育目标悄无声息地融入教学活动中。通过隐性渗透、潜移默化的力量，引导学生培养良好的心理素质，感悟中国传统文化的魅力，增强民族自信和文化自信。

2. 成效

通过随机访谈、课程评价和问卷调查，可以得知教学改革的成效显著。学生的积极性、主动性被调动起来；许多学生表示，“歌唱养生”是他们感到最有趣、最实用的内容，从此爱上了中国民歌和中国传统文化；通过课程提供的方法和推荐的歌曲，许多同学改善了心情和睡眠状况。

案例 6　护理管理学

课程类型：专业教育课（医学类）
教育赛道：本科教育
开课年级：大三年级
面向专业：护理学、助产学
部　　门：护理学院
学　　校：广西中医药大学

案例视频

案例教师或团队成员信息（第 1 位为教学案例负责人）：

姓名	职务	职称	部门
陈玲	教师	副教授	护理学院
高慧	教师	讲师	护理学院
杨连招	教师	教授	护理学院

一、课程目标

本课程为学校护理学类国家级一流本科专业建设点的专业必修课，依据学校“培养具有人文情怀、社会担当、创新精神、国际视野的高素质人才”的目标及专业“培养具有人文关怀精神、创新精神、团队合作精神和独立思考及实践能力的高素质护理专业人才”的要求，结合大三年级学生对自身职业发展的认知需求，设计本课程目标如下。

(1)知识目标：学生能全说出护理管理基本理论、基本知识。

(2)能力目标：培养学生运用管理基本理论和方法分析、解决护理管理问题的能力，提升其评判性思维。

(3)素质目标：培养学生具有坚定的文化自信、良好的职业素养，激发学生的家国情怀，弘扬大爱无疆的护理专业精神及开拓创新精神。

二、课程思政案例设计

1. 课程思政德育目标

使学生感受中华优秀传统文化的强大力量，培养学生敢于担当、甘于奉献、敬佑生命的职业精神；体会护理文化建设是护理组织持续发展和成长的关键，培养职业素养。

2. 思政教育融合点

1)案例导入思政元素

以纪录片《武汉抗疫 24 小时》作为导入，引起学生思考什么是组织文化。以画面感、背景音乐渲染，使学生内心受震撼，厚植学生家国情怀，培养学生敢于担当、甘于奉献、敬佑生命的职业精神。

2)专业知识点与思政元素融合

组织文化的定义＋核心价值观：讲解组织文化的定义中价值观是组织文化的核心。结合导入视频提出“生命至上，人民至上”的理念就是抗疫的核心价值观。

精神层文化定义＋医者仁心和大爱无疆：讲解精神层文化定义时，以“在抗击新冠疫情的战役中，广大医务人员义无反顾、逆行出征，白衣执甲、不负重托”来诠释医者仁心和大爱无疆的精神文化。

组织文化功能＋人道主义精神：在讲解组织文化辐射功能时，以“援鄂医疗队中 2.86 万名护士继承和弘扬了南丁格尔不畏艰险、甘于奉献、救死扶伤、勇于献身的人道主义精神”作为支撑，使学生理解专业知识的同时感受思政教育。

3)案例分析渗透思政元素

以案例“护理文化的魅力”呈现科室团队建设遇到的困难，讲解护理文化建设的步骤与流程，使学生在案例分析中领悟护理文化管理是护理组织持续发展和成长问题核心，提升职业素养。

3. 教育方法和载体途径

1)教学设计上采用 BOPPPS 模式

以武汉抗疫作为导入，根据问题提出教学目标，结合案例进行启发式教学，更有助于学生吸收、内化，使学生全面理解、领会护理工作中组织职能的基本知识、基本理论，并能在实践中进行初步的应用。

2)案例教学法贯穿始终

课程以教师为主导，以学生为主体，从学生认知角度出发，从现象分析到原因分析，符合学生的思维，充分激发学生学习动机，吸引学生课堂注意力，充分发挥案例的启发性、实践性，开发了学生的思维能力，提高了学生的判断能力、决策能力和综合素质。

三、案例特色与成效

1. 线上线下教学相结合，课程思政有深度与广度

通过《武汉抗疫 24 小时》《2.86 万护士驰援武汉》纪录片，将思政元素融入线上课程，使学生学习章节知识点的同时，对思政内容进行思考和领悟，达到“润物无声”的效果。线下教学接引线上课程，引导学生换位思考、领悟职业价值，达到吸收内化的目的。

2. 案例教学与理论教学相结合，思政要素一脉贯穿

选取具有浓厚思政要素的典型案例，通过案例暴露其中的价值问题，并在案例的分析过程中，使学生真正掌握将思政价值贯彻于社会生活的本领。

3. 教师讲授与学生参与相结合，学生思政学习主动性显现

通过问题设置引导，使学生能够主动思考和充分展示其对思政价值的理解，通过主动表达加深掌握程度。

案例 7 外科护理学

课程类型：专业教育课(医学类)
教育赛道：本科教育
开课年级：大三年级
面向专业：护理学
部　　门：大庆校区护理学院
学　　校：哈尔滨医科大学

案例视频

案例教师或团队成员信息(第 1 位为教学案例负责人)：

姓名	职务	职称	部门
王正君	护理学院教工党支部宣传委员	讲师	大庆校区护理学院

一、课程目标

习近平总书记指出，要坚持把立德树人作为中心环节，把思想政治工作贯穿教育教学全过程，实现全程育人、全方位育人，努力开创我国高等教育事业发展新局面。国务院印发的《关于加快医学教育创新发展的指导意见》指出，以新内涵强化医学生培养。加强救死扶伤的道术、心中有爱的仁术、知识扎实的学术、本领过硬的技术、方法科学的艺术(简称“五术”)的教育，培养医德高尚、医术精湛的人民健康守护者。

在上述精神的指引下，本课程紧密围绕培养“五术”型护理人才的理念，确定了“外科护理学”课程目标。在知识方面，要求学生能够掌握外科常见疾病的防治知识、护理知识、急危重症救护知识；能探索钻研外科护理新理论、新模式。在能力方面，培养学生能够运用护理学理论、护理程序以及新技术、新设备对外科疾病病人进行护理。在人文和思政素养方面，培育学生能够以人为本，具有良好人文关怀精神和人文修养；具有社会主义核心价值观，践行健康中国战略；具有强烈职业使命感和责任心，做守护人民生命健康的好护士。

二、课程思政案例设计

1. 课程思政德育目标

(1)知识目标：掌握心肺复苏术流程。

(2)能力目标：能够正确识别心搏骤停；能够规范地进行心肺复苏。

(3)思政目标：树立“时间就是生命”的急救意识和急救思维；认同救死扶伤的护理精神。

2. 思政教育融合点(思政元素)

本次课将思政元素分为思政理念、医学人文、职业/科学素养、健康中国、时代精神、历史文化六大内容，并进一步细分观测点，与专业知识进行有机融合。

(1)思政元素：思政理念——社会责任感、医学人文——人道主义。教学手段为视频融合。通过“地铁口的悲剧”和“优秀校友为老人实施心肺复苏成功挽救生命”两个真实案例的不同结局，启发学生思考：当面对有人晕倒的状况时，是否敢于救死扶伤？恰当的救护措施应如何？在激发学生学习兴趣的同时，增强学生致力于急救知识传播的社会责任，培养其投身于护理学的职业认同与职业使命感。

(2)思政元素：历史文化——中医中药、医学人文——四个自信。教学手段为专题嵌入。通过介绍心肺复苏术在我国传统医学中的悠久历史，从东汉医圣张仲景在其《金匮要略》中描述的救缢死时的胸外按压，至晋代葛洪《肘后方》中有关于人工呼吸的记载，体现出自古以来我国医学先贤们就凭借智慧挽救了呼吸心搏骤停病人的生命，使学生坚定“四个自信”。

(3)思政元素：科学素养——创新思维、职业素养——严谨务实。教学手段为线上线下混合式教学。为学生提供2020年美国心脏协会(AHA)《心肺复苏及心血管急救指南》，将全文上传至“学习通”平台，使学生与当下科学前沿接轨，培养其科学创新思维与能力。

(4)思政元素：健康中国——健康服务、社会实践。教学手段为线上线下混合式教学，将卫健委近期在大庆市设置的自动除颤仪与除颤相关知识作为拓展内容。并利用课余时间，由教师组织带领急救小组成员走出学校，走进大庆市图书馆，为读者普及心肺复苏及自动除颤仪使用知识，使理论联系实际，增强学生致力于健康中国建设的意识。

(5)思政元素：思政理念——社会责任感、公平正义。教学方法为案例讨论教学法。以沈阳药店老板对心搏骤停患者实施心肺复苏却发生肋骨骨折并发症为案例，在救还是不救、如何施救等矛盾点，通过学生广泛讨论完成知识传授和价值观澄清。当学生得知施救者救助行为无过错时，使学生感受到法治中的公平正义，帮助学生走出道德困境。此外，在案例教学过程中完成“心脏按压注意事项”知识的传授，加深学生对知识的掌握。

(6)思政元素：健康中国——预防保健、科普宣传。教学手段为第二课堂教学。通过教师示范、榜样引领，号召学生不仅在危急时刻能够运用正确的方法敢于救人，还能够在日常生活中从身边做起，将心肺复苏术教给家人、朋友和同学。树立时间就是生命的急救意识和思维，培养学生对救死扶伤护理精神的认同，最终成为“敬佑生命、救死扶伤、甘于奉献、大爱无疆”的白衣天使。

3. 教育方法和载体途径

(1)专题嵌入：在导课时，视频嵌入哈尔滨医科大学护理学院优秀毕业生路遇心搏骤停老人抢救事迹，使学生树立时间就是生命的急救意识，培育对救死扶伤护理精神的认同。在授课中，嵌入祖国医学关于心肺复苏的记载，坚定学生的“四个自信”；并嵌入《心肺复苏及心血管急救指南》，培养学生的评判性思维和科学创新思维。在课堂小结时，再次嵌入多位优秀校友成功救人的案例，实现知识、能力和思政目标的升华。

(2)案例讨论教学法：以沈阳药店老板对心搏骤停患者实施心肺复苏却发生肋骨骨折并发症的案例，通过广泛讨论完成授课，培育学生“敬佑生命、救死扶伤、甘于奉献、大爱无疆”的医者精神。

(3)线上线下混合式教学手段：借助线上线下混合式教学手段，在视频融合、知识拓展、案例讨论、随堂测验、资料推送等环节实现线上线下、课上课下的全过程延伸。针对一些涉及道德、伦理的德育内容，受教学设计的时间限制无法在线下课堂完全展开，教师则借助线上平台作为补充，利用课下时间引导学生完成思辨讨论。

(4)社会实践与第二课堂：结合市卫健委在大庆市 20 处公共场所布置的自动除颤仪，教师带领学生开展志愿服务活动，为市民普及心肺复苏知识，实现课堂与社会实践的双向延伸。倡导学生从身边做起，为家人讲授心肺复苏知识，加深对理论与操作的理解，最终使学生成为急救知识与技能的科普者，并使学生通过参与护理技能操作大赛，实现能力目标。

(5)课前思政 5 分钟：引导学生通过每节课“课前思政 5 分钟”，以小组讨论、分工汇报的形式，围绕思政理念、科普救护技术、护理专业前沿资讯、南丁格尔奖事迹、中华优秀文化等重点内容展开讨论与分享，增加学生对思政的参与感、获得感，增强救护普及意识。

三、案例特色与成效

案例特色体现上述案例设计中，不再赘述。成效体现在以下方面：

在道术方面，广大在校学生、实习学生和毕业生在危急时刻能够救死扶伤，成功挽救患者生命的事迹纷纷被官媒广泛报道。

在学术方面，学生进行的家庭嵌入式心脏救护培训项目获得国家级和省级创新创业项目奖项。麦可思第三方评价显示，我校 2019—2020 届毕业生外科护理学相关核心能力达成度均高于 96%。

在技术方面，2020 级护理学专业刘梦同学在冬奥会和全国政协相关会议中，担任医疗小组组长，其过硬的专业技术获得了会议组织方的肯定。面对新冠疫情，更多的护理学专业学生化身“大白”，承担起疫情防控相关工作。

在艺术上，学生善于运用语言和非语言表达方式，与患者进行有效交流，使其感受到人文关怀和医学抚慰生命的善意，触摸到护士“以人为本，为患者服务”的诚意。

在仁术上，学生在课余时间定期在市图书馆、社区等场所开展心肺复苏的科普志愿服务，提升了社会责任感；每学年还为全校新生培训心肺复苏技术，在进行科普志愿服务的同时，加深了对知识技能的掌握。

教师在教学过程中也实现了教学相长，课程负责人获批 2023 年黑龙江省首批课程思政优秀案例、2022 年省规划办医学类课程思政教学质量评价体系构建重点课题；获 2021 年黑龙江省首届课程思政教学竞赛一等奖和优秀教学设计案例奖、2022 年黑龙江省教学创新大赛省级二等奖、哈尔滨医科大学教学成果二等奖等。

案例 8 病原生物学

课程类型：专业教育课(医学类)
教育赛道：本科教育
开课年级：大二年级
面向专业：临床医学、预防医学等
部　　门：基础医学与生命科学学院
学　　校：海南医学院

案例视频

案例教师或团队成员信息(第 1 位为教学案例负责人)：

姓名	职务	职称	部门
牛莉娜	教务处副处长	三级教授	基础医学与生命科学学院

一、课程目标

针对“病原生物学”课程特点，结合海南地处热带、热带病高发以及海南医学院(简称“海医”)建设具有鲜明热带医学特色高水平医科大学的目标，在课程思政中重点突出“弘扬热带医学，讲好海医故事”，将热带病学专家，历代海医人的事迹融入专业知识中，编写课程思政素材集；充分利用在线学习资源开展混合式教学，搭建了课程思政网络教学平台；建立了适合本校学生的课程思政评价方法，形成了具有热带医学特色的课程思政体系。通过本课程的学习，学生不但能够掌握医学、微生物学的基本知识技能，更重要的是对学生人生观价值观的塑造，使学生能真正践行“敬佑生命、救死扶伤、甘于奉献、大爱无疆”的医者精神，做党和人民信赖的好医生。

二、课程思政案例设计

1. 教学目标

(1) 知识目标：掌握鼠疫耶尔森菌的致病性和传播途径；熟悉鼠疫耶尔森菌的防治原则。

(2) 能力目标：学生能够利用所学知识开展鼠疫耶尔森菌所致疾病的临床诊治。

(3) 思政目标：培养学生追求真理、坚持真理的科学精神，理解传染病防治中蕴含的科学思维，树立学生的民族自信和爱国情怀。

2. 思政教育融合点

追求真理、爱国情怀。

3. 思政融入载体

伍连德抗击东北鼠疫的事迹。

4. 思政融入方法

(1) 采用探究式教学法：在整个教学中，以“伍连德抗击东北鼠疫”为主线，从传染源、传播途径、所致疾病、防治原则四方面层层深入剖析，实现对鼠疫耶尔森菌传播途径和致病性这两个重点的把握。针对教学中的难点“鼠疫耶尔森菌的致病性”，结合不同类型的鼠疫病例图片，以及 1910 年东北鼠疫事件，采用逐步显示图表的形式，将鼠疫耶尔森菌的致病过程显示出来，使学生能够形成清晰的思维导图，从而突破难点。

(2) 启发式教学法：设置递进式问题。伍连德确认此次疫情的传染源是什么？依据有哪些？东北三省冰寒地冻的季节，在老鼠、跳蚤踪迹罕见的情况下，医生因何而染病？启发、引导学生，带领学生回顾历史，通过重温伍连德发现肺鼠疫的过程，让学生结合基础知识，归纳思考，延伸推理，在掌握鼠疫耶尔森菌的传播途径和致病机制的同时，培养学生追求真理、坚持真理的科学精神。

(3) 讨论式教学法：组织学生分组讨论“伍连德临危受命，三个月时间内制定了哪些疫情防控策略”，各小组总结发言，老师适时查缺补漏，加深学生对“鼠疫耶尔森菌防治原则”这一知识点的理解和消化，帮助学生理解传染病防治中蕴含的科学思维，树立学生的民族自信和爱国情怀。

(4) 注重培养科研能力：遵循在教学中逐步引导渗透科研理念的原则，在讲到诊断研究新进展时，结合有关鼠疫检测研究的新进展，融入自己的科研经历和体会，培养学生的科研思维和实验创新能力。

(5) 首尾呼应教学法：课程最后回顾伍连德的抗疫事迹，引导学生拓展思维：在突发公共卫生事件时，该采取哪些措施？联系新冠疫情防控，思考在伍连德创建的中国卫生防疫体系的基础上，我们有哪些创新，树立学生对祖国防疫的自豪感。

三、案例特色与成效

本案例结合《高等学校课程思政建设指导纲要》中“培育和践行社会主义核心价值观”和“加强中华优秀传统文化教育”的目标要求，以“伍连德抗击东北鼠疫”为思政素材进行导入，重点培养学生“追求真理”“爱国情怀”方面的思政素养。同时通过在线课堂推送重点和难点视频及课后思考题，使学生在对鼠疫耶尔森菌传播途径和致病性这两个重点把握的基础上，养成追求真理、坚持真理的科学精神，理解传染病防治中蕴含的科学思维，树立民族自信和爱国情怀。智慧树平台“病原生物学”课程，累计选课人数达 1.14 万人，选课学校有 9 所，累计互动 3303 次，累计浏览 3.35 万次。同时，在“病原生物学”微信公众号中开设课程思政专栏，将《国士无双伍连德》作为思政案例进行推送，已有 13000 多个用户上线学习。

案例 9　大话法医学

课程类型：专业教育课(医学类)
教育赛道：本科教育
开课年级：所有年级
面向专业：医学、法学、公安等学科专业
部　　门：法医学系
学　　校：华中科技大学

案例视频

案例教师或团队成员信息(第 1 位为教学案例负责人)：

姓名	职务	职称	部门
周亦武	教师	教授	法医学系
易少华	法医物证与毒物分析教研室主任	副教授	法医学系
刘茜	法医病理教研室副主任	副教授	法医学系

一、课程目标

(1) 学生应了解中国古代法医学发展史，熟悉法医学基本理论知识和技术，学会运用法医学知识应对各种伤害，掌握维护自身权益的基本技能。

(2) 学生应增强对中国古代法医学发展水平的了解，尤其是对世界第一部法医学专著《洗冤集录》的理论水平高度和对世界的贡献应有正确的认知，增强对中华优秀传统文化的自信。

(3) 学生应通过对古今中外司法实践中经典案例的学习，增强追求科学、公正、法治的信念，增强对法医“为死者言，为生者权”责任使命的理解，激发医者仁心的人道主义情怀，强化法治中国、健康中国的理念。

二、课程思政案例设计

根据教育部《高等学校课程思政建设指导纲要》精神及法医学专业特色，围绕“大话法医学”的教学目标，“大话法医学”第二章以中国古代法医学的辉煌历史为脉络，重点讲述从秦朝云梦秦简到《洗冤集录》的筚路蓝缕的艰辛历程，精心设计教学内容，帮助学生树立正确的世界观、人生观、价值观，弘扬中华优秀传统文化及增强民族自信。

1. 转变教学理念，丰富教学形式

课程将中华文明灿烂文化中最具有代表性的人物及书籍作为知识点及思政要素融入教学进程中，教学中主要采用 PBL 教学方法，实现知识传递及“以学生为中心”的教学理念转变；也采用精讲启发、视听组合、讲导结合、讲练结合等灵活多样的课堂形式，调动学生的学习积极性与主动性，提高学生学习效率，同时融入课程思政建设目标，潜移默化地实施“课程思政”教学。

2. 挖掘思政教育资源，找准切入点

结合法医学专业人才培养方案的设计，梳理“大话法医学”课程中与之相匹配的契合点，以此为依据，精心设计课程思政元素及评价指标，采用基于成果的模式，对课程思政效果进行综合评价，提

高教学成效。在教学中围绕教学知识目标及思政目标展开教学活动，对“教”与“学”过程要点进行优化设计，学生完成“学习任务”并接受评价，从而实现包括素质目标在内的教学目标，同时实现“以学生为主体”“以教师为主导”全方位教学过程的转变。

3. 多维度融入思政内容

在课堂教学中通过案例讨论、社会热点、新闻视频等形式融入思政内容。内容包括法医学发展历史、国内外法医学家、医学人文、医德医风、健康中国、婚姻家庭等。在注重知识、能力目标达成的整体性情境下，兼顾课程思政教学活动的设计。

4. 以“法医学发展简史”为载体

通过介绍中国对世界法庭科学及医学的贡献，突出法医学是利用医学等科学知识解决司法实践中的法律问题服务的学科，强调只有掌握好扎实的专业知识，才能切实维护社会公平正义，弘扬“民族自信”及“文化自信”，彰显树立正确的世界观、人生观、价值观的重要性。

三、案例特色与成效

本案例选取“大话法医学”课程第二章“宋元时期(下)”的内容，介绍了我国宋元时期法医学发展水平，重点介绍了法医学巨著《洗冤集录》对世界法医学的历史性贡献。

1. 案例特色

(1)介绍古代法医检验三大著作《洗冤集录》《无冤录》《平冤录》，重点讲述世界法医鼻祖宋慈著作的世界首部法医学专著《洗冤集录》，讲解中国法医学发展脉络，提升学生“文化自信”。

(2)引入古籍案例，熔古铸今，对比中国古代的法医学与现代法医学知识，强调法医鉴定中司法鉴定程序、鉴定细节的重要性，强调树立司法正义及维持法医检验公正的重要性，强调中国古代法医学发展的先进性、前瞻性及对世界医学发展的贡献。

2. 成效

采用线上线下混合式教学模式进行教学，提升了学生对法医学的学习热情，提高了学生对法医学知识的认知水平，增强了学生的文化自信和民族自豪感，增强了学生科学、公正、法治的职业精神，体现了“为死者言，为生者权”的法医职业道德，激发了医者仁心的人道主义情怀，强化了法治中国、健康中国的治国理念。

案例 10 护理学导论

课程类型：专业教育课(医学类)

教育赛道：本科教育

开课年级：大二年级

面向专业：护理学

部　　门：护理学院

学　　校：吉林医药学院

案例视频

案例教师或团队成员信息(第 1 位为教学案例负责人)：

姓名	职务	职称	部门
梁宇杰	护理学院办公室主任	副教授	护理学院
李春卉	护理学院院长	教授	护理学院
王红明	教师	副教授	护理学院

一、课程目标

聚焦人才培养的痛点问题，结合临床护理需求，将价值引领、知识传授和能力培养深度融合，突出课程育人功能。我校前身是部队院校，1986 年在全军首批开展护理教育。护理学专业获评省级一流本科专业建设点、省级转型发展示范专业，以培养从事护理和预防保健工作的应用型人才为目标。“护理学导论”是学生学习的第一门专业课，引导学生热爱护理事业，使学生能正确认识传承和发展护理文化的意义，并有为专业的发展做出努力的使命意识。结合学校的办学定位和部队基因的特色，考虑课程知识点繁杂、内容相对枯燥，低年级学生对专业知识和内涵的理解薄弱，确定本课程的主要目标为传承南丁格尔精神，坚定护理职业信念。具体目标如下。

1. 知识目标

(1) 能正确阐述护理学的概念。
(2) 能正确论述护理学的四个要素。
(3) 能正确说明疾病预防的特点。

2. 能力目标

(1) 能够进一步正确解释现代健康观的内涵。
(2) 能正确分析疾病三级预防的策略，并运用疾病预防的知识进行健康教育。
(3) 能评价护理在健康中国建设中的作用和价值。

3. 素质目标

(1) 培养学生在护理工作中的敬业、奉献精神。
(2) 培养学生的职业认同感、社会责任感。
(3) 培养学生团队合作意识和评判性思维能力。

二、课程思政案例设计

本案例以线上线下混合式教学为主要方式，以重构的绪论、健康与疾病为主要内容，课程思政的融入设计和德育目标如表 1 所示。

表 1

“思政引导式”课程模板	对应课程知识点	思政教育融合点	融入环节方式	课程思政德育目标
护理之美（护理是什么）	近现代护理的发展史	南丁格尔精神：敬业、奉献	课前自主学习：线上课程	培养学生的敬业、奉献的意识
	护理、护理学、护理专业的概念	护理职业道德：爱岗、敬业。批判性思维能力	课中导学：图片展示、师生互动	使学生建立护理职业认同感，具有批判性思维能力
	健康观的内涵	大健康背景：健康中国理念	课中小组汇报：思考题	学生自觉养成社会责任感
	疾病预防	抗疫精神：尊重科学	课中思维导图汇报；临床护师远程连线；案例分享	学生具有科学意识

以学生为中心，聚焦评判性思维能力和团队合作意识的培养，以多样化活动、多元化手段为载体，突出课程的高阶性和挑战度。在教学中用到以下方法。

1. 任务驱动法

开课前一周布置学习任务，明确课前任务、课中任务和课后任务，学生根据任务完成自主学习，并准备课中需展示的任务。任务驱动法对学生起到督促的作用，激励学生产生学习内动力，提高学习的主动性。

2. 思维导图法

课前布置制作思维导图的任务，学生结合学习内容进行思维导图的制作，进一步帮助学生掌握知识内容，达成知识目标。

3. 小组合作学习

学生以小组为单位，以学习共同体的方式进行任务准备。完成组名和组徽的设计、文案释义和讲解。再以小组的方式进行汇报，培养学生的团队意识。

4. 远程视频教学

利用腾讯会议，与临床护师远程连线，使其参与到课堂教学当中，给学生分享临床情况，做到课堂教学和临床实际无缝衔接。

5. 案例分析法

通过临床案例分析，加强学生对疾病预防内容的理解，形成正确的观点，懂得运用科学的方法进行预防的重要性。

6. 参与体验法

学生课后进行实践活动，参与访谈、准备主题演讲或视频分享。

三、案例特色与成效

1. 案例特色

(1) 重构“思政引导”的课程模块化内容，突出创新性，培养学生护理之爱的情怀，如图1所示。

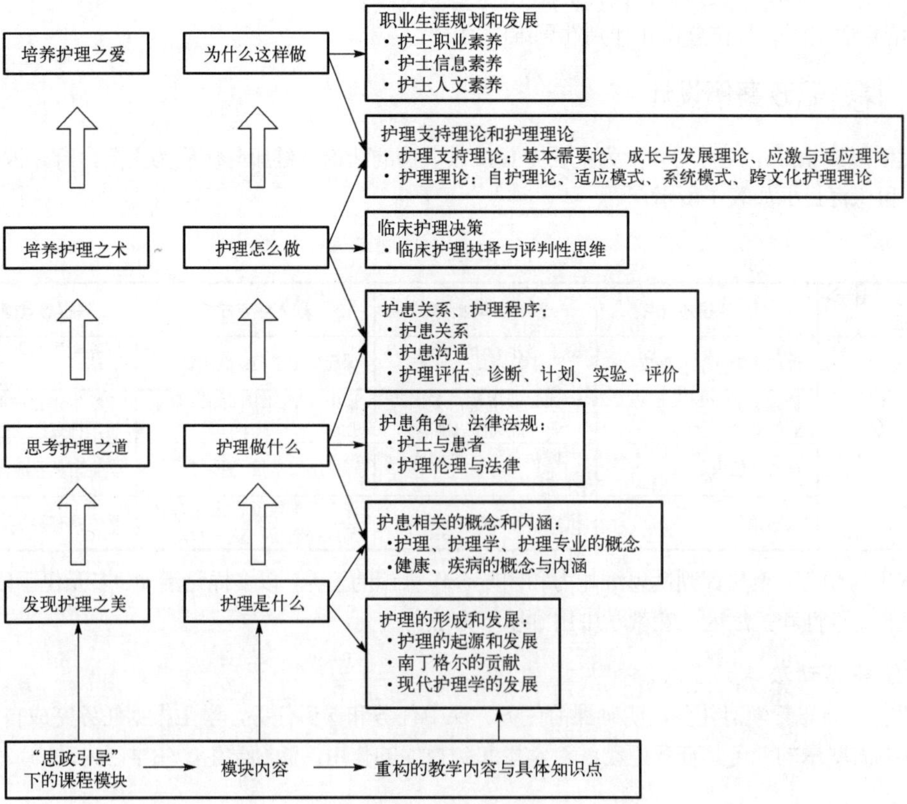

培养护理之爱
为什么这样做
职业生涯规划和发展
·护士职业素养
·护士信息素养
·护士人文素养
护理支持理论和护理理论
·护理支持理论：基本需要论、成长与发展理论、应激与适应理论
·护理理论：自护理论、适应模式、系统模式、跨文化护理理论
培养护理之术
护理怎么做
临床护理决策
·临床护理抉择与评判性思维
护患关系、护理程序：
·护患关系
·护患沟通
·护理评估、诊断、计划、实验、评价
思考护理之道
护理做什么
护患角色、法律法规：
·护士与患者
·护理伦理与法律
护患相关的概念和内涵：
·护理、护理学、护理专业的概念
·健康、疾病的概念与内涵
发现护理之美
护理是什么
护理的形成和发展：
·护理的起源和发展
·南丁格尔的贡献
·现代护理学的发展
“思政引导”下的课程模块
模块内容
重构的教学内容与具体知识点

图1

⑵ 建立“五维度、六融入”的课程思政内容体系和课程思政教学体系，培养学生的护理职业信念和价值观，如图 2 所示。

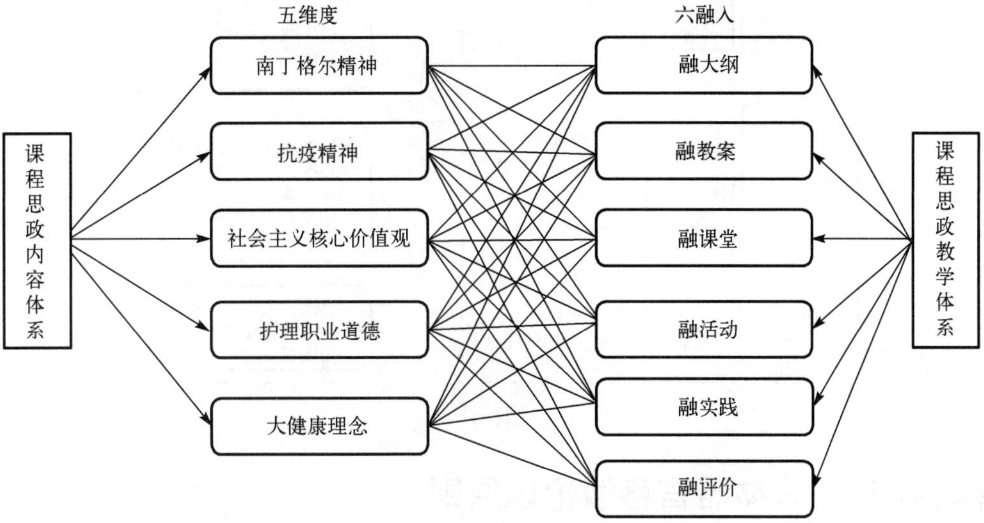
五维度
六融入
课程思政内容体系
南丁格尔精神
抗疫精神
社会主义核心价值观
护理职业道德
大健康理念
融大纲
融教案
融课堂
融活动
融实践
融评价
课程思政教学体系

图 2

⑶ 实施临床护理名师、导师、护师等“三师”进课堂，分享临床案例等，增加课程内容的前沿性、时代性，培养学生的临床思维能力和护理职业素养，如图 3 所示。

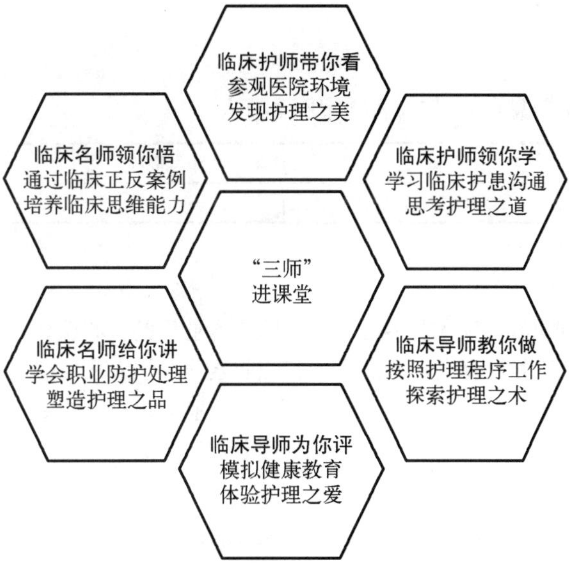
临床护师带你看
参观医院环境
发现护理之美
临床名师领你悟
通过临床正反案例
培养临床思维能力
临床护师领你学
学习临床护患沟通
思考护理之道
“三师”
进课堂
临床名师给你讲
学会职业防护处理
塑造护理之品
临床导师教你做
按照护理程序工作
探索护理之术
临床导师为你评
模拟健康教育
体验护理之爱

图 3

⑷ 评价中融入思政育人目标，综合评定思政育人的情况，如图 4 所示。

2. 成效

从课后测试、线上讨论、问卷反馈和学生的视频作业发现，学生的知识和能力目标达成，素养目标初步达成。专家和同行教师对于课程思政改革给予了高度评价，在校内进行课程思政分享交流 3 次。本课程获评学校课程思政示范课程、学校混合式一流课程、省级在线一流本科课程。

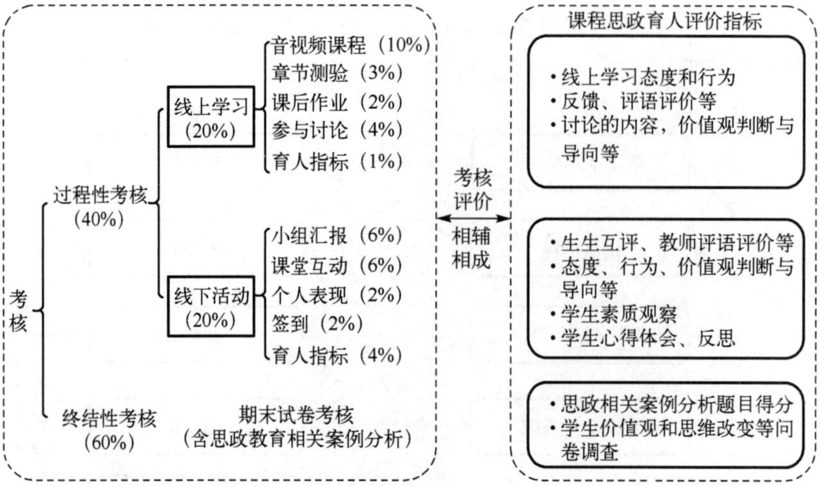
考核
过程性考核（40%）
线上学习（20%）
音视频课程（10%）
章节测验（3%）
课后作业（2%）
参与讨论（4%）
育人指标（1%）
线下活动（20%）
小组汇报（6%）
课堂互动（6%）
个人表现（2%）
签到（2%）
育人指标（4%）
终结性考核（60%）
期末试卷考核（含思政教育相关案例分析）
考核评价
相辅相成
课程思政育人评价指标
·线上学习态度和行为
·反馈、评语评价等
·讨论的内容，价值观判断与导向等
·生生互评、教师评语评价等
·态度、行为、价值观判断与导向等
·学生素质观察
·学生心得体会、反思
·思政相关案例分析题目得分
·学生价值观和思维改变等问卷调查

图 4

案例 11　人体器官移植伦理原则

课程类型：专业教育课(医学类)
教育赛道：本科教育
开课年级：大三年级
面向专业：临床医学
部　　门：医学院
学　　校：嘉兴学院

案例视频

案例教师或团队成员信息(第 1 位为教学案例负责人)：

姓名	职务	职称	部门
石统昆	医学人文教研室主任	教授	医学院

一、课程目标

本课程是嘉兴学院国家级一流本科专业“临床医学专业”的核心课程，是医学人文专业核心专业课程，结合国家新医科“培养具有良好人文素质和职业素养医学人才”的培养目标，嘉兴学院“有特色、善创新”的应用型大学办学定位，以及“医德为先，能力为重”的专业人才培养需求，确定课程教学目标。

1. 知识目标

(1)能够总结医德伦理的基本理论、原则、准则和范畴。
(2)能够辨识不同临床实境中的基本原理和规范体系应用。

2. 能力目标

(1)能够运用课程知识，形成思辨能力，处理临床情境中的伦理问题。
(2)能够针对临床复杂情境，从医学伦理视角理解和处理医疗难题。

3. 素质目标

(1)培养学生红船精神的价值追求和医疗行为规范。
(2)能够做到诚实守信，富有仁爱之心，升华家国情怀和社会责任感。

二、课程思政案例设计

1. 课程思政德育目标

落实立德树人的教育要求，遵循一流课程建设标准，秉持以学生为中心、以成果为导向的教育理念，实现知识传授、能力培养、价值塑造相融合的总体目标。

聚焦于培养学生“敬佑生命、救死扶伤、甘于奉献、大爱无疆”的医者精神；对学生加强仁心教育，引导学生始终把人的生命安全和身体健康放在首位；使学生树立解除人类疾苦的首创、奋斗精神；培养学生勤奋、钻研、刻苦、诚信的职业操守；使学生拥有尊重事实、求真务实的科学探索精神；内化学生在突发公共卫生事件时能够挺身而出和乐于奉献的家国情怀。

2. 思政教育融合点

(1) 案例导入：通过“世界首例新冠感染患者遗体捐献和病理解剖”的视频案例，激发学生学习兴趣，引导学生思考“人体器官移植的伦理原则”，带着问题学习课程内容。结合专家访谈内容，培养学生国难当头、舍身为人的奉献精神，挺身而出的家国情怀。中国抗疫开创了世界经验，培养学生首创、奋斗精神。

(2) 患者利益至上原则：通过教师本人无偿献血被拒的生活实例，培养学生时刻为患者着想的职业责任感。

(3) 自愿、无偿、禁止买卖原则：通过青少年为买手机卖肾的热点新闻，培养学生树立正向的职业价值观。

(4) 知情同意原则：通过问题(是否可以直接把新冠感染患者遗体用于病毒研究？)，培养学生诚实、守信的价值观。

(5) 尊重和保护供体原则：通过问题(人有两肾，在捐献时选哪一个？)，培养学生建立患者利益最大化的职业伦理道德。

3. 教育方法和载体途径

以学生为中心，以成果为导向。在教学中重视学生能力培养，提高学生正确认识问题、分析问题和解决问题的能力，培养学生“探索未知、追求真理、勇攀高峰”的责任感和使命感。

教学设计中，采用 BOPPPS 教学模式，以抗疫故事、热点新闻、临床争议话题激发学生学习兴趣，通过问题引导学生学习主体知识内容。将课程思政元素融入教学全程，以案例分析、临床困境分析等方式开展显性教育，以问题引导、成果导向等方式培养学生思辨问题的高阶能力，凸显隐性教育，实现全程育人的价值塑造目标。

三、案例特色与成效

1. 以国情民生、医疗热点问题为切入点

将知识点与临床实践、日常生活紧密联系，深入挖掘新冠疫情、献血、卖肾等医疗热点问题，激发学生学习兴趣及探索精神。

2. 以叙事医学为教学手段，育人元素贯穿全程

采用叙事医学方法讲述临床案例、热点新闻，使思政元素与伦理知识有机融合，让学生感同身受而达成育人目的。

3. 以学生为中心，显性教育与隐性教育相结合

设计学生关注的焦点问题，以问题引导方式，加强互动，激发思考。教师讲授显性教育内容，学生分析问题、探索问题，实现隐性教育。

4. 共享平台在线开放，学以致用，效果突出

课程通过智慧树平台、嘉兴市和绍兴市专技人员继续教育平台在线开放，8000 余人完成学习，为职业素养教育提供了新路径。

案例 12 人体寄生虫学

课程类型：专业教育课(医学类)
教育赛道：本科教育
开课年级：大二年级
面向专业：临床医学等相关专业
部　　门：衡阳医学院
学　　校：南华大学

案例视频

案例教师或团队成员信息(第 1 位为教学案例负责人)：

姓名	职务	职称	部门
邹菊	教师	讲师	衡阳医学院
刘彦	教师	教授	衡阳医学院
李贞魁	教师	副教授	衡阳医学院

一、课程目标

“人体寄生虫学”是研究与人体健康有关的寄生虫形态结构、生命活动和生存繁殖规律，阐明寄生虫病的发生与流行、控制与消灭基本原则的一门学科，属于病原生物学范畴，是医学类本科生的专业基础课程。

学生通过线上线下融合式课程的学习，具备系统的寄生虫学基础知识，内化寄生虫感染与人体结构、功能、生理病理改变等关系，拓展专业知识视野，培养终身学习能力；通过案例分析、病例讨论等，培养学生的临床逻辑思维能力，锻炼学生的自主探究、交流合作的行动力，提升学生创新精神和实践能力；通过课程思政立德树人，培育学生的民族自信心和专业自信心，增强学生的社会责任感和职业认同感。

二、课程思政案例设计

“真情共护格桑花(下)”是“人体寄生虫学”课程棘球虫幼病教学内容的一部分，本病流行具有非常明显的地域性，为加深学生印象，用格桑花指代流行区藏族同胞，进行思政融合教学。

为培养政治素质高、社会责任感强、专业基础扎实、实践和创新能力突出的高级医学人才，课程中融入思政内容形成以下德育目标。

(1)充分认识寄生虫病对人类健康和社会进步带来的危害，坚定作为未来的医疗卫生从业人员消除疾病危害、维护生命健康的信念。

(2)继承和发扬医务、防疫工作人员吃苦耐劳、勇于探索等工作作风，培养严谨的学习工作态度和精湛的职业技能。

(3)充分认识社会制度对寄生虫病防治的影响，熟悉相关防治法规，具备疫病防治的大局观，培养良好的团队合作意识和创新精神。

本案例的主要德育目标为让学生认识，党的领导和民族自治制度的优越性，以及对学生职业责任意识和职业担当精神的培养。

本案例思政教育主要融合点如下。

(1)“虫癌”致病特点及与癌症的异同、穿刺诊断的危害(培养学生职业责任意识)。

(2)我国棘球虫幼病流行区域特点及防治策略、法律法规、会议新闻等(民族自治制度、政治协商会议、“小手拉大手”活动、棘球虫幼病防治歌/操/三字经等，体现制度优越性)。

(3)棘球虫幼病治疗方法：中央支付办法、院士援藏、各地对口支援等(体现制度优越性)，世界首例体外肝切除，自体余肝移植联合肝上腔静脉移植重建根治终末期肝棘球虫幼病手术(精准医疗，培养学生职业担当精神)。

教育方法包括线上自学、课前调查、文献资料查阅，线下课堂教师对重点和难点的讲解、病例分析与讨论(含病史、体格检查等临床积累)，学生对棘球虫幼病防治的汇报与分享等(翻转，德育)。

本案例思政教育的载体途径主要是自建的省级一流本科课程(学银在线)、“学习通”App、虚拟仿真实验、线下智慧教室和实验室、“我爱寄生虫”公众号，以及其他网络拓展资源。

三、案例特色与成效

1. 案例特色

(1)践行知识传授、能力培养与价值塑造相统一的理念，注重教学内容与思政的有机结合。

(2)通过病例讨论引导学生关注知识点和学科间的多维度融合，加深专业知识的内化，培养临床逻辑思维和诊断思维，加强了基础与临床的联系。

(3)充分利用信息化技术辅助教学。通过在线课程自学，线下智慧教室研讨、翻转，虚拟仿真实验和课外实践辅助等开展线上线下混合式教学，改革了考核方式，体现了过程育人。

(4)通过调查、交流、分享等引导学生从自然科学和社会科学两个角度思考问题，实现课程育人与知识培养同时进行，彰显制度优越性，增强学生制度自信和爱国情感，激发学生职业使命感，树立大医精诚的职业追求。

2. 成效

获评湖南省线上线下混合式一流课程。

案例 13　寄生虫学检验

课程类型：专业教育课(医学类)
教育赛道：本科教育
开课年级：大二年级
面向专业：医学检验、卫生检验检疫等专业
部　　门：衡阳医学院
学　　校：南华大学

案例视频

案例教师或团队成员信息(第 1 位为教学案例负责人)：

姓名	职务	职称	部门
邹菊	教师	讲师	衡阳医学院
刘彦	教师	教授	衡阳医学院
谭思杰	教师	副教授	衡阳医学院

一、课程目标

我校医学检验专业是国家级一流本科专业，“寄生虫学检验”课程是医学检验专业的核心课程，本课程为感染性寄生虫病检验及预防控制提供理论基础，为国家培养高度契合大健康产业需求的未来医学人才。

1. 知识目标

(1)内化学生寄生虫病等病原学知识。

(2)强化学生医学检验技术。

(3)拓展学生专业知识视野。

2. 能力目标

(1)培养学生临床逻辑思维能力。

(2)锻炼学生自主探究、合作交流的行动力。

(3)提升学生创新精神和实践能力。

3. 素质目标

(1)培养学生岗位胜任力。

(2)培育学生民族自信心和专业自信心。

(3)增强学生社会责任感和职业认同感。

二、课程思政案例设计

为培养新医科人才，“寄生虫学检验”课程团队历时多年收集案例、病例、新闻、纪录片等素材建设课程思政案例库，并在在线课程知识图谱的基础上构建思政图谱。

本案例以“萃青蒿以济世，为奋斗更青春——疟疾的防治”为教学内容，是世界疟疾日、我国疟疾日及五四青年节特别科教宣传专题。主要德育目标为：

(1)培养学生不畏艰难、勇于奋斗的精神；

(2)使学生厚植国家荣誉感、自豪感；

(3)使学生感受中医药的巨大魅力；

(4)培养学生批判吸收、勇于创新的科学精神和团队合作精神；

(5)坚定学生的责任与担当。

本案例思政教育主要融合点如下。

(1)新中国成立以来我国疟疾感染率和死亡率的下降与党和国家领导人的决策、一代代医药人的奋斗密切相关(隐性思政)。

(2)青蒿素出现的背景及过程(显性思政)。

(3)青蒿素出现的意义及团队负责人屠呦呦的风采(显性思政)。

(4)防蚊灭蚊方式的变革(隐性思政)。

(5)当前的局势及挑战(显性思政)。

教育方法包括线上课程自学、文献资料查阅、推送素材的分组学习与讨论；线下课堂教师对重点和难点的讲解、病例分析与讨论(含防疫工作上报制度科普)；课后学生对讨论结果的汇报与交流等(团队合作，综合能力培养)。

本课程思政教育的载体主要是“学银在线”思政案例库和思政知识图谱，以及“学习通”App、虚拟仿真实验、线下智慧教室和实验室、“我爱寄生虫”公众号等。

三、案例特色与成效

1. 案例特色

基于“一平台二图谱三辅助”的信息化资源开展任务驱动式教学，以学生发展为中心，充分运用在线平台、知识图谱、思政图谱进行智能教学，并以医学形态学数字化平台、虚拟仿真实验、微信公众号作为辅助，通过病例、案例、问题、话题等驱动学生参与学习，使知识传授、能力培养与价值塑造同向同行。

2. 成效

(1) 学生学习兴趣提高，成绩提升；参加课外实践、开放性实验、下乡宣讲、科普活动、志愿者服务等达 80 余人次；制作模型、课件、漫画、歌曲改编等作品多幅。

(2) 教师获省级以上教学奖励 10 余项，指导省级大学生创业项目 1 项，获省教育厅教改立项 2 项；开展科普教育被多家媒体报道；所建教学资源被纳入“示范教学包”。

案例 14 眼视光学理论和方法

课程类型：专业教育课(医学类)
教育赛道：本科教育
开课年级：大三年级、大四年级
面向专业：眼视光学、眼视光医学
部　　门：眼科与视光医学院
学　　校：山东中医药大学

案例视频

案例教师或团队成员信息(第 1 位为教学案例负责人)：

姓名	职务	职称	部门
林潇	教师	讲师	眼科与视光医学院
吴建峰	眼科与视光医学院副院长	教授	眼科与视光医学院
刘佩佩	教师	讲师	眼科与视光医学院

一、课程目标

为契合学校“培养具有较强可持续发展能力的应用型人才”的办学定位，实现眼视光学专业“品德优、专业精、能力强、具有创新精神、富有人文情怀和社会责任意识的高素质应用型人才”的培养要求，“眼视光学理论和方法”课程的目标设定如下。

(1) 知识目标：掌握眼视光学各种诊断技术和方法，以及该技术或方法所包含的理论基础或机制。

(2) 技能目标：能够在眼保健和眼科疾病诊疗临床工作中建立科学的临床工作流程和逻辑思维，即能够根据检查结果开展诊断性思辨，准确有效地提供合理、合适的矫治方案。

(3) 情感目标：培养学生敬业专注、技术精湛、敢于创新的“视光工匠”精神，提高学生人文素质修养和医患沟通能力。

二、课程思政案例设计

1. 课程思政德育目标

(1) 使学生掌握眼视光学的概念和学科特征，树立为满足人类眼保健和提高视觉质量需求而奋斗的价值观。

(2) 使学生掌握理论和方法的基本构成和相互关系，学会用马克思主义理论看待理论与实践之间“理论引导实践，实践深化理论”的关系。

(3) 熟悉眼睛及疾患所包含的内容，学会用局部和整体观来分析眼视光学疾病和全身疾病的关系。

(4) 掌握临床工作规范和流程及重要性，学会运用循证医学进行眼视光学疾病临床问题分析。培养学生敬业专注、技术精湛、敢于创新的“视光工匠”精神。

2. 思政教育融合点

(1)介绍眼视光学的概念和学科特征时，强调“眼视光学”是关于人眼视觉健康的临床诊断和处理的临床学科，使学生们对眼视光学专业有进一步的了解和热爱，树立为人类光明而奋斗的远大理想和服务意识。

(2)运用“理论引导实践，实践深化理论”的观点来深入理解“理论”和“方法”两者之间的关系。比如，对患者进行视力验光、调节与聚散、双眼协调等检查，其理论依据是人眼光学构成、视觉特征、各种屈光不正等机制，临床技术和背后蕴藏的理论基础是学习的重点内容。

(3)用局部和整体观来分析眼视光学疾病的发生、发展变化及和全身疾病的关系。比如，视网膜血管是唯一可以动态观察到的活体血管，高血压、糖尿病、肾炎等疾病均会引起视网膜血管病变，因此可以通过检眼镜观察眼底血管的情况来判断原发全身疾病的病情变化。

(4)强调临床工作规范和流程及重要性，培养学生做敬业专注、技术精湛、敢于创新的“视光工匠”，使学生能运用循证医学形成眼视光学疾病规范诊疗思路，虽然病人的主诉能指导医师下一步要重点检查的内容，但有些病人也许有症状但不主动告知，如不理解头痛和眼睛有关等，必须通过完整的基础检测才能发现。

3. 教育方法和载体途径

在学习通和智慧树平台建设在线课程，应用 BOPPPS 教学模式进行混合式教学设计，坚持以学生为中心，应用启发式、案例分析式等多种教学方式进行深度融合，并将课程思政、立德树人的意识融入教学中。

三、案例特色与成效

1. 案例特色

(1)将立德树人的意识贯穿在教学中。以课程思政元素为主线，重构教学内容，培养学生投身全民眼健康工作的责任感和医者仁心的崇高精神。

(2)务实创新，培养学生“视光工匠精神。”立足理论和实践相结合，运用循证医学形成眼视光学疾病规范诊疗思路。

(3)应用 BOPPPS 教学模式进行混合式教学设计。坚持以学生参与为中心，多种教学方式进行深度融合。

2. 成效

(1)学生对眼视光学专业有了进一步认识，更加热爱本专业，树立了为满足人类眼保健和提高视觉质量需求而奋斗的价值观和投身全民眼健康工作的责任感。

(2)对临床眼视光疾病规范检查和诊断的辨证思维得到了较大提升，立志做敬业专注、技术精湛、敢于创新的“视光工匠”。

(3)BOPPPS 教学模式使学生的学习热情高涨，学习效率提高，获得学生的一致好评。

案例 15　精神科护理学

课程类型：专业教育课(医学类)
教育赛道：本科教育
开课年级：大三年级
面向专业：护理学、助产学
部　　门：护理学系
学　　校：山西医科大学汾阳学院

案例视频

案例教师或团队成员信息(第 1 位为教学案例负责人)：

姓名	职务	职称	部门
苏晓云	护理人文教研室主任	副教授	护理学系

一、课程目标

习近平总书记在全国高校思想政治工作会议上的讲话中指出："要用好课堂教学这个主渠道，思想政治理论课要坚持在改进中加强，提升思想政治教育亲和力和针对性，满足学生成长发展需求和期待，其他各门课都要守好一段渠、种好责任田，使各类课程与思想政治理论课同向同行，形成协同效应。"结合新时代全国高等学校本科教育工作会议精神以及当前"新医科"课程思政示范课建设的要求，在我校"立足山西、面向市场、质量优先、办出特色"的办学理念指导下，为落实高校"立德树人、铸魂育人"的根本任务，"精神科护理学"课程将价值塑造、知识传授和能力培养三者融为一体，旨在培养学生"敬佑生命、救死扶伤、甘于奉献、大爱无疆"的职业精神和道德操守。

随着社会压力逐渐增大，精神疾病的发病率逐年上升，不仅严重危害人们的身心健康，同时也带来沉重的社会和经济负担。随着医学模式的转变，加强精神疾病的防治，预防心理及行为问题的发生，是 21 世纪人类卫生健康最重要和紧迫的任务。"精神科护理学"课程理论知识比较抽象深奥，在教学大纲的指导下，立足"培养什么样的人、如何培养人、为谁培养人"这个根本问题，将精神科护理学的学科核心素养作为课程思政建设目标，在培养学生家国情怀、担负育人使命上发挥着独特优势，构建了"线上线下融通，课上课下贯通，校内校外联通"的"精神科护理学"课程思政大课堂，实现了"精神科护理中有大爱"的课程思政目标，将精神科专业知识和课程思政发生"化合"反应，学生受之浑然不觉，甘之如饴，家国情怀和职业修养入脑入心，内化式养成，使"精神科护理学"成为一门有温度、有热度、有深度的学科专业与思政教育同频共振的课程，从而全面提高护理专业人才培养质量。

具体课程目标如下。

(1) 知识目标：学生能正确阐述精神障碍患者的临床表现及护理评估方法；掌握各类精神疾病常见的基本症状、护理诊断及护理措施。

(2) 能力目标：培养学生的心理护理能力和人文关怀的能力，能够解决和帮助精神障碍患者解决心理困扰；培养学生解决临床问题的能力和精益求精的态度，提升学生的职业素养。

(3) 素质目标：培养学生的同理心和责任心，能主动关爱精神疾病患者，消除对精神疾病患者的歧视；提升学生的职业认同感，愿意从事精神科护理工作；提高学生的政治站位，培养学生的职业信仰感，并能深刻领悟职业的使命。

二、课程思政案例设计

1. "1 导向"

以"精神疾病"与"护理"良好融合的"多元化思政教育"为导向，立足"培养什么样的人、如何培养人、为谁培养人"这个根本问题，从"情感激发—情感激励—情感内化—情感转化"主线出发，追求思政教学元素效果好、育人效率高、学生参与度高的线上线下混合式教学模式。

2. "3 融合"

(1)以"思政平台构建—学生情感共鸣—学习内动力提升"为切入点，实现"精神科护理学"课程知识传授和价值引领的有机"融合"。

(2)以热点辩学、技能践学、公益悟学、反思明学"四学"教学策略为着力点，实现"精神科护理学"课程思政教育与教学内容的无痕式"融合"。

(3)以"践行"为立足点，有的放矢培养学生职业认同感和工匠精神，实现行业认同度培养与行业情怀培养相"融合"。

3. “2 延伸”

将“课程思政”延伸至第二课堂(实践课堂)、第三课堂(生活课堂)。第二课堂、第三课堂是第一课堂的有力补充，是对学生进行素质教育和医学教育的重要载体。由于精神疾病的特殊性，“生活思政”显得尤为重要。可利用社团活动、志愿服务、创新创业、公益活动等诸多形式，来开展理想信念教育和爱国主义教育，让思政教育的实效性和护理专业技能有机融合。

4. “5 个环节”

通过“基本环节——平台、重点环节——体验、关键环节——引导、难点环节——评价、核心环节——融合”全过程、多维度将思政教育浸入“精神科护理学”课程的骨髓中，实现思政与专业课程有机“融合”。

三、案例特色与成效

1. 案例特色

(1) “5 个环节”贯穿课程思政教学全过程。

“精神科护理学”课程理论知识比较抽象深奥，采用线上线下混合式教学模式，通过“5 个环节”全过程、多维度融入课程思政，使教师主动进行理念的更新与角色的转换，从“专业课程的承担者”转变为“课程育人的实施者”，从而实现课程育人。

(2)创新课程考核评价的方法机制建设。

围绕“培养什么样的人、如何培养人、为谁培养人”这一根本问题，统筹规划，顶层设计，形成相对完善的监督评价体系。教育和践行协同，学习阶段、学习环境和课程内容同频共振，打通课程思政教育的“最后一公里”。

(3)创新“课程思政”建设方法。结合“5 个环节”，提出“1 导向+3 融合+2 延伸”课程思政建设新思路，更新教学内容，优化课程体系，创新教学形式，培养师生合作意识、担当意识和集体精神。革新课堂空间，优化育人环境，将“课程思政”延伸至第二课堂、第三课堂。

(4)形成可供同类课程借鉴共享的经验做法，如提问式教学、叙事式教学、电影故事评析、角色扮演等。

2. 成效

1) “课程思政”教育教学改革成效显著

课程负责教师 2021 年主持山西省高等学校教学改革创新项目(一般性项目)，论文“关于后疫情时代以微课联合 SSP 为支撑的混合式教学模式在精神科护理学教学中的应用效果观察”已被《黑龙江医学》杂志录用；2019 年主持山西省“十三五”教育科学规划课题 1 项(已结题)，论文“关于参与式学习法在精神科护理学教学中的应用研究”已发表于《中国药物与临床》杂志。

2) “课程思政”育人实效彰显

课程思政融入“精神科护理学”教学中，潜移默化地消除了学生对患者的歧视，鼓励学生将更多的精神科知识普及给周围的人，提高了公众对精神疾病的认识。学生对精神科职业认同感提升，目前所教学生毕业后已经在北京大学第六医院、北京回龙观医院、北京安定医院、石家庄第八医院、赤峰市安定医院等多家医院担任精神科护士。

3)校内外同行和学生评价反馈良好

“精神科护理学”课程进行课程思政改革后，每年学生的评价成绩均为优异。课程负责教师多次参加精神疾病相关会议介绍课程思政教学经验，校内外同行评价很好。课程负责教师于 2021 年参与了人民卫生出版社出版的《精神科护理学(第 5 版)》教材的编写，也进一步对“精神科护理学”课程思政改革进行了大力的宣传。

案例 16 药物分析

课程类型：专业教育课(医学类)
教育赛道：本科教育
开课年级：大三年级
面向专业：药学、临床药学
部　　门：药学院
学　　校：石河子大学

案例视频

案例教师或团队成员信息(第 1 位为教学案例负责人)：

姓名	职务	职称	部门
李乐	教师	教授	药学院

一、课程目标

“药物分析”是一门研究药物质量标准与控制方法的课程，在实施健康中国战略的时代背景下，肩负为人民用药安全保驾护航的重要使命。课程以大学“立足兵团、服务新疆、面向全国、辐射中亚”的办学定位为核心，谨遵药学专业“为人类生命健康服务”的宗旨，突出“以兵团精神育人，为维稳戍边服务”特色，设定了为边疆基层培养具备细致严谨工作态度、求真务实科学精神，大爱无疆甘于奉献的医药人才这一课程思政目标。

二、课程思政案例设计

“药物分析”课程组从专业知识出发，深入发掘课程中所蕴含的思政元素，将思政和专业自然融合，主要从以下几个方面开展课程思政，实现过程构建的合理。

1. 讲：教师构建课程思政案例库，在讲述专业知识时融入思政元素，将身边人、身边的故事融入课程中，如在新冠疫情期间邀请了援鄂医疗队的校友与学生连线，通过身边真实案例，让学生感受广大的医药工作者为爱逆行、无私奉献精神，借助智慧教学工具，采用翻转课堂的形式开展教学，预先设置提问，挑选学生解析，教师总结归纳，进一步启发学生思考，自然引导学生进入课程思政学习中，根据学生的情况有针对性地开展后续知识讲述。

2. 查：教师根据课程内容安排资料查阅任务，如在讲述药物检验章节时，为了使学生充分认识药品检验工作的重要性和自身责任，安排学生提前预习、查阅资料，了解国内典型药品安全事故的起因、经过和结果，寻找其中与课程相关的知识点，使其对课堂讲述产生共鸣，初步判断学生的价值倾向及专业知识的认知水平并在后续加以引导。

3. 做：结合课程内容开展实验探索，通过随机分组培养学生的团队精神与协作能力，在操作过程和实验报告撰写过程中积极指导，培养学生细致严谨的工作作风和求真务实的科学态度。带领学生走进医院、药检所、药物研发机构感受真实工作场景，体会职业的神圣感，认识自身能力的不足之处，激发学生的科学探索精神。

4. 论：课程讨论采用线上与线下两种形式。线下讨论包括课堂案例讨论和课后任务式讨论。线上讨论主要依托课程组建设的国家精品在线开放课程平台，将部分思政案例做成慕课供学生观看，同时设置在线案例分析，引导学生开展线上讨论，了解课程对于学生情感和心理的影响。

5. 用：课程组教师带领学生开展形式多样的社会实践，利用暑期深入边远地区入户提供安全用药指导，利用节假日走进社区举行科普宣讲，新冠疫情期间与药学会、医师协会合作制作短视频开展线上科普。学生更加深刻地理解群众需求与自身价值，坚定服务基层、为人民用药安全保驾护航的理想信念。

三、案例特色与成效

课程育人成果明显，学生体现出较高的社会责任感，主动积极参与各类社会服务，获得中国青年志愿服务大赛金奖 1 项、银奖 2 项，获评全国最佳志愿服务组织和全国最佳志愿服务项目，新冠疫情期间受国家卫健委、药监局表彰。近三年 70%毕业生留在边疆，投身基层卫生事业。课程建设得到了校内外专家的广泛好评，课程入选国家级一流本科课程，药学专业获批国家级一流本科专业建设点。

课程负责人获全国岗位学雷锋标兵、中国青年五四奖章提名、兵团道德模范等师德荣誉，在新疆医科大学、喀什大学、塔里木大学、新疆农业大学、上海交通大学等省内外多所高校开展教学经验分享，思政育人事迹先后被东方卫视、兵团卫视、陕西卫视、央广网等主流媒体报道，教学案例入选兵团高校课程思政优秀案例。

案例 17　方剂学

课程类型：专业教育课(医学类)
教育赛道：本科教育
开课年级：大二年级
面向专业：中药学、中医学
部　　门：药学院
学　　校：石河子大学

案例视频

案例教师或团队成员信息(第 1 位为教学案例负责人)：

姓名	职务	职称	部门
刘雯霞	药学院副院长	副教授	药学院
王荟清	教师	讲师	药学院
王翔飞	教师	副教授	药学院

一、课程目标

方剂学是中药学专业学生专业核心课程，在培养中药专业学生构建中药基本知识体系、中医药思维，以及较强的传承、创新与社会服务能力等方面，都能起着关键作用。学生通过课程学习应达到以下几个目标。

(1)知识目标：掌握基础方、代表方、常用方的组成、用法、功用、主治、配伍意义以及加减运用。了解制方理论、古方临床新用和方剂的现代药理研究概况。

(2)能力目标：提高能力，发掘潜力，延伸发展，重点提高知识的综合应用能力。培养辨证论治思维能力以及分析、应用方剂的初步能力，为今后从事现代研究、开发新药奠定良好的基础。

(3)情感目标：从经方中感悟中医药文化的博大精深，热爱祖国传统文化，热爱中医药，并以中医药的发展为己任，充分理解良药和良医在治病过程中的重要意义。

二、课程思政案例设计

本案例教学内容选自“方剂学”课程第十章“补益剂”中“六味地黄丸”的内容。

1. 课程的思政理念

“方剂学”作为解读经典，传承经典的代表课程，在使学生对中医药文化理论内涵深刻理解的基础上，引导学生感受中医药文化的博大精深，从而内化于心，建立中华民族文化自信。

2. 思政点选取的依据

(1)“六味地黄丸”的广泛群众基础。六味地黄丸是明星中药，人们对其有一定认识，该点能够引起学生更广泛的情感共鸣。

(2)六味地黄丸的内容。六味地黄丸，被传统认为是治疗肾虚的药物。基于肾阴虚，六味地黄丸还能够治疗小儿五迟五软、老年人骨质疏松、男子遗精滑精、糖尿病。与传统对六味地黄丸的认识冲突，可更好地引导学生从冲突中寻找答案，进而感受中医药的广博。

3. 思政点融入设计

1)导入

本节内容从人们熟知的广告视频“治肾亏，不含糖”导入，然后观看“六味地黄丸”在陌生领域应用的视频，了解“钱乙立方之处用于小儿夜惊夜啼”。提出问题：“小儿五迟五软、老年人骨质疏松、糖尿病可以治疗吗？”本节内容希望通过阐释六味地黄丸的作用与人们认知的矛盾，引发学生思考，让学生认识到，六味地黄丸除了有大家熟知的补肾作用，还有更多作用，如治疗小儿五迟五软、老年人骨质疏松、糖尿病等。

2)内容解析

从肾阴虚证分型，分别阐述机理及对应临床症状分析。肾阴虚分为精髓不足和虚热证两种类型。精髓不足，从“肾主骨生髓”分析小儿五迟五软、老年人骨质疏松发生机理，同时用现代研究中“六味地黄丸治疗骨质疏松的机理”进一步印证古代理论的科学性。理解头目眩晕与肾生髓功能的关系。从“精血互化”“肝肾同源”分析腰膝酸软发病的本质是肾阴虚造成肝血不足，发病部位在“肾之府”腰和“筋之府”肝。“肾开窍于耳”可阐释耳聋耳鸣。五心烦热、夜惊夜啼、遗精滑精及糖尿病，都与肾阴虚导致的阳盛溽热内扰有关。

3)深化思政

有了对各类症状的深刻解读后，提出：“这些病用西医理论治疗，需要多少科室才能完成？”而中医需要的是一个正确的辨证。我们看到了科学的哲学原理“透过现象看本质”，这就是中医药，这就是中医药文化传承的重要意义，这也只是中华文化的一小部分。点题“会当凌绝顶，一览众山小”的文化自信。

三、案例特色与成效

1. 案例特色

思政要素融入做到了“润物无声”，从教学内容中自然实现对学生情感的培养。该案例从矛盾中切入思政点，在教学过程中能够不断进行情感推进，如骨质疏松发生机理及现代研究的佐证，可以让学生从理论深度和科技前沿不同程度地感受中医药的博大精深。直到学生情感达到饱满状态，最后以共鸣形式强化情感提升，提出“透过现象看本质”的中医药文化内涵，从而点明文化自信的主题。

2. 成效

2020 年获石河子大学课程思政示范课程立项。

2020 年获得石河子大学首届课程思政教学竞赛一等奖。

2021 年获得兵团第二届课程思政教学竞赛二等奖。

2021 年入选兵团高校课程思政优秀案例。

2021 年课程负责人被评为兵团课程思政教学名师。

案例 18 生理学

课程类型：专业教育课(医学类)
教育赛道：本科教育
开课年级：大二年级
面向专业：生物医学工程
部　　门：精仪学院
学　　校：天津大学

案例视频

案例教师或团队成员信息(第 1 位为教学案例负责人)：

姓名	职务	职称	部门
杨佳佳	生物医学工程系副主任	副教授	精仪学院
王玲	教师	讲师	精仪学院

一、课程目标

天津大学生物医学工程专业是首批国家级一流本科专业建设点，是“新工科”和“新医科”改革背景下医工交叉融合的典型专业，专业目标是培养“懂医学知识的工程师”。“生理学”是其中最重要的医学基础课程之一，是学生了解人体功能、运行和调节机制的唯一渠道，能够为学生今后学习其他专业核心课、从事生物医学工程产品的生产和研发提供必不可少的理论知识和临床认知基础。

课程团队结合学校、学科特色以及专业人才培养的要求，旨在使学生掌握正常人体生命活动的基本原理和基本知识，形成清晰有逻辑的知识体系，具备一定发现、分析和解决问题的基本能力，了解一定的医疗常识以及相关研究方法和技术。通过构建“医工结合”特色课程思政体系，使学生成为具有家国情怀和良好人文素养、扎实的医学基础、较强的学科交叉思维能力与创新精神的高层次医工交叉人才。

二、课程思政案例设计

1. 案例内容

本案例教学内容为“从肺通气到‘战疫’重器”(第六章 呼吸生理/第一节 肺通气)。

2. 课程思政德育目标

(1)通过临床案例问题导入、最新科研进展和病例讨论环节，使学生认识以解决人类健康问题为最终目的的专业本质，激发对科学问题的探索欲望和创新精神。

(2)结合急救方法的介绍，培养学生形成珍爱生命、保卫生命的生命观，认识以人为本的学科本质。

(3)结合“鱼跃呼吸机”在新冠疫情期间的表现和人工膜肺(后 20 分钟未展示)的研发进展，使学生认识到我国日益增强的科技实力，了解相关行业的现状和发展，树立大国科技自信，增强专业、行业认同感，引领学生树立为国奋斗、勇担大任的理想信念，加深将“小我”融入“大我”的思想认识。

3. 思政教育融合点

(1)以新冠疫情期间发生的一正一反两个与呼吸机有关的故事作为背景，让学生感受最美逆行者大无畏的精神、勇气、精湛的医术以及职业责任感的重要性。

(2)通过对急救方法原理和操作方法的介绍及观看实例视频，教导学生应掌握正确的急救方法。号召学生关注急救，保卫生命。

(3)结合思政素材中鱼跃公司在新冠疫情期间的事例介绍医疗器械的工作原理与人体生理学原理

密不可分，增强医工结合的专业认同感，使学生从“战疫”中呼吸机的作用的角度感受中国力量和中国担当，从而坚定信心、树立远大理想，勇攀科技高峰，为祖国飞速发展贡献力量。

4. 教育方法

围绕立德树人，建立“知识传授、能力培养、价值引领”课程教学目标，在课程内容中挖掘、融入思政元素，加强内容的内在逻辑联系，教学过程中综合运用引导式教学、案例式教学、互动式教学等方法，将思政元素与专业知识相融合，实施过程化考核，起到春风化雨的效果，引导学生深入思考和探究，激发科技创新热情和爱国热情，产生自豪感和使命感。

5. 载体途径

(1) 在课程网站，将与本课程思政相关的资料上传，让学生自学，计入平时成绩；

(2) 借助“雨课堂”、课程微信群、腾讯会议等转发相关时事新闻等信息，让学生及时了解最新前沿动态，激发学生的学习热情、创新精神、创业动力。

(3) 教学讲义在原有教学内容基础上，深入挖掘思政元素及案例，充实教学内容。

三、案例特色与成效

为增强课程的创新性与高阶性、体现医工融合特点，增加呼吸机原理这一知识点和人工膜肺的内容。呼吸机作为新冠疫情期间应用最广泛的医疗器械，能够体现医工结合在高端医疗器械研发中的重要意义，从而将专业知识与课程思政紧密结合。本案例中的专业知识(呼吸生理)与社会热点(新冠疫情)紧密相关，因此思政素材的融入显得恰当而自然，从中挖掘出的思政元素(专业认同与家国情怀等)易于被学生所接受。通过探索性、问题导向的教学模式，引导学生独立思考、充分表达、勇于提出和交流想法，达到知识、能力和素质教育的统一。通过将思政“小课堂”与社会“大课堂”结合起来，达到了较好的思政教学效果。

案例 19　康复医学概论

课程类型：专业教育课(医学类)

教育赛道：本科教育

开课年级：大一年级

面向专业：康复治疗学

部　　门：针灸推拿学院

学　　校：天津中医药大学

案例视频

案例教师或团队成员信息(第 1 位为教学案例负责人)：

姓名	职务	职称	部门
邱继文	教师	讲师	针灸推拿学院
张健	康复基础教研室主任	副教授	针灸推拿学院

一、课程目标

(1) 知识目标：使学生能够掌握康复的基本概念、康复医学理论体系、康复医学与临床医学之间的区别、工作方式和流程。

(2) 能力目标：使学生能够初步形成康复评价、康复治疗的理念和思维方法，能够准确描述康复的相关概念并利用其进行正确的康复知识宣教，培养学生的创新意识和批判性思维能力，使其养成自主学习的能力。

(3) 思政目标：使学生建立专业认同感、专业自信心，树立职业道德感和为国家、为人民服务的家国情怀，培养其奉献精神和对功能障碍者的仁爱之心。

二、课程思政案例设计

1. 案例简介

“康复医学概论”课程为康复治疗学专业的首门专业基础课，为该专业新生从医学基础知识学习转入专业知识学习的入门课和桥梁课，近三年对康复治疗学专业一年级学生开展混合式教学，且被天津市评为市级一流本科课程。

该案例通过从“思政视角”和“专业视角”观看“脑梗患者进行康复与不进行康复的两种截然不同的人生结局”视频、案例解读、共勉之词向学生呈现了专业认知(专业认同感、专业自信、专业责任感)、社会道德(仁爱之心、奉献精神、使命担当)两个思政元素。在课程导入环节融入“脑梗患者进行康复与不进行康复的两种截然不同的人生结局”视频，在认知层面让学生感知康复的重要社会价值，增强学生的专业认同感、专业自信和专业责任感，坚定自己的专业选择，为后期专业知识学习奠定思想基础；在内容讲授环节，通过“公交改造、群众帮助”助力残疾人更好融入社会的实例，在情感方面激发学生乐于助人的仁爱之心；在归纳总结环节，通过给出“唯有热爱，才会坚持，唯有坚持，才能成就”共勉之词，在行为层面引导学生要在热爱专业的基础上不懈地学习专业知识，用自己的专业实践助力伟大中国梦、健康梦的实现，通过给出“康复人，追梦人，助梦人”的共勉之词，在认知层面再次强化康复的重要价值和学生在实现中国梦和健康梦中的角色担当。

2. 课程思政教学设计

课程思政教学设计如表 1 所示。

表 1

教学内容	思政元素	教学目标	融入点	融入策略	教学评价
康复的基本概念	专业知识	增强学生的专业认同感、专业自信、专业责任感	课程导入环节	观看视频(伴同步解读)；提问互动	省思分享、观摩感悟
	社会道德	培养仁爱之心	内容讲授环节	实例分析	在讨论区进行感悟分享；分享展示活动成果
	社会道德	培养奉献精神、使命担当	归纳总结环节	立足专业，结合中国梦、健康梦的共勉之词分享	在讨论区进行感悟分享

三、案例特色与成效

1. 案例特色

(1) 利用“同屏对比”的案例视频让学生直观地了解脑梗患者进行康复与不进行康复的两种截然不同的人生结局，利用此种强烈的视觉冲击让学生深刻地认识到康复的重要作用与价值，增强学生的专业认同感、专业自信和专业责任感。

(2) 通过共勉词来让学生深刻认识到他们在实现中国梦和健康梦中的角色担当，激发其学好康复知识的斗志。

2. 成效

(1) 认知、情感层面：专业认同感、自信心、专业责任感增强。

(2) 行为层面：亲身体验残疾人生活以理解残疾人之苦，献身公益事业以献仁爱之心。

案例 20 康复医学

课程类型：专业教育课(医学类)
教育赛道：本科教育
开课年级：大二年级、大三年级
面向专业：中医学
部　　门：医学技术学院
学　　校：天津中医药大学

案例视频

案例教师或团队成员信息(第 1 位为教学案例负责人)：

姓名	职务	职称	部门
夏青	教师	讲师	医学技术学院
锁冬梅	—	主治医师	天津医科大学总医院
李莹	—	中级治疗师	北京市大兴区中西医结合医院

一、课程目标

康复医学与临床医学有着紧密联系，对推动各种功能障碍患者的功能恢复、回归社会有着重要作用。“康复医学”是面向我校中医学专业学生开设的一门必修课程，本课程的定位为普及、强化学生的康复医学意识和知识水平，为其以后的临床工作打下坚实的康复医学基础。

(1) 知识目标：使学生了解康复医学及相关领域的新进展，掌握康复相关概念、康复评定方法，以及常用运动疗法、作业疗法、言语治疗等治疗手段，利用所学知识解决常见疾病的康复问题。

(2) 能力目标：使学生形成主动探究知识、整理加工知识、从多学科角度思考问题进行案例分析及解决问题的能力；通过小组合作完成任务，培养学生的人际沟通及合作能力。

(3) 素质目标：培养学生主动开展学习、研究、创新的习惯；利用本专业优势挖掘中国传统康复技术在康复治疗中的价值，立志发展中国式康复医学。

二、课程思政案例设计

本案例教学内容为“运动疗法的概念”。

课程思政德育目标：培养学生主动开展学习、研究、创新的习惯；利用本专业优势挖掘中国传统运动疗法的价值，培养学生发展中国式康复医学的决心。

思政案例设计思路如图 1 所示。

三、案例特色与成效

1. 案例特色

(1) 科普化教学：结合本课程为学生普及康复意识和知识的定位，将晦涩难懂的专业知识以科普化的方式进行讲授，并鼓励学生在课程学习中发现兴趣点、制作成科普作品，以培养学生的创新意识。

(2) 贯穿中国式康复理念：结合人才培养目标和学情，使课程内容增加了中医康复特色，引导学生将中西医知识进行融合。

2. 成效

(1) 教学改革激发了学生的科普创新能力。学生将专业知识转化成了科普作品，并创建了科普公众号——“谈康论治”，自 2020 年以来共设计与本课程相关的科普作品 125 部，获省部级奖励 45 项，学生参与 300 多人次，占中医学专业所有在校生的 70%。

(2)通过将“中国式康复”理念贯穿于课程始终，帮助学生建立了中国式康复思维模式。

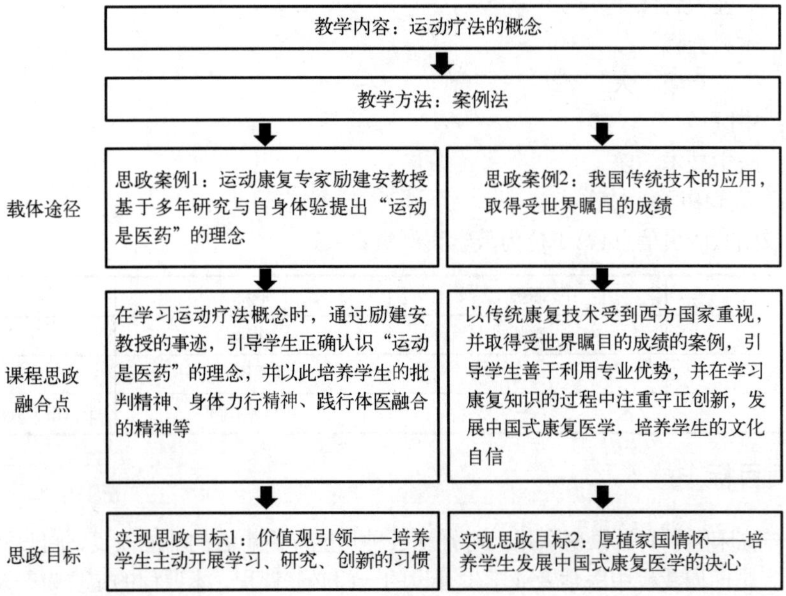
教学内容：运动疗法的概念
教学方法：案例法
载体途径
思政案例1：运动康复专家励建安教授基于多年研究与自身体验提出“运动是医药”的理念
思政案例2：我国传统技术的应用，取得受世界瞩目的成绩
课程思政融合点
在学习运动疗法概念时，通过励建安教授的事迹，引导学生正确认识“运动是医药”的理念，并以此培养学生的批判精神、身体力行精神、践行体医融合的精神等
以传统康复技术受到西方国家重视，并取得受世界瞩目的成绩的案例，引导学生善于利用专业优势，并在学习康复知识的过程中注重守正创新，发展中国式康复医学，培养学生的文化自信
思政目标
实现思政目标1：价值观引领——培养学生主动开展学习、研究、创新的习惯
实现思政目标2：厚植家国情怀——培养学生发展中国式康复医学的决心

图 1

案例 21 医学微生物学

课程类型：专业教育课(医学类)

教育赛道：本科教育

开课年级：大二年级

面向专业：临床医学、口腔医学、预防医学、医学影像学、护理学等

部　　门：基础医学院

学　　校：潍坊医学院

案例视频

案例教师或团队成员信息(第 1 位为教学案例负责人)：

姓名	职务	职称	部门
付玉荣	病原生物学教研室主任	教授	基础医学院

一、课程目标

课程以社会需求为导向、围绕学校办学定位与专业人才培养目标、“金课”建设要求，聚焦人才培养质量提升，基于发展前沿瞄准适宜高阶目标，着重全面提高学生综合素质。

(1)知识目标：使学生掌握“医学微生物学”基础理论与知识，能自主对微生物相关知识进行合理体系建构、内涵价值挖掘、内化深化，关注前沿动态。

(2)能力目标：使学生掌握规范的病原微生物实验操作技能；具有自主应用理论知识对微生物感染问题的诊疗进行科学综合分析与评价的临床实践能力、学科方法思维、辩证思维；具有对学科领域难点进行主动思考的探究思维与开拓精神。

(3)情感态度目标：使学生具备运用“医学微生物学”学科素养践行“传染病防控”的家国情怀、敬畏生命的精神、高尚的医德、职业责任担当。

二、课程思政案例设计

本案例以“幽门螺杆菌——立德树人守初心，防控传染担使命”为教学内容，内容包括幽门螺杆菌发现历程、生物学性状、致病与防治等。

1. 课程思政德育目标

家国层面：家国情怀、社会责任。激励学生应用幽门螺杆菌专业知识积极践行“健康中国”战略，培养学生防控幽门螺杆菌感染的家国情怀、社会责任。

专业层面：医德仁爱、敬业创新。激发学生运用幽门螺杆菌知识探索解决微生物问题的科学思维、敬业创新精神与高尚医德。

个人层面：敢于质疑批判、乐学善思。

2. 思政教育融合点、教育方法和载体途径

融合点 1：幽门螺杆菌的发现过程——敢于质疑批判、乐学善思。

载体途径：引入马歇尔和沃伦二人获 2005 年诺贝尔生理学或医学奖故事：多次被质疑、被否定。

教育方法：问题导学法。以问题启迪学生感悟、反思、互动交流发言：“在坚持科学的道路上，多次被否定，如果是你，你会怎么办？”“证明一种病原体与某疾病的关系的研究思路是什么？”；培养学生敢于质疑批判、乐学善思的科学精神。

融合点 2：我国幽门螺杆菌感染与胃癌现状——家国情怀、社会责任。

载体途径：展示幽门螺杆菌在我国的感染现状数据（我国当前约 59%的人被感染）。世界卫生组织称幽门螺杆菌为 I 类致癌（胃癌）因子。

教育方法：讨论法。基于我国当前的幽门螺杆菌感染与胃癌现状，引导学生结合所学的幽门螺杆菌的专业知识（传染源、传播途径、致病与防治等），积极思考、互动交流，探讨“作为医学生，我们可为社会做什么”，激励学生学以致用，关心国情、民情，培养学生的家国情怀、社会责任和职业担当。

融合点 3：幽门螺杆菌生物学性状与诊断关系——医德仁爱、敬业创新。

载体途径：学生线上学习幽门螺杆菌生物学性状、致病与防治等；测试线上学习效果，并进一步深入分析生物学性状的临床意义。

教育方法：启发探究法。基于幽门螺杆菌能产生尿素酶的特性及传统采用患者胃组织活检检测尿素酶的弊端，引导学生积极探究：如何开发对患者损伤小、易接受的实验诊断方法策略。引导学生发现并提出问题，培养学生的临床思维、医德仁爱、敬业创新精神。

三、案例特色与成效

1. 案例特色

（1）从家国、专业、个人三个层面，全方位进行“立德树人”培养。

（2）增强思政教学实效性：组织学生分享自己的感受和体会，引起学生情感共鸣，重视学生实际体会，激发学生学习热情。

（3）创设研讨情境，实现深度互动。

2. 成效

（1）有效提升育人实效。

（2）课程获评学院“课程思政”优质示范课程、“课程思政”优秀教学案例设计；近 3 年受益学生 3000 余人；获评智慧树“特色高校精品课程”；被学校推荐参加 2021 年山东省普通高等学校教师教学创新大赛；获评山东省高等学校课程联盟 2020 年春季学期优秀共享课程、优秀教学案例；被推荐参加“全国慕课教育创新大会（第二届）暨高校在线开放课程联盟联席会 2020 年会”进行分享交流。

案例 22 临床基因扩增检验技术

课程类型：专业教育课(医学类)
教育赛道：本科教育
开课年级：大三年级
面向专业：医学检验技术
部　　门：第三临床医学院
学　　校：新疆医科大学

案例视频

案例教师或团队成员信息(第 1 位为教学案例负责人)：

姓名	职务	职称	部门
郭凡	教学秘书	副教授/副主任医师	第三临床医学院
马秀敏	临床检验学教研室主任	教授/主任技师	第三临床医学院
封敏	临床检验学教研室副主任	讲师/主任医师	第三临床医学院

一、课程目标

为适应“新医科”人才培养的具体要求，体现医学检验技术专业大学生在传染病防控和精准医学中的责任与担当，增强学生的职业使命感与自豪感，我校开设了“临床基因扩增检验技术”课程。

课程以新冠病毒核酸的实验室检验全流程为依托，普及基因扩增的基础知识、临床基因扩增实验室管理规范和生物安全、各类病原体(包括新冠病毒)核酸检验基础内容和质量控制，并进行病原体核酸检验实践操作教学和核酸提取仪、基因扩增仪的基本操作教学，为医学检验技术专业大学生能够快速适应临床基因检验的新岗位奠定理论和实践基础，并为今后处置可能突发的公共传染病事件提供人才储备。

1. 知识与技能目标

(1)掌握临床基因扩增检验的工作原理及检验流程等相关知识。
(2)能进行临床具体案例分析、查阅文献进行评阅。
(3)了解最新检验指南和进展。
(4)在理论和实践中具备传染病防控临床基因检验岗位胜任能力。

2. 过程与方法目标

(1)具备临床基因扩增检验实验室生物安全意识。
(2)能够综合运用理论课知识解决临床基因扩增检验实验室中病原体核酸检验相关问题。
(3)提升团队协作能力。
(4)培养临床思维。

3. 情感态度与价值观目标

(1)树立“生命至上、大爱无疆”的职业精神。
(2)培养崇高的敬业精神和服务意识。
(3)培养精益求精的医学检验工匠精神。

二、课程思政案例设计

本课程教学围绕医学检验技术专业发展，结合课程目标，在教学中通过融入课程思政元素，树立学生的专业信念，强化学生责任担当。

1. 课程思政德育目标

(1) 贯穿“新医科”的理念和目标，将医学人文精神渗透到课程教学中，培养具有“仁义仁智”的卓越医学检验技术人才。

(2) 穿插“中国故事，身边故事”，引导学生成为“检以求真，验以求实”的优秀检验技术人才。

(3) 通过实施“智慧树线上课程＋线下授课”教学模式，让学生参与团队协作，将课堂理论知识讲解与课后实验室操作实践相结合，培养学生实践技能，成为具有良好科研习惯、严谨求实科学态度的创新型技术人才。

2. 教学设计

本案例采用线上线下、多元化的教学形式和教学方法。在课前导入中，贯穿“新医科”的理念和目标，让学生关注人类传染性疾病防控，探究病原体基因检验的原理，将医学人文精神渗透到课程教学中；在作业分享中，培养学生精益求精的医学检验工匠精神；在知识点讲解中，通过穿插科学家的故事、优秀医务工作者事迹、中国科技创新事例，帮助学生了解实验流程、方法选择等，培养学生正确的价值观，激发学生爱岗敬业、勇攀科学高峰的职业素养，树立学生爱国情怀。最后通过给学生传递正能量的主流价值观，将科学育人与学科育人相结合，在潜移默化中实现育人效果的知行合一。

三、案例特色与成效

本课程依托智慧树平台建设了丰富的教学资源，被广泛应用。

截至 2023 年 6 月 2 日，本课程被全国共 21 所高校(如兰州大学、新乡医学院、西北师范大学、武汉生物工程学院等)引用，累计选课人数近千人，互动达 9000 余次。

课程上线新疆高校在线教育联盟，对公众进行开放，促进了医学专业之间的交流和学习，实现了优质教育资源开放和共享。

进行课程思政改革后，学习该课程的学生成绩显著提高，学生也给予本课程较高的评价。

案例 23　免疫与临床

课程类型：专业教育课(医学类)
教育赛道：本科教育
开课年级：大二年级
面向专业：临床医学等专业
部　　门：基础医学院
学　　校：新乡医学院

案例视频

案例教师或团队成员信息(第 1 位为教学案例负责人)：

姓名	职务	职称	部门
孙爱平	教师	副教授	基础医学院

一、课程目标

新乡医学院全面贯彻党和国家的教育方针和卫生工作方针，以人才培养、科学研究、社会服务和文化传承创新为根本任务，目标是培养具备基础医学、临床医学的基本理论和医疗预防的基本技能，能在医疗卫生单位、医学科研部门等从事医疗、预防、科研等方面工作的医学高级专门人才。

“免疫与临床”是为临床医学等专业学生开设的一门专业基础课，共 3 学分，通过本课程的学习，学生应掌握医学免疫学的基础理论、基本知识和技能，熟悉和了解医学免疫学的科研发展历史和研究前沿动态；同时，使学生厚植家国情怀，树立正确的人生观和价值观，培养文化认同，增强民族自信，成为具有良好的人文素养和职业道德的医学高素质人才。

二、课程思政案例设计

1. 课程思政德育目标

本案例以“免疫缺陷病”为教学内容，将“关注艾滋病，飘扬红丝带”作为专题知识融入教学过程，启发学生感悟人生，引导学生作为祖国未来的栋梁和未来的医务工作者，要有服务群众、回报社会的意识，以及医者仁心、敬佑生命、救死扶伤的职业操守，要手牵手、心连心，传递爱、传递正能量。

2. 思政教育融合点

在介绍免疫缺陷病的代表性疾病——艾滋病免疫学发病机制的基础上，进一步介绍艾滋病的传播途径、防治和对艾滋病人的人文关怀，一方面启发学生作为未来的医务工作者，要牢记“健康所系，性命相托”的誓言，秉持医者仁心、敬佑生命、救死扶伤，为人民生命健康筑起坚实防线，为建设健康中国贡献力量；另一方面启发学生作为祖国的未来和希望，更要努力学习，未来在自己的工作岗位上发光发热，服务群众、回报社会。

3. 教学方法和载体途径

采用理论讲授、自学、讨论、辅导、网络课堂等多种教学方法，充分发挥“教”“学”双方的作用。载体途径主要有以下几个。

(1) 专题嵌入：在专业知识的讲解中，通过相关专题的嵌入，对专业知识既是一个很好的补充，又对学生进行了情感教育。本案例是在“免疫缺陷病”章节中嵌入艾滋病相关的专题介绍。

(2) 案例穿插：在课程中通过穿插与教学内容高度相关的案例，引导学生增强家国情怀、担当社会责任，树立科学观念， 培育科学精神等。本案例在进行艾滋病相关的专题介绍中，引入艾滋病防治的案例，引导学生传递爱、传递正能量。

(3) 讨论辨析：“锣不敲不响，理不辩不明”，在教学过程中通过讨论或辩论使道理更加明晰是一种很好的教学方式，尤其对于课程思政的教学。本课程思政的学习过程中，引导学生对艾滋病的防治和对艾滋病患者的关爱进行讨论，加深学生对医者仁心、敬佑生命的感悟。

三、案例特色与成效

1. 案例特色

(1) 进一步拓展课程知识，挖掘课程思政元素。

(2) 在润物无声中让学生“学免疫，悟哲理”。

(3) 娓娓道来，在轻松的氛围中，传递、浓缩、升华知识。

2. 成效

(1) 课程负责人率先在线上线下进行课程思政的建设，辅助本校“免疫学”国家级线上线下混合式一流本科课程建设。

(2) 本案例已被“医学免疫学”课程思政案例库采用并融入教学大纲，已出版教材。

(3) 本课程思政案例已融入“免疫与临床”河南省线上一流本科课程并成功应用。

案例 24　病理学

课程类型：专业教育课(医学类)
教育赛道：本科教育
开课年级：大二年级
面向专业：临床医学
部　　门：医学院
学　　校：延边大学
案例教师或团队成员信息(第 1 位为教学案例负责人)：

案例视频

姓名	职务	职称	部门
金铁峰	医学院副院长	教授	医学院

一、课程目标

基于延边大学“边缘觉醒、质量为本、突出特色、学术立校”的办学理念和多元文化办学特色及培养跨文化素质民族人才培养目标，结合临床医学专业人才培养方案要求，制定对应的教学策略、方法、内容及考评机制，提出基于专业素养及立德树人的“铸魂培根，育人先导”的课程思政建设目标。

铸魂培根：使学生专业知识过硬，具有运用批判性思维解决复杂问题的能力；具有国际视野及医学科学研究素养；能够基于医学人文视角分析、讨论案例；具有明确的职业理想及奋斗目标。

育人先导：培育学生具有正确的职业道德观、家国情怀及政治认同；使学生成为遵纪守法、诚信友爱，敬佑生命、救死扶伤，甘于奉献、大爱无疆的“五术”医学人才。

二、课程思政案例设计

本案例以“病理学”课程中“肾炎”的相关知识为教学内容。

1. 课程思政德育目标

(1) 知识：学生能够运用相关的物理、化学、免疫、微生物、生理学等多学科知识解释肾炎的病因及发病机制、肾炎的病变特点，培养学生多学科交叉思想。

(2) 能力：学生应用所学知识能够通过观察显微镜辨识肾炎基本病变；学生能基于批判性思维，运用相关的物理、化学、免疫、微生物、生理学等多学科知识分析相关临床案例，做出科学诊断，分析“病理学”课程内容的逻辑关系。

(3) 素质：通过对中医著作《诸病源候论》中肾性水肿的学习，使学生感受祖国传统医学的博大精深；通过课前小组合作分析案例，培养学生的团队协作精神；培养学生联系的病理学学科思维，认真负责、敢于质疑的精神及实事求是的科学态度。通过分析案例，学生能够理解关爱患者的医者仁心。

2. 思政教育融合点

(1) 在新医科指标体系中，建设具有中国特色的医学新体系是重要内容之一。对比新医科要求，传统“病理学”课程拘泥于西医体系中，缺少中医病理哲学思想与应用的研究。本课程深度挖掘以《诸病源候论》为代表的中医著作中病理学相关元素作为课程思政重要的素材。

(2) 在案例分析过程中，强调联系的病理学学科思维及认真负责的医者情怀，使学生明确环境—社会—心理—工程—生物新模式下的大医学人文思想。

3. 教学方法及途径

课程采用 PBL 案例分析的教学模式。学生在课前通过小组合作学习项目任务，完成知识图谱，以

PBL 案例分析为主线，体现了以学生为中心的教育理念。

课程采用翻转课堂、小组合作学习等教学形式，并运用多媒体 PPT、视频、动画及图片等教学手段，根据本节课的内容特点，采用了案例法、讲授法、观察法、实验法及演示法等。

三、案例特色与成效

1. 案例特色

本课程形成了“铸魂培根，育人先导”的专业素养和立德树人相结合的思政目标；形成了学科思想、职业素养、政治道德、特色思政“四位一体”的思政内容；形成了全过程评价体系，并及时反馈给学生，使学生持续得到进步。

2. 成效

学生成效：经过课程思政改革，学生能力及素养得到显著提升，获得全国生命科学创新大赛二等奖、省生物技能创新大赛一等奖等奖项。

课程成效：本课程被评为学校首批线上线下混合式金课。

教师成效：课程负责人被评为我校首批“课程思政好主播”。

职业教育类

案例 25 搭建医患之间的心灵之桥

课程类型：专业教育课(医学类)

教育赛道：职业教育

开课年级：高职一年级

面向专业：护理、临床医学、口腔医学

部　　门：信息工程管理学院

学　　校：大兴安岭职业学院

案例视频

案例教师或团队成员信息(第 1 位为教学案例负责人)：

姓名	职务	职称	部门
刘兴燕	信息工程管理学院院长	副教授	信息工程管理学院
张萌萌	教师	讲师	信息工程管理学院
马丽	教师	讲师	信息工程管理学院

一、课程目标

本门课程融合“医患沟通”和“医学心理学”的教学内容，针对医学专科生尤其是护理专业的学生，把两门重要的人文课程进行有效的融合。通过各种真实案例和有趣的实例让学生掌握沟通的知识和技巧，让学生具备基本的医学心理学知识，树立整体医学观和正确的健康观，能利用心理学的理论、方法和技术对在疾病的预防、诊断、治疗和康复等方面出现的心理问题进行干预。同时培养学生的共情能力，使其真正理解大医精诚和医者仁心的内涵，用自己的精湛的医术和高尚的医德诠释敬佑生命、救死扶伤、甘于奉献、大爱无疆的职业精神，为促进和谐的医患关系夯实基础。

二、课程思政案例设计

1. 课程思政德育目标

在教学过程中体现医学科学精神与医学人文精神并重，让学生在新型医学模式的指导下，始终以患者为中心，开展医患沟通，掌握医学心理学理论、方法和技术，具备良好的沟通能力，提升共情能力，使学生树立正确的世界观、人生观、价值观，培养他们的积极情感以及热爱职业、努力钻研的科学品质。以医者精神为切入点，融合教学内容，实现思政立德，从而培养德才并重的医学人才。

2. 思政教育融合点、教育方法、载体途径

(1) 热点问题导入：以一例伤医案为导言引出目前医患关系的现状，让学生做到感同身受，作为一名未来的医者，有责任为促进医患关系和谐发展做出自己的努力。

(2) 新政内涵介绍：通过介绍《基本医疗卫生与健康促进法》让学生明确，该法一方面规范医护人员的行为；另一方面也维护医护人员的权益，让救死扶伤者更有尊严。

通过学习学生能进一步理解医患关系的实质是利益共同体，维护医患这对利益共同体的良好关系，需要医患双方的共同努力。

(3) 讲述中国故事：通过讲述唐朝药王孙思邈救虎的感人故事，让学生明白两个道理：第一，即使是吃人的猛虎患病，医生也应本着仁爱之心为其治疗，何况生了病的人呢？第二，即使是吃人的猛虎对为它解除病痛的医生也会怀感恩之心，有礼貌地回应，何况是我们生了病的人呢？帮助学生理解维持和谐医患关系的根本就是相互理解、相互尊重、相互配合。

(4) 回顾热播剧情景：通过家喻户晓的医类题材热播剧中的故事情景，帮助学生分析医患关系中的技术关系和非技术关系，从而教育学生要有仁术更要有仁心，学会换位思考，从而提高学生的共情水平。

(5) 传承大医精神：用国之大医吴孟超的生平、精神，来引出医患之间的关系是契约关系、信托关系更是相互支撑的关系。

(6) 网红医生视频穿插：通过网红蒋医生对待患者如亲人的视频，传播正能量，让学生进一步理解良好医患关系的实质和建立有效医患沟通的内因和外因。

三、案例特色与成效

1. 案例特色

(1) 多种教学方法相融合：使用启发式、案例式、情境式等教学方法，调动学生学习和思考的积极性和主动性。提高学生的医患沟通能力和临场应变能力，培养学生的医者精神。

(2) 浸润式全方位育人：通过多种方式巧妙地结合思政元素，让学生在掌握知识技能的同时提高自己的共情能力和医德水平。

(3) 重点和难点轻松解决：增加趣味性，让学生在听故事、看视频、回顾热播剧的过程中掌握和谐医患关系的根本，理解医患关系的实质，明确医患关系的性质和内容。

2. 成效

本教学改革能够提高学生人文素养，使学生形成健康的心理品质和道德情操、高品位的人格修养以及人际沟通思维能力和多维知识视野，同时有助于学生通过执业医师考试。

案例 26　药理学实用技术

课程类型：专业教育课(医学类)
教育赛道：职业教育
开课年级：大二年级
面向专业：生物制药技术、药品生产技术等
部　　门：医学院
学　　校：哈尔滨职业技术学院

案例视频

案例教师或团队成员信息(第 1 位为教学案例负责人)：

姓名	职务	职称	部门
杜丽娟	教研室主任	副教授	医学院
刘野	教师	讲师	医学院
王丽丽	教师	讲师	医学院

一、课程目标

1. 掌握医药行业新业态，培养高素质复合型技术技能人才

“药理学实用技术”课程根据专业人才培养方案和学生毕业核心能力的要求，使学生掌握药物的体内过程，各系统药物的药理作用、临床用途、不良反应、合理应用等基本知识，具备药品分类、处方审核、药品调剂、用药指导等职业技能，掌握医药行业的新技术、新材料、新工艺和新方法，培养学生岗位职业能力、自主学习能力、开拓创新能力以及家国情怀、道德修养、法律意识、社会责任，使其成为高素质复合型技术技能人才。

2. 基于立德树人根本任务，课程定位于执业药师岗位能力培养

“药理学实用技术”课程落实立德树人的根本任务，满足执业药师岗位的要求，按照学生的认知规律和职业成长规律，重构 6 个情境、16 个工作任务，实施行动导向、任务引领教学，细化教学目标，把握教学进度，按照课前、课中、课后组织教学环节。

二、课程思政案例设计

1. 课程思政德育目标

“药理学实用技术”课程落实立德树人的根本任务，满足执业药师岗位的要求，学习药物的药理作用、临床应用、不良反应、合理应用，进行药品分类、处方审核、药品调剂、用药指导，培养具备适应医药产业新岗位、新业态、新要求，有家国情怀、道德修养、法律意识、社会责任的高素质复合型技术技能人才。

2. 确立“五步四融”课程思政教学模式

课程基于“立德树人＋三全育人＋课程思政＋岗位需求＋学生学情”确立了“五步四融”的课程思政教学模式，采用“导、思、动、融、精”五步设立教学环节，融入家国情怀、道德修养、法律意识、社会责任。激发学生的学习兴趣，加深对药理知识点的理解和记忆，同时激发学生的创造性、批判性思考，使其体会学以致用的乐趣，解决执业药师岗位的实际问题，并注重对学生职业道德和素质的培养，以及刻苦钻研、不断创新精神的培养，使学生树立科学合理用药的意识、安全意识、健康意识和法律意识。

3. 实施“一主线三阶段五步骤”混合式课程思政教学过程

教学过程以“立德树人”为主线，采用线上线下混合式教学模式，分为“课前、课中、课后”三个阶段、“导、思、动、融、精”五个步骤：导入新知，以趣激发；巩固新知，以思深入；强化技能，以动体验；道德素养，价值引领；精益求精，知识延伸。

课前精心谋划，课中用心融合，课后岗位训练，采用案例教学法、问题导向法、讨论教学法、网络教学法、角色扮演法、探究学习法等教学方法，遵循以“趣”激发、以“思”深入、以“动”体验的教学实施思路，使学生在“动脑、动手、动嘴、实践”中悟透道理，内化入心，达到知行合一的育人效果，解决教学重点。

思政育人贯穿教学始终，以“药物”和“疾病”为融合点，选取常见病、多发病为关键点设计案例，使学生成为健康文明生活方式的倡导者和健康知识的传播者，培养学生人文情怀，树立为我国医药事业刻苦钻研的决心，突破教学重点。

线上教学活动有数据、有记录，线下教学过程中有签到、讨论、答题、互动、测试等。教学内容符合实际，缩短课堂与实践之间的距离。

4. 课程提供在线测试和互动

课程提供在线测试和课中测试，有即时在线反馈、作业提交和批改、网上社区讨论等学习支持服务，每个微课内有 1～3 个弹题，视频间有讨论话题，模块后有测试题，期末有综合测试题，实现师生、生生的深度有效互动，实现知识传授、能力培养和价值引领的有机统一。

三、案例特色与成效

1. 融入职业精神，学生学习效果好

根据执业药师岗位任务，深挖课程思政元素，学生开展个性化学习与合作学习，学习兴趣浓厚，课程参与度高，学习获得感强，学习效果好，学习成绩提高。2017—2022 年学生在中药传统技能大赛和微生物技能大赛中获得省级比赛三等奖 8 次；2019 年在中国国际“互联网＋”大学生创新创业大赛中获得国家级银奖、省级金奖；2019 年、2020 年获得黑龙江省“互联网＋”大学生创新创业大赛银奖，2021 年获得该赛铜奖。

2. 寓政于教，教师教学效果提升

通过思政元素与教学内容互融，使教师教学技能得到了多维度提升，有效地提高了课程教学效率，降低了教师的教学压力和教学负荷，学生对教师和课程的满意度高。课程团队教师获得 2018 年、2019 年国家级教学能力比赛三等奖、省级教学能力比赛一等奖；2021 年获得省级课程思政比赛一等奖；2017 年、2019 年、2020 年、2022 年获得学生技能大赛优秀指导教师称号；2018 年 10 月获得市社会科学优秀科研成果佳作奖；2018 年 10 月获得全省职业教育微视频大赛二等奖；2020—2022 年获得黑龙江省职业教育教学成果奖二等奖 4 项。

3. 融思于学，促成学生学业成果

将立德树人放在首位，通过激发学生的兴趣使学生学习更主动；通过反复训练使学生技能更规范；通过健康兴业使学生学业更优秀。课程实现了理念创新、模式创新、思政创新。师生获授权发明专利 1 项、实用新型专利 2 项，发表论文 10 余篇。

4. 课程推广价值高

“药理学实用技术”课程获批省级课程思政示范课程，教学案例入选省级课程思政案例库。课程在教学和课程改革方面与同类课程相比有明显优势，具有示范引领和推广价值。本课程形成典型经验和案例，进行校内教学示范，在 2022 年 7 月国培项目中，对中高职院校的培训教师进行教学经验分享。

案例 27 老年健康照护

课程类型：专业教育课(医学类)

教育赛道：职业教育

开课年级：高职二年级

面向专业：智慧健康养老服务与管理

部　　门：医学院

学　　校：淮南职业技术学院

案例视频

案例教师或团队成员信息(第 1 位为教学案例负责人)：

姓名	职务	职称	部门
祖莉	教师	主管护师、实验师	医学院
朱影影	教师	讲师	医学院
郝蕊	教师	讲师	医学院

一、课程目标

根据健康养老理念，基于课程教学标准，对接“1+X”老年照护职业技能等级标准(中级)和工作岗位的需求，建构了以校园课堂为主体，家庭、社区和养老机构为支撑的老年护理教学模式，通过多维度立体学习体验，树立学生正确的养老照护认知；学生在学中做、做中学，完成老年照护实践技能的学习，强化“家校共育”新模式，助力教学目标的实现。课程教学项目、教学任务和能力素养目标如图 1 所示。

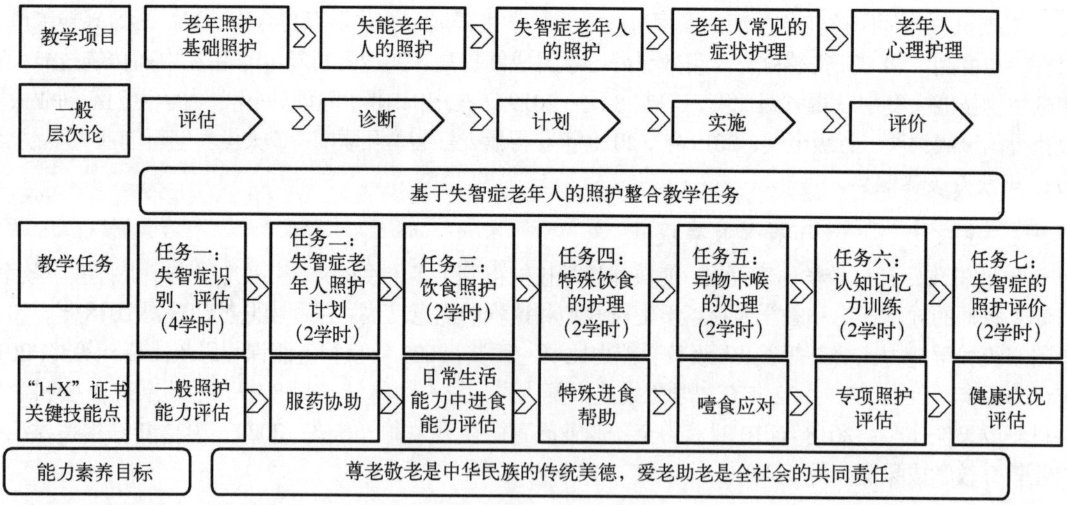
教学项目
老年照护基础照护
失能老年人的照护
失智症老年人的照护
老年人常见的症状护理
老年人心理护理
一般层次论
评估
诊断
计划
实施
评价
基于失智症老年人的照护整合教学任务
教学任务
任务一：失智症识别、评估(4学时)
任务二：失智症老年人照护计划(2学时)
任务三：饮食照护(2学时)
任务四：特殊饮食的护理(2学时)
任务五：异物卡喉的处理(2学时)
任务六：认知记忆力训练(2学时)
任务七：失智症的照护评价(2学时)
“1+X”证书关键技能点
一般照护能力评估
服药协助
日常生活能力中进食能力评估
特殊进食帮助
噎食应对
专项照护评估
健康状况评估
能力素养目标
尊老敬老是中华民族的传统美德，爱老助老是全社会的共同责任

图 1

二、课程思政案例设计

养老机构专家、教师及时调整教学策略，在课前 1～2 天，在校园学习平台向学生推送照护任务工单——观看来自养老机构的真实案例、教学示教视频，学生认真完成课前预学任务。课中通过学生课前学习反馈，分析学生共性问题，针对不同问题进行个别辅导，促使学生掌握照护内容基础知识。学生借助老年护理虚拟仿真实训软件系统，掌握照护流程，完成基础照护学习。丰富的课前导学与课

后拓展，极大地调动了学生自主学习的积极性，有效达到了教学目标，教学效率极大提升。

引入真实照护案例，学生分组讨论，并协作制定照护方案。教师邀请“模拟病人”进入课堂，并进行示教演练，展示特殊老年人的护理服务。学生学习教师的沟通技巧及照护技巧，并通过角色扮演（照护者、被照护者、考评员），合作完成个性化照护练习，然后填写任务学习检测单，“照护者”和“被照护者”分享体验。教师在教学过程中引入课程思政，讲述养老行业的优秀事迹，用榜样的力量感化学生，强调传统文化在青年道德实践中的重要性，让学生感受尊老敬老、爱老助老的理念，使他们树立牢固的职业信念。

三、案例特色与成效

在教学过程中贯穿“尊老敬老、爱老助老”的理念，使学生通过角色扮演，提高对老人的认同度，增进与老人之间的感情，渗透“尊老敬老”理念；通过实训教学强技能、虚拟仿真练真知，并讲述养老行业的优秀事迹，渗透中国传统文化，强化“爱老助老”理念。

通过养老机构“失智不失爱”实践活动，让养老机构的技术能手、劳动模范给学生言传身教，使学生感受榜样的力量，加深了学生对职业的认同感，为学生正确的就业观的树立奠定了基础。

案例28　中药炮制技术

课程类型：专业教育课（医学类）
教育赛道：职业教育
开课年级：高职三年级
面向专业：中药制药、药物制剂技术
部　　门：药学院
学　　校：江苏农牧科技职业学院

案例视频

案例教师或团队成员信息（第1位为教学案例负责人）：

姓名	职务	职称	部门
陈毓	中药党支部书记、教研室主任	副教授	药学院
张乐	教师	讲师	药学院
张阿琴	教师	讲师	药学院

一、课程目标

1. 知识目标

(1)掌握常见中药炮制的操作方法、成品质量、炮制原理等。
(2)掌握某些炮制新技术新设备的原理或标准操作规程。
(3)熟悉有关中药炮制的法规、中药炮制的分类及常用辅料。
(4)熟悉某些中药饮片的质量要求及贮藏保管。
(5)了解中药炮制的发展概况。

2. 能力目标

(1)熟练掌握中药炮制的基本实验操作，对中药炮制火候能够准确地控制。
(2)学会利用外观、色泽对不同的炮制品种进行鉴别。

3. 素质目标

(1)具有良好的职业道德、科学的工作态度、严谨细致的专业学风。

(2)养成质量意识、安全意识、环保意识和健康意识。

(3)具备专业自信、文化自信和民族自豪感，可以更好地继承、发展、利用传统中医药学，为“健康中国”助力。

二、课程思政案例设计

本节课主要介绍了蛤粉炒的定义、炮制目的、操作方法及注意事项，并重点介绍了代表性药物阿胶的炮制研究。在阿胶的炮制研究教学过程中融入“工匠精神”，帮学生提升自身的责任感、使命感，引导学生树立传承和创新意识以及团结协作的理念。

1. 教学目标

1)知识目标

(1)掌握蛤粉炒的操作方法、成品质量、辅料用量、注意事项及炮制作用。

(2)掌握阿胶不同炮制品的性状、炮制作用和炮制研究。

2)能力目标

(1)掌握蛤粉炒的操作程序和要点。

(2)掌握蛤粉炒的火候与质量要求。

3)素质目标

(1)养成团结协作的合作精神、精益求精的质量意识。

(2)具备专业自信、文化自信和民族自豪感。

2. 教学环节

本次教学从“什么是蛤粉炒→为何要蛤粉炒→如何蛤粉炒→蛤粉炒代表性药物阿胶的炮制研究→炒法小结”等环节展开，并着重在“蛤粉炒代表性药物阿胶的炮制研究”教学环节及“炒法小结”中进行了课程思政融合教学设计。

在“蛤粉炒代表性药物阿胶的炮制研究”教学环节中，教师结合视频介绍阿胶的炮制工艺，引入需要制药人团结协作的精神及精益求精的质量意识，重点强调阿胶炮制工艺经过近3000年传承至今，世代相传、生生不息，这是一种坚守，一种传承，更是“工匠精神”的最佳体现。通过阿胶的炮制视频弘扬大国“工匠精神”，体现了中华医药文化的传承；帮助学生树立专业自信和民族自信。

阿胶有阿胶丁及阿胶珠两种炮制品，教师结合视频重点介绍蛤粉炒阿胶丁得阿胶珠的炮制方法。通过向学生展示蛤粉炒阿胶的炮制视频，将抽象的实验操作形象化、直观化，帮助学生理解和掌握，培养更多的“大国工匠”，为“健康中国”助力。

最后，教师对本知识点以及整章教学重点和难点进行梳理与总结，介绍后续将继续学习炙法、煅法、水火共制法、复制法、发酵、发芽法等传统炮制技术。教师呼吁学生作为新一代的中药人，一起传承精华，守正创新，千锤百炼，赓续传承，将“瑰宝”——中药炮制技术代代相传。

三、案例特色与成效

本次课内容的主题是“蛤粉炒”。蛤粉炒是中药加辅料炒法的一种重要方法，是指将净制或切制后的药物与蛤粉共同拌炒的方法。

教师主要通过解决三个问题——什么是蛤粉炒、为何要蛤粉炒、如何蛤粉炒，使学生能够掌握蛤粉炒的定义、炮制目的、操作方法及注意事项；并重点介绍了代表性药物阿胶的炮制研究。

教师通过阿胶炮制过程中需要几十道工序，每一道工序都需要严格把关的视频，将“工匠精神”融入教学内容中，有助于提升学生的责任感、使命感，培养学生的传承和创新意识及团结协作的精神。

本次课重视实践教学，强化职业能力，融入课程思政，德育有深度，弘扬了中华优秀传统文化——中医药文化。学生学习兴趣高，学习氛围好。

案例 29 生理学

课程类型：专业教育课(医学类)
教育赛道：职业教育
开课年级：高职一年级
面向专业：临床医学、护理、康复治疗技术、老年保健与管理、医学美容技术等
部　　门：基础医学院
学　　校：四川卫生康复职业学院

案例视频

案例教师或团队成员信息(第 1 位为教学案例负责人)：

姓名	职务	职称	部门
毛双法	教师	中级讲师	基础医学院
刘凡诗	基础医学院副院长	讲师	基础医学院
陈志颜	教师	副教授	基础医学院

一、课程目标

“生理学”是高职医学及其相关专业必修的专业基础课。基于解剖基础，本课程旨在阐释人体正常生命活动规律，为揭示疾病机制奠定基础。根据专业人才培养目标，依托课程建设平台设计线上线下混合式教学模式，并遵循《高等学校课程思政建设指导纲要》构建“知理善思托人心，感心正行铸医魂”的思政内容体系，坚持立德树人，形成“明”正确三观、“育”医者精神、“奠”专业基础、“培”综合能力的素质、知识、能力三维课程目标，如图 1 所示。

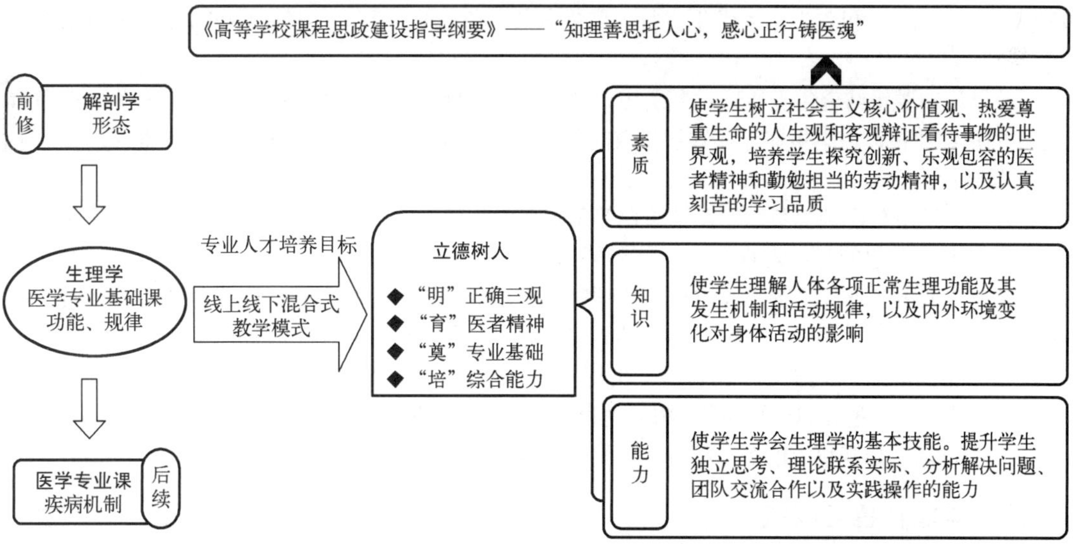
《高等学校课程思政建设指导纲要》——“知理善思托人心，感心正行铸医魂”
前修
解剖学
形态
生理学
医学专业基础课
功能、规律
医学专业课
疾病机制
后续
专业人才培养目标
线上线下混合式
教学模式
立德树人
◆“明”正确三观
◆“育”医者精神
◆“奠”专业基础
◆“培”综合能力
素质
使学生树立社会主义核心价值观、热爱尊重生命的人生观和客观辩证看待事物的世界观，培养学生探究创新、乐观包容的医者精神和勤勉担当的劳动精神，以及认真刻苦的学习品质
知识
使学生理解人体各项正常生理功能及其发生机制和活动规律，以及内外环境变化对身体活动的影响
能力
使学生学会生理学的基本技能。提升学生独立思考、理论联系实际、分析解决问题、团队交流合作以及实践操作的能力

图 1

本案例教学内容为“生理学”课程第九章“感觉器官的功能”第二节“视觉器官”中色觉部分内容。学生为高职医学专业一年级生，已学习视觉的形成等相关知识，有一定自主学习能力，但知识迁移能力欠佳。通过本次课学习，达到以下目标。

(1)素质目标：以五彩缤纷的色觉为题，引导学生学习颜色视觉的形成。在学习过程中培养学生自主探究、乐学好学的学习习惯和认真刻苦学习的品质及批判性科学思维，同时帮助学生塑造探索求真、开拓创新的科学精神。

通过理论联系实际养成学生善思笃行的职业素养，通过对中国传统色彩感知，从中国传统审美意识入手，树立文化自信，同时借助色盲及色弱等知识点，培养学生探究创新、乐观包容的医者精神，树立专业自信。

(2)知识目标：帮助学生掌握颜色视觉的机制，理解视网膜信息处理的原理。让学生能说出色盲、色弱的概念及发生机制。

(3)能力目标：让学生能利用所学原理自主探究解释红–绿色盲的特点及颜色负后像，做到理论联系实际，形成分析解决问题的能力。

二、课程思政案例设计

1. 思政教育融合点

(1)在颜色本质的学习中融入自主探究、乐学好学的学习习惯的形成。

(2)在色觉原理的发展史中融入批判性科学思维，探索求真、开拓创新的科学精神的培养。

(3)在借助理论知识分析生活现象中融入慎独、善思职业素养的培养。

(4)在借助色觉形成引入色彩感知中，融入中国传统审美意识，树立文化自信，期待学生能继承、发展和弘扬。

(5)在色盲及色弱知识点中融入探究创新、乐观包容的医者精神及认真刻苦学习品质的培养，使学生树立专业自信。

2. 教育方法和载体途径

(1)从社会热点事件“裙子的颜色”入手，激发兴趣，导入新课，并提问：“为什么同一件裙子会被看成两种不同的颜色？”带领学生进行三棱镜色散实验，使学生自主探究颜色本质，形成乐学好学的学习习惯。

(2)以认知逻辑结合色觉原理发展历史，通过层层设问，带领学生进行以“质疑—学习—解决”为主线的思维建模，使学生在专业知识摄取的基础上，形成批判性科学思维，树立探索求真、开拓创新的科学精神。

(3)带领学生分析颜色负后像及拮抗色等常见生活现象，将专业知识与生活相结合，培养学生分析探究，慎独、善思的职业素养。

(4)在强调色觉形成是物理、生理与心理共同作用的结果后，将色彩的形成与主观思维相联系。从中国古代传统五正色入手，并借助中国古诗意境阐述中国传统色彩感知，将“似不可尽知又处处可知的”传统色彩的意境之美与中国传统审美相结合，使学生树立文化自信。

(5)设计色盲及色弱的探知环节，将对色盲色弱人群的关怀融入“知识传递”，鼓励学生积极钻研，培养其探究创新、乐观包容的医者精神，认真刻苦学习品质，使其树立专业自信。

三、案例特色与成效

1. 案例特色

本次课以颜色视觉的形成为主线，将内容分为颜色、感知及色觉与审美三部分。通过以认知逻辑为基础的教学内容设计，层层设问，有机融入思政教育，使学生逐步获取专业知识的同时，树立文化自信、专业自信，养成良好学习习惯、职业素养和科学精神，实现专业学习和育人相统一。

2. 成效

本次课运用启发式讲授法、实验探究法、比喻法、观察法、归纳总结法等多种教学方法，结合原创动画资源，将抽象知识点直观形象呈现，增加课堂参与感，突破重点和难点。通过引入临床工作及生活实际，帮助学生理论联系实际，增强学生分析解决问题能力的同时增添学习的乐趣，夯实基本知识。

案例 30　临床医学概论

课程类型：专业教育课（医学类）

教育赛道：职业教育

开课年级：高职三年级

面向专业：医学影像技术

部　　门：医学院

学　　校：咸阳职业技术学院

案例视频

案例教师或团队成员信息（第 1 位为教学案例负责人）：

姓名	职务	职称	部门
王萌	教师	教授	医学院

一、课程目标

“临床医学概论”是医学影像技术专业的核心课程，介绍诊断学的基本知识和临床各科常见病、多发病、急诊疾病的临床表现、诊断要点和防治要点。通过任务驱动、案例引领来展开知识、技能的教学活动。突出在做中学、在学中做。培养学生“敬佑生命、救死扶伤、甘于奉献、大爱无疆”的职业精神，使学生养成良好的职业素养和细心严谨的工作作风，使学生在结合本专业特点的基础上，掌握一定的临床基本理论、基本知识、基本技能，培养学生分析和解决实际临床问题的能力。

本案例教学内容“成人心肺复苏”主要培养学生生命至上、时效为先的急救意识，爱岗敬业的职业精神和精益求精的工匠精神；使学生能正确判断心脏骤停，掌握心肺复苏操作要点和流程，能正确运用单人徒手心肺复苏术。

二、课程思政案例设计

1. 课前准备

通过网络平台发布本次课教学资源、微课及二维码；供学生提前学习课程内容，并扫描二维码进行课前测试。

2. 课中实施

1）课中任务导入，明确学习目标

使学生能正确判断心脏骤停，能正确运用单人徒手心肺复苏术；培养学生生命至上、时效为先的急救意识，传承医者仁心、德能兼修的精神。

2）崇尚职业精神，弘扬高尚医德

弘扬“敬佑生命、救死扶伤、甘于奉献、大爱无疆”新时代医疗卫生职业精神，诠释大医精诚与医学生誓言。

3）采用 PBL 教学法，以问题为导向教学

遇到猝死、心脏骤停患者，救还是不救，为什么？请学生回答，强化、提升医学生的职业素养；激发学习热情，导入心肺复苏术知识内容。

4) 明确概念，观看视频，模拟操作

明确心肺复苏的概念和目的；观看中央电视台《心肺复苏术》视频；学生根据课前提供的教学资源、学习内容，结合此视频，进行心肺复苏操作。

5) 切割教学，演示教学，操作点评

明确心肺复苏术的步骤：判断意识(叫)—呼救(叫)—胸外按压 C(Circulation support)—开放气道 A(Airway control)—人工呼吸 B(Breathing support)。教师示范心肺复苏术，切割讲授心肺复苏术记忆口诀——“叫、叫、C、A、B”及心肺复苏有效指标，讲练结合，请学生操作，全面掌握单人徒手心肺复苏术。

6) 随堂测评

学生扫描二维码进行随堂限时测评，教师分析测评结果。

7) 焊接教学

将重点知识焊接归纳，总结心肺复苏术顺口溜，加深理解：没有意识，大声呼唤；拍打双肩，环境安全；十秒评估，呼吸循环；心脏按压，胸骨下段；速度幅度，胸廓回弹；打开气道，刻不容缓；三十比二，往复循环；五个循环，角色交换。

8) 作诗总结，德医相融，挽救生命

通过作诗总结，培养学生生命至上、时效为先的急救意识，传承医者仁心、德能兼修的精神。

示例《德医相融 挽救生命》：敬佑生命铭信念，医者仁心乐奉献；救死扶伤传精神，德能兼修志高远。

9) 布置作业，巩固知识点

提供学习参考资料，巩固所学知识。

3. 课后评价

通过课前、课中测试，课后作业情况分析，以及网络问卷调查、与部分学生座谈交流等评价教学实施情况和教学效果。

三、案例特色与成效

秉承“敬佑生命、匠心医疗、救死扶伤、抢救生命”的课程思政教学理念，通过“学、思、练、记、用”五字法则及多种教学方法和教学手段的合理应用，坚定了学生“敬佑生命、救死扶伤、大医精诚、医者仁心”的崇高理想信念，增强了学生学习的积极性和主动性，提高了学生的学习兴趣；通过翻转课堂、理实一体、模拟演练、随堂测试等教学手段，增强了学生生命至上、时效为先的急救意识，使学生掌握了单人徒手心肺复苏技能；通过课程学习网站和公众微信号，学生能够应用手机查找参考资料，结合教学内容，进行移动学习，巩固所学知识，强化知识内涵，提高了学生信息化应用水平，提升了学生分析问题、解决问题的思维能力；完成了教学目标，教学效果良好。

第8篇 专业教育课思政案例：艺术学类

本科教育类

案例1 中国古典舞身韵教学法

课程类型：专业教育课(艺术学类)
教育赛道：本科教育
开课年级：大二年级
面向专业：舞蹈学、舞蹈表演
部　　门：舞蹈学院
学　　校：四川音乐学院
案例教师或团队成员信息(第1位为教学案例负责人)：

案例视频

姓名	职务	职称	部门
黄卓	教师	副教授	舞蹈学院
马涛	美术学院党委副书记、纪委书记	教授	美术学院
朱社员	实践课教研室副主任	讲师	马克思主义学院

一、课程目标

本课程将学生思政工作放在首位，课程内容运用大量中华优秀传统文化、优秀作品等学术资料，紧紧围绕课程思政教学进行知识构建，梳理浩瀚的中国古典舞传统动作中的典型动律，融合民族审美和文化内涵，通过分析具体动作中蕴含的民族审美特征。让学生感受、认知中国古典舞内在意识与韵律感，领略中国古典舞的艺术灵魂，使学生坚定“四个自信”。

本课程采用以学生为中心的教学模式，将学生全面成长放到首要位置，探索“教”与“学”之间的内在联系与客观规律，从中国哲学中思考建构理念和审美原则。尤其强调，在实践教学环节提升学生运用知识的能力，在知行合一的教育实践中培养学生精益求精、追求完美的工匠精神。追其“究”、探其“源”、寻其“律”、思其“变”。挖掘学生本身的特色，培养思想品德高尚、具有深厚人文道德素养、综合艺术审美修养、高水平教学和理论研究复合型舞蹈艺术综合型人才。

二、课程思政案例设计

1．课程简介

“中国古典舞身韵教学法”课程结合本校办学定位、专业特色和人才培养要求，始终坚持不懈地继承和发展中华民族传统文化，以身体力行的方式弘扬民族的精神。强调内在意识的重要性，由心而舞，抒发情怀，在欲动中的独特表现手法，彰显中国古典舞独特的审美内涵。内心沉积的情感与外在耳濡目染的物象有机结合在一起，咏物而言情，以外在艺术形式为依托，将客观主观化，从而凝缩了丰厚的人生意蕴，生命情感得到升华，最终使得舞蹈脱离了单纯的身体符号和单纯情感，成为情与体的有机结合，成为具有内在意象与外在形式的丰厚艺术，能够由心出发，运用中国古典舞身韵彰显民族精神，传承民族文化。让教育为文明传承和创造服务，让文化为人类进步助力，课程旨在讲好舞蹈故事，讲好中国故事。

2.课程挖掘的思政资源分析

(1)传播、传承中国经典，使学生坚定“四个自信”。中国古典舞、民间舞都具有传承中华优秀传统文化、体现民族精神和时代精神的责任和担当，学生在学习过程中可领会中国传统艺术的精神。

(2)强化能力，训练技能，培养学生的工匠精神、健全人格。舞蹈要经过反复练习才能渐入佳境，通过反复练习可培养学生吃苦耐劳、刻苦钻研的精神和坚持不懈的品格，促进学生的全面发展。

(3)引导学生以全球视角，建立批判性思维。在课程中全面融入民族自信、文化自信、文化认同教育，使学生建立弘扬中华优秀传统文化的自觉。

(4)突出实践、赛教融合，提升学生审美标准，创造性服务大众。作为以实践为教学主体的舞蹈专业课程，竞技和舞台表演是必然进行的工作。通过在学习中大量观摩优秀作品、参与各种比赛来提升审美的标准，同时创造属于自己的舞蹈风格和审美标准，创作作品，服务大众。

(5)通过融入红色文化主题作品，融入红色记忆，涌动红色元素，将中国共产党带领中华民族走向伟大复兴的历程以及祖国壮丽山河完美展现，实现党建与美育、思政与专业的融会贯通。

3. 教育方法和途径

(1)通过对中国古典舞发展史的学习，从中国古典舞发展中寻找中华民族博大精深的文化根脉。

(2)依托中国古典舞身韵具有的强大的语言生成能力，表现不同时空下的题材，表达不同的思想感情，突出在学习过程中需经过反复练习才能理解，并渐入佳境，激励学生热爱本专业的学习、精通本专业的业务，努力成为本专业的行家里手，促进学生的全面发展。最终使学生通过具体肢体语言编创出个性化、风格各异、主题不同的各种类型的中国古典舞蹈作品，实现中国传统文化在当代的转化和弘扬，展现身韵与时代精神的统一。

(3)拓展课堂“内与外”的实践空间，在调查、采风等实践教学活动中实现传承与创新。

课程团队注重带领学生走出课堂，根据专业课程的不同要求和特色，进行课堂展示、展演交流、惠民演出，以及调查、采风等实践教学活动，进一步促进学生的理论与实践的融合。

4. 教育载体途径

在线课程，线下课程，实践训练，调查、采风等实践教学活动。

三、案例特色与成效

1. 案例特色

1)融——在舞蹈教学中深度融合思政

不断在教学内容上对传统文化进行深度挖掘，提炼专业知识中蕴含的思想价值和精神内涵。充分运用专题培训、专业教学研讨、集体备课等手段，强化课程思政教学改革工作，让教师能利用课堂主讲、现场回答、网上互动、课堂反馈、实践教学等方式，把知识传授、能力培养、思想引领融入课程教学过程之中。

2)学——启发学生对中华优秀传统文化深入学习

中国古典舞与传统武术同根同源，在课程中引入太极拳可辅助身韵动作教学：作为太极文化的一部分，太极拳追求“身心统一”，在太极的引领之下，心意相随，吐纳之间形成力量或强或弱的舞蹈动作。将太极拳运用在舞蹈身体语言中恰是中国文化的一种表现。一切都在一个整体之中，在动作的表达上不重形但强调以内心修行为主的吐纳呼吸，如此能够与太极文化“心意合一、天人合一”的思想不谋而合。

3) 研——在舞蹈作品表达中体现思政

舞蹈作品最能体现创作者深刻的思想内涵和反映时代精神，舞蹈作品排演则贯穿在教学的全过程，是最直观的教学成果的展现。为了提升学生对舞蹈作品的深入理解和情感的表达，课程团队采用了将舞蹈作品排演与党史学习、研读史料、参观历史博物馆等思政学习融合在一起的教学方式。

2. 成效

(1) 2020 年，本课程获省级课程思政示范课程。

(2) 2021 年，课程团队获省级课程思政示范教学团队。

(3) 2021 年，参加四川音乐学院“慕课西行 2.0”先行者教学活动。

(4) 社会服务、对外交流成效明显。近年来，以不同形式的舞蹈作品参与国家级、省部级、校级各类艺术展演活动达 200 场以上，深入社区、藏区、特殊学校、中小学传播美育活动达 200 次以上。建立 7 个艺术实践基地，身体力行地传播中国舞蹈的文化和技艺，普惠大众。

案例 2 企业视觉形象系统设计

课程类型：专业教育课(艺术学类)

教育赛道：本科教育

开课年级：大三年级

面向专业：视觉传达设计

部　　门：艺术设计学院

学　　校：武昌工学院

案例视频

案例教师或团队成员信息(第 1 位为教学案例负责人)：

姓名	职务	职称	部门
苏亚飞	教师	教授、高级工艺美术师	艺术设计学院

一、课程目标

结合我校应用技术型大学的办学定位和视觉传达设计专业动手能力强、综合素质高的人才培养定位，课程在讲好中国故事，传递中国价值的精神引领下，以培养“创新设计＋实践应用＋文化担当”的设计人才为目的。立足本土经济，树立以下课程目标。

(1) 知识目标：使学生了解企业视觉形象系统的起源、发展及相关概念；理解视觉符号语言，掌握其核心要素的设计方法和民族文化视觉元素的提炼。

(2) 能力目标：使学生在项目实践中掌握完成企业视觉形象系统设计的程序及方法，具有较强的实践动手能力和设计创新能力。

(3) 素质目标：使学生具备责任感、团队协作意识等职业素养，具有家国情怀、科学与人文精神，能从中华优秀传统文化中汲取灵感，建立文化自信。

二、课程思政案例设计

1. 课程思政德育目标

课程内容以思政为先导，引导学生树立正确的价值观和品牌观。

2. 思政教育融合点

本案例选自“企业视觉形象系统设计”课程的第四章“企业视觉形象系统应用部分设计”第五节

“媒体宣传应用”中的“新兴媒体广告识别系统设计”。以“湖北老字号品牌形象创新设计”为项目选题，结合章节知识点讲解具有中国精神、中国文化的老字号企业视觉形象系统设计优秀案例，进行老字号品牌视觉形象创新设计实践，弘扬中国文化自信精神，助力“讲好中国品牌故事”。

3. 教学方法

课程在项目式驱动、案例式驱动中承载相关知识点，深挖思政元素，要求学生以“弘扬本土文化，塑造中国品牌”为主旨，并以此为目标完成对已有品牌的优化或升级。将教学内容分为五个模块，以“引导进阶式”教学达成学生核心素养的提升。课程从低起点攀升至高落点，最终实现学生设计创新能力的进阶。

课程从启发性、灵活性、开放性、个性化等方面对教学方法进行创新，采取“集体式教学”和“开拓式教学”，打破传统教学的学科束缚，在教学组织实施过程中主要分为课前预习、课堂讲授、课后拓展三个阶段，以传授综合知识、情景导入、案例分析、启发式提问和思维导图讲解为主要手段，采用不同的创新思维方法，多角度、全方位地加以分析。

4. 载体途径

1）课前学生自学

教师提前发布本次课的教学计划，包括教学重点、难点，网上学习资源及参考资料，发布本次课所讲授的知识点。

学生通过线上平台观看视频、课件等内容，对本次课知识点进行课前预习。对学生在自主学习过程中遇到的问题，教师及时提供在线解答，同时整理共性问题以备课堂讲解。

使学生主动了解中国的优秀品牌，认识到优秀的民族品牌是中国文化的重要载体，思考其对国家和企业的意义。

2）课前学生讨论

教师课前在线上平台上发布讨论主题，引导学生进行思考、讨论。

3）课中课程导入

教师讲授：关于“中国品牌”战略任务部署。

学生思考：中国要真正实现“从制造大国走向制造强国、从经济大国步入经济强国”的跨越，为何必须依托“中国品牌”，完成从品牌大国向品牌强国的转变？

设计意图：通过课程导入，让学生理解新时代国家发展战略，深入理解我国为什么要打造“中国品牌”，培养学生的全球意识、国际化视野和爱国情怀。

4）课中自主探究

教师讲授：列举学生标志设计作品，学生投票，思考其优缺点体现在什么方面。展示优秀的国有品牌标志作品，从色彩和图形角度切入，进行思政案例分析。

学生思考：如何运用视觉符号结合优秀传统文化进行标志设计。

设计意图：引导学生思考分析问题，增强学生的民族自豪感和家国情怀。

教师归纳：老字号代表品牌；老字号品牌推动国潮消费全面复兴；国潮品牌兴起的根本动力是社会文化认同与归属感。企业必须把握品牌的丰富内涵，树立独特鲜明的品牌形象，进行品牌定位，做好品牌营销。

通过讨论及教师对国潮品牌、代表品牌的归纳总结，增强学生文化自信，激发和增强学生的民族自豪感。

5）课中教师讲授

案例 1：教师展示中国最早的品牌——北宋时济南刘家针铺的印制铜板。

教师归纳：老字号是中国品牌的具体表现形式，具有鲜明的中华民族文化背景和深厚的文化底蕴，是数百年商业和手工业竞争中留下的瑰宝。

设计意图：通过对中国最早品牌的介绍，增强学生的民族自豪感。

案例 2：教师结合中华老字号“回力”“百雀羚”“汪玉霞”“蔡林记”等，讲授在新兴媒体广告识别系统设计中挖掘品牌文化基因的方法。深刻领会内涵，反复推敲设计方案；甄选设计要素，合理融入设计理念；避免设计过度，考虑设计的适用性；既要突出设计风格又要体现设计内涵。

设计意图：承上启下，通过对中华老字号品牌内涵的讨论和讲述，引出“品牌内涵”的讲述，进一步增强学生的文化自信和民族自豪感，激发学生爱国热情。

6) 课中项目方案汇报、互评、师评、归纳小结

(1) 培养学生的学习自信，以互评、师评的方式丰富评价手段。

(2) 培养学生总结概括的能力，做到及时巩固、及时反馈。

(3) 根据成果汇报的情况，为课后线上分组进一步优化设计方案提供参考思路。

7) 课后拓展、作业提交、方案完善、作品投稿

课后教师在线上平台发布课后作业。学生线上分组，继续深入完善设计稿，将做好的新兴媒体广告识别系统设计融入老字号品牌形象创新设计中，网上投稿参赛。

对设计方案进行进一步优化，巩固标志设计相关知识，进一步强化品牌保护意识，坚定学生的理想信念，厚植学生家国情怀，培养学生精益求精的工匠精神。

8) 课后知识点巩固、章节自测

三、案例特色与成效

1. 案例特色

(1) 提出项目式驱动、案例式驱动的教学模式，以“推进文化自信自强”为导向，促进知识传递和应用拓展，助力梯度课程教学目标的实现。

(2) 结合课程负责人主持的课题，以相关竞赛为切入点，赛学结合，指导学生围绕地方经济需求实现学用相长。

2. 成效

(1) 课程负责人获“全国艺术设计教师教学创新大赛”省赛二等奖，“高校教师教学创新大赛”校赛二等奖，“人人讲课程竞赛”校赛一等奖；获批相关教科研项目 3 项；主编出版相关教材 4 部。

(2) 课改试点 1901 班课程作品获省赛等级奖 4 项。课程负责人指导学生获批国家级、省级创新创业项目 3 项、获中国国际“互联网＋”大学生创新创业大赛省赛金奖、银奖 3 项。

案例 3 秀场内外——走近服装表演艺术

课程类型：专业教育课（艺术学类）

教育赛道：本科教育

开课年级：大二年级、大三年级、大四年级

面向专业：所有专业

部　　门：服装学院

学　　校：武汉纺织大学

案例视频

案例教师或团队成员信息（第 1 位为教学案例负责人）：

姓名	职务	职称	部门
郭海燕	教师	副教授	服装学院

一、课程目标

武汉纺织大学秉承“崇真尚美”校训，以建设特色鲜明高水平大学为战略目标，坚持特色发展，践行开放办学；本课程结合办学定位、专业特色和人才培养要求，本着立德树人、多元融合、全面发展的理念，设计课程目标如下：

(1) 知识目标：通过学习服装表演领域相关专业知识，了解服装表演中蕴含的美学原理和基本规则，理解艺术与社会文化之间的关系，为不同专业的学生提升艺术文化储备，奠定审美素养。

(2) 能力目标：挖掘学生自身特色，培养具有深厚人文道德素养、综合艺术审美修养的复合型服装表演人才；提高学生活动组织能力、沟通能力、创作能力、自主学习能力和终身学习意识。

(3) 素质目标：以艺术审美为核心，培养学生正确的审美观，理解尊重世界多元文化，把握中华民族精神，有效实现艺术美育的“立德树人”和“文化自信”。

二、课程思政案例设计

本案例教学内容为课程第五章第三节“旗袍与道具折扇展示设计”，结合专业特色和人才培养要求，继承和发扬中华传统服饰文化，以身体力行的方式弘扬民族精神，以行走的艺术彰显折扇走秀的审美内涵，由心出发，运用中国传统走秀传承民族文化，讲好表演艺术课程思政。

1. 课程思政德育目标

案例主题围绕“服装表演中传统折扇的运用”，旨在引导学生感受中国服饰表演动作与中国音乐的文化魅力，引导学生进行坚守文化自信、推进文化互鉴、倡导文化包容、传承传统文化等问题的价值思考与确立。

2. 思政教育融合点

(1) 对服装表演中的中国传统文化、传统服饰道具运用技能和造型审美展开深入分析，挖掘传统文化内涵，传承中华礼仪文化；运用中国传统民乐、传统折扇，渗透中华优秀传统文化，弘扬爱国主义精神。注入传统文化元素的服装表演，能够更好地使学生发现中华文化之美。

(2) 以行走的艺术体现以美育人、以美化人，使学生在服装表演中真切感受中国传统音乐与动作的表达方式及意象，从而引发对优秀传统文化创造性转化和创新发展的思考。通过课后小组作业培养学生团队精神，提升学生团队协作能力，激发学生学习兴趣与建设编导思维，引导学生做守正创新的生力军。

3. 教育方法和载体途径

教育过程通过课前线上分享、课中线下实践乐享、课后线上反馈创享的模式，实现了“三阶三享”学习三部曲，如图 1 所示。

以智慧树平台为主平台，综合翻转课堂、线下课程、实践训练、成果会演、校外竞赛等实践教学活动，注重带领学生走出课堂；根据不同专业的不同要求和特色，进行课堂展示、展演交流、惠民演出等实践教学活动，进一步促进学生的理论与实践的融合。

三、案例特色与成效

1. 案例特色

课程通过“教、演、赛”三位一体的教学模式促进教学目标的达成。不断挖掘艺术教育与课程思政的深度融合，持续丰富线下课堂与课外实践，融入教师的科研成果“行走的非遗”，引导学生从新的视角感受中华传统文化的魅力，提升文化自信和守正创新意识，体现了科研成果对教学的反哺作用。

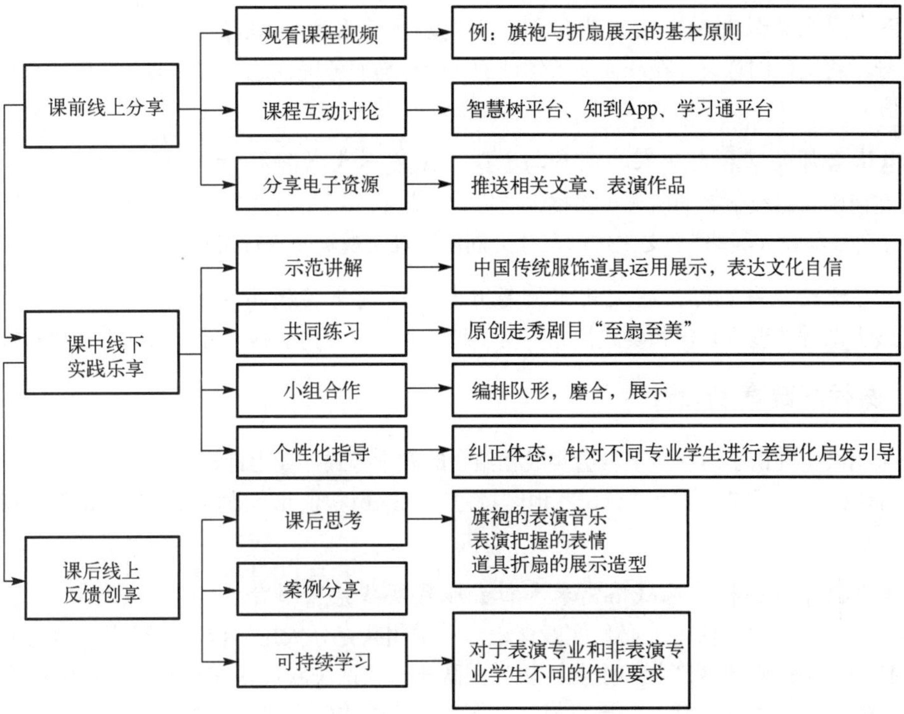
课前线上分享
观看课程视频
例：旗袍与折扇展示的基本原则
课程互动讨论
智慧树平台、知到App、学习通平台
分享电子资源
推送相关文章、表演作品
课中线下实践乐享
示范讲解
中国传统服饰道具运用展示，表达文化自信
共同练习
原创走秀剧目“至扇至美”
小组合作
编排队形，磨合，展示
个性化指导
纠正体态，针对不同专业学生进行差异化启发引导
课后线上反馈创享
课后思考
旗袍的表演音乐
表演把握的表情
道具折扇的展示造型
案例分享
可持续学习
对于表演专业和非表演专业学生不同的作业要求

图 1

将校外竞赛与课程相结合，提升学生实践应用和创新思维能力；将课程中的艺术审美与生活中的尚美尚善践行统一起来，进一步完善素质教育与立德树人的目标。

2. 成效

本课程 2022 年获批省级一流本科课程，获首届“智慧树杯”混合式教学案例创新大赛一等奖。课程负责人出版教材和辅助用书 4 部，教学研究成果完成了以新视角、新素材进行教学方法论的创新，并成功构建了体现科学与人文素质的知识体系和思想方法体系，课程与教材应用于国内 10 余所高校。

案例 4 文化创意产品设计

课程类型：专业教育课(艺术学类)
教育赛道：本科教育
开课年级：大三年级
面向专业：工业设计、产品设计
部　　门：机械工程学院
学　　校：湘潭大学

案例视频

案例教师或团队成员信息(第 1 位为教学案例负责人)：

姓名	职务	职称	部门
姚湘	教师	教授	机械工程学院

一、课程目标

课程依托我校精准扶贫和乡村振兴基地——湘西少数民族地区，为当地民族文化企业和产业提供精准科技服务，将课程学习与社会服务紧密结合。

1. 将爱国主义教育和中国文化传承、弘扬理念全程融入教学

课程导学将文化创意设计在载人航天领域的应用、与服务民族地区的社会创新进行有机融合，建立文化自信。

2. 邀请名师大家和企业家共同参与教学，激发学生学习热情

课程邀请国家级教学名师何人可教授、清华大学艺术与科学研究中心设计管理研究所所长蔡军教授在“文化自信与设计战略”“文化传承与社会创新”等宏观层面进行思想引领。

3. 注重理论联系实际，将文化素质教育与创新创业实践高度融合

依托线上课程的理论教学和实践指导，将“理论教学＋校内实践＋社会实训”无缝对接。

二、课程思政案例设计

课程采用线上理论学习和线下社会实践相结合的教学方式，线上课程为湖南省精品在线课程和省级一流本科课程，线下实践紧密结合民族地区特色文化挖掘和企业产业服务，将理论教学和社会服务紧密结合。

1. 课程教学目标将国家战略需求和社会服务实践紧密融合

课程为工业设计高年级专业必修实践课程。教学团队充分依托学校多学科平台和优势，积极开展文化科技服务于民族地区产业和企业。教学团队充分挖掘民族地区文化资源，将民族地区文化科技服务需求融入课程教学目标，助推乡村产业振兴。形成“以乡村产业振兴需求为导向—以高校跨学科资源整合为依托—以文化科技赋能为教学目标—以高校创新创业为手段—以校地合作为平台”的教学模式。

2. 课程教学内容将文化素质提升和爱国情操陶冶充分结合

课程从文化创意、设计创新和创业的视角，全方位介绍文化创意产品设计的应用范围、文化的挖掘方法、文化创意产品设计创新和创业的途径，以及创新创业的案例解析。引导学生以发展的视角认识优秀的文化，欣赏和设计优秀文化创意产品，推动文化创意的健康发展。课程内容分为以下部分。

1) 文创的意义与目标——文创的初心

从载人航天、文化扶贫、日常应用等方面阐述文化创意产品设计的意义，使学生树立爱国主义情怀和荣誉感。

2) 文化创意产品设计的方法和思路

(1) 如何挖掘文化。

围绕文化与创意的关系、文化类别、存在形态、研究对象、应用载体等方面，探索优秀文化，挖掘文化内涵，思考创新方向。

(2) 创新创业方法。

系统阐述文化创意产品设计的特征、流程和方法，探索文化传承与创新创业实践的有机结合。

3) 设计优化、转化与评价——创新创业案例

对“互联网＋”和“挑战杯”一等奖作品解析，探索文化创意与用户体验和科技创新的有机结合，指导学生开展创新创业实训。

3. 将线上教学多样化和线下实践专业化有机整合

(1) 线上自主学习和线下实践相结合，专业学习与创新创业、社会服务相结合，形成了“跨学科融合、学训融合、全过程融合”的文化创意“双创”人才培养机制。

(2) 课程知识点均采用以案例教学为主、访谈式教学为辅的教学方法，实用性与趣味性有机融合，通识文化与学科专业相辉映，能满足不同需求和不同层次的对象。

(3) 课程邀请学术大咖、设计新秀和创业典型人物，用案例深入浅出地介绍了文化创意产品设计的意义、方法、流程和实践。内容丰富，形式生动，讲述幽默。

(4) 配备省级、校级的专业实践实训、校企合作基地，与产业需求、企业服务紧密结合，联合企业工程师、资深设计师共同指导，促进学生课程成果转化。

三、案例特色与成效

坚持爱国情操与社会服务使命引领。将服务民族地区融入大学生爱国主义教育，将民族地区社会需求融入学科发展规划，将规划分解成教研目标并落实到课程体系，鼓励师生开展相应课程实践，实现从崇高使命的教学目标到教学手段的无缝衔接，增强师生爱国使命感、服务社会的荣誉感和创新热情，形成特色鲜明的实践育人教学理念。针对湘西地区非物质文化遗产传承与创新，聚焦土家织锦、苗家银饰、湘西蜡染、本顺竹编等文化遗产，系统打造民族地区传统文化品牌形象，重点针对“叶氏”“乖幺妹”等湘西土家织锦以及“惹巴妹”手工织物等文化产品进行品牌提升和产业化开发，围绕“蜡的世界”蜡染、“锵锵银饰”的苗银文化发展体验式经济。

职业教育类

案例 5　品牌包装策划与设计

课程类型：专业教育课(艺术学类)
教育赛道：职业教育
开课年级：高职二年级
面向专业：包装策划与设计专业
部　　门：轻工纺织与服装工程学院
学　　校：武汉职业技术学院

案例视频

案例教师或团队成员信息(第 1 位为教学案例负责人)：

姓名	职务	职称	部门
罗莹	教师	讲师	轻工纺织与服装工程学院
刘建明	包装教研室主任	副教授	轻工纺织与服装工程学院

一、课程目标

办学定位：包装策划与设计专业系统培养既有理论知识，又有艺术修养；既有计算机操作技能，又有实践基础的艺术加技术的包装艺术设计专业人才。本课程采用文创工坊式教学模式，与未之学院、上海耘耕文化传播公司、安徽曹山国际文创小镇合作为企业完成文创产品设计。以“四化课堂”(教学方式灵活化、师生关系民主化、课堂结构主体化、训练方法多样化)为教学改革特点，形成基于创文化的“产、创、研、赛四位一体”人才培养模式。

学生情况：本课程授课对象为高职包装策划与设计专业大二学生，大部分学生来自农村，能切身感到农产品无品牌化、低端及滞销的痛处，愿意为乡村振兴做出自己的贡献。

培养目标：本课程培养适应社会发展需要的德、智、体、美全面发展，同时具备良好综合素质，能够掌握包装策划与设计技术、品牌整合能力，就业主要面向包装策划与设计公司、包装印刷厂、出版社及电视台媒体等企事业单位，能够从事包装设计与制作、品牌整合设计等具有较强实践能力、较高社会责任感，以及具有“品德高尚、技艺精湛、踏实肯干、敢为人先、家国情怀、走向世界”特质的高素质技术技能型人才。

二、课程思政案例设计

1. 教学背景

本案例教学内容为“造型符号的提取”，是“品牌包装策划与设计”课程中“包装设计优化的方法”中的重点内容之一。本案例教学设计旨在通过对楚风造型符号的提取，让同学们举一反三，学会符号提取的基本方法。在教与学的过程中，以楚文化的典型代表为载体，解剖楚地文化的精神内涵，通过符号提取的方法，将楚文化的精神凝练于凤鸟各类造型的物质表象上，培养学生对楚文化的传承与创新的应用能力，使学生在学习包装策划技术技能的同时，提升传统文化审美能力，增强文化自信。

2. 课程思政德育目标

(1) 创新视角——通过项目依托、拓展知识、启发思维，最终促进专业课程知识与具有当下“思政”价值的楚文化结合，实现文化自信、民族自信等。

(2) 提升素质——将知识点与思政元素有机融合，拓宽课程思政的广度、深度，使之更容易培养学生的核心素养，提高学生思政觉悟。

(3) 传承文化——通过解读楚文化中的成语故事(筚路蓝缕、抚夷属夏、一鸣惊人、深固难徙)诠释楚人的创新精神；以从“楚虽三户，亡秦必楚”到武昌首义第一声枪声过后清王朝谢幕诠释楚人义无反顾的精神；以楚地所涌现的历史人物(屈原、孟浩然、毕昇、李时珍、董必武、李先念、李四光等)诠释楚人精神的传承。这是高校学生道德升华的关键，以此提升课程思政的温度。

3. 思政教育实施路径

依托地方产品，挖掘地方文化，考托知识，启发思维，厚植家国情怀。

1) 项目一： 洪湖莲子塑料软包装设计

内容：向学生展示民族化包装作品在国内外的获奖情况。反观市场上缺乏原创的抄袭现象与情况，顺势提出保护知识产权的重要性。

激发点：

(1) 你喜欢哪一款包装设计？为什么？

(2) 我们为什么不能抄袭别人的设计作品？

能力点：

(1) 激发学生专业热情，初植岗位情感。

(2) 树立宪法法治意识。

成果：保护知识产权的认识报告。

2) 项目二：房县黄酒瓶装包装设计

内容：以白酒品牌“牛栏山”致敬新中国成立七十周年的“牛栏山 70”为案例，介绍其视觉上的呈现和品牌的发展，宣传中国精神、中国制造和中国设计的力量。

激发点：此包装运用了什么设计形式？其背后的内涵是什么？

能力点：培育学生社会主义核心价值观，达成政治认同。

成果：包装设计作业及设计说明。

3) 项目三：荆州鱼糕纸包装设计

内容：从“纹样艺术鉴赏”“书法鉴赏”“影视鉴赏”多个角度，深挖代表地方文化的楚文化元素。

激发点：你所认识的楚文化元素有哪些？它有文化内涵？

能力点：

(1) 提升学生的审美、设计素质。

(2) 提升学生的文化素养。

成果：形成设计文化调研报告。

4) 项目四：湖北特产礼品装包装设计

内容：依托地方特产包装设计项目，云游博物馆，了解湖北历史、文化、人文方面的知识。

激发点：你家乡的文化元素有哪些？(可以从地理、文化、名人、建筑、饮食、服饰习惯等方面思考。)

能力点：

(1) 激发学生民族自豪感。

(2) 使学生树立爱国爱家情怀。

成果：

(1) 包装设计作业。

(2) 短视频。

5) 项目五：宜昌秭归文创包装设计

内容：宜昌秭归是屈原的故乡。依托秭归地方文创项目，将文化创意赋予产品，是“文化赋能乡村振兴”的体现。

激发点：请介绍一下屈原和楚辞。如何将楚文化的精神运用到包装上？

能力点：

(1) 提升学生的道德修养。

(2) 培养学生坚持创新、勇于开拓的精神。

成果：设计方案落地为抖音短视频。

4. 思政教育实施载体

思政教育实施载体如图 1 所示。

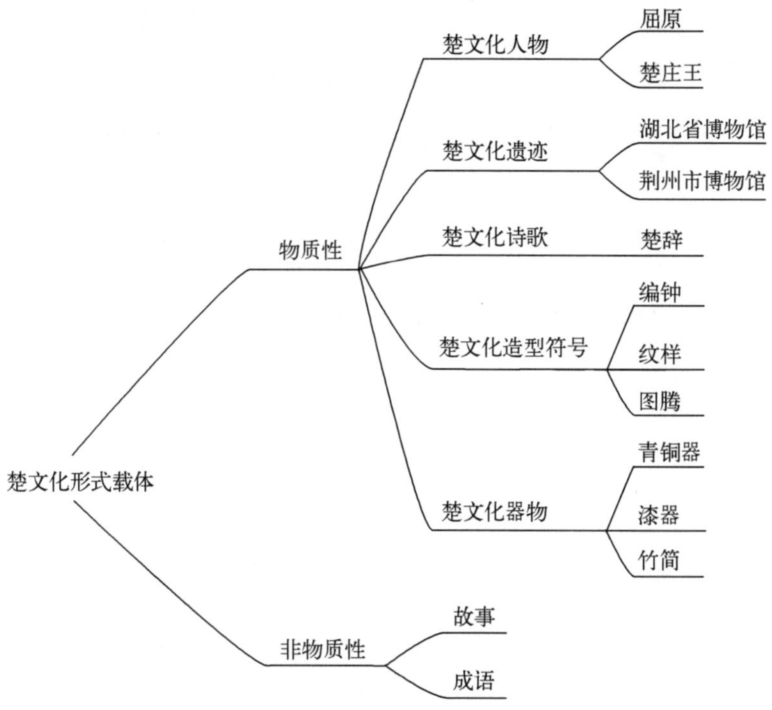
楚文化形式载体
物质性
非物质性
楚文化人物
屈原
楚庄王
楚文化遗迹
湖北省博物馆
荆州市博物馆
楚文化诗歌
楚辞
楚文化造型符号
编钟
纹样
图腾
楚文化器物
青铜器
漆器
竹简
故事
成语

图 1

三、案例特色与成效

1. 案例特色

本案例是湖北省高职艺术设计类课程具有共性的内容。此案例能为湖北省内艺术设计类课程提供参考借鉴价值。楚文化艺术载体形式多样，可配合多种教学活动，激发课程思政的活力。艺术设计类课程主要是突出艺术创意和使用功能，一般与社会生活和市场经济关系紧密，教学成果基本是以“产品”的形式出现。这就要求作为设计者的学生本身首先要有正确的社会价值观和政治意识，同时能将优秀的传统文化基因视觉化表现，使文化的传承更有时代性和意义。

2. 成效

(1) 课程教学目标达成度明显提升，90%的学生能够较好地完成课前设置的教学目标，本项目的综合成绩均在 80 分以上。

(2) 课程的微课教学效果在多个评价指标上优于往届线下教学的效果，学生学习兴趣和效率显著提高。

(3) 学生作品被企业采用，能力目标完成。学生作品在 2021 年获第二届东方创意之星设计大赛金奖；入围第七届湖北省大学生文化创意设计大赛决赛；获第九届全国高校数字艺术设计大赛华中赛区二等奖 2 项。

第9篇　实践类课程思政案例（含实践实训、社会实践）

本科教育类

案例1　诊断学实验

课程类型：实践类课程(含实验实训、社会实践)
教育赛道：本科教育
开课年级：大二年级、大三年级
面向专业：临床医学、口腔医学
部　　门：医学院
学　　校：丽水学院
案例教师或团队成员信息(第1位为教学案例负责人)：

案例视频

姓名	职务	职称	部门
胡晓霞	教师	讲师	医学院

一、课程目标

课程旨在培养具有扎实的基础理论和较强的实践能力，良好的人文素养和职业道德，适应能力强的高素质应用型人才。本课程教学秉承以学生为中心，以及知识探究、能力建设、情感培养“三位一体”的教书育人理念，学习后应达到以下目标。

(1)知识探究：学会疾病诊断的基本知识和基本技能，包括学会系统收集及综合分析健康资料，能完成规范的病历书写。

(2)能力建设：培养学生具有良好的临床医患沟通能力、评判性思维能力，提高学生的自主学习和团队合作能力。能运用科学的诊断思维方法去识别临床疾病，最终做出正确诊断。

(3)情感培养：以人为本融入课程思政内容，培养学生良好的思想品德、医学职业道德及救死扶伤的人道主义精神。

二、课程思政案例设计

本案例教学内容：体格检查——心中有爱，手下“留”情。主要介绍体格检查的重要性、注意事项和技巧。

导入：医生不仅治疗疾病，还服务于病人，以人为本的思想和关怀服务意识要贯穿诊断治疗的始终。尤其是体格检查过程，医生需要和病人进行语言交流和身体接触，这对医生的道德修养、仪表礼仪提出了具体的要求。

教学方法：情景模拟、学生标准化病人、正反案例对比。

内容：教师根据临床上常见的医患不和谐案例，设计系列情景剧——《王医生诊室里的二三事》，串联起以下几个知识点，自然地融入思政教育内容。

1. 体格检查的重要性

情景剧中医生跳过体格检查步骤，直接开出了昂贵检查单，引起了病人的不满。

思政德育映射点：

医德医风：针对情景剧中医生“开大单、重检查、轻查体”的“乱象”，引导学生讨论社会上存在的不良医疗风气和严重损害医患关系的行为。教育医学生应当重视查体，开单时充分考虑病患个人经济情况。

爱国敬业：勉励学生要练好体格检查内功，慎重使用昂贵检查，节约国家医疗资源，服务于人民卫生健康事业。

2. 体格检查的注意事项与技巧

(1)注意特殊情境：男医生对女患者进行隐私部位的体格检查。情景剧剧情为男医生要为女病人检查胸部，沟通不善，引起了病人不满。

思政德育映射点：尊重女性，理解关爱病人，重视医患沟通和人文关怀。

(2)正面示范法(如温暖听诊器和双手、保护隐私部位等)正性强化，加深学生对医患沟通和人文关怀重要性的认识。

反面案例情景模拟，指出新手医生常犯的错误——顺序错误、遗漏检查、反复翻动病人，加重了病人的痛苦。激发学生学习驱动力，促使其勤学苦练体格检查基本功，能进行全面有序的体格检查。

思政德育映射点：

社会主义核心价值观中的文明、和谐、诚信、友善：中国是礼仪之邦，作为医生，更要注意仪表礼仪、态度诚恳和蔼，构建医患和谐、尊医重教的社会风气。

打铁必须自身硬，为更好地服务人民而学习。

总结：小结前述知识点，以“患者利益最优先”为出发点，认真全面的体格检查、做好体格检查中一些充满人文关怀的暖心细节，是提升医者仁心的医生形象、构建医患和谐社会的基本步骤。

三、案例特色与成效

1. 案例特色

(1)思政内容：强调培养学生的爱国情怀，引导学生树立为人民谋健康、为民族谋复兴的意识。

(2)教学方法：采用情景剧、正反案例法，学生代入感强，感受直观深刻，有助于思政教育和专业知识的内化。

(3)教学内容：选题巧妙、案例鲜活生动，以常见医患矛盾、不良医疗风气作为反面案例，与现实契合度高；学生深度参与情景剧制作，多视角多维度丰富教学素材。

2. 成效

本案例作为“诊断学实验”课程思政教改系列微课中的一集，在教学中得到了学生的一致好评，评价道：“我看得欢乐、记得深切，希望自己走上工作岗位后，能时刻牢记这些‘搞笑’片段，随时反思，争取做个优秀的医生。”在问卷调查和实训考核中，学生人文素养比平行对照组得到了明显提高。

案例2 中华经典诵、写、讲、演实践

课程类型：实践类课程(含实验实训、社会实践)

教育赛道：本科教育

开课年级：大二年级、大三年级、大四年级

面向专业：所有专业

案例视频

部　　门：文学院
学　　校：牡丹江师范学院
案例教师或团队成员信息(第 1 位为教学案例负责人)：

姓名	职务	职称	部门
李莹	讲师	副教授	文学院

一、课程目标

“中华经典诵、写、讲、演实践”课程结合各专业非技术要求指标，坚持立德树人思想和通识教育职业化定位，秉持 OBE 理念和三性一度(高阶性、创新性、真实性和挑战度)原则，采用 RBI(Reality-Based Instruction)模式，缩短学校与社会距离。

(1)认知目标：使学生整合与中华经典相关的语言、文学、艺术知识，运用技法规律设计诵、写、讲、演实践方案，开展社会调查，展现语言文字之美。

(2)能力目标：使学生融合交叉学科知识开展综合实践，应用情感技能朗诵经典作品，规范书写硬笔书法作品，设计撰写经典讲解脚本，合作创作表演展示作品，评价学生实践表现，提升学生教学、实践和育人能力。

(3)价值塑造目标：使学生树立家国情怀和教师职业信念，传承中华优秀传统文化，应用诵、写、讲、演技能服务社会和教育事业。

二、课程思政案例设计

以下内容以“苏轼《念奴娇 • 赤壁怀古》的怀古表现”为例。

1. 课程思政德育目标

涵养家国情怀，树立砺节守正的人生态度；秉持开放和合态度，养成博观圆照的思维方式；继承文化创新精神，具有革故鼎新的勇气担当，传播中华诗教理念。

2. 思政教育融合点

教师将中华优秀传统文化的核心理念、思维方式和为人之道融入教学，通过案例共情、专题嵌入、隐性熏陶、学生自得、教师点化等方式开展课程思政，引导学生体会苏词艺术、性情和文化之美。

1)革故鼎新

苏轼《与鲜于子骏书》文中体现了文学创新精神，引导学生学习苏轼砺节守正的品格和革故鼎新的精神，在中华优秀传统文化的传播实践中守正创新。

2)家国情怀

在苏轼《念奴娇 • 赤壁怀古》的讲解中贯通古典诗词的怀古主题，在文本分析中认识苏轼的怀古表现和旷达襟怀，引导学生涵养家国情怀，学习古人的宇宙视角和历史眼光。

3)博观圆照

学习苏轼博观圆照的思维方式，引导学生发现和传承中国古典诗词的开放和合之美。

4)典范人格

学习古典诗词中的典范人格，用屈原的独立不迁、上下求索，陶渊明的崇尚自然、淡泊荣利，苏轼的超然达观、乐观进取来涵养健全的心性。

3. 教育方法

课程引入 RBI 模式，面向职场，贯通中华“诗教”精神，完成经典诵、写、讲、演的融合训练；

通过慕课示范，引导学生总结鉴赏规律技法，建构鉴赏思维框架，形成文学追索、融通和批评思维；通过项目合作确定古典诗词讲解技术训练重点和育人实践框架，录制古诗词讲解微课，为中华经典的创造性转化和创新性应用提供新的思路方法。

4. 载体途径

课程与牡丹江市朝鲜族中学等 3 所学校共建中华文化传承社会实践基地，重构学习内容(如图 1 所示)。

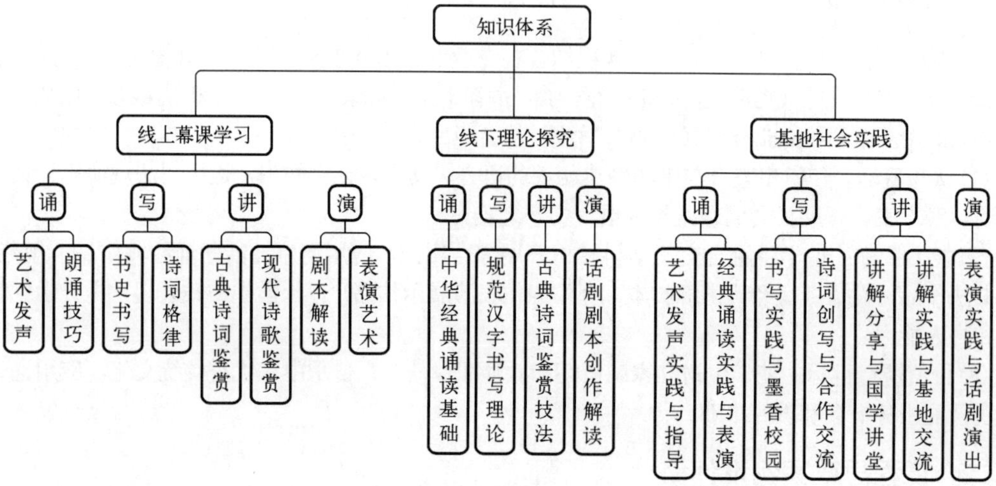
知识体系
线上幕课学习
线下理论探究
基地社会实践
诵
写
讲
演
艺术发声
朗诵技巧
书史书写
诗词格律
古典诗词鉴赏
现代诗歌鉴赏
剧本解读
表演艺术
中华经典诵读基础
规范汉字书写理论
古典诗词鉴赏技法
话剧剧本创作解读
艺术发声实践与指导
经典诵读实践与表演
书写实践与墨香校园
诗词创写与合作交流
讲解分享与国学讲堂
讲解实践与基地交流
表演实践与话剧演出

图 1

课程团队打造“一线、双基、三向、四能”内容体系，以课程思政引领线上慕课学习、线下理论探究、基地实训展演和竞赛服务，提升学生文化传播素养和服务社会的能力，凸显社会实践课程职业化特色，实现课程思政的育人目标。

“一线”：思政主线引领课程思政、环境思政、生命思政；“双基”：理论课堂和实践基地协同育人；“三向”：技能竞赛、社会实践和志愿服务；“四能”：中华经典诵、写、讲、演。

课程思政资源建设包括基地场馆、教材读本、线上资源、校内实践社团、案例库、基地实践活动、公众号等。

三、案例特色与成效

1. 案例特色

(1) 以知促行，从案头到实践，建设解决真实问题的通识课堂。构建“1+3+4+2”的课程思政建设模式(如图 2 所示)，学生线上学习理论知识，在墨香校园、国学课堂等社会实践中提升从师素养。

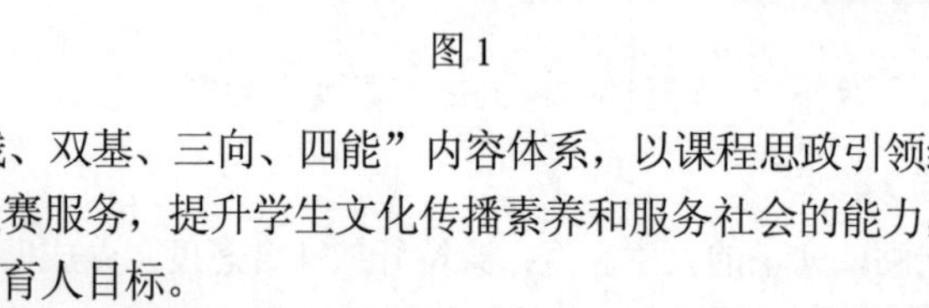
一面镜子（1）
三元学习（3）
四维提升（4）
两项评价（2）
言传身教
摹课学习
实践探究
实验体验
知行践研
质性评价
量化评价

图 2

(2) 以行践知，从传承到创新，打造有鲜度的实践课程。以项目形式撰写经典解读脚本，制作微课视频，参与优秀传统文化传播实践，助力基地党建品牌建设。

2. 成效

(1) 教师完成改革研究成果，获得教学竞赛奖励，开设远程示范课程，在国培工作和“经典润乡土”工作中助力乡村振兴。

(2) 学生在全国高校师范生教学技能大赛、中国诗词大会等平台展示了良好的素养，在中华优秀传统文化推广志愿服务中深受好评。

案例 3 流媒体视音频创作

课程类型：实践类课程(含实验实训、社会实践)

教育赛道：本科教育

开课年级：大二年级

面向专业：网络与新媒体

部　　门：文化传媒学院

学　　校：西安欧亚学院

案例视频

案例教师或团队成员信息(第 1 位为教学案例负责人)：

姓名	职务	职称	部门
安磊	教师	高级工程师	文化传媒学院
刘中林	高级编辑	高级编辑	西安广播电视台
毛笑雯	教师	讲师	通识教育学院

一、课程目标

“流媒体视音频创作”是西安欧亚学院文化传媒学院网络与新媒体专业的一门专业核心课程。网络与新媒体专业基于应用型人才培养的定位，面向区域内的网络渠道和数字营销行业培育人才。在内容的运营中，流媒体是当下极为重要的环节。而本课程目标是通过对流媒体专业知识的讲解，提升学生的影视艺术欣赏水平和实践操作技能。学完本门课程后，学生能够建立基本的流媒体知识框架，并具备一定的视频剪辑创作能力。具体课程目标应该包括如下层面。

(1) 知识目标：建立对流媒体平台的基本认知，了解视听语言基础知识。

(2) 能力目标：具备视频创作能力、策划能力及拍摄剪辑的能力。

(3) 素养目标：增强学生爱国使命感，具备职业精神，增强学生用所学技能服务社会的荣誉感和创新热情。

(4) 育人目标：结合网络视频时代的要求，保持正确的创作观。

二、课程思政案例设计

课程团队充分依托学校多学科平台和优势，积极开展影视服务地方政府、企业及幼儿教育机构等活动。形成“以服务社会为导向—以高校资源整合为依托—以制作高质量的影视作品为教学目标—以校地合作为平台”的教学模式。

本次课采用课堂学习和线下社会实践相结合的教学方式，为空军西安蓝天幼儿园创作宣传片。目的是展示空军西安蓝天幼儿园的建园历史，讲述部队幼儿园特有的文化，表达红色传人代代相传的历史传承，将理论教学和社会服务紧密结合。

线上自主学习和线下实践相结合，专业学习与创新创业、社会服务相结合，形成了“学训融合、全过程融合”的影视人才培养机制。

本次课以案例教学为主，与产业需求紧密结合，促进学生课程成果转化。

1. 课程思政德育目标

增强学生爱国使命感、用所学技能服务社会的荣誉感和创新热情。

2. 教学重点

如何完成空军西安蓝天幼儿园新宣传片的策划。

3. 教学难点

如何为特有历史进行影视创作，表达红色传人代代相传的历史传承。

4. 课前学习

学生在智慧树平台提前学习影视基础知识。

5. 课程引入

开课之初，教师以亲自参与的 2021 全国残运会宣传片及空军西安蓝天幼儿园需要拍摄宣传片为引导，激发学生对所学知识点的兴趣。之后讲解如何策划幼儿园宣传片、如何拍摄等具体方法。

6. 重点讲解

以空军西安蓝天幼儿园为案例，讲述如何将其 60 年的历史生动有趣地进行表达，讲述抗美援朝时期，志愿军战士如何为了国家奔赴前线、幼儿园如何起到后勤保障作用，我们又如何用影视手段表达给观众，在内容讲解上融入思政元素。

7. 反馈总结

对本次课内容进行总结和反馈。培养学生视频创作的能力，同时加强思想引导——我们应该创作什么样的视频？为学生建构正确的互联网视频创作和传播的价值观。

三、案例特色与成效

本课程坚持以爱国情操与社会服务使命培养为引领。将服务社会、学以致用等思想融入大学生思政教育，将社会需求融入学科发展规划。依托师生为当地政府及社会机构提供长期影视服务的机会，训练学生学为所用的能力。

课程教师指导学生成立企业，并获得中国国际“互联网＋”大学生创新创业大赛、“挑战杯”等多项奖项。针对 2021 全国残运会，教师带领学生从零开始完成了宣传片的制作。针对陕西省多家幼儿园，师生团队利用专业知识进行纪录片创作，而纪录片又成为幼儿教师及专家分析幼儿行为的重要素材。

目前，本课程配套在线课程选课人数达 3400 多人，累计选课学校 24 所，累计互动 2.07 万次，教师发表相关论文 10 余篇。

职业教育类

案例 4　农产品质量安全与检测技术

课程类型：实践类课程（含实验实训、社会实践）

教育赛道：职业教育

开课年级：高职二年级

面向专业：现代农业技术专业（农技特岗定向培养班）

部　　门：农业与经济系

学　　校：常德职业技术学院

案例视频

案例教师或团队成员信息（第 1 位为教学案例负责人）：

姓名	职务	职称	部门
周丹	教师	讲师	农业与经济系
梁继华	教师	讲师	农业与经济系
乔迺妮	教师	副教授	农业与经济系

一、课程目标

农产品质量安全保障是实现乡村振兴战略的基础，我院现代农业技术专业是省级高水平专业群核心专业，“农产品质量安全与检测技术”是现代农业技术专业核心课程，是农业农村部首批服务乡村振兴国家级名课，结合现代农业技术专业国家教学标准、现代农业技术专业(农技特岗定向培养班)的人才培养方案和课程标准，基于学情分析结果，明确本课程的教学目标及重点和难点，旨在培养学生 6 个教学任务“样品采集—初步诊断—快速检测—精准检测—数据分析—报告解读”的核心知识和技能，增强学生职业使命感，养成扎根基层的精神，提升农检人才的职业素养，锻炼学生的农产品检测能力，将学生培养成“知农残、会检测、能防控、有情怀”的基层农产品农检人。

1. 素质目标

(1)“以宣促学”做好农产品质量安全宣传，让老百姓吃上放心农产品是农业人的社会责任。

(2)“以服促学”树立服务三农意识，助力乡村振兴。

(3)“以赛促学”强化技能，树立技能报国的意识，树立工匠精神和践行劳动精神。

2. 知识目标

(1)掌握农药残留危害及主要预防方法。

(2)掌握检测的原理和主要方法。

(3)掌握检测具体流程。

3. 能力目标

(1)能使用速测仪对农产品快速检测。

(2)能进行大型精密仪器精准检测。

(3)能进行检测报告解读并指导用药。

4. 教学重点和难点

(1)农产品质量安全快速检测。

(2)农产品质量安全精准检测。

5. 解决措施

通过流程观看、虚拟仿真、互助训练、上机实操、智能考核强化教学重点；创新应用教学方法，有效破解教学难点；利用多种教学资源，实现重点和难点内容可视可感，解决大型精密仪器难操作、检测情境难创设的问题；采用“校站协同”的育人模式，强化学生基层农技专项技能，培植学生爱民、爱农、爱国的三爱情怀。

二、课程思政案例设计

本课程实施“五级递进”教学过程(如图 1 所示)。通过课前做任务使学生熟悉速测仪检测操作流程。课中，教师通过演操作、验错误(全班纠错，教师解说指导)、言感悟(出错学生言感悟，从实际经历中感悟出农检人的责任与担当，达到思政育人的目的)、研技术(针对难点一一攻破，总结技术要点，教师示范，学生练习，达到熟练水平)，推进学生明确检测细节、反思操作错误、掌握检测流程。课后分组开展“三农”服务，分组去三个站(校内实训检测站、校外流动检测站、基层农技检测站)开展农药残留检测，推进学生巩固提升应用技能。结合6个教学任务实施“三促学”，分别是：以宣促学，宣传农安知识促进学习；以服促学，开展农安快检服务促进学习；以赛促学，通过农产品质量安全技能大赛，促进学习。以“三爱情怀”为思政主线，分别是以“爱民为民”为基础的思想引领教育线，以“爱农服农”为导向的职业素养教育线，以“爱国强农”为核心的爱国情感教育线。形成“三有思政发展面”：有以人民为中心的发展思想，有道德素养与农检人职业精神，有推进农业现代化发展理念。“组成三个思政体”：能守住舌尖上的安全思政体、能助力乡村振兴思政体、能实现祖国强农梦思政体。

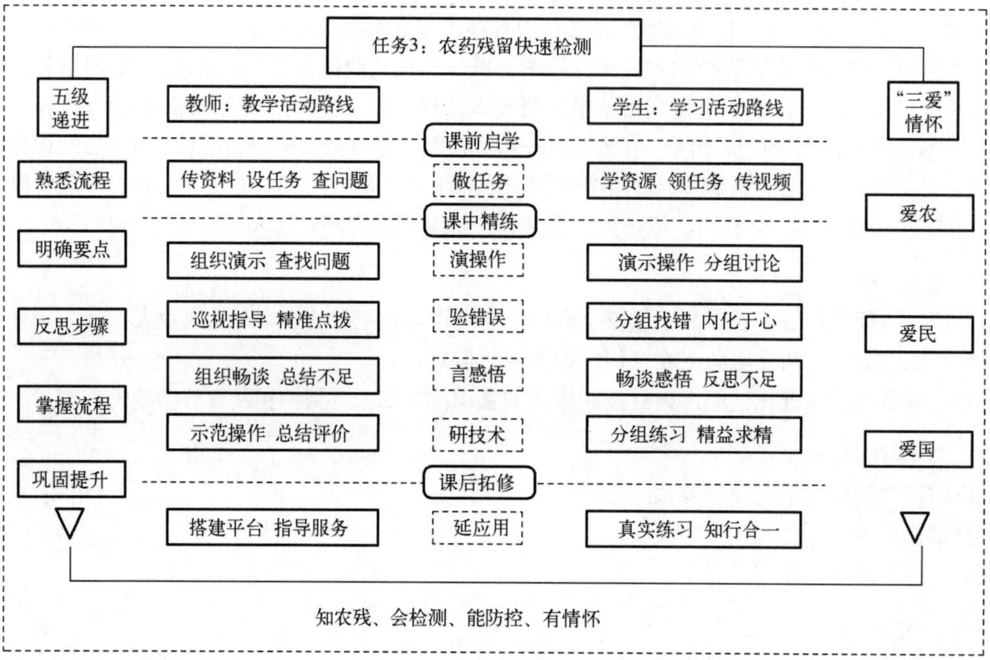
任务3：农药残留快速检测
五级递进
教师：教学活动路线
学生：学习活动路线
“三爱”情怀
课前启学
熟悉流程
传资料 设任务 查问题
做任务
学资源 领任务 传视频
课中精练
爱农
明确要点
组织演示 查找问题
演操作
演示操作 分组讨论
反思步骤
巡视指导 精准点拨
验错误
分组找错 内化于心
爱民
组织畅谈 总结不足
言感悟
畅谈感悟 反思不足
掌握流程
示范操作 总结评价
研技术
分组练习 精益求精
爱国
巩固提升
课后拓修
搭建平台 指导服务
延应用
真实练习 知行合一
知农残、会检测、能防控、有情怀

图1

同时，积极开展“第二课堂”，通过课团、课赛、课岗、课证相融，引导学生爱民爱农爱国。课团协助课堂：引导学生积极参加绿色农业社团，指导学生组织社团活动，进行科普宣讲，宣传农产品农药残留危害知识，培养学生的爱民情怀。课赛融合课堂：鼓励学生参与技能大赛，以赛促练，强化学生专业技能，培养学生技能强国的“爱国情怀”。课岗互补课堂：安排学生参加基层农技检测站农产品检测实践操作，培养学生的爱农情怀，增强学生扎根基层的决心。课证结合课堂：通过学生对“1+X”证书的获取情况检验学生综合能力及教学效果，提升学生的规范化操作意识。

三、案例特色与成效

1. 案例特色

(1)创新“面向基层”“校站协同”育人新路径(如图2所示)。

(2)创新“三段六步”“五级递进”教学新过程(如图3所示)。

(3)创新“以课服农”助力乡村振兴新举措。

2. 成效

(1)学生农检知识多层面提升。

(2)学生“农检水平”提升，农检技能多维度达标。

(3)学生厚植“三爱情怀”，农检素养多方面提升。

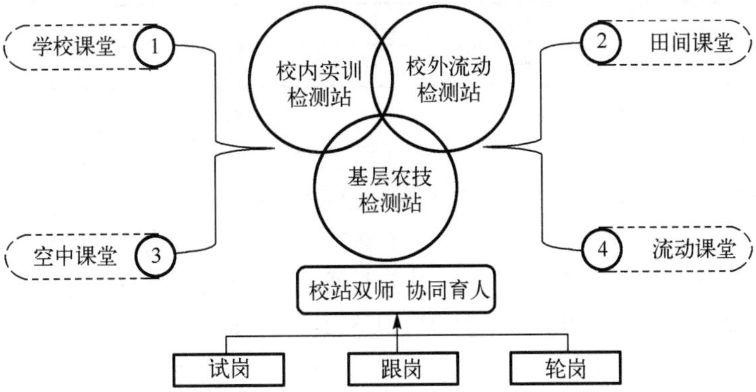
学校课堂
1
田间课堂
2
校内实训
检测站
校外流动
检测站
基层农技
检测站
空中课堂
3
流动课堂
4
校站双师 协同育人
试岗
跟岗
轮岗

图 2

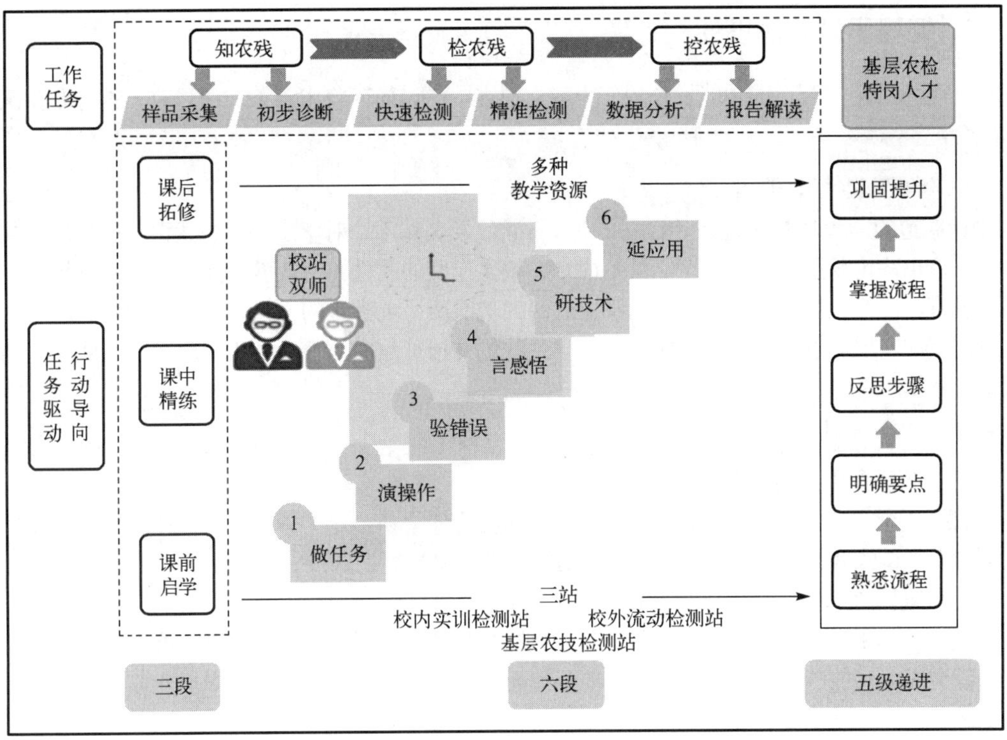
工作
任务
知农残
检农残
控农残
样品采集
初步诊断
快速检测
精准检测
数据分析
报告解读
基层农检
特岗人才
任务驱动
行动导向
课后
拓修
课中
精练
课前
启学
多种
教学资源
校站
双师
1
做任务
2
演操作
3
验错误
4
言感悟
5
研技术
6
延应用
巩固提升
掌握流程
反思步骤
明确要点
熟悉流程
三站
校内实训检测站
校外流动检测站
基层农技检测站
三段
六段
五级递进

图 3

案例 5　茶文化与茶艺

课程类型：实践类课程(含实验实训、社会实践)
教育赛道：职业教育
开课年级：高职二年级、高职三年级
面向专业：酒店管理、旅游管理等专业
部　　门：文化旅游学院
学　　校：吉林省经济管理干部学院
案例教师或团队成员信息(第 1 位为教学案例负责人)：

案例视频

姓名	职务	职称	部门
潘素华	教师	教授	文化旅游学院

一、课程目标

中华茶文化源远流长，博大精深，为中华民族之国粹。中国是最早发现并利用茶的国家。中华茶文化是我国传统饮茶风习和品茗技艺的结晶，具有东方文化的深厚意蕴。茶文化之核心为茶道，茶道是茶与道的融合与升华。传承和弘扬中华茶文化是时代发展的要求。该课程主要讲授茶文化基础知识和茶艺基本技能，使学生熟悉中国茶文化的历史和精髓，树立传承中华优秀传统文化的意识，树立自信心和自豪感，培养爱国、爱家、爱生活的人文情怀，以茶道精神激励和塑造吃苦耐劳和无私奉献的职业精神，树立正确的世界观、人生观、价值观，使学生具备茶艺服务的能力，毕业后能承担休闲服务行业茶艺服务、茶艺表演和茶艺文化创意工作，将自身所学回报社会、服务社会。

二、课程思政案例设计

本案例以“中国茶道的功能及作用”为教学内容，探讨如何将中国茶道的思政元素与专业课堂教学相融合。

1. 课程思政德育目标

中国茶道的四大功能(感恩、包容、分享、结缘)及其作用，对学生的思想意识、行为规范有着引导作用，这也决定了茶道的四大功能具备德育、教化作用的属性。思政教育注重学生的思想品德与精神品质教育，注重人格的健康发展，而茶道的四大功能所呈现出来的文化、思想、精神品质等恰好是学生所需要的，通过茶道的四大功能塑造大学生的优良精神品质，使大学生健康成长，从而达到课程思政德育目标。

2. 思政教育融合点

1) 与思政教育生态相融合

以课堂教学、实践教学、主题班会、茶文化传播志愿者协会等为教学载体。在这样的教育生态环境下，融合茶道的四大功能，从课堂教学和实践教学中来把握切入点。

2) 与茶道四大功能的文化特征相融合

作为软实力的茶道功能，若只是依照思想到思想的传递途径，则难以在学生群体中产生共鸣。因此，与茶道四大功能的文化特征相融合需要从形而下来寻找根据，并且这种根据能够与学生已有的经验相匹配。

3) 与学生学习生活内容相融合

将茶道功能与思政教育相融合，其最终目的在于将思政教育渗透到学生的日常学习生活中来，且对他们的价值观、职业观、审美观产生潜移默化的影响。因此，要寻找到与学生学习生活内容相融合的切入点。因此，我们建立了茶文化传播志愿者协会，充分发挥社团的职能优势。

3. 教育方法和载体途径

(1) 行为规范——对为人处世行为方式的规范。感恩，是对自然、对别人、对社会心存感恩，立志回馈的一种心态，是一种乐于真情奉献而不求回报的美德。包容不仅仅是一种美德，而且是一种智慧、一种气质、一种风度。有了包容之心，这个世界就变得祥和。

(2) 文化引导——对中国传统文化的认同。文化认同感作为认知民族精神、形成民族凝聚力的重要基础，是大学生在当下必须具备的思政素养。文化引导、文化认同是中国茶道传播的基本功能，作为中国人，首先要明确两个自信：一个是“中国是世界茶树的起源中心”，另一个是“中国是世界茶文化的发源中心”。

(3)人才培养——对理性健全的人生观和价值观的引导。中国茶道精神，对人的成长和情感养成都有一定的意义。挖掘中国茶道功能的课程思政价值，将其引入思想教育中，可以解决当代大学生价值观念模糊的问题，有利于重新塑造其世界观、人生观、价值观，促进健全人格的形成和优秀人才的培养。

(4)美化生活——满足对生活美好向往的需要。泡茶、饮茶的过程中操作者的专注和投入，使其能够安顿自己，更清晰和真实地感受到自己的需求，平心静气，心情舒畅，修身养性，这是最美的生活。

三、案例特色与成效

1. “三位一体”的课程目标凸显课程思政教育特色

在课程思政教学中，确立价值塑造、能力培养、知识传授三位一体的课程目标，打造课程思政教育的特色模式。

2. “以茶修德、以茶修心”的课程思政教育效果

课程思政体现了高等教育职业能力培养与价值塑造两大教育目标的融合。既加强对学生较高职业技能的培养，又强调对学生价值观的培养和塑造。通过茶艺、茶道、茶文化等具有民族性和传统性的教育内容实施思政教育，让中国茶道的“感恩、包容、分享、结缘”的传统内容以其独特的艺术形式和自身的文化功能、教育功能和审美功能，在开展课程思政教育的过程中发挥特殊的作用。可以说，本课程实现了职业化和生活化的完美统一，起到了“以茶修德、以茶修心”的教育效果。

案例 6　快乐跳舞——儿童舞蹈

课程类型：实践类课程(含实验实训、社会实践)

教育赛道：职业教育

开课年级：高职一年级、高职二年级

面向专业：学前教育

部　　门：学前师范学院

学　　校：西安职业技术学院

案例视频

案例教师或团队成员信息(第 1 位为教学案例负责人)：

姓名	职务	职称	部门
于茜	团委办公室主任	讲师	院团委
来伟宁	教师	助教	学前师范学院
王晶晶	教学副园长	二级教师	西安吉德堡英群园

一、课程目标

通过把生活实践与理论教学相结合的形式，培养学生完成舞蹈动作所需要的综合能力；在幼儿舞蹈教学中让学生掌握幼儿舞蹈的基本动作及领会舞蹈所传递的情绪和意义。

(1)知识目标：通过熟悉和了解舞蹈当中的基本动作，让学生了解粮食问题的现状、粮食的来之不易及粮食的珍贵；体会劳动的艰辛，体会舞蹈动作所带来的教育意义。

(2)能力目标：通过对肢体动作、语言等各个方面的掌握，要让节约粮食、爱惜粮食成为自觉，把发扬中华民族勤俭节约的优良传统践行到生活中去。

(3)情感目标：在学习舞蹈的过程中体会儿童舞蹈的童趣，培养学生的艺术审美能力及吃苦耐劳的精神。树立节约资源的意识，养成勤俭节约的习惯。

二、课程思政案例设计

1. 课程思政育德目标

(1)通过联系生活实际，使学生意识到身边浪费的严重性，知道浪费所带来的巨大危害及所造成的严重后果，使学生爱惜劳动果实，懂得积少成多的道理，体会粮食的来之不易。

(2)通过对本课程的学习，探究如何节约；使学生明白身边资源都应该被珍惜。培养学生勤俭节约艰苦奋斗的道德品质，使学生树立生活低标准、成长高要求的理念，自觉践行光盘行动、循环用水、废物利用，倡导俭朴的生活方式，倡导节约之风，建设节约文化。

(3)使学生树立节约光荣、浪费可耻的思想观念，爱惜粮食，从我做起，使学生懂得幸福生活来之不易，继承和发扬中华民族勤俭节约的优良传统。

2. 教育融合点

勤俭节约是文明校园创建的重要内容，通过发掘舞蹈课当中所蕴含的勤俭节约教育内容，将其渗透、贯穿到舞蹈教学过程，全方位、多形式开展人人参与的勤俭节约的校园文化建设。倡导学生认识食物、惜粮节约，科学膳食、均衡营养，树立食品安全意识等，确保学生摒弃餐饮浪费行为，帮助学生入学之初就树立以勤俭节约为荣、奢侈浪费为耻的观念。

3. 教育方法

(1)通过创设良好的情境，组织开展有意义的舞蹈学习活动，引导学生从情境中汲取有益的精神营养，潜移默化地培养学生的道德情操与品德个性。

(2)通过教师的指导，学生能够明确学习的目的和要求，并掌握相应的理论知识与实践知识。教师及时给予检查和评价。

(3)通过示范性教育教学活动，培养学生勇于创新的精神，使学生能够在课堂活动中直观地感受与学习。

4. 载体途径

(1)开展线上教学，克服了传统教育在空间、时间、受教育者年龄和教育环境方面的限制，带来了崭新的学习模式。

(2)以班级为单位组织授课和双向互动，以录播课为主，采取“录播+线上答疑”的形式，有条件的学校可以采用直播+线上答疑的形式，课后辅导可以采用点播或线上答疑形式。

三、案例特色与成效

1. 案例特色

通过对舞蹈动作的学习、课程内容的深入了解，以及开展知识问答、亲身体验，把“一粥一饭当思来之不易，半丝半缕恒念物力维艰”的思想意义融入课程，对学生进行生动、直观的爱惜粮食的教育。能否做到温饱不忘饥寒，丰年不忘灾年，消费不能浪费，这既事关物质层面，更关乎中国特色社会主义建设层面，通过本课程让学生真正理解粮食的来之不易，认识到爱惜粮食的重要性。通过厉行节约、爱粮节粮，把“宁留千滴汗，不坏一粒粮”的优良传统发扬光大。

2. 成效

(1)浪费可耻、节约可贵的理念得到学生的一致认同。

(2)浪费粮食的现象已显著减少。

(3)本课程符合当下素质教育和时代要求。

(4)自主、合作、探究的学习方式与启发、讨论、参与的教学方式也在不断推广。